23.10.8.

Il est 2

étole su

note de rire. Dans 2 jours
on sera à Alghesirus,
entrain de faire la fête.
    Youpi Youpi -
      Nous.

JEAN MOULIN

DU MÊME AUTEUR

en poche

La France des années noires (en collaboration avec François Bédarida),
   vol. 1, *De la défaite à Vichy*, Paris, Seuil, Points Histoire n° 281,
   2000.

La France des années noires (en collaboration avec François Bédarida),
   vol. 2, *De l'Occupation à la Libération*, Paris, Seuil, Points Histoire
   n° 282, 2000.

Jean Moulin face à l'Histoire, Paris, Flammarion, Champs n° 551,
   2004.

Vichy 1940-1944, Paris, Perrin, **tempus** n° 68, 2004.

collection tempus

Jean-Pierre AZÉMA

JEAN MOULIN

Le politique,
le rebelle,
le résistant

Perrin

www.editions-perrin.fr

© Perrin, 2003 et 2006 pour la présente édition
ISBN : 2-262-02517-7

tempus est une collection des éditions Perrin.

A Ariane, Gaspard, Albine.

En mémoire de Jean.

« Le rôle capital qu'il a joué dans notre combat ne sera jamais raconté par lui-même... »

Charles De Gaulle,
préface à *Premier Combat* (1947).

LISTE DES SIGLES

AS	Armée secrète
BBC	British Broad Corporation (Radiodiffusion britannique)
BCRA	Bureau central de renseignements et d'action
BIP	Bureau (clandestin) d'information et de presse
CAS	Comité (clandestin) d'action socialiste
CFLN	Comité français de la libération nationale
CFTC	Confédération française des travailleurs chrétiens
CGE	Comité général des experts
CGT	Confédération générale du travail
CNR	Conseil national de la Résistance
FTPF	Francs-Tireurs et Partisans français
MI 6	Service de renseignement britannique
MUR	Mouvement unis de résistance
NAP	Noyautage des administrations publiques
OMA	Organisation métropolitaine de l'armée
RAF	Royal Air Force
SD	Sicherheitsdienst (services de sécurité du Reich)
SOAM	Services des opérations aériennes et maritimes
SOE	Special Operations Executive (Services secrets britanniques d'action et de subversion)
STO	Service du travail obligatoire
WT	Wireless Transmissions (service des transmissions-radio de la Délégation)
ZNO	Zone non occupée
ZO	Zone occupée

1

« Entre ici, Jean Moulin... »

En décembre 1964, les cendres présumées de Jean Moulin étaient portées au Panthéon, dans ce qui était devenu depuis 1885, après bien des avatars, le temple républicain consacré aux « grands hommes ». Moulin était le cinquante-huitième à y disposer d'un tombeau. Mais surtout, il avait droit à une cérémonie minutieusement réglée, grandiose, rehaussée par le verbe flamboyant d'André Malraux qui marquait les esprits. De Gaulle, l'homme du 18 juin et tout autant le politique revenu aux affaires, pouvait estimer qu'il avait eu raison de conférer à celui qui avait été pendant plus de dix-huit mois son Délégué un statut mémoriel privilégié. Reste que cette célébration prenait des sens divers.

*

L'oraison funèbre est – chacun le sait – l'acte de baptême du héros. Le samedi 19 décembre 1964, les cendres présumées de Jean Moulin trouvaient leur place à l'intérieur du Panthéon, après que le grand prêtre d'une liturgie républicaine, André Malraux, eut salué « le chef du peuple de la nuit ». Les cérémonies officielles avaient débuté la veille. Depuis trois jours, sous le ciel de Paris couvert de nuages bas, plombés de gris avec des reflets jaunâtres, comme s'il allait neiger, le froid était hivernal. Le vent de tempête qui s'engouffrait dans les haut-parleurs de la place du Panthéon hachait le phrasé rauque du ministre de la Culture, ajoutant au grandiose la touche tragique qui convenait.

La plupart des journalistes et des spectateurs s'accordèrent à trouver la cérémonie « émouvante », et même « exceptionnelle ». De fait, on avait déployé plus d'apparat, on avait manifesté plus de piété civique en l'honneur de ce « chef de la Résistance martyrisé » que s'il s'était agi d'un maréchal de France tué face à l'ennemi ou d'un homme politique ayant œuvré pour une noble cause.

Cinq séquences rythmèrent cette translation ultime des cendres. Le 18, vers midi, Charles De Gaulle, au columbarium du cimetière du Père-Lachaise, s'inclinait devant la petite urne sortie de la case 3 857 et placée dans un cercueil ouvert, couvert d'une étamine tricolore. Deux heures plus tard, le cercueil était déposé à la pointe de l'île Saint-Louis, à l'entrée du Mémorial des martyrs de la déportation, où se relayaient jusqu'à 21 heures, de quart d'heure en quart d'heure, une garde d'honneur de 187 Compagnons de la Libération, et de veuves ou sœurs de membres décédés de cet ordre de chevalerie créé par De Gaulle par une ordonnance du 16 novembre 1940. La presse citait Mme Pierre Brossolette, Mme Edgard de Larminat, Marie-Claire Scamaroni. Il y avait encore Pierre Arrighi, Emmanuel d'Astier de La Vigerie, Jacques Baumel, Eugène Claudius-Petit, Henri Rol-Tanguy, Lazare Pytkowicz – le plus jeune de tous ces compagnons –, plus Mme Kerloc'h, maire de l'île de Sein, l'île faite elle aussi Compagnon de la Libération en l'honneur de ses marins (presque tous avaient gagné l'Angleterre : 114 Sénans partirent les 24 et 26 juin 1940, 14 les rejoignirent et la plupart d'entre eux s'engagèrent dans les Forces navales françaises libres). Vers les 21 heures, derrière un engin de reconnaissance blindé débarrassé de sa tourelle pour pouvoir porter le cercueil, se formait un cortège qui gagnait lentement le Panthéon. Sur le péristyle, devant les portes grandes ouvertes, un cénotaphe gris devait exposer une fois encore les restes du héros. Le général Koenig et Pierre Messmer assuraient la première garde d'une seconde veillée à laquelle étaient conviés Parisiennes et Parisiens.

Le lendemain, le 19, vers midi, la cérémonie officielle proprement dite commençait. Après le discours du ministre de la Culture, les tambours rythmaient les premières mesures de « Ami entends-tu... », un air composé par Anna Marly, sur lequel Maurice Druon avait mis des paroles qui en firent à la fin de 1943 le chant de ralliement des résistants français, intitulé depuis *Le Chant des partisans*. Puis des troupes de la garde républicaine et des trois armes défilaient avant que le cercueil gagne sa place définitive dans le Panthéon. Là, l'urne fut saluée une dernière fois par De Gaulle, Georges Pompidou et trois ministres, en présence de Laure, la sœur de Jean Moulin, et de ses cousins et cousines.

On ne pouvait ignorer que cette commémoration se voulait nationale. Les deux jours avaient été bleu, blanc, rouge : couleurs tricolores sur le cercueil, comme sur le dais du mémorial de la déportation, immense drapeau tombant du dôme du Panthéon, s'enroulant autour d'une colonne du temple républicain avant de recouvrir le cénotaphe, projecteurs dessinant en bleu, blanc et rouge, dans la nuit, le V churchillien, tandis que, au passage du cortège, la Seine charriait les trois couleurs crachées par des bateaux-motopompes. Plus variées étaient les musiques de la garde républicaine comme des détachements militaires : des sonneries réglementaires, diverses marches funèbres, de Chopin, de Gossec, avec une composition inédite dont le début reproduisait les quatre premières notes indicatives de l'émission de la BBC s'adressant pendant les années sombres aux Français.

Les deux temps forts de cet ensemble avaient été ordonnés dans des perspectives différentes. Le vendredi soir, on avait traversé le cœur de Paris depuis le parvis de Notre-Dame jusqu'à la place du Panthéon, en passant par le pont Saint-Michel, le boulevard Saint-Michel, la rue Soufflot. Le gros bourdon de la cathédrale sonnait le glas, résonnant sourdement comme au jour de la Libération de Paris à l'arrivée place de l'Hôtel-de-Ville des trois premiers chars de la 2ᵉ DB – ce qui est rarissime car on redoute que les ondes produites n'endommagent le vénérable bâtiment. Le cortège, qui s'avançait au rythme des tambours voilés, était conduit par la garde à cheval, sabre au clair, à laquelle succédait une mer de drapeaux et de fanions ; ils précédaient l'engin de reconnaissance, immédiatement suivi par Louis Mangin, un Compagnon de la Libération qui avait occupé les fonctions importantes de délégué militaire national, portant sur un coussin les quatre décorations de Jean Moulin : la Légion d'honneur, obtenue en février 1937, la croix de la Libération, conférée le 17 octobre 1942, la médaille militaire attribuée le 5 octobre 1946 et la médaille de la Résistance. Suivait Laure Moulin accompagnée de quatre des ministres du gouvernement de Georges Pompidou formé le 14 avril 1962 : Jean Sainteny, ministre des Anciens Combattants, Pierre Messmer, ministre des Armées, Gaston Palewski, ministre de la Recherche scientifique et des Questions atomiques et spatiales, Gilbert Grandval, ministre du Travail, tous, eux aussi, Compagnons de la Libération. Venaient ensuite d'autres Compagnons, un grand nombre de résistants, et au milieu d'eux une centaine de lycéens ou de collégiens sélectionnés dont dix lauréats du Concours de la Résistance et de la Déportation institué en 1962.

Cinq cents porteurs de torches éclairaient le cortège, à l'arrivée duquel les lampadaires municipaux s'éteignaient, ce qui fit remonter la rue Soufflot dans l'obscurité, les cafetiers ayant spontanément baissé leurs rideaux. Si le bon peuple avait relativement ignoré la crypte du mémorial, en revanche, il était très présent, silencieux, recueilli, lors de cette traversée nocturne du Paris historique. Il défila ensuite longuement devant le cénotaphe, le long duquel se succédèrent 182 Compagnons de la Libération.

Parmi eux, une des six femmes ayant reçu la croix de la Libération, Laure Diebold, dite Mado, qui avait été l'une des proches de Moulin à Lyon. Les choix faits pour cette veillée nocturne suggéraient à tous le compagnonnage héroïque, l'ombre et la nuit, la fraternité dans les années d'airain, l'action clandestine partagée. Globalement le pouvoir ne s'était pas trompé : malgré une organisation un peu pesante, le Français moyen – à travers ces Parisiens anonymes – était au rendez-vous de l'hommage rendu à un homme dont le nom à l'époque ne lui disait pourtant pas ou plus grand-chose.

Le deuxième jour devait revenir à l'Etat, plus exactement à l'Etat tel que le concevait De Gaulle. Non qu'il eût été absent la veille, puisqu'il avait prêté son appareil militaire et qu'il était représenté au moins par quatre ministres. Mais en ce 19 décembre s'imposa une image militaire, héroïque et régalienne : les troupes défilèrent devant le gouvernement qui était au grand complet. Le vendredi, on l'a dit, De Gaulle s'était rendu au columbarium, pour s'incliner devant l'urne. Vêtu d'un manteau gris, il était accompagné de son seul directeur de cabinet et du ministre des Anciens Combattants, Jean Sainteny : c'était l'hommage rendu par l'homme privé. Samedi, en uniforme et revêtu d'une longue capote militaire, le président de la République était accueilli rue Soufflot par le Premier ministre, André Malraux chargé du discours, deux ministres directement concernés (Pierre Messmer ministre des Armées et Jean Sainteny ministre des Anciens Combattants) et le général commandant la garnison de Paris. Il saluait le drapeau du détachement qui lui rendait les honneurs, gagnait le Panthéon, faisait un geste en direction de Laure Moulin, s'inclinait devant le cénotaphe, prenait place dans la tribune officielle, devant laquelle pouvait s'avancer le ministre de la Culture, alors que dans les quatre tribunes tous les assistants se levaient. A la fin du discours d'André Malraux, De Gaulle se plaçait à droite du cénotaphe, suivi de Georges Pompidou, et des ministres, tandis que, à gauche, se glissaient

Laure Moulin et trois de ses cousins et cousines. Tambours en tête, les troupes défilaient devant le cénotaphe, avant que le cercueil fût porté par six jeunes soldats à l'intérieur du Panthéon, où entrèrent Laure, sa cousine, le président de la République, et avec les ministres, Claude Hettier de Boislambert, grand chancelier de l'Ordre de la Libération. A cette époque, le Président, respectueux de la distinction républicaine entre les fonctions officielles et la vie privée, n'avait pas cru bon d'être accompagné de sa femme à l'intérieur du Panthéon.

Le lecteur aura remarqué que De Gaulle avait pris soin d'associer de bout en bout la famille de Jean Moulin et notamment Laure, au demeurant devenue gaulliste, et le fait que les résistants, de tous bords et de toutes origines, avaient été conviés à rendre un hommage solennel à l'un des leurs, car si Moulin était mort gaullien, il était bien un résistant à part entière. Dans son discours, Malraux évoqua d'ailleurs Georges Bidault, banni pour avoir fait partie du dernier carré des ultras de l'Algérie française, puis cautionné l'OAS, et qui était, à l'époque, encore exilé. Signalons enfin que, probablement pour respecter l'agnosticisme de Moulin et de sa sœur, il n'y eut pas la moindre manifestation religieuse.

Cela dit, les deux journées furent de tonalité à la fois gaullienne (le terme désigne ici spécifiquement le gaullisme de guerre) et gaulliste. Ce qui frappe en effet, c'est bien l'affirmation gaulliste de l'Etat tel que le concevait le fondateur de la Ve République. A remarquer, et ce n'est évidemment pas un hasard, que les parlementaires furent les grands absents de l'organisation protocolaire de la commémoration, qui avait malgré tout réservé deux places de choix dans la tribune officielle à Jacques Chaban-Delmas, président de l'Assemblée et Marie Hélène Cardot, vice-présidente du Sénat, venue du MRP (le président Gaston Monnerville était ostracisé depuis qu'il avait osé qualifier de « forfaiture » la mise en œuvre de la procédure référendaire de 1962). Cette conception gaulliste de la primauté de l'Etat peut être paradoxalement illus-

trée par la présence continue aux côtés du chef de l'Etat
du Premier ministre Georges Pompidou, dont le seul
mérite citoyen pendant le conflit s'était limité à la composition d'une anthologie de la poésie française. Il n'em-
pêche que les contemporains, puis les historiens
(notamment Henry Rousso dans *Le Syndrome de Vichy de
1944 à nos jours*, Le Seuil, 1990) ont vu dans cette cérémonie la consécration de la saga gaullienne déjà si présente dans le patrimoine mémoriel des années 60. A dire
vrai, De Gaulle, dont la légitimité historique d'homme du
18 juin était dorénavant reconnue par la très grande
majorité des Français, n'en avait pas besoin. Ce n'est pas
une raison pour ne pas chercher à pousser un peu plus
loin l'analyse.

André Malraux prononça ce qu'en bonne rhétorique
classique on appelle, plutôt qu'une oraison funèbre, un
panégyrique : le discours d'un orateur renommé, prononcé devant une assemblée de citoyens réunis pour célébrer un fait ou un homme exceptionnel. L'auteur de
L'Espoir, victime la veille d'une crise de sciatique, avait
été contraint de suivre en voiture le cortège nocturne.
Auditeurs et téléspectateurs furent impressionnés par la
prestation du ministre de la Culture, défendant ses feuil-
lets des sautes du vent tourbillonnant, plus inspiré que
jamais et dont les célèbres tics imprimaient à un discours
superbe un rythme incantatoire. C'était la première fois
qu'une cérémonie de ce genre était retransmise par la
télévision. En revoyant les images, on est frappé par le
mouvement convulsif des doigts qui agite la main gauche
de Charles De Gaulle. André Malraux eut le verbe flamboyant pour convoquer dans une marche funèbre aussi
bien les « clochards épiques de Leclerc » que le « pauvre
roi supplicié des ombres », celui qui avait été Rex ou Max,
« à côté [des cendres] de Carnot avec les soldats de l'an
II, de celles de Victor Hugo avec *Les Misérables*, de celles
de Jaurès veillées par la Justice... ». Il eut le bon goût de
s'en tenir à une seule allusion relativement discrète au
« gaullisme » en tant qu'idéologie qu'on ne saurait réduire

au seul nationalisme de guerre. On lui pardonna de n'avoir pu s'empêcher de se mettre en avant, rappelant la Corrèze, où, pourtant, c'est bien tardivement qu'il avait basculé en résistance, et l'Alsace, où, colonel Berger, il avait commandé une « brigade Alsace-Lorraine ». Mais il sut rendre hommage aux « tondus des camps de concentration », à la dernière résistante « morte à Ravensbrück », et, dans une superbe phrase tragique, au malheureux « mort après avoir parlé ». Et l'essentiel du discours fut bien consacré à Jean Moulin et à ses engagements, relatés avec suffisamment de justesse et ce qu'il fallait d'inévitables simplifications. Enfin, il affirma que Moulin était mort gaullien. En quoi, il avait raison, comme nous le verrons.

Cette panthéonisation avait tout de même de quoi surprendre. Rien ne l'imposait. Fallait-il exalter un homme représentant le camp du refus, alors que le plus grand nombre faisait de Charles De Gaulle le symbole incontesté du NON originel ? La mémoire gaullienne était en train d'éclipser celle qui avait longtemps été sa rivale, la mémoire communiste, murée, comme dans un bunker, dans une version de son action de moins en moins crédible au fil des ans (voir la communication de Pierre Nora « Gaullistes et communistes » dans le volume 1 du tome 3 des *Lieux de mémoire*, Gallimard, 1992). Ajoutons que ceux que j'appellerais volontiers les « ni-ni », ceux qui n'avaient été ni gaulliens ni communistes, n'avaient pas encore – ils ne le feront qu'au début des années 70 – publié leurs témoignages majeurs, pour Frenay, *La nuit finira* et pour Claude Bourdet, *L'Aventure incertaine*. De Gaulle lui-même, empêtré, il est vrai, dans la guerre d'Algérie, avait pu donner l'impression qu'il ne souhaitait pas demeurer prisonnier du passé en prenant soin d'affirmer, le 19 avril 1959, et à Vichy de surcroît : « Nous enchaînons l'histoire, nous sommes un seul peuple, quels qu'aient pu être les péripéties, les événements, nous sommes le grand, le seul, l'unique peuple français. »

Si cette consécration devait avoir lieu, le choix d'un personnage emblématique ne pouvait qu'obéir à des conditions précises, analysées par Laurent Douzou dans « La Résistance française en quête d'un héros éponyme » (in *Mélanges offerts à Maurice Agulhon*, sous la direction de Christophe Charle, Publications de la Sorbonne, 1988). Le fait de privilégier un résistant ayant péri sous la torture ou de ses séquelles s'imposait. Mais il semblait préférable que cet homme ait fait partie des premiers noyaux de résistants ou des premiers ralliés à la France Libre, en tout cas qu'il ne soit pas un vichysto-résistant, à savoir un de ces résistants à part entière qui avait, d'abord, fait un bout de chemin avec Vichy ni, *a fortiori*, un ouvrier de la toute dernière heure. Enfin, celui qui serait distingué devrait avoir été à la fois proche des Mouvements de Résistance et attentif aux directives de la France Libre.

Le choix de Jean Moulin était peu discutable mais sa canonisation ne s'imposa pas immédiatement. L'initiative de redonner vie à sa mémoire, plutôt reléguée à l'époque dans les placards de l'Histoire, émanait non du pouvoir gaulliste mais d'une Union des Résistants de l'Hérault, créée en mars 1960. Et c'est probablement cette association qui, voulant honorer la mémoire d'un enfant de Béziers, suscitait la question écrite posée par Raoul Bayou, député socialiste de la ville, le 8 mai 1963, vingt ans après la mort du fondateur du Conseil de la Résistance. Il demandait que celui-ci soit tout particulièrement honoré, puisque « personne ne met en doute le caractère particulièrement héroïque de l'action entreprise par Jean Moulin, véritable fondateur et premier chef de la résistance sur le sol national ». Le ministre des Anciens Combattants, prenant vraiment son temps, ne répondit que le 29 août 1964. Mais la question n'avait pas échappé à André Malraux, qui en discutait avec Georges Pompidou dès le 30 mai 1963. Faute de trouver le Premier ministre très intéressé par la perspective de cette commémoration, Malraux s'efforça d'attirer l'attention du chef de l'Etat, qui se montra probablement plus réceptif, sans manifester pourtant une très grande hâte. Il est difficile d'être plus précis – et ce n'est pas la seule fois où nous devrons le déplorer, puisque l'exécuteur testamentaire de Charles De Gaulle, en l'occurrence son fils, refuse l'accès à ses « papiers », toutes ses archives (y compris les archives présidentielles) étant assimilées à des archives privées.

Moulin réunissait toutes les qualités pour devenir la figure nationale de la Résistance si l'on se réfère à notre grille de lecture. Deux hommes auraient pu lui disputer cet honneur : Jean Cavaillès, un jeune philosophe promis à un brillant avenir, résistant de la première heure, membre de Libération-Sud puis de Libération-Nord, qui avait accepté de Londres d'être à la tête d'un des réseaux les plus efficaces de la France Libre et que le choix très réfléchi de se lancer dans la lutte armée et en particulier dans le sabotage avait conduit au poteau d'exécution en février 1944 (se référer à *Jean Cavaillès résistant*, sous la direction de Alya Aglan et Jean-Pierre Azéma, Flammarion, 2000). Ce sont encore plus les cendres de Pierre Brossolette, autre personnage emblématique des Résistances, qui auraient pu être déposées au Panthéon. De Gaulle choisit Jean Moulin pour des raisons qu'on résumera pour l'heure en disant que Brossolette avait pu donner l'impression qu'il se servait du chef de la France Libre, alors que Moulin avait globalement servi De Gaulle.

Lorsqu'il décida de promouvoir la figure et l'action de Moulin, au point d'en faire l'emblème national de la Résistance, le général De Gaulle fut poussé par des motivations de divers ordres. Il n'est pas à exclure qu'il ait voulu enlever à ses adversaires politiques la possibilité d'annexer un homme qu'il estimait lui avoir appartenu. Il ne pouvait ignorer que le nom de Jean Moulin avait été choisi pour désigner un club de grande tenue, regroupant un millier ou presque d'hommes de la gauche non communiste provenant pour une large part de la haute fonction publique et prétendant notamment, sous la houlette de Stéphane Hessel, réformer l'Etat. Ce club, sous l'impulsion de Daniel Cordier, un autre de la France

Libre, avait même décidé dans l'été 1958 de lutter contre les militaires factieux, y compris par les armes (voir l'étude de Claire Andrieu, *Pour l'amour de la République, le Club Jean Moulin 1958-1970*, Fayard, 2002). Il faut probablement prendre en compte des motifs plus électoralistes : depuis la grève des mineurs de mars-avril 1963, le gaullisme référendaire triomphant était en baisse. Un Monsieur X, en qui se dissimulait à peine Gaston Defferre, lancé par une campagne médiatique, venait concurrencer le chef de l'Etat, en bénéficiant dans un premier temps de soutiens émanant de la gauche non communiste, alors qu'on ne savait ce que pouvait donner la première élection du président de la République au suffrage universel prévue pour 1965. Il est vraisemblable, pourtant, que le dessein de Charles De Gaulle était plus global. Les accords d'Evian, mettant fin à l'interminable guerre d'Algérie, avaient à peine deux ans et chacun pouvait se rendre compte que les cicatrices franco-françaises des deux dernières années étaient mal refermées. De Gaulle s'était efforcé de convaincre les Français métropolitains, il est vrai plutôt bien disposés à l'entendre, que la paix avec « la rébellion » s'imposait pour des raisons nationales et nationalistes, le fardeau de la guerre empêchant la France de jouer son rôle sur la scène mondiale. Toute manifestation d'une certaine ampleur, faisant référence à une mémoire glorieuse, qui pouvait rassembler – c'était l'ambition classique du gaullisme – et même remailler le tissu national était bienvenue.

Pour autant, cette démarche n'annonçait aucun laxisme dans la conception qu'avait De Gaulle de la cohésion nationale. Toutes les façons de rassembler ne se valaient pas. Il s'est trouvé que dans la foulée de la panthéonisation de Jean Moulin ont été promulguées deux lois qui le montrent. Comme les travaux de ravalement du Panthéon avaient duré jusqu'en novembre, cette commémoration, prévue pour couronner le vingtième anniversaire de la Libération, devait nécessairement être célébrée en décembre. Or les parlementaires avaient été scandalisés par l'annonce, faite pendant l'été, que seraient prescrits en République fédérale allemande – où la prescription légale était de vingt ans – à compter de mai 1965, tout crime, y compris les crimes de guerre, commis par un ressortissant allemand. Ils prenaient donc l'initiative d'une loi déclarant « imprescriptibles par nature » les « crimes contre l'humanité », et se référaient à la définition figurant dans la charte du Tribunal international du 8 août 1945 condamnant notamment « les persécutions pour des motifs politiques, raciaux ou religieux ». Le gouvernement, interpellé dès le mois d'août par Marie-Claude Vaillant-Couturier, se contenta – peut-être pour des raisons diplomatiques à l'endroit du gouvernement de Bonn – « d'apporter [son] plein accord » ; la loi fut votée à l'unanimité des présents par l'Assemblée nationale le 17 décembre, par le Sénat le 18.

Il en alla très différemment de la première loi d'amnistie concernant les événements d'Algérie déposée, elle, par le gouvernement. Depuis la signature des accords d'Evian, deux décrets pris le 22 mars 1962 avaient, pour des faits intervenus en Algérie, amnistié d'une part les nationalistes algériens, d'autre part les auteurs de « faits commis dans le cadre des opérations de maintien de l'ordre dirigées contre l'insurrection algérienne ». En 1964 demeuraient détenus 687 Français condamnés pour des délits ou des crimes commis après le 22 mars ou ayant eu des responsabilités dans des entreprises « subversives ». De l'opposition non communiste et des rangs mêmes de la majorité s'élevaient des voix de plus en plus nombreuses réclamant une loi d'amnistie partielle, voire totale, à leur endroit. La revue *Sondages* du dernier trimestre de 1964 précisait que 36 % des personnes interrogées se prononçaient pour « une large amnistie en faveur des personnes condamnées pour leurs activités au sein de l'OAS, », contre 32 % d'opposants et 32 % sans opinion. Huit projets de loi avaient déjà été déposés visant à obtenir une amnistie totale, notamment à l'endroit des « soldats perdus » (dont le projet de Robert Hersant, alors centriste d'opposition). De Gaulle avait toujours fait la sourde oreille. Et si, le 16 décembre, il avait accepté que soit présenté un nouveau projet de loi en Conseil des ministres, il veilla à verrouiller un texte qui exclurait de l'amnistie tout condamné pour des faits de « subversion » et n'accorderait finalement une amnistie de plein droit qu'aux mineurs condamnés à une peine inférieure à cinq ans de prison. Le projet de loi établit en fait une grâce amnistiante, puisque, mineurs mis à part, l'amnistie pouvait être accordée par décret du président de la République. La loi fut finalement votée à l'Assemblée le 23 décembre, après de violents débats, par 269 voix contre 1, l'opposition ayant quitté l'hémicycle pour protester contre la « provocation » que représentait un pareil texte, contre les pouvoirs accordés au chef de l'Etat et tout autant contre la procédure du vote bloqué imposée par Jean Foyer, le garde des Sceaux (consulter Stéphane Gacon, *L'Amnistie de la Commune à la guerre d'Algérie*, Le Seuil, 2002). Bref, quatre jours après une commémoration nationale qui se voulait irénique, Charles De Gaulle estimait devoir ne pas affaiblir l'Etat par une indulgence inappropriée, tout en usant de son droit de grâce pour libérer 123 détenus et réduire la peine de 50 d'entre eux pour les fêtes de Noël.

On ne s'étonnera guère alors que De Gaulle ait voulu faire de la commémoration une affaire strictement présidentielle, sans que les parlementaires aient leur mot à dire. Jusqu'alors, l'usage était de charger les assemblées du peuple du soin d'honorer tel ou tel grand homme. Comme la nouvelle Constitution permettait au président de la République de se passer de leur aval, De Gaulle agit sans consulter une quelconque instance parlementaire. C'est après avis du Conseil des ministres qu'était signé le 11 décembre un décret stipulant que « les cendres de Jean Moulin seront transférées au Panthéon ». Le geste devait évidemment revêtir toute la solennité voulue, comme lors de l'inhumation de Victor Hugo en 1885. Et c'est l'Elysée qui avait élaboré le cérémonial qui accompagnerait les restes présumés de Jean Moulin jusqu'à l'ex-église Sainte-Geneviève, devenue un temple laïcisé proclamant « Aux grands hommes la patrie reconnaissante ».

L'ensemble fut retransmis sur « Inter » et « Europe n° 1 », tandis que la première chaîne de télévision donnait la parole à Laure Moulin, dans « Sept jours du monde », une émission très regardée, avant de transmettre l'intégralité de la cérémonie. Le point faible du dispositif fut la médiocre mobilisation de la province, qui sera beaucoup plus présente aux cérémonies de 1983. De rares manifestations réunirent au mieux quelques centaines de présents, évidemment à Béziers, ville natale de Moulin, on l'a dit, et à Montpellier où vivait Laure, plus d'autres à Limoges, Toulon, et Toulouse. Mais rien à Lyon, pourtant classée « capitale de la Résistance », et où il aurait été facile de suivre les pas de Jean Moulin. Cela dit, les critiques formulées sur la cérémonie proprement dite furent rares. Si le correspondant du *Monde* jugea « hideux » le cénotaphe, si le journaliste du *Parisien libéré* émit l'idée que Jean Moulin eût probablement souhaité « plus de discrétion », ils ont été les seuls à protester contre une mise en scène généralement appréciée.

L'unanimité aurait-elle été sans faille ? Le grand rassemblement voulu par De Gaulle avait-il donc eu lieu ? L'historienne Mona Ozouf rappelle dans l'article « Le Panthéon » (in Pierre Nora, *Les Lieux de mémoire*, volume 1, *La République*) que ce monument, loin d'être un lieu de cohésion, avait été celui de la rupture entre Français parce qu'il ne pouvait effacer la marque originelle de la Révolution et parce que le choix du héros procédait le plus souvent d'une décision partisane âprement discutée. Mais depuis 1945, les esprits pondérés n'avaient rien trouvé à redire à la panthéonisation, en 1948, de Paul Langevin et de Jean Perrin, deux éminents scientifiques, militant à gauche, et engagés l'un dans la Résistance, l'autre dans la France Libre, ni à celle, en 1949, de Félix Eboué, gouverneur du Tchad rallié dès juillet 1940 à la France Libre, pas plus qu'à celle du républicain Victor Schoelcher qui avait obtenu, sous la IIe -

République, l'abolition de l'esclavage dans les colonies françaises, ni, enfin, en 1952, de Louis Braille, qui avait, comme on le sait, beaucoup fait pour les aveugles et dont le nom n'évoquait politiquement aucun conflit. Dans cet esprit, le choix de Moulin ne provoqua aucune polémique musclée du genre de celles qui ont accompagné les transferts des cendres d'Emile Zola en 1907 ou celles de Jean - Jaurès en 1924.

A vrai dire, si on se réfère à la presse de l'époque, il est remarquable que le héros lui-même ne soit jamais critiqué, y compris par l'ultradroite pétainiste. Ce qui restait de la droite maurrassienne lui rendait même hommage dans le numéro du 24 décembre de *Rivarol,* et celui du 31 d'*Aspects de la France,* saluant « un courage indomptable et une force de caractère peu commune ». Parmi les anciens résistants, Philippe Viannay dans un très bel article de *France Observateur* du 24 décembre, était un des très rares à s'insurger contre ce que recouvrait au fond cette exaltation du héros : « Croit-on que le but suprême à proposer à la jeunesse dans le monde d'aujourd'hui puisse être, à travers le culte de Jean Moulin, le culte de la nation ? Serons-nous jamais délivrés de Barrès ? » Et il posait la question de ce qu'avait été à ses yeux le fondement de l'engagement résistant : « Et si notre combat avait d'abord été une volonté de rester des hommes ! »

Seule dérangeait l'utilisation politique de ce souvenir. Ce n'est évidemment pas le cas de *La Nation,* un des rares quotidiens gaullistes, dans lequel Edmond Michelet mettait en valeur, avec doigté, le « gaullisme » de Moulin. A l'ultra droite, les journalistes affirmaient en chœur, après avoir une fois de plus exigé le transfert des cendres de Pétain à Douaumont, que Moulin vivant n'aurait certainement pas compté parmi les fidèles de l'actuel pouvoir. Les communistes se montrèrent, eux, relativement conciliants, même si *L'Humanité* soulignait que Moulin était mort « non pas pour le gaullisme... mais pour que vive la France ». C'est la gauche non communiste qui se montra la plus offensive. Des caciques du parti radical,

Gaston Monnerville, Maurice Faure, Maurice Bourgès-Maunoury, Edouard Daladier avaient tenu, le 19, à rendre un hommage particulier à Jean Moulin « membre du parti », ce qui était, à la lettre, inexact ; mais cette manifestation qui se voulait hostile à De Gaulle passa inaperçue, citée tout au plus dans une « brève » du *Monde*. Ni *Le Figaro*, ni même *Le Monde* ne trouvèrent à redire à la commémoration et l'ensemble de la presse d'information ne multiplia guère les analyses. On trouve tout de même deux articles qui tranchent. Un éditorialiste renommé du *Midi Libre*, Joseph Barsalou, écrivait, dans le numéro du 18 décembre, sous le titre « La Résistance et le gaullisme » : « Jean Moulin était de notre famille d'esprit [...] et [...] de ceux qui refusaient de laisser confisquer la résistance par le gaullisme des services secrets et par le communisme métropolitain. » Et il dénonçait « l'exploitation tardive d'une mémoire ». Et Christian Pineau, Compagnon de la Libération, fondateur du mouvement Libération-Nord, ancien ministre des Affaires étrangères, même s'il avait eu maille à partir avec Moulin, n'y allait pas par n'importe quel chemin dans *Le Populaire* des 22 et 23 décembre : « Il sera dit que le gaullisme aura, les uns après les autres, souillé tous nos souvenirs. Pourtant j'espérais que celui de Jean Moulin serait épargné. » Il poursuivait : « Pauvre Jean Moulin, homme de gauche, démocrate convaincu, patriote authentique, voilà que l'on exploite maintenant ton martyre au service d'un régime fasciste », pour conclure en rappelant que la Résistance française était l'œuvre de la France tout entière et non celle d'un seul homme. Le lecteur aura pourtant remarqué que tous les articles, et même celui d'Edmond Michelet, présentent Moulin non comme l'homme lige du chef de la France Libre, ce qui était pourtant en filigrane dans le discours de Malraux, mais bien comme le « héros de la Résistance », comme « l'unificateur de la Résistance » et donc comme le « fondateur du CNR ». Ce décalage dans les représentations mémorielle de Rex est si marqué qu'il fournit encore aujourd'hui matière à d'interminables querelles en héritage mais dont profite sa mémoire.

Malraux posait une bonne question : « Sans cette cérémonie, combien d'enfants de France sauraient son nom ? » Mais en apprenant son nom, ces enfants n'en sauraient pas beaucoup plus, ni sur l'homme ni sur son action, ni même sur la Résistance présentée – comme jadis la Révolution française – en un bloc homogène. Jean Moulin resta également comme l'appelle Daniel Cordier « l'inconnu du Panthéon ». Et ni l'accession au rang de grand homme ni le fait de rester tout aussi méconnu ne l'empêchèrent, quelques années plus tard, de devenir l'enjeu de procès en mémoire que nous regarderons de près.

Ce livre se veut une biographie politique. Il ne prétend pas lever les mystères d'une personnalité, mais il s'interroge sur ses origines, sa formation, décrit son itinéraire professionnel et civique, dresse la liste des enjeux, des stratégies entre lesquels Moulin a choisi, explore les contextes qui ont orienté son action. Enfin, nous souhaitons faire l'histoire des diverses mémoires qui ont pesé sur l'image que les Français ont gardée de lui.

2

Un bon jeune homme

Elevé dans une famille de petits notables de province, entre une mère et une sœur aimantes, par un père imprégné de convictions républicaines, Jean Moulin ne présente dans sa jeunesse aucun trait qui étonne ou détonne. Passé un peu à côté de la Grande Guerre, il s'engage dans une carrière administrative dans laquelle il donne toute satisfaction et qu'il espérait mener aussi loin que possible, quitte à chercher à se distraire, en skiant, en faisant paraître sous un pseudonyme des caricatures. Rien que de très banal, en somme....

*

La biographie politique de Jean Moulin prend tout son sens en 1936 et plus encore au moment du traumatisme de 1940. On pourrait donc faire l'économie de ce qui précède les années 30. Mais, ce qu'on peut appeler les « années d'apprentissage » du jeune Jean ne sont pas sans rapport avec ce qui nous intéresse dans la suite de ses choix. On sait que le genre biographique a bénéficié, dans les belles années des travaux structuralistes, d'une attention critique qui a certainement dépoussiéré le secteur, illustrée notamment par un article de Pierre Bourdieu paru dans les *Actes de la recherche et des sciences sociales*

de juin 1986, qui mettait en garde contre « l'illusion biographique », la propension à rendre toute trajectoire
cohérente, du moins en fonction de modèles préexistants.
Cette précaution contre une rétro-histoire qui, cherchant
à reconstruire l'amont en fonction de l'aval, gommerait
les discontinuités est largement justifiée dans le cas de
notre héros : on ne peut manquer d'être frappé par le
décalage entre la fermeté du personnage tel qu'il se
conduit dans les années 40 et un conformisme assez
marqué, sans doute lié à un certain manque de précocité,
voire de maturité, dans les débuts de sa vie d'adulte.
Pierre Vidal-Naquet, dans les premières pages de son
ouvrage *Le Trait empoisonné* (une réfutation des thèses de
Thierry Wolton dont nous reparlerons), invitait à réfléchir sur le statut du héros, dont la singularité, à ses
yeux, est « d'étonner et de détonner ». Or, justement, rien
qui « étonne » ou encore moins « détonne » dans ce que
nous pouvons saisir des trente premières années de Jean
Moulin. Et même si l'on considère les capacités qu'il
révèle dès les débuts à bien gérer sa carrière préfectorale,
on ne saurait dire que cela « détonne », ni même au fond
que cela « étonne ».

Les sources sont plutôt lacunaires, à l'exception de la
biographie publiée en 1969 par la sœur de Jean, Laure
Moulin. Celle-ci n'a pas cherché à enjoliver les faits et
gestes de son frère ; sa mémoire semble fidèle et, surtout,
elle s'appuie sur un certain nombre de lettres reçues par
elle ou adressées à ses parents et heureusement conservées. La totalité de ces documents (certains sont déjà
publiés dans le livre de Laure, *Jean Moulin*) sont pour
l'heure détenus par Suzanne Escoffier, l'une des petites-
cousines de Jean Moulin. Les souvenirs de sa sœur, ce
courrier et une publication récente, *Jean Moulin le plus
illustre des Héraultais* (Montpellier, 2001), nous aident à
cerner le profil de Moulin jeune : un petit dernier, un provincial, un fils attentionné qui opte pour une carrière préfectorale qu'il n'avait pas vraiment choisie et dans
laquelle pourtant il réussit. Quelques talents, quelques

traits un peu plus originaux : comme tout le monde, pourrait-on dire.

*

Jean Pierre, selon l'état civil, est en effet un petit dernier, né à Béziers, le 20 juin 1899, au troisième étage du 6 de la rue d'Alsace, et c'est dans le même appartement, comme bien des Français de cette époque, qu'il passa toute son enfance et son adolescence. Son père, professeur de lettres avant d'enseigner l'histoire, poète du dimanche à ses heures, célébrait l'événement par quelques vers : « Et de trois ! Celui-ci nous vient avec les herbes de la Saint-Jean... » On doit à Christine Lévisse-Touzé et à Alain Lebougre d'avoir retrouvé le poème en provençal qu'il lui consacra, trois mois plus tard, et dont on ne retiendra que les derniers vers : « E longo-mai sieguès ansin, Fres, amistous e cremesin En digne fiéu di vièi Moulin, Ti réire. » Chacun aura compris que ce fils, il est vrai un peu tardif, était le bienvenu, même si les éloges restent, somme toute, assez convenus : « Et que longtemps tu restes ainsi, Frais, aimable et le teint rosé, En digne fils des vieux Moulin, Tes aïeux. » Blanche (née Pègue) et Antoine-Emile, dit Antonin, Moulin eurent trois enfants dont deux seulement atteignirent vingt et un ans : le fils aîné, Joseph, mourut à dix-neuf ans, en 1907, d'une péritonite. Cette mort ébranla profondément la famille et ses parents, sa mère surtout, eurent tendance à surprotéger le petit Jean, âgé de sept ans à la disparition de son frère : mignon, câlin, on le trouva toujours un peu trop chétif pour ne pas susciter des inquiétudes. Il eut certainement une enfance choyée, heureuse dans sa banalité. Sa sœur, Laure, de six ans plus âgée, de tempérament plus affirmé, très attachée à son père, choisit elle aussi l'enseignement, en devenant professeur d'anglais, et, comme son père encore, se montra très ferme sur les questions touchant à la laïcité. Elle donna l'impression d'avoir tenu avec conviction son rôle de grande sœur. Elle comptait visiblement beaucoup pour Jean, et si l'on sent bien qu'il prit progressivement soin de ne pas se laisser gouverner, il demeura très lié à elle, lui manifestant une totale confiance.

Depuis plusieurs générations, dans les deux familles paternelle et maternelle, se succédaient et s'alliaient paysans et artisans ruraux, tous provençaux. Blanche comme Antonin parlèrent d'abord le provençal, langue dans laquelle Jean était parfaitement à l'aise. En 1930, il narrait pour ses parents sa rencontre avec Saint-Pol Roux : « L'après-midi je suis allé voir la pointe des Pois et le poète Saint-Pol Roux (dit le magnifique) qui m'a reçu très aimablement ; bien qu'il soit depuis des années retiré sur un rocher de Bretagne, il est originaire de Marseille et c'est en provençal que notre conversation s'est terminée. » S'il cessa, au milieu des années 30, de passer à Paris pour un petit provincial, il ne renia jamais ses origines et demeura très attaché à ses racines provençales. Il revint régulièrement dans ce qu'il considérait comme la maison familiale, pour y avoir passé toutes les vacances de Pâques et d'été de son enfance et de son adolescence, une solide maison, de quelque ancienneté, mais plutôt banale, située le long de « Rue nationale » (la RN 7), à Saint-Andiol, un bourg de 800 habitants au nord de Saint-Rémy-de-Provence. Il en dessina même le jardin, dont les contours demeurent à l'heure actuelle inchangés : c'est là qu'il avait en 1942 adossé une échelle au mur pour s'enfuir en cas de besoin.

Moulin fut « très famille » et bien des traits de son enfance et de son éducation, ses goûts, son orientation scolaire et professionnelle, le situent dans cette France du XIXe siècle et du début du XXe que l'historienne Michèle Perrot caractérise justement comme « le siècle de la famille ». Le couple uni que formaient Blanche et Antonin semble un modèle de ménage de petits notables. Blanche Pègue, de dix ans plus jeune que son mari, tenait sans problèmes son rôle de mère au foyer, femme d'intérieur active et économe au point de passer, selon les mauvaises langues, pour un peu « cousue ». Elevée dans une pension religieuse, elle y avait appris plus de couture que d'orthographe et sa fille Laure lui reprochait de commettre des fautes élémentaires. Elle avait conservé suffisamment de culture religieuse pour faire baptiser ses enfants qui firent leur première communion, même si Jean comme Laure ne paraissent pas avoir éprouvé beaucoup d'émois religieux, devenus l'un et l'autre rapidement agnostiques.

Antonin, quant à lui, vivait plus tourné vers l'extérieur, comme c'était le cas dans la plupart des couples de ce milieu. Il avait obtenu auprès de la faculté des lettres d'Aix-en-Provence une « licence d'enseignement » qui fit de lui le premier enseignant de la famille. Il enseigna, après le français et le latin, l'histoire et la géographie, à Bédarieux d'abord, puis pendant trente-quatre ans, au collège Henri-IV de Béziers. Si l'on en croit Laure, qui se montra très attachée à sa mémoire, il jouissait d'une excellente réputation professionnelle et les chahuts dans sa classe étaient rares. Entre ses cours, il siégeait au « Café Glacier », sis sur les allées Riquet. C'est là qu'il corrigeait ses copies, rédigeait son courrier, voire composait, indifféremment en prose et en vers, des pièces en un acte qui ne bouleversèrent pas la production littéraire de l'époque. Parallèlement, il s'était lancé très rapidement dans la vie politique locale, se faisant un nom dans la nébuleuse du jeune parti républicain radical et radical-socialiste, inscrit dès la fondation de ce dernier en 1901. Participant à un grand nombre de réunions politiques, il y déployait ses talents d'orateur. Conseiller municipal à deux reprises, il finit par être élu, en 1913, conseiller général de la première circonscription de Béziers. Dreyfusard de la première heure, il militait activement dans la section locale de la Ligue des Droits de l'homme. On sait que dans le Midi languedocien, la coupure politique décisive passait entre les « Blancs » et les « Républicains » : Antonin était résolument républicain, convaincu et militant. Féru d'histoire, il se rattachait volontiers à la tradition des vieux républicains des années 1850, ceux sur lesquels s'était abattue la répression qui suivit le coup d'Etat de 1851 : dans la seule ville de Béziers, il y avait eu soixante-dix morts et on y avait encore guillotiné en 1852 deux hommes qui passaient dans les rappels historiques familiaux – mais l'affaire n'est pas claire – pour deux républicains accusés d'être des « meneurs ».

Sorti agnostique d'un passage au petit séminaire, on ne s'étonnera pas qu'il ait soutenu activement les lois du « Petit père Combes » au moment de la séparation des Eglises et de l'Etat en 1905. Il participait – souvent comme président –, sans ménager son temps et avec une certaine réussite, à de nombreuses activités : cela allait de la Société d'éducation populaire à la construction en coopérative de logements ouvriers, en passant par l'érection de monuments à la gloire des républicains opprimés dans le passé. C'était un homme d'ordre, attaché à des choses respectables « que l'on commence à discuter un peu trop de nos jours : respect de la propriété, respect de la loi, respect de la patrie », comme il le proclamait dans un discours lors d'un banquet commémorant la IIe République. On comprend qu'il ait glissé assez rapidement du côté des « radicaux de gouvernement », menés par Louis Lafferre, un des caciques de la vie politique locale, député de Béziers dès 1898, ministre du Travail en 1911 et de l'Instruction publique de 1917 à 1920. Cette évolution droitière d'Antonin s'accentua avec les progrès des socialistes dans le « Midi rouge ». Il dénonçait volontiers la « doctrine provocatrice de la révolution sociale », surtout après la « révolution du Midi », le soulèvement viticole de l'année 1907 qui vit 150 000 manifestants se rassembler à Béziers le 12 mai pour dénoncer la « fraude » tenue pour responsable de la surproduction et s'insurger contre la répression qui avait provoqué la mort de sept personnes à Narbonne. Lors de la scission dans les rangs radicaux, Antonin s'était clairement rangé parmi ceux qui défendaient la stabilité. Initié dans une loge du Grand Orient, il fut enterré civilement en 1938. Rien qui étonne.

On ne saurait être insensible aux continuités familiales,

à la transmission des cultures politiques de père en fils. Non que la corrélation soit automatique : les pères d'un certain nombre de figures de l'extrême droite – par exemple celui de Lucien Rebatet – appartiennent à la mouvance radicale-socialiste. Mais dans le cas des Moulin, on ne peut manquer d'être frappé par l'appartenance indéfectible du fils au camp « républicain », celui de son père. S'il ne faut pas surestimer cette influence, car – nous allons le voir – le fils se placera plus à gauche sur l'échiquier politique, Jean reconnaîtra ce qu'il devait à ses origines, comme en a témoigné Daniel Cordier dans une intervention à la Sorbonne le 15 juin 1992 : il a raconté comment, en août 1942, quelques jours après son parachutage, jeune radio, prenant contact avec celui qui était devenu Rex, alors qu'il avait commencé par expliquer avoir été un militant musclé des jeunesses d'Action française, antisémitisme inclus, Moulin se serait contenté de répondre : « En vous écoutant, je me rends compte de la chance que j'ai eu d'avoir une enfance républicaine. » Dès 1932, lors du banquet célébrant la victoire du « républicain » Charles Daniélou au deuxième tour des législatives, Moulin avait rendu publiquement hommage à son père et même à sa lignée familiale : « Cette victoire, si elle a retenti si agréablement dans mon cœur, c'est peut-être parce que je porte en moi un atavisme républicain que m'ont transmis, à défaut d'autre héritage, ceux des miens qui modestement mais avec la plus grande dignité m'ont précédé dans la vie politique. »

Mais le fils, avant même de rejoindre l'équipe Cot, prenait quelques distances à l'égard des dérives droitières de son père et une fois au moins il le lui écrivit, dans une lettre datée du 13 mai 1925. C'était un mois après le renversement du gouvernement Herriot, le premier gouvernement du « Cartel des gauches », une coalition électorale rassemblant notamment socialistes et radicaux, renversement pour partie imputable aux divergences internes que suscitait le très emblématique président du parti radical-socialiste. Jean infligea à son père, même si le ton restait respectueux, une véritable leçon politique : « Mon cher papa, Tu m'as laissé entendre, dans une de tes dernières lettres, que la lutte pourrait être dure pour ton élection au conseil général. C'est absolument mon sentiment ; mais si je t'écris, ce n'est pas pour te donner des conseils. Tu as assez l'expérience des choses de la politique pour t'en passer. D'ailleurs, le meilleur conseil que je pourrais te donner, dans ton intérêt, et dans celui de ta santé, ce serait de ne pas te représenter [...]. Sans doute est-ce pour moi que tu le fais. Je t'en remercie, mais crois-tu que cela me donnera plus de chance d'être nommé [sous-préfet] ? Je n'y crois pas trop [...]. Je tiens cependant à te dire ce que ne te diront certainement pas tes amis, à savoir que tu sors très diminué (au point de vue strictement électoral, s'entend) des dernières élections municipales. Ce que tu as fait est très beau, mais il n'en est pas moins vrai que cela va te faire un tort considérable. Ton opposition au cartel des gauches, alors que tu n'étais pas directement intéressé à la lutte, t'a sûrement aliéné beaucoup d'électeurs biterrois [...]. Il est d'ailleurs un fait certain, c'est qu'à l'heure actuelle la formule du cartel des gauches fait le maximum [...]. D'ailleurs le cartel n'est pas si mauvais et ce n'est pas toujours, comme on le prétend, un marché de dupes avec les socialistes. Tu as pu voir que, dans beaucoup de localités où le cartel ne s'est pas fait, ce sont les socialistes seuls qui sont passés. Votre grosse erreur, à quelques-uns, c'est de n'avoir pas cru au succès du cartel [...]. »

Ces divergences dans l'appréciation de la stratégie qu'il convenait d'adopter à l'intérieur du camp « républicain » ne doivent pas occulter le fait que Jean demeura un fils attentionné, marquant plus de sentiment à sa mère, mais toujours plein de respect pour son père. On peut en faire le constat à plusieurs reprises. On le voit attentif aux vœux de ses parents le pressant de se marier. S'il annonça un peu trop tardivement, à leur gré, qu'il avait trouvé chaussure à son pied en la personne de Marguerite Cerruti, il prit soin de consulter son père, lorsqu'il décida de s'en séparer et de demander le divorce. Plus tard – il avait tout de même trente-cinq ans à l'époque ! – il se justifia longuement auprès d'eux, même si c'est avec un brin d'humour, lorsqu'il déclina la possibilité de convoler dans un second mariage avec la fille d'une connaissance de son père : « Pour vous montrer que je suis loin d'être hostile à l'idée de me marier, j'ai accepté bien volontiers le rendez-vous que M. X m'a fixé il y a trois jours. Malheureusement et malgré mon vif désir de ne pas me montrer difficile j'avoue que je ne me sens pas le courage de finir mes jours aux côtés de sa fille... »

De manière plus classique, surtout quand il fit partie de cabinets ministériels, il s'efforça de prendre en compte les demandes d'interventions, assez nombreuses, formulées par son père. A sa sœur il déclarait le 8 novembre 1935 : « Je m'occupe de Monsieur X et de tous les protégés de papa. » Et il mena lui-même une petite expédition au ministère des Finances pour « déterrer » le dossier de pension de son père enfoui sous une pile. Rien n'est plus significatif que le soin tout particulier qu'il prit pour permettre à son père assez âgé de finir d'écrire un ouvrage d'histoire tournant autour de Saint-Andiol : *Le Grand Amour de Fouché* racontait comment le régicide, redoutable patron des polices sous Napoléon, tomba amoureux sur le tard d'une Ernestine de Castellane, originaire des environs. C'est le jeune Moulin qui traduisit un livre allemand, se rendit à la salle des manuscrits de la Bibliothèque nationale, lut, relut et corrigea le manuscrit de son père, trouva un éditeur, La Librairie Académique Perrin, discuta âprement le montant des droits d'auteur de l'ouvrage qui, sorti en 1937, fut relativement bien accueilli.

Jean Moulin, le lecteur l'aura compris, n'était pas fils d'archevêque. Il a grandi dans une famille de petits notables, un statut qu'Antonin devait plus à sa place dans la vie politique locale qu'à sa qualité de professeur de collège, plutôt méprisée par les notables de la viticulture. Un petit voisin, Marcel Bernard, ami d'enfance de Jean, lui-même fils de propriétaires viticulteurs, dit avoir été sensible à la fois à la solidité intellectuelle de la famille de son copain, plus cultivée que la sienne propre, mais aussi à la différence sociale entre les deux. Si la maison louée à Béziers était dépourvue de salle de bains (ce qui aurait été un luxe), si Jean, n'ayant pas de chambre, dormait dans le couloir, dans le salon trônait un piano, meuble essentiel de l'appartenance à la bourgeoisie. D'ailleurs Blanche avait « son jour » où, sans grand plaisir d'ailleurs, elle « recevait », en fait quasi exclusivement les femmes des collègues du professeur Moulin ; mais pour faire des économies, elle retournait le col des pardessus de son fils. Ce sont les fermages de deux petites propriétés autour de Saint-Andiol qui permirent aux enfants de faire des études secondaires : il faut se souvenir que celles-ci étaient payantes et qu'en 1913, on ne dénombrait en France que quelque 90 000 élèves des deux sexes, dans les collèges et lycées de l'enseignement public. Laure et Jean firent même des études universitaires, ce qui était un privilège dans cette France des années 1900. A Saint-Andiol, en vacances, les Moulin recevait la bonne société du voisinage, y compris le notaire. Les enfants avaient transformé un morceau de pré en un rectangle de terre battue qui leur servait de court de tennis, mais on ne fit pas la dépense, jugée excessive, d'un grillage pour arrêter les balles. Bref, c'était une aisance modeste, ce qui explique que Moulin jusqu'au milieu des années 30 ait connu continûment des problèmes d'argent, qui le contraignaient à « taper » ses parents ou ses amis proches. Ce statut social, Moulin n'en a pas rougi et, quand il put se mêler au grand monde, politique s'entend, il ne chercha pas vraiment à s'intégrer dans un milieu qui ne le fascina jamais.

*

Rien dans son enfance ne le signale à l'attention. Il se montrait indiscutablement doué en dessin. Comme cette activité n'entrait pas dans les cadres classiques de l'éduca-

tion petite-bourgeoise, nous serions d'autant plus tentés
d'y voir une certaine originalité qu'il aimait surtout la
caricature. Mais sans lui reprocher de n'être pas un jeune
génie, rien qui « détonne » non plus dans la pratique de
ce don, comme on peut le voir dans les collections du
Musée de Béziers. Ce n'était pas un fort en thème et,
malgré les efforts déployés par son père pour venir à bout
d'une certaine nonchalance scolaire, il n'obtenait que des
résultats médiocres et ses bulletins signalaient qu'il « ferait un excellent élève quand il se mettrait à travailler ».
Il décrocha tout de même ses deux bacs, ce qui n'était pas
rien pour l'époque (en 1914, il y eut 7 700 bacheliers),
mais sans mention. Il s'inscrivit, en septembre 1917, à la
faculté de droit de Montpellier et il obtint sa licence : au
début des années 20, les quinze universités ouvertes en
France en validèrent un peu plus de 2 000. Cet étudiant
parfaitement classique, toujours vêtu de façon strictement correcte – c'est d'ailleurs un point auquel il veillera
sa vie durant –, gardait une certaine réserve lors des
« monômes » et autres débordements estudiantins. Il est
vrai que son budget était modeste : il n'était pas boursier
et, tout en menant ses études, il travaillait comme attaché
au cabinet du préfet, ce qui lui procurait 140 francs par
mois, tout juste un peu plus que les 80 francs que lui coû-
tait sa pension. Notons encore qu'à cette époque il s'engagea peu politiquement, hormis un bref passage en 1921
aux Jeunesses laïques et républicaines, le mouvement de
jeunesse du parti radical.

Il peut paraître surprenant de pouvoir suivre ainsi ce
jeune homme sans parler de la Grande Guerre. Il n'avait
pas cherché à devancer l'appel comme d'autres le firent,
Pierre Cot notamment, préférant à dix-huit ans entamer
des études et devenir en même temps attaché de préfecture. S'il est mobilisé en avril 1918, donc à dix-neuf ans,
c'est que le Parlement venait de voter l'incorporation anti-
cipée de sa classe. Pour des raisons rétrospectives liées
aux choix qu'il fit ensuite durant la Seconde Guerre mondiale, ce point a été souvent souligné, notamment par

Daniel Cordier, puis Pierre Péan. Joëlle Beurier, dans une communication publiée dans le recueil *Jean Moulin, le plus illustre des Héraultais*, parlant de « réhabilitation », déplace la question en analysant les ambiguïtés d'une période de formation, visibles en particulier dans les caricatures, assez conventionnelles, qu'il consacre au thème de la guerre dans les années 15-16. Son raisonnement, qui ne nous a pas vraiment convaincu sur ce point, intéresse plus lorsqu'elle souligne subtilement que l'image du rebelle qui « s'engage » en 1940 déteint pour nous sur l'idée de « s'engager » en 1918, ce qui ne peut avoir le même sens.

Mais il est d'autres détails qui montrent ce jeune homme bien insensible à la dimension tragique de l'événement. Sans doute faut-il prêter attention, en relisant ses lettres, du moins celles qui nous ont été conservées, non seulement à l'existence de la censure, mais encore à la volonté, manifestée par tant de soldats, de ne pas effrayer leurs proches. Enfin, il faut rappeler que l'armistice était intervenu avant que son régiment, le 2ᵉ génie, envoyé en Lorraine, soit monté en première ligne. Une seule de ses lettres manifeste quelque conscience du drame, lorsqu'il décrit, après l'armistice, l'arrivée de prisonniers anglais dont la maigreur l'effraie. Le reste de son courrier illustre la mentalité d'un piou-piou de base, s'intéressant essentiellement au « rata » ou à la disparition d'un jambon dévoré par les rats. Et quelques semaines avant d'être démobilisé, donc après la fin de la guerre, alors qu'il n'y a plus ni censure ni crainte d'inquiéter les proches, son passage à Verdun ne lui inspire que des considérations singulières : « Avant de partir de Verdun, je me suis purgé avec du sel de magnésie. Ça m'a fait du bien. »

Au-delà d'une émotion personnelle, avoir porté l'uniforme pendant dix-huit mois, dont six alors que le conflit n'était pas terminé, avoir vu comme partout s'allonger la liste des jeunes morts, n'a suscité chez lui comme « effet générationnel » qu'un pacifisme qu'il partage avec une bonne partie de ceux qui ont vécu le violent traumatisme de la Grande Guerre. On peut lui reconnaître d'avoir eu l'honnêteté, n'ayant pas vraiment connu le feu, de ne pas se prévaloir de la qualité d'ancien combattant.

En veillant à ne pas tomber dans le travers d'une rétro-histoire contestable, on peut reprendre la question d'une autre manière. C'est peut-être beaucoup plus tard qu'il donne l'impression de regretter de n'avoir que frôlé l'événement majeur qui avait marqué sa génération. Dès la mobilisation de septembre 1939, il se démène pour être versé dans le service actif. Alors que lors de son passage au ministère de l'Air, il s'était fait affecter comme sergent à Issy-les-Moulineaux, à la base 117, il écrit à son ministre : « Célibataire, appartenant à la plus jeune classe de la 2e réserve, je continue à penser que ma place n'est point à l'arrière... » Et il dut batailler contre son ministère de tutelle pour revêtir l'uniforme ; le 14 décembre 1939, il annonçait avec grande satisfaction à sa mère : « Me voici depuis deux jours sous l'uniforme ; j'ai rejoint, le 13, la base 117, où je suis fort bien. » Mais le ministre de l'Intérieur Albert Sarraut, qui entendait garder à son poste un préfet qui passait pour efficace, le fit *illico* nommer « affecté spécial » en poste à Chartres. Allons plus loin, tout en étant très prudent, dans les explications qui peuvent être données de sa tentative de suicide du 17 juin 1940 : il n'est pas à exclure qu'il ait considéré, dans des circonstances sur lesquelles évidemment nous reviendrons, qu'il avait à se comporter comme un combattant à part entière, ce qu'il n'avait pas pu – ou su – être vingt-deux ans plus tôt.

*

Il pourrait paraître incongru de parler dans la foulée de sa vie affective, mais elle se caractérise, elle aussi, par un relatif conformisme, qui renforce l'impression de banalité un peu naïve que donne cette personnalité en formation. Il y eut, au départ, un grand amour déçu de jeune homme. Il s'était épris d'une jolie Jeannette, une lointaine cousine, fille d'un gros « limonadier » qui possédait notamment, à Montparnasse, Les Mille Colonnes, un établissement qui marchait fort. Il « fréquenta », en tout bien tout honneur, cette jeune personne qui le trouvait à sa convenance, mais au bout de quatre ans, lorsque son père vint dans les formes présenter une demande en mariage, il reçut une réponse négative au grand chagrin des deux amoureux. Antonin Moulin, en écrivant à Laure, explique ce refus par la situation professionnelle de son rejeton, qui n'était alors que chef de cabinet du préfet de Chambéry : « Les Autran qui ont la manie de grandeur (le père surtout) ne voudraient donner leur fille qu'à un sous-préfet. » Mais il est vraisemblable que les « espérances », comme on disait encore à l'époque, du prétendant paraissaient bien minces à notre limonadier, peu convaincu des satisfactions que pouvait offrir la carrière préfectorale.

Deux ans plus tard, devenu sous-préfet d'Albertville, Jean jeta son dévolu sur une jeune personne dont la mère, une riche veuve savoyarde, ne se montra qu'à demi séduite par son futur gendre. Le mariage se fit malgré tout. Le jeune marié s'efforçait d'épater Renée-Marguerite, par exemple en la promenant dans son Amilcar décapotable au point d'avoir un accident relativement sérieux dû à un excès de vitesse. Mais la dame s'ennuyait ferme à Albertville, et entendait passer une bonne partie de son temps à Paris. Moulin demanda le divorce, et c'est probablement son titre de sous-préfet qui lui permit de l'obtenir en deux mois, en juin 1928, au motif qu'en « mars 1928, il [le demandeur] avait fait avec celle-ci [la défenderesse] un voyage pour dissiper un malaise persistant qu'il sentait dans son mariage, que sa femme avait produit un futile prétexte de toilette pour rester quarante-huit heures de plus à Paris, laissant le mari rentrer seul à Albertville, où l'appelaient ses fonctions et que depuis son retour elle avait disparu sans laisser d'adresse ». Ce qui constituait aux yeux des juges une « faute grave » justifiant que le divorce pût être prononcé et « aux torts et griefs de la femme ». Pour un futur préfet, l'absence d'épouse n'était pas bien vue des ministres de l'Intérieur qu'ils fussent de droite et de gauche. Comme la réception des élites locales faisait partie des devoirs de sa charge, Moulin veilla à recruter des bonnes cuisinières, s'astreignit même à apprendre à cuisiner : il faut peut-être en conclure que, par là, il s'affranchissait quelque peu des conventions politico-sociales.

*

Reste à retrouver le jeune Moulin dans l'administration préfectorale. Il fit montre, et en l'occurrence rapidement, de qualités certaines. C'est son père qui, faisant fi des dons qu'il manifestait pour le dessin, l'avait incité vivement à choisir cette carrière plus rassurante. Il ne voyait pas son fils dans les affaires ni dans le professorat, excluant *a fortiori* la carrière militaire ; la préfectorale lui paraissait à la fois une manière militante de faire avancer le camp républicain et une voie d'avenir. On n'en était plus, comme dans un passé récent, à envisager de supprimer les préfets qui avaient été le bras séculier en province du second Empire, puis de la « République des notables ». Il semblait indispensable aussi bien à Combes qu'à Clemenceau de rendre plus efficaces ces rouages administratifs pour renforcer leur mission politique. Ils devaient ancrer la République, défendre et favoriser les « vrais républicains », notamment contre les menées réactionnaires et partant cléricales, comme le souligne en termes exprès une circulaire envoyée par Combes le 20 juin 1902. C'est dire que les influences partisanes jouaient leur rôle. D'ailleurs, jusqu'à une circulaire d'avril 1920, voire jusqu'à celle par laquelle Camille Chautemps, en octobre 1933, réorganisait la carrière de chef de cabinet et *a fortiori* d'attaché de cabinet, celles-ci dépendaient dans la pratique de l'appréciation du préfet. Ainsi lorsqu'un préfet était muté, son chef de cabinet pouvait se retrouver sans emploi.

Si l'on suit Laure, c'est le préfet de l'Hérault, Caussel,

qui aurait proposé à Antonin de prendre, en 1917, son fils qui commençait à peine son droit, comme attaché de préfecture. Il est plus vraisemblable que le père est allé solliciter un préfet politiquement proche et que celui-ci s'est montré sensible à la démarche de l'un des responsables de ce qui pouvait passer à l'époque, dans l'Hérault, comme le parti semi-officiel. D'ailleurs l'un de ses successeurs, Lacombe, prenait soin de noter, à l'usage du ministère de l'Intérieur, dans le rapport qu'il rédigeait sur le jeune Moulin, qui avait retrouvé son poste d'attaché à sa démobilisation en novembre 1919, qu'il était « du reste le fils d'un conseiller général de Béziers, très républicain, jouissant dans l'assemblée départementale d'une considération méritée et d'une influence justifiée par ses capacités et son dévouement au bien public ».

Si le renom de son père fit beaucoup pour donner l'impulsion de départ, le fils procura toute satisfaction ; son protecteur l'assurait : « Il a donné des preuves de dévouement, d'activité, de tact et d'un esprit politique avisé [...] il fera assurément un bon sous-préfet dès que ses études de droit seront terminées. » Si bien que Maurice Mounier, qui avait fait fonction de secrétaire général de l'Hérault, emmena Moulin comme son chef de cabinet, quand il devint préfet de Savoie. La promotion était plutôt flatteuse : Moulin avait alors vingt-trois ans. Dans ses nouvelles fonctions, homme de confiance pour ne pas dire Maître Jacques au service du préfet, son zèle fut jugé efficace. Arrêtons-nous un instant sur un questionnaire rempli par Maurice Mounier pour appuyer une demande de promotion, document qui montre ce qu'on attendait alors d'un sous-préfet :

Age et santé : 20 juin 1899. Excellente.
Pays d'origine : Béziers (Hérault).
Hygiène-tenue : Agréable. Tenue correcte et élégante.
Religion : catholique.
Situation financière : Pas de fortune personnelle.
Intelligence et jugement : D'une intelligence très dévelop-

pée et d'un esprit ouvert et averti. Possède un jugement très sûr et supérieur aux hommes de son âge.
Connaissances administratives : Développées pour sa situation.
Instruction générale : Développée.
Valeur professionnelle : Excellente.
Valeur morale : Absolue.
Caractère-décision : Droit et sûr. Montre dès maintenant beaucoup de décision.
Autorité et influence : N'a pu encore en obtenir que sur ses subordonnés dont il est apprécié.
Considération et relations : Très bien considéré dans un pays de relations difficiles.
Talent de parole-Style : N'a pas eu l'occasion de montrer le premier. Style clair, sobre et net.
Activité extérieure : Très actif.
Habitude du travail-Rapidité et régularité dans l'expédition des affaires : Travailleur, montre une très grande régularité dans l'expédition des affaires, qu'il comprend rapidement et expédie de même.
Antécédents politiques : Fils d'un républicain éprouvé, conseiller général de Béziers (Hérault) et lui-même un républicain sûr.
Direction actuelle : Républicain.
Droit à l'avancement : M. Moulin compte, avec ses services de mobilisation, sept ans et demi de services, qui lui ont permis d'acquérir une expérience et une autorité rares à son âge. Il fera un excellent sous-préfet ou secrétaire général. J'insiste pour qu'il reçoive à bref délai sa nomination.

Cet excellent rapport aurait sans doute emporté la conviction d'Abraham Schrameck, lui-même ancien préfet, sénateur de la gauche radicale et ministre de l'Intérieur du gouvernement Painlevé qui avait succédé à celui d'Edouard Herriot. Mais Moulin fit également donner – une pratique fort courante dans les rangs de la préfectorale et qu'il mit rapidement en œuvre – tous les appuis politiques susceptibles d'intervenir, comme en témoigne une lettre du 26 août 1925, que cite Laure : « Le préfet a, comme l'y a autorisé le ministre, écrit une longue lettre à M. Schrameck pour lui rappeler, à la veille du mouvement administratif, tout l'intérêt qu'il attacherait à ma nomination. Je crois qu'il est bon de faire intervenir une dernière fois les parlementaires. Aussi j'écris à MM. Pelisse et Caffort [sénateur et député de l'Hérault], qui sont peut-être encore à Paris, pour leur demander de rappeler à M. Schrameck les promesses qu'il leur a faites. De leur côté, Machet et Mollard [parlementaires représentant la Savoie], actuellement en Savoie, écrivent dans le même sens aujourd'hui même. Il ne serait pas mauvais, si M. Lafferre [Louis Lafferre était devenu sénateur] est à Paris, que papa lui envoie encore un mot pour le prier d'intervenir une fois encore auprès de Schrameck, qui le tient, paraît-il, en très haute estime. » La convergence d'une notation excellente et d'appuis nombreux a dû convaincre l'honorable Schrameck, puisque, en octobre 1925, Jean Moulin était nommé, à vingt-six ans, sous-préfet d'Albertville, une sous-préfecture classée de « troisième ». Il venait de franchir une étape décisive dans la carrière préfectorale.

Sans suivre pas à pas notre sous-préfet dans ses différents postes, disons juste que sa carrière évolua classiquement, confirmant la bonne impression qu'il avait donnée dès le début. Il passa cinq ans à Albertville, ville savoyarde de quelque 6 500 habitants, puis fut nommé dans une « deuxième » en 1930, à Châteaulin, petite cité de 3 800 habitants située à une trentaine de kilomètres de Quimper. Il resta trois ans dans le bourg breton, et après avoir passé quelques semaines dans un cabinet dirigé par Pierre Cot, il fut nommé pour deux mois à Thonon, en attendant une « première », poste qui se faisait rare depuis les suppressions décidées pour raison d'économie par Poincaré en septembre 1926. Il existait dorénavant 77 sous-préfectures de « première », 50 de « seconde » et 57 de « troisième » et il y avait pléthore de sous-préfets

atteints par les suppressions de postes. Jean Moulin
– comme ses amis et rivaux – surveillait de très près le
« mouvement », et dans ce travail de lobbying, il n'était
certainement pas le plus malhabile, attentif au point de
refuser à Cot de faire partie une deuxième fois de son
cabinet, car, comme il l'écrit à ses parents le 30 décembre
1932, « je tiens en effet à garder le contact avec Châteaulin. Je voudrais surtout pouvoir retourner en poste à Châteaulin pour avoir une première ». Et il obtient de Charles
Daniélou, qui désirait que le jeune homme continue de
surveiller « sa » circonscription, qu'il « s'engage à [lui]
faire obtenir une première », tandis qu'il s'assurait que
Cot ferait de même : « Il est bien entendu qu'il [Cot]
marche aussi à fond pour ma première. » Il est enfin
nommé dans cette fameuse « première », soit le département de la Somme, en juin 1934, comme secrétaire général jusqu'à ce que Cot le rappelle au ministère de l'Air.

Quelques-uns des discours qu'il eut à composer et prononcer nous sont parvenus grâce à Laure Moulin (voir
BN NAF 17 864 ; elle a reproduit certains d'entre eux dans
son *Jean Moulin*) et constituent donc un moyen, tout relatif, c'est vrai, d'apprécier ses qualités, sinon le personnage. La rédaction ne lui posait guère de problèmes, son
premier jet étant le bon – ses brouillons comportaient fort
peu de ratures – et la formulation était le plus souvent
précise et parfaitement claire. Cela dit, ses discours officiels sont – comme il convenait – fort conventionnels. Ils
ne comportaient évidemment pas la moindre critique des
choix faits par le gouvernement en place, d'autant que ses
propres idées étaient plutôt conformes à l'air du temps :
un pacifisme raisonné et la défense d'une idéologie agrarienne de gauche (politique protectionniste incluse). Il
apprit vite à ficeler rhétoriquement ses interventions, là
encore de façon tout à fait conforme : l'exorde était placé
sous le signe du préfet malheureusement retenu qui
aurait tant souhaité, etc. Après quoi, point de passage
obligé, tombait une avalanche d'adjectifs louangeurs sur
les épaules des parlementaires présents : ainsi Antoine

Borrel, président du conseil général de la Savoie, venait de prononcer un « discours magistral », et on entendait célébrer son « autorité, [son] intelligente activité, [son] dévouement inépuisable ». Etait saluée alors, toujours à grand renfort d'adjectifs « la belle ville de... » ou la « coquette cité de », qui avait la chance de se trouver dans ce bien « beau département » qu'était la Savoie. *In fine*, le sous-préfet ne manquait jamais de porter un « toast » toujours présenté comme « loyal » (à se demander comment un toast pourrait être pervers !) au président de la République, avec – il est vrai – des variantes et des gradations selon la personnalité qui occupait l'Elysée : Gaston Doumergue (1924-1931) paraît avoir été son préféré, au moment où, c'est vrai, jeune dans le métier, il accumulait les éloges pour saluer un « grand ami de l'agriculture », qui était aussi « un grand Français », et encore un « indéfectible républicain » et même un « homme d'Etat éminent qui incarne si bien les vertus de notre République française, qui incarne si parfaitement cette volonté d'une véritable concorde ». Paul Doumer (1931-1932) et Albert Lebrun (1932-1940) n'auront droit, ensuite, qu'à un « toast loyal et déférent ».

Ces toasts étaient portés lors des banquets qui clôturaient presque obligatoirement à l'époque toute manifestation publique. Ces agapes réunissaient, partout en France, des dizaines voire plusieurs centaines de participants, devant lesquels les hommes politiques déployaient le talent oratoire approprié, d'autant plus méritoire qu'on devait honorer en même temps et sans rechigner une succession impressionnante de plats et de breuvages. De Thonon, Moulin adressait à ses parents un compte rendu de sa dernière sortie publique : « Aujourd'hui, conseil d'arrondissement et banquet, bien entendu, copieusement arrosé, avant, pendant et après. J'avais perdu l'habitude des mœurs savoyardes et mon estomac a été mis à rude épreuve. » Ajoutons que, selon Jean-Baptiste Lucas, un de ses secrétaires à Châteaulin, comme il savait n'être qu'un orateur moyen, le trac lui nouait ledit estomac.

Une part importante du temps de notre sous-préfet était consacrée à la visite des maires de son arrondissement. Car s'il avait à défendre devant eux les mérites de la politique gouvernementale, il devait aussi pouvoir renseigner le préfet, et partant le ministère de l'Intérieur, de la manière la plus fine possible, sur l'évolution de l'opinion, surtout depuis le rétablissement, en 1928, du scrutin majoritaire d'arrondissement pour les élections législatives. Comme l'avait souhaité son père, il orientait son action dans le sens le plus « républicain » possible, nouant des relations privilégiées avec ceux qui combattaient la « réaction » ou le « conservatisme social ». Ainsi, dans une lettre à son père, il se félicite d'avoir pu prendre rapidement contact avec le docteur Lancien, président du conseil général du Finistère, « car c'est lui qui mène à peu près toute la politique républicaine du département ». Or en Savoie, et même dans le Finistère, pour s'en tenir aux deux sous-préfectures qu'il occupa le plus longuement, il dut éprouver quelque satisfaction à voir, dans son arrondissement, le candidat « républicain » l'emporter, au second tour, grâce à la « discipline républicaine ». En Savoie la gauche avait dû céder du terrain lors des élections de la Chambre bleu horizon en 1919 ; elle prit sa revanche en 1924, puisque les trois députés appartenaient au parti radical, bien implanté parmi les notables ruraux. Et la Savoie conserva la même couleur politique en 1928 alors que la droite l'emportait nationalement ; dans la circonscription d'Albertville-Moûtiers, c'est Antoine Borrel qui était élu au second tour grâce à un bon report des voix socialistes et même communistes, tandis qu'à Chambéry, Pierre Cot passait au premier tour, devançant Joseph Delachenal, le patron des droites. En Bretagne les élections de 1932 virent même les partisans des « Bleus », donc des « Républicains » majoritaires, résultat exceptionnel dans une région, contrôlée par des notables terriens, par une hiérarchie ecclésiastique particulièrement réactionnaire et où la « question religieuse » et en tout premier lieu la place de l'enseignement privé pesaient de tout leur poids. Mais la droite, affaiblie par le départ de Poincaré et par le mécontentement suscité par des mesures financières, se divisait localement, les socialistes progressaient et les candidats se réclamant de la mouvance radicale tiraient tout juste leur épingle du jeu. Ce fut le cas dans le Finistère, pour Charles Daniélou, vieux routier de la politique, qui avait occupé quelques postes ministériels, tout en passant d'une formation de droite à la gauche radicale. Cet engagement du sous-préfet, même s'il demeurait discret, comme l'exigeait sa fonction, lui valut dans le camp adverse des inimitiés certaines. Dans l'entretien qu'avait bien voulu m'accorder François de Menthon, il soulignait le contraste entre le personnage qu'il avait trouvé, en 1942, si peu sectaire et le sous-préfet Jean Moulin qui passait pour être vraiment partisan. En tout cas, son zèle déplut par exemple fortement à André Tardieu, président du Conseil d'une coalition de droite qui lui interdit carrément de se rendre entre les deux tours dans sa sous-préfecture, une décision rarissime ; c'est cet ukase que relatait Moulin à son père, avec un clin d'œil d'autant plus appuyé que ce dernier s'était rallié – comme une partie des radicaux – à l'Union nationale rassemblée derrière Raymond Poincaré : « Mon cher papa, Pendant qu'à Béziers tu soutenais la politique de M. Tardieu, ce même Tardieu voulait bien s'intéresser personnellement à ma modeste personne. N'ayant pu avoir la peau de Daniélou (qu'il avait juré d'avoir) il a voulu assouvir sa petite vengeance sur son sous-préfet. C'est pourquoi j'ai été convoqué par le ministre de l'Intérieur [Albert Mahieu, sénateur de l'Union démocratique et radicale dans le troisième ministère Tardieu] qui m'a reçu en personne ce matin. C'est un homme charmant qui a été extrêmement gentil avec moi et qui m'a paru très peiné qu'un homme de la valeur de Tardieu s'abaisse à de pareilles mesquineries. Il m'a approuvé pleinement pour mon attitude et m'a seulement demandé de rester à Paris jusqu'à samedi. Je n'ai prévenu personne à Châteaulin pour que mon départ ne puisse servir d'argument ni à un parti ni à un autre. Je n'ai vu d'autre part aucun parlementaire avant ma visite au ministre, pour ne pas avoir l'air de faire du chantage. Je n'ai qu'à m'en féliciter, étant donné l'attitude particulièrement amicale du ministre de l'Intérieur à mon égard. » Cette bien belle leçon de choses, qui montre comment on réussit à déjouer les pièges sans rien céder sur le fond, pourrait servir à la formation des impétrants sous-préfets. Au bout de sept ans de pratique, ayant acquis expérience et savoir-faire, notre jeune homme allait même prendre du galon, en obtenant – la victoire du Cartel aux législatives aidant – une « première », alors que les places étaient fort chères.

*

Il avait su, enfin, garder pour lui du temps libre. Il voulait, en tout cas, sinon être dans le vent, du moins ne pas se laisser encroûter. Ainsi, le 26 novembre 1928, il signale à son ami d'enfance, Marcel Bernard, une nouvelle importante : « Je vais suivre cet hiver à Chambéry des cours de danse avec un professeur qui vient de Genève et qui est – paraît-il – très bon et très au courant des nouveautés. Nous commençons demain. » Et s'il ne cachait pas à sa sœur que dans sa bonne ville de Châteaulin le temps passait très lentement, le sport et le dessin lui permettaient d'égayer sa vie de sous-préfet. Son long séjour savoyard l'avait incité à pratiquer très régulièrement le ski, ce qui n'était pas très courant chez ses honorables collègues, et sauf en 1943, tous les hivers le virent à Megève, à Val-d'Isère, voire, en compagnie de Pierre Cot, à Innsbrück. Son second hobby était la caricature. Elle lui avait permis, adolescent, de s'affranchir des contraintes de la vie scolaire, surtout quand son père s'en mêlait ; elle devint une sorte de jardin secret qu'il affectionnait tout particulièrement. Il s'intéressait à la peinture, sinon abstraite ou d'avant-garde, du moins moderne et quand il fut plus à l'aise financièrement, il acquit un certain nombre de toiles. Il s'est même essayé à peindre lui-même, mais si l'on suit le diagnostic éclairé de Daniel Cordier, sa peinture resta vraiment de facture médiocre. En revanche, il sut de manière précoce croquer les hommes politiques comme les scènes de la vie moderne. Il nous reste plus de 500 de ses dessins. Il les publiait sous le pseudonyme de Romanin, nom d'un château en ruine situé dans les Alpilles, entre autres bonnes raisons, pour échapper aux investigations malveillantes de son administration. Il était au demeurant assez éclectique dans le choix des journaux qui accueillaient ses caricatures : *Le Rire, En attendant, Le Carnet de la semaine, Le Journal amusant, Ric et Rac,* évidemment, mais quelques-unes de ses œuvres furent publiées dans *Candide* et *Gringoire,* à une époque où ces deux hebdomadaires n'étaient pas encore aussi engagés à l'extrême droite qu'ils le seront dans les dernières années avant la guerre. Non seulement il attachait de l'importance à la publication de ces caricatures mais quand il eut réalisé huit eaux-fortes pour illustrer *Armor,* un recueil de poèmes de ce poète à demi maudit qu'était Tristan Corbière, il éprouva une grande fierté à les voir exposées, en 1936, au Salon de la société nationale des Beaux-Arts, comme il le confie à Laure : « Je ne sais pas si je t'ai dit que les eaux-fortes et les pages typographiques d'*Armor* seraient exposées au salon d'Automne. C'est un succès. » C'est cet investissement sur la peinture qui l'amena à enrichir un bagage culturel qui était plutôt mince au sortir de ses études. Si bien qu'à Châteaulin, il participait à des cénacles où l'on parlait littérature et expositions. Il se lia notamment à Max Jacob et à Saint-Pol Roux. On doit à Laure d'avoir conservé quelques traces de ces connivences. Au sortir d'un dîner, le premier se fendait d'un quatrain :

> *Je suis ce soir, la chose est claire,*
> *L'heureux meunier du Finistère*
> *J'ai le moulin de Pont-Aven*
> *Et le Moulin de Châteaulin.*

Quant au second, le poète symboliste connu notamment pour sa *Dame à la faux*, il regrettait en vers le départ du sous-préfet :

> *Mon cher frère en le Soleil,*
> *vous n'êtes pas oublié, que nenni...*
> > *Ce fut écrit sur la*
> *dune aux immortelles que foulèrent vos pas.*
> *Par ma fille et par moi veuillez recevoir*
> *les vœux fervents de la Bretagne quittée.*
> *Peut-être y reviendrez-vous un jour en quali-*
> *té de préfet : ce que nous souhaitons à*
> *Vous ainsi qu'à nous*
> > *Votre vieux poète affectueux,*
> > *Saint-Pol Roux.*

Si ces vers de circonstance ne prétendaient pas – on l'aura compris – révolutionner l'art poétique, ils montrent que le sous-préfet avait ses entrées dans ces cercles cultivés, où on parlait rarement politique et encore moins administration. Il s'efforçait de passer autant de temps qu'il le pouvait à Paris : secrétaire général de la Somme, il avait quasiment monnayé une grande disponibilité contre la promesse d'une « permission » hebdomadaire parisienne, comme il l'écrivait à ses parents : « Il est à peu près entendu avec mon préfet que je pourrai y [à Paris] aller une fois par semaine, dans l'avenir. » Il avait pris petit à petit ses habitudes dans le Paris des noctambules et des artistes, souvent, semble-t-il, en compagnie galante ; par exemple « au Dôme entre 3 et 4 heures du matin. Montparnasse for ever ! » ; il fréquentait théâtres et expositions, sensible à la modernité, comme il l'écrit, en avril 1930, à Marcel Bernard : « J'avais vu à mon dernier voyage la rétrospective Pissarro, un ensemble magnifique de toiles qui donne une idée de la valeur du peintre...Vu également une très intéressante exposition d'art nègre au théâtre Pigalle. »

*

Moulin, la trentaine venue, pouvait se dire que ses années de formation étaient dorénavant derrière lui. Il avait réussi dans une carrière en faisant preuve de quelque habileté et il lui était permis d'envisager avec assurance l'étape qui allait se présenter : le passage dans les cabinets ministériels.

3

L'entrée en politique

Si comme sous-préfet, Moulin avait pu connaître les enjeux politiques et les affrontements qui faisaient partie de la vie d'un arrondissement, tout au plus d'un département, dès 1932, et surtout sous le premier gouvernement Blum, il prenait, en participant aux cabinets ministériels auxquels il fut appelé par Pierre Cot, une vue plus globale de la vie politique, ce qui permet d'apprécier ses réactions aux moments clés de cette période. Pour autant Moulin n'abandonnait pas la carrière qu'il avait choisie, reprenant son poste de sous-préfet lorsque Cot n'était plus au gouvernement. Mais elle changeait de dimension. D'ailleurs ces expériences feront de lui, à trente-sept ans, le plus jeune préfet de France nommé d'abord à Rodez à deux reprises, puis à Chartres.

*

Au tout début de sa carrière, Moulin – on l'a dit – avait bénéficié de la protection de plusieurs préfets, qui, comme Caussel ou Lacombe, appréciaient la surface politique d'Antonin Moulin à Béziers. Plus tard Charles Daniélou, devenu à nouveau ministre, s'était intéressé à Jean, mais avait préféré le laisser en place pour surveiller discrètement sa circonscription comme sous-préfet de

Châteaulin. Ce fut Pierre Cot qui fit entrer Jean Moulin en politique.

Appartenir à un cabinet impliquait d'avoir été repéré soit grâce à des relations personnelles ou pour sa réussite professionnelle, ce qui était le cas de Moulin. Après quoi, en règle générale, on demeurait fidèle à l'écurie du patron au sort duquel on se trouvait, de fait, lié. Sans doute, à cette époque, faire partie d'un cabinet ne conférait pas un pouvoir comparable à celui conquis par les conseillers sous la République pompidolienne et accru par la suite sous Valéry Giscard d'Estaing (se reporter à René Rémond, Aline Coutrot, Isabelle Boussard, *Quarante ans de cabinets ministériels*, Presses de la Fondation nationale des sciences politiques, 1982). Reste que travailler aux côtés d'un ministre permettait, même alors, d'étoffer son carnet d'adresses, d'acquérir des relations très variées, bref de se distinguer. Bien entendu, on était étiqueté ; mais, à tout prendre, quand on avait de l'ambition, en tout cas celle de faire une belle carrière dans la préfectorale – ce qui était le cas de Moulin, nous l'avons déjà souligné – mieux valait afficher discrètement son drapeau, plutôt que de rester dans une stricte neutralité.

La rencontre de Jean Moulin et Pierre Cot était celle de deux ambitions provinciales, l'une visant une consécration préfectorale, l'autre – de manière précoce et continue – un destin national. Les deux hommes avaient quatre ans de différence, mais cet écart minime comptait dans la mesure où Cot s'était engagé dès 1914 et avait combattu tout au long d'une guerre qu'il finissait comme lieutenant, décoré de la Légion d'honneur à titre militaire, avec ce motif : « Jeune officier qui s'est signalé par sa crânerie et son sang-froid. Toujours volontaire pour les missions les plus périlleuses. Cinq citations. » Cela dit, tous deux, nés après 1895, entendaient défendre des valeurs liées à la jeunesse, à la modernité, jusque dans leurs loisirs, qu'ils passaient tous deux sur les pistes de ski. Comme chef de cabinet du préfet de Savoie, et plus encore lorsqu'il avait été sous-préfet d'Albertville, Moulin avait pu suivre la réussite de celui qui fut élu député en 1928. Dressant un tableau politique de la Savoie, dans une lettre destinée à son père, avant les élections législatives de 1928, il soulignait que dans la circonscription de Chambéry-Nord se présentait « un jeune et brillant avocat du barreau de Paris, originaire du canton de Chamonix... ». Quelques semaines plus tard, lors d'un « banquet républicain », donné à Albertville en l'honneur d'un élu radical, Antoine Borrel, Moulin n'hésite plus à saluer la présence de Cot en des termes qui allaient au-delà des compliments convenus en pareille circonstance : « C'est pour moi, également une grande joie de célébrer à ses côtés le nouveau et déjà si populaire député de Chambéry, M. Pierre Cot, à qui je souhaite la plus amicale bienvenue dans mon arrondissement et on ne m'en voudra pas si je lui dis que sa récente et belle élection honore le suffrage universel. »

Ecrivant à Laure le 18 avril 1967, Pierre Cot revenait sur les circonstances de leur rencontre : « J'ai connu Jean lorsqu'il était sous-préfet d'Albertville en 1927. Nous sommes devenus amis durant l'hiver 1928 au moment des élections. Il m'a beaucoup aidé dans ma campagne. » François de Menthon, qui militait alors dans les rangs de la démocratie chrétienne, a confié à l'auteur que cette connivence irritait fortement les adversaires de Cot : ils trouvaient, de surcroît, que le jeune sous-préfet, beaucoup trop arriviste, traînait une réputation d'homme à femmes. Pierre Cot ajoutait dans la même lettre à Laure : « A partir de cette époque-là nous sommes devenus amis intimes [...]. Jean et moi avions bien des goûts en commun. D'abord le goût de la montagne et des sports d'hiver. Ensuite nos idées politiques concordaient absolument. Je n'ai jamais senti de différences dans nos opinions... » En fait, leur amitié a sans doute mûri plus lentement que ne l'écrivait rétrospectivement Pierre Cot, car Moulin – qui d'ailleurs n'était pas homme à se lier sur un coup de tête – parlait encore, le 5 mars 1933, du « sympathique ministre de l'Air », termes qui ne servent pas à qualifier un ami personnel.

Pierre Cot avait tout pour séduire, si l'on en croit ses contemporains : son intelligence vive, une capacité de travail étonnante, des dons oratoires exceptionnels (alors que ceux de Moulin étaient, on l'a dit, modestes), en firent très tôt une étoile montante de la jeune classe parlementaire. Bardé de diplômes, premier à l'agrégation de droit, reçu à la fois premier secrétaire à la conférence de stage du barreau de Paris et second à celle des avocats au Conseil d'Etat et à la Cour de cassation, avant de réussir tout aussi brillamment auprès d'avocats de renom, c'était de surcroît un homme plein d'énergie, convaincu qu'il fallait adapter au monde moderne la vie politique comme la vie sociale. Jeune catholique de droite visiblement plein d'avenir, il avait été remarqué par Poincaré. Il se présenta lors des législatives de 1924 dans les Hautes-Alpes, comme le candidat du Bloc national, justifiant alors l'occupation de la Ruhr par les forces françaises et prônant une stricte politique de rigueur budgétaire. Battu, mais avec un score très honorable, il fit dorénavant campagne en Savoie, glissant progressivement vers le centre gauche, ce qui s'accordait, certes, avec son intérêt électoral, mais aussi avec un attachement très profond à la cause de la sécurité collective, sur les pas de Briand. S'il restait patriote, la Grande Guerre avait suscité chez lui, outre un antimilitarisme classique, à savoir une profonde défiance à l'égard des officiers supérieurs, un pacifisme vivace : « Pour ma part, je ne conçois la politique que comme une action de tous les instants contre la guerre » (*Le Réveil des gauches*, le 15 novembre 1930, cité par Sabine Jansen, *Pierre Cot, un antifasciste radical*, Fayard, 2002).

Devenir briandiste de cœur le rapprocha de la gauche, dans les années 1923-1925. Cette évolution, qui suivait la mise en veilleuse de sa pratique religieuse, devait favoriser le rapprochement entre lui et Moulin, sous-préfet d'Albertville, surtout au moment où Cot fut candidat aux législatives de 1928 en Savoie. L'appui de Daladier leva les quelques difficultés que fit le parti radical pour lui accorder son investiture. Les élections furent favorables, au plan national, à la coalition poincariste, mais, contre toute attente, Cot l'emportait au premier tour. En quelques années, il s'était fait une place en politique, grâce à des protections qui comptaient, celle de Poincaré d'abord, qui lui conserva sa bienveillance, puis celle de Daladier. Il faisait partie d'un groupe de jeunes radicaux – on parlait alors des « jeunes turcs » – qui gravitaient autour de ce dernier – tels Gabriel Delattre, Jean Zay, Pierre Mendès France. Et comme l'écrit Sabine Jansen, « entré par effraction au sein de son nouveau parti, Pierre Cot en devient bientôt l'une des figures importantes ». Elu maire de sa commune de Coire, puis conseiller général de Montmélian, sa réélection en 1932 fut quasi triomphale avec plus de 60 % des suffrages exprimés au premier tour. En 1932, les électeurs, sanctionnant l'échec de la politique économique de la droite menée par André Tardieu, menèrent à la victoire le Cartel des gauches : toutes les formations de la gauche non communiste progressaient au premier tour et profitaient de la « discipline républicaine » pour l'emporter, le 8 mai 1933, avec 335 élus – parmi lesquels les radicaux étaient majoritaires – contre 260. Mais cette gauche restait trop désunie pour gouverner efficacement. A l'extrême gauche, campait le parti communiste, marxiste-léniniste « bolchevisé » : avec l'arrivée de Maurice Thorez comme secrétaire général, le PCF s'alignait sur la stratégie de « la patrie du socialisme » stalinienne, ce qui excluait toute alliance avec les « sociaux-traîtres » et donc tout désistement au nom d'une prétendue « discipline républicaine ». Quant à la SFIO, qui retrouvait quelques couleurs, pour limiter les effets fâcheux de la scission du mouvement ouvrier au congrès de Tours, elle s'en tenait à un marxisme orthodoxe, refusant le réformisme social-démocrate. La direction éprouvait du même coup des difficultés à gérer le double héritage, républicain et marxiste, hésitant sur la conduite à tenir à l'endroit des autres forces de gauche.

Au point que, en 1933, une nouvelle scission fit partir les « néo-socialistes » qui, autour de Marcel Déat, préconisaient une nouvelle stratégie pour gagner les classes moyennes et ceux qui poussaient la SFIO à prendre ses responsabilités en participant à des gouvernements de gauche. La puissance des radicaux n'était plus celle qu'ils avaient connue en 1900. Le combat pour la laïcité pouvait encore faire recette, comme le projet d'école unique impliquant la gratuité de l'enseignement secondaire, mais le parti était incapable de trouver des solutions neuves aux problèmes économiques récurrents provoquant l'échec politique, en 1924-1925, d'Edouard Herriot. C'est contre cet immobilisme que s'était développé, au début des années 30, le mouvement « Jeune Turc », contenu par les caciques du parti. Rappelons encore pour expliquer les difficultés parlementaires que, à la différence de la SFIO et *a fortiori* du PCF, les radicaux n'imposaient aucune discipline de vote : chacun votait comme bon lui semblait.

Cette situation politique entraînait une forte instabilité : cinq ministères, de mai 1932 à février 1934, tombaient sur les problèmes budgétaires. La droite, comme certains radicaux, soutenait la déflation, refusant toute dévaluation : ils se conformaient d'autant plus à l'orthodoxie libérale de l'époque qu'ils ménageaient les rentiers échaudés par la dévaluation de fait du franc Poincaré en 1926. Inversement, les socialistes refusaient toutes les économies budgétaires faites aux dépens des salariés et particulièrement des fonctionnaires.

Rien d'étonnant donc à ce que Edouard Herriot, à nouveau président du parti radical depuis 1931, chargé de former le gouvernement, tombe sur la question du remboursement des dettes aux Etats-Unis. En décembre 1932, Albert Lebrun appelait Joseph Paul-Boncour, un homme de gauche mais qui venait de rompre avec la SFIO parce qu'elle refusait de voter les crédits militaires. Partisan déterminé de la sécurité collective, il avait beaucoup apprécié les interventions de Pierre Cot aussi bien devant la commission des Affaires étrangères qu'à la SDN, et il en fait son sous-secrétaire d'Etat aux Affaires étrangères. Jean Moulin, le 20 décembre 1932, commentait la situation à l'intention de son père : « Vous avez appris la formation du ministère et vu que Daniélou avait décroché la timbale [il était ministre de la Santé publique]. *Qui aurait cru ça il y a quelques mois* [...] ? Car ses ennemis et, hélas, aussi ses amis avaient déclaré qu'il ne serait plus jamais ministre, puisque Briand avait disparu. Il a fort heureusement plus d'un tour dans son sac. Très satisfait aussi de voir Pierre Cot dans l'équipe. » Trois jours plus tard, il annonçait : « J'ai été appelé ici par Pierre Cot qui me prend comme chef adjoint de son cabinet. Il me l'a proposé spontanément le lendemain même de la formation du ministère et la chose s'est faite en plein accord avec Daniélou [cet élu de la gauche radicale qui comptait sur Moulin pour surveiller ses intérêts dans la circonscription de Châteaulin] que je ne voulais nullement mécontenter. »

Mais le gouvernement tomba dès le 28 janvier. Il s'ensuivit un petit intermède significatif de la volonté de Moulin de ne pas sacrifier la possibilité d'obtenir une « première territoriale » ; il écrit à ses parents le 31 janvier : « Restant dans un cabinet, il m'était difficile de conserver ma sous-préfecture et il était extrêmement dangereux pour moi à la veille de ma nomination à la première classe de lâcher cette précieuse monnaie d'échange. » Retournant donc dans sa sous-préfecture de Châteaulin, il déclina dans un premier temps la proposition de Cot de le suivre dans le ministère à part entière, celui de l'Air, offert par Daladier ; entre-temps, il fut nommé en mai 1933 en Haute-Savoie, à Thonon, ce qui n'était toujours pas la « première » espérée. Ce n'est qu'après avoir reçu toute garantie pour sa carrière, qu'il se laisse à nouveau tenter comme il l'écrit à sa sœur le 16 juillet : « Encore du nouveau dans ma situation. Pierre Cot que j'ai vu à Paris et que j'ai revu hier à Chambéry, où on donnait un banquet en son honneur, m'a demandé de revenir avec lui. Le chef de cabinet est appelé à un autre emploi et il est à peu près certain que je le remplacerai... Rien cependant n'est définitivement arrêté et il ne faut en parler encore à personne. »

En fait, c'est le 7 octobre 1933 que Jean Moulin se retrouva dans le cabinet de Pierre Cot, qu'il suivra dorénavant dans les hauts et les bas de sa carrière politique, retournant à sa carrière d'origine dans les intervalles. Après l'émeute du 6 février 1934, Cot entama une sorte de traversée du désert jusqu'à la victoire électorale, en mai 1936, de la coalition de « Rassemblement populaire ». Après la première démission de Blum en juin 1937, Cot resta dans les gouvernements Chautemps, dont les socialistes allaient pourtant se dégager, et accepta dans le second de quitter le ministère de l'Air pour celui du Commerce (ce que la droite interpréta comme une preuve d'échec). Et après que Blum eut tenté en vain, en mars 1938, de constituer un gouvernement d'union nationale, à la formation du cabinet Daladier le 12 avril 1938, Cot quitta définitivement les allées du pouvoir.

A ces diverses étapes de sa carrière ministérielle, Pierre Cot s'entoura d'une équipe d'apparence hétérogène, car elle avait été choisie sur des critères plus personnels que partisans, mais qui se révéla à l'usage plutôt soudée. Il chercha à amalgamer civils et militaires autour du non-conformiste général Jauneaud, et fit en sorte que des juristes comme Henri Puget (son directeur de cabinet, un compagnon d'agrégation de droit, devenu maître des requêtes au Conseil d'Etat) et André Garnault (brillant avocat d'affaires qui avait été son secrétaire), tous deux centristes et plutôt portés à freiner le mouvement, fassent bon ménage avec des hommes plus engagés qui entendaient ancrer le cabinet à gauche. Parmi ces derniers, à côté de Jean Moulin, on trouvait Pierre Meunier, rédacteur au ministère des Finances, recruté en 1936, s'occupant à titre de « secrétaire particulier » de Cot, de son courrier et de sa circonscription électorale. La cohésion du cabinet tenait à la personnalité de Pierre Cot qui s'imposait par son intelligence, sa puissance de travail, la volonté de faire avancer les choses et un sens de l'écoute qui tempérait son autoritarisme. C'était bien lui le Patron.

Moulin paraît avoir particulièrement apprécié cette vie. Dans une lettre du 18 novembre 1933, adressée à Laure, il notait déjà : « Le milieu de l'aviation – j'entends les pilotes – est infiniment agréable. Ce sont des gens qui exposent tous les jours leur vie et qui ont de ce fait une simplicité et une autorité qu'on trouve difficilement ailleurs. J'ai dans mes attributions des questions très attachantes : les raids, records, etc. les terrains de tourisme et toutes les questions politiques et les travaux parlementaires. Tu vois que le domaine est vaste. Malgré cela je tiens bien le coup et je me porte à merveille. » Si nous manquons de documents épistolaires pour les années du Front populaire, les témoignages concordent pour souligner que Moulin joua un rôle important. Ainsi, dans sa déposition devant le juge d'instruction, diligenté par la Cour suprême de justice instaurée par Pétain pour juger les ministres qui auraient trahi les devoirs de leur charge (on préparait le procès de Riom), Henri Puget témoignait en ces termes : « Il [Moulin] exerçait une influence certaine sur l'esprit du ministre avec lequel il avait des rapports personnels très étroits. Il était de notoriété, dans les milieux ministériels, et en particulier à la présidence du Conseil et aux Affaires étrangères, que je représentais auprès de M. Cot une tendance pondératrice ; ce n'était aucunement le cas de M. Moulin, avec qui toutefois je n'ai pas eu de difficultés personnelles. » Celui-ci exerçait les fonctions politiques classiques dévolues à l'époque au chef de cabinet. De plus, grâce aux liens privilégiés d'amitié et de connivence idéologique qui le liaient à son ministre, il était un élément moteur – et d'autant plus à gauche qu'il avait moins que son patron à tenir compte des réactions des électeurs de Chambéry. Mais il jouait aussi, administrativement, un rôle stabilisateur, mettant de l'ordre dans la gestion parfois fantaisiste du cabinet et remplaçant son chef amené, pour des raisons d'ordre privé, à s'absenter assez souvent.

L'équipe finit même par former une sorte de bande de copains. En axant le propos exclusivement sur le politique, on en viendrait à oublier le fait que, jusqu'en 1940 au moins, Moulin était un compagnon gai, plein d'humour, taquin, toujours prêt à des blagues de potache : Nena Cot a raconté qu'il lui arrivait de tirer, comme un gamin, une suite de sonnettes à quatre heures du matin ! Nombre de témoins interrogés s'accordent à dire qu'il « était un homme de la vie ». Avec le charme de ses trente ans, il aimait séduire et sa gentillesse lui valait des succès – même si elle a paru à certains témoins faire de lui « un sentimental naïf ». De Megève, il écrit à son ami Marcel Bernard (qui a remis la lettre relatant ce haut fait à l'auteur) que pour mettre dans son lit une jolie femme esseulée et n'habitant pas la station, il lui avait fait le coup de la voiture qui n'existe pas, précisant même à son correspondant le prix de la bouteille de champagne qu'il avait dû offrir (ce qu'on n'est pas obligé de trouver d'un goût exquis). Il retrouvait sa réserve pour indiquer à ses parents, le 18 avril 1934, où se trouvait son logement parisien (jusqu'alors il descendait chez son ami Mazauric) : « Je viens de prendre un petit studio, pas très cher et bien situé, dans le même quartier que mon ami Mazauric. C'est 26 rue des Plantes, 14e. C'est évidemment dans un quartier populaire un peu excentrique (traduisez : loin du centre). Mais c'est dans une maison neuve, très haut, avec une très jolie vue. D'autre part, l'autobus passe devant, ce qui est un avantage... » Il se gardait de préciser le caractère un peu équivoque de cette garçonnière que le prédécesseur avait tapissée de toile cirée noire et ornée de glaces nombreuses, disposées de façon surprenante.

Qu'on ne l'imagine pas saisi par la débauche. Mais il fréquentait dorénavant des cercles politico-mondains et dînait souvent chez Gabriel Delattre, un avocat, député radical, ami de longue date de Pierre Cot, célibataire très en vue, aimant lui aussi profiter de la vie. Laure réduit la

vie sentimentale de son frère à des passades soigneusement tenues à l'écart de sa vie professionnelle. Cette vue
un peu austère est sans doute celle d'une sœur possessive.
Nous savons que ses relations avec Antoinette Sachs, qui,
elle, connaissait la moitié du Tout-Paris et se voulait une
femme de gauche, ne furent jamais simples : elle s'éprit
progressivement de lui, tout en demeurant l'égérie du
poète Géraldy. Une liaison plus inattendue, la plus
longue, sans doute, et qui ne le rendit pas fidèle pour
autant, avec une dame prénommée Gilberte, ne fut
connue que de quelques amis. Pierre Péan (in *Vies et
Morts de Jean Moulin*, Fayard, 1998) a reconstitué à peu
près la vie pleine d'aventure de cette personne à la quarantaine éblouissante, dont Moulin fut fort épris, même
si certains ont trouvé ultérieurement que son intelligence
ne valait pas sa beauté. Née en Alsace allemande, on la
retrouve à Saint-Pétersbourg aux bras d'un officier de la
Garde impériale qu'elle épousait en France, après avoir
quitté la Russie révolutionnaire. Veuve, elle se remariait
avec un Ralph Lloyd, fort riche, qui l'emmena à Manille.
Elle divorça de cet homme brutal qui la battait grâce aux
bons offices de Maître Delattre. Dans la correspondance
de Moulin, on trouve, le 29 septembre 1940, lorsqu'elle
franchit la ligne de démarcation, cette seule allusion :
« Vous avez dû recevoir de mes nouvelles par Madame
Lloyd. »

Nous sommes évidemment plus enclins à nous occuper
de sa vie politique. Jean Moulin ne regretta pas ce passage
dans l'entourage ministériel de Cot et encore moins
d'avoir eu Pierre Cot comme patron. Si leurs routes politiques allaient cesser de se croiser, comme nous le verrons, en octobre 1941, Moulin lui conserva une fidélité
sans faille, si bien que les attaques et les insinuations
répétées de la droite extrême contre celui que les hommes
de l'*Action française* avaient surnommé le « galopin sanglant », l'accusant faussement d'avoir donné l'ordre de
tirer sur les manifestants du 6 février 1934, l'incitèrent à
le défendre avec vigueur. Et d'abord à le soutenir. Termi-

nant une lettre déjà citée, il donne les précisions suivantes : « Après avoir réglé les dernières questions qui le retenaient à son poste, nous sommes partis tous les deux pour la Savoie et nous nous sommes arrêtés pour quelques heures ici [à Thonon], où je ne suis pas encore remplacé [...] Demain nous allons à Chambéry. Nous irons ensuite dans quelques chefs-lieux de canton de sa circonscription. Ensuite nous partirons nous reposer aux sports d'hiver, en Suisse ou en Autriche. Je pensais venir vous retrouver pour quelques jours à Béziers. Mais vous comprendrez que je ne puisse actuellement l'abandonner [...] » Plus tard, devenu préfet de l'Aveyron, il avait tenu à réfuter point par point un article de *L'Union catholique* du 12 octobre 1938, signé de Pierre Fau qui, sous le titre « Oui ou non M. Pierre Cot avait-il pris ses précautions ? », avait accusé le ministre d'avoir, en prévision d'un nouveau conflit, choisi de se planquer en passant de l'aviation dans l'artillerie. Il terminait sa lettre fermement : « Une telle attitude dans le passé [référence aux citations conférées au sous-officier puis officier Pierre Cot] s'appelle peut-être "prendre ses précautions". Je souhaite simplement que ceux qui portent des jugements sur M. Pierre Cot aient pris autant de "précautions" que lui. » La polémique menaçant de se développer, Paul Ramadier, député néo-socialiste de Decazeville, était intervenu pour que le chanoine Touzery, propriétaire de fait de *L'Union catholique*, y mette un terme. Plus tard encore, devant l'un des juges d'instruction de la Cour suprême de justice de l'Etat français dont nous avons parlé et sur laquelle nous reviendrons, il défendit sans la moindre réserve son ancien patron. Et Daniel Cordier se souvient que lorsque, dans une discussion, il avait lui-même accusé Cot d'avoir naufragé la flotte aérienne française – c'était le reproche classique adressé par l'extrême droite – il s'était fait vivement rabrouer par son patron, devenu « Max » en Résistance.

Symétriquement tout porte à croire que Pierre Cot était satisfait de la manière dont Moulin s'acquittait de ses nouvelles fonctions, comme, entre autres manifestations de satisfaction et d'amitié, l'exprimait déjà une lettre écrite le 3 décembre 1936 : « Mon cher ami, je viens de renouveler ma proposition pour le ruban rouge. Je suis heureux de vous manifester ainsi de nouveau ma reconnaissance pour votre collaboration et mes sentiments affectueux d'amitié. » Moulin, qui tenait beaucoup à être fait chevalier de la Légion d'honneur, pouvait télégraphier, le 26 février 1937, à ses parents : « Décoré Légion d'honneur. Affections. Jean. » Au titre du ministère de l'Air, était promue « Officier Mme Marie-Louise Bastié, pilote aviateur [que Moulin avait accueillie au Bourget après qu'elle eut battu le record de vitesse sur la ligne Natal (Brésil)-Dakar] », étaient nommés chevaliers : « Germain, directeur général des lignes nord-africaines, Levaux, entrepreneur de Travaux publics, Moulin Jean, chef de cabinet du ministre de l'Air ».

*

Comment situer politiquement Moulin ? Si sa participation aux cabinets de Pierre Cot fournit une bonne indication, il n'est pas inutile d'évaluer ses réactions face à trois événements majeurs des années 30 : le 6 février 1934, le Rassemblement populaire, la crise de Munich.

Son comportement politique n'avait rien de particulièrement original. Cet homme de gauche non marxiste réagissait en « républicain » jacobin du Midi, pour qui l'affrontement majeur, depuis la grande Révolution, se jouait entre la gauche et la droite. Son imaginaire politique était avant tout bipolaire et ce qu'il pouvait reprocher à son père, c'était de prendre le risque que se dilue la gauche dans une conjonction des centres qui ferait le jeu de la droite. Pour autant, il ne fut pas tenté par l'extrême gauche. Rien n'indique qu'il ait pu être attiré par le marxisme, *a fortiori* par le marxisme-léninisme. Et s'il fut attentif à la « question sociale », il récusait l'idée qu'elle puisse se résoudre par une nouvelle révolution de type prolétarien. Plus tard, en Aveyron, c'est bien à tort qu'on le considéra comme un « préfet rouge ». On ne s'étonnera pas qu'il n'ait même pas frayé avec la SFIO qui pouvait lui apparaître comme un parti trop idéologisé, voire trop sectaire, et où de surcroît il fallait militer longtemps avant d'obtenir des responsabilités. Ajoutons que le pacifisme quasi inconditionnel que prônaient toujours les socialistes au début des années 30 était bien trop systématique, même pour un ancien briandiste. En outre, professer au début des années 30 un engagement militant à l'intérieur de la SFIO interdisait pratiquement la possibilité de faire une belle carrière dans la préfectorale. Il se retrouva donc dans la mouvance radicale, sans pour autant être encarté. Il est frappant de constater que, mise à part une très courte période de sa jeunesse où il avait eu une responsabilité locale dans les jeunesses radicales, il n'éprouva pas le désir de s'engager de manière partisane. Et contrairement à ce qui est couramment écrit, nous avons vérifié que Moulin, à la différence de son père, n'a appartenu à aucune obédience maçonne, alors qu'il était idéologiquement proche du Grand Orient, y compris par son agnosticisme.

Cela étant, il était intimement convaincu que l'ordre républicain, auquel – ses fonctions de sous-préfet aidant – il était très attaché, devait être maintenu, par tous les moyens. Or, les factieux, pour l'heure, provenaient des rangs de la droite extrême, comme on le voit lors des événements du 6 février 1934, qui présentent d'autant plus d'intérêt que Moulin a relaté très précisément dans une lettre ce que la majorité des historiens considèrent comme une émeute – sanglante il est vrai. Le gros des manifestants voulaient empêcher le vote d'investiture d'Edouard Daladier, président du Conseil pressenti depuis le 27 janvier, après la démission du radical Camille Chautemps. Ils avaient convergé en fin d'après-midi vers la place de la Concorde. On ne saurait simplifier en parlant de manifestation fasciste. On y retrouvait des activistes de l'ultradroite (militants d'Action française, des

Jeunesses Patriotes, de la Solidarité française) à côté des
adhérents ou électeurs venus de la droite extrême (cette
fraction de la droite parlementaire qui bascule facilement
dans l'extrémisme), des anciens combattants (communistes de l'ARAC – qui n'ont pas joué un rôle décisif – et
surtout militants de la fédération droitière de l'UNC),
enfin des hommes politiques, des conseillers municipaux
parisiens particulièrement marqués à droite. Car à Paris
les droites voulaient inverser dans la rue le résultat des
élections de 1932, d'autant que les radicaux, que l'on
accusait de trahison pour avoir préféré la tactique du Cartel des gauches, s'étaient montrés incapables, on l'a dit,
de faire face aux problèmes pendants. Deux détonateurs
avaient cristallisé les mécontentements. Depuis le 24 décembre l'Action française exploitait très efficacement l'affaire Stavisky, une affaire banale du nom d'un escroc de
haut vol qui avait bénéficié de bien des protections,
affaire où s'imbriquaient argent et politique impliquant
des personnalités appartenant presque toutes au parti
radical. Le deuxième détonateur, c'était la mutation de
Jean Chiappe, préfet de police depuis sept ans, auquel les
socialistes reprochaient son indulgence systématique à
l'égard de la droite extrême, alors que les militants de
gauche se faisaient bastonner.

   La bataille contre l'investiture d'Edouard Daladier se
joua en deux lieux bien différents : à la Chambre, les
députés de la droite extrême, emmenés par Philippe Hen-
riot et Georges Scapini, se livrèrent dans un climat d'une
intense violence à des manœuvres de retardement qui,
vers 20 heures, se conclurent tout de même, au troisième
vote, par l'investiture du président pressenti avec une
majorité de 360 voix contre 220. Entre-temps, la place et
plus encore le pont de la Concorde étaient depuis
17 heures le théâtre d'affrontements sanglants entre
manifestants extrémistes et gardiens de la paix renforcés
par des gardes mobiles, mais en nombre insuffisant. Jean
Moulin qui faisait la navette entre les couloirs de la
Chambre et les abords du Palais-Bourbon a été le témoin

oculaire du combat qu'il relate (l'intégralité de la lettre est à consulter à la Bibliothèque nationale), six jours plus tard, à ses parents : « Ceux qui les premiers sont descendus dans la rue les armes à la main, supportent une grande responsabilité. Mardi soir, je suis resté deux heures, de 6 à 8, sur le pont de la Concorde et j'ai pu voir avec quelle sauvagerie les Croix de Feu [cette assertion est erronée car François de La Rocque, leur chef, leur avait donné l'ordre de se tenir sur la rive droite, avant de les inciter à se disperser] et les Camelots du Roi chargeaient les gardiens de l'ordre désarmés. C'est par dizaines qu'on emportait les blessés dans les rangs des gardes mobiles et des gardiens de la paix. Les gardes républicains à cheval étaient désarçonnés par les émeutiers qui tranchaient les jarrets des chevaux avec des lames de rasoir. J'ai vu aussi que les premiers coups sont partis des émeutiers [ce qui paraît exact et c'est seulement ensuite que le directeur de la police a fait faire par clairon les sommations d'usage]. » A 2 h 30 du matin, on avait relevé 15 morts (dont un garde mobile), 1 435 blessés (655 parmi les manifestants) dont 57 l'avaient été par balles.

La formation d'un gouvernement Doumergue, un radical très centriste, flanqué il est vrai d'Edouard Herriot présenté comme la caution de la gauche, et surtout lesté d'hommes de droite (Tardieu, Flandin, Laval, sans omettre Philippe Pétain qui se voulait « apolitique »), finissait certes par faire retomber la fièvre dans la rue. Mais aux yeux de Jean Moulin « la chose la plus regrettable dans tout cela, c'est que le chef du gouvernement responsable [Daladier] n'ait pas rétabli l'ordre comme c'était son devoir ». Pour la première fois dans l'histoire de la IIIe République la classe parlementaire cédait à la rue. Dans la même lettre, son jugement était critique : « Nous avons vécu ces derniers jours à Paris, des heures de fièvre et hélas ! d'écœurement : impuissance parlementaire [...] spectacle lamentable du faux énergique qu'est Daladier, veulerie et affolement du président de la République [Albert Lebrun]. » On peut le juger sévère à l'égard de Daladier. Que « le taureau du Vaucluse », comme l'avait surnommé l'Action française, fût plus velléitaire qu'il ne passait pour l'être n'est pas faux. Mais s'il était acculé à la démission alors qu'il entendait tenir bon, c'est que le 7 au matin, nombre de hauts responsables de l'administration et bien des caciques du monde politique lui conseillaient fortement, après l'avoir soutenu dans la nuit, de se retirer. Et Pierre Cot, pour sa part, après avoir préconisé la proclamation de l'état de siège, lui donnait ce même conseil de démissionner. Moulin aurait pu regretter cet avis qui pesa comme celui du ministère de l'Intérieur, Eugène Frot, qui, la veille, était lui aussi partisan de l'instauration de l'état de siège. Dans la lettre écrite à ses parents le 12 février 1934, Moulin s'en tint aux faits et gestes du ministre de l'Air, le 6, pour souligner que « au milieu de tout cela, Pierre Cot a été l'un des rares à garder son sang-froid, prenant toutes les mesures en ce qui concerne la sécurité aérienne – qui à aucun moment n'a été troublée ».

Le deuxième événement à retenir concerne la formation du Front populaire. Si les droites parlementaires, revenues au pouvoir au lendemain du 6 février, parvenaient aisément à contenir la droite extrême, au scandale de ses jeunes militants qui feront de cette « trahison » une référence majeure, elles n'offraient aux hésitants aucune solution pour faire face ni à la tension internationale grandissante ni aux difficultés économiques récurrentes. On comprend que le regroupement des partis de gauche ait pu paraître une solution alternative. Mais il fallut du temps. Le PCF, échaudé par la victoire de Hitler, puis très inquiet depuis l'émeute du 6 février, redoutant qu'on aboutisse au déclenchement prématuré d'une guerre contre l'URSS, avait bien proposé, sur l'ordre exprès du Komintern, après sa « conférence nationale d'Ivry », de s'allier non seulement avec les forces « antifascistes » à la base (ce qui était banal), mais surtout aux responsables des autres mouvements et partis, une nouveauté. Et après que la SFIO se fut en juillet ralliée à un pacte d'unité d'action, Maurice Thorez, prônant en octobre un « Front populaire », faisait ouvertement des avances au parti radical et n'hésitait pas à proclamer « l'alliance des classes moyennes avec la classe ouvrière ». Quelques mois, plus tard, en mai 1935, Staline, profitant de la venue à Moscou de Pierre Laval chargé de parapher un traité de non-agression franco-soviétique, levait un autre obstacle majeur à l'unification de la gauche, en déclarant qu'il comprenait et approuvait pleinement la politique de sécurité menée par la France.

Cependant, tout en ayant des ministres dans les gouvernements successifs, les radicaux menaient simultanément deux démarches. D'un côté Herriot s'efforçait de mettre en œuvre une politique centriste dont profitaient, en fait, autant les hommes de droite que les radicaux. De l'autre Daladier, après la poussée électorale de la gauche aux municipales de mai, prenait progressivement en charge une délégation des gauches, menée par le PCF et la SFIO, qui organisait une célébration commune du 14 juillet 1935 qui fit quelque bruit. Bon gré, mal gré – car les décisions prises au congrès d'octobre à la salle Wagram étaient ambiguës à souhait –, l'option d'un rassemblement populaire finissait par l'emporter chez les radicaux. Avec le soutien déclaré du PCF, qui voulait parvenir à un accord coûte que coûte, ils avaient imposé comme conditions qu'on en reste à une ligne minimale, soit une fédération de partis allant à la bataille électorale, chacun pour leur compte, sans programme autre que le slogan « pain, paix, liberté », en tout cas récusant tout front réellement antifasciste, même si la dissolution des ligues les plus bruyantes avait été approuvée par tous. Une minorité du parti valoisien (21 députés sur 157), emmenée par les « Jeunes Radicaux », derrière Jean Zay, Marc Rucart et Pierre Cot, adhérait au Rassemblement populaire et entendait, au-delà d'une alliance électorale, œuvrer pour renouveler en profondeur la vie politique, modifier progressivement la donne sociale, tout en sauvegardant la paix.

Même si nous manquons de professions de foi précises de sa part en faveur du Front populaire, il fait peu de doute que Moulin épousait la démarche et les thèmes de cette aile gauche radicale, convaincu des dangers liés aux menaces de ces « fascistes » de l'intérieur qui n'avaient pas vraiment désarmé. Le fonds Laure Moulin déposé à la Bibliothèque nationale conserve la trace de cet engagement explicite aux côtés de Blum. Au conseil général de l'Aveyron, le 19 avril 1937, face à un auditoire hostile, il était très clair : « J'ai vécu trop près d'un personnage consulaire, à qui le pays doit aussi beaucoup, pour ignorer le rôle que M. Ramadier joue dans les Conseils gouvernementaux [il était alors sous-secrétaire d'Etat aux Travaux publics], pour ne pas connaître l'intérêt que présentent pour notre économie et pour notre défense nationale les recherches qu'il poursuit et les mesures qu'il fait adopter. Qu'il veuille bien me permettre de saluer plus spécialement en lui le collaborateur d'un gouvernement qui a su, en quelques mois, sous la conduite d'un chef qui a accru le prestige de sa fonction, apporter plus de bien-être et plus de justice chez les travailleurs, activer la reprise économique et redonner à notre pays sa vraie place dans le monde, au premier rang des grandes démocraties. »

Le troisième événement qui mérite qu'on s'y arrête est la crise internationale qui aboutit à la signature des accords de Munich. Il est incommode, faute de sources autres que quelques discours versés par Laure à la Bibliothèque nationale, de suivre avec la précision voulue l'évolution de l'attitude de Moulin sur l'ensemble de la période face au choix dramatique entre le maintien de la paix et le fait d'admettre la nécessité de la guerre. Dès le milieu des années 20, dans les discours qu'il prononça lors d'inauguration de monuments aux morts, il faisait entendre le pacifisme professé par nombre d'anciens combattants : il fustigeait « l'abominable guerre », son cortège de souffrances et de deuils. Il célébrait ces morts « tous héros de 20 ans » qui eurent raison de partir car

« jamais cause ne fut plus juste », puisqu'il leur fallait « défendre l'existence et l'indépendance de la patrie ». Son briandisme allait se renforçant, comme l'illustre l'allocution prononcée en avril 1932, devant le monument aux morts de Huelgoat. Il se référait à Aristide Briand (qui venait de disparaître), affirmant que lui « qui prétendit n'être qu'un homme de bonne volonté [...] sera devant l'Histoire un des plus grands serviteurs de l'humanité ». A travers Briand, Moulin exprimait une confiance raisonnée dans l'action en faveur de la sécurité collective, formulée dans la trilogie : arbitrage, sécurité et désarmement. Ce qui exclut à ses yeux tout « révisionnisme », à savoir l'idée qu'il fallait réviser les traités de paix : « La France entend qu'on ne discute pas la valeur des traités qui ont été la conclusion logique et équitable de la guerre. C'est là une question de moralité internationale. Si nous permettions qu'on répudie les signatures librement consenties, si nous laissions s'accréditer à nouveau la théorie du "chiffon de papier" [En 1914, le chancelier Bethmann-Hollweg traitait en ces termes, devant l'ambassadeur britannique, le traité de 1839 garantissant la neutralité de la Belgique] nous serions, je crois, sévèrement jugés par ceux qui seraient appelés à nous succéder. » A ses yeux, le rôle de la SDN semble plus indispensable que jamais : « Je voudrais simplement dire à ceux qui, de bonne foi, accusent d'impuissance l'organisation de Genève et proclament la vanité de ses efforts : oui, certes, les événements tragiques qui se déroulent à l'autre bout du monde semblent vous donner raison ; oui, le canon gronde et le sang coule en Extrême-Orient [en septembre 1931, l'armée japonaise avait envahi la Mandchourie, avant de créer l'Etat fantoche du Mandchoukouo, ne suscitant que des réactions dérisoires du conseil de la SDN]. Faut-il pour cela fermer la SDN et mettre sur la porte "fermé pour cause de faillite" ? Eh bien non ! j'estime tout au contraire que si elle n'existait pas, c'est maintenant qu'il faudrait la créer. » Et pour gagner « cette paix que nous appelons de tous nos vœux mais que nous voulons dans la sécurité et dans la dignité », il croyait encore possible de mobiliser toutes les bonnes volontés : « Sans nous abandonner à un pacifisme fait de basse démagogie, aussi méprisable pour un peuple digne de ce nom qu'un nationalisme outrancier, travaillons à organiser la paix avec sagesse, avec méthode, avec fermeté pour qu'à jamais soit banni le spectre de la guerre... »

Mais dans le même temps, il ne méconnaissait pas les desseins expansionnistes inhérents aux régimes fascistes qui exaltent la guerre. Les faits sont là : avec la conquête de l'Éthiopie par les troupes italiennes à partir d'octobre 1935, l'envoi de « volon taires », d'abord italiens, puis allemands, pour soutenir les rebelles franquistes, l'annexion de l'Autriche par le Reich – l'Anschluss – en mars 1938, la sauvegarde de la paix imposait des choix de plus en plus difficiles : c'est la crise de Munich.

Dans la nuit du 29 au 30 septembre 1938, à Munich, ceux que l'on a caricaturés comme « le club des charcutiers » – soit Hitler, Mussolini, Neville Chamberlain et Daladier – procédaient au dépeçage de la république tchécoslovaque née en 1918 : Hitler, sans coup férir, s'emparait de la partie septentrionale de la République tchèque, la région des Sudètes. Cette annexion concluait un mois de tension pendant lequel Hitler alternait menaces guerrières et promesses rassurantes, ce qui avait amené Neville Chamberlain, champion de l'*appeasement*, à le rencontrer le 15 septembre à Berchtesgaden, puis le 22 à Godesberg. Lors de cette seconde entrevue, les exigences de Hitler avaient rendu la guerre imminente au point que le gouvernement français avait rappelé, le 24 septembre, 753 000 réservistes.

Munich bouleversa les données politiques : au vieil antagonisme entre la gauche et la droite s'ajoutait – mais sans forcément s'y superposer – un clivage entre « pacifistes » munichois et « bellicistes » (comme les baptisaient leurs adversaires) antimunichois. Beaucoup de Français furent « munichois », moins qu'on ne l'écrit souvent, en majorité sans nul doute. Parmi les antimunichois, on distingue trois familles d'esprit : les plus nombreux venaient du parti communiste, menant avant tout un combat antifasciste ; un petit nombre de nationalistes de droite entendaient lutter contre l'expansionnisme allemand ; un mélange composite de démocrate-chrétiens, de socialistes (derrière Léon Blum), et de radicaux (derrière Cot, notamment), estimait que le meilleur moyen de défendre la paix était de tenir tête à Hitler et d'honorer les engagements pris par la France à l'égard de la République tchèque. Du côté des « munichois », quatre groupes : des intellectuels et des syndicalistes, pacifistes intégraux ou radicaux, professant qu'il « vaut mieux vivre Allemand que mourir Français » selon la formule de l'époque ; des militants de la CGT et de la SFIO, pacifistes d'inspiration plus politique, pour qui le maintien de la paix devait provoquer la fin de l'hitlérisme ; autour de Daladier, on défendait la thèse du répit nécessaire qui permettrait à la France, en état d'infériorité militaire, de se renforcer ; enfin des néo-pacifistes de la droite extrême, l'Action française en tête, demeurés, eux, militaristes, partisans naguère d'une politique musclée à l'encontre de l'Allemagne, récusaient dorénavant toute guerre « idéologique » contre le fascisme qui profiterait au bolchevisme. Il faut ajouter à cette typologie classique les munichois d'un jour ou de quelques semaines, qui évoluèrent, après avoir éprouvé ce soulagement immédiat qui fit écrire à Léon Blum dans *Le Populaire* du 1er octobre : « Il n'y a pas un homme et pas une femme en France pour refuser à N. Chamberlain et à E. Daladier leur juste tribut de gratitude. La guerre est écartée. Le fléau s'éloigne. On peut reprendre son travail et retrouver son sommeil. On peut jouir de la beauté d'un soleil d'automne... »

Dans les lettres adressées par Moulin à sa mère et à Laure, nous ne trouvons malheureusement que quelques allusions à la crise de Munich jusqu'à la mi-septembre et aucune indication sur ses propres sentiments. Le 7 septembre il écrit : « Ici [à Rodez], j'ai trouvé un peu d'énervement dans les milieux officiels mais le plus grand calme

dans la population. On attend, on espère malgré tout. »
Le 16, au lendemain donc de la rencontre de Berchtesgaden, il s'adresse à Laure : « Ici, tout le monde est son poste
et nous attendons les événements, en espérant que l'apaisement viendra enfin. » Et puis, déception pour l'historien, une nouvelle lettre datée du 21 ne dit rien sur
l'évolution de la situation internationale. Laure, mais
aussi Pierre Meunier (dans une lettre adressée à Daniel
Cordier le 28 mars 1987, citée dans le deuxième volume
de *L'Inconnu du Panthéon*, p. 666) ont déclaré que Moulin
était tout sauf un « pacifiste bêlant » et qu'il avait adopté
une « position foncièrement antimunichoise ». Son chef
de cabinet à Rodez, Georges Brottes, ou encore Louis
Dolivet, ont affirmé eux aussi qu'il était antimunichois.
Ces témoignages – tous postérieurs à la guerre – datent
d'une époque où il ne semblait plus très honorable d'avoir
été munichois même d'un jour : il allait sans doute alors
de soi d'attribuer à Jean Moulin la lucidité des antimunichois qui pressentaient que céder à Hitler n'éviterait nullement la guerre.

Mais deux documents contemporains laissent le lecteur
plus perplexe. Dans le rapport personnel adressé pour le
mois d'octobre 1938 au ministre de l'Intérieur (consultable à Rodez dans les archives du cabinet du préfet, 2M
21), Moulin corrigeait le brouillon proposé par Georges
Brottes qui avait écrit : « Durant tout ce mois, la population a suivi avec attention l'évolution de la situation politique en Europe centrale », y substituant ces termes :
« ... la population qui avait accueilli avec un grand soulagement le dénouement pacifique de la crise internationale... » Ajoutons que dans sa réponse au président du
conseil général, lors de sa deuxième session du 3 novembre 1938, le discours qu'il tint résonne également
dans une tonalité proche de la thèse du répit. Le début de
son intervention soulignait le soulagement éprouvé par
tous les Français : « Tous ceux qui ont connu les horreurs
de la dernière guerre, tous ceux qui ont mesuré ce que
pourrait être la guerre moderne, avec son caractère total,

ont vu s'écarter avec une joie émue le cauchemar sanglant d'une nouvelle conflagration. » Sans doute, n'omet-
tait-il pas de regretter, mais en quelques paroles, que
« l'abandon des principes de sécurité collective nous ait
contraints à de douloureux sacrifices », sans dire un mot
ni des Allemands ni des Tchèques, ajoutant qu'il « est vain
de récriminer sur le passé ». Suivait alors un assez long
développement sur la nécessité de lutter contre la crise
morale et l'exaspération des passions pour que « la paix
soit désormais étayée et renforcée ». Si son discours n'exprimait aucune des motivations géostratégiques et idéologiques qui ont mobilisé nombre de Munichois, sa tonalité
n'était pas explicitement antimunichoise.

Un préfet doit sans doute s'écarter le moins possible de
la ligne gouvernementale. Mais Moulin savait également
ajouter sa patte personnelle quand il l'estimait nécessaire,
ce qu'il n'a pas fait en cette occasion. Ce qu'on peut retenir, surtout si on la compare à la netteté de ses prises de
position face aux dangers que pouvait présenter la droite
extrême, c'est probablement la relative ambivalence de
ses réactions dans cette crise. Il n'est pas à exclure qu'il
ait été « munichois d'un jour ». D'ailleurs, Pierre Cot lui-
même, s'il n'a pas dissimulé ses sentiments immédiatement antimunichois, avait choisi de s'abstenir lors du
vote pourtant emblématique du 4 octobre 1938, valant
approbation des accords de Munich. Cela étant, il fait peu
de doute qu'il faille ranger ensuite Moulin dans le camp
des antimunichois déterminés. Faisons le parallèle avec
un autre discours officiel qu'il prononça, à Chartres le
5 mars 1939, avant le premier coup de Prague qui consacrait le dépècement ultime de la République tchèque. Il y
fustigeait toute tentation de realpolitik qui déboucherait
sur un nouvel abaissement des démocraties libérales :
« Dans un temps où, de par le monde, les valeurs spirituelles, les principes de libéralisme, la dignité même de la
personne humaine sont constamment bafoués au nom de
je ne sais quel réalisme politique, ce n'est pas sans émo-

tion qu'on peut évoquer la figure de [Marceau, le général qu'on fêtait ce jour-là]. »

*

Après ce long détour nécessaire, pour comprendre l'état d'esprit du jeune Moulin en politique, il reste à le voir à l'œuvre dans les tâches qui lui incombaient durant le gouvernement Blum. En mai 1936, la coalition des mouvements se réclamant du « Rassemblement populaire » l'avait emporté aux législatives, grâce à une discipline électorale efficace. Pour cette victoire âprement disputée – et qui ne fut pas un raz de marée en faveur du Rassemblement populaire –, la discipline électorale, y compris dans les campagnes, avait, entre les deux tours, joué en faveur de la gauche, recueillant 1 200 000 voix de plus que la droite, alors que la différence avait été de 900 000 aux élections de 1932. Les contemporains furent surtout attentifs aux reclassements sortis des urnes pour les trois grands partis membres de la coalition. La nouvelle ligne adoptée par le PCF faisait de ce qui risquait de devenir un groupuscule le parti qui gagnait à gauche le plus de voix : près de 680 000. Le parti radical payait ambiguïtés et atermoiements avec une perte de 570 000 voix. Quant à la SFIO, avec un gain relativement modeste d'à peine 200 000 électeurs, elle était la formation qui en avait attiré le plus grand nombre. Les socialistes, ne voulant pas être accusés de dériver vers le réformisme, s'étaient jusqu'alors gardés d'approcher les allées du pouvoir. Léon Blum, pour éviter des scissions, avait distingué la conquête révolutionnaire du pouvoir, son exercice (à la condition que le parti soit majoritaire), et son occupation (mais sans sortir de la légalité) pour le cas où l'extrême droite se ferait particulièrement menaçante. Le comité directeur de la SFIO estima au vu des résultats et de l'évolution de la conjoncture, qu'on était dans le cas de figure d'un exercice-occupation du pouvoir, et que le parti et Blum devaient prendre leurs responsabilités.

Le refus du PCF de participer au gouvernement laissait 13 ministères et sous-secrétariats d'Etat aux radicaux. Il était logique que Cot fût du nombre : il avait été réélu au premier tour (sans concurrent socialiste), il s'était nettement engagé du côté du Font populaire et passait pour l'un des leaders des « jeunes radicaux ». On lui confiait un ministère à part entière, celui de l'Air, un ministère qu'il connaissait déjà, qui avait de l'importance compte tenu de la montée des tensions internationales, et dans lequel il y avait beaucoup à faire. Pierre Cot avait accepté sans hésiter et pris Jean Moulin comme chef de cabinet, en lui confiant des fonctions spécifiquement politiques, les contacts avec les parlementaires, les relations avec les organisations ouvrières, la mise sur pied d'une aviation populaire, avant de le charger, dès le mois de juillet, d'aider clandestinement l'Espagne républicaine.

Quand Pierre Cot prit possession de son ministère, depuis trois semaines, déjà, la France était secouée par les premières grèves. La signature de l'accord (dit accord Matignon) sur l'augmentation des salaires et l'élargissement des conventions collectives n'empêchait pas une deuxième vague de grèves puis, malgré le vote de la semaine de 40 heures et des deux semaines de congés payés, une troisième, la base tenant à vérifier que les termes des accords étaient bien respectés. Ces grèves touchaient 12 000 établissements du secteur privé, et s'accompagnaient, ce qui était nouveau du moins en France, de 9 000 occupations d'usine. Antoine Prost a montré (« Les grèves de mai-juin 1936 revisitées », *Le Mouvement social*, juillet-septembre 2002) qu'il s'agissait moins de la dégradation des conditions de vie que de l'augmentation des cadences sous l'effet du taylorisme, des abus des petits chefs. L'occupation, souvent festive, ne visait pas l'expropriation ou un contrôle ouvrier, mais constituait plutôt une prise de gages, une affirmation vis-à-vis de la hiérarchie.

Or c'est précisément dans une usine d'aviation, celle des établissements Breguet au Havre, que démarra, le 11 mai, la première occupation d'usine, pour protester contre le renvoi d'un ouvrier qui avait fait grève le 1er mai. A compter du 20 mai, la quasi-totalité des entreprises d'aviation privées étaient touchées. Les responsables politiques du Front populaire allaient tout faire pour freiner l'extension de ce mouvement dont Blum disait qu'il « ne le considérait pas comme légal », recevant le soutien de Thorez affirmant le 11 « qu'il faut savoir terminer une grève, dès que satisfaction a été obtenue ». Pierre Cot s'en tiendra à cette ligne, déclarant nettement aux grévistes, le 7 juin, que « la grève ne doit pas être un mouvement politique ». Avec l'aide de Jean Moulin il négocia immédiatement et parvint à conclure, dès le 7, ce qu'il appela « un petit Matignon ». Il laissa ensuite à son chef de cabinet le soin d'ajuster l'augmentation des salaires après les décisions prises au plan national. Comme secrétaire général du département de la Somme, Moulin avait eu à connaître des conflits en 1935. Il avait alors alternativement employé méthode forte et souplesse dans la négociation. En juin 1936, il paraît avoir privilégié une attitude flexible, en veillant à recevoir toutes les délégations ouvrières qui le désiraient. De fait, l'occupation des usines cessa dans presque tous les établissements d'aviation qui avaient pourtant, en mai, donné le ton.

La mise sur pied d'une « aviation populaire » a pu paraître à Moulin une entreprise plus facile à mener. Cette volonté de démocratiser la pratique aéronautique n'obtint pourtant pas le succès escompté. Pierre Cot, appuyé par les communistes, était très attaché à la promotion d'une aviation pour tous, notamment les jeunes, sans distinction de classe. Dès la fin juillet, il en confiait la responsabilité politique à Jean Moulin qui manifestait de l'enthousiasme pour un projet démocratique marqué de modernisme. En arrivant au ministère de l'Air, Pierre Cot avait trouvé des aéro-clubs à la structure élitiste et pour partie contrôlés par les associations d'anciens combattants dominées par le Parti Social Français. Ce PSF, qui avait succédé aux Croix de feu de François de

La Rocque après leur dissolution, avait bénéficié avec Mermoz d'un militant fort populaire. Dans un numéro spécial de *Vu*, consacré à l'aviation (cité par Daniel Cordier, *Jean Moulin l'inconnu du Panthéon*, tome 2, p. 519), Moulin qualifiait la démarche en ces termes : « Il s'agissait de faire cesser une injustice sociale qui réservait aux seuls privilégiés de la fortune les joies du sport aérien, de donner aux masses les moyens de le pratiquer largement et, par une grande sélection dès l'enfance [on avait même songé à sensibiliser les petits Français au sport aérien dès l'école primaire], de rajeunir et renforcer notre personnel aérien... »

Mais, après un accueil plutôt favorable, l'opération suscitait bien des oppositions : celle des dirigeants des aéro-clubs qui se voyaient concurrencés, celle des officiers de réserve qui perdaient des heures de vol, celle des hommes de droite, regroupés dans la « Fédération aéronautique Jean Mermoz » prônant « L'aviation pour tous », mais criant à la politisation, celle de militaires regrettant que l'on forme des pilotes incapables de servir dans l'armée de l'Air. Bref, si cette politique contribua dans une certaine mesure au développement de l'aéronautique, elle n'allait pas survivre à la décision prise par le successeur de Cot, le radical Guy La Chambre, qui, en avril 1939, pour faire taire les critiques, transforma l'Aviation populaire en une préparation militaire aérienne des plus classiques. A la grande déception de Moulin, si l'on en croit sa sœur. Il avait déjà accusé le coup quand, en août 1937, dans la course Istres-Damas-Paris qu'il avait organisée, épreuve fortement médiatisée et à laquelle participaient treize appareils, les trois Italiens arrivés nettement en tête avaient distancé l'Anglais et encore plus les trois Français. A l'époque le public se passionnait pour les records établis notamment dans la traversée de l'Atlantique, aussi cet échec fut-il immédiatement porté au débit de l'équipe Cot, non seulement par la presse d'extrême droite mais encore par le public. Durant les mois qui suivirent la défaite, dans le flot des critiques déferlant sur le Front populaire, la polémique devait resurgir avec une autre ampleur, Pierre Cot étant accusé d'être le responsable du délabrement de l'armée de l'Air.

D'une portée plus politique fut la mission confidentielle donnée par Pierre Cot à Moulin d'être l'un des artisans de l'aide apportée par le gouvernement aux républicains espagnols. Deux remarques préalables. D'une part comme ce soutien est vite devenu un secret d'Etat, il a laissé peu de traces écrites et c'est pourquoi des zones d'ombre subsistent encore (le premier à en parler ouvertement, mais en termes généraux, et sans citer évidemment Moulin, fut Pierre Cot, en 1944, dans *Le Procès de la République*). D'autre part, s'il est acquis maintenant que Jean Moulin a joué un rôle important dans l'entreprise en faisant partie du très petit comité secret mis en place par Léon Blum pour apporter une aide effective aux républicains, il serait erroné de lui accorder une place démesurée.

Rappelons que les 17 et 18 juillet 1936 éclatait en Espagne, devenue républicaine en avril 1931, un putsch, fomenté par des militaires, sous la direction des généraux Sanjurjo et Franco, provoquant le soulèvement d'un certain nombre de garnisons. Depuis les élections de février, un gouvernement se réclamant du Frente Popular s'efforçait de contrôler une situation rendue difficile par les vives tensions sociales (notamment agraires) et politiques : les droites qui avaient remporté les élections de novembre 1933 entendaient prendre une revanche, tandis que la coalition du Front populaire était minée par des dissensions. Ce putsch contré à Madrid, Barcelone, Valence et dans de grandes villes, mais recevant le soutien très actif de l'Eglise catholique, des grands propriétaires fonciers et de la droite extrême finit, à la fin de l'été, par plonger l'Espagne dans une guerre civile particulièrement atroce. Si jusqu'à l'automne 1937, les républicains continrent leurs adversaires, ils perdirent pied progressivement, jusqu'à la chute ultime de Madrid en mars 1939.

L'attitude qu'adopta la France allait beaucoup compter. *A priori*, le soutien d'un gouvernement du Front populaire était acquis aux républicains espagnols, d'autant que la France avait tout à perdre à voir s'installer sur ses frontières méridionales, en lieu et place d'une République même un peu chaotique, un régime autoritaire ne cachant pas ses sympathies pour les pays fascistes. Dans un premier temps, répondant à la demande officielle d'un soutien immédiat formulée par un gouvernement légal et de surcroît ami, tous les ministres s'accordèrent à appliquer les clauses de l'accord commercial franco-espagnol signé en décembre 1935, livrant notamment une vingtaine d'avions de guerre, qui aidèrent à contrer la première attaque franquiste sur Madrid. Mais en quelques semaines, le gouvernement français passait de l'aide directe et inconditionnelle à une aide indirecte et conditionnelle imposée par le choix de la « non-intervention », puis à l'aide souterraine ou clandestine dite de la « non-intervention relâchée ». Léon Blum violemment pris à partie par la presse de la droite extrême (*Action française* et *Echo de Paris*, en tête) prenait conscience à la fois des fortes réserves émises par le gouvernement conservateur britannique – or, il tenait fortement au renforcement d'un axe Paris-Londres – et des risques d'éclatement de sa majorité, puisque bon nombre de radicaux, soutenus par les présidents des chambres et par le président de la République, s'opposaient nettement à une aide inconditionnelle au gouvernement de Madrid. C'est pourquoi, après avoir accepté de restreindre l'assistance, autorisant les seules compagnies privées à livrer des avions – et uniquement civils –, il se résolut, à l'encontre de ses convictions, à proposer le 1er août à toutes les chancelleries européennes un accord de non-intervention dans la guerre civile. S'il fut bien signé par 26 pays (la France s'exécutait le 8 août), cet accord fut ouvertement violé par le Reich et surtout par l'Italie mussolinienne désireuse de trouver un allié pour développer une grande politique méditerranéenne, avant même que Staline ne se décide en octobre à dénoncer la non-intervention et à apporter son soutien aux adversaires du « fascisme ».

Léon Blum, informé des violations répétées de la non-intervention qu'il avait été contraint de préconiser, réactiva le très petit comité mis en place de manière informelle à la fin juillet pour organiser l'aide indirecte à l'Espagne républicaine. Ce comité comprenait des hommes particulièrement sûrs délégués par ceux des ministres directement concernés qui étaient partisans du soutien au gouvernement de Madrid : Jules Moch, secrétaire général du gouvernement, était l'œil de la présidence du Conseil, Gaston Cusin avait l'entière confiance du ministre des Finances, Vincent Auriol, qui s'était considérablement impliqué dans l'entreprise, Jean Moulin avait celle de Pierre Cot, tout aussi engagé. Ces hommes pouvaient bénéficier de l'appui nécessairement discret de Robert Jacomet qui appartenait au cabinet de Daladier, ministre de la Guerre, lui fort réticent pour assister les républicains espagnols, et d'Henri Laugier, directeur du cabinet de Yvon Delbos, ministre des Affaires étrangères, partisan de la non-intervention.

Jean Moulin, pour sa part, joua un rôle pivot dans les premières semaines : c'est ainsi qu'il intervenait en pleine nuit pour que le préfet de Haute-Garonne laisse partir des avions. Il eut à gérer les bons offices de sociétés-écrans qui permettaient de vendre des avions de transport aisément transformables, voire du matériel militaire, à des pays, tels la Lituanie et surtout le Mexique, qui n'avaient pas signé l'accord de non-intervention et le revendaient, en connaissance de cause, à l'Espagne. Et c'est le plus souvent par son intermédiaire que furent recrutés, d'abord quasi officiellement, puis plus secrètement, des pilotes désireux de gagner l'Espagne. Très vite, pourtant, les modalités de l'aide à André Malraux, qui s'était entremis de la façon un peu brouillonne et tapageuse qui était la sienne, ont pu poser des problèmes. C'était dans un avion ministériel que le futur auteur de *L'Espoir* était parti en mission d'inspection à Madrid dès le 20 juillet et, le 30 dans un meeting très médiatisé, à Paris, il tentait de toucher l'opinion sur la nécessité d'aider les « loyalistes ».

Moulin eut à canaliser cette initiative, en obtenant qu'elle restât discrète, en veillant à ce que les Français soient le moins souvent possible utilisés en première ligne. La légende héroïque de l'escadrille España pilotés par des volontaires internationaux en uniformes « mexicains », au courage incontestable mais qui devront se disperser en février 1937, c'est Malraux. Côté Moulin, c'est l'efficacité et surtout la discrétion.

Combien d'appareils purent finalement être utilisés par les républicains ? Les chiffres donnés à l'époque sont sujets à caution. L'une des dernières études sur l'internationalisation de la guerre d'Espagne, celle de Jean-François Berdah (*La Démocratie assassinée*, éditions Berg, 2000), donne le chiffre de 124 unités : 60 avions de divers types reçus entre le 4 août et le 7 septembre – dont 38 expédiés entre le 4 et le 8 août –, auxquels s'ajoutent 64 appareils militaires ou civils expédiés durant l'automne 1936. C'est dire à la fois que, pour contrer les forces nationalistes, ils ont été fort utiles ; mais qu'ensuite, l'aide devenant insuffisante, la survie des républicains dépendit des envois soviétiques. Au fil des mois, l'homme le plus efficace devint Gaston Cusin, que Moulin connaissait bien. Appartenant à l'administration des douanes, il trouva pendant plus de deux ans les complicités nécessaires pour faire transiter par la France une masse importante de matériel soviétique qui relaya, à partir de la fin de 1936, le soutien indirect français. Cette dernière se maintint, au demeurant, mais à un étiage fort bas jusqu'au début de 1939 : selon ses dires, Gaston Palewski, qui appartint au cabinet de Paul Reynaud, ministre des Finances, continua, avec l'aval de son patron, de fermer les yeux sur l'aide qui pouvait encore transiter par la France.

Moulin avait alors quitté les allées du pouvoir. Mais il est significatif que le préfet de l'Aveyron qu'il était devenu ne manqua pas, comme nous l'apprend une lettre conservée par Laure, de verser, son obole (200 francs) au « Comité d'aide aux réfugiés espagnols de Rodez », dont il devenait le président d'honneur ; la secrétaire du comité, Mme Laporte, le 12 juin 1938, remerciait le préfet : « Au nom du comité d'aide aux réfugiés espagnols, je vous remercie d'avoir bien voulu accepter la présidence d'honneur. Nous sommes très touchés de votre générosité vis-à-vis des victimes de la guerre d'Espagne et nous vous prions d'accepter l'expression de notre respectueuse reconnaissance. » Les archives du cabinet du préfet montrent que Moulin faisait ce qui était en son pouvoir pour soulager la misère des réfugiés espagnols admis à séjourner dans son département.

Que conclure de ce temps passé dans les coulisses du pouvoir ? Lui qui avait jusqu'alors géré, en bon sous-préfet breveté, des affrontements qui dépassaient rarement les limites de l'arrondissement, avait été projeté au centre d'enjeux nationaux. Il y avait gagné ses galons de politique expérimenté. C'est en conjuguant conviction et pragmatisme qu'il avait mené à bien des tâches délicates. Malgré certaines désillusions, rien n'indique qu'il ait alors condamné et le régime de la IIIe et le système partisan.

En revanche, il est très vraisemblable que, Cot mis à part, les grands caciques de la gauche non communiste l'ont déçu. Selon Daniel Cordier, il ne pardonnait pas totalement à Blum la non-intervention, portait au débit de Daladier son incapacité à rétablir l'ordre après l'émeute du 6 février, et gardait de Chautemps et encore plus de Herriot l'image d'hommes politiques dangereux car peu fiables malgré leurs grandes envolées. Le regard ambivalent qu'il a pu alors porter sur la vie politique a sans doute pesé sur ses hésitations durant l'année 1942, avant qu'il préconise l'insertion des partis politiques dans le Conseil de la Résistance. Pour autant, les déceptions qu'il a pu ressentir ne l'avaient pas fait changer de camp : il demeure sans nul doute un homme de gauche, surtout après les campagnes menées par les droites contre la Chambre de Front populaire. Quant à l'échec de la République espagnole, il en a probablement retenu qu'il fallait avant tout l'imputer à l'insuffisance de l'aide extérieure et aux divisions internes.

*

Ce passage dans les cabinets du ministère de l'Air a dû, on s'en doute, donner un coup de pouce à la carrière administrative de Moulin. Il offrit alors à son père une ultime satisfaction, en atteignant le but qu'il s'était fixé depuis une bonne vingtaine d'années : devenir préfet. Il avait trente-sept ans lorsqu'il fut nommé préfet de l'Aveyron, alors que l'âge moyen pour accéder à la fonction était de quarante-cinq ans. Le sénateur Joseph Monsservin, président du conseil général de l'Aveyron aurait ironisé : « La prochaine fois, ils nous enverront un enfant de chœur. » Sans doute, Pierre Cot, dans la réponse qu'il adressa à Antonin Moulin, qui l'avait remercié d'avoir facilité cette nomination, eut-il l'élégance de lui répondre, le 3 février 1937, que « Si Jean est le plus jeune préfet de France, c'est à son grand mérite qu'il le doit ». Reste que le patronage du ministre a joué efficacement, puisque Marx Dormoy, alors ministre de l'Intérieur, le 26 janvier 1937 rassurait son collègue Pierre Cot : « J'ai le plaisir de vous informer que, par décret rendu sur ma proposition, et qui paraîtra au *Journal officiel*, M. Moulin, secrétaire général de la Préfecture de la Somme, à qui vous voulez bien vous intéresser, est nommé préfet de l'Aveyron. »

Avant d'être révoqué en novembre 1940, Moulin connaîtra trois nominations. Il ne reste une première fois à Rodez qu'un mois entre mars et avril 1937, avant d'être placé en position de préfet hors-cadre pour retrouver le cabinet de Pierre Cot. Il se trompait lorsqu'il annonçait, le 25 avril 1937, à sa sœur : « Je quitte définitivement Rodez. » Car il est nommé à nouveau dans le même département en avril 1938, en dépit d'espérances plus flatteuses. Aussi marqua-t-il, toujours auprès de sa sœur, quelque satisfaction de sa nomination en février 1939, à la préfecture de Chartres : « Bien que Chartres soit également de troisième classe, c'est considéré comme un gros avancement... » Cette mutation relativement rapide, il la devait à la fois à l'un des caciques du parti radical, Albert Sarraut, ministre de l'Intérieur, et à Maurice Viollette, l'homme fort de la gauche en Eure-et-Loir.

La fonction de préfet a naturellement évolué à travers les régimes et les époques. Sonia Mazey et Vincent Wright dans *Vichy et les Français*, sous la direction de François Bédarida et de moi-même (Fayard, 1992), soulignent que « en mai 1940, on peut parler d'une sorte de synthèse républicaine qui amalgame une tradition consulaire [forgée par Lucien Bonaparte, sous le Consulat], autoritaire et techno-administrative, avec une tradition "notabiliaire", parlementaire et démocratique ». Cette dernière s'est développée tout au long du XIXe siècle et encore plus dans la première moitié du XXe. Cette double filiation compliquait le plus souvent la mission du préfet qui portait, dans une France toujours très jacobine, plusieurs casquettes : il représentait le département auprès de Paris, puisqu'il était chargé en particulier de faire remonter les doléances de ses administrés. Il était le représentant du ministre de l'Intérieur, donc responsable du maintien de l'ordre public qui devait assurer stabilité politique et sociale. Ajoutons que les habitudes prises sous Emile Combes et plus encore Clemenceau ne s'étaient pas perdues : il devait amasser les renseignements les plus précis possible en vue des futures échéances électorales. Etre le représentant de l'Etat impliquait en principe de l'impartialité et une certaine distanciation par rapport aux enjeux partisans. On perçoit bien ce que pouvait avoir de difficile la superposition des deux dernières casquettes – le préfet était tout de même le représentant du gouvernement, censé en défendre la politique, notamment devant les conseillers généraux et les maires.

A l'époque, on dépeignait volontiers ce personnage comme une sorte d' « Empereur au petit pied ». Dans les faits, la réalité du pouvoir se présentait de façon compliquée. Trois types de légitimité s'exerçaient dans le département. Les services extérieurs s'appuyaient sur leurs compétences techniques ; ainsi l'ingénieur en chef des Ponts et Chaussées, souvent un polytechnicien, se conduisait presque toujours en aristocrate local. Les notables voyaient leur influence enracinée et consacrée par l'élection, la considération sociale, voire les contacts politiques à Paris. Le préfet personnifiant l'Etat était celui qui rencontrait sur le terrain les deux autres forces. C'est dire que pour devenir un « grand préfet », apprécié à la fois de son ministre de l'Intérieur et des notables du département, il fallait évidemment éviter toute boulette et aussi faire preuve à la fois de fermeté et de doigté. Mais le corps préfectoral s'était renforcé au fil des ans, devenant plus homogène, plus stable : issus généralement des classes moyennes, les préfets avaient reçu la même formation universitaire (licence ou doctorat en droit pour 90 % d'entre eux) et suivaient un cursus identique (98 % des préfets avaient d'abord été sous-préfets). A cet égard, le préfet de Rodez était parfaitement dans les normes.

Moulin occupa les palais préfectoraux au moment de l'enterrement du Front populaire par Edouard Daladier (voir Elisabeth du Réau : *Edouard Daladier*, Fayard, 1993). Au congrès du parti radical, du 26 au 29 octobre, auquel Moulin assista, à Marseille, la droite du parti fit un triomphe au chef du gouvernement et hua Pierre Cot. La rupture du Rassemblement populaire fut officialisée le 10 novembre 1938 et consommée le 30 avec la répression menée sans états d'âme de la grève générale lancée pour vingt-quatre heures par la CGT, contre la remise en cause par le nouveau ministre des Finances, Paul Reynaud, de la loi des 40 heures, grève que les militants communistes voulaient utiliser aussi comme une protestation contre les accords de Munich. La redistribution de la donne politique se fit sans heurts : à la Chambre, Daladier trouva aisément du côté de la droite modérée les voix qui lui manquaient dans les rangs communistes et dorénavant aussi socialistes. Bénéficiant dans le pays d'une popularité certaine, il put gouverner à la hussarde, ce que ses adversaires qualifièrent de « dictature ». La France paraissait avoir trouvé un nouvel homme d'Etat, le Français moyen pouvait se reconnaître chez un homme qui se définissait en ces termes le 9 décembre : « Je suis un fils de France, un peu brutal, mais libre et qui entend le demeurer... un homme qui est d'abord un patriote sincère, patriote comme ceux qu'on appelait autrefois "les maîtres d'école" lui ont appris à l'être... un républicain qui peut entendre le langage du fils de l'ouvrier mineur... parce que lui-même est un fils d'ouvrier [boulanger] fidèle à ses origines. »

C'est dans ce contexte qu'on peut analyser les méthodes du préfet Jean Moulin. Il est aisé de le suivre en Aveyron car les archives départementales sont intactes et celles du cabinet du préfet – une source très remarquable à laquelle nous nous référerons continûment, sont particulièrement riches ; celles de l'Eure-et-Loir ont subi plus de dommages, mais le dépouillement de la presse conservée aux archives départementales, croisé avec les quelques indications tirées de la correspondance familiale et des papiers laissés par Laure à la Bibliothèque nationale (NAF 17863) permet d'avoir malgré tout quelques repères relativement fiables.

Les tâches de Jean Moulin étaient celles de tous les préfets, telles qu'il avait pu les observer depuis une vingtaine d'années. Son célibat le contraignait à suppléer une madame la préfète lors des réceptions qu'il était amené à donner, surtout à Chartres. Et dans ses lettres à Laure, on retrouve continûment des notations sur le « petit personnel », sur les qualités de cordon bleu de sa cuisinière, sans oublier le souci de transformer, le temps d'un dîner officiel, un huissier de préfecture en maître d'hôtel stylé. Comme tous les préfets, il a un jour de réception réservé à ses visiteurs. Il est souvent requis à l'extérieur pour des commémorations, banquets, inaugurations multiples. Il tient à présider de manière systématique les conseils de révision des conscrits, comme il l'écrit à Laure en mars 1939 : « Je poursuis toujours, depuis une douzaine de jours, ma tournée de conseil de révision... deux cantons par jour, banquets, vins d'honneur, visite d'établissements publics... » Cela lui permettait de prendre le pouls de son département – un point primordial. L'entourage d'un préfet était alors plutôt réduit – il est vrai que les problèmes strictement économiques étaient très rarement traités à l'échelon départemental. Si son secrétaire général s'occupait de l'administration proprement dite et faisait fonction de chef du personnel, le préfet en personne devait présider les divers comités techniques et surtout prendre en charge tout ce qui pouvait avoir la moindre conséquence politique et qui se retrouvait ensuite dans les télégrammes et rapports chiffrés envoyés à Paris. C'est enfin lui qui rédigeait le rapport mensuel, un exercice pour lequel il utilisa parfois le brouillon proposé par son chef de cabinet, Georges Brottes, un homme en qui il avait confiance, ou les rapports rédigés par les sous-préfets et les commissaires de police principaux du département.

Le traitement du courrier permet de distinguer la façon plus particulière qu'il a pu avoir d'exercer son métier. Car il arrivait dans toute préfecture une avalanche de demandes et de lettres de recommandation écrites surtout par les divers parlementaires du département réclamant des subventions, des mesures d'assistance pour tel ou tel cas social, des affectations de conscrits pas trop loin du « pays », etc. Les indications portées sur ces documents montrent que Moulin suivait, en règle générale, les avis de ses bureaux. Le courrier était classé en plusieurs piles. A côté des lettres ordinaires, il y avait le courrier « signalé », qui pouvait concerner les affaires les plus diverses, du genre de celle-ci suivie par Georges Brottes : « Il m'est signalé [le 10 novembre 1938] que les w-c du presbytère de Flavins [un village du Levezou, près de Pont-de-Salars] se déversent devant l'habitation du colonel X. Je vous serais obligé de faire effectuer une enquête sur place très discrète sur la plainte ci-dessus. » Dans le même tas, on trouvait le courrier « recommandé », c'est-à-dire la correspondance des parlementaires. Les lettres de ces derniers formulant à peu près toutes des demandes d'exemption du droit commun recevaient le plus souvent une réponse courtoise mais négative. On voit que Moulin avait appris à ne pas se laisser piéger : ainsi le secrétariat de Georges Bonnet, alors ministre des Affaires étrangères, faisait savoir, le 1er juillet 1938, que « l'attention de M. Georges Bonnet est appelée tout particulièrement sur Mlle X, élève à l'école primaire supérieure de Brive... qui prend part, le 4 courant, au concours d'entrée à l'Ecole normale de Rodez. M. Georges Bonnet s'intéresse particulièrement à cette candidate et serait très heureux de savoir le classement qu'elle aura obtenu ». La ficelle était un peu grossière. Moulin, dans une note manuscrite portant sa signature, fixait la conduite à suivre : « Ne pas intervenir ; se borner à faire connaître le résultat. » Ajoutons pour la petite histoire et l'honneur des jurys que, quelques jours plus tard, il fit savoir au ministre que la demoiselle avait été collée à l'écrit. En fait, seules les demandes faites directement par téléphone – pour peu évidemment que le demandeur fût un vrai républicain, du genre de Paul Ramadier en Aveyron ou Maurice Viollette en Eure-et-Loir – avaient des chances d'aboutir. Et inutile de revenir à la charge : lorsque Jean Niel, le député d'Espalion, qui ne passe pas pour avoir été une personnalité lumineuse, crut bon de manifester son mécontentement de n'avoir pas obtenu satisfaction, Moulin commentait en marge au crayon rouge : « Nous n'avons pas d'instructions à recevoir de Monsieur Niel. »

Selon des témoignages concordants, Moulin avait la réputation d'être à la fois d'un abord aimable, tout à fait courtois, et très ferme, voire intraitable sur le service : un trait de caractère qui se retrouvera plus tard. C'est ainsi qu'il fit rechercher de nuit, à Toulouse, le secrétaire général de la préfecture qui, de garde ce soir-là, aurait dû être à Rodez ; quant à Georges Brottes, pourtant très bien noté par Moulin, comme la neige l'avait contraint d'accueillir son patron revenant de Paris, en gare de Rodez, au petit matin, sans avoir pu se raser, il se vit signifier sèchement que le service de la République était maintenu en temps de neige et que ce genre de négligence pileuse ne devait pas se reproduire.

L'Aveyron comme l'Eure-et-Loir sont – comme on le sait – des départements ruraux, se partageant entre la culture et l'élevage. Si le premier possède, de surcroît, un « bassin houiller » autour de Decazeville, plus animé politiquement, le département était encore très enclavé, ce qui renforçait certaines pesanteurs. Moulin n'a pas caché aux siens qu'il s'y ennuyait passablement. Il commençait l'un de ses rapports mensuels par cette remarque de bon sens qu'en Aveyron, « les partis de conservation sociale sont encore très puissants », et il aurait pu ajouter que l'influence de l'Eglise y restait considérable. A l'exception de Paul Ramadier de sensibilité socialiste, élu dans le bassin houiller, députés et sénateurs – à l'image de Joseph Monsservin, président du conseil général depuis 1920 – appartenaient à des formations de droite ; bien plus, Rodez qui, jusqu'alors élisait un maire de sensibilité presque de centre gauche, s'était donné, en 1935, comme nouvel édile, un médecin franchement à droite, Raymond Bonnefous. En Eure-et-Loir, la situation paraissait inverse, puisque trois députés sur quatre évoluaient au centre gauche, que la gauche contrôlait le conseil général, depuis 1921, sous la férule de son président, Maurice Viollette, maire de Dreux depuis 1908, ancien gouverneur général de l'Algérie, ancien ministre du gouvernement Blum et franc-maçon. Mais Viollette avait été battu aux élections sénatoriales de l'automne 1938 car le vent électoral semblait tourner, en tout cas à Chartres qui venait de se donner un maire de droite et où jouait de surcroît l'influence d'un évêque notoirement traditionaliste.

Le 9 mai, devant le conseil général de l'Eure-et-Loir, répondant à Maurice Viollette, Moulin avait assez bien défini la politique qu'il entendait mener comme patron administratif du département : « Mon administration s'efforcera en toute occasion de demeurer équitable et éloignée de tout sectarisme ; et si elle devait, un jour, fléchir la rigueur de ses règlements, je voudrais que ce fût uniquement en faveur de ceux qui peinent et de ceux qui souffrent. » C'étaient, certes, de bonnes paroles et il est vraisemblable qu'il s'efforça d'être équitable, car il n'était pas foncièrement sectaire. Mais juste avant cette profession de foi, il avait déclaré : « Je n'ai jamais caché mes sentiments politiques et... j'entends servir sans faiblesse un idéal qui m'est infiniment cher... » Et il n'y manqua pas.

Vincent Wright et Sonia Mazey distinguent dans l'ouvrage précédemment cité trois types de rapports entre le préfet et les collectivités locales : le modèle rural où le préfet dispose d'un certain espace décisionnel, un modèle mixte où le représentant de l'Etat doit tenir compte de la présence d'un grand notable qui a du poids politique et peut s'opposer à la politique gouvernementale, le type urbain, où le pouvoir préfectoral peut être très contesté. Dans l'Aveyron et dans une mesure moindre en Eure-et-Loir, le grand nombre de communes rurales laissait à Moulin la possibilité d'exercer une influence personnelle non négligeable. Un document conservé donne un exemple de la connivence politique qui pouvait s'établir. Il est rédigé à La Croix-Barrez, dans le nord Aveyron, par le « Comité républicain et radical-socialiste du canton de Mur-de-Barrez » ; son président, Monsieur X, écrit en date du 24 septembre 1938 : « Mon cher Monsieur le préfet, Votre lettre confidentielle m'est parvenue avec un certain retard [...] Je vous remercie de la confiance que vous voulez bien me témoigner et je vous adresse ci-joint la réponse au questionnaire que vous m'avez envoyé, cela en toute discrétion. Les démocrates de l'Aveyron ont été heureux de savoir qu'ils avaient maintenant à la tête de la préfecture un préfet sur lequel ils pouvaient compter et que nous ne verrons plus nos adversaires profiter des faveurs dont ils font en toute circonstance étalage auprès de nos populations pour emporter leurs suffrages. Me tenant avec mon ami le docteur Y de Z à votre disposition pour vous documenter sur nos municipalités en toute occasion... » Ces « faveurs » portaient le plus souvent sur la ventilation de telle ou telle subvention, et notamment sur celles qui permettaient d'ouvrir des chemins vicinaux. Et selon des témoignages concordants de responsables de bureaux de la préfecture de Rodez qui ont bien voulu répondre aux questions de l'auteur, Moulin ne se gênait pas pour en faire profiter des municipalités « amies », il est vrai peu nombreuses dans ce département. Dans le même esprit, en 1937, il confia l'impression des imprimés de la préfecture à l'éditeur Subervie, qui passait pour être de gauche, l'enlevant à l'imprimeur Carrère qui était le responsable des Croix de feu pour le département.

De manière plus officielle, il lui arrivait de ne pas cacher ses sentiments. On se souvient qu'il avait, en 1937, à travers la personne de Paul Ramadier, défendu l'œuvre du gouvernement Blum. C'est peut-être à Chartres, lors du « banquet Marceau » (le général Marceau, héros de la bataille de Fleurus, en 1794, mort à vingt-sept ans, dont la gauche mais aussi la droite se disputaient l'héritage, était natif de Chartres) organisé le 5 mars 1939 par les militants de gauche, et placé sous la présidence d'Albert Bayet, un professeur à la Sorbonne militant dans les rangs de la gauche radicale, que Moulin affirme le plus ses convictions républicaines. Il déclare d'entrée de jeu qu'il n'aurait pas voulu malgré ses obligations « laisser se dérouler [cette] manifestation républicaine sans vouloir [...] apporter l'expression de [sa] sympathie », rappelle sa filiation forte à la Révolution française, dont on allait fêter le 150e anniversaire : « Je suis de ceux qui pensent que la République ne doit pas renier ses origines [...] Il m'est infiniment agréable de voir que dans ce département des hommes s'assemblent tous les ans [...] pour perpétuer le culte de ceux qui ont semé le meilleur de notre idéal. »

Ajoutons que pour les questions touchant au maintien de l'ordre, il a pour critère la défense de la République. A peine arrivé à Rodez, lors de son premier séjour ruthénois, il avait interdit, en faisant venir des renforts de

gardes mobiles, la tenue à Rodez d'un meeting public de
François de La Rocque, qu'il tenait pour un véritable factieux, et l'avait contraint de se replier dans le bourg de
Flavins, pour y tenir une réunion privée ; dans son rapport du 25 avril 1937, il écrivait : « Rassemblement interdit du PSF n'a pas lieu à Rodez. Réunion privée a été
tenue dans domicile particulier, commune de Flavins,
canton de Pont-de-Salars. 6 000 auditeurs environ [le préfet n'est guère généreux : le chiffre de 8 000 est plus plau-
sible]. Aucun incident... » Il commentait pour sa sœur :
« La manifestation du PSF vient de se terminer sans incident, les populations rouergates s'étant montrées assez
passives au contact du brav'colonel. » Il est vrai que le
16 mars précédent, une réunion organisée par le PSF à
Clichy s'était soldée après de violentes échauffourées avec
la police par 6 morts parmi les contre-manifestants de
gauche. Cela dit, plus tard, il fit surveiller de près les
meetings des militants communistes du bassin ouvrier
qui devenaient ouvertement antigouvernementaux, tout
comme ceux organisés pour les réfugiés espagnols. Selon
toute vraisemblance, mais les sources sont malheureusement lacunaires, il contribua, par ses pressions, à l'échec
de la grève du 30 novembre 1938, la jugeant probablement exclusivement politique.

C'est sans doute grâce à son passage dans les cabinets
que Moulin sut se montrer efficace dans les négociations,
une qualité dont il aura besoin en 1942 et encore plus en
1943. Il est vrai que depuis la Grande Guerre, les
ministres de l'Intérieur recommandaient volontiers à
leurs préfets d'apparaître moins comme des chefs à
poigne et plus comme des médiateurs. Moulin semble
avoir particulièrement réussi dans ce registre, si l'on en
croit une lettre de Pierre Cot, du 8 octobre 1938, conservée dans les papiers de Laure : « J'ai vu à la Chambre
François Martin [député de droite, élu à Millau en 1936].
Tu sais que j'avais autrefois de bonnes relations avec lui.
Il m'a fait de toi comme préfet un grand éloge. Il connaît
tes opinions et trouve que tu as d'autant plus raison de

ne pas les cacher que ton administration est, paraît-il, celle d'un grand préfet et non d'un sectaire. Il paraît que tu as conquis ou du moins désarmé tes adversaires politiques... »

En Aveyron, il sut apprivoiser la classe politique locale, alors que dans ce département particulièrement conservateur il avait été accueilli comme « un préfet rouge » ou encore « le préfet du Front populaire », autant dire avec plus que de la défiance. Mais lors de son second séjour ruthénois, il mit presque tout ce petit monde dans sa poche, sans rien céder, tout en favorisant – comme on l'a dit – les municipalités « amies ». Les Aveyronnais furent particulièrement sensibles au fait que lui qui passait pour un anticlérical convaincu, obligatoirement dévoreur de curés puisque franc-maçon (ce qui, on l'a dit, était inexact), sut trouver en avril 1938 les mots qui convenaient pour saluer l'un des plus illustres fils du Rouergue, le cardinal Verdier (il est vrai en bons termes avec Daladier), venu poser la première pierre d'un pavillon de l'hôpital de Rodez. « Vous êtes ici chez vous », déclara tout de go le préfet en l'accueillant, avant de saluer en lui « le bâtisseur d'églises, l'ambassadeur de la France, le prince de la paix ».

Reste l'appréciation de ses administrés. Mal accueilli, on l'a dit, en Aveyron, il avait surpris les populations en se baladant (en dehors du service naturellement !) en vélo, y compris dans les gorges du Tarn – et il y faut du mollet ! –, ce qui confirmait l'image négative d'un « préfet du Front populaire ». Mais bientôt on se mit à trouver que c'était la preuve qu'il était sensible aux beautés d'une région hautement touristique, que d'ailleurs il présentait à ses amis : Nena et Pierre Cot, Paul et Andrée Chatin, Pierre Meunier, Louis Dolivet, André Labarthe vinrent l'y voir. A Chartres aussi la prise de contact semble avoir été un peu rude et il lui fallut du temps pour se faire à son nouveau département : « Je m'acclimate peu à peu avec le département, bien que Beaucerons et Percherons me paraissent assez hermétiques », écrit-il à Laure le 2 mars

1939 mais la greffe, la proximité de Paris aidant, finit par prendre, là aussi. Moulin partit de Rodez presque unanimement regretté : l'évêque le pria d'agréer ses « vifs regrets » de le voir partir, et Joseph Monsservin, l'homme fort de la droite aveyronnaise, put lui écrire : « J'ai vraiment de la peine et cela prouve que je vous aimais bien. » Lors de la réception du successeur de Moulin, il fit son éloge dans des termes qui n'étaient pas des paroles convenues : « Il nous avait promis de rester longtemps, nous aimions son caractère, son indépendance, nous admirions la jeune et déjà solide compétence administrative et cette vivacité d'intelligence qui permettait d'augurer qu'il serait chez nous un grand préfet. » Bref, l'unanimité de ces regrets rendait compte de la réussite d'un préfet qui avait su déployer son habileté sans rien céder de ses convictions.

4

L'épreuve

Jusque dans l'été 40, la vie avait plutôt souri à Jean Moulin. Sans doute avait-il connu quelques épreuves dans sa vie personnelle : son mariage raté, et encore plus la mort de son père. Mais sa carrière professionnelle se déroulait de façon brillante, et celui qui était devenu le plus jeune préfet de France avait acquis une solide expérience politique. Il menait une vie libre, aimait des femmes et était aimé d'elles, fréquentait des écrivains, dessinait. Sa sœur Laure a eu quelques raisons d'écrire qu'il « respirait la jeunesse et la vie ». Il avait, de fait, échappé à l'épreuve de la Grande Guerre, mais la seconde le rattrapait, avec le désastre qui accablait tous les Français. Et si dans un premier temps, pendant la drôle de guerre il n'eut pas vraiment à en souffrir, ce qui lui advint en juin 1940 le marqua de manière indélébile. Par une sorte de miracle, il sortait vivant de l'épreuve. Mais c'était pour devoir gérer, pendant cinq mois, un département occupé, alors qu'il était préfet du régime le plus autoritaire qu'ait connu la France.

*

Le 1er septembre 1939, à 4 h 45, la Wehrmacht entrait en Pologne. Le lendemain, Edouard Daladier, président du Conseil, décrétait la mobilisation générale. Le 3, l'am-

bassadeur de France à Berlin, Robert Coulondre, signifiait au ministre des Affaires étrangères du Reich que le
gouvernement français était « dans l'obligation de remplir » à partir de 17 heures « les engagements que la
France avait contractés à l'égard de la Pologne et qui sont
connus du gouvernement allemand ». Six heures auparavant, le gouvernement de Sa Majesté avait, de son côté,
déclaré la guerre à l'Allemagne. Vingt et un ans après la
fin de la Grande Guerre, les Français reprenaient donc
leur barda. A la tête de l'Etat, Daladier, après quelques
hésitations, imposait une ligne de fermeté à une minorité
de ministres prêts, derrière Georges Bonnet, à proposer
un nouveau Munich. Quant à l'opinion publique, les
quelques sondages dont nous disposons – rappelons que
les premiers sondages datent de 1938 – indiquaient que
trois Français sur quatre s'attendaient à une guerre et
souhaitaient que la France honore ses obligations à l'endroit de la Pologne. Leurs sentiments devaient correspondre au diagnostic posé par Emile Bollaert, préfet du
Rhône : « quelque chose d'intermédiaire entre la résolution et la résignation ». La résignation était évidente, tant
le traumatisme de la Grande Guerre demeurait prégnant.
Mais le Français moyen était, en même temps, désireux
d'en finir après cette suite de coups de force (et notamment « le coup de Prague » du 15 mars 1939), qui, il le
savait bien maintenant, déboucheraient inéluctablement
sur un conflit.

Dix jours auparavant, avait été de surcroît conclu un
pacte dont la signature avait ébranlé le monde. Dans la
nuit du 23 au 24 août, Staline, levant une coupe de champagne, portait un toast surprenant : « Je sais combien la
nation allemande aime son Führer, je bois donc à sa santé », au moment où Molotov et Ribbentrop paraphaient
un pacte de non-agression. Le ministre des Affaires étrangères du Reich avait réussi à doubler une mission militaire franco-britannique, venue à Moscou pour conclure
avec les Soviétiques un accord contre une agression allemande, ce qui impliquait un passage de l'Armée rouge par

la Pologne, l'URSS n'ayant pas de frontière commune avec l'Allemagne. Or la mission s'était heurtée au refus des Polonais de laisser passer les troupes soviétiques à travers leur territoire. Staline choisissait alors la carte nazie.

Depuis le milieu des années 30, les responsables du Komintern étaient persuadés que les menées « impérialistes » rendaient la guerre inévitable. On avait d'abord, pour protéger la « patrie du socialisme », devoir impératif de tout militant, préconisé la ligne des Fronts populaires, entre autres en France. Mais la faiblesse des démocraties libérales, bientôt confirmée par la crise de Munich, avait incité Staline à mettre, dès 1937, plusieurs fers au feu. Dans l'été 1939, le pacte de non-agression signé avec l'ennemi de la veille, le Reich, permettait, en tout cas, à l'URSS, comme le disaient les diplomates, de « rester au balcon », en dehors du conflit prévisible. Staline attendait aussi de cette signature d'autres avantages concrets. C'est lui qui avait exigé qu'au pacte officiel de non-agression fût adjoint ce qu'il nommait un « protocole particulier », passé à l'histoire sous le vocable de « protocole secret », dont jusqu'en 1988, les Soviétiques nièrent officiellement l'existence, alors que c'était devenu un secret de Polichinelle. Celui-ci délimitait des zones d'influence réparties entre les deux protagonistes. Et d'ailleurs, devant l'avance foudroyante de la Wehrmacht, l'Armée rouge, le 17 septembre, envahit à son tour les provinces orientales de la Pologne. Et le 28 septembre, Ribbentrop se rendait de nouveau à Moscou pour signer un deuxième pacte, auquel étaient joints trois protocoles secrets consacrant notamment le quatrième partage de la Pologne. L'URSS venait de passer de la neutralité bienveillante à la complicité active. Cette signature provoquait, en dehors des communistes et des compagnons de route, une levée de boucliers en France. Si nous disposons bien de témoignages postérieurs sur l'attitude de Moulin (notamment celui de Pierre Meunier soulignant que, contrairement à sa propre réaction, Moulin avait catégoriquement dénoncé le pacte), nous ne pouvons faire état d'aucun document de première main qui confirmerait la condamnation immédiate de ce pacte par Moulin, même si elle est vraisemblable.

Quoi qu'aient pu écrire l'historien anglais Alan J.P. Taylor et quelques autres historiens de l'école « révisionniste » (autrement dit qui revient sur la responsabilité de Hitler), c'est bien le Führer qui a été l'instigateur de la guerre et de son déclenchement. La conclusion du pacte germano-soviétique a conforté son dessein, elle n'a pas déterminé sa décision. On perçoit l'avantage qu'il en tirait : la neutralité soviétique supprimait le risque d'avoir à mener une guerre sur deux fronts. Mais l'essentiel était ailleurs. Il l'avait répété à ses généraux, il était absolument décidé à « en finir avec la Pologne », coupable – entre autres tares – d'avoir annexé des terres du patrimoine allemand. En récupérant ces territoires, il annulerait définitivement la carte de l'Europe orientale établie par le traité de Versailles et pourrait lancer un grand programme de colonisation des terres de l'Est pour les Germains. N'excluons pas qu'il ait pu estimer que les démocraties libérales, après avoir bradé la Tchécoslovaquie, hésiteraient à envoyer les leurs « mourir pour Dantzig », voire pour Varsovie, et concéderaient un nouveau Munich. Il escomptait également séparer la Grande-Bretagne de la France, avec laquelle le Reich devrait avoir une explication décisive. Mais dans ses calculs, il sousestima l'évolution et la détermination de l'opinion en France et surtout en Grande-Bretagne. Ce fut la guerre. Il ne la redoutait pas vraiment : l'une des spécificités du totalitarisme fasciste est précisément l'exaltation de la guerre comme moyen de façonner l'*homo fascistus*.

Nous savons déjà, et nous croyons en connaître les raisons, que Moulin, dès le jour de la mobilisation, puis à nouveau en décembre, avait mis toute son énergie à essayer de se faire incorporer dans le service actif, comme sergent dans l'armée de l'Air. Son ministre de tutelle, Albert Sarraut, eut le dernier mot en le mobilisant sur place comme « affecté spécial ». Il restait donc à son poste, faisant assez aisément face à l'agitation provoquée par l'entrée en guerre et par l'arrivée des populations qu'on évacuait en particulier des départements du Nord.

Mais après trois semaines de petites opérations menées en Sarre, la « drôle de guerre » traînait de longs mois dans l'inaction, du moins sur le front nord-est. Cette inertie avait trois raisons. D'abord, la mémoire du traumatisme des quatre années de la Grande Guerre rendait indispensable d'épargner le sang des Français en privilégiant une stratégie défensive. Par ailleurs, l'infériorité des Franco-Britanniques dans certains secteurs décisifs, notamment celui de l'aviation, imposait de gagner du temps. Enfin, les deux puissances maritimes alliées, la France et la Grande-Bretagne, faisaient le pari qu'elles seraient capables d'asphyxier économiquement et donc politiquement le Reich. Mais au fil des mois, le moral de 3 millions d'hommes maintenus en première ligne dans une oisiveté totale ou presque se détériora grandement. A l'arrière, la situation se dégradait aussi vite que le pouvoir d'achat. Daladier de moins en moins populaire cédait en mars la place à Paul Reynaud, qui, pour montrer qu'il était l'homme d'une politique nouvelle, préconisa une stratégie périphérique active. Il décida de « couper la route du fer » suédois, dont avait besoin le Reich, en occupant le 12 mai le port norvégien de Narvik. Mais c'était déjà trop tard : à l'ouest il y avait du nouveau.

Le préfet Jean Moulin, durant ces mois, paraît, comme on le lit dans quelques-unes de ses lettres, avoir eu à gérer une vie protocolaire plutôt active : « Le département continue de servir de champ d'expérience à de nombreux services militaires et civils. » Il eut ainsi à prendre en charge « le général Doumenc [major général des armées], de nombreux généraux des ministères, des conseillers municipaux et maires de Paris, venus voir leurs évacués ». Voilà qui restait dans le train-train général de la drôle de guerre. Plus intéressant peut-être : le 3 novembre, il est invité au PC de la Marine, installé à Maintenon, une bourgade d'Eure-et-

Loir : « J'ai assisté la semaine dernière, écrit-il à Laure, à un déjeuner donné par l'amiral Darlan en l'honneur de Winston Churchill et auquel assistaient Campinchi [ministre de la Marine], Gamelin [chef des armées], Vuillemin [le patron des forces aériennes] et quelques officiers français et anglais. L'ennemi numéro 1 de Hitler [Churchill, qui n'était pas encore Premier ministre], qui parle couramment le français, est fort sympathique. Atmosphère très cordiale, très Entente cordiale. »

Il avait aussi à assurer, comprise dans les devoirs de sa charge, la surveillance des personnes qui pourraient nuire à la Défense nationale et au moral de ses administrés, en priorité des militants communistes. Le 26 septembre, donc après l'invasion de la Pologne, le 17, par l'Armée rouge, le gouvernement avait promulgué un décret de dissolution du PCF et de toutes les organisations affiliées. Daladier approuva les Chambres quand elles décidèrent de déchoir de leurs mandats les députés et sénateurs qui n'auraient pas démissionné du parti avant le 26 octobre 1939, et quand elles condamnèrent à des peines de prison, le 3 avril 1940, 44 parlementaires communistes. Albert Sarraut, ministre de l'Intérieur, avait jugé les préfets plus aptes que les instances militaires à mener à bien la répression anti-communiste, « dans l'heure même, précise-t-il le 14 décembre, où [le gouvernement] conduit le combat contre des dictatures dressées pour la destruction des libres démocraties... ». Les archives nous apprennent que, avec l'aide de « commissaires spéciaux » de police, Moulin a appliqué à la lettre les directives gouvernementales et mené de bout en bout une lutte déterminée contre les militants du PCF clandestin, Pierre M..., l'un des principaux dirigeants de la fédération départementale, ayant été arrêté avant d'être condamné en mars 1940 à trois ans de prison.

*

Le 10 mai, à 5 h 35, l'ordre d'attaque, vingt-neuf fois reporté depuis octobre 1939, était donné par le haut commandement allemand : les troupes d'élite de la Wehrmacht se ruaient sur les Pays-Bas, la Belgique et le Luxembourg. Débutaient six semaines stupéfiantes. Pour la très grande majorité des Français, l'année 40 fut un trauma majeur, ce que les sociologues appellent « un fait générationnel » total, qui marqua à vie toute une génération. Les années passant, la mémoire tend à en minorer l'importance. Et pourtant, tous les contemporains – ou presque – ont décrit cette année 40 comme un coup de foudre, une catastrophe, un cauchemar. Si elle stupéfia, au sens littéral du terme, le Français moyen, elle porta un coup décisif à l'image de la France dans le monde entier, particulièrement aux Etats-Unis.

Le bilan était en effet accablant. En moins de sept semaines, l'armée qui passait pour la plus expérimentée au monde, celle qui l'avait emporté dans la Grande Guerre, était contrainte de déposer les armes, en pleine déroute. Le gouvernement s'effondrait, laissant Philippe Pétain à la tête du clan exigeant la signature immédiate d'un armistice. Il était si pressé de l'obtenir qu'il appelait le 17 juin à cesser le combat, avant même cette signature, ce qui suscitait à la fois consternation et soulagement, mais surtout permettait la capture d'un million de soldats sur un total de 1 800 000. La convention d'armistice, entrée en vigueur le 25 juin, réduisait à presque rien le potentiel militaire de la France. Si le désarmement était prévisible, ce qui l'était moins c'était l'occupation par la Wehrmacht des trois cinquièmes du territoire français, lui assurant le contrôle de toutes les façades maritimes, à l'exception des seules côtes méditerranéennes.

L'effondrement des armées eut deux conséquences gravissimes. Il avait d'abord provoqué l'exode, une Grande Peur modèle 1940, qui avait jeté sur les routes au bas mot huit millions de civils, hommes âgés, femmes et enfants. En même temps, un régime plus que sexagénaire, le plus durable que la France ait connu depuis 1789, disparaissait en un tournemain : la République, fort mal défendue, était finalement bradée par une classe parlementaire au sein de laquelle prévalait ce lâche soulagement de confier le pouvoir au « vainqueur de Verdun ».

La France de l'été 40 a donc été plongée pour des semaines dans une profonde et traumatisante crise d'identité nationale. Après les premières annexions de fait opérées par le Reich (deux départements d'Alsace et celui de la Moselle, et ceux du Nord et du Pas-de-Calais « rattachés » au commandement militaire allemand de Bruxelles), le Français moyen était même en droit de se demander ce qui subsisterait de la France qui, comme nation, venait de perdre tous ses repères.

Pour analyser ce traumatisme, les historiens se partagent schématiquement entre deux écoles : la première privilégie l'impact de l'événement, la défaite militaire jouant, comme souvent dans l'histoire, un rôle d'accélérateur. La seconde entend remonter au-delà des explications politico-militaires, voyant dans cette débâcle le révélateur de la crise traversée par la France dans les années 30. Remarquons que les faits avaient été immédiatement présentés de manière diamétralement opposée par deux des protagonistes. Charles De Gaulle, on le sait, dans son appel du 18 juin, mit en cause le haut commandement, son inadaptation à une guerre moderne, n'avançant (quoi qu'il ait pu en penser) aucun autre facteur. Inversement, dans son message du 20 juin, Pétain, exonérant les officiers supérieurs de toute responsabilité, non seulement s'attaquait aux Anglais mais clouait au pilori « l'esprit de jouissance », qui – à l'évidence – désignait moins les ébats dans les alcôves que les grèves de mai-juin 36, les congés payés, les promenades démagogiques en tandem, bref ce qui allait être très rapidement désigné comme « le régime ancien ». Les apports de cette seconde école nous permettent, en mettant en valeur un état d'esprit répandu à l'époque, de comprendre pourquoi, la défaite venue, la République a été enterrée dans l'indifférence et comment le nouveau régime a été accepté – voire plébiscité – malgré son autoritarisme affiché et son engagement très rapide dans l'exclusion et la répression. Mais, on préférera le jugement lapidaire de l'historien Marc Bloch, qui fait durant l'été 40 une analyse très fine de *L'Etrange Défaite* (l'ouvrage a été republié en 1990 par les Editions Gallimard) et conclut à « l'incapacité du commandement » dominé de bout en bout au plan tactique par la guerre de mouvement, la révolution du moteur et l'utilisation du couple blindés-bombardiers d'attaque.

La guerre, Moulin l'a vécue à Chartres, ville atteinte de plein fouet par la déroute. Et parce qu'il eut à y subir une épreuve peu banale, il nous a légué un témoignage très précis de ce qui lui est arrivé entre le 14 et le 18 juin. Si l'on en croit sa sœur Laure – et il n'y a aucune raison de ne pas lui faire confiance sur ce point – ce texte fut rédigé à Montpellier dans le printemps 1941. Pourquoi l'avoir écrit ? A l'usage de sa famille ? Peut-être. Mais rien n'est moins sûr, car il avait pour principe d'être très discret vis-à-vis d'elle sur ce qui l'avait concerné de très près. Il est plus vraisemblable qu'il voulait porter témoignage sur la réalité de ce qu'avait été l'Occupation dès ses débuts. Laure précise qu'il avait songé à emmener le manuscrit avec lui en quittant la France, mais qu'il avait renoncé à ce projet pour ne pas compromettre son départ au cas où ses bagages seraient fouillés. Il la chargea de l'enfouir près du cabanon qu'ils possédaient dans les Alpilles. C'est ce texte, qui se présente comme un journal écrit au présent, retraçant les événements heure par heure, que Laure Moulin a fait publier aux Editions de Minuit sous le titre *Premier combat, Journal posthume*, seulement en 1947, ayant voulu d'abord, écrit-elle, éclaircir les circonstances de la mort de son frère. Il était précédé d'une brève préface, rédigée en juin 1946 par Charles De Gaulle, qui exaltait la mémoire d'un « pur et bon compagnon », un de ceux qui avaient su « dire NON ». Le texte de Moulin, très sobre, n'a pas été retouché ; si les événements paraissent bien être demeurés, comme le souligne Laure, « étonnamment vivants » dans sa mémoire au moment où il le rédigea, reste que l'historien se doit de prendre un minimum de précautions pour tenir compte du décalage dans le

temps et donc de la propension à moduler le récit en fonction de la suite des événements connue de Moulin.

*

Nous n'avons qu'une approche fragmentaire de ce qu'a
pu ressentir Jean Moulin face à l'effondrement militaire.
Mais si ce n'est pas l'objet de son récit, son témoignage
porte tout de même sur l'ultime phase de la campagne de
France, celle de la déroute. Les travaux décisifs de Jean-
Louis Crémieux-Brilhac (*Les Français de l'an 40*, tome 2,
Gallimard, 1990) ont montré que cette campagne avait
connu des temps distincts, aussi bien pour ce qui touche
aux opérations militaires proprement dites que pour le
moral des combattants. Ce fut d'abord, on le sait, la surprise totale : en trois jours, la Luftwaffe s'imposant dans
le ciel, la Meuse était forcée, notamment à Sedan, par des
régiments d'élite de la Wehrmacht ouvrant la route aux
Panzer. L'incapacité du haut commandement français à
mettre en œuvre des contre-attaques efficaces permettait
aux Allemands d'atteindre la mer en enfermant dans une
nasse le meilleur corps d'armée français contraint de
refluer de Belgique. Sans doute, grâce au sacrifice de
deux divisions françaises, à cause également de la prudence du Führer, obsédé lui aussi par la Grande Guerre
(on tiendra pour négligeable l'explication donnée parfois
qu'il aurait voulu ainsi ménager la Grande-Bretagne), la
majeure partie du corps expéditionnaire britannique et
plus de 120 000 soldats français purent-ils s'échapper par
Dunkerque et les plages avoisinantes. Mais on ne gagne
pas avec des évacuations. Weygand, le nouveau généralissime, avait prescrit de tenir les lignes d'eau « sans esprit
de recul » ; or, après – soulignons-le – des combats
acharnés, la Somme était forcée le 9 juin, l'Aisne le 11, et
le 12 était donné l'ordre de retraite générale, une débâcle
qui fit que le Français moyen ironisa ensuite à tort sur les
exploits de son armée avec la formule « neuf mois de
belote, quinze jours de course à pied ». Le 14, les avant-

gardes allemandes pénétraient dans Paris, déclarée ville ouverte. Jean Moulin, prévenu par un colonel qu'on organisait « un vaste mouvement de repli vers la Loire », apprenait par des réfugiés qu'à cette date la ville de Dreux était déjà occupée et il supputait que Chartres, après un premier bombardement qui avait embrasé un des quartiers, ne serait pas défendue.

Moulin porta sur le comportement des troupes françaises, alors qu'avait cessé « la défense coordonnée du territoire », un jugement ambivalent. Il a été témoin lui aussi du spectacle de soldats débandés, qui, ayant le plus souvent jeté leurs armes pour fuir plus vite et plus loin, n'hésitaient pas à se livrer au pillage : quatre d'entre eux s'emparèrent de sa Citroën après avoir forcé la porte de la préfecture. « J'ai entendu si souvent il est vrai, des soldats prétendre que leurs officiers avaient pris la fuite les premiers en se ruant sur les autos, que j'en arrive à trouver une excuse aux malheureux qui m'ont dépouillé », philosophe le préfet qui désormais roulait à bicyclette. Et ce qui le désola le plus, c'est l'inexistence d'une « prévôté », d'une police des armées, dont il rappelle qu'elle a été si efficace en 1914 lorsqu'elle traquait les soldats à l'arrière du front. Mais il restait plus attentif que d'autres au fait que les troupes – même harassées – lorsqu'elles étaient encore bien encadrées, gardaient le moral au point de continuer à vouloir en découdre. Il noua des relations cordiales avec les officiers du régiment de dragons portés qui fit halte à Chartres, appréciant cette « ambiance unique de jeunes officiers qui ont tous fait leurs preuves au feu et que les nouvelles, de plus en plus mauvaises, n'arrivent pas à abattre ». Auprès des hommes de troupe, il releva les mêmes signes de l'envie de résister : « Je leur dis ma satisfaction de voir qu'on va défendre Chartres. Ils hochent la tête avec scepticisme. Tout de suite ils me disent leur surprise qu'on recule sans cesse, sans même attendre de combattre avec l'ennemi [...]. Et je sens qu'il suffirait de peu pour les faire se battre avec la rage au ventre, comme il le faudrait dans une lutte qui a un tel enjeu. » Ces soldats, qui recevront en effet l'ordre d'abandonner Chartres, le nommèrent, pour saluer son « courage civique », « dragon d'honneur », une distinction dont il ne se montrait pas peu fier au moment où il racontait ces journées terribles. Cette volonté de se battre est confirmée par l'analyse de Jean-Louis Crémieux-Brilhac : après la surprise de mai et les premières débandades, il y eut un réel sursaut. Inférieure en nombre et en matériel, l'armée française, défendant désormais son pré carré, s'est battue vaillamment, au point de compter en six semaines plus de 92 000 morts.

Mais le préfet d'Eure-et-Loir n'était pas épargné par un autre aspect de cet effondrement général : il fut le témoin abasourdi des scènes ahurissantes de l'exode. Les premières populations déplacées, les « évacués » selon l'appellation officielle, d'avant le 10 mai, avaient pu, vaille que vaille, gagner des zones-refuge, en grande partie grâce aux efforts des cheminots, même si le programme d'accueil de réfugiés provenant de Lorraine comme de la région parisienne, sans qu'il y eût pourtant action de guerre, avait connu bien des ratés. Mais leur avaient succédé ceux qu'on appelait des « réfugiés ». La rupture du front sur l'Aisne et la Somme en avait lancé une première vague, puis, dès que le gouvernement eut quitté en catimini la capitale, ce fut un raz de marée déferlant depuis la région parisienne. A compter du 10 juin, l'encombrement fut à son comble dans un triangle délimité par Melun, Sens et Pithiviers. Si Chartres n'était pas le chemin le plus direct pour gagner les ponts de la Loire, qui pour beaucoup représentaient l'accès à la terre promise, la ville n'en commandait pas moins les routes de l'Ouest lointain et du Sud. Elle connut donc un bouleversement invraisemblable ; elle s'était d'abord vidée de ses habitants : sur une population de 23 000 recensés – dont il faudrait, il est vrai, défalquer les mobilisés – il restait 7 à 800 Chartrains à l'arrivée des avant-gardes allemandes. Moulin dressa amèrement la liste des professionnels indispensables qui étaient partis : tous les commerçants, tous les boulangers, tous les médecins, tout le personnel des services de la ville et de la défense passive, les pompiers, juchés sur la grande pompe qu'ils emmenèrent alors que l'incendie succédait aux bombardements, les responsables des eaux qui avaient juste pris la décision de bloquer les vannes d'approvisionnement.

Affluaient alors à Chartres de plus en plus de « réfugiés ». Les Bugatti avaient précédé les Juvaquatre et les Rosalie, suivies des charrois, puis des bicyclettes. Enfin, les journées que Moulin évoque voyaient arriver les plus démunis des piétons, poussant des brouettes, des poussettes..., bref « tout ce que la route a rejeté d'épaves », mêlés à des soldats débandés. Il faut rappeler l'ampleur, le vécu inimaginable de cette migration : des millions d'hommes et de femmes déboussolés, hébétés de fatigue, paniqués à l'approche des avions de chasse de la Luftwaffe, écrivant sur les murs qu'ils recherchaient leur enfant, quémandant un toit, du pain... Le drame sera amplifié dans les récits immédiatement colportés et par l'exploitation politique qu'en fit sur-le-champ le clan de l'armistice, trouvant là la meilleure des justifications morales : comment pouvait-on songer à continuer le combat quand des millions de compatriotes erraient lamentablement ? comment pouvait-on envisager de quitter la métropole en abandonnant ces populations réduites à l'état de troupeau ?

Sans doute l'exode a-t-il été vécu différemment en fonction de la géographie et de la chronologie. Les mouvements de population restèrent modestes plus au sud – notamment dans la région lyonnaise – si on les compare aux grandes migrations de la France située au nord de la ligne La Rochelle-Genève. Sans doute, également, tout le monde ne s'est pas risqué sur les routes : ainsi un quart des Parisiens décidèrent de rester. Jean Vidalenc dans *L'Exode de mai-juin 1940* note que de deux villages voisins, l'un gardait tous ses habitants sauf quatre, l'autre ne gardait qu'une famille. Reste que plusieurs centaines de milliers d'individus ont traversé le département, séjourné dans les villages, investi Chartres avec la violence d'une marée. L'estimation globale de l'ensemble de la migration se situe à une hauteur minimale de huit millions, et le nombre de ceux qui ont été en contact avec eux, qu'ils les aient accueillis ou vus passer, avoisine les douze millions.

L'activité inlassable du préfet de Chartres a été confirmée par tous les témoins. Avec un dentiste militaire, le docteur Foubert, il organisa la surveillance sanitaire ; avec un ouvrier boulanger, il fit fonctionner trois fournils ; il fit abattre un bœuf pour que les sœurs de Saint-Paul cuisent de gigantesques pot-au-feu ; sur son ordre, on trouva l'eau d'une source dans la crypte de la cathédrale, on installa au mieux les vieillards et les blessés, on enterra les morts, on éteignit les incendies, on vida la viande qui pourrissait dans les boucheries abandonnées et privées d'électricité, on abattit chats et chiens abandonnés. Il était partout et on l'a vu accompagner un aveugle ou récupérer une vieille grabataire oubliée dans une cave. Dans son récit, il nota fièrement que dès avant le 14 juin, malgré pagaille et pénurie, 172 000 repas avaient déjà été servis par les services de la préfecture.

Voilà qui constituait selon lui « la meilleure réponse à la cinquième colonne ». Car il partageait la crainte populaire concernant les ravages de la « cinquième colonne », comme on appelait des éléments supposés infiltrés pour saper le moral (depuis que le général franquiste Queipo de Llano avait déclaré qu'il prendrait Madrid avec quatre colonnes armées et une cinquième, composée des sympathisants déjà sur place) : « J'ai affaire à quelques professionnels de l'émeute qui sont venus exprès pour créer la bagarre. La cinquième colonne donne à plein. » Avec l'aide des dragons prêtés par l'officier du régiment dont nous avons parlé, il ordonnait par exemple l'arrestation d'un faux mutilé de la guerre de 14 excitant la foule et de celle qui se prétendait sa femme, les livrant à la justice militaire. Son récit contient des notations qui peuvent surprendre : tantôt il arborait son uniforme, pour assumer toutes ses responsabilités et en imposer, tantôt, au contraire, il portait le sombre costume de la défense passive pour ne pas provoquer une population déboussolée, « la foule manœuvrée par des meneurs ». L'obsession du maintien de l'ordre fut chez lui permanente. Malgré ses efforts, le désordre fut aggravé, ici et là, par les pillages : il fit arrêter immédiatement un quidam qu'il avait surpris dans un des deux hôtels envahis par les réfugiés, vidant la cave pour vendre 20 francs chaque bouteille, millésimée ou non.

Jean Moulin s'efforça, le plus souvent en vain, de convaincre un certain nombre de ces fugitifs de s'arrêter. Plus tard, on affirmera volontiers, dans un souci de minimiser les aberrations du comportement national, que prendre la route de l'exode, c'était une façon de chercher à renforcer l'arrière. Mais il est une explication beaucoup plus convaincante, corroborée par le témoignage de Jean Moulin : une somme de peurs a déclenché la panique au fur et à mesure de la progression des avant-gardes de la Wehrmacht. Il avait bien, le 11 juin, fait placarder une grande affiche adressée aux « habitants d'Eure-et-Loir », pour les encourager : « Vos fils résistent victorieusement à la ruée allemande. Soyez dignes en restant calmes. Aucun ordre d'évacuation du département n'a été donné parce que rien ne le justifie. N'écoutez pas les paniquards qui seront d'ailleurs châtiés. Déjà des sanctions sont prises. D'autres suivront. Il faut que chacun soit à son poste » et où il terminait avec optimisme : « J'ai confiance. Nous vaincrons. » Mais lui-même eut le plus grand mal à contrôler son propre entourage : revenant d'une tournée d'inspection à Dreux, il trouva son personnel déjà installé dans des camions, prêt au départ, faisant fi de ses consignes. Fort en colère, il ordonna à tout ce monde apeuré de descendre, mais dut faire ce constat amer : « Je sens bien qu'à quelques exceptions près, dont mon chef de cabinet et mon huissier personnel, je ne peux plus compter sur eux. »

Faisons la part des choses : les partants redoutaient les bombardements – qui furent effectivement nombreux – et tout autant la soldatesque, les brutalités, les viols. La pro-

pagande aidant, revenaient des souvenirs de la Grande
Guerre, et les récits de l'occupation – particulièrement
sévère – qu'avaient subie les régions du Nord ; Etienne
Dejonghe et Yves Le Maner, dans *Le Nord-Pas-de-Calais
dans la main allemande 1940-1944* (La Voix du Nord,
1999), précisent par exemple que 600 civils – dont 124
pour la seule cité d'Oignies – et prisonniers ont été mas-
sacrés par les Allemands dans le Nord. Mais comme lors
de la Grande Peur qui a précédé le déclenchement des
« Journées » de la Révolution française, rumeurs et fan-
tasmes alimentaient la panique. Jean Moulin portait un
jugement particulièrement sévère sur les notables, petits
et grands, partis ventre à terre, souvent les premiers : le
sénateur-maire, Raymond Gilbert, éprouvé il est vrai par
la fatigue et les deuils, tous les conseillers municipaux, à
l'exception du seul Pierre Besnard, les médecins, sauf le
chirurgien-dentiste Foubert, l'évêque, Mgr Harscouët, qui
tint à le prévenir qu'il était très urgent d'aller procéder à
une ordination, évidemment dans le Sud, alors que son
vicaire général, Mgr Lejards, resta constamment à ses
côtés.

Le préfet n'est pas plus indulgent à l'endroit de la classe
politique et du gouvernement. Non seulement, il était
privé de tout contact, ignorant où pouvaient bien se trouver les services du ministère de l'Intérieur, mais la succession des ordres et des contre-ordres témoignait du
désordre évident qui régnait jusqu'au sommet de l'Etat.
Dix mois plus tard, il est significatif qu'il ouvre son récit
sur la dernière directive officielle qui lui soit parvenue
– nous savons qu'elle était inspirée par Raoul Dautry –,
imposant le départ des « affectés spéciaux » (suivi de celui
des hommes appartenant aux classes mobilisables). Il
juge que – même si l'intention de replier des hommes
compétents paraissait sur le papier louable – c'était une
faute, une « décision grave » qui « videra de leur sub-
stance les organismes administratifs, économiques et
sociaux ». Lui qui a pu être si rigoureux dans l'application
des ordres, il approuva ceux qui avaient choisi de déso-

béir, de rester à leur poste et recommanda aux maires de retenir ces hommes.

*

Sur le plan politique, en moins d'un mois, on passait en effet du constat de la défaite des armées françaises à une instrumentalisation politico-idéologique par un clan qui allait confisquer le pouvoir et en finir avec la République. De cette crise politique majeure, Moulin ne connut rien sur le moment, d'autant que, à compter du 14 juin, à cause des coupures d'électricité il avait perdu tout contact téléphonique et radiophonique. C'est par des réfugiés qu'il apprenait l'entrée des Allemands dans Paris. D'autres réfugiés lui dirent avoir su d'officiers allemands – ce qui lui rendit d'abord l'information suspecte – que Philippe Pétain avait lancé un appel à la cessation des combats. Pourtant, les conséquences de ce qui se passait au plan national ne pouvaient manquer de le concerner à un moment ou un autre. Le rappel de ces événements aidera à comprendre pourquoi il a éprouvé plus tard d'extrêmes difficultés à imposer les partis politiques au sein du CNR auprès d'un bon nombre de résistants qui n'avaient pas oublié combien la classe politique avait été en dessous de tout en juin 1940.

Pour résumer le déroulement de la crise politique, on peut ignorer délibérément les innombrables plaidoyers *pro domo* rédigés par les acteurs, plaidoyers le plus souvent biaisés et dont le seul intérêt est qu'on ait cru devoir les écrire. Tout s'est déroulé dans des conditions rétrospectivement stupéfiantes, en moins de quinze jours, entre vingt-sept personnes, plus ou moins représentatives (et où notamment deux socialistes, seuls de leur groupe, jouaient les utilités), sans que les présidents des Chambres, Edouard Herriot et Jules Jeanneney, aient cru devoir convoquer sénateurs et députés. En l'occurrence, c'est moins l'excès de parlementarisme que l'absence de tout contrôle par la représentation nationale qui est en cause. Ajoutons que le président de la République, Albert Lebrun, terne et craintif, tout juste bon à « inaugurer les chrysanthèmes » selon la formule gaullienne, fut dépassé par les événements. De surcroît, tous les ministres siégèrent dans des conditions extravagantes, dispersés dans des châteaux de Touraine, sans radio, voire sans téléphone, pour débarquer perclus de fatigue à Bordeaux et y mener des débats chaotiques.

Cinq protagonistes méritent qu'on s'intéresse plus spécialement à eux. Churchill, Premier ministre depuis le 10 mai, s'efforçait de maintenir par tous les moyens l'alliance franco-britannique qu'il jugeait vitale malgré les déboires de la campagne de France, en particulier à cause de l'importance de la flotte de haute mer française : il alla jusqu'à proposer l'union des deux pays pour éviter la signature d'un armistice séparé. Le couple Mandel-Reynaud, tous deux hommes de droite, antimunichois, nationalistes conséquents avec eux-mêmes, était opposé à l'armistice et prêt à continuer le combat politique contre le Reich hitlérien. Georges Mandel qui avait la réputation d'être énergique, devenu le 5 juin ministre de l'Intérieur, résista sans doute aux défaitistes, mais ne pesa en rien sur le dénouement. Quant à Paul Reynaud, président du Conseil depuis mars, sa pensée fut plus ferme que sa conduite : sans sous-estimer Hitler, il restait convaincu que la guerre finirait par être gagnée par les Anglo-Saxons. Mais, connaissant des phases d'apathie et d'activisme, mal conseillé par un entourage déchiré et surtout une compagne déchaînée, hésitant lui-même, il tergiversa, confondant effets d'annonce et efficacité, et finit par se laisser piéger, avant de jeter l'éponge. Cet homme à qui tout – ou presque – avait réussi, excessivement sûr de lui, avait cru en offrant le pouvoir à Pétain que la France vaincue pouvait sortir de son drame comme d'une vulgaire crise ministérielle. Il ne fit pas le poids face au couple Weygand-Pétain.

Ces deux derniers, sans appartenir au même clan militaire et sans éprouver beaucoup de sympathie mutuelle, jouèrent, chacun sur leur partition, un rôle capital. En 1945, lors du procès Pétain, des juges qui avaient servi sans le moindre état d'âme, pour ne pas dire avec servilité, le régime de Vichy et avec eux une bonne partie de la classe politique de la IIIe République qui avait à faire oublier sa lâcheté politique, ont préféré s'en tenir à la fable bien commode du complot fomenté délibérément par le généralissime et le « vainqueur de Verdun » pour étrangler la « gueuse ». Sans doute, Pétain, à Bordeaux, multiplia-t-il les conciliabules et les intrigues, mais il profita surtout des erreurs de ses adversaires. Le général Weygand, tout fraîchement nommé généralissime à soixante-douze ans, bon pied, bon œil, n'avait rien perdu de sa superbe ni – il est vrai – de son savoir-faire. Réactionnaire jusqu'au bout de ses bottes, il entendait d'abord préserver l'armée, son sens de l'ordre et de la hiérarchie, pour en faire la colonne vertébrale d'une France débarrassée de ses miasmes démocratiques. Quant au « vainqueur de Verdun », surtout depuis qu'il avait mis fin en 1917 à la crise des mutineries, il estimait qu'il pouvait un jour être un recours. Il se voyait confirmé dans cette attente à quatre-vingt-quatre ans, lui qui avait déjà été approché en septembre 1939 pour faire partie d'un gouvernement d'union nationale. Il passait pour neutre politiquement, voire de sensibilité de gauche parce qu'il avait jadis prôné une stratégie défensive qui épargnerait les soldats et surtout parce que, jusqu'alors, il n'allait pas à la messe tous les dimanches. C'était en fait un homme de culture droitière et qui n'avait jamais adopté les principes de la démocratie libérale. Très populaire, il avait été appelé par Reynaud après Sedan pour orner ce qui aurait dû être un cabinet de guerre ; mais il n'entendait pas se limiter à ce rôle de potiche glorieuse. Il se révélait tout au long de la crise habile à manœuvrer, apportant à Weygand – qui se posait, lui, en porte-parole de l'armée d'active – un appui décisif et politiquement payant.

Premier acte : après la surprise calamiteuse de la percée allemande à la mi-mai, Reynaud s'efforçait de rassurer l'opinion, remplaçait Gamelin par Weygand en qui se reconnaissaient les « grands chefs », et appelait Pétain à ses côtés avant de procéder le 5 juin à un nouveau remaniement ministériel. Remerciant Daladier, il s'entourait de technocrates ou de proches qui ne l'aideront nullement (notamment Paul Baudouin et Yves Bouthillier), à l'exception majeure d'un général De Gaulle, nommé sous-secrétaire d'Etat à la Guerre. C'est au conseil de guerre du 25 mai qu'on entendit parler pour la première fois de l'éventualité d'un armistice tandis que fusaient les récriminations contre les Britanniques. Après la rupture du front sur l'Aisne et la Somme, Weygand, pour préserver l'honneur de l'armée qu'il estimait sauf, exigeait la signature immédiate d'un armistice. Reynaud refusait, défendant l'idée de la capitulation. De Gaulle verra plus tard dans ce débat une joute académique sur le sexe des anges. La différence pourtant n'est pas mince : la capitulation – d'ordre strictement militaire – suppose que l'armée se rend ; elle abandonne sans doute la population au bon plaisir du vainqueur, mais laisse la possibilité à un gouvernement légal de continuer la lutte d'une autre manière (ce fut le choix des responsables norvégiens et néerlandais). Tandis que l'armistice, liant un Etat à un autre Etat, interdit aux gouvernements signataires de continuer à combattre, tout en offrant une plus grande protection aux ressortissants du pays vaincu, puisqu'ils sont censés avoir admis que la guerre était finie.

Cependant, lors des Conseils des ministres des 12 et 13 juin à Cangé, Philippe Pétain apportait un appui décisif au général Weygand, non seulement en prenant position pour l'armistice, justifié pour des raisons militaires, mais aussi – et il faut prêter attention à ces paroles – parce que celui-ci est « la condition nécessaire à la pérennité de la France ». Il défendait surtout dans l'argumentation une variante qui prenait totalement à contre-pied les tenants de la capitulation : lui-même n'abandonnerait pas les Français en perdition, demeurerait sur place, quoi qu'il advienne. A Bordeaux, les 15 et 16 juin, à la suite d'affrontements tendus et confus, Reynaud finit par se faire piéger par un des notables du parti radical, Camille Chautemps, éminent spécialiste de la politique de l'autruche, proposant de demander au Reich à quelles conditions pourrait se conclure un armistice. Reynaud crut ou feignit de croire qu'il ne disposait plus de majorité à l'intérieur du Conseil des ministres (on n'y vote jamais), conseilla selon toute vraisemblance (et quoi qu'il en ait dit plus tard) à Lebrun d'appeler Pétain, puis, sans consulter quiconque, passait la main. Pétain devenait le dernier président du Conseil de la IIIe République, après s'être rallié le tout-puissant amiral de la flotte, Darlan, et nombre des appuis de Reynaud. Rompant de fait l'alliance franco-britannique, il entamait sur-le-champ des démarches pour que s'ouvrent les négociations d'une convention d'armistice, et appelait le 17 juin les soldats français à cesser le combat.

Le dernier acte se jouait dans la salle de théâtre du Grand Casino de Vichy, où 569 parlementaires (ils seront 80 à voter contre, 20 à s'abstenir) braderont la République, attribuant à Philippe Pétain les pleins pouvoirs constituants et lui accordant la plus grande latitude d'action dans la conduite des affaires. Ce hara-kiri s'explique par le juridisme étroit ou le silence des défenseurs de la République et surtout par la résignation et le manque de courage politique de la grande majorité des parlementaires. Sans doute un certain nombre de ceux qui faisaient confiance au « vainqueur de Verdun » estimeront qu'il ne s'agissait pas alors de lui accorder un blanc-seing et ont minoré l'importance qui fut donnée par la suite à ce scrutin du 10 juillet. Et il est vrai que cette journée du 10 juillet ne fut pas une coupure décisive ; ce fut plutôt l'armistice, auquel d'ailleurs il sera fait par la suite continûment référence, qui avait fondé le nouveau régime. En tout cas, Jean Moulin se retrouvait préfet du régime le plus autoritaire qu'aura connu la France au xxe siècle.

*

L'occupation proprement dite de la ville de Chartres par l'armée ennemie commençait le 16 juin. Jean Moulin, informé par les réfugiés, l'attendait. Il avait logé des postiers parisiens à condition qu'ils nettoient et rangent la préfecture : il note avec satisfaction qu'elle était « impeccable ». Cette arrivée se fit en deux temps. Il y eut d'abord le passage de l'avant-garde ennemie, la 8e division de l'infanterie allemande commandée par le général Koch-Epach, dûment consigné dans le journal de route de la division : « Lorsque le commandant de la division, très en avant, traverse Chartres, le préfet, seul et en grand uniforme, se tient dans la cour de son hôtel [la préfecture] en arrière du portail grand ouvert. Le général lui fait signe de venir, mais le préfet répond qu'il exige d'être fait prisonnier dans sa résidence officielle. Le général n'ayant pas le temps de lui faire ce plaisir poursuit sa route en voiture. » Ce premier épisode est significatif de la rapidité et de la facilité avec laquelle les troupes ennemies avançaient à marches forcées, ce qui leur permettait de signifier aux populations, comme d'ailleurs à la troupe, qu'elles étaient prisonnières. La réaction de Jean Moulin indique qu'il tenait à représenter dignement les vaincus et à ne pas déroger de ses fonctions officielles. L'intéressant aussi est qu'il n'a pas consigné cet épisode, très rapide il est vrai, se contentant du second : la reddition officielle.

En effet le général allemand revint à Chartres, probablement pour rejoindre le gros de sa troupe qui avait fait une étape très longue de 60 km, ponctuée d'accrochages divers avec les Français. Il en profita donc pour signifier au préfet sa condition de vaincu, avec d'autant plus d'empressement que c'était le premier préfet qu'il rencontrait sur sa route. C'est cette scène que Jean Moulin rapporte : il s'était fait assister de ce qui lui restait comme représentants des autorités civiles et morales : le grand vicaire Mgr Lejards à sa droite, l'unique conseiller municipal resté à Chartres, M. Besnard, qu'il présenta comme le maire de la ville, à sa gauche. Les Allemands notèrent sobrement : « A 8 h 45 le préfet de Chartres a remis la ville entre les mains du général Koch. » Jean Moulin dans son récit de 1941 rapporte les paroles qu'il avait sûrement préparées : « La fortune des armes vous amène en vainqueur dans notre ville. Nous nous inclinons devant la loi de la guerre, et je puis vous affirmer que l'ordre ne sera pas troublé si, de votre côté, vous nous donnez l'assurance que vos troupes respecteront la population civile, et spécialement les femmes et les enfants. » Le général repartait tandis que s'installaient les troupes d'occupation.

Mais tout de suite le préfet d'Eure-et-Loir demeuré à son poste se vit confronté à l'inadmissible. Deux jours avant l'entrée dans la ville de l'avant-garde de la Wehrmacht, il avait dit ses craintes dans une lettre, à sa mère et à Laure : « Quand vous recevrez cette lettre, j'aurai sans doute rempli mon dernier devoir. Sur ordre du Gouvernement, j'aurai reçu les Allemands au chef-lieu de mon département et je serai prisonnier. » Et tout en les assurant d'une « victoire prochaine », il n'excluait pas de ne pas revenir vivant et demandait en ce cas à Laure d'adopter « un tout jeune orphelin parmi les réfugiés français ». Il fut fait effectivement prisonnier et « l'aventure », comme il l'appelait, faillit fort mal se terminer. Sommé au soir du 17 juin de se rendre à la *Kommandantur*, il fut en fait séquestré par deux jeunes officiers de la Wehrmacht, qui, en français, exigeaient de lui qu'il signe un « protocole », où il était relaté que des enfants et des femmes auraient été violés et tués par des soldats « nègres » battant en retraite. Il s'agissait en fait de dix victimes du bombardement de la voie ferrée à la hauteur du hameau de La Taye. Jean Moulin, refusant catégoriquement de se prêter à cette manœuvre, fut au cours de diverses tribulations, dans un premier temps à Chartres même, puis à La Taye, dans un bâtiment situé près de la gare, passé sérieusement à tabac, confronté aux victimes et en particulier à un cadavre horriblement mutilé, avant d'être jeté pour la nuit dans une pièce de la loge du concierge de l'hôpital, qui faisait fonction de cellule, avec un soldat sénégalais, sous les ricanements des reîtres nazis : « Comme nous connaissons maintenant votre amour pour les nègres, nous avons pensé vous faire plaisir en vous permettant de coucher avec l'un d'eux. » Epuisé, estimant qu'il ne pourrait tenir indéfiniment, et craignant d'être contraint de signer un texte infamant pour l'armée française, ce qui était, à ses yeux, se déshonorer lui-même, il opta pour le suicide en s'entaillant la gorge avec des débris de verre trouvés sur le sol. La mort ne voulut pas de lui : au petit matin, un soldat le découvrit, baignant dans son sang, mais vivant. Un major allemand savait suffisamment de médecine pour le sauver, les sœurs de la Charité firent le reste. Les responsables de cette mascarade qui avait tourné au tragique, un peu gênés malgré tout, crièrent au « malentendu », tout en lançant une ultime injure : « Vous ne saviez pas, ma sœur, que votre préfet avait des mœurs spéciales ; il a voulu passer la nuit avec un nègre et voilà ce qui lui est advenu. » On était le 18 juin.

S'étonner d'une pareille épreuve de force, rapportée ici à grands traits, serait oublier que la prétendue « Korrection » de l'occupant, célébrée à l'époque par les germanophiles comme par les gogos, fut toute relative, même en France. Plus près de nous, la majorité de la classe politique et de l'opinion publique en RFA, voire des historiens, firent volontiers des SS les seuls responsables des forfaits perpétrés par l'armée allemande, essayant de sauvegarder coûte que coûte l'honneur des formations classiques de la Wehrmacht, avant d'exalter leur courage face aux hordes de l'Armée rouge. Il est d'ailleurs significatif que Laure Moulin, dans l'introduction au récit de son frère, présente les bourreaux de celui-ci comme des SS. Or, les travaux récents, notamment ceux d'Omer Bartov, *L'Armée d'Hitler* (Hachette, 1999), ont amplement démontré que les troupes de la Wehrmacht, responsables de massacres dans les pays occupés à l'Est, se sont livrées à l'Ouest à des exactions qui furent plus que des bavures. Dans l'Eure-et-Loir précisément, à Luray, un détachement de la Wehrmacht ligotait à un arbre une octogénaire qui avait osé protester contre le pillage de sa maison, la fusillait sous les yeux de sa fille qui devait creuser sa tombe avant de recevoir l'ordre de laisser le cadavre attaché pendant vingt-quatre heures. Le lecteur n'a pas oublié que lorsqu'il était sous-préfet de Châteaulin, Jean Moulin avait été accueilli amicalement, en voisin, par Saint-Pol Roux. Le 24 juin, un soudard pénétrait dans son manoir, tuait la dame de compagnie qui s'était interposée, laissait Saint-Pol Roux à demi-mort, avant de violer sa fille, Divine. Il paraît que l'homme, un boulanger de Silésie, fut ensuite traduit devant un conseil de guerre allemand puis exécuté.

Mais si le premier chef de la *Kommandantur* 751, celle de Chartres, s'efforça par la suite d'avoir des relations « correctes », voire amicales avec le préfet, il ne lui reparla jamais de ce que les militaires allemands considérèrent sans doute comme un simple incident puisque aucune suite disciplinaire ne fut donnée à une séquestration particulièrement brutale. La Luftwaffe n'était pas la seule arme à avoir été endoctrinée. On verra dans cette façon de taxer d'homosexualité le premier responsable administratif de la ville une confirmation de l'imprégnation idéologique nazie chez des officiers de la Wehrmacht : on connaît la place ambiguë qu'occupe l'homosexualité dans l'imaginaire comme dans les pratiques nazies. Ils y ajoutaient une association entre les Noirs, êtres inférieurs, et les crimes : les nationalistes allemands n'avaient cessé de dénoncer les turpitudes fantasmées des forces noires lors de l'occupation française de la Rhénanie après 1919. En 1940, la *Weltanschauung* raciale nazie s'exacerbait, surtout lorsque des régiments coloniaux avaient tenu bon. Or, précisément, des Sénégalais s'étaient vaillamment défendus à une dizaine de kilomètres de Chartres. On retrouve ce même comportement autour de Lyon où des troupes sénégalaises avaient tenté de bloquer l'avance de la Wehrmacht : les officiers de l'armée allemande régulière firent jeter les prisonniers sous les chenilles des chars ou les fusillèrent séance tenante.

*

Le récit de ces jours tragiques fait par Jean Moulin reste sobre, on l'a dit : il ne veut que témoigner. Précisons que s'il avait pris soin de donner tout de suite à voix haute, devant le docteur Fulbert appelé pour le soigner, les raisons de son geste, pour qu'il n'y ait pas d'ambiguïté, il ne voulut pas dans les semaines qui suivirent faire état publiquement des outrages et sévices subis. Il n'a donc rien dit de ce que représentait pour lui cet événement. Nous pouvons pourtant essayer d'en préciser le sens et la portée, sans prétendre éclairer le mystère d'une histoire personnelle qui reste intime.

Certes les séquelles physiques furent modestes : outre une propension à racler sa gorge d'une manière qui lui resta propre, une cicatrice, qu'il cacha à l'époque sous une écharpe dont nous aurons l'occasion de reparler. Mais on ne revient pas indemne d'un voyage qui vous a mené si près de l'autre rive. Aucune tentative de suicide ne saurait être considérée comme anodine et il faut se rappeler que l'acte avait à l'époque des résonances graves. Il restait un tabou lourd de culpabilité dans des pays marqués par la culture catholique sur un geste jugé suspect, que l'on cachait, qui en tout cas signait un échec. La guerre avait, il est vrai, suffisamment perturbé le jeu social pour que des officiers de tous les corps, voire de simples soldats de la Légion étrangère (notamment des hommes du 22e régiment de volontaires étrangers) veuillent se donner la mort pour éviter d'être faits prisonniers. Un nombre non négligeable de civils se suicidèrent à l'approche des vainqueurs : ainsi une famille de quatre habitants du village de Bousselange fit ce choix plutôt que celui de partir sur les routes. On connaît également une quinzaine de Pari-

siens qui se donnèrent la mort à l'arrivée des troupes allemandes : le plus connu fut Thierry de Martel, le fils de la
romancière Gyp, une des passionarias des cercles nationalistes des années 1900. Ce chirurgien-chef de l'Hôpital
américain prépara méthodiquement son empoisonne-
ment au gardénal, le 14 juin, à l'entrée des forces allemandes dans Paris, après avoir écrit à l'attention de
l'ambassadeur des Etats-Unis ces lignes très claires : « Je
vous ai fait la promesse de ne pas quitter Paris ; je ne vous
ai pas dit si je resterai à Paris, mort ou vivant. En y restant vivant, c'est un chèque barré que je remets à mon
adversaire ; en y restant mort, c'est un chèque sans provi-
sions. Adieu. » Rien n'autorise à pousser la comparaison,
reste qu'il y a quelque chose de commun dans la détermination du geste, dans les références à l'honneur, la
conscience d'une menace insupportable et d'une pression
inadmissible. Le rapprochement semble peut-être plus
évident avec le fait que les envoyés de Londres en mission
en France partiront à compter de 1943 munis d'une pilule
de cyanure, « pour le cas où... ». Jean Moulin, quant à lui,
dit avoir décidé d'en finir pour n'avoir pas à signer un
texte déshonorant et rien n'autorise à douter de sa parole.
A plus de soixante ans de distance, le geste peut paraître
démesuré : il montre pourtant que les mots pesaient de
tout leur poids comme symboles de l'Etat qu'il entendait
représenter. On ajoutera les effets de la lassitude, la fré-
quentation quotidienne de la mort, qui ont pu faire qu'il
s'est vu en combattant acculé.

Reste qu'il en avait réchappé. Mais, à ses yeux, après
avoir fait ses preuves, et sans aide de quiconque, sans la
moindre directive. Lui qui avait inauguré, en tant que
sous-préfet, bien des monuments aux morts, il avait
entendu les récits de ceux qui avaient tenu bon, des mois
durant, dans les conditions épouvantables des tranchées,
subissant des bombardements incessants, avant de partir
à l'assaut la peur aux tripes. Il avait gagné le droit de parler comme eux, même s'il avait craint de ne pas tenir. De
Gaulle, dans la préface déjà citée, ne manqua pas d'ail-

leurs de souligner « une force de caractère » peu commune.

Mais ce n'est pas tout. Il voyait depuis des semaines, dans le déchirement multiforme du tissu social, non seulement un Français moyen qui se révélait bien médiocre dans l'épreuve, mais aussi des élites et des notables au comportement lamentable. Relatant le repas pris avec les officiers de ce régiment de dragons portés qui avait gardé tonus et moral, il prenait la peine de préciser : « Ici du moins les élites n'ont pas failli. » Atterré par la dilution de l'Etat, à son niveau, il soulignait avec une certaine complaisance que les officiers du régiment de dragons portés l'avaient d'autant plus félicité d'être demeuré à son poste qu'il était – pour eux aussi – le premier préfet qu'ils aient rencontré depuis la frontière franco-belge. Nous savons en fait que les membres de l'administration préfectorale se sont conduits dans l'ensemble honorablement, en tout cas beaucoup mieux que maires et notables divers. Mais ce qui nous importe en l'occurrence, c'est que Jean Moulin pensa l'inverse, ce qui lui donna de la France après qu'elle eut été précipitée cul par-dessus tête, une image bien ternie. Il est vraisemblable, également, que son approche politique, au sens très large du terme, n'était plus la même. Rien n'indique qu'il ait voulu brader ses convictions républicaines. Mais ce n'est pas un hasard s'il souligne la connivence qui l'avait lié à l'ancien maire qui l'aida si efficacement, Maurice Vidon, dont il précisa bien qu'il n'était pas du tout de son bord, au vicaire général qui était demeuré sur place ou encore aux sœurs de la Charité : elle ne saurait être anodine. A ses yeux, la donne s'était modifiée, et les critères qui avaient été les siens avaient changé. Il n'est pas besoin de préciser que la confrontation immédiate, dans les conditions que l'on sait, avec tant de morgue, de mauvaise foi et de bestialité raciste ne l'incitait pas à se laisser tenter par une quelconque accommodation avec l'occupant. On le savait patriote. Il devint du jour au lendemain un adversaire irréductible de l'occupant hitlérien, et dans son récit, il écrit bien : « nazi ».

*

Il pourrait paraître étrange pour ne pas dire contestable d'établir une comparaison entre le fait d'avoir frôlé une mort choisie et le constat qu'il dut gérer pendant cinq longs mois un département occupé, tandis que se mettait en place un régime particulièrement autoritaire, bradant la République et pratiquant immédiatement répression et exclusion à l'encontre de ce qu'il appelait l'Anti-France. D'ailleurs, à bien des égards, si ce fut un autre type d'épreuve, il n'est pas simple d'évaluer ce qu'elle a représenté.

En effet, Jean Moulin, se relevant de sa blessure dès le 22 juin, demeura à son poste. Il ne quitta le département qu'en trois occasions : au début juillet il se rendit, pendant quarante-huit heures, à Paris, pour s'y faire soigner ; invité à déjeuner par le recteur Gustave Roussy, il rencontra Roger Langeron, le préfet de police qui était demeuré à son poste jusqu'au moment où il avait été suspendu par l'occupant. Celui-ci consigne la scène dans ses Mémoires, *Paris juin 1940* : « Avec quelle émotion je vois entrer mon camarade Moulin, préfet de Chartres, la tête entièrement bandée ! Il a été emprisonné, brutalisé et blessé par les Allemands. Il n'est pas de ceux qui ont fui leur poste ni qui se sont montrés dociles... » Entre le 23 et le 27 octobre, pour des raisons inexpliquées, le Feldkommandant et le ministre de l'Intérieur le laissèrent – et c'était à l'époque une faveur – gagner Saint-Andiol. Entre-temps, et les circonstances sont évidemment tout autres, il dut – comme nous le verrons – se rendre à une réunion organisée par les autorités d'occupation, à Saint-Germain-en-Laye. Le fait d'avoir attendu d'être relevé de ses fonctions, le 2 novembre 1940, alors qu'il avait dû appliquer des mesures liberticides, ne laisse pas de poser quelques problèmes, du moins passé le mois de septembre, au moment où les exactions de la soldatesque allemande s'étaient faites plus rares mais où il ne pouvait plus avoir de doute sur la nature du nouveau régime.

Pour comprendre les difficultés de tous ordres que Moulin eut à affronter avec l'occupant, il faut avoir en tête que le nord de la France constituait jusqu'en septembre 1940 une base arrière active pour ce qui était devenu une guerre germano-britannique. Revenons en quelques mots sur les choix stratégiques de Hitler. Le Führer avait jusqu'alors fait un sans-faute. Comme il voulait mettre rapidement à genoux l'Angleterre churchillienne, il avait imposé, le 18 juin, à Munich, un plan tactique à son compère Mussolini qui, sans avoir obtenu le moindre succès militaire, réclamait pourtant, entre autres gains territoriaux, une zone d'occupation italienne entre les Alpes et le Rhône, plus trois têtes de pont (Lyon, Valence, Avignon), sans oublier la Corse, la Tunisie. Hitler maintenait que les clauses d'armistice ne devaient pas paraître insupportables : il ne fallait pas procéder dans l'immédiat à un dépècement territorial alors que justement le gouvernement français était décidé à mettre fin aux combats. Car, précisait-il au Duce, il fallait « obtenir au cours des négociations qu'un gouvernement français continue à fonctionner en territoire français. Ceci serait de beaucoup préférable à la situation créée par un refus du gouvernement français d'accepter les propositions allemandes et sa fuite à l'étranger, d'où il continuerait la guerre ». Le nouveau gouvernement présidé par Philippe Pétain ayant accepté les clauses – qu'il jugeait « sévères » mais « non déshonorantes » – d'un armistice entrant en vigueur le 25 juin, le Reich pouvait programmer, pour le 21 septembre, un débarquement en Angleterre. La directive « Seelöwe », nom qu'on peut traduire par « Otarie », avait pour objectif, comme dans le plan napoléonien de 1805, d'éliminer la Royal Navy : en 1940, cette tâche incombait à l'armée de l'air. Mais la Luftwaffe, après avoir tenté d'obtenir le contrôle du ciel au-dessus de la Manche, puis avoir cherché, à compter du 12 août, à détruire la logistique de la RAF, avant d'adopter la tactique du « bombardement stratégique » visant systématiquement villes et civils (c'est le Blitz proprement dit), ne put faire plier « les paladins du ciel » comme on appela les pilotes de la RAF. Faute de s'être assuré le nécessaire contrôle des airs, Hitler, le 17 septembre, ajournait « jusqu'à nouvel ordre » l'opération Otarie. Ces plans géostratégiques eurent – nous allons le voir – des retombées plus directes qu'on ne l'imagine sur la vie d'un département comme l'Eure-et-Loir.

La paix à l'Ouest étant aux yeux de Hitler indivisible, tant que la Grande-Bretagne ne se rendrait pas, les Français – et cela n'avait pas été programmé – auraient à vivre sous le régime des clauses de la convention d'armistice. Ce texte bref de 24 articles n'incluait donc aucune revendication territoriale. Ses clauses militaires étaient relativement classiques : les forces armées, à l'exception de celles nécessaires au maintien de l'ordre, devaient être « démobilisées », le matériel de guerre livré en bon état, à l'exception des avions de combat et des navires de guerre simplement désarmés. Les clauses spécifiquement politiques étaient, elles, beaucoup plus préoccupantes. Aux termes de l'article 20, les prisonniers de guerre le resteraient « jusqu'à la conclusion de la paix », ce qui transformait près de deux millions de captifs en otages. Surtout, jusqu'à cette éventuelle conclusion de la paix, la Wehrmacht prenait un gage territorial important, une zone nord « occupée » qui s'étendait sur environ les trois cinquièmes du territoire national de 1939, et qui était séparée du restant de l'hexagone par une ligne dite de démarcation, s'étirant sur quelque 1 200 kilomètres, partant du canton de Genève pour aboutir à la frontière espagnole des Pyrénées atlantiques, en passant par Nantua, Chalon-sur-Saône, Moulins, Bourges, Poitiers, Angoulême, en taillant dans 13 départements et dont le passage, jusqu'en mars 1943, dépendait de la possession d'un laissez-passer (*Ausweis*) qui n'était accordé que pour des cas de force majeure. Le département d'Eure-et-Loir appartenait totalement à la zone occupée, inclus dans l'un des quatre districts d'administration militaire (*Militärverwaltungsbezirke*), le « Bezirk A », qui couvrait un vaste territoire allant des Ardennes au Cotentin et du département du Cher à celui de la Seine-Inférieure.

A cela s'ajoutait une autre clause politique, qui concernait directement Moulin, celle de l'article 3. Sans doute la souveraineté française demeurait-elle – en théorie, mais dans les faits il en fut tout autrement – entière sur l'ensemble de l'hexagone. Mais il était stipulé : « Dans les régions occupées de la France, le Reich allemand exerce tous les droits de la puissance occupante. Le gouvernement français s'engage à faciliter par tous les moyens les réglementations relatives à l'exercice de ces droits et à leur mise à exécution avec le concours de l'administration française. Le gouvernement français invitera immédiatement toutes les autorités, tous les services administratifs français du territoire occupé à se conformer aux réglementations des autorités militaires allemandes et à collaborer avec ces dernières d'une manière correcte. » Dans le cas précis, le terme « collaborer », traduit de l'allemand *zusammenarbeiten* (littéralement « travailler avec »), n'avait pas la connotation lourde de sens qu'il allait prendre. Reste qu'en s'octroyant tous ces droits, l'occupant acquérait une latitude d'action dont il usera et abusera. Ajoutons une lourde clause économique stipulant que « Les frais d'entretien des troupes d'occupation allemandes sur le territoire français seront à la charge du gouvernement français » soit le tribut colossal de 400 millions de francs par jour (en gros 100 francs de 1941 équivalent en valeur réelle à 100 francs de 2001). Les détachement de la Wehrmacht transitant à travers le département y verront, eux, des raisons de multiplier actes de vandalisme et exactions.

L'occupation en France fut de type militaire (ce qui valait probablement mieux que d'être placé sous la férule d'une administration civile doublée de l'autorité d'un Gauleiter). Sans doute, à l'instigation de Joachim von

Ribbentrop, Hitler envoya-t-il à Paris Otto Abetz, qui connaissait bien la France, lui conférant en août 1940 la fonction d'« Ambassadeur d'Allemagne à Paris » (le statut de l'armistice ne lui permettant pas d'être accrédité auprès du gouvernement de Vichy) ; il devait à la fois représenter la Wilhelmstrasse auprès des autorités militaires allemandes et être l'interlocuteur officieux mais inévitable de l'État français. Cela dit, le représentant suprême du pouvoir allemand en zone occupée était le *Militärbefelhshaber in Frankreich* (ou MBH), le « commandant militaire en France », un officier supérieur de l'armée de terre de la Wehrmacht. Le premier fut un général près de la retraite, Alfred Streccius, qui laissa sa place le 25 octobre à Otto von Stülpnagel, un ancien également de la Reichswehr. Depuis le « Majestic », un hôtel de l'avenue Kléber, supervisant deux grandes sections, l'une administrative, l'autre économique, il devait assurer « le contrôle et la surveillance de l'administration et de l'économie du pays occupé, y compris l'exploitation du pays pour les besoins des troupes d'occupation et de l'économie de guerre allemande ». Il lui fallait évidemment garantir « le maintien de la sécurité et de l'ordre » (se reporter à Andreas Nielen, in *La France et la Belgique sous l'Occupation allemande 1940-1944, inventaire de la sous-série AJ40*, Archives nationales, 2002). C'est dire qu'il avait tout pouvoir ou presque sur les occupés. En revanche, il n'avait aucune attribution en matière militaire.

Le même schéma se retrouve dans chaque département de la zone occupée : il était contrôlé administrativement par un *Feldkommandant* (deux se succédèrent jusqu'au renvoi de Moulin), siégeant dans chaque préfecture. La *Feldkommandantur* de Chartres, qui avait reçu la dénomination FK 751, avait autorité sur les *Kreiskommandanturen* des deux arrondissements, Dreux et Châteaudun. Leur personnel était relativement âgé. Et, surtout, ce qui allait compliquer considérablement la tâche de Jean Moulin, le *Feldkommandant* n'avait aucune autorité sur les troupes opérationnelles, qui, elles, considéraient qu'elles exerçaient tous les droits du vainqueur. Or, en Eure-et-Loir, affluèrent jusqu'en septembre des troupes mobilisées pour l'opération Otarie et notamment des détachements de la Luftwaffe, l'arme la plus nazifiée de la Wehrmacht, utilisant l'aérodrome d'un grand intérêt militaire situé près de Chartres. Et, dans un premier temps, elles ne tinrent évidemment aucun compte des rappels à l'ordre formulés par le *Feldkommandant*, au point que dans un rapport interne adressé à ses supérieurs, celui-ci « se plaint de la mauvaise conduite des unités de la Luftwaffe stationnées à Chartres et dans ses environs ».

Il faut encore rappeler que dans les premières semaines de l'Occupation, Moulin fut concrètement coupé d'un gouvernement qui, déménageant de Bordeaux à Vichy, avait pour le moment bien d'autres soucis que celui de s'occuper de ses administrés. Au tout début, faute d'électricité, il n'y avait même pas la possibilité d'avoir des échanges téléphoniques et Radio nationale ne fut autorisée à reprendre ses émissions qu'à compter du 4 juillet. Le courrier ne fut rétabli entre les deux zones que le 26 septembre ; les échanges épistolaires jusqu'en mars 1941 restèrent réduits à l'envoi de « cartes inter-zones », non cachetées, sur lesquelles on avait seulement la possibilité de biffer des mentions toutes prêtes. Sans doute le nouveau régime put-il envoyer à Paris auprès des autorités d'occupation un « délégué général du Gouvernement français dans les territoires occupés ». Le premier titulaire, Léon Noël, ancien ambassadeur à Varsovie, qui passait pour un opposant à l'Allemagne nazie, préféra démissionner le 15 août ; si son successeur, le général La Laurencie, fut mieux accepté par les responsables allemands, il ne put établir que des relations très espacées entre eux et l'administration française, même aidé par Jean-Pierre Ingrand, un maître des requêtes fort bien en cour à Vichy, devenu préfet, qui représentait le ministre de l'Intérieur en zone occupée. Un fait illustre les difficultés inhérentes à cette période transitoire : c'est seulement le 18 juillet que Moulin disposa du texte complet de la

Convention d'armistice. Et il est même vraisemblable que ce sont les autorités d'occupation qui l'ont mis un peu au fait des événements, à l'occasion de la convocation à Saint-Germain-en-Laye, le 6 août, des 14 préfets du « Bezirk A ». Ajoutons – complication supplémentaire – qu'un certain nombre de fonctionnaires traînèrent les pieds pour rejoindre l'Eure-et-Loir, à commencer par le secrétaire général de la préfecture qui se trouvait mieux à Aurillac ou le sous-préfet de Dreux qui préféra rester auprès du préfet de Haute-Garonne. On a peine à imaginer aujourd'hui l'extrême confusion dans laquelle était administré, ou plutôt n'était pas administré, le pays.

Dès qu'il fut à peu près rétabli, Moulin s'efforça de remettre le plus vite possible en état de marche son département. Il tenta d'assurer des conditions matérielles à peu près normales aux Chartrains, dont le plus grand nombre étaient revenus, à commencer par le ravitaillement, alors que le rationnement se faisait plus sévère. Il organisa la moisson en bénéficiant parfois du concours de prisonniers de guerre encore rassemblés dans un Frontstalag en attendant de rejoindre le Reich. Evidemment, le département vivait dorénavant à l'heure allemande, au sens propre (elle était en avance de soixante minutes sur l'heure d'été française) et figuré du terme. Le drapeau à croix gammée flottait sur la préfecture où s'était installé le Feldkommandant, qui l'occupait partiellement. Le drapeau tricolore était proscrit, comme *La Marseillaise*, de même que la commémoration du 14 juillet et encore plus celle du 11 novembre. Toutes les armes à feu, y compris les fusils de chasse, devaient être remises aux autorités d'occupation, les contrevenants s'exposant à des condamnations sévères, peine de mort incluse. Les occupés devaient accepter le nouveau cours du Mark : 1DM = 20 francs, ce qui était le double de la valeur réelle de la devise allemande. Pour leur part, les libraires devaient respecter les interdictions de la liste Bernhardt, qui excluait 143 titres, à laquelle succédait dès le 4 octobre la « liste Otto », présentée comme « les ouvrages retirés par les éditeurs [*sic*] ou interdits par les autorités allemandes » ; cette deuxième liste de 1 060 titres interdisait les ouvrages des essayistes français qui avaient mis en garde contre le nazisme (Edmond Vermeil), des opposants allemands (Thomas Mann), des auteurs juifs (Heine) évidemment, et des marxistes (Trotski). A Dreux, un libraire convaincu d'avoir mal fait le ménage fut condamné à une forte amende et jeté pour quelques jours en prison. Ajoutons que les arrêtés et même les circulaires du préfet devaient être au préalable visés par la *Feldkommandantur*, mesure qui reproduisait à l'échelle départementale ce que le *Militärbefelhshaber* avait imposé en septembre à l'Etat français, à savoir le contrôle *a priori* de toutes les lois et de la réglementation françaises, en profitant paradoxalement du fait que le gouvernement de Vichy, voulant affirmer sa souveraineté sur la zone occupée, entendait publier un seul *Journal officiel* pour les deux zones.

Dans le même temps, Moulin était confronté aux multiples plaintes de ses administrés concernant les exactions des vainqueurs. Les soldats, agissant comme dans la plupart des armées du monde, reproduisaient en outre sur le terrain le mode de fonctionnement général de l'occupation telle que nous l'avons décrit. C'est ainsi que la « colonne Künsberg », puis un autre kommando, l'*Einsatzstab* Rosenberg, s'affairaient pour faire main basse sur le patrimoine culturel et artistique français en complétant les collections d'Hermann Goering et de quelques autres dignitaires nazis. Alan Milward (*The New Order and the French Economy*, Oxford University Press, 1970) a bien montré que, jusqu'en 1941, le Reich se contenta de laisser piller directement ou indirectement le pays le plus riche de l'Europe occidentale occupée. Ce pillage s'imposait d'autant plus dans l'été 1940, que les Allemands supposaient qu'après la défaite programmée de la Grande-Bretagne et le traité de paix qui devait suivre, ils devraient abandonner une bonne part de la zone pour l'heure occupée. Les archives départementales de l'Eure-et-Loir et le fonds Laure Moulin à la Bibliothèque nationale (NAF

17863 et 17864) montrent que les plaintes des maires visaient en priorité les innombrables réquisitions forcées et les difficultés de tous ordres imposées par les cantonnements des troupes. Ainsi le maire de Voves écrivait au préfet le 15 juillet : « Nous signalons à regret que le pillage continue. Nous avons continuellement des troupes de passage et les maisons se vident de jour en jour, notamment en literie, postes de TSF [très recherchés] et caves. » Les automobiles aussi étaient particulièrement convoitées. Le maire de Prasville notait le 7 juillet : « Les soldats s'emparent des maisons d'habitation, jettent du foin dans toutes les pièces pour y dormir – ils mettent des meubles au-dehors, se servent de toute la batterie de cuisine, sans rien demander – prennent viande, bois. Ils s'emparent du foin, de la paille, de l'avoine pour nourrir les chevaux. Ils sont les maîtres absolus. » Ajoutons que la soldatesque, non pas la SS mais bel et bien la Wehrmacht, brutalisait, emprisonnait et violait : dans la nuit du 5 au 6 juillet, à Marchéville, au domicile familial, deux adolescentes de quatorze et seize ans furent violées par deux soldats qui ne furent jamais retrouvés.

Moulin adopta face à l'occupant une ligne de conduite relativement simple, que, au demeurant, la plupart des préfets de zone occupée – sous bénéfice d'inventaire – avaient adoptée. Les préfets ne pouvaient que faire exécuter les ordonnances allemandes tout en s'efforçant à la fois d'affirmer leurs prérogatives de représentants de l'Etat français et de défendre leurs administrés face à l'occupant.

La première des ordonnances du *Militärbefehlshaber*, en date du 27 septembre, prescrivait le recensement de tous les juifs, de nationalité française et étrangère, de zone occupée. Il devait s'effectuer dans les sous-préfectures et préfectures et dans les commissariats de police dans le département de la Seine (le recensement des juifs de zone non occupée sera, lui, ordonné par Vichy le 2 juin 1941). L'opération devait impérativement être terminée le 20 octobre. Ils furent 125 juifs dans l'Eure-et-Loir à se faire recenser ; 82 furent déportés, un seul revint des camps d'extermination.

Sur la défense des prérogatives de l'Etat, Moulin grappilla quelques succès. Il réussit rapidement à empêcher que la *Feldkommandantur* n'usurpe le droit de nommer des maires à sa convenance. Il prit grand soin de toujours rappeler que les maires ne devaient pas confondre les ordres provenant des autorités d'occupation et ceux des autorités françaises. Lui-même s'élève, le 14 juillet, contre les agissements de la *Kommandantur* de Laigle : « J'ai l'honneur d'élever une vive protestation contre les méthodes adoptées par certaines autorités allemandes à l'égard du premier magistrat départemental que je suis. Sans me consulter, la *Kommandantur* de Laigle, chargée du service des prisonniers de guerre français, a cru devoir rédiger et faire suivre de la mention "Le PREFET" une affiche dont je ne puis accepter certains termes. Il est indiqué notamment, dans cette affiche qu'en cas de manquement de la part des prisonniers leurs familles seraient tenues pour responsables... » Le baron von Gütlingen lui donna acte du bien-fondé de sa protestation. De même refusait-il de rédiger en allemand les pièces administratives soumises à l'occupant, comme il l'écrit, le 24 août, « à Monsieur le Chef de la *Feld = kommandantur* 751 à Chartres » : « J'ai l'honneur de vous accuser réception de votre ordre d'avoir à faire rédiger en langue allemande toutes les pièces administratives françaises destinées aux autorités allemandes. Malgré mon désir de faciliter aussi largement que possible les rapports entre les autorités occupantes et les autorités françaises, dans l'intérêt même des populations que j'ai la charge d'administrer, il ne m'est pas possible de déférer à cet ordre... » Deux jours plus tard, il faisait part de sa démarche au « Général de corps d'armée [La Laurencie] délégué général du Gouvernement français dans les territoires occupés » : « J'ai l'honneur de vous adresser ci-joint copie de la lettre que j'ai cru devoir faire parvenir au chef de la *Feld-kommandantur* 751 de Chartres, en réponse à une mise en

demeure de sa part d'avoir désormais à rédiger en allemand toutes les pièces administratives adressées aux
autorités allemandes. » Le *Feldkommandant* n'insista pas.
Mais le successeur de Moulin s'accommoda et se plia à
cet ordre.

En revanche, Moulin fut impuissant à protéger ses
administrés des exactions des troupes de passage ou de
celles qui stationnaient près de l'aérodrome. Bien
entendu, il protestait, mais avec d'autant moins de résultats que les *Feldkommandant* successifs, en supposant
même qu'ils aient été décidés à sévir contre ce genre de
pratiques, n'en avaient – comme nous l'avons vu – guère
les moyens. Le préfet ne pouvait que conseiller aux
maires confrontés à des exigences excessives des troupes
opérationnelles « d'opposer courtoisement mais fermement une fin de non-recevoir ». Lui-même ne put que
transmettre leurs protestations, ce qu'il fit systématiquement.

La position qu'il conseillait aux maires se voulait pragmatique. Face à l'Occupation, son premier geste fut de
mettre en garde ses « chers administrés » contre de
« vains commentaires, chacun [devant] reprendre son
poste ». Pour ce qui le concerne – nous l'avons vu – il
entendait faciliter les rapports entre les autorités occupantes et les autorités françaises « dans l'intérêt même
des populations ». Aussi décida-t-il – comme il le précise
dans le premier rapport rédigé après l'occupation de
Chartres qu'il adressa au ministre de l'Intérieur – de taire
les sévices qu'il avait subis personnellement : « Un des
rares incidents qui se soient produits depuis l'entrée des
troupes allemandes est celui dont j'ai été la victime les 17
et 18 juin, incident sur lequel j'ai décidé de faire silence
dans un but d'apaisement. » Une lettre circulaire qu'il
envoya le 12 septembre aux sous-préfets et maires nous
paraît caractériser au mieux l'esprit qui devait définir les
relations avec l'occupant : « Vous maintiendrez vos rapports avec les autorités occupantes, sur le terrain d'une
collaboration courtoise et loyale, ce qui ne saurait exclure

la dignité et la fermeté que les circonstances commandent. » Les termes de la mise en garde sont pesés : la première partie excluait toute attitude d'opposition frontale tandis que le terme « fermeté » proscrivait tout glissement vers ce que Philippe Burrin a nommé l'« accommodation » vis-à-vis de l'occupant.

Les rapines et exactions des détachements de la Wehrmacht qui avaient connu une grande ampleur en juillet-août se raréfièrent sans disparaître. A Saint-Priest « le 3 octobre, un camion allemand déménage tout le mobilier, salon Empire de grande valeur, tapis. Le même camion est revenu plus d'une heure après et il a emporté cette fois le billard ». L'opération Otarie étant reportée *sine die*, une bonne partie des forces opérationnelles gagnaient la Pologne, en même temps que sur place le commandement reprenait les troupes en main. Moulin pouvait espérer que la pression exercée par l'occupant serait moindre.

*

Mais le préfet devait aussi assumer les ambiguïtés de sa position. Il était fonctionnaire d'autorité au service d'un nouveau régime dont l'idéologie et les pratiques étaient à l'opposé des siennes. Le projet initial de l'Etat français, ce qui demeurera, en théorie, de bout en bout, son grand dessein, était de mener à bien une manière de révolution culturelle. Et ce fut l'une de ses singularités, si on le compare avec la majorité des nations occupées, d'avoir utilisé la latitude d'action même relative que le Reich lui avait octroyée, pour opérer une révolution politique, sous le regard de l'occupant, ce qui revenait à instrumentaliser la défaite. Soulignons bien que le fait de privilégier la lutte contre l'ennemi intérieur sur la résistance à l'ennemi extérieur différencie fondamentalement un De Gaulle d'un Pétain. Cela dit, Philippe Pétain, comme nombre d'excellences vichyssoises, se serait bien passé d'avoir à gérer des relations franco-allemandes qui prenaient un tour singulier avec l'échec de la bataille d'Angleterre qui entraînait le refus par Hitler de conclure la paix. Les hommes de Vichy découvraient après coup ce que pouvaient avoir de redoutable les clauses d'un armistice que Pétain avait accepté si légèrement le 22 juin, sans doute parce qu'il établissait alors une corrélation étroite entre l'armistice et le remodelage impératif de la France, comme il l'avait souligné dès le 13 juin : « Le renouveau français, il faut l'attendre bien plus de l'âme de notre pays [...] plutôt que d'une reconquête de notre territoire par les canons alliés. » Et l'historien Robert Frank définit avec pertinence la « particularité de Vichy » : « Le lien quasi indissociable [...] entre la collaboration d'Etat et la Révolution nationale. La première rend possible la seconde et celle-ci rend nécessaire celle-là. Une collaboration d'Etat sans guerre et une Révolution nationale sans fascisme » (*in* Jean-Pierre Azéma et François Bédarida, *La France des années noires*, tome 1, Le Seuil, 2000).

Philippe Pétain allait faire en personne le choix décisif d'une collaboration politique pour mettre en œuvre une collaboration d'Etat entre le Reich et le nouvel Etat français. Nous en reparlerons plus avant. Contentons-nous de dire pour l'heure que, dans les jours qui suivirent l'armistice, le nouveau gouvernement éprouva des sentiments d'isolement et surtout de profonde inquiétude. Il suivait avec une grande perplexité les diverses phases de la bataille d'Angleterre, il était toujours ignorant des projets de Hitler à l'égard de la France, il avait fort peu de prise sur la zone occupée et de Paris provenaient des rumeurs préoccupantes. Des ministres, des *missi dominici* plus ou moins officieux, tels Georges Bonnet ou André François-Poncet, cherchaient en effet à prendre des contacts avec des responsables allemands.

Au bout du compte, allait émerger, comme l'a montré Barbara Lambauer (*Otto Abetz et les Français*, Fayard, 2001), un « axe Abetz-Laval ». Le premier avait un programme bien précis, qui lui permettrait de s'imposer à Hitler et *a fortiori* aux *Militärbefehlshaber* : promouvoir une collaboration germano-française, en contrant l'influence de « la bourgeoisie française » réactionnaire et germanophobe, à l'intérieur d'une Europe germanique, où la France serait durablement affaiblie. Laval, quant à lui, était convaincu, pour des raisons avant tout géostratégiques, qu'une collaboration franco-allemande était la seule voie du salut dans le court comme dans le moyen terme. Il avait pris langue avec l'ambassadeur d'Allemagne en France dès le 19 juillet et les bonnes relations rapidement établies lui avaient permis de renforcer sa position, malgré son long passé de parlementaire dans l'équipe gouvernementale. Comme Hitler, après l'échec de l'opération Otarie, voulait « fermer la porte de derrière » – celle de la Méditerranée – il en profita pour recevoir Laval ; deux jours plus tard, le 24 octobre, était organisée à Montoire-sur-Loir, une petite ville du Vendômois, une rencontre acceptée par Pétain en personne. Laval et surtout Pétain, tout en acceptant le principe d'une collaboration politique, avaient fait montre d'une relative prudence, lors de leur entretien avec le Führer. Mais pour faire taire rumeurs et inquiétudes, le « vainqueur de Verdun », dans son « Message » du 30 octobre, déclarait parler « le langage du chef » : « C'est dans l'honneur et pour maintenir l'unité française, une unité de dix siècles, dans le cadre d'une activité constructive du nouvel ordre européen, que j'entre aujourd'hui dans la voie de la collaboration. »

Le 30 octobre, le sort de Moulin comme préfet était déjà scellé et les retombées des avatars de la politique extérieure de Vichy ne le regardaient plus. En revanche, il avait dû prendre en charge les mesures décidées au titre de la « Révolution nationale ». Répétons-le, le grand dessein du régime était bien de mettre en œuvre une manière de révolution culturelle qui permettrait d'en finir avec les errements de décennies de démocratie libérale et de façonner une nouvelle France. La plupart des historiens analysent le gouvernement de Vichy comme une variante charismatique d'un régime de type autoritaire. Autoritaire, le régime l'est sans conteste : le pouvoir tout entier est concentré entre les mains d'un seul homme sans aucun contre-pouvoir, et notamment sans contrôle parlementaire. La Révolution nationale se voulait un projet de société. Ses fondements idéologiques mêlaient traditions de la droite extrême, courants non conformistes des années 30 et thèmes développés dans nombre de mess d'officiers. Les plus importants sont bien connus : la condamnation sans appel du libéralisme, tenu pour l'agent le plus dissolvant de la société comme de la nation ; le refus du principe égalitaire, la tyrannie démagogique du suffrage universel devant céder la place au gouvernement, sous la férule de chefs, des élites sociales et professionnelles. Est également condamné ce qu'on pourrait appeler – avec quelque anachronisme – le libéralisme culturel débouchant sur « l'esprit de jouissance », un des grands responsables du désastre. Enfin, l'appel à un rassemblement national s'appuie sur un nationalisme fermé – l'expression est de l'historien Michel Winock –, replié sur lui-même, ethnocentrique, impliquant une politique d'exclusion et de répression à l'encontre de ce qu'on nommait l'Anti-France.

Dès les 11 et 12 juillet, Philippe Pétain, le dernier président du Conseil de la IIIe République, promulguait quatre « Actes constitutionnels », en principe valides jusqu'à la mise au point d'une nouvelle Constitution (qui ne verra jamais le jour). Il s'y octroyait la « plénitude du pouvoir gouvernemental », cumulant les pouvoirs dévolus naguère au président de la République, les fonctions législatives qui lui étaient attribuées en Conseil des ministres, diplomatiques, administratives, juridiques même. Enfin, il s'était donné le droit insigne de désigner son successeur. Seule limite à cette omnipotence : il ne pouvait déclarer la guerre sans le vote d'assemblées qui étaient ajournées jusqu'à nouvel ordre. C'était une véritable révolution juridique et constitutionnelle. Ajoutons que se mettait en place, le 12 octobre, un nouveau modèle d'administration locale, car une loi suspendait les conseils généraux dont les pouvoirs étaient confiés au préfet simplement assisté d'une commission administrative composée de membres nommés. Entre-temps, le 16 août, on avait pris soin de se débarrasser du « pouvoir syndical », pourvoyeur de luttes de classes, puisque les centrales ouvrières (et, par une fausse symétrie, les centrales patronales) disparaissaient, du moins à l'échelon national. A cette liste de mesures il faut adjoindre le texte du 13 août interdisant les « sociétés secrètes », censées menacer l'œuvre de redressement national. C'était les obédiences franc-maçonnes, auxquelles leurs adversaires prêtaient un pouvoir démesuré (alors que le Grand Orient et la Grande Loge de France comptaient à l'époque environ 40 000 « frères »), qui étaient visées : un décret pris six jours plus tard constatait la « nullité du Grand Orient de France et de la Grande Loge de France » (voir André Combes, *La Franc-Maçonnerie sous l'Occupation*, Ed. du Rocher, 2002). Les personnalités du « régime ancien » n'étaient pas oubliées : le 30 juillet, l'Acte constitutionnel n° 5 instituait une « Cour suprême de justice », dont les membres seraient nommés, qui serait chargée de « juger toutes personnes ayant trahi les devoirs de leurs charges dans les actes ayant concouru au passage de l'état de paix à l'état de guerre avant le 4 septembre 1939 ». Et dès septembre, Daladier, Reynaud, Mandel, Blum étaient placés en résidence surveillée ou internés.

Insistons sur le nationalisme fermé. La plupart des ministres des gouvernements successifs étaient xénophobes, un certain nombre de surcroît antisémites. L'antisémitisme populiste propagé par des ligues avait retrouvé de la vigueur à la fin des années 30, d'autant que les juifs étaient accusés par leurs adversaires de fomenter une guerre idéologique contre le Reich. Dès le mois de juillet, on s'en prit aux Français insuffisamment français. Le 17, une loi limitait aux citoyens de père français l'accès aux emplois dans les administrations publiques, interdiction étendue par le décret du 19 août : « Nul ne peut exercer la profession de médecin, chirurgien, dentiste, pharmacien... s'il ne possède pas la nationalité française, à titre originaire comme étant né d'un père français. » Entre-temps, le 22 juillet, une commission avait à réviser les acquisitions de la nationalité française obtenues depuis la loi libérale du 10 août 1927 ; elle annula 15 000 naturalisations. Quelques semaines après, entraient en vigueur des lois caractérisant l'antisémitisme d'Etat, visant à éliminer l'influence politique, sociale et économique supposée démesurée des « Israélites » (donc des juifs français) et cherchant *a fortiori* à contrôler au plus près les juifs étrangers, à ce titre doublement dangereux. La loi du 3 octobre « portant statut des juifs » faisait des juifs français parce qu'ils étaient « de race juive » des citoyens à part, de deuxième ou troisième zone. Exclus de toute fonction élective, ils étaient aussi interdits – sauf dérogations dûment motivées – d'un grand nombre de professions : ils ne pouvaient être ni magistrats, ni officiers, ni fonctionnaires, ni exercer une activité ayant trait à ce qu'on n'appelait pas encore les médias. Quant aux « étrangers de race juive », la loi du 4 octobre autorisait les préfets à les interner administrativement selon leur bon plaisir, notamment dans des camps (se reporter à André Kaspi, *Les Juifs pendant l'Occupation*, Le Seuil, 1991).

Faute de pouvoir disposer de documents précis et de lettres, il est malaisé de cerner avec précision comment a réagi Jean Moulin. Lorsqu'il transmet la lettre de protestation par laquelle le responsable des médecins d'Eure-et-Loir s'indignait que trois médecins du département fussent interdits d'exercer au titre du décret du 19 août, il demandait, certes, qu'une exception fût faite en leur faveur, mais sans rien ajouter. On peut seulement souligner qu'il ne céda d'aucune manière aux sirènes du maréchalisme (le culte du « Maréchal »), ni *a fortiori* à celles du pétainisme (l'approbation de la Révolution nationale). Les trois rapports qu'il envoya au ministre de l'Intérieur, les 12 juillet, 30 septembre, 15 novembre (rédigés avant son départ) ne contenaient pas la moindre allusion ni *a fortiori* le moindre hommage au grand homme qui avait su faire don de sa personne à la France, comme en est rempli le courrier de nombre de préfets ou de sous-préfets, par exemple de celui de Châteaudun. C'était bien une façon de résister à la déferlante maréchaliste et on ne relève aucune manifestation de zèle dans l'application des directives du nouveau régime. Mais on ne peut rien dire de plus. Il a été contraint, comme tous les fonctionnaires, de déclarer sur l'honneur, sur un formulaire imprimé (consultable aux Archives nationales dans le dossier de carrière F1b 1 816), qu'il n'avait pas appartenu à la franc-maçonnerie, ce qui est la stricte vérité (« Je soussigné Moulin Jean Pierre déclare, sur l'honneur, n'avoir jamais appartenu à l'une des organisations définies à l'article 1er de la loi du 13 août 1940, portant interdiction des sociétés secrètes. Je prends l'engagement d'honneur de ne jamais adhérer à une telle organisation au cas où elle viendrait à se reconstituer »). Il se garda, en tout cas, d'indiquer les personnes contre lesquelles pourrait jouer la loi du 17 juillet qui permettait de relever quiconque de la fonction publique, et son successeur indiquait dans son rapport du 10 décembre 1940 : « J'ai l'honneur de vous faire connaître qu'aucun employé ni agent des départements et des communes, n'a été à ce jour, l'objet de mesures prévues par la loi du 17 juillet 1940... »

Et dans le climat de chasse aux sorcières qui était en train de s'installer, il nommait Maurice Viollette sous-préfet de Dreux, pour remplacer provisoirement le titulaire qui ne rejoignait pas son poste. Or cet ancien ministre du Front populaire, qu'il connaissait bien et qui s'était fort bien comporté en juin, ne manquait pas une occasion de défendre publiquement la République. Cette nomination parut scandaleuse aux partisans de Vichy.

Il est pourtant difficile de ne pas se poser la question : pourquoi le préfet Moulin n'a-t-il pas démissionné de lui-même ? Jusqu'à la mi-septembre, il a vraisemblablement estimé qu'après être demeuré à son poste lors de l'invasion, et alors que le nouveau gouvernement était incapable d'être pour eux du moindre secours, il se devait d'essayer de protéger ses administrés contre les exactions de l'occupant. Les lettres et les témoignages des Chartrains au moment de son départ confirment que ses administrés lui étaient très reconnaissants de cette fonction sciemment assumée. Mais que dire pour l'après-septembre, quand le caractère liberticide et répressif du nouveau régime ne faisait plus aucun doute, que Marcel Peyrouton, nouveau ministre de l'Intérieur, annonçait clairement la couleur aux préfets, en les incitant à manifester tout leur zèle, tant à l'endroit du régime que dans la répression de l'Anti-France ? Nous possédons l'explication fournie par Moulin, lors de l'interrogatoire que ce dernier eut à subir en arrivant en Angleterre : ses examinateurs ont noté qu'il déclara avoir « continu[é] à exercer ses fonctions jusqu'au 1er décembre 1940 [ce qui est erroné] où Peyrouton lui donna l'ordre de révoquer certains maires et conseillers. Il refusa et fut forcé de quitter son poste ». Mais cette assertion ne résiste pas à l'examen de la chronologie.

Un autre élément de réponse a été apporté par Pierre Meunier, naguère, on l'a dit, au cabinet de Pierre Cot et toujours proche de Jean Moulin. Evoquant un voyage qu'il fit à Chartres en septembre 1940, il a constamment affirmé depuis son premier témoignage en 1949 (AN 72AJ 49) jusqu'à *Jean Moulin mon ami* (l'Armançon, 1993) que Moulin voulait démissionner et, ajoute-t-il, « s'imagin[ant] comme organisateur de la résistance, il pense à partir pour Londres ». Et Pierre Meunier l'en aurait dissuadé, en lui assurant que sa révocation ne saurait tarder et ferait du bruit, tandis qu'une démission passerait inaperçue et – pire –, le rendant suspect, le gênerait dans ses futures entreprises. Comme Pierre Meunier a défendu la mémoire de Moulin bec et ongles, il est regrettable que nous ne possédions que son seul témoignage. Moulin a probablement estimé, de son côté, que le nouveau gouvernement ne tarderait pas à le limoger. Ajoutons même que, pour lui, démissionner d'un corps auquel il avait tant voulu appartenir n'allait pas de soi ; et il pouvait avoir l'impression que ses fonctions non seulement lui donnaient des moyens pour continuer de protéger ses administrés, mais lui fournissaient aussi un bon poste d'observation s'il voulait tenter quelque chose. Remarquons, d'ailleurs, tout en tenant évidemment compte du décalage chronologique, que, en 1944, les responsables de la Résistance conseillaient de rester en poste à ceux des préfets qui acceptaient de faire partie du « Super-Nap » (le service chargé d'infiltrer la haute administration). Reste que, si l'on met entre parenthèses le seul témoignage de Pierre Meunier, cette décision de demeurer à son poste soulèverait une des très rares questions qu'on puisse se poser soixante ans après sur Moulin.

On a pu souligner qu'il avait certainement pris connaissance du premier ensemble de lois antisémites (elles paraissaient au *Journal officiel* du 18 octobre) et qu'elles n'avaient provoqué de sa part aucune observation. On retiendra de la conférence prononcée par Daniel Cordier en Sorbonne, le 15 juin 1992, ayant pour thème : « La résistance française et les juifs » que « la question juive » – pour reprendre la terminologie vichyssoise – et les avatars des mesures antisémites n'étaient probablement pas une question centrale aux yeux de Moulin. Il est significatif que, dans le rapport – dont nous reparlerons – qu'il adresse aux Britanniques et à la France Libre en octobre 1941, avant de gagner Londres, il fasse état des poursuites engagées contre le personnel politique de la IIIᵉ République, mais ne dise pas un mot sur les mesures prises contre les juifs français et étrangers. Son cas est loin d'être le seul. Pierre Laborie nous paraît avoir bien montré dans *L'Opinion française sous Vichy* (Le Seuil, 1990) que ce qui avait prévalu dans l'automne 1940 chez le Français moyen, c'était l'indifférence et chez les élites qui n'avaient pas cédé à l'antisémitisme, ce qui était sans conteste – soulignons-le – le cas de Moulin, le sentiment que si les juifs français avaient à souffrir effectivement des mesures d'exclusion prises par Vichy comme une variante de la xénophobie ambiante, d'autres également étaient victimes de la lutte menée globalement contre l'Anti-France (fonctionnaires révoqués, hommes politiques internés, francs-maçons, etc.). Les témoignages concordants de Daniel Cordier et de Georges Bidault ne laissent planer aucun doute sur ce que fut son attitude à Lyon dans l'été 1942 et d'ailleurs nous disposons de son courrier du 13 septembre parfaitement explicite : « La situation évolue rapidement en ZNO [zone non occupée] en fonction des mesures d'oppression de plus en plus marquées prises par Vichy. Les arrestations des juifs étrangers et leur livraison aux Allemands et plus encore les mesures odieuses prises à l'égard des enfants israélites, ignorées au début du grand public, commencent à soulever la conscience populaire... » Cela dit, pour revenir à octobre 1940, la publication du Statut des juifs ne l'aurait très probablement pas poussé à donner sa démission. Montoire l'y aurait sans doute beaucoup plus incité – mais c'est là, il est vrai, une simple hypothèse. Cela dit, Vichy allait lui rendre le service de le relever de ses fonctions.

*

Le gouvernement usa contre Moulin d'une arme administrative pratique et simple, dont la décision n'avait pas à être motivée : en effet, la loi du 17 juillet 1940 l'autorisait à relever de leurs fonctions les agents publics « nonobstant toute disposition législative et réglementaire contraire, par décret pris sur le seul rapport du ministre compétent et sans autre formalité ». Sans doute un texte aussi expéditif permettait-il, comme l'expliquera Marcel Peyrouton, de se débarrasser des « fonctionnaires précocement fatigués », mais aussi des « incapables moraux », autrement dit des trop fortes têtes. Et il allait tout autant servir à mettre en œuvre une épuration politique contre ceux qu'on appela les « juilletisés » (voir Marc Olivier Baruch, *Servir l'État français*, Fayard, 1997) : ils recevaient un traitement pendant quelques mois, et s'ils n'étaient pas reclassés, ils étaient, avec une pension à taux plein ou partiel, mis à la retraite d'office. Moulin fut, quant à lui, « admis à faire valoir ses droits à la retraite », le 11 juillet 1942. On récusera l'analyse de Pierre Henry qui dans son *Histoire des préfets* (Nouvelles Editions latines, 1950) s'attache surtout à dénoncer l'épuration de la Libération et fournit en revanche des indications lénifiantes sur celle à laquelle s'est livré Vichy. Car le bilan est lourd : entre septembre et décembre 1940, sur 94 préfets, 26 furent mis à la retraite, 29 révoqués et 37 déplacés. L'une des raisons de ce durcissement était pour partie l'arrivée à la tête du ministère de l'Intérieur, le 6 septembre, de Marcel Peyrouton, qui fit d'autant plus de zèle qu'il passait pour avoir bien profité du « régime ancien », comme résident général en Tunisie, au Maroc, et ancien ambassadeur. Moulin – nous ne savons pourquoi – avait échappé à la première « juilletisation », celle du 17 septembre, qui vit la mise à l'écart notamment d'Emile Bollaert, un fidèle de Herriot, ou de Roger Génébrier qui avait été le chef de cabinet de Daladier. Parallèlement, étaient nommés des hommes qui ne provenaient pas du sérail des sous-préfets, comme naguère, mais qu'on estimait politiquement sûrs, tels le colonel Marion en Aveyron, l'amiral Bard en Haute-Vienne...

Cela dit, Moulin n'échappa pas au deuxième train de suspensions. Des rapports particulièrement favorables étaient pourtant parvenus à Vichy, notamment celui du préfet Autrand, président de l'Association de l'administration préfectorale. Dans une lettre adressée au « Maréchal Pétain », le 21 août 1940, dressant un état des faits et gestes qui avaient, dans la débâcle, honoré le corps préfectoral, il évoquait longuement la conduite de Moulin à Chartres et concluait : « A fait preuve d'un réel courage civique. » Ce qui pour l'heure comptait peu, en regard du jugement porté sur Moulin par Jean-Pierre Ingrand, représentant le ministre de l'Intérieur en zone occupée (AN F1b 1817) : « Fonctionnaire de valeur mais prisonnier du régime ancien. » Le 2 novembre, Philippe Pétain signait un décret relevant de leurs fonctions un certain nombre de sous-préfets et trois préfets, dont Moulin : « Nous, Maréchal de France, chef de l'Etat français, vu la loi du 17 juillet 1940, concernant les magistrats et les fonctionnaires ou agents civils et militaires de l'Etat relevés de leurs fonctions, sur proposition du Ministre, Secrétaire d'Etat à l'Intérieur, décrétons : Article 1er. Sont placés dans la position prévue par l'article 1er de la loi du 17 juillet 1940 : MM. Jouany, Préfet d'Ille-et-Vilaine, Moulin, Préfet d'Eure-et-Loir, Morel, Préfet intérimaire des Hautes-Alpes... » La décision prise à l'encontre de Moulin fut effective le 16 novembre, jour où lui succédait Charles Donati, inspecteur général des Finances. A noter que, contrairement à ce qu'espérait Pierre Meunier, mais cela ne nous étonne guère, sa mise à l'écart passa quasi inaperçue, au point que, dans le journal qu'il tint durant toute la guerre (republié en 1987 sous le titre *Ephémérides de quatre années tragiques*, Editions de Candide), le mémorialiste Pierre Limagne, éditorialiste à *La Croix* à la date du 2 novembre, notait seulement : « Brochette de sous-préfets limogés. »

Encore fallait-il que les Allemands, qui donnaient dorénavant leur aval à toute mutation administrative en zone occupée, fussent d'accord sur la décision de Vichy dont ils avaient été au préalable avertis le 15 octobre. Les deux *Feldkommandant* successifs avaient porté un jugement favorable sur Moulin. Le premier, le colonel von Gütlingen, peut-être pour faire oublier ce qui s'était déroulé les 17 et 18 juin, avait effectué un certain nombre de gestes à l'endroit de Moulin. Il avait tenu à se faire prendre en photo à ses côtés, ce qu'avait accepté Moulin, tout en gardant ses distances : le cliché le montre, la gorge protégée par une écharpe blanche, à quelques pas du colonel. Ce dernier lui avait offert une photo de lui en grand uniforme dont la dédicace pourrait être traduite en ces termes : « A Monsieur le préfet, mon très distingué collègue et hôte », et surtout il avait tenu, lors de son départ, le 27 septembre, à lui adresser une lettre chaleureuse, en allemand : « J'irai bien entendu vous faire personnellement mes adieux et vous exprimer à cette occasion combien notre vie en commun dans votre maison [la préfecture] m'a été agréable. Je crois que nous nous sommes compris l'un l'autre. Je vous ai respecté en tant que Français et vous m'avez respecté en tant qu'officier allemand. Chacun de nous a dû servir sa patrie. » La lettre se terminait par : « Je vous salue en vous assurant de ma haute considération, votre très dévoué Baron von Gütlingen und von Schlepegnell (*Ich grüsse Sie mit der Versicherung meiner Hochactung. Ihr sehr ergebner. Freiherr von Gütlingen...*). » Il serait évidemment erroné d'interpréter les termes du *Feldkommandant* comme des remerciements pour une quelconque « accommodation » du préfet. D'ailleurs le second *Feldkommandant*, le major Ebmeier, qui, pourtant plus sec que son prédécesseur, avait tenu également à lui adresser des compliments, lors de son départ, précisait : « Je vous félicite de l'énergie avec laquelle vous avez su défendre les intérêts de vos administrés et l'honneur de votre pays. » Mais si dans un rapport qu'il adressait à ses supérieurs, le 25 octobre, il soulignait que « Moulin est un agent administratif avisé, doué au-dessus de la moyenne, remarquablement instruit, avec une force de jugement et une forte conscience de ses responsabilités. Le travail avec lui est satisfaisant », il ne mettait aucun obstacle à son remplacement, s'inquiétant surtout du fait que les départs conjoints de Moulin et de son secrétaire général risquaient de perturber la bonne marche du département. En conséquence, il demandait seulement que sa révocation soit reportée de quelques jours : c'est pourquoi Moulin ne partit que le 16 novembre.

*

Ainsi les hommes du gouvernement de Vichy qui claironnaient à l'envi qu'ils allaient, eux, rétablir le sens de la grandeur de servir, ce que « le régime ancien » avait évidemment perdu, laissaient à un major allemand le soin de prononcer, dans les locaux d'une préfecture française, des paroles qu'ils s'étaient refusés, pour des raisons partisanes, à formuler.

Du moins Moulin pouvait-il prendre connaissance avec une certaine fierté des propos tenus à Châteauneuf, la veille de son départ, par le président de la commission départementale qui allait succéder à l'ancien conseil général : « ... Permettez-moi de vous dire que ces populations [d'Eure-et-Loir] vous considèrent comme un fonctionnaire émérite, cordial et accueillant, aux connaissances étendues, doué d'une vive intelligence, d'une droiture et d'une loyauté parfaites animé d'un patriotisme clairvoyant... Nous connaissons tous le courage et la dignité dont vous avez fait preuve dans les sombres et tristes journées de juin, au moment des évacuations en masse ainsi que l'attitude énergique que vous avez toujours observée en face des autorités occupantes et ce dans l'intérêt de ce département. Cela, mon cher préfet, nous ne l'oublierons jamais... » On pourrait citer des dizaines de lettres individuelles tout aussi chaleureuses, voire encore plus. Celle qui est signée G.D. donne le ton de l'ensemble : « Toujours, croyez-le bien, je garderai le souvenir fervent de votre bienveillance et de votre courage pendant les journées difficiles du mois de juin dernier. Humblement je continuerai à demander chaque jour à Dieu et à Notre-Dame de Chartres, de vous protéger. »

Dans le courrier qu'il avait adressé aux maires pour leur annoncer qu'il avait été « relevé de [s]es fonctions », Moulin écrivait : « Après 23 années passées au service de la République, je pars sans amertume, conscient d'avoir rempli ma tâche sans défaillance... » Ses propos cherchaient à éviter toute interprétation excessive, attitude fréquente chez lui, on l'a dit. Reste que, même si sa mise à l'écart pouvait dans une certaine mesure le soulager, on a du mal à croire qu'il n'éprouvait pas quelque pincement au cœur. Pour l'heure était close, dans les pires conditions, une carrière qu'il n'avait pas choisie mais qui lui avait convenu. Il avait ardemment souhaité devenir préfet. Après de nombreuses années d'un apprentissage plutôt conformiste, il avait acquis des qualités professionnelles indiscutables, confortées par l'expérience politique. De surcroît, il venait de vivre des semaines qui pesaient de tout leur poids dans la conviction que ses fonctions étaient importantes et qu'il était apte à les remplir.

Devant l'ex-préfet, devenu pour les bureaux du ministère de l'Intérieur propriétaire cultivateur, retiré à Saint-Andiol, s'ouvraient divers avenirs. Il n'excluait pas d'avoir à emprunter des chemins peu orthodoxes, puisque avant de quitter Chartres, il avait pris soin de se doter d'une fausse carte d'identité.

5

Le choix

Entre l'automne 1940 et l'automne 1941, de la révocation du préfet d'Eure-et-Loir à l'arrivée de « Joseph Mercier » à Lisbonne, en septembre 1941, Moulin avait fait un choix décisif : se rendre à Londres, avec le projet d'en revenir. Il était redevenu simple citoyen, mais le fonctionnaire efficace et compétent qu'il avait été se faisait une obligation d'y arriver avec un bon dossier. Il s'efforça donc de se renseigner sur les hommes qui voulaient « faire quelque chose » contre l'occupant. Ces mois en effet voient, dans un contexte général qui n'incite pas à l'optimisme, naître les embryons des réseaux et des Mouvements de Résistance, pour ce qui était encore, selon la formule de Daniel Cordier, le temps du « bricolage héroïque ».

*

L'itinéraire de Moulin, entre sa révocation le 2 novembre 1940 et son arrivée à Lisbonne, un an plus tard, constitue dans sa vie une sorte d'« angle mort », selon l'expression de l'historien Laurent Douzou, dans sa communication « Un an de réflexion ? » (in *Jean Moulin face à l'Histoire*, sous la direction de Jean-Pierre Azéma, Flammarion, 2000). Nous disposons, certes, du livre de Laure Moulin et surtout du rapport qu'il a rédigé à Lisbonne, destiné aussi bien aux

Anglais qu'aux services de la France Libre, enfin des comptes rendus des interrogatoires auxquels il a été soumis à son arrivée en Grande-Bretagne. Tous ces documents fournissent des renseignements utiles, mais ce sont les seules sources de l'époque et il nous manque celles qui permettraient de recouper un certain nombre de témoignages rétrospectifs, qui paraissent souvent bien convenus.

Après la guerre, Laure Moulin évoqua cette période en rassemblant des témoignages qui lui parurent concordants : celui du docteur Mans, que Moulin avait fréquenté naguère et chez qui il passait quelques jours, à Amiens, en novembre 1940, celui du commandant Manhès, qu'il revit souvent dans le printemps de 1941, celui de Pierre Meunier, un ancien de l'équipe Cot, son ami. Chacun d'eux présente Moulin comme un des tout premiers résistants, ou, mieux encore, quelqu'un qui aurait décidé – dès l'automne 1940 – de gagner Londres pour y rencontrer Charles De Gaulle, voire se mettre sous ses ordres. Voilà qui demande à être examiné de plus près.

L'attitude et les réactions, à la fois immédiates et méditées, de Jean Moulin face à l'occupant, le 17 juin, attestaient un esprit indiscutable de ce que l'on peut déjà appeler « résistance », sous réserve de définir ce terme. Il ne semble pas pour autant qu'il faille prendre forcément au pied de la lettre le récit de Henri Manhès, qui a fait état – mais dix ans plus tard – d'un serment qui aurait été prêté, à Chartres, par lui-même et Moulin, dans son bureau, au cours de la nuit du 14 au 15 juin. Les deux hommes auraient juré de ne jamais abandonner le combat quelles que puissent être les retombées de la victoire hitlérienne. Car les modalités de ce combat – dont Moulin a certainement éprouvé la nécessité – devaient être moins évidentes que ce récit ne le laisse entendre et il est peu probable qu'ils aient su aussi vite comment agir. Il est encore plus douteux que – même si Pierre Meunier l'affirme et que Laure Moulin le souligne à l'envi – il ait eu en novembre 1940, immédiatement après sa révocation, l'intention de « préparer son départ pour Londres où il voulait se faire reconnaître par le général de Gaulle ». Nous serions plus enclin à suivre Antoinette Sachs, très présente auprès de lui dans l'année 1941 : « début décembre 1940, il ne savait pas comment se manifesterait son activité ni où elle se localiserait ; Moulin savait qu'il voulait agir, continuer, lutter contre les Allemands mais comment ? » (cité par Pierre Péan, *Vies et Morts de Jean Moulin, op. cit.*).

Cette résolution de continuer le combat, malgré les incertitudes sur les moyens de la mettre en œuvre, Moulin n'est évidemment pas le seul à l'avoir prise. Certains ont envisagé, dès 1940, de continuer à lutter contre l'occupant sans s'arrêter aux risques encourus ; leurs motifs ont été très simplement formulés par Léon-Maurice Nordmann, un militant du réseau du musée de l'Homme, lorsque, après avoir été arrêté et emprisonné, il déclarait à ses juges allemands en janvier 1942 : « La mort on la risque tous les jours sur les champs de bataille ; j'ai considéré que nous sommes toujours en guerre contre vous. »

Schématiquement, s'offrait alors le choix entre trois démarches.

On pouvait d'abord envisager de s'organiser dans l'hexagone : cette voie fut suivie par la grande majorité des partisans du refus. Ils prenaient cette option soit par conviction, estimant que cette guerre n'avait de sens que si elle était menée de l'intérieur, soit par défaut, conscients des difficultés de toutes sortes qu'on rencontrait pour rejoindre Londres. Pour agir sur place, on pouvait mener une action plus ou moins militaire, par exemple en s'intégrant à un réseau de renseignements, en participant à des sabotages, voire à des attentats, soit militer dans un des Mouvements qui peu à peu se constituaient. La deuxième solution, chercher à gagner Londres, par des voies clandestines et hasardeuses, pour combattre les forces de l'Axe, soit aux côtés des Anglais, soit dans les rangs de la France Libre, impliquait des risques, celui de périr en mer, ou de rester interné dans des camps espagnols à la sinistre réputation. Enfin, restait la troisième perspective, gagner légalement les Etats-Unis pour y contribuer à organiser la contre-propagande, obtenir des visas pour faire partir les plus menacés.

Moulin prit à cet égard une décision atypique. Pour gagner la Grande-Bretagne, il utilisa, lui, des voies légales qui devaient le mener d'abord au Portugal comme s'il voulait gagner les Etats-Unis. Et s'il avait, en fait, le projet de gagner Londres, c'était avec le dessein de revenir ensuite en France. Sans avoir cherché à faire partie des premiers noyaux de résistants qu'il avait rencontrés.

A l'origine, il n'avait sans doute pas exclu de gagner les Etats-Unis, où l'attendait celui qui avait été naguère son mentor politique, Pierre Cot. Avant de quitter sa préfecture d'Eure-et-Loir, il s'était fait établir une fausse vraie carte d'identité (fausse car son numéro, 6 873, avait déjà été attribué à un dénommé Gabriel Carnis, en fait disparu) au nom de Joseph-Jean Mercier, né à Péronne, le 20 juillet 1896, fils de Mercier Antoine et de Dutard Emilie ; célibataire, de nationalité française, professeur, il était domicilié habituellement au 7c Cinquième Avenue, New York City, USA. Pareille domiciliation n'impliquait pas nécessairement de vouloir se rendre à New York. Mais Moulin a pu songer à un détour par les Etats-Unis, car il évoque ce projet – abandonné au moment où il écrit – dans une lettre qu'il adresse à Pierre Cot à son arrivée en Grande-Bretagne, le 19 octobre 1941 (la reproduction de l'original se trouve dans *Pierre Cot, 1895-1977*) : « Tu sais depuis longtemps que j'ai, en effet, décidé de ne pas aller en Amérique... »

A l'époque, un certain nombre de Français, pour qui la France de Vichy était insupportable, qui se sentaient politiquement menacés ou visés par les lois raciales, ont envisagé de rejoindre les Etats-Unis. Ainsi Lucie et Raymond Samuel (maintenant plus connus sous le pseudonyme « Aubrac » pris par Raymond) avaient, pendant quelques semaines, songé à accepter l'invitation faite à Lucie de mener des recherches dans une université américaine. Or, justement, deux hommes s'efforçaient d'attirer Moulin en Amérique : Louis Dolivet et Pierre Cot.

Le premier est une relation relativement récente. Ludovic Brecher, dit Louis Dolivet, était son voisin et, de plus, avait été un membre très actif, à l'instigation du Komintern, du Rassemblement Universel pour la Paix (RUP), un mouvement créé en 1936, prônant la sécurité collective, et dont Pierre Cot était le coprésident. Il n'est pas aisé de suivre le parcours politique de ce kominternien après la signature du pacte germano-soviétique. Resté en tout cas désireux de lutter contre le fascisme, il avait réussi, le 22 décembre 1940, à rejoindre Lisbonne via l'Algérie et le Maroc, et de là les Etats-Unis, d'où il s'efforça de monter des filières pour faire sortir d'Europe les militants antifascistes menacés. Il offrait en même temps ses services à De Gaulle, mais son passé politique lui fermait les portes tant du côté des Anglais que de celui de la France Libre. Avant son départ de France, il paraît bien avoir rencontré Moulin à quelques reprises, mais – comme le souligne Pierre Péan – Moulin n'allait pas suivre son exemple.

Pierre Cot, lui, avait été un des rares parlementaires (avec Henri de Kérillis et Pierre-Olivier Lapie) à gagner Londres, où il parvenait le 21 juin. Il supplia littéralement De Gaulle de l'employer même à des tâches subalternes. Mais celui-ci refusa et s'en justifia dans ses *Mémoires de guerre* : « Il était trop voyant pour que ce fût désirable. » De Gaulle, de crainte de perdre le petit nombre de volontaires et d'officiers de carrière qui s'étaient ralliés à lui, sacrifiait un homme marqué à leurs yeux par son passé politique, l'homme que l'extrême droite – on s'en souvient – avait injustement surnommé après le 6 février 1934 « le galopin sanglant », et qui – accusé dorénavant d'avoir bradé l'aviation française – était tenu par certains pour l'un des responsables de la défaite. Après s'être morfondu à Londres, Pierre Cot rejoignit fin août, via le Québec, les Etats-Unis, où il enseigna à l'université de Yale tout en militant activement dans le mouvement *France for Ever*. Pendant ce séjour américain, il évolua idéologiquement au point qu'en novembre 1940, par l'intermédiaire d'Earl Browder, secrétaire général du parti communiste américain, il fit une « offre de services » (se reporter à Sabine Jansen, *op.cit.*, p. 352) à l'Union soviétique, en qui il voyait, en dépit des apparences, compte tenu de la date, une pièce maîtresse de la lutte ultime contre le fascisme. Il adoptera une attitude ambivalente à l'endroit du chef de la France Libre : jusqu'en 1943, il fait publiquement figure de partisan de Charles De Gaulle, tout en estimant dans son for intérieur qu'il pouvait être dangereux, car comme il l'écrit au journaliste Louis Lévy, le 28 juillet 1941 : « J'ai lu les différents télégrammes du général de Gaulle sur le 14 juillet [...]. C'est exactement le langage d'un fasciste. Je suis persuadé que le général de Gaulle ne se rend même pas compte qu'il est fasciste ; mais je suis sûr qu'il l'est » (cité par Sabine Jansen). Il ajoute que s'il faut l'appuyer dans l'action qu'il mène au plan « militaire et technique », il convient de prévenir le « danger » que serait une prise de pouvoir politique.

Selon toute vraisemblance, Jean Moulin n'était très précisément au courant de l'évolution de son ami. La guerre, les contraintes qu'imposait à Pierre Cot son mauvais état de santé depuis la fin de l'année 1939, avaient sans doute distendu – sans les altérer – leurs relations. Mais Moulin avait été informé que les Cot avaient gagné la Grande-Bretagne, puis les Etats-Unis. Il savait surtout que Nena et Pierre s'employaient activement à le faire venir à New York. Et Pierre Cot a parfaitement raison d'écrire après-guerre : « Ma femme et moi avons fait toutes les démarches nécessaires aux Etats-Unis pour obtenir à Joseph Mercier, dont nous connaissions la véritable identité, les documents, garanties morales, financières, etc., qui devaient lui permettre de sortir de France. » Et c'est bien Nena Cot qui, en mars 1941, fit virer à la succursale marseillaise de la Banque franco-chinoise pour le commerce et l'industrie les 3 000 dollars nécessaires à l'obtention d'un visa, par l'intermédiaire de l'Irving Trust Company de New York.

Nous reviendrons longuement sur d'autres déclarations de Pierre Cot qui ont été utilisées par Henri Frenay pour instruire le procès en mémoire qu'il faisait à Moulin. Notons seulement, pour l'instant, que Moulin allait choisir une autre stratégie que celle adoptée – bon gré, mal gré – par Pierre Cot. Cette divergence ne signifie nullement que Moulin renie son ancien patron. Bien au contraire, comme en témoigne sans conteste sa déposition, le 5 mai 1941, lors de l'instruction préparant le procès de Riom (à consulter aux archives de l'armée de l'air, Z 12 961). Rappelons les grandes lignes de cet épisode caractéristique du climat instauré par Vichy. Une Cour suprême de justice, installée à Riom, avait été créée en vertu de l'Acte constitutionnel n° 5 du 30 juillet 1940, pris par Pétain pour régler quelques comptes politiques : sous couvert d'établir les responsabilités dans la défaite, il s'agissait de jeter en pâture à l'opinion quelques adversaires du nouveau régime qui serviraient de boucs émissaires. La Cour était donc spécialement chargée, répétons-le, de juger « les anciens ministres ou leurs subordonnés immédiats, accusés d'avoir commis des crimes ou délits dans l'exercice ou à l'occasion de leurs fonctions, ou d'avoir trahi les devoirs de leurs charges ». Dans une première fournée étaient poursuivis l'intendant général Jacomet et le général Gamelin, et quatre hommes politiques : Léon Blum, Edouard Daladier, Guy La Chambre et Pierre Cot – mais ce dernier refusa de revenir en France.

Jean Moulin, en tant qu'ancien chef de cabinet de Pierre Cot, était convoqué comme témoin par Paul Tanon, l'un des juges titulaires chargé de l'instruction. Lors de sa déposition, « Moulin Jean, 42 ans, ancien préfet d'Eure-et-Loir, demeurant actuellement à Saint-Andiol » fit montre de beaucoup d'habileté dans l'esquive face à un juge il est vrai peu agressif et fort peu curieux : oui, il se rendait bien à la Chambre et au Sénat, mais rarement. Simple agent d'exécution, il ne pouvait donner aucune indication sur l'utilisation des fonds secrets. Il

avait eu sans doute à s'occuper du coup de pouce donné
à l'aviation populaire (reproché à Pierre Cot comme une
des causes des insuffisances de l'armée de l'air), mais le
principe en avait été lancé dans le ministère précédent
par Marcel Déat (qui en 1941, comme on le sait, s'affichait déjà comme collaborationniste). Il fit valoir qu'en
1936, Pierre Cot était surtout parvenu à limiter les exigences des ouvriers en grève, alors que les patrons des
usines d'aviation étaient prêts, eux, à tout lâcher. Sur le
terrain particulièrement dangereux pour lui-même de
l'aide à l'Espagne républicaine, il déclara ne pas connaître
grand-chose et en tout cas ne pouvoir fournir aucune
indication concernant le matériel livré par des particuliers ou des sociétés privées au gouvernement espagnol.
Ces dérobades contrastaient avec la fermeté du jugement
formulé sans la moindre réserve, sans la moindre astuce
rhétorique, sur son ancien patron : « A mon avis,
M. Pierre Cot a été l'homme le plus mal jugé de son
époque et je lui conserve toute mon estime tant sur le
plan politique que sur le plan moral et intellectuel. Par
ailleurs, son patriotisme ne peut être soupçonné. Il avait
eu une très belle conduite pendant la guerre et il a continué à manifester son patriotisme pendant toute la durée
de son ministère. Il a fait, à mon avis, tous ses efforts
pour améliorer l'état de l'aviation dans les limites des possibilités qui lui étaient offertes et des crédits qui lui
étaient accordés. » On se souvient que, en 1938 déjà, Jean
Moulin n'avait pas hésité à prendre la défense de son
patron, diffamé. Mais il était alors préfet de la République. En 1941, il fallait quelque courage pour affirmer
publiquement conserver toute son estime à un homme
qui, pour l'heure, était jeté aux chiens.

En appréciant cette fermeté, on se rend compte – en
quelque sorte par contraste – de l'importance que revêtait
le choix de se rendre à Londres et non aux Etats-Unis.
L'amitié qu'il portait à Pierre Cot reste évidente dans la
lettre qu'il lui envoie le 19 octobre 1941 : « A chacun sa
destinée. Je ne peux m'empêcher cependant de regretter

que la mienne me prive d'une des seules joies de ma vie :
la présence de mes amis [...] » Pourtant, malgré l'intelligence politique qu'il lui reconnaissait, malgré leur longue
connivence, Moulin, avant même qu'il eût rencontré un
nouveau « patron », empruntait une voie qui divergeait de
celle suivie par son ancien mentor. Il était devenu définitivement majeur en politique. C'est ce qui transparaît dans
la même lettre, une des rares adressées par lui à Cot que
nous possédions, où, au détour de considérations amicales et d'informations sur leur entourage, il lui annonçait
qu'il avait décidé « de ne pas aller en Amérique, pensant
que je pourrais rendre plus de services à notre pauvre
pays en suivant une autre voie et en étant plus proche de
nos amis anglais ». Sans doute se garda-t-il de s'ériger en
modèle : « J'ai su, par contre, par diverses voies, que tu
étais toi-même beaucoup plus utile aux USA et que tu
continuais à faire du très bon travail pour la cause des
Alliés. » Mais il faisait ce constat : « A chacun sa destinée. » Ce qui impliquait des distances nouvelles dues aux
contraintes qu'imposait sa situation, au point qu'il dit
n'être pas en mesure de lui donner son adresse actuelle.

Quelles raisons ont pu inciter Moulin à choisir la
Grande-Bretagne ? C'est sur ce point qu'on en est réduit
– faute de sources – à des hypothèses. Récemment, Pierre
Péan explique longuement que l'argumentaire de Henri
Manhès l'avait emporté sur celui de Louis Dolivet. On
avancera plutôt l'hypothèse d'un cheminement propre à
Moulin que l'on peut reconstituer. Partir et demeurer aux
Etats-Unis a dû lui paraître, compte tenu de ce qui se
passait en France, une fausse bonne solution. Car c'est en
France que la partie politique allait se jouer et – on l'a
déjà dit – d'autres résistants choisissaient de ne pas
rejoindre la France Libre pour « faire quelque chose »,
selon la formule classique, en France même. L'originalité
de la décision prise par Moulin résida dans le fait qu'il
estima – probablement assez rapidement – qu'une résistance abandonnée à elle seule, face à la puissance militaire allemande, serait, à tous égards, vouée à l'échec.

Pourquoi ? Parce que c'était un politique pragmatique, qui avait été notamment marqué par l'échec de la République espagnole. Il en avait retenu – comme on l'a dit – au moins une double leçon : d'abord que la division des forces républicaines avait été suicidaire et aussi que l'insuffisance des soutiens extérieurs avait fini par saper leur résistance. Ce qu'il a cru pouvoir attendre de Londres, des Britanniques comme de la France Libre, c'était être en tout cas une sorte de relais extérieur, en argent, en matériel, en armes.

*

L'aide devenait d'autant plus urgente que la situation, pour ceux qui refusaient de subir, qui voulaient « faire quelque chose », pouvait sembler pour le moins déprimante. Pour apprécier l'intérêt du projet de Moulin et mesurer les écueils auxquels il risquait de se heurter, il faut explorer ce que représentait concrètement, en 1941, le projet de « résister ».

L'évolution de la carte de la guerre n'incitait évidemment pas à l'optimisme. La Wehrmacht paraissait invincible : elle menait au printemps 1941 une nouvelle campagne éclair dans les Balkans, pour assurer les arrières des puissances de l'Axe avant le déclenchement de l'opération « Barbarossa », à savoir l'invasion de l'URSS. En douze jours l'armée yougoslave était foudroyée et capitulait le 17 avril 1941. Les forces grecques se défendaient un peu plus longtemps, mais le drapeau à croix gammée flottait sur l'Acropole le 27 avril 1941. On sait que l'invasion de l'URSS, déclenchée le 22 juin, pour contraindre indirectement la Grande-Bretagne à traiter et surtout pour offrir des terres de colonisation à la « race des seigneurs », parut conforter l'invincibilité allemande. Tout en ayant pris la précaution d'accélérer le réarmement, Staline avait jusqu'alors continué le jeu de la connivence, en sous-estimant les desseins expansionnistes de Hitler, et n'avait pas préparé pour l'immédiat une Armée rouge décapitée par les purges. Celle-ci laissait en quelques semaines au moins deux millions de prisonniers aux mains de ses adversaires et ne pouvait empêcher que leurs avant-gardes parviennent fin novembre à une dizaine de kilomètres de Moscou.

De surcroît, l'occupant pratiqua dans le même temps une politique relativement habile, notamment à l'endroit des élites de l'Europe occidentale, comme l'a bien montré Philippe Burrin dans l'ouvrage publié sous la direction de Marc Olivier Baruch et Vincent Guigueno, *Le Choix des X, l'Ecole polytechnique et les polytechniciens 1939-1945* (Fayard, 2000). L'objectif à l'Est était clairement la colonisation au détriment de la population non germanique. Dans l'Europe de l'Ouest et du Nord, Hitler avait pour projet d'incorporer au Grand Reich des régions ou des populations considérées comme germaniques. La France, et la France seule, avait droit à la simple vassalisation, à l'exception du Nord-Pas-de-Calais à germaniser petit à petit et de l'Alsace à intégrer au Reich. L'une des raisons de ce traitement particulier tient au fait que la possession d'un Empire lui donnait une position géostratégique spécifique. En France, les autorités du Reich cherchèrent à attirer pour les neutraliser, sans forcément les faire adhérer à leur idéologie, des élites dont l'éducation, la culture, le sens de la hiérarchie, certaines mises en résonance des idées du nouveau régime pouvaient atténuer leurs sentiments nationalistes, voire germanophobes. Et de fait, d'accommodations en ajustements, une bonne partie de ces élites françaises entra dans le jeu assez subtil de l'occupant et c'est seulement à partir de l'automne 1942 que, face aux raidissements et aux exigences du Reich désormais acculé à la guerre totale, certains adoptèrent des attitudes plus ou moins marquées de retrait, voire d'hostilité envers l'occupant.

Le gouvernement de Vichy allait, lui, servir les intérêts du Reich. A la différence du collaborationniste norvégien Quisling, Philippe Pétain ne s'engagea pas dans la collaboration d'Etat pour des motifs idéologiques. D'ailleurs il conservait une solide germanophobie et n'éprouvait guère de sympathie pour la violence et le paganisme nazis. La politique extérieure de Vichy reposait surtout sur un pronostic géopolitique : le Reich finirait par l'emporter. Pour conforter la Révolution nationale qui était – faut-il le rappeler ? – le grand dessein du nouveau régime, celui-ci chercha d'abord à obtenir dans les meilleurs délais – mais ce fut en vain – la signature d'un traité de paix. Après quoi, il défendit une ligne neutraliste, dans la mesure où il se refusa en principe à tout engagement militaire, hormis pour la défense de l'Empire. Dans les faits, il pratiquait ce que l'historien Robert Frank appelle une « neutralité dissymétrique », en aidant le Reich à de multiples reprises sans jamais faciliter la tâche des alliés, sachant bien que ceux-ci, à la différence des Allemands, n'entendaient pas pérenniser son régime. A Montoire – une rencontre dont l'initiative revenait en fait à Philippe Pétain désirant connaître les conditions d'une future paix et non aux dirigeants nazis – Hitler a seulement souhaité que Vichy défende, au besoin par les armes, son Empire et Pétain – comme il le disait six jours plus tard dans un Message aux Français – a accepté le principe d'une collaboration politique. Depuis Montoire, Pierre Laval, vice-président du Conseil, se pensait investi d'une mission : assurer à la France même vaincue la place privilégiée que le Reich semblait désormais prêt à lui octroyer dans l'Europe nouvelle, cette Europe qui serait allemande. Mais il en faisait trop, se rendait à Paris sans rendre compte de tous ses entretiens avec des Allemands. Ses adversaires, à Vichy, lui reprochèrent de prendre des initiatives de plus en plus risquées ; surtout, comme il se comportait en maire du palais, traitant le chef de l'Etat comme une potiche, il braqua ce dernier et se vit renvoyé, le 13 décembre, selon sa propre expression « comme un laquais ».

Cette révolution de palais fut interprétée par les plus optimistes comme un coup d'arrêt à la collaboration d'Etat. Mais après quelques semaines de flottement, le nouvel homme fort qui s'imposait depuis février 1941, l'amiral Darlan, relançait le processus de la Collaboration. Il avait en effet un réel projet géostratégique, mariant les contraintes extérieures et les exigences de la Révolution nationale, dont il était un partisan inconditionnel. Il était convaincu que dans la phase européenne de la guerre, la possession d'une flotte de guerre et d'un Empire étendu étaient des atouts majeurs et que, à cet égard, une paix germanique serait éminemment préférable à une paix anglo-saxonne. De surcroît, après l'attaque allemande du 22 juin contre l'URSS, avec laquelle Vichy entretenait jusque-là des relations correctes, Darlan et Pétain optèrent pour un renforcement de la collaboration politique et économique dans le cadre de l'Ordre nouveau.

La rencontre de Montoire avait surpris, l'institution d'une collaboration d'Etat choqua, elle, l'ensemble des Français, comme en témoignent tous les indicateurs d'opinion, au point que Pétain, dans son message du 30 octobre 1940, dut mettre – on l'a dit – tout son poids dans la balance : « C'est dans l'honneur et pour maintenir l'unité française – une unité de dix siècles – dans le cadre d'une activité constructive du nouvel ordre européen, que j'entre aujourd'hui dans la voie de la collaboration. » Mais il soulignait que les Français y trouveraient leur compte : « Ainsi, dans un avenir prochain, pourrait être allégé le poids des souffrances de notre pays, amélioré le sort de nos prisonniers, atténuée la charge des frais d'occupation. » Et la propagande du régime ne cessa de vanter les bénéfices des retombées de Montoire : 300 000 prisonniers avaient été relâchés, le tribut quotidien versé à l'Allemagne était passé en mai de 400 à 300 millions de francs, la ligne de démarcation pourrait être supprimée, etc. Mais c'était du fait des tergiversations de Hitler que la collaboration d'Etat marquait le pas et, à la fin de l'été de 1941, Darlan fut contraint de constater qu'il n'obtenait aucune des contreparties politiques et économiques attendues, propres à conforter le pétainisme.

Le 12 août 1941, dans le discours désigné par les historiens comme celui « du vent mauvais » (« Français, j'ai des choses graves à vous dire. De plusieurs régions de France, je sens se lever depuis quelques semaines, un vent mauvais »), pour répondre aux critiques de plus en plus nombreuses contre son gouvernement, Pétain morigénait les Français qui avaient, décidément, selon lui, la mémoire courte. Et il prônait le durcissement du régime. Il n'y avait pourtant pas encore péril en la demeure, et ce n'est qu'un peu plus tard que le Français moyen s'installait dans la méfiance et l'attentisme. Pétain lui-même, la clé de voûte du système de Vichy, pouvait encore, à l'automne 1941, compter sur des bataillons de maréchalistes. Les historiens, en effet, pour analyser les ambiguïtés de l'opinion durant cette période qualifient de « maréchalisme » la confiance quasi inconditionnelle accordée à l'homme Pétain, au vainqueur de Verdun, à l'homme recours, au thaumaturge guérissant la France blessée, qui malgré son grand âge faisait le don de sa personne à la France, etc. Et ils réservent le terme de « pétainisme » à l'acquiescement aux idées-forces de la Révolution nationale et aux pratiques du régime, avec des gradations entre les pétainistes revanchards, les pétainistes par tentation (qui ne feront avec le régime qu'un bout de chemin), en passant par les pétainistes de conviction. Or, la défiance des Français à l'encontre de la collaboration d'Etat n'en avait en août 1941 conduit qu'une petite minorité à remettre en cause la légitimité du régime et encore moins à rechercher une solution autre.

On mesurera l'ampleur du phénomène au fait que malgré Montoire, en zone sud, mais également en zone nord, de futurs responsables de Mouvements de Résistance jugeaient positifs certains aspects du pétainisme, y compris l'antisémitisme d'Etat. Ainsi, dans la suite des textes qu'il est convenu d'appeler le *Manifeste du Mouvement de Libération nationale*, paru à l'automne 1940 et dont Robert Belot, en confirmant d'autres analyses, vient d'authentifier l'existence, Henry Frenay affirmait : « Nous souscrivons à l'ensemble des grandes réformes qui ont été entreprises. » Frenay a expliqué plus tard qu'il avait dû modérer ses critiques, pour ne pas braquer le lectorat potentiel de ses écrits clandestins, encore très maréchaliste. L'explication, même si elle n'est que partielle, est recevable. Et certains de ces premiers résistants considéraient le plus souvent comme un très bon point à porter au crédit de Vichy la suppression de fait des partis politiques, préconisée par Pétain dans son discours du 12 août. Maurice Ripoche, par exemple, l'un des fondateurs de ce qui allait devenir en zone nord le Mouvement Ceux de la Libération, disait vouloir « compléter l'œuvre de libération en débarrassant la nation des politiciens bavards et incapables, des juifs sans patrie ». On notera encore que des résistants ont pu croire à un double jeu pratiqué par Pétain à l'égard du Reich, voire à l'action censée complémentaire d'un De Gaulle qui aurait été l'épée tandis que Pétain aurait été le bouclier, ce qui a autorisé, parfois pendant de longs mois, un jugement nuancé à l'égard de ce dernier. Philippe Viannay, l'un des fondateurs du Mouvement Défense de la France, rappelait un demi-siècle plus tard (*Du bon usage de la France*, Ramsay, 1988) que, malgré les fortes réserves exprimées par une partie de ses amis, il avait continué « à croire possible une certaine coexistence entre la résistance et une face supposée cachée de Vichy ». Serge Ravanel, qui allait rejoindre Libération-Sud, se souvient qu'il ne pouvait en 1940 croire à la trahison d'un maréchal de France et il précise dans *L'Esprit de résistance* (Le Seuil, 1995) : « A l'époque je suis attaché à la fois à De Gaulle et à Pétain. J'imagine Pétain contraint d'assumer sous la pression de l'ennemi des mesures qu'il désapprouve [...] Dans mon esprit Pétain ruse avec l'ennemi [...] Je décide de rejoindre l'Angleterre. Geste logique qui ne me paraît nullement antipétainiste. »

Ajoutons que la déferlante pétainiste succédant au traumatisme de la défaite avait suscité un phénomène de retrait généralisé, une attitude que résume la formule de Jean Cassou : « chacun est rentré chez soi ». Ce repli individualiste fut, peut-être, la plus pernicieuse des difficultés que les premiers résistants eurent à affronter. Elle explique l'une des principales faiblesses de la Résistance : la difficulté de mobiliser plus de sympathisants. En tout cas, la Résistance naissante n'apparaissait pas encore comme suffisamment crédible. En témoigne le récit de la rencontre entre Claude Bourdet, fraîchement recruté par Henri Frenay dans ce qui allait devenir le Mouvement Combat, et Malraux : « Notre conversation fut assez brève, et je crois que je puis, sans trop trahir l'exactitude historique, la reproduire de la façon suivante. Pour commencer, l'écrivain renifla d'un de ces reniflements puissants et inattendus qui sont devenus célèbres par la suite, mais qui, sur le moment, m'impressionna encore davantage. Puis il dit : "Avez-vous de l'argent ?" C'était à peu près comme de demander à un chrétien quand il a vu Jésus-Christ pour la dernière fois. Je balbutiai je ne sais quelle excuse ou explication pitoyable. Nouveau reniflement, nouvelle question : "Avez-vous des armes ?" Nouveaux balbutiements, mêlés de quelques espoirs en forme de prévisions plus ou moins optimistes, et d'ailleurs incertaines quant au lieu, la date et la nature. "Bon ! fit Malraux, revenez me voir quand vous aurez de l'argent et des armes". » Beaucoup partagent le réalisme absolu proféré par l'auteur de *L'Espoir*, en cette année 1941. Ainsi, Pascal Copeau qui devenait un peu plus tard le second d'Emmanuel d'Astier de La Vigerie, et un des hommes clés du Mouvement Libération-Sud, refusait de s'engager quand il avait été contacté pour la première fois à Vichy, au début de janvier 1941 par ce qui lui semblait être des amateurs : « Je me disais en secret : et toi tu n'as rien fait. Pourtant je n'aimais pas du tout la résonance désespérée de cette dernière colonne [c'est le nom du premier groupe fondé par d'Astier]... Je n'aimais pas non plus ces chuchotements de l'hôtel du Parc qui m'avaient permis de retrouver mon ami. Cela me parut mondain, et follement dangereux si cela devait être sérieux [...]. Assez gêné, je m'esquivai, expliquant que j'avais pris d'autres dispositions. »

*

Dans un environnement aussi démoralisant, pourquoi et – ensuite – comment résister ? Si Moulin ne se posait plus la première question, il était évidemment confronté à la seconde. Il faut, en faisant fi des clichés et des légendes, analyser la situation et les démarches de ceux qui ont cherché à « faire quelque chose » et sur lesquels Moulin s'informe.

Qu'est-ce que résister ? Si la question est simple, les réponses ne le sont pas. La notion s'inscrit dans une tradition historique. Le terme *resistere*, au sens de refuser de se soumettre, est attesté depuis le XIIIe siècle. On sait que la huguenote Marie Durand, enfermée au VIIe siècle dans la Tour Constance à Aigues-Mortes, a buriné sur les murs de sa geôle ce simple mot : résister. Mais c'est bien la Seconde Guerre mondiale qui donne son historicité au terme, lorsque dans un affrontement devenu planétaire les actions menées par les civils ont au moins constitué des enjeux stratégiques et surtout politiques primordiaux.

Pour y voir plus clair, je reprends les définitions élaborées par François Bédarida dont j'entends saluer la mémoire : c'était un véritable ami en même temps qu'un remarquable historien. Je renvoie à son article, « L'histoire de la Résistance, lecture d'hier, chantiers de demain » publié par *Vingtième Siècle* (juillet 1986). Selon lui, comme phénomène global, la Résistance durant la Seconde Guerre mondiale peut être définie en ces termes : c'est « l'action clandestine menée au nom de la liberté de la nation et de la personne humaine par des volontaires s'organisant pour lutter contre la domination (et le plus souvent l'occupation) de leur pays par un régime nazi ou fasciste ou satellite ou allié ». Dans le cas français, François Bédarida distingue dans l'engagement résistant trois éléments primordiaux : une volonté de principe ; une logique politico-éthique ; et la participation à un combat clandestin choisi librement.

La volonté de principe s'exprimait par toute attitude concrète signifiant que l'on dit non à l'occupant, non à ses complices avérés (les collaborationnistes) et également – encore que ce soit un peu plus problématique – non au régime de Vichy qui pratiquait la collaboration d'Etat. Le plus souvent le refus, à ce stade, s'explique par une double motivation : la volonté de sauvegarder sa liberté nationale, civique aussi bien qu'individuelle, et les exigences de ce qu'on appelait à l'époque le sens du devoir, de l'honneur. Jusque dans le premier semestre 1941, prévalait d'autre part une logique politico-éthique qui relève, en termes wébériens, de « l'éthique de conviction » : on s'engage pour la défense de valeurs que l'on considère comme intangibles, sans esprit de compromission et à l'aube de la Résistance, sans envisager les enjeux de l'après-guerre. Il fallait enfin, à un moment ou à un autre, sauter le pas, s'engager. L'historien allemand Martin Broszat dans *L'Etat hitlérien* (Fayard, 1985) a établi un *distinguo* opératoire entre *Resistenz* et *Widerstand*. Pratiquer la *Resistenz*, c'était refuser, mais passivement, l'embrigadement ou la sujétion ; faire le choix du *Widerstand*, c'était s'engager activement et en l'occurrence mener un combat clandestin, quelles qu'en soient les modalités, y compris par exemple la résistance dite caritative, qui portait secours à ceux qui étaient pourchassés. Ce combat – à la différence du combat militaire classique – a pour caractéristique d'être choisi librement.

Les témoignages, il est vrai rétrospectifs, d'un bon nombre de ceux qui ont sauté le pas très vite et ont constitué les premiers noyaux de résistants correspondent dans une large mesure aux analyses de François Bédarida. « Ma réaction de refus était plutôt une réaction individuelle, plus viscérale que raisonnée », écrit Jacques Baumel (*Résister*, Albin Michel, 1999). « Mon refus était peu raisonnable, fondé sur une tradition aristo-patriotique et sur ce qui s'appelait le sens de l'honneur », renchérit Philippe Viannay. Quant à Pierre Brossolette, contacté, en décembre 1940, par les fondateurs du réseau du musée de l'Homme, il répondait : « Mais enfin, comme il faut bien faire quelque chose, même quand il n'y a plus rien à faire, je suis des vôtres. » C'est peut-être Jean Cassou qui a dit avec le plus de netteté combien, selon lui, a joué l'éthique de conviction : « La révolte morale, le fait moral a été l'essentiel pour tout résistant, l'essence de la Résistance. Comme la Révolution française, la Résistance est un bloc. Sans doute chacun a-t-il soutenu sa révolte morale de ses raisons de chrétien, de juif, de républicain, de monarchiste, de socialiste et de communiste... mais elle fut et demeure un fait moral » (*La Mémoire courte*, Editions de Minuit, 1953).

Dans le cas particulier de Moulin, le 17 juin, ses raisons tenaient sans doute à la conscience de ses fonctions, à la certitude de représenter l'Etat, peut-être la nation, et son refus touchait en effet à l'honneur, à un système de valeurs qu'il considérait comme morales. Et il nous intéresse particulièrement que soit aussi entrée en jeu à ce moment-là une notion d'honneur national, autrement dit de patriotisme. Car on affirme communément que ce ressort moral et ce sens de l'honneur étaient, par-delà les variantes, sous-tendus par une valeur commune : le patriotisme. Cette assertion a suscité les critiques de l'historien anglais Roderik Kedward (*Naissance de la Résistance dans la France de Vichy*, Champ Vallon, 1989). Tout en reconnaissant que « le patriotisme fut un motif de résister car c'est un sentiment d'une grande puissance affective chez la plupart des résistants », il soulignait : « Ce qu'il y a d'inacceptable dans cette explication de la résistance par le patriotisme, c'est la façon dont on l'a utilisée pour définir le concept de résistance comme un phénomène quasi mystique ou une essence aristotélicienne. » Et Kedward d'ajouter avec raison que les maréchalistes et les pétainistes éprouvaient, eux aussi, le sentiment d'être des patriotes. Et, enfin, il rappelle que si l'on se contentait d'une explication aussi univoque, on ne comprendrait pas pourquoi une seconde vague de résistants, tout aussi précocement patriotes, a attendu avant de s'engager.

Le débat s'éclaircit si l'on rappelle que, mus par le patriotisme, les résistants appartenaient à des sensibilités politiques diverses, car les préférences idéologiques n'avaient évidemment pas disparu sous l'effet de cette potion magique. On distingue au moins deux grandes catégories de « patriotes ». L'une, que l'on qualifiera de plus « jacobine », recrutait largement dans les rangs de la gauche non communiste, se référant à 1792, à Valmy. Ces patriotes entendaient défendre la République bradée en même temps que la patrie envahie. L'autre famille est celle des nationalistes lorsqu'ils étaient conséquents, autrement dit qui luttaient d'abord contre l'ennemi extérieur, l'ennemi de la patrie. Ceux-ci se différenciaient des vichyssois, même si ces derniers faisaient également profession de patriotisme, comme s'opposent fondamentalement De Gaulle et Pétain, par le choix des priorités : le combat contre l'occupant passait pour eux avant la lutte contre ce que Vichy appelle en bloc « l'ennemi intérieur », ou encore « l'Anti-France ». Chacun d'entre nous se détermine politiquement selon une double hiérarchie, celle de ses sympathies et celle de ses détestations. Durant les années noires, cette hiérarchisation devint primordiale. Frenay, tenté – comme un certain nombre de résistants – de reprendre à son compte certains aspects de la Révolution nationale, a bien souligné cette prévalence de l'ordre des priorités : « La révolution nationale nécessaire ne se fera pas tant que l'Allemagne sera à même de dicter sa volonté ; dans l'ordre chronologique cette révolution nationale viendra après la libération nationale. » La tentation d'inverser l'ordre des valeurs – qui peut surprendre de la part de nationalistes dont on attendrait, s'ils étaient logiques avec eux-mêmes, qu'ils considèrent l'ennemi extérieur comme l'ennemi n° 1 – a été tout particulièrement vive chez ceux qui, dans les rangs de la droite extrême, se réclamaient du « nationalisme des nationalistes », selon la formule de Raoul Girardet ; ceux qui depuis des décennies oscillaient entre deux priorités, la défense du rang de la France et la nécessité de mener la guerre franco-française, choisissaient alors de lutter d'abord contre leurs adversaires politiques. Ajoutons que certains – et notamment des communistes – privilégiaient, eux, la motivation de l'antifascisme. Quant au fait qu'on peut percevoir plusieurs strates de résistants, notamment celle de l'après-novembre 1942, il s'explique par l'évolution du contexte plus spécifiquement politique.

On mesure la variété des motivations de ceux qui se retrouvaient dans des embryons de réseau ou de Mouvement. Déjà en 1941, s'étaient implantés, sous l'impulsion, depuis Londres, de Passy et de son service de renseignement, les premiers réseaux, notamment celui de la Confrérie Notre-Dame monté par Rémy. Claude Bourdet a donné dans *L'Aventure incertaine* une définition commode du terme : « Un réseau, c'est une organisation créée en vue d'un travail militaire précis, essentiellement le renseignement, accessoirement le sabotage, fréquemment aussi l'évasion de guerre et surtout de pilotes tombés chez l'ennemi. » Et rappelons qu'il convient de distinguer les réseaux des Mouvements que le même Claude Bourdet caractérise excellemment : « Un mouvement a pour premier objectif de sensibiliser et d'organiser la population de la manière la plus large possible. Bien entendu, il a aussi des objectifs concrets : plus il est vaste, plus il est à même de récolter les renseignements et de les transmettre [...] Mais, au fond, on pourrait presque dire qu'il remplit ces tâches par surcroît, parce que ce serait absurde de ne pas utiliser ainsi ses moyens et parce que chacun de ses adhérents a besoin de se sentir concrètement engagé. C'est avant tout par rapport à la population qu'il entreprend ces tâches, c'est elle qui est son objectif et sa préoccupation principale... »

On comprend que Moulin n'ait été contacté par aucun chef de réseau. Engagé dans une tâche précise, par définition le réseau se développe en secret. Moulin ne rencontra que des hommes engagés dans des « Mouvements », et encore très peu. Rien d'étonnant non plus : on en était encore au temps du « bricolage héroïque ». Ce qui deviendra un Mouvement c'était, au départ, un petit groupe, quelques hommes et quelques femmes, le plus souvent non conformistes, qui prenaient l'habitude de se réunir et décidaient de s'ouvrir vers l'extérieur en acceptant d'autres bonnes volontés autour du noyau qu'ils formaient dorénavant. A condition d'être un minimum crédibles, ils pouvaient se joindre à d'autres groupes dont ils devenaient solidaires, mais le tout restait encore squelettique. L'étape décisive, celle de l'enracinement qui débouchait sur le développement d'un Mouvement, se faisait le plus souvent – mais pas nécessairement – par le lancement d'une feuille clandestine, qui visait moins à informer (les émissions de la BBC étaient plus efficaces) qu'à affirmer présence et convictions, mobiliser les énergies, fidéliser les militants, attirer les sympathisants.

La naissance du Mouvement Libération-Sud illustre parfaitement cette évolution. En novembre 1940, s'étaient rencontrés, fortuitement, à la Brasserie de Strasbourg, place de Jaude, à Clermont-Ferrand, une agrégée d'histoire qui était une fonceuse, Lucie Samuel (présentement Lucie Aubrac) qui rallia son mari, Raymond, Jean Cavaillès, normalien, maître de conférences de philosophie, ulcéré par la défaite, Georges Zerapha, banquier et militant antifasciste, et Emmanuel d'Astier de La Vigerie, un officier de marine en rupture de ban par allergie à la discipline militaire, dilettante à plein temps et journaliste à ses heures perdues. Les uns – ce fut le cas de Passy – voyaient en lui un aristocrate fin de race, peu fiable ; Pascal Copeau, au contraire estimait en lui le meneur d'hommes révélé par la défaite ; Raymond Aubrac, quant à lui, le dépeint comme un « gourou » dont il vante les qualités : « Emmanuel d'Astier, bien qu'issu d'une famille d'officiers et lui-même ancien de l'Ecole navale, était une sorte d'antithèse de ce que l'on considérait alors comme un militaire. Esprit libre et indépendant, plus esthète que hiérarchique, il n'affichait jamais l'esprit de certitude et de système, et cherchait toujours à convaincre et à séduire plutôt qu'à ordonner » (voir *Où la mémoire s'attarde*, Odile Jacob, 1996). En tout cas, cet homme au profil d'aigle ne laissait pas indifférent et il imprima vite sa marque au noyau fondateur du groupe qui prit le nom de « La Dernière Colonne ». Sous son impulsion, les premières recrues se lancèrent dans une campagne de tracts visant les « collaborateurs » ; mais les premières arrestations eurent vite raison de cet activisme assez désordonné. Ils décidèrent alors de lancer une publication : grâce au journaliste Jean Rochon, secrétaire de rédaction à *La Montagne*, sortait en juillet 1941 *Libération*, un vrai journal, tiré à 10 000 exemplaires. Mais dès l'automne, le groupe était à bout de forces, en tout cas asphyxié financièrement. L'argent fourni par Moulin à son retour de Londres et le renfort des syndicalistes, sauvant *in extremis* un groupement qui périclitait, en firent un véritable Mouvement.

Si Moulin n'a pas rencontré un responsable de *Libération*, il a eu à Lyon, en septembre 1941, juste quelques jours avant son départ, une assez longue conversation avec François de Menthon, ancien président de l'Association catholique de la Jeunesse française, nommé professeur de droit à la faculté de Lyon, et qui, après s'être évadé, était devenu l'un des responsables de ce qui peut déjà se nommer le Mouvement Liberté. L'analyse qu'en fit Moulin dans le rapport rédigé à Lisbonne est assez pertinente : « Le mouvement Liberté publie tous les mois un journal également intitulé *Liberté* ; très documenté, d'une très belle tenue, cet organe dirigé par des intellectuels a de profondes ramifications dans les milieux universitaires. Il a aussi des intelligences dans les milieux officiels de Vichy. » De fait, les responsables de ce Mouvement se sont surtout cooptés parmi des universitaires professant à Montpellier, comme Pierre-Henri Teitgen et René Courtin, ou à Lyon. Nombre d'entre eux avaient milité avant-guerre dans un petit parti démocrate-chrétien qu'ils ne songeaient pas, pour l'heure, à reconstituer, préférant d'autres formes d'action. Leur formation les incitait à faire paraître une feuille clandestine, dont le premier numéro sortait en novembre 1940. Ils préconisaient une résistance qu'on dirait aujourd'hui « culturelle », tout en laissant Jacques Renouvin, qui venait de l'extrême droite, organiser à Montpellier des expéditions punitives contre les tenants de la Collaboration. Ils rencontraient un succès d'estime dans les milieux chrétiens opposés au nazisme.

En zone occupée, on avait commencé également de s'organiser. Dès l'automne 1940 se met en place ce qu'il est convenu d'appeler le « réseau du musée de l'Homme » qui est, en fait, un des premiers Mouvements de Résistance. Fondé autour de chercheurs comme le linguiste Boris Vildé, l'anthropologue Anatole Lewitsky, l'ethnologue Germaine Tillion, l'historienne Agnès Humbert, de Jean Cassou, conservateur en chef du musée d'Art moderne, d'avocats comme Léon-Maurice Nordmann, ce réseau, constitué « pour faire quelque chose », avait déjà monté une filière d'évasion, publié cinq numéros d'un journal clandestin, *Résistance*, dont le dernier était rédigé pour une large part par Pierre Brossolette, avant de « tomber », fin février 1941, vendu à l'Abwehr (le service de contre-espionnage allemand) par un traître. Sept militants seront fusillés au Mont-Valérien le 7 février 1942. Citons encore le journal *Valmy* publié par Raymond Burgard, un professeur d'histoire du lycée Buffon issu du parti Jeune République ; tandis que Philippe Viannay, Robert Salmon et Hélène Mordkovitch sortaient en août 1941 le premier numéro de *Défense de la France,* base du Mouvement où s'engageront en priorité des étudiants. Sur un registre différent, le 15 novembre 1940, paraissait à Paris un « Manifeste des Douze », rédigé par douze responsables syndicalistes de la CGT (non communiste) et de la CFTC (la centrale chrétienne), qui non seulement prenait la défense du syndicalisme, interdit par Vichy, rappelons-le, mais réaffirmait le rejet de toute discrimination, entre autres raciale. Cette énumération ne doit pas donner l'illusion que la Résistance manifestait déjà une vitalité débordante. Non seulement, ces premiers groupes étaient décapités par les arrestations, mais les effectifs restaient fort maigres, les moyens dérisoires.

Parlons enfin des formations politiques que paraissaient concurrencer ces formes d'organisation inédites. De fait, elles semblaient être parties à la dérive. Rappelons au préalable cette évidence : la Résistance n'a pas rassemblé que des hommes de gauche, et symétriquement tous les responsables de la droite ne se sont pas précipités dans les allées du pouvoir vichyssois. Reste qu'à Vichy toutes les familles de droite – y compris la droite libérale – ont bien été représentées, tandis que les responsables qui se plaçaient, en 1939, à gauche de l'échiquier politique et syndical étaient représentés par le seul René Belin, ancien secrétaire confédéral de la CGT, ministre jusqu'en avril 1942. Il est vrai qu'on trouvait parmi les élus locaux ou régionaux des hommes de gauche, là aussi minoritaires, mais plus nombreux. Seul à droite, l'ex-PSF, le parti de François de La Rocque, pouvait encore faire illusion, tout en étant phagocyté par le régime. Les droites parlementaires, quant à elles, s'étaient volatilisées.

Cela dit, les vainqueurs des élections de 1936 étaient fort mal en point. Passons vite sur le parti radical qui faisait le dos rond, d'autant que ses caciques étaient soit emprisonnés (comme Daladier), soit partis aux Etats-Unis (tel Chautemps), soit frappés d'aboulie (c'est le cas d'Herriot), soit encore prudentissimes (on reconnaît Maurice Sarraut).

L'ex-SFIO paraissait, elle aussi, laminée. D'ailleurs, que pouvait-on attendre d'une formation dont la majorité des élus, députés et sénateurs, avaient voté les pleins pouvoirs à Pétain (90 votant pour, 36 contre, et 6 s'étant abstenus) ? Il est vrai que le parti était déjà miné, depuis la crise de Munich, par des dissensions qui opposaient les « Paul-fauristes » pacifistes et les Blumistes « bellicistes » et qu'il avait maintenant cessé d'exister (se reporter à Marc Sadoun, *Les Socialistes sous l'Occupation*, Presses

de la Fondation nationale des sciences politiques, 1982).
Non que les militants fussent séduits par les choix stupé-
fiants de l'ex-néo-socialiste Marcel Déat s'acoquinant avec
l'ultradroite cagoularde dirigée par Eugène Deloncle,
dans le Rassemblement National Populaire, fondé en
février 1941. Mais le collaborationnisme modéré attirait,
lui, un nombre non négligeable d'anciens militants déso-
rientés ou qui avaient des comptes à régler avec les fidèles
de Léon Blum. C'était notamment le cas de Charles Spi-
nasse qui admettait la collaboration si elle mettait les
deux nations sur un pied d'égalité et prônait, sans y voir
de reniement, le retour à un socialisme français proudho-
nien qui trouverait sa place dans une Europe à naître. Le
pacifisme et l'anticommunisme attiraient encore plus
ceux qui acceptaient une stratégie gestionnaire, à savoir
une présence maintenue, notamment dans les municipalités.

Sans doute, symétriquement s'ébauchait la reconstruction du parti socialiste. Elle était le fait de militants qui
n'appartenaient pas aux instances dirigeantes de la SFIO
et qui n'avaient pas eu de responsabilité parlementaire, à
l'exception de Lebas, le député-maire de Roubaix, qui faisait paraître clandestinement, en novembre 1940,
L'Homme libre. Dans l'automne, Henri Ribière avait pu
regrouper à Paris quelques bonnes volontés. Un peu plus
tardivement, en zone sud, autour de Suzanne Buisson, de
Cleta et de Daniel Mayer, journaliste au *Populaire*, à
Nîmes, puis à Toulouse en juin 1941, quelques dizaines
de militants ranimaient une vie partisane. Ainsi furent
mis sur pied deux Comités d'Action socialiste, un dans
chaque zone. Bref, si à la fin de 1942 les socialistes
allaient jouer un rôle important, puisqu'ils furent à l'origine de la création du Conseil de la Résistance, pour
l'heure, ils pesaient bien peu.

Reste le parti communiste clandestin. Situé à l'extrême
gauche, il était en 1939 un parti révolutionnaire, dont la
stratégie était de conquérir politiquement le pouvoir
Parti marxiste-léniniste, depuis sa « bolchevisation » à la

fin des années 20, il se voulait internationaliste ; mais – nous l'avons déjà vu – Staline avait transformé cette tâche militante en une obligation impérieuse d'œuvrer « pour la défense de la patrie du socialisme ». L'attitude du PCF clandestin entre 1939 et 1941 a donné lieu à des batailles de mémoire d'une grande violence. L'ouverture même partielle des archives dites de Moscou y a mis fin, du moins pour tout esprit de bonne foi. L'article de Mikhaïl Narinski, « PCF et Komintern », publié dans la revue *Communisme* en 1993, met les choses au point sur deux questions primordiales jusque-là controversées. Pour la première, on peut affirmer maintenant que le centre d'impulsion était bien Moscou, et plus précisément le Politburo par l'intermédiaire du Komintern. D'autre part, il est devenu incontestable que la ligne du PCF clandestin a connu de véritables tournants et non de simples inflexions. Un premier tournant, en effet, intervenait à la fin de septembre et au début d'octobre 1939 : après avoir dans un premier temps adopté une ligne soutenant la défense nationale, le PCF, devenu clandestin depuis son interdiction par Daladier, était sommé par Moscou d'abandonner la ligne antifasciste, de défendre la thèse que la guerre était « interimpérialiste », de militer donc dans l'immédiat pour la paix, sans prôner toutefois le défaitisme révolutionnaire. Jusqu'en juin 1941, le « centre » du parti, derrière Jacques Duclos, s'il condamna sans ambages Vichy, ne préconisait pas la lutte contre l'occupant. A cette date, il prenait un second tournant : le PCF, cette fois dans sa totalité, préconisait la lutte contre le nazisme. Cette ligne néojacobine impliquait la conclusion d'alliances qui dorénavant devraient se conclure à la base et au sommet, avec l'ensemble des forces antihitlériennes.

Sans doute certains communistes, par fidélité à l'antifascisme, n'avaient-ils pas suivi entre-temps la ligne officielle du parti, comme en témoigne notamment le fait que la grève des mineurs du Nord-Pas-de-Calais, lancée en mai 1941, ait pris une dimension patriotique grâce à l'action d'authentiques militants communistes. Mais les activités de ces militants-ci pouvaient difficilement faire oublier la signature du pacte, l'alignement sur Moscou maintenu par le parti jusqu'à l'invasion de l'URSS par la Wehrmacht. De surcroît, le parti pouvait d'autant moins représenter une force résistante de quelque importance qu'il était affaibli par la répression efficace menée par les forces de police vichyssoises. Bref, même après le 22 juin 1941, le PCF payant au prix fort son alignement sur les lignes successives du Komintern demeurait encore isolé. Moulin n'en avait pas moins, comme nous le verrons, noté que le tournant jacobin du PCF risquait à moyen terme de modifier la donne politique.

*

Et Jean Moulin précisément ? Il fut bien un résistant de la première heure. Et ce point est évidemment capital. Car d'avoir appartenu à ce tout premier cercle lui a conféré, aux yeux des autres résistants, une légitimité qui ne fut jamais remise en cause. On prêtera d'ailleurs attention à cet élitisme commun aux *happy few* qui s'étaient engagés précocement : une sorte de distinction tacite devait être établie entre eux-mêmes et tous ceux qui étaient entrés en résistance plus tardivement. Moulin avait tout de suite dit « non » à l'occupant et on se souvient que dans une lettre adressée à sa mère il s'était référé explicitement, pour expliquer son attitude, à son sens du devoir. Et ce refus se traduit concrètement par une rupture, qui l'engage dans une semi-clandestinité, avant même l'action. Ce haut fonctionnaire (et ils ne furent pas légion à entrer en résistance, c'est le moins qu'on puisse écrire), pour qui, après vingt-trois ans de préfectorale, le devoir de servir et d'obéir était érigé en règle, assumait la nécessité de cette rupture qui accompagnait presque toujours l'entrée en résistance. Il lui fallait basculer dans la désobéissance. Raymond Aubrac répète volontiers que surtout dans les débuts, mais même plus tard, franchir cette étape a toujours été incommode. En se gardant de toute dérive hagiographique, la trajectoire de ce préfet, même en s'interrogeant sur les cinq mois où il était demeuré à Chartres, mériterait à elle seule d'être soulignée. Républicain il avait été, républicain il demeurait, et c'est pour cette raison qu'il voulait, comme d'autres, « faire quelque chose », mais pas n'importe quoi. Ce qui nous inciterait à le ranger dans la famille des résistants jacobins, sans qu'il soit possible de dire avec certitude ce qui lui restait de ses préférences partisanes passées.

Moulin possédait ses propres réseaux de sociabilité. Si le choix d'entrer en résistance impliquait une rupture dans la vie personnelle, il n'effaçait pas – loin de là – tous les éléments de continuité. On constate, à l'intérieur de chaque groupe de résistants, des affinités qui pouvaient être géographiques (ainsi les Alsaciens expulsés ou repliés notamment à Clermont-Ferrand furent nombreux à s'engager et sans doute par entraînement mutuel), socio-professionnelles (dans un premier temps le Mouvement Défense de la France recruta surtout des étudiants), politiques (le Mouvement Liberté fut le plus vite structuré parce que tous ses responsables ou presque avaient milité naguère dans les mouvements de jeunesse catholiques et professaient en commun des opinions démocrates-chrétiennes). Or Jean Moulin ne pouvait compter – et c'était évidemment un handicap pour lui – que sur son milieu professionnel, devenu au mieux prudent, et le plus souvent plein de zèle pour le nouveau régime. On verra plus loin comment son ancien subordonné, le sous-préfet de Dreux, n'hésita pas à le dénoncer lorsqu'il cherchait à se procurer un visa de sortie. Quant à ses sympathies partisanes d'avant-guerre, elles ne lui étaient plus d'un grand secours, puisque le parti radical-socialiste s'était quasiment dissous. Restaient les membres de l'équipe Cot, mais ils étaient mal ou fort peu introduits dans les milieux des premiers résistants.

Et pourtant, en préfet rompu aux rencontres et aux négociations, il ne voulait pas arriver à Londres les mains vides, d'autant qu'il ne disposait d'aucune légitimité politique. Il avait besoin d'être crédible, surtout s'il réclamait du soutien. Il lui était évidemment facile de recueillir des informations auprès de certains hommes politiques, mais il en rencontra peu, comme s'il avait tourné une page, comme si également il se doutait que ces personnages pouvaient être surveillés : il a surtout vu Joseph Paul-Boncour, ministre des Affaires étrangères quand Pierre Cot était secrétaire d'Etat, et Maurice Viollette, le maire de Dreux, qui était à ses yeux un républicain exemplaire.

En revanche, Moulin a dû être informé de faits, certes ténus, mais significatifs. Sans doute, les actions en Eure-et-Loir jusqu'en novembre 1940 furent-elles fort peu nombreuses : un sabotage de câbles et surtout des graffiti contre l'occupant. Mais Moulin avait eu entre les mains une circulaire envoyée aux préfets par Peyrouton, le ministre de l'Intérieur, dénonçant, de manière en réalité assez fantasmatique (mais comment le savoir à l'époque ?), les dangers de menées « antinationales », présentées comme nombreuses et multiformes. D'ailleurs une manifestation organisée, et réussie, le 11 novembre, à Paris, sur les Champs-Elysées, aux alentours de la statue de Clemenceau, à l'appel d'étudiants et de lycéens, élèves de classes préparatoires aux grandes écoles, visant à narguer l'occupant en arborant pour cette date symbolique les bleuets des anciens combattants et des bouquets tricolores, fit suffisamment de bruit pour servir à elle seule, malgré la répression qui suivit, de clignotant. Rappelons qu'à cette occasion, les services allemands procédèrent à des arrestations et même à un simulacre d'exécution de lycéens : ceux-ci furent relâchés, mais la rumeur se répandit qu'ils avaient été fusillés.

Moulin avait en tout cas profité des délais imposés par sa quête de visas pour se faire une idée de ceux qui tentaient de s'organiser pour ne pas subir. Une simple idée, car il n'avait cherché ni à entrer dans un des réseaux existants ni à se fondre dans un des groupes qui se formaient, ni – *a fortiori* – à fonder son propre mouvement. Sans doute, peut-on lire dans le compte rendu, cité par Daniel Cordier, du « complément d'interrogatoire de M. Mercier (alias Jean Moulin) », subi à Londres, en octobre 1941, que : « Monsieur Mercier durant son séjour en France a participé d'une manière active à la production et à la diffusion de tracts et journaux clandestins, spécialement dans les régions de Marseille et de Montpellier. » On tiendra cette assertion pour un pieux mensonge. Elle incite d'autant plus au scepticisme que ces actions militantes n'ont laissé aucune trace et qu'aucun de ceux qui auraient pu être à ses côtés « spécialement dans les régions de Marseille et de Montpellier » – une formulation floue à souhait – ne s'est par la suite jamais fait connaître, ce qui étonne compte tenu de la notoriété posthume de Moulin. Il est vraisemblable qu'il a cherché à impressionner ses interlocuteurs anglais en se présentant en plus comme un homme de terrain.

Pour mener à bien cette espèce de recyclage, il se rendit en avril à Paris, avec la complicité de Joseph Paul-Boncour dont la demeure se trouvait à cheval sur la ligne de démarcation. Ce séjour en zone nord fut bref. Il avait bien chargé Pierre Meunier de prospecter certains milieux de zone occupée, mais les investigations du côté des francs-maçons et des cercles de la libre pensée avaient été fort décevantes. C'est pourquoi l'existence des premiers groupes formés en zone occupée paraît lui avoir totalement échappé. C'est en rencontrant, par deux fois, l'un des responsables de deux Mouvements de zone sud qu'il put se faire une idée des structures et surtout des besoins de cette forme inédite de lutte. Nous avons déjà vu que quelques jours avant son départ, il avait pu avoir une entrevue avec François de Menthon, du groupe Liberté.

Mais c'est sur sa rencontre, à Marseille, chez le docteur Recordier, par l'intermédiaire d'Howard Brooks, un pasteur américain de l'Eglise unitarienne, avec M. Verdier, alias Henri Frenay, qu'il faut mettre l'accent. Après s'être évadé, le capitaine Henri Frenay, sorti de Saint-Cyr, avait servi dans l'« armée d'armistice » (celle que l'occupant avait laissée à Vichy pour maintenir l'ordre), dont il s'était fait mettre en congé en avril 1941 pour retrouver sa liberté. Il avait dans un premier temps recruté dans les milieux militaires qui partageaient à la fois son opposition sans faille à l'occupant, son anticommunisme – le bolchevisme était à ses yeux une « doctrine germano-asiatique » –, voire son maréchalisme. Mais il entendait élargir de manière relativement éclectique l'audience de ce groupement qu'il baptisa Mouvement de Libération Nationale. Celui que Jacques Baumel, qui fut l'une de ses premières recrues civiles, a pu décrire comme « un moine-soldat, tout entier habité par sa mission, implacable perfectionniste, inlassable bâtisseur », entendait mettre sur pied un ensemble cohérent axé sur le renseignement, l'organisation et ce qu'il appelait « le choc », autrement dit l'action. Rétrospectivement, on mesure l'importance de cette rencontre entre Moulin et Frenay, deux fortes personnalités qui en 1943 – nous aurons l'occasion d'y revenir longuement – s'opposèrent comme les porte-parole de deux logiques devenues inconciliables. Du déroulement de cette rencontre, nous n'avons que les différentes versions de Frenay et notamment celle qu'il a donnée dans *La nuit finira*. Elles méritent quelques explications.

Il y a d'abord un problème de date, puisque Frenay en a mentionné successivement plusieurs. Il finit par préciser que la rencontre avait eu lieu fin juillet ou début août 1941. En lisant Daniel Cordier et la biographie de Frenay rédigée par Robert Belot, on peut conclure que les deux hommes se sont probablement rencontrés entre la fin mai et juillet. Discuter de l'exactitude de la date ne présenterait qu'un intérêt médiocre, s'il ne s'agissait pour Frenay de suggérer que Moulin n'aurait pris sa décision de rejoindre Londres qu'après la rupture du pacte germano-soviétique et donc sur l'ordre du PCF. Nous aurons l'occasion de revenir sur cette obsession de Frenay de faire – à tort – de Moulin un « cryptocommuniste ». Ensuite, Frenay se plaît à mettre en scène un Moulin très docile, prenant des notes sur ses genoux, muni d'un petit carnet et d'un crayon, écoutant le cours fait sur la Résistance par le maître Frenay, qui reconnaît du moins que l'élève posait les bonnes questions. Pourquoi pas s'il y tient ? Mais ceux qui se sont fait une idée assez précise de Moulin, de son caractère méticuleux, ne peuvent manquer de penser que l'attention manifestée n'était pas forcément de la docilité éblouie. En revanche, on a de bonnes raisons de mettre en doute le souhait que Frenay dit avoir formulé de voir De Gaulle devenir le « fédérateur » de la Résistance. Car non seulement Frenay estimait alors que le combat résistant devrait être mené dans l'hexagone, mais de plus, et on ne manque pas d'indications à cet égard, il se défiait *a priori* de Charles De Gaulle. Cela étant, les renseignements fournis par le patron du Mouvement de Libération Nationale furent fort utiles à Moulin quand il parvint à Londres, nous le verrons.

On ne peut manquer d'être frappé du décalage entre le petit nombre de contacts qu'il a concrètement pris et à l'ampleur des conclusions qu'il en a tiré, cette conviction qu'il fallait aider des groupements dont il entrevoyait qu'ils pouvaient devenir importants alors qu'ils existaient encore à peine. Mais on retrouve là un des aspects caractéristiques des débuts de la Résistance sous toutes ses formes : des gestes, des intuitions, sans autre support que la conviction, sans preuves ni moyens, ce qui nous amène à la caractériser au même titre que la France Libre elle-même, on le verra plus loin, comme un « bluff patriotique ».

*

Tout en menant cette enquête, Jean Moulin devait trouver un moyen légal de gagner Lisbonne afin de s'embarquer officiellement pour les Etats-Unis. Il passait une bonne partie de son temps à courir après les visas nécessaires, ceux de sortie comme ceux du pays d'accueil, sans oublier ceux des pays de transit. Depuis janvier, il séjournait le plus souvent à Marseille, descendant à l'Hôtel Moderne sous sa fausse identité de Joseph Mercier. La cité phocéenne était devenue une ville de transit pour des dizaines de milliers de gens qui, dans l'espoir de franchir l'Atlantique, assiégeaient le vice-consul américain Bringham, plutôt bien disposé. Ils cherchaient à être pris en charge par des organisations humanitaires suisses et encore plus américaines, le plus souvent protestantes, qui, regroupées dans un « Comité de Nîmes », s'efforçaient de faire partir en priorité ceux qui étaient inquiétés pour des motifs raciaux ou politiques. Ainsi la filière organisée par le journaliste Varian Fry, débarqué à Marseille le 14 août 1940 et s'imposant à la tête d'un comité de sauvetage d'urgence (Emergency Rescue Committee), faisait sortir des écrivains et des artistes de renom, français ou étrangers ; citons encore l'antenne marseillaise de l'organisation montée par les protestants de l'Unitarian Service Committee, particulièrement active.

A cette époque, outre Laure, toujours aussi dévouée à son frère, trois femmes connaissaient sa double identité et ses projets. Il y avait Jane Boullen, une infirmière qui avait accompagné, durant l'exode, le docteur Mans et qui assista Moulin à Chartres ; protestante, c'est elle qui lui permit d'entrer en contact avec les unitariens. C'est chez Gilberte, dont il était toujours épris, qu'il descendit, au 32 rue de Lübeck, quand il vint à Paris en novembre 1940, mais en mai 1941, dans une lettre adressée à Lucie Manhès, elle se disait à la recherche du « professeur Mercier ». Enfin Antoinette Sachs, qui avait tenté en vain de quitter la métropole en s'embarquant le 21 juin sur le *Massilia* et qui était revenue en Provence, lui fut précieuse durant son séjour marseillais.

On notera encore que Moulin rodait alors l'efficacité d'une technique de semi-clandestinité qui allait assurer sa survie jusqu'au piège de Caluire. Officiellement retiré à Saint-Andiol, l'ancien préfet d'Eure-et-Loir, devenu propriétaire terrien, y venait régulièrement, en prenant garde

de ne pas laisser périmer les tickets de sa carte de ravitaillement. Mais il reste confiné dans la maison de sa tante
lors de la visite que fait à Saint-Andiol, le 18 mai 1941, la
maréchale Pétain. C'est de façon tout aussi régulière que,
sous sa véritable identité, il se rend à Montpellier pour
rencontrer sa mère et sa sœur. Voilà de quoi satisfaire la
curiosité éventuelle des services de police. Ailleurs, il était
Joseph Mercier, professeur. Il fut l'un des rares résistants
à utiliser de manière aussi systématique cette technique
du dédoublement, fondée sur une identité exacte.

Cette organisation exigeait méthode et rigueur. Et Jean
Moulin regretta de s'être adressé dans sa quête d'un passeport, avec quelque légèreté, au secrétaire général de
Haute-Garonne, un de ses anciens subordonnés en tant
que sous-préfet de Dreux. Comme il s'était d'abord honorablement conduit en juin 1940, Moulin lui fit confiance
au point de le rencontrer dans un café, à Toulouse, le
7 décembre. Celui qui était désormais secrétaire général
ne se contenta pas de refuser d'aider son ancien supérieur, il le dénonça le jour même à son préfet : les temps
– on le sait – portaient aux dénonciations ! Le préfet de
Haute-Garonne alertait à son tour le ministère de l'Intérieur par un télégramme du 8 décembre 1940 : « ... Au
cours de la conversation, Monsieur Jean Moulin lui a
déclaré avoir l'intention de quitter la France ; ce dernier
étant démuni de pièce lui permettant de quitter le territoire national sollicite de M. X, ancien sous-préfet de
Dreux, la délivrance d'un titre de sortie qui pourrait lui
faciliter son départ ; mon collaborateur a répondu qu'il
lui était impossible de satisfaire à cette demande et
m'en a déféré aussitôt ; Monsieur Moulin qui habite
Montpellier aurait l'intention de se rendre prochainement
à Marseille... » Et, dans la foulée, le 12, un télégramme
était envoyé par « Intérieur Sûreté-police criminelle à
Commissaires spéciaux postes frontières-Ports maritimes
et aériens (zone libre). En communication à commissaires divisionnaires police mobile (zone libre) inspecteur
général police territoire Vichy-Directeur police Etat

Vichy, Suis avisé que Jean Moulin, né le 20 juin 1899, Béziers, ancien sous-préfet Eure-et-Loir se disposerait à quitter France. Stop. Prière lui interdire sortie territoire, le surveiller discrètement en cas découverte à la frontière et me tenir au courant. »

Tout aussi inquiétant pour Moulin, le « Bureau des menées antinationales », monté par le Deuxième Bureau de Vichy, avait percé sa double identité, comme en fait foi un rapport rédigé par l'antenne de Marseille enquêtant sur des agents de SOE : « Sont, d'autre part, considérés comme agents de la même organisation : 1° un nommé Mercier ou Moulin, qui serait ancien préfet ou sous-préfet d'Indre-et-Loire. En rapport avec Claude [chef du groupe]. Il devait partir pour l'Angleterre (renseignements recoupés par M. Perrier). » En fait ce M. Perrier se révéla être le capitaine Paul Paillole qui, plus tard, à Alger, prétendra diriger les services secrets du Comité Français de la Libération Nationale. Dans une lettre adressée à Henri Noguères, qui le rapporte dans le tome 2 de son *Histoire de la Résistance*, il devra admettre qu'auront été commises « quelques erreurs », voire « quelques fautes ». A cette date, Moulin avait déjà gagné Londres, mais les services de la Surveillance du territoire auraient pu s'intéresser à lui à son retour. Ce qui ne fut pas le cas, peut-être pour cette raison que les enquêtes les plus systématiques concernaient surtout les communistes.

Moulin avait malgré tout obtenu en s'adressant le 7 février 1941 au commissaire de police de Cagnes, sur présentation de sa fausse carte d'identité, grâce à l'entremise de son ami Manhès, un passeport portant le numéro 71, puis un visa de sortie autorisant « Monsieur Mercier à rejoindre les Etats-Unis par l'Espagne et le Portugal ». Après une visite médicale réglementaire qu'il passa le 25 février, Jean Moulin reçut, le 7 mars, envoyés par Nena Cot, les 3 000 dollars nécessaires, produisit une fausse attestation de ses fonctions professorales à l'Institut international de New York, et obtint le précieux visa américain. Mais il lui fallut encore attendre jusqu'aux

19 et 20 août les visas de transit espagnol et portugais. Après être revenu embrasser sa mère et Laure, il prit le train à Marseille. Prudent et méthodique, il avait rempli trois des cartes dites « inter-zones », non cachetées, les seules autorisées pour communiquer entre les deux zones, que devait poster de Paris sa cousine Marcelle ; la dernière, apparemment expédiée par « Jean Moulin, hôtel du Beaujolais, Palais-Royal Paris », précisait : « Chère maman, chère Laure, Je suis toujours en pourparlers pour ma situation et, contrairement à ce que je pensais au début, il y aura encore bien des difficultés. J'ai pourtant bon espoir. Il me tarde d'avoir une position qui m'assure des moyens d'existence suffisants, car la vie devient de plus en plus chère. Je vous tiendrai au courant. Ecrivez moi vite, car je vais avoir à me déplacer. Bonnes caresses. Jean. » Et pour ne rien laisser au hasard, le professeur Joseph Mercier partait avec l'ancienne carte d'identité professionnelle du préfet Jean Moulin coupée en deux et dont l'une des moitiés avait été dissimulée dans la lanière d'une des valises décousue puis recousue. Le 9 septembre, à Cerbère, il franchissait sans encombres la frontière espagnole, un passage toujours redouté. Puis en deux étapes, passant une nuit à Barcelone, et une autre à Madrid, il arrivait, enfin, à Lisbonne le 12 septembre 1941.

6

La mission Rex

Moulin finissait par arriver en Angleterre le 20 octobre 1941. Après avoir rencontré à diverses reprises Charles De Gaulle, c'est à ses côtés qu'il se rangeait. Venu chercher soutien et moyens pour aider les Mouvements de Résistance naissants, mais aussi pour sonder les intentions politiques du chef de la France Libre, il repartait avec le titre de Délégué du Général pour la zone non occupée, chargé de trois missions globalement politiques. Disposant en France de moyens dérisoires, il sut faire ses gammes comme intermédiaire entre la France Libre et les Mouvements de zone sud et mener ainsi à bien dans une large mesure la première phase de la « Mission Rex ». C'était en effet une première phase, jusqu'à ce que la réussite, en novembre 1942, du débarquement anglo-saxon en Afrique du Nord modifie suffisamment la donne pour faire prendre à la mission une dimension nouvelle.

*

Il avait donc fallu près d'un an à Moulin pour quitter la France, puisqu'il n'arrive au Portugal que le 12 septembre 1941. Il escomptait ne passer que quelques jours à Lisbonne avant de gagner la Grande-Bretagne. Il dut pourtant patienter cinq bonnes semaines, ce qui l'agaçait, bien sûr, mais avait aussi de quoi l'inquiéter. Sans doute les visas accordés au professeur Joseph Jean Mercier le mettaient-ils en principe à l'abri d'une arrestation par les autorités portugaises, mais plus elle se prolongeait, plus la disparition d'un ancien préfet risquait d'intéresser les polices françaises. L'accueil du major Mortimore, correspondant à Lisbonne du SOE, le *Special Operations Executive*, service improvisé par Churchill dans l'été 1940 pour organiser en Europe la guerre subversive capable de contrer la machine de guerre allemande, avait été plutôt chaleureux et le premier interrogatoire s'était déroulé sans problèmes. Mais ensuite, comme rien ne venait, Moulin se voyait contraint de faire état à plusieurs reprises de l'importance et de l'urgence de ce qu'il considérait comme sa mission. En vain.

Passy, puis De Gaulle, dans leurs Mémoires respectifs, ont soupçonné l'intervention des services secrets de Sa Gracieuse Majesté : « L'Intelligence [Service] s'efforçait de s'attacher Moulin », suppose De Gaulle. On ne peut écarter cette interprétation : Moulin n'aurait été ni le premier ni le dernier qu'on approchait en vue de le débaucher. Les Britanniques alléguaient plutôt pour excuser ce retard les conditions exécrables de la météo et le nombre réduit des avions faisant la navette entre Lisbonne et la Grande-Bretagne. L'hypothèse la plus vraisemblable reste – c'est un grand classique – la dernière en date des brouilles entre De Gaulle et Churchill. Ce dernier, excédé par la guérilla gaullienne à propos du Moyen-Orient – épisode sur lequel nous aurons l'occasion de revenir –, était précisément intervenu dans ce sens, le 7 septembre : « En raison de l'attitude préoccupante du général De Gaulle au cours de l'affaire de Syrie, les ministères sont priés de traiter toutes les requêtes présentées par les Forces libres avec lenteur et circonspection jusqu'à nouvel ordre. » En tout cas, il fallut attendre le 4 octobre pour que le responsable londonien du SOE, pourtant averti à trois reprises de l'intérêt que présentait ce M. Mercier bloqué à Lisbonne, finisse par demander de « le faire venir aussi vite que possible ».

La prolongation de ce séjour portugais eut au moins une conséquence positive : le major Mortimore avait incité Moulin à rédiger un rapport démontrant de façon précise l'intérêt de son projet. Grâce à Daniel Cordier, qui a réalisé sur le premier séjour de Moulin à Londres un travail exemplaire dans le tome 3 de *Jean Moulin, l'inconnu du Panthéon*, on sait que ce document, fort intéressant, a été rédigé le 10 ou le 11 octobre. Enfin, le 19, « Monsieur Mercier » bénéficiait d'une place sur un hydravion qui partait dans la soirée pour amerrir le lendemain après-midi à la base de Poole, dans le sud de l'Angleterre.

*

On n'allait pas dérouler le tapis rouge pour ce nouveau venu à peu près inconnu. Le service de renseignement de Passy avait appris, grâce au SOE, que ce M. Mercier était « de son vrai nom Jean Moulin, ancien préfet ». Il pouvait être important de voir arriver un préfet à Londres, car on y manquait cruellement de hauts fonctionnaires d'expérience. Mais son nom ne disait pas grand-chose, sauf à René Cassin qu'il avait fréquenté, en 1936, au temps du Rassemblement Universel pour la Paix, ou à son copain André Labarthe. Or, ce dernier n'était plus *persona grata* auprès de la France Libre et Moulin, sans doute ne le trouvant pas assez sûr, ne chercha pas à le rencontrer. Et si De Gaulle affirme dans ses *Mémoires* qu'il connaissait déjà le passé du nouveau venu, le fait n'est pas avéré. A *fortiori* ce Français était-il totalement inconnu des Britanniques qui redoutaient tout arrivant susceptible – sous le couvert d'une fausse identité – de travailler dans la célèbre « cinquième colonne ». Moulin fut donc soumis aux interrogatoires d'usage. Pour mener ces enquêtes – très serrées – les services secrets britanniques avaient réquisitionné la Royal Victorian Patriotic School dans la banlieue londonienne. C'est par ce collège très british, entouré d'un parc, réservé aux filles d'officiers, que passèrent tous ceux qui arrivaient à Londres. Dans le cas de Moulin, il faut croire que sa loyauté ne fit guère de doute puisque ses examinateurs notèrent : « fait bonne impression et paraît très sincère ».

Le 24 octobre, le capitaine Eric Piquet-Wicks, chargé de faire la liaison entre le SOE et le service de renseignement de la France Libre, installait Moulin dans un hôtel discret du centre de Londres où Passy le rencontrait le jour même. Il lui promettait de faire passer à la BBC le message personnel qui devait rassurer Laure : « Henri Delacour se porte bien » et surtout, il emportait pour le faire transmettre immédiatement à De Gaulle le « rapport sur l'activité, les projets et les besoins des groupements constitués en France en vue de la libération du territoire national », les neuf pages rédigées à Lisbonne à l'usage à la fois des Anglais et de la France Libre. L'ancien préfet y dressait le bilan de la situation politique en France, tableau auquel on peut seulement reprocher de surestimer un peu le rôle de la Cagoule et de sous-estimer le renouveau syndical (dont il est sans doute plus facile d'apprécier aujourd'hui les signes). L'essentiel résidait dans la présentation de l'action résistante en métropole dont, probablement pour mieux convaincre, il gonflait l'importance : « Des dizaines et même des centaines de milliers de Français principalement dans la zone occupée ont aspiré à rejoindre les forces françaises libres. » Il était sans doute plus réaliste lorsqu'il en vantait, avec une certaine véhémence, l'utilité à moyen terme : « Il serait fou et criminel de ne pas utiliser en cas d'action de grande envergure des alliés sur le continent, ces troupes prêtes aux sacrifices les plus grands, éparses et anarchiques aujourd'hui, mais pouvant constituer, demain, une armée cohérente de "parachutistes déjà en place" [une formule qu'il avait retenue de son entretien avec Henri Frenay] connaissant les lieux, ayant choisi leur adversaire et déterminé leur objectif. » C'est pourquoi, au nom des

Mouvements, il concluait en réclamant, outre une approbation morale, des liaisons, de l'argent, des armes – au
moins légères dans un premier temps. Il se gardait de
paraître céder à un prurit activiste : « Il ne peut s'agir
d'aider le mouvement insurrectionnel contre le gouvernement de Vichy (ou du moins sans accord préalable avec
Londres). Il n'est question que de lutter contre l'Allemand
et les hommes de Vichy ne sont considérés comme adversaires que dans la mesure où ils aident l'Allemand », ce
qui pouvait être une pierre jetée dans le jardin du PCF
clandestin. En tout cas, il soulignait que, faute de soutien,
les efforts consentis par les premiers résistants risquaient
de se perdre dans une anarchie qui découragerait les
bonnes volontés et surtout – il y reviendra dans ses
conversations avec les Anglais – sur un risque politique
qui lui semblait majeur : « On jettera dans les bras des
communistes des milliers de Français qui brûlent du
désir de servir. Et cela d'autant plus facilement que les
Allemands eux-mêmes se font les agents recruteurs du
communisme en affublant le qualificatif de communiste
à toutes les manifestations de résistance du peuple français. »

Ce rapport confirme – s'il en était besoin, mais c'est un
point important – que Moulin n'était pas parti pour rallier
obligatoirement les Forces Françaises Libres (dans lesquelles d'ailleurs il ne s'engagea expressément qu'en
février 1943) ni *a fortiori* pour combattre dans leurs
rangs. Il l'avait déclaré à Laure : « Je ne partirai que pour
revenir. Ma place est ici. C'est en France occupée qu'il me
faut travailler. » Il se voulait un résistant de l'intérieur,
choix qu'il a assumé jusqu'au bout. Il ne venait à Londres
que pour convaincre de la nécessité d'aider les « groupements ». Et pour cela, il l'affirma à Eric Piquet-Wicks, il
envisageait de s'adresser aussi bien aux Anglais qu'à la
France Libre : « Bien sûr, je verrai le Général et ses services. Car c'est pour cela que je suis venu en Angleterre.
Je discuterai aussi avec la French Section [la section du
SOE britannique qui avait en charge la guerre subversive

en France]. Après cela, je déciderai de la marche à suivre. » Mais il était, il le savait, dans une position délicate : conscient de la réalité de sa situation vis-à-vis de la Résistance, il balança savamment entre les fonctions de mandaté et de messager. Les responsables des deux groupements qu'il avait rencontrés, assez brièvement d'ailleurs, l'avaient seulement prié, puisqu'il partait pour Londres, d'informer les Anglais et De Gaulle de leur action pour soutenir leurs demandes. S'il avait bien dit, lors d'un de ses interrogatoires, qu'il était « en contact avec les chefs des groupements », il lui était pourtant difficile de prétendre négocier quoi que ce fût en leur nom.

En même temps, il avait besoin d'obtenir des informations, voire ce qu'on pourrait appeler des garanties, sur les orientations politiques de Charles De Gaulle, qui jusqu'alors, il est vrai, n'avait guère été enclin à les préciser. Christian Pineau fit quelques mois plus tard la même démarche, lui dûment mandaté par ses camarades syndicalistes.

*

De Gaulle, de son côté, avait agi jusqu'alors presque exclusivement dans deux directions : s'efforcer de doter la France Libre d'un cadre institutionnel qui lui permette de gérer la légitimité de la nation en guerre, par exemple avec la formation récente d'un Comité national ; d'autre part, défendre le rang de la France partout – en multipliant les déplacements hors de Grande-Bretagne – et contre tous – alliés inclus. En ce mois d'octobre 1941, il hésitait sur la politique à mener du côté de la France captive. Sa première allusion à l'émergence d'une résistance intérieure organisée a été bien tardive : le 1er mars 1941, dans une conférence de presse, évoquant une fois de plus la nation française, il lui avait enfin reconnu une activité concrète : « Dans toutes les villes, tous les bourgs, tous les villages elle tisse le réseau secret de sa résistance. » Et c'est seulement le 2 octobre 1941 que, au cours d'un

dîner, il affirmait s'en préoccuper au plus haut point :
« Organiser et diriger cette résistance, non pas seulement
dans les territoires déjà affranchis, mais partout en
France et dans l'Empire, telle est la tâche primordiale que
s'est fixée le Comité National Français. »

Dans les faits, il n'était guère informé de ce qui se passait dans la France souterraine. Il savait bien que des
réseaux de renseignement étaient devenus opérationnels.
Mais pouvait-on dépasser la collecte d'informations militaires ? Dans les cartons, un « plan Palewski », assez
vague, prévoyait de couvrir l'ensemble du territoire
métropolitain d'un maillage gaulliste. Pour autant
Charles De Gaulle, en ce début de l'automne 1941, n'avait
pas encore à ce sujet de politique bien définie. Certes, il
envisageait de recruter des appuis en France. Ainsi il
aurait voulu qu'on déployât plus d'efforts du côté des syndicalistes, persuadé que, venus du peuple, ils avaient su
demeurer plus sains que ces élites qui avaient trahi ou se
réfugiaient dans un attentisme égoïste. C'est pourquoi, en
novembre, il imposait l'envoi en mission du jeune syndicaliste chrétien Léon, dit Yvon, Morandat, que nous
aurons l'occasion de retrouver ; mais dans le même
temps, il incitait André Diethelm, le nouveau commissaire à l'Intérieur, à développer la propagande en faveur
de la France Libre en contactant la fraction de la classe
politique qui avait pris ses distances à l'égard de Vichy.
Il restait donc pour le moins perplexe sur les moyens
d'« organiser et diriger la résistance », d'autant que,
d'après les quelques renseignements parvenus à Londres,
ces groupements qui demandaient de l'aide et qui paraissaient singulièrement attachés à leur autonomie ne manifestaient aucun désir de lui faire allégeance.

*

On comprend que lorsque, le 25 octobre, Moulin et De
Gaulle se rencontrèrent, rien n'allait de soi. Car certains
éléments auraient pu faire que cette entrevue fût sans len-

demain. La différence d'âge entre les deux interlocuteurs n'était pas démesurée : l'un était né en 1890, l'autre en 1899. Mais l'expérience de la Grande Guerre, fondamentale pour l'un, insignifiante pour l'autre, introduisait un écart générationnel.

Moulin a pu, comme d'autres, éprouver quelques préventions à l'encontre de Charles De Gaulle. La plus vive était banale : fonctionnaire civil, il se défiait d'un officier supérieur qui risquait d'être doté des préjugés de sa caste aggravés par la défaite. Cet antimilitarisme, au sens le plus classique du terme, était répandu parmi les résistants qui ne venaient pas de l'armée ; il était conforté par l'afflux, dans les allées du pouvoir vichyssois, de généraux, puis, avec Darlan, d'amiraux, qui tous reportaient systématiquement sur les civils les responsabilités de la défaite, avec ce bel esprit de corps dont dès juin 1940 le vainqueur de Verdun avait donné l'exemple. Et s'il est vrai que ce général-ci avait, au contraire, dénoncé, dès ses premiers appels, l'incurie et les lourdes responsabilités de ses frères d'armes, en particulier celles de l'Etat-Major, l'armée demeurait à ses yeux une grande chose. Alors que, pour un homme de gauche, elle risquait toujours de produire un nouveau général Boulanger. Et justement, le quartier général de la France Libre cultivait une discipline (il est vrai qu'on était en guerre) qui rendait l'atmosphère bien militaire.

Le bruit courait aussi que ce De Gaulle, qui disait représenter la légitimité de la France en guerre, était non seulement maurrassien, mais aussi entouré de Cagoulards. Si nous pouvons aujourd'hui négliger ces rumeurs, il fait peu de doute que la culture politique de ces deux hommes n'était pas la même. Issu d'un milieu catholique traditionaliste, le Général n'avait jamais appartenu à la gauche (se reporter à Jean Lacouture, *De Gaulle*, tome 1, *Le Rebelle*, Le Seuil, 1985, et à Eric Roussel, *Charles de Gaulle*, Gallimard, 2003). Certains auteurs ont voulu lui attribuer, pour la fin des années 30, une étiquette partisane en le situant dans la mouvance démocrate-

chrétienne s'inspirant du Sillon. Est-ce bien pertinent ?
Le fait certain et primordial est qu'il se défiait des idéologies et ne croyait qu'aux nations, seules réalités durables
à ses yeux. S'étant fait toute sa vie, comme il l'écrivit plus
tard dans une formule justement célèbre, « une certaine
idée de la France », une idée qui l'avait mené au nationalisme, son point d'ancrage fondamental, il était fort
éloigné de cette mystique de la République dont Moulin,
façonné de surcroît par sa culture laïque et jacobine, était
imprégné.

Mais Moulin n'avait probablement pas eu connaissance
de la façon dont De Gaulle traitait le « régime parlementaire », dans des déclarations du genre de celle qu'il avait
adressée, depuis Le Caire, le 8 juillet 1941, à son entourage londonien : « Si nous proclamions simplement que
nous nous battons pour la démocratie, nous obtiendrions
peut-être des éloges du côté américain, mais nous per-
drions beaucoup sur le tableau français qui est le principal. La masse française confond pour le moment le mot
démocratie avec le régime parlementaire tel qu'il fonctionnait chez nous avant cette guerre. Nos propres partisans, quelle que soit leur origine politique, et surtout nos
combattants en sont convaincus dans l'immense majorité.
Ce régime est condamné par les faits et dans l'opinion... »
Et le Général n'hésitait pas à s'expliquer sur ce choix,
notamment devant Georges Boris, ex-directeur de l'hebdomadaire de gauche *La Lumière*. Ce dernier a relaté cet
entretien dans une lettre étonnante de perspicacité adressée de Londres le 22 juin 1942 à Léon Blum (dont il avait
été le directeur de cabinet en 1938) : « Vers le mois de
septembre [1941], de Gaulle me disait que s'il faisait des
déclarations démocratiques, il recevrait des protestations
de l'armée et des colonies, et qu'il était obligé de maintenir un équilibre difficile. »

Sans doute De Gaulle n'éliminait-il pas les bonnes
volontés parce qu'elles venaient de la gauche, comme le
montre la présence à ses côtés, dès le début, de René Cassin, et Moulin lui-même a pu en témoigner. Cependant,

afin de ne pas braquer un certain nombre d'officiers parmi les rares qui s'étaient ralliés à lui, comme Leclerc et, encore plus, le colonel Edgard de Larminat, il avait d'abord demandé dans l'été 1940 à Maurice Schumann de « remplacer la devise de nos mairies par la devise de nos drapeaux, Honneur et Patrie » au début de la plage radiophonique de cinq minutes que la BBC réservait à la France Libre ; et la devise républicaine venait tout juste d'être rétablie avant qu'arrive Moulin. Il est clair que le représentant de la France en guerre, comme l'écrivait Georges Boris, « n'inclinait pas naturellement aux idées démocratiques », auxquelles il ne fit publiquement référence que le 2 octobre 1942, et encore moins au régime de la démocratie libérale et parlementaire. Le mode de fonctionnement du Comité National Français était d'ailleurs celui d'un régime présidentiel : le pouvoir personnel d'un homme profondément convaincu de sa valeur et de la justesse de son action s'y exerçait sans contrepoids. Ce qui ne pouvait manquer de rendre un républicain perplexe.

Cela étant, les deux hommes pouvaient se trouver en empathie sur des points clés. Ces deux provinciaux, issus de ces couches moyennes chères à Gambetta, avaient appris à fréquenter les gens d'en haut, sans en devenir tributaires. Ils étaient tous deux des hommes de culture. Le jacobin pouvait frayer avec le nationaliste qui avait lu Maurras mais qui avait été surtout marqué par Bergson (pour sa philosophie de l'action), Péguy, et Barrès (le premier Barrès, celui qui ne professait pas encore xénophobie et antisémitisme), ce qui l'amenait à honorer, avec les rois qui ont fait la France, Hoche, Carnot ou Clemenceau. C'étaient également deux grands serviteurs de l'Etat ; sans doute leurs noms n'étaient-ils connus que dans des cercles restreints, mais ils possédaient une solide expérience administrative et avaient même eu à connaître de ce que nous nommerions actuellement le domaine du secret-défense, l'un chargé de l'aide aux républicains espagnols, l'autre membre, entre 1932 et 1937, du secrétariat général du Conseil supérieur de la défense nationale, sans omettre sa courte expérience ministérielle en juin 1940.

Mais ces serviteurs disciplinés, s'ils avaient tous deux, surtout De Gaulle, donné quelques preuves, rares dans leurs milieux, d'un relatif non-conformisme, avaient désobéi, s'étaient rebellés. La rupture n'avait dû être aisée ni pour l'un ni pour l'autre : « A quarante-neuf ans, j'entrais dans l'aventure... » comme l'écrira De Gaulle. Moulin, lui, avait rompu après vingt-trois ans d'obéissance professionnelle. Politiquement – et le point est primordial –, ils partageaient le refus de l'armistice. Ils avaient donc en commun la conviction que la guerre n'était pas finie, ce qui les menait à une détestation identique du régime de Vichy. Et De Gaulle, en nationaliste conséquent, ne se trompait pas d'adversaire : l'ennemi était l'ennemi extérieur, en l'occurrence l'Allemand occupant. Ce combat ne comportait pour lui ni dessein d'opérer quelque révolution nationale, ni chasse ouverte à « l'Anti-France ». Voilà certainement ce qui pouvait rassurer le démocrate qu'était Moulin.

Cette rencontre du samedi 25 octobre (on peut estimer jusqu'à plus ample informé – mais il semble que Daniel Cordier l'a démontré avec rigueur – que ce fut la date de la première) paraît avoir eu une importance extrême dans les choix qui furent faits. Je dis bien « paraît », car elle n'eut aucun témoin, et les deux interlocuteurs n'en ont gardé aucune trace écrite. L'historien en est réduit à se fier à ce qu'en a relaté Laure Moulin.

Selon elle, « Jean Moulin fut reçu par le général de Gaulle, à son bureau de Carlton Gardens [au 2ᵉ étage du 4 Carlton Gardens, siège londonien de la France Libre depuis août 1940] et invité à déjeuner. Leur entretien dura près de deux heures... ». Elle ajoute : « L'impression fut excellente de part et d'autre. » Les échanges auraient été empreints d'une grande franchise : « Mon frère ne cacha pas au général qu'il était un homme de gauche, profondément attaché au régime républicain et aux institutions démocratiques... »

Cette rencontre ne fut pas la seule. Il avait été prévu que Moulin serait parachuté dans la nuit du 7 au 8 novembre près d'Auch. Mais son départ fut retardé jusqu'au 1er janvier 1942 pour diverses raisons : le mauvais temps persistant, mais aussi le fait que Jean Forman, un agent du service de renseignement de la France Libre qui devait accueillir Moulin après une mission à Pessac, avait dû, menacé d'arrestation, gagner Paris, enfin probablement la mauvaise volonté du SOE répercutant une nouvelle brouille entre De Gaulle et Churchill. Pendant ces deux longs mois londoniens, Moulin s'entretint à plusieurs reprises avec De Gaulle qui avait très vite décidé de lui confier deux missions, l'une visant le développement de la propagande, la seconde concernant l'action militaire proprement dite, deux missions dont il signa les ordres le 5 novembre ; symétriquement, Moulin faisait un triple choix qui se révéla capital pour la suite. D'abord il optait pour la France Libre et Eric Piquet-Wicks note : « Deux jours plus tard [le 26 octobre], il me fit part de sa décision. Il s'était engagé dans les Forces Françaises Libres », une remarque imprécise, car c'est seulement le 14 février 1943, nous l'avons dit, qu'il signa son engagement dans les FFL. Ce choix n'avait pourtant rien d'automatique : quelques semaines plus tard, le 23 décembre, un rapport d'Emmanuel d'Astier de La Vigerie exprimait encore bien des réserves qui pouvaient être celles de Moulin : « Le gaullisme est un symbole nécessaire, mais qui ne peut offrir un support suffisant pour les groupes de résistance. Ceux-ci, en conséquence, comptent principalement sur un accord direct avec le Gouvernement britannique et sur son aide afin qu'ils puissent donner à leurs organisations le développement espéré. »

Moulin fut bien reçu le 31 octobre par le major Buckmaster, le patron de la section française du SOE, mais les jeux étaient déjà faits. Les Britanniques avaient d'ailleurs d'autant plus vite abandonné l'idée de le débaucher qu'ils s'intéressaient avant tout à des recrues disposées à se spécialiser dans la recherche de renseignements proprement militaires.

Second choix : Moulin, qui s'était présenté en messager des groupements de résistance, se retrouvait, et c'était peut-être lui qui l'avait proposé, accrédité par le chef de la France Libre auprès d'eux. Il acceptait également, alors qu'il défendait jusqu'alors, comme tous les résistants, la position inverse, que la coordination de l'action se fît non en France, mais à Londres.

Puisque, comme cela a déjà été dit, nous savons peu de chose du contenu des divers entretiens, nous pouvons seulement chercher à comprendre les raisons d'un pareil accord. De Gaulle avait évidemment lu les dernières lignes du rapport de Moulin, écrites pour une fois dans un style plutôt pathétique : « Simple messager, chargé par les trois Mouvements LLL [Liberté représenté par Menthon, Libération nationale par Frenay, Libération dont le chef était Emmanuel d'Astier de La Vigerie] de transmettre un SOS à Londres, je peux me permettre de signaler le magnifique esprit de sacrifice de leurs dirigeants et de leurs troupes, et leur inébranlable volonté de libérer leur pays. Certains déjà ont payé de leur vie leur dévouement à la cause. D'autres, nombreux, peuplent les geôles françaises et allemandes. On ne peut laisser sans recours ceux qui continuent la lutte. C'est l'intérêt immédiat de l'Angleterre et de ses alliés. Ce doit être une des raisons d'être des Forces Françaises Libres. C'est l'espoir de tout un peuple enchaîné. » Le ton de cette profession de foi fut vraisemblablement apprécié de celui dont les accents rappelaient souvent le lyrisme de Michelet évoquant le peuple de France. Mais gageons que De Gaulle fut encore plus sensible, car chez lui la révérence pour les grands corps n'excluait pas la critique sur la défection des élites, au fait que le préfet avait tenu tête aux Allemands le 17 juin 1940. La forte personnalité de Moulin avait de quoi le séduire et on imagine que leurs entretiens lui permirent de percevoir l'authenticité des sentiments jacobins de son interlocuteur, son refus de toute accommodation, son désir de continuer la lutte, et la netteté de ses projets, sans oublier la connaissance qu'il paraissait avoir de la France captive. Moulin, pour sa part, a dû prendre la mesure de ce général non conformiste, qui avait appartenu de surcroît au dernier gouvernement « républicain » d'avant l'armistice ; il a pu être impressionné par ce visionnaire, épousant la cause de la nation sans préalable partisan, et qui pouvait, à divers titres, assumer la légitimité d'une France toujours en guerre.

Pour autant, l'explication donnée par Daniel Cordier dans le troisième volume de sa biographie de Moulin (p. 942) n'emporte pas la conviction : « Il est donc certain que (au moins sur le plan humain et celui de la conception et de la conduite de la guerre) ce fut entre les deux hommes une sorte de coup de foudre réciproque. » Nous ne formulerions pas les choses ainsi. De Gaulle n'était pas homme à s'emballer pour quiconque. D'ailleurs, il mit ensuite plus de deux mois à élargir et la mission et le budget confiés à Moulin. Le budget avait d'abord été fixé à 1 500 000 francs (rappelons que 100 francs de 1942 équivalent à 100 francs de 2001) qui devaient être répartis, au titre de la propagande, entre les trois Mouvements, plus une somme identique mise à la disposition de Moulin pour l'action paramilitaire. C'était peu en comparaison des 20 millions alloués à Rémy pour développer son réseau de renseignement. Du côté de Moulin, il est plus certain qu'il a été frappé par la personnalité de son interlocuteur. C'est ce qu'ont affirmé, après-guerre il est vrai, aussi bien Laure : « Le général de Gaulle fit une très forte impression sur mon frère : "c'est un très grand bonhomme, me dit-il textuellement, grand de toute façon", ajouta-t-il en souriant », que François de Menthon, à qui il aurait dit : « L'homme est très grand... » ; Pierre Meunier, pourtant adversaire du gaullisme, rapporte la même impression : « C'est un grand homme. Nous devons le suivre... »

Mais l'entrevue avait-elle suffi à lever ses réserves sur

l'autoritarisme de De Gaulle, sur son peu de goût pour la démocratie proprement dite, même si, selon Laure, il avait obtenu des garanties sur le rétablissement de la République ? Plusieurs témoignages permettent d'en douter. Nena Cot s'est souvenue que dans la seconde lettre envoyée de Londres à son mari, lettre malheureusement disparue, après avoir parlé – il est vrai – du chef de la France Libre en termes élogieux, il aurait écrit : « mais rassure-toi, je n'ai pas oublié Pilsudski ». La référence à ce maréchal polonais nationaliste qui prit une part déterminante dans la guerre russo-polonaise, mais fomenta un coup d'Etat et finit presque en dictateur, n'est pas un franc compliment en matière de démocratie. Et François de Menthon, rendant compte, en 1971, de l'échange qu'il eut avec Moulin à peine rentré de Londres, va dans le même sens : « Qu'est-ce qu'il [De Gaulle] pense, au fond de lui-même, de la République ? Je ne puis pas vous le dire. Je connais ses positions officielles, mais est-ce réellement un démocrate ? Je ne sais pas. » Si ces témoignages peuvent être sujets à caution parce que très postérieurs, reste que Moulin avait confié à l'un des responsables du SOE qu'il ne se sentait pas engagé pour l'après-guerre. Bref, je ferai plutôt mienne une formulation empruntée à cet observateur fort perspicace qu'était André Manuel, le second de Passy au BCRA, me déclarant : à l'époque De Gaulle et Moulin s'étaient « compris plus qu'ils ne se sont séduits ».

Pour De Gaulle, Moulin fut en tout cas une « aubaine » (la formulation est, elle aussi, d'André Manuel). Les renseignements fournis lui permirent d'élaborer nettement un projet d'encadrement de la Résistance. Ainsi mieux valait, mais en leur donnant de l'argent, laisser aux Mouvements le soin de faire la propagande adaptée à l'occupation, pour se focaliser sur le développement de l'action paramilitaire. C'était adopter le point de vue de Moulin qui avait déclaré au colonel Sutton du SOE : « La propagande pour de Gaulle en tant que symbole de la Résistance est tout à fait inutile : l'urgent est d'en venir à la formation de noyaux paramilitaires durs partout, si possible. » Cela étant, De Gaulle, dès cette époque, avait décidé que la centralisation et la coordination de l'action paramilitaire se feraient à Londres et que, lorsque viendrait le temps du débarquement, « toutes ces opérations se déclenche[raient] sur l'ordre personnel du général De Gaulle ». Les postulats gaulliens étaient clairs : la France Libre est LA France, donc seule responsable des choix diplomatiques et militaires. Une déclaration faite à la BBC, le 23 octobre 1941, alors que 98 otages avaient été fusillés à la suite de l'exécution du *Feldkommandant* de Nantes, exécution qui semblait à Londres critiquable au plan tactique, mettait les choses au point : « Ce mot d'ordre, je vais le lui [au peuple français] donner, il vient du Comité national qui dirige la nation dans la résistance. Voici ! il est absolument normal et il est absolument justifié que les Allemands soient tués par les Français. Mais il y a une tactique à la guerre. La guerre des Français doit être conduite par ceux qui en ont la charge, c'est-à-dire par moi-même et par le Comité national... » L'ordre de mission militaire confié à Moulin précisait bien cette stratégie gaullienne contre laquelle nombre de chefs des Mouvements allaient regimber. Nous verrons ultérieurement dans quelle mesure De Gaulle avait eu raison de choisir Moulin pour influencer ces résistants sur lesquels il n'avait pas de prise.

Moulin, quant à lui, ne revenait évidemment pas les mains vides. Il avait obtenu des réponses concrètes aux demandes formulées dans son rapport, des liaisons, de l'argent et on lui avait promis que les armes suivraient. Il pouvait donc espérer que la Résistance ne fonctionnerait plus repliée sur elle-même. Si l'échec de la République espagnole prouvait qu'il fallait pouvoir résister à l'asphyxie, la France Libre serait désormais un véritable poumon extérieur.

*

Ne nous faisons pourtant pas d'illusions sur ce que recouvrait alors le nom de « France Libre ». Tous ceux qui se rendaient à Londres ne percevaient peut-être pas la part de bluff patriotique qui se dissimulait derrière cette glorieuse appellation. Certes, depuis l'été 40, De Gaulle ne cessait de répéter qu'il entendait rassembler « non pas seulement quelques troupes mais bien la nation française dans la guerre » et que la France Libre ne serait pas une légion étrangère au service de la Grande-Bretagne. Il visait continûment trois objectifs : créer une force militaire autonome, constituer une base territoriale, instituer une entité reconnue sur le plan international. Or, à la fin de 1940, cette force militaire regroupait tout juste 4 500 soldats et officiers, 3 300 marins, 200 aviateurs ; en 1941, avec les renforts venus de l'Empire, on arrivait à 35 000 hommes qui, même s'ils se battaient bien, ne pouvaient espérer influer sur le cours de la guerre. La véritable valeur militaire de la France Libre – et on ne saurait trop souligner ce point – tenait à la qualité et à l'ingéniosité des réseaux de renseignements que ses agents avaient organisés, sous l'impulsion de Passy qui avait rapidement mis en place un système original : le premier agent parti en mission, Hubert Moreau, fut déposé en Bretagne le 27 juillet 1940, suivi dans la foulée par Jacques Mansion, puis par Honoré d'Estienne d'Orves, Pierre Fourcaud, Maurice Duclos, Rémy, entre autres. Les renseignements venus de France présentaient, surtout en 1940-1941, lorsque les Britanniques étaient seuls dans la guerre, un intérêt primordial.

Quant à la base territoriale relevant spécifiquement de la France Libre, elle était bien modeste, et en tout cas plus réduite que De Gaulle ne l'avait escompté : Tahiti, la Nouvelle-Calédonie et l'Afrique-Equatoriale française avaient rallié la « dissidence » gaullienne qui, plus récemment, s'était assuré le contrôle de la Syrie et du Liban. Mais le reste de l'Empire, et notamment l'A.O.F, était demeuré fidèle à Vichy : en septembre 1940, une expédition anglo-gaulliste, il est vrai mal préparée, n'avait pas réussi à s'emparer de Dakar, malgré trois jours d'affrontements.

Enfin la reconnaissance internationale de la France Libre se révélait elle aussi laborieuse à obtenir, même de la part de la Grande-Bretagne : le 28 juin 1940, était intervenue une reconnaissance *intuitu personae* : « Le Gouvernement de Sa Majesté reconnaît le général de Gaulle comme chef de tous les Français libres, où qu'ils soient, qui se rallient à lui pour la défense de la cause alliée. » Mais lorsque, trois jours après Montoire, le 27 octobre 1940, le Général créait un « Conseil de défense de l'Empire », un organe destiné à exercer « dans tous les domaines la conduite générale de la guerre », la Grande-Bretagne émit des réserves sur le contenu d'une « Déclaration organique » qui soulignait l'illégalité et l'inconstitutionnalité du « pseudo-gouvernement de Vichy », et donc déliait les Français de tout devoir d'obéissance. Le 24 septembre 1941, déjà, lorsqu'une ordonnance avait créé le Comité National Français, composé de huit commissaires nationaux choisis par De Gaulle, comité qui exercerait provisoirement les pouvoirs exécutif et législatif, cumulés du fait des circonstances, en attendant que des élections puissent avoir lieu, les Britanniques se contentèrent de reconnaître cet organisme « comme représentant de tous les Français libres, où qu'ils soient, ralliés pour servir la cause alliée ». Avec les Etats-Unis, qui – comme nous le verrons – menaient un jeu pour le moins équivoque avec Vichy, il n'existait aucun lien officiel, juridique ou autre. Aux yeux des chancelleries, la France Libre n'était donc nullement reconnue, selon le vœu de son chef, comme « la France » et nombre d'entre elles continuaient d'entretenir des relations officielles avec le gouvernement du Maréchal.

Moulin s'était rendu compte que la France Libre était tributaire de la bonne volonté, sinon du bon plaisir britannique. Et d'abord du Premier ministre, dont on sait quel rôle il avait joué, accueillant immédiatement ce Français qui appelait à la résistance et se proclamait dès le 22 juin le chef de la dissidence. Il l'avait imposé malgré les réserves qu'exprimaient le War Office et le Foreign

Office, faute, il est vrai, de pouvoir recruter une autre personnalité politique et de mettre sur pied un « Conseil de la Libération ». Sachant fort bien que le Général, même s'il avait appartenu au gouvernement Reynaud comme secrétaire d'Etat à la Guerre, ne représentait plus que lui-même, il déclarait sans hésiter : « Vous êtes seul ! Eh bien ! je vous reconnais tout seul. » On a pu dire qu'une sorte de lune de miel avait caractérisé l'été 40. Mais l'accord entre ces deux bêtes politiques n'allait pas survivre à l'échec de Dakar et surtout aux empoignades sur le sort de l'Empire français, notamment aux très violents heurts qui ont eu pour objet le Moyen-Orient, durant le printemps et l'été 1941. Le gouvernement de Sa Majesté censurait les communiqués de la France Libre, menaçait de lui couper les vivres en suspendant les avances de trésorerie faites par la Banque d'Angleterre (avances qui devaient être remboursées à la fin des hostilités), décidait de l'opportunité de chaque mission, contrôlait le choix de chaque passager à convoyer. Et l'homme des services de renseignement de la France Libre n'ouvrait les courriers provenant de France qu'en présence d'un officier anglais. De Gaulle lui-même ne pouvait quitter à sa guise le territoire britannique. Bref, la France Libre se trouvait sous tutelle.

Sans doute De Gaulle continuait-il d'être populaire auprès du peuple anglais. C'était plutôt certains Français de Londres qui avaient tendance à contester la prééminence qu'il s'attribuait. Les critiques à propos de son comportement, jugé non sans raison « monarchique », se multipliaient. Car il usait et abusait du droit qu'il s'était octroyé de prendre toutes les initiatives, les présentant avec sa formule favorite : « J'ai réfléchi. Ma décision est prise... » : ainsi les membres du Conseil de défense de l'Empire n'eurent pas à débattre de la décision pourtant importante d'intervenir en Syrie, à côté des Anglais, contre les forces vichyssoises.

Un mois avant l'arrivée de Moulin, déjà, André Labarthe, un scientifique qui avait été un des proches de

Moulin jusqu'en 1939 (mais qu'il ne rencontra pas à Londres, nous l'avons dit) et qui avait dans un premier temps séduit De Gaulle, s'en était violemment pris à la France Libre, répandant le bruit que les services de Passy étaient un repaire de Cagoulards fonctionnant comme une mini-Gestapo. De Gaulle se contenta de traiter la cabale comme négligeable. Mais une deuxième fronde, plus grave, fut menée par le vice-amiral Muselier, un marin non conformiste qui, mis à la retraite par Darlan, avait gagné Londres dès le 29 juin 1940 et avait fait de la marine de la France Libre un instrument remarquable. Fort de l'appui des Lords de l'Amirauté, poussé par des opposants à la personne de Charles De Gaulle, il tentait un mini-putsch qui aurait cantonné celui-ci dans un poste de chef des armées, en ne lui laissant que des fonctions politiques honorifiques. Churchill, qui dans un premier temps avait d'abord soutenu les « comploteurs », aida à contrer cette dissidence dans la dissidence, mais réussit en échange à forcer De Gaulle à faire du Comité National Français en cours de création une instance moins personnalisée. L'épisode soulignait la vulnérabilité du pouvoir du chef de la France Libre.

Son meilleur atout restait, dans l'émission « Les Français parlent aux Français », programme de la BBC en direction de la France, qui passait le soir entre 20 h 05 et 21 heures, les cinq minutes quotidiennes « La France Libre vous parle », où se révéla Maurice Schumann. Là encore, il faut rappeler d'abord qu'il s'agissait d'un geste bienveillant des Britanniques, et d'autre part que toute la France n'était pas à l'écoute de Londres : même en 1944, l'émission n'est entendue que dans 70 % des foyers qui possèdent un poste radio. A une petite dizaine de noms près, les hommes qui comptaient relativement dans la France Libre restaient des inconnus.

C'est donc en connaissance de cause que Moulin, gaulliste de raison à cette date, pariait sur ce que représentaient pour l'heure De Gaulle et la France Libre. Pour reprendre la formule pascalienne, disons qu'il était embarqué. Un peu par défaut peut-être, puisque les Anglais n'avaient manifesté aucune volonté de répondre aux demandes précises qu'il avait formulées.

*

Une troisième mission s'ajoute alors pour lui aux deux premières dont nous avons parlé. Celle qui concernait la propagande était banale ; la deuxième, concernant l'action paramilitaire, était plus significative de ce que Londres attendait de Moulin, et Passy se chargeait (il le rappelle dans le troisième tome de ses *Mémoires*) de lui préciser qu'il devait inciter les Mouvements à « former, au sein de leurs organisations, des groupes bien cloisonnés qui ne seraient utilisés que pour l'action militaire ». Il s'efforcerait ensuite d'amener les chefs de Mouvements à préparer le dispositif de leurs groupes en fonction du plan militaire d'action au jour J qui serait élaboré à Londres. Il disposerait d'opérateurs radio, d'officiers de liaison qui en accord avec les responsables des groupements mettraient sur pied des équipes de réception, et c'est par lui que transiteraient les demandes de crédit.

La mission qui vint s'ajouter aux deux autres au cours des semaines d'attente du départ ne fut pendant longtemps connue que grâce aux *Mémoires* de Charles De Gaulle qui en cite le texte :

« *Londres le 24 décembre 1941,*
Je désigne M. Jean Moulin, préfet, comme mon représentant et comme délégué du Comité national, pour la zone non directement occupée de la métropole.

M. Moulin a pour mission de réaliser dans cette zone l'unité d'action de tous les éléments qui résistent à l'ennemi et à ses collaborateurs.

M. Moulin me rendra compte directement de l'exécution de sa mission. »

Il faudra attendre l'ouverture des archives de Charles De Gaulle pour vérifier la formulation exacte de cet ordre de mission, puisque, entre autres choses, le nom de Moulin apparaît en clair, ce qui n'était pas dans les usages. Cela dit, on voit mal pourquoi De Gaulle aurait, en le reproduisant, altéré ce document dont d'ailleurs, en février 1943, de nouvelles instructions reprendront certains des termes essentiels.

C'était donc le 24 décembre, après un temps de réflexion, à la veille de l'une des nouvelles dates programmées pour le départ de Moulin, que De Gaulle élargissait la compétence de l'ex-préfet à l'ensemble des Mouvements, il est vrai de la seule zone sud, (étant entendu que les réseaux de renseignement lui échappaient, puisqu'il n'en sera jamais chargé). La raison principale de cet élargissement tient peut-être à l'entrée en guerre des Etats-Unis qui bouleversait la donne. On notera en tout cas le soin apporté à soumettre en termes exprès, là encore, le contrôle de toute action au chef de la France Libre.

Ces trois ordres de mission formaient un tout relativement cohérent. Même s'il n'était pas dans ses attributions de démarcher la classe politique, Moulin acceptait donc bien une mission politique, au sens le plus général du terme, incluant nécessairement des aspects militaires. C'est d'ailleurs le commissariat à l'Intérieur qui sera son interlocuteur privilégié. C'est à cet égard la spécificité de ce qui sera finalement baptisé la « mission Rex ».

Rex part avec les trois textes microphotographiés, et avec une lettre de Charles De Gaulle au ton exceptionnellement chaleureux :

« *Mes chers amis,*
Rien ne peut plus diviser les Français. Ils n'ont qu'une volonté : sauver leur pays par la victoire. Rien ne compte pour eux, sinon la haine de l'ennemi ; la fidélité envers leurs alliés ; la fraternité nationale. Je sais ce que vous faites. Je sais ce que vous valez. Je connais votre grand courage et vos immenses difficultés. En dépit de tout, il faut pour-

suivre et vous étendre. Nous qui avons la chance de pouvoir encore combattre par les armes, nous avons besoin de vous pour le présent et pour l'avenir.

Soyons fiers et confiants ! la France gagnera la guerre et elle nous enterrera tous.

De tout mon cœur. »

*

Pour regagner la France, Moulin devait d'abord obtenir un brevet d'aptitude au parachutage et apprendre à coder et décoder les télégrammes. A Ringway, un vaste domaine appartenant à Lord Beaverbrook, dans la région de Newmarket, dans le Suffolk, il apprit vite le cryptage et le décryptage, selon une formule simple, celle d'une double transposition à partir d'un texte. Il choisit une strophe de la « Rapsode foraine » de Tristan Corbière, qui, on s'en souvient, était l'un de ses auteurs préférés :

> *Prends pitié de la fille mère*
> *Du petit au bord du chemin...*
> *Si quelqu'un leur jette la pierre*
> *Que la pierre se change en pain.*

Il eut plus de mal avec les sept sauts réglementaires. Même si, grâce au ski, il avait conservé une certaine forme physique, ses quarante-deux ans lui rendirent difficiles les deux jours d'entraînement intensif préalables au largage. Passy, qui l'avait accompagné à Ringway et avait sauté deux fois avec lui, dit l'avoir vu se mettre à l'écart pour vomir d'épuisement.

Le SOE donna son feu vert pour un départ le 1er janvier. Ils étaient trois ce jour-là à utiliser une base de départ située près de New Market : Moulin, un officier du service de Passy, Raymond Fassin, dit Sif, jeune instituteur destiné à devenir un de ses officiers de liaison avec les Mouvements, et un opérateur radio, un lycéen breton de dix-huit ans qui avait gagné l'Angleterre dans un bateau de fortune, Hervé Monjaret, alias SifW. Ce dernier, arrêté en avril 1943, déporté à Mauthausen, est le seul des trois à avoir survécu à la guerre. On connaît le sort de Jean Moulin ; et Raymond Fassin mourra en février 1945 au camp de Neuengamme.

Pour l'heure, après une dernière inspection destinée à enlever toute trace d'un séjour en Angleterre, notamment les étiquettes sur les vêtements, ils avaient revêtu leur combinaison de parachutiste aux teintes vertes et noires, enfilé casque et bottes de caoutchouc. Munis d'un Colt, d'un couteau, d'une lampe de poche, ils emportaient encore un repas en tablettes et, peut-être, comme c'était souvent le cas, une capsule de cyanure, un petit disque blanc pas plus gros qu'une lentille. Moulin emmenait, avec ses ordres de mission, 3 millions de francs.

La mission Rex pouvait commencer (sauf indications contraires, les télégrammes cités sont tirés du fonds 3 AG2 des Archives nationales, 3 AG2 400 pour les câbles envoyés par Rex et 401 pour ceux reçus par Rex.)

*

Le SOE avait monté une opération « blind » : les trois parachutés ne bénéficieraient d'aucun comité de réception, ce qui rendait l'entreprise encore plus aléatoire. Hervé Monjaret (voir son récit in AN 72 AJ 233) a raconté comment le vol fut aussi mouvementé que l'atterrissage. Après avoir fait le plein d'essence dans le pays de Galles, le bimoteur Whitley essuya un tir sérieux de la Flak : « Max [Moulin] était livide, comme moi du reste, et nous avons ensuite reconnu avoir connu la plus grande frousse de notre vie. » Moulin avait souhaité être parachuté, en Provence, chez lui, sur le versant nord des Alpilles près de la petite bastide que Laure et lui venaient d'acquérir non loin de Lèque. Mais le pilote se trompa de repère et lorsque la lumière rouge indiquant qu'on doit se tenir prêt à sauter du trou de la car-lingue passa au vert, accompagné du « Go » classique poussé par le Wing Commander, l'avion se trouvait en fait à une quinzaine de kilomètres de l'endroit prévu, au-dessus d'un marécage dont les trois parachutistes mirent une bonne heure à s'extirper. Il fallut vite enterrer la valise contenant le poste émetteur-récepteur, avant de se mettre en route dans ce matin du 2 janvier particulièrement glacial. Ayant dû se séparer, ils perdirent Monjaret qui ne reprit le contact que le 23 janvier. Enfin Moulin gagnait Saint-Andiol, puis Montpellier sans être inquiété, mais on peut dire que les tout débuts de la mission avaient été acrobatiques.

*

Après un bref séjour à Marseille et un détour par Megève pour faire du ski, ce qui donnait le change, Moulin s'installait à Lyon. Dans cette ville-carrefour se croisaient nombre des dirigeants de la Résistance de zone non occupée ; dans le centre, en particulier, on pouvait « trabouler », c'est-à-dire emprunter des passages menant d'un immeuble à l'autre de manière discrète. Et comme les concierges étaient beaucoup plus rares qu'à Paris, de nombreuses boîtes aux lettres échappaient à la surveillance. Moulin y loua une chambre meublée. Immédiatement, il se donna une fausse identité, jouant sur la possibilité de redevenir ancien préfet, pour l'heure propriétaire foncier, dès qu'il dépassait Avignon, un stratagème plutôt simple, qui lui permit de « tenir » pendant dix-huit mois.

Cet homme isolé composait à peu près à lui tout seul ce qui allait prendre le nom pompeux de « Délégation », puisqu'il était dépourvu de « courrier » (agent de liaison), de dactylo (ses premiers courriers sont manuscrits), et qu'il s'escrimait à coder et à décoder les télégrammes. Ce fut seulement en août 1942, juste après l'arrivée de Daniel Cordier en juillet 1942, que furent jetées les bases du « secrétariat ». Il avait même fallu un certain temps pour établir des liaisons radio pourtant primordiales, Monjaret ayant eu quelques difficultés à récupérer le poste émetteur-récepteur qui avait atterri avec eux le 2 janvier ;

et quand il put émettre provisoirement du presbytère de Caderousse, près d'Orange, ce trafic radio était consacré prioritairement à Sif (Fassin), l'officier de liaison auprès du Mouvement Combat. A la fin du printemps seulement, grâce à Gérard Brault puis, après son arrestation, à Maurice de Cheveigne la situation s'améliora.

Et malgré toutes les difficultés que nous venons d'évoquer, sans oublier les interférences provoquées par les initiatives souvent brouillonnes prises par d'autres agents mandatés par la France Libre, Moulin câblait à Passy, le 17 avril : « Tout va bien, le moral est excellent. »

*

Pourtant, ni l'évolution de la guerre, ni d'ailleurs la situation en France même ne pouvaient inciter à l'optimisme. Sans doute, le second grand événement de l'année 1941, l'attaque japonaise sur Pearl Harbor et dans la foulée la déclaration de guerre faite par le Reich et par l'Italie aux Etats-Unis, avait-il profondément modifié la donne. Mais jusqu'à l'automne 1942 la modification des rapports de force n'était guère perceptible sur les terrains d'opération.

On sait que le 7 décembre 1941, l'armada de l'amiral Naguno, forte notamment de huit porte-avions embarquant 350 bombardiers et chasseurs, attaquait, par surprise et sans déclaration de guerre (renouvelant la manière avec laquelle les Japonais avaient déjà procédé en 1904, contre la place russe de Port-Arthur), la base de Pearl Harbor, sentinelle avancée de l'Empire américain du Pacifique sur l'île d'Oahu, dans l'archipel d'Hawaii. En quatre-vingt-dix minutes, la flotte américaine du Pacifique était devenue inutilisable. Depuis la conquête de la Mandchourie en 1931 et plus encore depuis l'invasion de la Chine en 1937, rappelons-le, les responsables politiques de l'empire du Soleil-Levant, sous la pression des nationalistes et de l'Etat-Major, déçus par les lenteurs de l'expansionnisme commercial, avaient opté pour la conquête armée d'un espace vital nippon. L'empereur et la plupart des militaires dont le général Tojo, nommé à la tête du gouvernement le 17 octobre, avaient donc choisi d'affronter les Etats-Unis.

Après la guerre, les détracteurs de Roosevelt, au premier rang desquels les isolationnistes, voire quelques historiens, ont voulu voir dans le désastre de Pearl Harbor la provocation délibérée d'un président belliciste et machiavélique faisant basculer dans la guerre une opinion américaine sans doute favorable aux Anglais, mais réticente devant un engagement direct. Aucun document ne vient étayer pareille assertion. Certes, Roosevelt ne cachait pas sa volonté d'aider au maximum la Grande-Bretagne de Churchill et c'était bien le danger hitlérien qui l'obsédait. Mais il restait fidèle au principe constamment affirmé depuis 1920 par les Etats-Unis, puissance du Pacifique, de la surveillance de l'expansionnisme japonais. Après que les forces nippones eurent fini en juillet 1940 de s'installer dans l'Indochine française, Washington gela les avoirs japonais, annula les licences d'exportation du pétrole, en attendant de forcer Tokyo à renoncer dans le moyen terme à l'asservissement de la Chine. Le gouvernement Tojo, convaincu que la poursuite des négociations avec Washington était du temps perdu, estima alors que le moment était venu d'établir par la force une « sphère de coprospérité asiatique », entendons un Empire japonais. Il fallait affaiblir les forces américaines du Pacifique pour garder le flanc gauche de l'Empire qui serait conquis. L'ampleur de la destruction de la base s'explique, elle, par une cascade de négligences dûment répertoriées par huit commissions d'enquête.

La confrontation ne pouvait guère rester limitée au Pacifique, compte tenu de l'importance des enjeux européens pour l'Administration américaine, comme du pacte signé, en septembre 1940, par le Japon, l'Italie et l'Allemagne. Mais de toute façon, le Reich déclarait la guerre aux Etats-Unis, quatre jours après Pearl Harbor. Le pacte tripartite ne lui en faisait pourtant pas une obligation.

Cette décision – capitale – reste, soixante ans après, difficile à expliquer. Hitler avait déjà pris, en juin 1941, le risque d'ouvrir un front oriental sans en avoir fini à l'Ouest avec la Grande-Bretagne. Il acceptait maintenant une extension démesurée des théâtres d'opérations, alors qu'il avait initialement composé un programme géostratégique en deux étapes : établir l'hégémonie germanique continentale avant d'affronter l'Amérique. Même si on n'épouse pas totalement la thèse défendue par l'historien allemand Jäckel affirmant que Hitler lui-même avait déjà expressément choisi, dès le 4 décembre, de donner son feu vert à l'attaque japonaise, reste que le Führer prenait avec la déclaration de guerre aux Etats-Unis des risques considérables. La puissance américaine sortait sans doute d'une crise sévère qui se traduisait, encore en 1939, par quelque 9 millions et demi de chômeurs, mais elle disposait toujours d'un potentiel industriel considérable. L'hypothèse la plus vraisemblable est que Hitler a trouvé là l'occasion de renforcer l'alliance avec le Japon dont la puissance navale et terrestre était indispensable, face à une solidarité anglo-saxonne qui allait se renforçant, pour segmenter les forces américaines, le temps d'enfoncer l'Armée rouge.

Le pari de l'Axe semblait d'abord gagné. Les trois puissances désormais alliées restaient acculées à la défensive. Certes, après avoir été étrillée au large de Java, à la fin février, la flotte américaine de l'amiral Nimitz réussissait au début du mois de juin, en affrontant près de l'atoll de Midway la flotte commandée par l'amiral Yamamoto, à couler un nombre suffisant de porte-avions pour que les Japonais perdent toute possibilité de mener de grandes opérations, en tout cas de se risquer dans l'océan Indien et encore moins sur les côtes californiennes. Mais, à part ce succès non négligeable, que d'infortunes ! Lorsqu'ils cherchaient à gagner les îles Britanniques, même regroupés en convois protégés, les navires américains étaient régulièrement coulés par les U-boot, naviguant en meute. Près de Kharkov, en mai, les Soviétiques, commandés il est vrai par l'incapable Timochenko, un maréchal plus doué pour les courbettes devant le camarade Staline que pour la stratégie, abandonnaient près de 250 000 prisonniers. Le major James Doolittle parvenait bien à lâcher quelques bombes sur Tokyo et les premiers bombardements dits stratégiques frappaient Lübeck et Cologne, mais ces actions spectaculaires ne sapaient même pas le moral des populations. Et le coup de main tenté, le 19 août, sur la plage dieppoise par des forces anglo-canadiennes pour tester les défenses allemandes était un échec cuisant. Il est significatif encore que, en mai, la bataille de Bir Hakeim (nous y reviendrons), qui renforça le prestige de la France Libre, ne servit guère qu'à protéger pendant une quinzaine de jours la retraite de forces britanniques qui ne purent empêcher Rommel de prendre Tobrouk.

Les éléments favorables n'étaient pas légion : la mobilisation américaine des hommes et des ressources se déroulait aisément ; le comité des chefs d'état-major anglo-saxons fonctionnait de manière relativement efficace ; et surtout, le principe était clairement posé que l'Europe constituait (et elle le restera) la priorité géostratégique. Mais il fallut des semaines avant que cette stratégie cohérente débouche sur des résultats concrets. La situation était inverse dans le camp opposé : les succès s'accumulaient malgré la médiocrité de la coordination entre les forces de l'Axe et celles du Japon. Berlin ne put obtenir de Tokyo la dénonciation du traité de non-agression signé avec les Soviétiques (il ne le sera qu'en 1945 et du fait de ces derniers). Du côté de l'Allemagne, la conduite de la guerre perdait de sa rigueur. La machine de guerre hitlérienne était préparée pour des guerres courtes. Et même si la campagne menée par Rommel en Lybie s'apparentait encore au *Blitzkrieg*, la durée de la campagne de Russie posait de sérieux problèmes de logistique et de commandement : les difficultés en approvisionnement de matières premières se trouvèrent aggravées par les tiraillements entre le ministère de l'Armement, pourtant dirigé par un homme compétent, Fritz Todt, puis par Albert Speer, et la bureaucratie militaire. Hitler démettant ceux des généraux qui avaient été victorieux en 1940, mais qu'il jugeait désormais incapables, s'improvisait de plus en plus souvent chef de guerre, ce qui n'arrangeait rien. Et pourtant la liste des victoires s'était allongée : en moins de six mois, les Japonais s'emparaient des Philippines, des îles de Guam, Wake, Gilbert, Marshall, de la Malaisie, d'une partie de la Birmanie, et surtout des Indes néerlandaises (la future Indonésie), avec ses matières premières et son pétrole ; Singapour, l'une des perles de l'Empire britannique, pourtant défendue par 100 000 hommes, tombait le 15 février. En Afrique, dans une campagne de mouvement étourdissante, Rommel, le « renard du désert », reprenait Tobrouk, le seul port en eau profonde entre Sfax et Alexandrie, contrôlé par les Anglais depuis janvier 1941, et, parvenu à moins de 100 km d'Alexandrie, menaçait le canal de Suez. Enfin le monde s'attendait que la campagne d'été de la Wehrmacht entame sérieusement les lignes de défense soviétiques. Bref, les résistants entendaient le speaker de la BBC répéter imperturbablement : « Ce soir, les nouvelles ne sont pas bonnes. »

*

L'évolution de la situation intérieure en France paraissait du moins exploitable par la Résistance. Deux éléments semblaient favorables : le retour de Pierre Laval aux affaires et la distance prise par le Français moyen à l'égard du régime. Darlan, dont on a déjà souligné l'importance politique, pensait que la France disposait encore de deux atouts, la possession d'une flotte de guerre et celle d'un Empire. Pourtant, les tergiversations de Hitler l'empêchèrent de mettre en œuvre son projet géostratégique qui combinait l'acceptation des contraintes extérieures, autrement dit de l'occupation, et les projets de la Révolution nationale. N'obtenant aucune contrepartie politique propre à conforter le régime, il ne put empêcher que Hitler impose à un Pétain, pourtant réticent, le retour aux affaires de Laval.

En acceptant cette relève, Pétain espérait que Laval, dont il n'appréciait guère la personnalité, obtiendrait du moins du Reich des compensations significatives. Mais Laval, qui rongeait son frein depuis décembre 1940, intronisé le 18 avril 1942 avec la titulature nouvelle de « Chef du gouvernement », contrôlant l'Intérieur, les Affaires étrangères et indirectement l'Information, commença par régler tout un arriéré de comptes politiques, excluant quelques Excellences (Yves Bouthillier, René Belin, Jérôme Carcopino entre autres) pour les remplacer par ses fidèles. Dans la foulée, comme il ne s'enthousiasmait guère pour la Révolution nationale, il pensa séduire des hommes provenant de la gauche non communiste qui avaient été écartés en 1940. C'est ainsi que Moulin recevait à Saint-Andiol une invitation par télégramme : « Personnel – Intérieur à M. Moulin, préfet – Vous invite à vous présenter Vichy – directeur personnel, samedi vingt-trois mai matinée, signé Georges Hilaire. »

L'entrevue se passa de manière pour le moins surprenante : le secrétaire général du ministère, insistant également sur les avantages de la Collaboration et sur la lourdeur des exigences nazies, lui expliqua que son renvoi en novembre 1940 avait été injuste et maladroit, et que le chef du gouvernement, qui avait besoin d'hommes de caractère, serait heureux de l'affecter à l'une des prochaines préfectures vacantes. Moulin refusa évidemment la proposition, arguant notamment qu'il n'approuvait pas la politique suivie par les gouvernements successifs. Et il informa Londres de cette rencontre singulière dans un télégramme du 13 mai : « M'est arrivé aventure piquante – ai été convoqué Vichy où au nom Laval secrétaire général Hilaire m'a offert préfecture importante – ai refusé me déclarant contre Collaboration et révolution nationale – espère que mon refus n'aura pas conséquence grave. » Comme nous le verrons, le refus apposé à cette démarche curieuse le classa comme « antigouvernemental », le fit mettre à la retraite d'office, mais le laissa libre de ses mouvements. Ajoutons que du côté de Laval, cette poussée de fièvre républicaine ne fut que passagère. Tout en renforçant la politique répressive, il se consacra à ce pour quoi il croyait être fait : une véritable politique étrangère. Convaincu que le Reich ne pouvait perdre la guerre, que le danger mortel était l'expansion du communisme, il souhaitait réamorcer la collaboration d'Etat, escomptant que sa bonne volonté obtiendrait de Hitler, dans le moyen terme, des contreparties politiques. Présentant donc aux Français l'échange baptisé « Relève », selon lequel le départ pour l'Allemagne de trois ouvriers qualifiés ferait revenir un prisonnier des Stalags, il prononça au micro de Radio nationale, le 22 juin 1942, sa fameuse profession de foi : « Je souhaite la victoire allemande, parce que, sans elle, le bolchevisme demain s'installerait partout. » La plupart de ses auditeurs oublièrent vite la seconde partie de la phrase, pour ne retenir que le souhait qui parut sacrilège.

Ces vœux, en tout cas, renforçaient le Français moyen dans son attitude de retrait à l'égard du régime. Grâce aux travaux de Pierre Laborie (*L'Opinion publique sous Vichy*, Le Seuil, 1990) qui a eu l'excellente idée d'analyser les rapports rédigés à partir des centaines de milliers de lettres privées ouvertes chaque mois par les services spécialisés, nous savons que, depuis l'automne de 1941, la majorité des Français se détachaient, progressivement, sinon de la personne du Maréchal, du moins de l'« Etat français ». Sans doute nombre d'entre eux le considéraient-ils toujours comme leur chef légitime, gardant toute leur confiance et leur reconnaissance au « vainqueur de Verdun », qui demeurait à la tête de la France blessée ; les plus « maréchalistes » le créditaient même de jouer double jeu. Mais Monsieur-tout-le-monde se révélait de moins en moins « pétainiste », autrement dit de moins en moins favorable à la politique de Vichy et en particulier au projet de Révolution nationale. Il prenait plus ou moins confusément conscience d'un triple malentendu qui s'aggravait entre ses aspirations et les choix gouvernementaux. Il avait espéré en effet d'abord que le pays sorte de la grave crise d'identité nationale liée au traumatisme de la défaite ; or, se profilait une nouvelle guerre franco-française lorsque le duo Darlan-Pucheu accentuait la répression menée contre « l'Anti-France ». Il avait encore plus désiré qu'on pratiquât vis-à-vis de l'occupant la tactique du *finassieren*, celle des Allemands lors de l'occupation française de la Rhénanie au début des années 20 ; or, le vainqueur de Verdun se faisait photographier serrant la main de Hitler à Montoire. Quant à cette fameuse collaboration d'Etat dont on lui rebattait les oreilles et qui était censée, comme l'avait déclaré Pétain dans son message du 30 octobre 1940, améliorer notablement son quotidien, il pouvait constater qu'elle ne donnait aucun résultat concret et que toutes les pénuries s'aggravaient. Le Français moyen se réfugiait alors dans l'attentisme. Cette évolution pouvait être bénéfique pour la Résistance si l'attentisme devenait une sorte de sas avant l'entrée en résistance. Mais la plupart des attentistes se demandaient d'où soufflait le vent le plus favorable, les plus prudents choisissant de se tenir en retrait. Ce n'est qu'après l'opération Torch, en novembre 1942, comme nous le verrons, que commenceront à s'étoffer les forces clandestines avec l'arrivée de ceux que les historiens dénomment les « vichysto-résistants », ceux qui avaient commencé par faire un bout de chemin avec Vichy. Bref, avec des effectifs qui restaient réduits la Résistance était privée de crédibilité politique.

*

Dans ce contexte morose, l'année 1942 marque cependant pour les Mouvements de Résistance le temps de la structuration : ils n'étaient que des groupes, ils deviennent des Mouvements à peu près organisés. On peut donc commencer à esquisser le tableau de ceux qui vont devenir les interlocuteurs de Moulin, ce qui conduit à distinguer les Mouvements de zone nord ou zone occupée, de ceux de zone sud.

Jean Moulin, quoi qu'il ait pu déclarer, connaissait mal l'évolution des Mouvements de zone occupée, qui, au demeurant, n'entraient pas dans le cadre de sa mission. Lui-même ne fit qu'un seul séjour d'une douzaine de jours, en juillet, à Paris. Il eut bien un représentant officieux pour la zone nord en la personne d'Henri Manhès. Il avait connu ce dernier en 1936, quand il revenait d'Espagne, puis, étant resté en relation avec lui, il l'avait revu à Chartres en juin 1940. Finalement, bien qu'il ne fût guère discret, il l'avait choisi, estimant probablement qu'il serait efficace dans l'action. Manhès était aidé de Pierre Meunier et de Robert Chambeiron, qui, eux, avaient appartenu à des cabinets Cot. Leur prospection paraît n'avoir obtenu que des résultats médiocres : ils avaient contacté des cercles maçonniques, des militants radicaux et socialistes, mais une partie de la Résistance de zone occupée semble leur avoir échappé. Elle avait pourtant acquis quelque maturité, comme on peut le voir en évoquant trois des Mouvements les plus significatifs.

C'est l'Organisation Civile et Militaire ou OCM, dirigée d'abord par Jacques Arthuys, puis après son arrestation en décembre 1941 par le colonel Touny, qui correspond le mieux au modèle décrit classiquement. Car la Résistance de la zone nord passe pour avoir été tournée vers l'action paramilitaire du fait, dit-on, qu'elle subissait depuis 1940 les violences de l'occupant. Les Mouvements de zone sud se seraient beaucoup plus focalisés sur la propagande, sur l'action politique. En tout cas cette assertion, couramment formulée par les dirigeants de l'OCM, avec quelque mépris pour les « parlottes » qui mobilisaient en zone non occupée ceux qu'on appelait malgré tout des « camarades », a été régulièrement reprise. En fait, la Résistance en zone occupée, en 1942, était plus disparate qu'on ne l'écrit, chaque mouvement affirmant une singularité qui tenait beaucoup à la sociologie du noyau recruteur. Ainsi l'OCM naît de la convergence précoce, dès décembre 1940, de militants de la Confédération nationale des classes moyennes, emmenés par Jacques Arthuys, de quelques officiers d'active, notamment les colonels Heurteaux et Touny, et de la Confédération des Travailleurs Intellectuels, dont le vice-président, Maxime Blocq-Mascart. En 1942, les a rejoints un brillant avocat, Jacques-Henri Simon. Dans cette équipe règne un esprit assez « mili », imprégné d'idéologie de droite, prônant volontiers le culte du chef, et ne jurant que par l'action armée. Nationalistes, germanophobes, les dirigeants furent d'abord, pour la plupart d'entre eux, « maréchalistes » ; mais le hasard voulut que l'un d'entre eux prenne langue, en avril 1942, avec Rémy, responsable du réseau de renseignement la Confrérie Notre-Dame, et que s'établissent des relations, qu'ils auraient voulues privilégiées, avec Londres.

Bien différent est le Mouvement Défense de la France (lire Olivier Wieviorka, *Une certaine idée de la résistance, Défense de la France*, Le Seuil, 1995) qui émergeait à la fin du printemps 1941, autour de Philippe Viannay, Hélène Mordkovitch et Robert Salmon, rejoints par Jacqueline Pardon, Genia Gemähling et Charlotte Nadel. Ceux-là récusaient la priorité de l'action paramilitaire : les combats à mener leur paraissaient d'ordre moral et spirituel. Il s'agissait de lutter contre la propagande ennemie et de gagner l'opinion. Recrutant avant tout parmi des étudiants parisiens, avant de s'étendre quelque peu en province dans l'année 1942, le Mouvement articulait son action autour de son journal qui tirait déjà, en moyenne, en 1942, entre 10 et 30 000 exemplaires. Philippe Viannay, exerçant pleinement une autorité que ses camarades lui reconnaissaient, imprimait à Défense de la France une ligne politique personnelle plutôt droitière, ménageant Philippe Pétain jusqu'en novembre 1942, se défiant profondément de Charles De Gaulle, et préférant, jusqu'à la fin de 1943, garder son Mouvement confiné dans une sorte de splendide isolement. Quant à Libération-Nord (voir

Alya Aglan, *La Résistance sacrifiée, le Mouvement Libération-Nord*, Flammarion, 1999) il était né également, en décembre 1941, d'un journal composé par le syndicaliste Christian Pineau qui en avait déjà rédigé à lui seul 52 numéros. Son comité directeur, à l'image de la grande majorité de ses membres, se composait presque exclusivement de militants du Comité d'Action Socialiste et de syndicalistes venus autant de la CGT (tendance Jouhaux) que de la CFTC. D'emblée hostiles à l'occupant, ils étaient également antinazis et antivichyssois. Christian Pineau ne tarda pas à gagner Londres dès mars 1942 (nous y reviendrons) ; il en revenait porteur d'un manifeste signé « De Gaulle » et muni d'une double mission politique et militaire. Mais ce Mouvement à la forte spécificité se distingua par l'absence d'un chef unanimement reconnu, partagé qu'il était entre Christian Pineau, plus ou moins soutenu par ses camarades syndicalistes particulièrement soucieux de leur autonomie, et Jean Cavaillès, venu de Libération-Sud, qui en était arrivé à prôner quasi exclusivement l'action paramilitaire.

Moulin était évidemment mieux renseigné sur les Mouvements de zone non occupée. Il revit rapidement Frenay qui se trouvait à la tête du Mouvement de Libération Nationale, couramment nommé Combat, du nom de son journal (se reporter à la biographie de Henri Frenay : Henri Belot, *Le Cas Frenay*, Le Seuil, 2003). Le noyau en avait été mis en place dès l'automne 1940 et sortait en avril 1941 un premier numéro titré *Les Petites Ailes de France*. Frenay présentait la singularité d'avoir envisagé dès la défaite qu'un véritable Mouvement de Résistance devrait prendre en charge à la fois la propagande, le renseignement et l'action armée. De surcroît, lorsque Moulin le rencontra à nouveau, en ce début d'année 1942, le groupement venait de fusionner avec le groupe Liberté à la tête duquel se trouvaient François de Menthon et Pierre-Henri Teitgen. Combat était non seulement le Mouvement le plus nombreux mais aussi le plus diversifié sociologiquement. Henri Frenay s'est imposé en organisateur autant qu'en chef reconnu par les militants, suscitant chez certains une admiration sans bornes. Veillant à ne pas laisser trop d'influence aux anciens de Liberté, il mit en place un « Centre » qui lui était dévoué ; citons une femme remarquable, à la fois conseillère et confidente, Bertie Albrecht, jusqu'à son arrestation en mai 1943. On lui adjoindra l'officier Maurice Chevance-Bertin et Jean-Guy Bernard, un polytechnicien efficace, tout dévoué à son chef, dont le caractère passe pour avoir été difficile. Enfin, Claude Bourdet, qui avait fait partie de plusieurs cabinets ministériels, puis avait monté une petite entreprise, s'engagea aux côtés de Frenay dès l'automne 1940, avant de le rejoindre à Lyon dans l'été 1942. Combat professait un humanisme ouvert à toutes les sensibilités, sauf la communiste, sans pour autant qu'on puisse le taxer d'anticommunisme primaire, et il entendait bien devenir à sa manière « un pôle d'attraction pour la classe ouvrière ».

En 1989, Daniel Cordier provoqua un débat en soulignant que Frenay avait été, comme d'autres, tenté par certains aspects de la Révolution nationale ; comme il ne faisait pas de doute que son Mouvement avait longtemps ménagé le « Maréchal », les admirateurs de Frenay affirmèrent qu'il avait seulement cherché à éviter de braquer des maréchalistes. Etait-ce bien la seule raison ? Claude Bourdet dans *L'Aventure incertaine* déclare que Frenay, « un peu autodidacte et encore sensible à son milieu militaire et familial », en avait fini dès l'été 1941 avec le pétainisme, cette « maladie infantile ». Il paraît bien qu'il fit encore un peu confiance à Pétain au-delà de cette période et que la rupture n'était nettement et définitivement consommée que dans le numéro de *Combat* de mai 1942, après le retour de Laval : « Tout est clair maintenant, le mythe Pétain a vécu, vos étoiles s'éteignent [...]. La France tout entière contre Laval est désormais contre vous. Vous l'aurez voulu. »

Lorsque, en janvier et février 1942, avec l'accord, il est vrai, de son comité directeur, Frenay se rendit à Vichy pour obtenir la libération d'une vingtaine de responsables de Combat qui venaient d'être arrêtés, sa démarche ne pouvait manquer d'éveiller les soupçons. Il rencontra par trois fois le patron de la Sûreté générale et, mieux encore, par deux fois le secrétaire d'Etat à l'Intérieur, Pierre Pucheu, dont la réputation était, c'est le moins qu'on puisse dire, détestable, depuis qu'il avait géré dans l'été et l'automne 1941 le sort des otages, et notamment de ceux qui avaient été fusillés à Châteaubriant. Ses camarades ayant été élargis, Frenay sut finalement ne pas se laisser piéger. Mais Londres dans un « courrier pour Rex » envoyé en avril s'inquiétait de cette singulière négociation : « En ce qui concerne ce Mouvement, nous vous rappelons que Nef [Frenay] ainsi que la plupart de ses collaborateurs travaillent pour Vichy [...] nous vous demandons d'étudier s'il faut continuer à essayer de travailler » avec eux. La suspicion provoqua des tensions dans les milieux résistants de zone sud. Emmanuel d'Astier en profita, en instrumentalisant la portée de ces rencontres, pour exagérer les dérives droitières, voire pétainistes, de son rival. L'affaire sembla en tout cas suffisamment sérieuse pour que, dans un premier courrier, Moulin ne prenne pas de gants : « Infiniment plus grave est la question des contacts pris par un chef de Mouvement avec la Sûreté nationale et avec le ministre de l'Intérieur. Militant de la résistance de la première heure, ayant mis sur pied une organisation très importante, plein d'allant et de courage, F. ne peut voir sa bonne foi contestée dans cette affaire. Il est toutefois regrettable que l'espoir, plus ou moins avoué, qu'il a mis jusqu'à ces derniers temps en un revirement vigoureux du Maréchal dans le sens de la résistance, lui ait fait conserver des contacts avec certains dirigeants du nouveau régime et l'ait amené à se départir des conditions les plus élémentaires de sécurité. Quoi qu'il en soit, F. s'est rendu compte de la difficulté de sa situation et fait actuellement tous ses efforts pour sauver tout ce qu'il peut de son mouvement. Je lui ai fait admettre son remplacement et celui de ses collaborateurs trop découverts. »

En fait, Frenay choisit alors d'entrer dans la clandestinité. En outre, même si son organisation restait encore imparfaite, le Mouvement était à la fois structuré, cohérent autour de son chef, et son « Centre » de plus en plus efficace. Il quadrillait en effet les différentes régions de zone non occupée, calquées sur les préfectures régionales découpées par le gouvernement de Vichy au nombre de cinq : R1, celle de Lyon, R2 Marseille, R3 Montpellier, R4 Toulouse et R5 Brive-Limoges.

Pour Libération-Sud (voir Laurent Douzou, *La Désobéissance, histoire de Libération-Sud*, Odile Jacob, 1995), l'autre Mouvement majeur de la zone non occupée, l'année 1942 se révèle plutôt faste, alors qu'il paraissait moribond dans l'automne de 1941, asphyxié financièrement et miné par le tarissement du recrutement. Emmanuel d'Astier de La Vigerie sut le faire rebondir. Il se tourna d'abord vers les socialistes du CAS et ceux-ci, même si les relations entre Daniel Mayer et d'Astier manquèrent de chaleur, acceptèrent d'engager dans le Mouvement une partie de leurs troupes. Et surtout – coup magistral – le chef de Libération parvint à convaincre Jouhaux, secrétaire général de la CGT depuis 1909, continuant d'exercer une magistrature d'influence certaine sur ceux des militants qui n'étaient ni communistes ni ralliés à Vichy, de les faire adhérer eux aussi à Libération. De son côté le syndicaliste chrétien Yvon Morandat, envoyé par Londres pour rallier ses camarades, décida, malgré les mises en garde de Moulin, d'entrer au comité directeur de ce même Mouvement et ralliait des militants de la CFTC qui n'avaient pas cédé aux sirènes de Vichy.

Pour des raisons tactiques, mais tout autant par conviction, les dirigeants du Mouvement ne gardaient pas leur drapeau dans leur poche : s'appuyant sur une base ouvrière, socialiste, maçonne et chrétienne, ils n'hésitaient pas à se déclarer de gauche. Ces responsables – « le Centre » comme on disait là aussi – étaient pour la plupart dotés d'une tête politique bien faite : au noyau historique, Emmanuel d'Astier de La Vigerie, les Aubrac, Jean Cavaillès, Georges Zérapha, s'étaient agrégés le polytechnicien Jacques Brunschwig, le journaliste plein de talent Pascal Copeau qui devenait le numéro 2, Pierre Hervé, Alfred Malleret, Maurice Kriegel, tous les trois anciens militants communistes, et le jeune polytechnicien Serge Asher/Ravanel. Emmanuel d'Astier de La Vigerie bénéficiait d'une aura et d'une autorité incontestées, même si quelques-uns, comme Zérapha ou Brunschwig, jugeaient trop personnelle sa manière de mener le Mouvement. Les hommes de Libération-Sud furent les premiers en zone non occupée à parier sur l'avenir du général De Gaulle, « symbole de l'unité et de la volonté française », comme le soulignait *Libération* en février.

Emmanuel d'Astier parvenait même à convaincre un agent du SOE qu'il était lui-même le chef de toute la Résistance et il gagnait Londres le 21 avril, grâce à un sous-marin, puis un avion affrétés par les Anglais. Le contact avec Passy fut détestable : entre autres amabilités, le patron du BCRA dira dans ses *Mémoires* l'avoir trouvé « très fin de race... anarchiste en escarpins ». En revanche, la rencontre avec De Gaulle, séduit par l'homme et sa capacité à formuler des « idées générales », se déroula au mieux, au point que d'Astier fut envoyé aux Etats-Unis pour y faire des conférences en faveur de la France Libre. Naguère fort mal en point, Libération était devenu en quelques mois une force avec laquelle il fallait compter.

Dans le rapport rédigé à Lisbonne, Jean Moulin n'avait pas fait mention de Franc-Tireur, qui devenait en 1942 le troisième Mouvement important de zone non occupée (se reporter à Dominique Veillon, *Le Franc-Tireur*, Flammarion, 1977). Il devait son audience récente à la publication régulière du journal clandestin qui lui donna son nom : *Le Franc-Tireur*. Dans le premier courrier de sa mission, Moulin précisait d'ailleurs à Londres : « Francs-Tireurs [*sic*], créé par d'anciens membres de la "Jeune République" des syndicalistes chrétiens et des membres de l'ex-parti SFIO publie régulièrement son journal imprimé. Tirage en progression avec 6 000 exemplaires. » Il y avait eu au départ, à l'automne 1940, des amis qui se rencontraient régulièrement dans Lyon pour discuter de la situation politique, puis pour rédiger quelques tracts au nom d'un groupe qui prit le nom de « France-Liberté ». Se retrouvaient ainsi un entrepreneur en déménagements, un marchand en confection, un industriel, un employé ; parmi eux, seul Auguste Pinton, professeur au lycée Ampère, avait quelque notoriété, ayant été le premier adjoint de Herriot, avant d'être révoqué. On comptait d'anciens communistes, des militants de Jeune République, des radicaux-socialistes, tous opposés à la Collaboration, à Vichy puisque – et ce sera une constante du Mouvement – fervents défenseurs de la République.

France-Liberté aurait pu en rester à cette complicité amicale. Mais un nouveau venu, Jean-Pierre Lévy, représentant en sacs de jute, qui avait rejoint Elie Peju, Antoine Avinin, Noël Clavier, Jean-Jacques Sourdeille, Auguste Pinton incita ses nouveaux amis à se lancer dans l'aventure qu'était la publication d'un journal clandestin. Grâce à l'abnégation des imprimeurs Eugène Pons et Henri Chevalier, grâce à Georges Altman, journaliste au *Progrès de Lyon,* qui accepta au printemps 1942 d'en prendre de fait la direction, ils sortirent *Le Franc-Tireur.* Jean-Pierre Lévy, qui était pourtant le moins engagé politiquement des membres du comité directeur, et dont la personnalité était moins affirmée que celles de Frenay ou d'Emmanuel d'Astier de La Vigerie, en était le chef reconnu. Dans son câble du 20 juin 1942, Moulin prenait acte de cette émergence : « Mouvement Franc-Tireur que désignerais par TIRF prend extension et offre possibilités paramilitaires – vous propose lui attribuer prochaine équipe liaison – opération à monter par KIM [Paul Schmidt, officier de liaison affecté à Libération]. » Des trois chefs des Mouvements de zone sud, Jean-Pierre Lévy passait pour celui qui prônait l'irénisme entre les uns et les autres. C'est sur lui que Moulin compterait pour faire admettre le principe de l'unité.

Ajoutons que les contraintes imposées par la ligne de démarcation gênèrent sans conteste les Mouvements. A l'exception, notable il est vrai, du Front national, aucun Mouvement ne put alors se développer sur l'ensemble du territoire. Et même Frenay ne put faire repartir en zone occupée la branche de Combat décapitée en février 1942 : le Mouvement Ceux de la Résistance (CDLR), qu'organisait dans l'automne Jacques Lecompte-Boinet n'avait plus que des rapports lointains avec Combat.

*

Au départ, même si Rex pouvait se prévaloir d'être de fait le délégué du chef de la France Libre, il n'avait aucun titre pour s'imposer aux Mouvements de Résistance : ce n'est qu'à l'automne 1942 qu'il deviendra officiellement (si l'on peut dire !) le président d'un Comité de coordination créé à Londres, comme nous allons le voir. Il lui fallait donc passer beaucoup de temps en discussions, déployer toute son habileté à convaincre, sinon à séduire. Mais d'une part les dissensions entre Combat et Libération-Sud allaient lui permettre de se placer en position d'arbitre. D'autre part, et peut-être surtout, il disposait, avec l'argent qu'il versait, en principe chaque mois, d'un moyen privilégié pour faire admettre aux trois Mouvements, étranglés par de sérieuses difficultés financières, à la fois l'importance de son rôle (d'autant plus grand que c'est par son intermédiaire que pourraient suivre des armes) et la nécessité d'un ralliement rapide à la France Libre.

On comprend facilement l'importance des apports de fonds. Dans le premier de ses câbles, Moulin annonçait qu'il avait « financé la vie de ces trois Mouvements jusqu'à fin mai tant dans le domaine politique que dans le domaine militaire ». Chaque mois, il fournissait à Londres un relevé des sommes versées. Par exemple, le relevé du 4 août 1942 indique qu'il avait déjà reçu via Kim [Paul Schmidt] 1 800 000 francs et 25 000 dollars et que BIPW [Daniel Cordier] lui avait amené 2 300 000 francs et 3 000 dollars. Il rendait compte de l'emploi de ces fonds : « Ai versé juillet Lifra [Mouvement Combat] 800 000 Liber [Libération] Tirf [Franc-Tireur] 55 000 Bip 25 000 groupes ZO et ZNO 85 000 » ; tout en soulignant que « billets 20 dollars très difficiles à écouler – demande coupures 100, 500, 1 000 dollars » (il fera opérer le change par un banquier sympathisant). Le 12 septembre, il câblait : « Ai besoin urgence 10 000 000 francs » ; le 10 novembre : « Reçu octobre 7 millions francs et 15 000 dollars » ; le 27 novembre : « Bien reçu 10 000 000 francs et 30 7000 dollars ». Les montants des premiers versements étaient moins dérisoires qu'on ne l'a dit parfois (rappelons que 100 francs de 1942 = 100 francs de 2001). En tout cas, ils avaient été vivement appréciés par les responsables des Mouvements qui cherchaient désespérément de l'argent, et – comme on le voit – les sommes étaient en constante augmentation. L'argent, on se saurait trop le souligner, a été pour la France Libre un moyen particulièrement efficace pour tenir en bride les Mouvements. Et Moulin a veillé avec le plus grand soin à demeurer celui qui répartissait les fonds.

Rex, avec les moyens limités que nous avons dits et dans une conjoncture à bien des égards défavorable, entendait mettre en œuvre rapidement les deux missions principales dont il s'était chargé, à savoir amener les trois principaux Mouvements de zone sud à faire allégeance à la France Libre tout en les incitant à coordonner leur action, et notamment leurs activités paramilitaires. En même temps, jusqu'en novembre 1942, la zone sud présentait des spécificités dont il lui fallait tenir compte : le 13 août, après le rappel que « le but de notre action dans les deux zones est l'entrée de la France dans la guerre aux côtés des Alliés avec le maximum d'efficacité », les instructions londoniennes précisaient que « l'action dans la ZNO a pour but la neutralisation et le remplacement du gouvernement de Vichy : il s'agit de préparer un

ensemble de coups de main emmenant les masses encadrées du pays et appuyés par des groupes militaires
armés ».

Moulin entendait en premier lieu obtenir que les responsables des trois Mouvements reconnaissent la légitimité, voire la primauté, de la France Libre et de son chef
dans la lutte contre l'occupant. Il eut d'abord à faire face
aux prétentions du général Léon Fornel de La Laurencie,
un singulier personnage qui, après avoir commandé
l'école de cavalerie de Saumur et avoir accepté – on l'a
vu – pendant quelques mois d'être le « délégué général du
gouvernement français en zone occupée », en clair de
représenter le régime de Vichy auprès des autorités d'occupation, proclamait dorénavant vouloir prendre la tête
de la Résistance. Moulin notait dans son premier courrier
que « sa thèse est que le chef de cette Résistance ne doit
pas avoir quitté le sol national et doit au contraire avoir
continué à jouer un rôle actif », ce qui excluait évidemment De Gaulle, qualifié d' « émigré », voire de « merce-
naire ». Moulin ajoutait que ce militaire, ayant obtenu
quelque crédit de la part d'agents américains, avait déjà
commencé à remettre quelques fonds à Libération-Sud.
C'est pourquoi « mis en présence des tractations de La
Laurencie, je me suis hâté de mettre en demeure les chefs
des mouvements de refuser toute nouvelle aide financière
et de consommer la rupture avec le général [La Lauren-
cie]. Je n'ai pas eu de peine à leur faire admettre le danger
que présentaient les activités du général et ses tentatives
de désunion ». L'internement du dit général à Vals, par
Vichy, contribua à mettre fin à cette première tentative
de débauchage, à laquelle effectivement les responsables
des Mouvements n'avaient pas répondu, alertés par le flou
du programme et les ambiguïtés de l'homme. Mais Moulin savait bien aussi que « l'aide morale et financière
apportée de Londres et dont ils sont très reconnaissants
a facilité grandement le loyalisme prôné dans cette affaire
par les Mouvements », comme il l'affirmait le 29 mars.

Cette alerte ne pouvait que l'inciter à presser les choses.

Libération-Sud, par réalisme politique, avec des responsables plus à l'écoute d'une base où l'audience du « gaullisme » allait croissant, sauta le pas le premier. D'Astier s'en expliqua avec Pleven le 20 mai 1942 (voir AN 3 AG2 1) : « Libération a eu un départ non gaulliste puis la force du symbole a montré l'impossibilité de faire autre chose que du gaullisme. Du reste, même s'il ne s'agit que d'un gaullisme de raison, le gaullisme s'impose, d'où la profession de foi parue dans le journal. » Dès le numéro du 15 février, effectivement, l'infléchissement était perceptible : « Libération salue le grand chef français, le général de Gaulle, qui lorsque tant d'autres généraux doutaient du destin français, a su voir au-delà des contingences immédiates et est devenu le symbole du relèvement du pays. Pour nous, tout en réservant notre liberté pour l'avenir, nous considérons qu'à l'heure présente il n'y a qu'un seul mouvement, celui de la France Libre, qu'un seul chef, le général de Gaulle, symbole de l'unité et de la volonté française. » Le journal *Le Franc-Tireur* suivait et soulignait que « dans cette bataille et jusqu'à la victoire nous sommes de tout cœur, de toute notre ardeur, avec ceux qui combattent avec De Gaulle et les Français Libres ». Combat a un peu plus traîné les pieds. Frenay ne fut jamais qu'un gaulliste de raison et Moulin dut faire son siège pour obtenir une « déclaration de loyalisme au général de Gaulle », reconnaissant ce dernier comme le « représentant de la vraie France ». Mais comme le souligne Rex, le 30 mars, « c'est la première fois que le groupement se déclare aussi nettement » et, effectivement, il était dit que « L'immense majorité de l'opinion publique a, dès le premier jour, salué dans le général de Gaulle l'homme qui sauvait l'honneur français et portait les espoirs de la patrie [...]. Tous ceux qui résistent à la nuit hitlérienne, Français ou étrangers, reconnaissent dans le général de Gaulle celui qui représente la volonté du peuple français et symbolise sa résistance à l'oppresseur. A ce symbole, le Mouvement de Libération nationale [« Combat »] est profondément attaché ». Bien entendu, l'obédience n'était pas totale – et c'est logique –, non seulement parce que cette reconnaissance ne devait en aucun cas obérer politiquement l'après-Libération, mais surtout parce que De Gaulle était tenu avant tout pour un « symbole », celui d'une France debout contre l'occupant. Cette qualification était à elle seule l'illustration des rapports complexes qui allaient se nouer entre la France Libre et ces trois Mouvements.

Le résultat obtenu par Moulin n'était pourtant pas mince. Et ce d'autant qu'il était parvenu à faire accepter aux Mouvements – et à l'époque ce fut admis presque sans difficulté – d'opérer les cloisonnements que Londres estimait absolument nécessaires. Le premier, une exigence des Britanniques et qui ne souffrait aucune exception, était la séparation on ne peut plus stricte entre le renseignement et toutes les autres activités. De Gaulle avait imposé un deuxième clivage, celui séparant les activités paramilitaires des activités « politiques », notamment la propagande. Le courrier que Rex confia au chef de Libération-Sud quand il gagna Londres pour la première fois est parfaitement explicite : « Il [d'Astier] vous confirmera que selon vos instructions sur la séparation des activités, séparation dont j'ai demandé fermement l'application, il a procédé à la nomination dans chaque région d'un chef de l'action militaire très secret et distinct des organisations politiques de propagande [...] vous savez que les mêmes mesures ont été appliquées sur mes instructions à Lifra [Combat]. »

Ne nous trompons pas sur le caractère martial du ton : tout en les amenant à faire allégeance à l'endroit de la France Libre, Moulin tablait alors sur les Mouvements, et en particulier sur leurs chefs, constat primordial car nous aurons l'occasion d'expliquer pourquoi l'opinion de Moulin allait évoluer. Témoigne de ce premier état d'esprit le fait que Rex entendait maintenir avec eux un contact direct, comme il le câbla, le 18 août : « Est indispensable pour moi être en rapport constant et direct avec chacun des chefs Mouvements et non délégué. » Parmi les nombreuses manifestations de l'intérêt qu'il leur portait, notons également le télégramme « très important et urgent » envoyé le 22 avril : « D'Astier chef Liber [Libération] frère général [François général d'aviation] parti hier sous-marin anglais via Gibraltar – insiste pour que toutes mesures soient prises pour éviter retard et séjour prolongé Londres – porteur rapport et messages verbaux – faire toute confiance. » En fait, l'absence d'Emmanuel d'Astier allait d'autant plus se prolonger que, on l'a dit, De Gaulle l'envoyait en mission aux Etats-Unis. Deux mois plus tard, le 20 juin, Rex câblait : « Rassurez Bernard [Emmanuel d'Astier] – [je] continue à aider Liber... » Il n'était pas en reste avec Henri Frenay : ainsi dans son courrier du 1er mars, il avait rassuré Londres, après l'affaire Pucheu, le décrivant comme un « militant de la première heure, ayant mis sur pied une organisation très importante, plein d'allant et de courage ».

Dans le même temps, Moulin s'efforçait d'améliorer l'efficacité de l'embryonnaire « Délégation générale ». Il se soucia rapidement de monter une agence de presse clandestine et, le 28 avril, il annonçait à Londres : « Ai mis sur pied service information et propagande. » Le BIP (Bureau d'Information et de Propagande), doté d'un local, d'une dactylo, de deux collaborateurs réguliers et d'un poste radio, avait pour mission : « 1) [de] diffuser information et thèmes propagande Londres 2) [de] répartir matériel propagande FFL en utilisant circuit Mouvements 3) [de] vous transmettre informations 4) [de] repérer articles et documents à publier presse FFL, anglaise, américaine et neutre. » Il ajoutait : « Ai obtenu que Georges Bidault [il venait d'être libéré de son Stalag] ex-rédacteur en chef *Aube* dirige ce service avec équipe toute garantie loyalisme et sérieux... »

La mise en place du deuxième organisme, le Comité Général des Experts, ou CGE, auquel Rex attacha continûment une grande importance (le 18 août, il câblait : « insiste à nouveau pour reconnaissance officielle de ce comité »), fut beaucoup plus le fruit des circonstances. Après avoir – comme nous le verrons – repoussé une première offensive de résistants socialistes qui voulaient officialiser la représentation de partis politiques, il crut nécessaire, voire habile, de lâcher du lest en créant une sorte de *brain trust* restreint, chargé de réfléchir aux problèmes politiques qui se poseraient lors de la Libération. Il était composé à l'origine de personnalités censées représenter diverses sensibilités politiques (en dehors du PCF) : trois étaient membres des comités directeurs des Mouvements, Paul Bastid (Primus), professeur de droit public était un ancien ministre radical ; Robert Lacoste (Secundus), que Moulin écoutait tout particulièrement, percepteur et militant syndicaliste, faisait partie de Libération-Sud ; François de Menthon (Tertius), démocrate-chrétien, professeur d'économie politique, était un des responsables de Combat ; le quatrième, Alexandre Parodi, maître des requêtes au Conseil d'Etat, était suffisamment proche des Mouvements pour devenir Quartus. Leurs premières réunions eurent lieu, à Evian, en juillet et en août. Le 14 décembre 1942, Rex rendait compte d'une réunion commune entre le Comité des experts et le tout nouveau Comité de coordination en ces termes : « Le comité des experts créé à l'initiative du représentant en France du comité national de la France Combattante a pour objet de proposer les premières mesures d'ordre politique et administratif qui seront à prendre à l'arrivée au pouvoir du général de Gaulle ainsi que l'orientation générale de la politique du nouveau gouvernement dans les mois qui suivront la prise du pouvoir. »

A l'agence de presse clandestine et à ce groupe d'experts, Rex allait adjoindre deux organismes techniques, l'un concernant les liaisons avec la France Libre, le second les transmissions radio. Passy avait insisté auprès de Moulin pour que les premières fussent sécurisées dans les meilleurs délais, et la possibilité récente de faire atterrir pour quelques instants de petits avions sur des terrains balisés rendait encore plus urgente la création en juillet de ce qui demeura jusqu'en décembre le « Service des

Opérations Aériennes et Maritimes » ou SOAM. Les officiers de la France Libre chargés par Moulin d'opérer la liaison avec les trois Mouvements, Fassin, Schmidt, Monjaret – formés par les Britanniques aux techniques de parachutage et d'atterrissage –, montaient des opérations avec l'aide d'équipes spécialisées fournies par les Mouvements, après avoir fait la recension des terrains conformes et obtenu l'homologation par le SOE.

Les liaisons radio, quant à elles, devenaient de plus en plus difficiles à cause des multiples arrestations d'agents repérés par les voitures gonio allemandes (dont l'utilisation en zone sud avait été autorisée par Laval) et pris le plus souvent en pleine émission. Il était pourtant primordial de pouvoir joindre régulièrement et très rapidement Londres et, dans l'automne, sur les conseils de SalmW (Maurice de Cheveigne), fut mis sur pied une sorte de service central de transmission, le WT (Wireless Transmissions), relativement efficace, dont le premier responsable fut BipW (Daniel Cordier, le W désignant les radios).

En chaque occasion, Rex s'efforçait d'obtenir la participation des Mouvements, en tout cas de tenir leurs chefs au courant des initiatives qu'il avait été amené à prendre. Ainsi avertit-il Londres que le BIP, le bureau de propagande, était son œuvre « en dehors des mouvements, mais en accord avec eux ». Et, à l'époque, ces diverses initiatives ne suscitèrent aucun grief à leur encontre. Il était clair qu'entre le contrôle de la répartition des fonds, celui des opérations aériennes et des appareils émetteurs-récepteurs, l'ensemble du dispositif renforçait ce qui n'était pas encore un pouvoir mais déjà au moins une autorité sur les Mouvements et sur leurs responsables, situation qui risquait de poser à terme les problèmes que nous verrons.

*

Mais pour l'heure, comme les relations étaient plutôt bonnes, Rex allait pouvoir déployer ses réelles qualités de négociateur et jouer un rôle d'arbitre qui fut dans une large mesure accepté. Il y avait, au demeurant, intérêt, puisque, après avoir obtenu des Mouvements un ralliement à la France Libre espéré à Londres, il devait à la fois les inciter à coordonner leurs activités pour devenir plus efficaces et à regrouper leurs effectifs paramilitaires, en obtenant que les types d'activités soient maintenues nettement séparées. Certes les responsables n'avaient pas attendu que leur soit envoyée la mission Rex pour s'essayer à des « fusions » et le cas déjà évoqué des Mouvements de Libération Nationale et de Liberté en fournit la preuve. Mais les résistances à l'unité étaient fortes. Emmanuel d'Astier de La Vigerie, qui devait être présent à Grenoble quand fut décidée cette première fusion, avait fait faux bond à la dernière minute, lui qui avait pourtant rencontré Frenay pour la première fois dès l'été 41 et avait jusqu'alors maintenu le contact. Comme on le sait, le chef de Libération, pariant alors sur le soutien des socialistes résistants et encore plus de la CGT, redoutait d'être étouffé par le Mouvement Combat dorénavant le plus nombreux, et dont le chef était soupçonné de nourrir des sentiments ambivalents à l'endroit de Vichy. C'est donc avec son homologue de zone occupée, Libération-Nord, qui bénéficiait de soutiens militants similaires, qu'il s'efforçait de fusionner pour accroître son audience et son poids, notamment face à Combat. Mais trois tentatives, entre décembre 1941 et décembre 1942, échouèrent, car les responsables de Libération-Nord craignirent eux aussi d'être phagocytés par les amis d'Emmanuel d'Astier.

Il fallut donc toute la ténacité de Rex pour obtenir quelques résultats dans la zone qui lui avait été attribuée. Frenay lui-même, en juin 1943, au moment où les relations étaient devenues très tendues, le reconnaîtra : « Pendant toute cette période, Max persuadé de l'unification complète de la Résistance, a fait de gros efforts pour rapprocher les points de vue, accorder les personnes, dégager les lignes générales. » Un jugement confirmé plus tard par Claude Bourdet : « Le point principal sur lequel il y eut une véritable conjonction des efforts de Jean Moulin et des nôtres, ce fut l'unification des Mouvements [...] Les réticences de D'Astier furent si considérables que je ne suis pas sûr que sans Moulin elles auraient été vaincues. »

Les obstacles à l'union étaient multiples et d'ordres divers. Il y eut même au départ le fait que Moulin freinait les ardeurs de Frenay qui prônait la fusion rapide pour ne pas dire immédiate entre les trois Mouvements. Il lui semblait indispensable de réaliser d'abord le premier objectif de sa mission et il s'en expliqua dans son courrier du 9 août : « Jusqu'à présent, et selon vos consignes, je me suis formellement opposé à toute tentative de fusion militaire, tout en ne cachant pas aux dirigeants que c'était le but à atteindre, mais que nous devions au préalable avoir réuni trois conditions : être parvenus à la séparation des activités politiques et militaires... » Mais dans le même courrier, il soulignait le fait que « presque partout les militants réclament la fusion... » ; et de conclure : « Je pense qu'il faut arriver rapidement à la fusion souhaitée par la grande majorité. Sinon nous risquons de voir s'émietter les efforts et gagner le découragement. » Il restait prudent cependant et suggérait d'obtenir « d'abord l'accord des dirigeants des Mouvements. Combat et Franc-Tireur sont acquis à cette solution. Chez Libération il y a des objections sérieuses... »

« L'accord des dirigeants » posait justement quelques problèmes. Les relations entre Frenay et d'Astier, et partant entre les deux clans des responsables de Combat et de Libération, étaient rarement sereines. Au demeurant, tous les chefs de Mouvements, quelle que soit leur importance, dans les deux zones, se montraient très attachés à leur singularité et prêts à la défendre avec la plus grande vigueur. Il y avait dans le cas précis une querelle de personnes. D'Astier tenait Frenay pour un militaire sans doute patriote, bon organisateur, mais sans grande envergure politique, qui ne s'était pas vraiment débarrassé de son pétainisme. De son côté, Frenay tenait d'Astier pour une espèce de condottiere démagogue sur lequel on ne pouvait compter. Lors de leur séjour commun à Londres en septembre 1942, l'absence d'Emmanuel d'Astier à une réunion qui présentait un grand intérêt pour la Résistance le confirmait dans son diagnostic, selon son témoignage fourni en 1955 (AN 72AJ 46) : « Inquiet, il alla chez lui voir ce qui était arrivé. Or, à sa stupéfaction, il le trouva dans son lit, en compagnie de sa maîtresse (une Russe [...]), abrutis par la drogue, incapable de rien faire et de rien comprendre. »

Mais on ne saurait réduire ces heurts à une simple question de tempérament. Les attitudes révélaient des choix politiques. La rivalité quasi inévitable entre les deux Mouvements les plus importants de zone sud avait été exacerbée par les rencontres entre Frenay et Pucheu dont nous avons déjà parlé. Et comme dans toute action collective, les choix menaient à des stratégies de pouvoir et donc à des manœuvres tactiques. Frenay avait peu apprécié que quelques semaines après cette « affaire Pucheu », en bernant le SOE auquel il se présentait comme l'unique responsable de la Résistance française, d'Astier, en avril, gagnât Londres, là où se trouvaient les centres de décision, pour y rencontrer seul à seul De Gaulle, en ayant prévenu Moulin de son départ mais en se gardant bien d'avertir Frenay. A cela s'ajoutait la dimension idéologique des différends. L'instrumentalisation de l'« affaire Pucheu » révélait d'évidentes dissensions : si les responsables de Libération avaient immédiatement et sans appel condamné Vichy, ce qui était alors une singularité remarquable dans la nébuleuse résistante, on se souvient que Frenay avait approuvé certaines mesures de la Révolution nationale, puis continué longtemps à ménager Pétain, estimant qu'il rallierait ainsi plus facilement les cadres de l'armée d'armistice. Les deux hommes divergeaient encore sur la stratégie qu'il convenait de développer : Libération tablait sur une insurrection populaire, venant de la base et encadrée par des civils issus des milieux syndicaux et socialisants, tandis que Frenay pensait à une mobilisation, elle également de masse, mais plus classique, animée et menée si possible par des cadres issus de l'armée.

Frenay, fort du succès de la fusion avec le Mouvement Liberté, et parfaitement conscient des impatiences de la base qui vivait plutôt mal les heurts dus à des rivalités dont les raisons paraissaient obscures, poussait à ce qu'on aille de l'avant. Mais les choses demeurèrent en l'état à cause de l'absence d'Emmanuel d'Astier, et des réticences de Moulin vis-à-vis d'une fusion immédiate.

En août, pourtant, ce dernier appuya franchement Frenay en obtenant au moins de Jean-Pierre Lévy et surtout d'Emmanuel d'Astier revenu de Londres que puisse se constituer une « Armée secrète » avec un encadrement et un commandement unique. Il avait été entendu, comme l'avaient exigé Lévy et plus encore d'Astier, qu'on choisirait le chef en dehors des Mouvements et qu'en tout cas ce ne serait pas Frenay. Frenay et Emmanuel d'Astier demandaient alors à gagner Londres, ce qui correspondait au plan et aux souhaits des hommes de la France Libre qui avaient déjà concocté la mise en place d'un comité directeur chargé de coordonner l'action ultérieure. Rex, consulté, donnait, le 17 août, son aval : « Insiste pour enlèvement simultané Nef [Frenay] et Bernard [d'Astier] selon désir commun des deux Mouvements – vos propositions création unique paramilitaire répondent vœu général et pour lequel suis entièrement d'accord ainsi que Tirf [Franc-Tireur]. » Et le lendemain il précisait : « Nef et Bernard que j'avais vus longuement avant se sont rencontrés deux fois – bonne atmosphère – Nef a posé question fusion au moins paramilitaire – Bernard a d'abord refusé puis a été désavoué par son comité favorable à fusion. » Puis, « deuxième réunion, Bernard a finalement accepté la solution suivante : plus de fusion au sens propre mais tous les éléments militaires versés à un organisme pris directement en charge par les Forces françaises combattantes ». C'était donc implicitement accepter l'arbitrage de Londres. Et Rex pouvait ajouter : « A la suite des tractations câble commun vous a été transmis pour départ simultané Bernard et Nef. » Et de conclure le 28 août : « Accord de principe sur grande ligne fusion paraît possible – mais des divergences de vues pourraient subsister sur modalités. »

Le 19 septembre un câble informait : « Bernard et Nef bien partis nuit 17 au 18 » (ils reviendront le 17 novembre). Ils avaient donc rejoint Londres où devait se prendre une mesure de première importance : c'était la première convention passée entre la France Libre et des Mouvements de Résistance. Rex devait accompagner le troisième homme, Jean-Pierre Lévy, pendant la même lune de septembre. Mais l'enlèvement par Lysander, puis l'opération maritime montée par Morandat échouèrent. Frenay et Emmanuel d'Astier discutèrent donc seuls avec les responsables militaires et politiques du commissariat à l'Intérieur et du BCRA (Philip, Vallon, Passy, Brossolette) de la France Libre, sans oublier Charles De Gaulle. Un protocole fut signé le 2 octobre qui consacrait la stratégie arrêtée par De Gaulle dès l'automne 1941 et mise en œuvre pour une bonne part par la mission Rex.

C'était la confirmation de trois principes, alors que, rappelons-le, la zone sud n'était pas encore occupée. En premier lieu, la primauté politique de Charles De Gaulle était établie et donc la subordination de l'action résistante à ce qui servait de gouvernement à la France Libre : « les trois Mouvements de zone libre ayant reconnu l'activité du général de Gaulle comme chef politique de la France Combattante, c'est au Comité National de fixer les cadres de cette coordination ». Le deuxième point, qui intéressait tout particulièrement les Londoniens, prévoyait la constitution d'une Armée secrète grâce au versement et au regroupement d'éléments paramilitaires des Mouvements. Bien plus, certains de ses cadres supérieurs pourraient être recrutés en dehors des Mouvements et une fraction de son état-major serait composée d'officiers provenant des Forces Françaises Libres. Frenay avait bien essayé à nouveau d'en prendre le commandement, en attendant, disait-il, la venue de Londres d'un officier *ad hoc* ; mais la proposition avait été évidemment rejetée par Emmanuel d'Astier. Ajoutons que la mission dévolue à cette Armée secrète correspondait totalement à ce que De Gaulle préconisait depuis l'automne 1941 : s'il estimait nécessaire de maintenir des corps francs, continûment disponibles, pratiquant notamment coups de main et sabotages, à savoir « l'action immédiate », il réservait le gros des éléments paramilitaires à cette Armée secrète qui se tiendrait prête pour le moyen terme. Il en fixait la mission, le 29 octobre, dans une « instruction personnelle et secrète » : « Dans la situation actuelle de la guerre une action d'envergure de l'Armée secrète ne peut être envisagée que si elle est liée à une action directe des forces alliées débarquant sur le territoire français [...]. L'Armée secrète évitera d'engager des opérations de caractère désespéré, des effectifs et des cadres d'élite qui risquent d'être anéantis prématurément. »

Enfin – et l'on constatera que la France Libre était là encore maîtresse du jeu – était créé un « Comité de coordination » qui ferait des suggestions au Comité national et qui, après avoir été consulté, ferait appliquer les directives données en coordonnant l'ensemble des activité des Mouvements de Résistance et en répartissant les tâches entre eux. Il comprenait les chefs des trois Mouvements, ou leur délégué, un représentant du Comité national qui devait en assurer la présidence (Moulin s'imposait), assisté du chef de l'Armée secrète de zone non occupée ; il était précisé : « en cas de partage, la voix du Président est prépondérante ». Dans un courrier adressé à Rex au mois d'octobre, le commissariat à l'Intérieur établissait un bilan plutôt triomphaliste : « La présence simultanée à Londres de Bernard [d'Astier] et de Charvet [Frenay] nous a permis de fixer d'importantes directives relatives aux activités des trois principaux Mouvements de Résistance. Un Comité de coordination que vous présiderez est chargé d'assurer la convergence des forces de la Résistance française ; une Armée secrète unique a été créée, qui sera alimentée en personnel par tous les Mouvements de Résistance [...]. L'entente a pu être obtenue sans trop de difficultés entre les chefs des Mouvements de Résistance et les Forces Françaises Combattantes. Il en résultera un affermissement de la résistance française face à l'ennemi et à Vichy, un accroissement de son efficacité, une multiplication de moyens mis à sa disposition qui vous apparaîtront certainement comme particulièrement précieux pour faciliter votre action personnelle. »

Si Emmanuel d'Astier avait dû admettre que se mette en place une coordination en bonne et due forme, Frenay, lui, avait dû renoncer à la fusion qu'il continuait de préconiser. Surtout les deux avaient dû accepter la plupart des propositions mises en forme par les bureaux londoniens. Mais au moment de rendre compte à leurs camarades, ils pouvaient tout de même mettre en avant qu'on leur avait promis de répondre massivement à leurs besoins en argent, armes et liaisons, et ils pouvaient même se prévaloir de quelques gains dans la négociation. En premier lieu, il avait été dit que, au plan paramilitaire, les décisions que devrait prendre le Comité de coordination seraient mises à exécution par l'état-major de l'Armée secrète et également par les Mouvements de Résistance, ce qui laissait des possibilités de manœuvre, d'autant que dans la zone non occupée, cette Armée secrète devait non seulement chasser l'occupant mais aider à la prise du pouvoir. Chose plus appréciable encore, il était spécifié que « toutes organisations de résistance, quel que soit leur caractère, autres que les trois grands Mouvements groupés dans le Comité de coordination, devraient être invitées à affilier leurs adhérents à l'un de ces Mouvements et à verser leurs groupes d'action dans les unités de l'Armée secrète en cours de constitution ». C'était leur offrir, pour élargir leur audience, un privilège appréciable.

Moulin décida de faire exécuter dans les plus brefs délais les décisions de Londres, surtout celles concernant la mise en place de l'Armée secrète. Dès la fin du mois d'août, il s'était mis à la recherche de l'officier qui pourrait en prendre rapidement le commandement. Un des responsables de Combat de la région de Lyon, Marcel Peck, avait indiqué le général Delestraint, spécialiste des chars, qui avait eu à ce titre De Gaulle sous ses ordres et qui était pour l'heure à la retraite. Cet homme, qui n'acceptait pas la défaite, était un adversaire discret mais déterminé de Vichy. C'est probablement Claude Bourdet, qui, après lui avoir rendu visite, l'avait recommandé à Rex. Celui-ci retira, lui aussi, une excellente impression de sa prise de contact, comme en fait foi son télégramme du 28 août : « Ai eu ce jour un long entretien avec général dont le pseudonyme est Vidal – tout acquis au général de Gaulle – serait disposé à prendre direction organisation paramilitaire fusionnée sous réserve enquête personnelle sur les mouvements et accord formel De Gaulle – dispose des amicales bataillons, régiments et divisions chars... » Il précisait le 13 septembre : « Il a compris notamment le caractère insurrectionnel et révolutionnaire de l'action à entreprendre bien qu'il se dise politiquement conservateur. » Et comme il savait pertinemment que le commandement de ce qui deviendra l'Armée secrète était devenu un réel enjeu entre Frenay et d'Astier, Moulin précisait le même jour qu'il lui avait conseillé de ne prendre contact avec aucun des Mouvements « cela pour des raisons tactiques, à l'égard desdits Mouvements. Il ne faut à aucun prix, en effet, pour la sauvegarde de son autorité ultérieure, qu'il puisse être considéré comme la créature de l'un ou l'autre Mouvement... ». Après s'être informé, Delestraint/ Vidal donnait son accord. Restait à obtenir l'aval du chef de la France Libre. Celui-ci approuva ce choix, comme en témoigne la lettre qu'il lui adressa personnellement : « Personne n'était plus qualifié pour entreprendre cela. Et c'est le moment ! Je vous embrasse, mon général. Nous referons l'armée française [...] »

Finalement, l'invasion de la zone sud par la Wehrmacht, les remous qu'elle provoqua dans une partie de l'armée d'armistice, joints à la volonté d'accélérer la fusion paramilitaire et probablement d'asseoir sans barguigner l'autorité du général Delestraint/ Vidal, incitèrent Rex à ne pas attendre le retour de Londres de Frenay et d'Emmanuel d'Astier, et il le précisait dans un télégramme du 16 novembre : « En présence événements et retard Nef [Frenay] et Bernard [d'Astier] avons décidé fusion paramilitaire trois Mouvements sous autorité Vidal – ai opéré hier première réunion pour présenter Vidal dont jusqu'à nouvel ordre Mouvements ignorent l'identité véritable – avons décidé fusion immédiatement pour pouvoir traiter avec certains éléments armée armistice. » Le 27 novembre, se tenait ensuite sous la présidence de Rex la première réunion du Comité de coordination au complet. Moulin insista pour que l'embrigadement soit réduit le plus possible « si l'on veut éviter le reproche de constituer un parti unique à l'image des régimes totalitaires ».

Si Rex n'avait pas pu prendre part aux décisions londoniennes, elles étaient *grosso modo* dans le droit fil de ce qu'il lui avait été demandé de mettre en œuvre dans sa mission. Nul doute qu'il fut sensible au ton exceptionnellement chaleureux de la lettre autographe que lui adressa De Gaulle, le 22 octobre : « J'ai vivement regretté votre absence pendant cette mise au point. Je pense, cependant, que les dispositions qui ont été arrêtées facilitent l'exécution de la mission qui vous est confiée [...]. Vous continuez d'autre part comme représentant du Comité national en ZNO à prendre tous les contacts politiques que vous jugerez opportuns [...]. Je tiens à vous redire que vous avez toute ma confiance et je vous adresse toutes mes amitiés. » Il était certain, en tout cas, que, tout en demeurant le Délégué du chef de la France Libre, sa position institutionnelle vis-à-vis des chefs des Mouvements cessait d'être informelle, dès lors qu'il présidait avec voix prépondérante ce Comité de coordination. Cela dit, il a dû estimer que le privilège accordé aux trois Mouvements, sur lesquels il avait pourtant fait fond, était préoccupant si l'on en juge par cette notation dans le courrier du 27 novembre : « Les Mouvements Combat, Franc-

Tireur et Libération constituent certes les groupes les plus importants, mais non les seuls. Pour ne laisser ultérieurement personne en dehors du rassemblement en cours, il importe de ne pas donner au Comité de coordination un caractère universel qui l'habiliterait à coiffer toute la Résistance française. Il existe en effet des forces morales, des forces syndicales qui doivent jouer un rôle dans la libération du pays et dans la mise en place des nouvelles institutions. Or, la formation du Comité de coordination a soulevé quelques réticences dans ces milieux qui y voient une sorte de "gouvernement provisoire" au rôle de directoire. Je me suis permis de préciser les missions et les limites du Comité de coordination à divers groupements, tels le CAS [le Comité d'Action Socialiste] et l'ancienne CGT. » Car ceux des socialistes qui voulaient que se fassent entendre et que soient représentés les militants des partis entrés en résistance faisaient déjà le siège de Moulin. Alors que les retombées de l'opération Torch allaient considérablement transformer la donne, la mission Rex prenait une autre dimension.

7

Une saison charnière

Jean Moulin pouvait estimer que les objectifs qui lui avaient été fixés et qu'il avait acceptés à l'automne 1941 pour ce qui concernait la zone non occupée étaient en large partie atteints. Mais en quelques semaines, à l'automne 1942, tout – ou presque – se mit à bouger. Dans l'évolution de la Résistance, on mettra en valeur deux coupures : celle de novembre 1942 – qui vaut également pour le régime de Vichy –, ensuite celle de l'été 1943. Arrêtons-nous sur la première. Charles De Gaulle déclarait le 11 novembre : « La voici donc terminée, la première phase de cette guerre, celle où devant l'assaut prémédité des agresseurs reculait la faiblesse dispersée des démocrates. » Car le succès militaire de l'opération Torch, avec ses multiples à-coups et péripéties politiques, redistribuait pour partie la donne française. Dans le même temps, la stratégie adoptée par le parti socialiste clandestin et l'affirmation de ses prétentions politiques posaient brutalement la question de la place des partis dans la France Combattante, préfiguration des violents débats qui présideront à la mise en place du futur Conseil de la Résistance. De fait, la mission Rex s'en trouvait compliquée.

*

Trois événements d'ordre militaire marquent, dans le monde, l'automne 1942 : les affrontements qui débutèrent avec une extrême violence autour de la ville de Stalingrad ; en Afrique du Nord, la retraite de Rommel après la bataille d'El-Alamein ; enfin, ce que les Américains, débarquant en Afrique du Nord, ont baptisé l'« opération Torch ». L'histoire accorde maintenant une importance extrême à la bataille de Stalingrad, qui se termina sur la reddition, le 2 février 1943, de la VIe Armée allemande commandée par le maréchal Paulus. Mais à l'époque de l'assaut lancé, le 13 septembre 1942, contre le centre industriel et ferroviaire qui portait le nom de Staline, l'opinion ne faisait pas un test décisif de cette bataille. D'ailleurs, début novembre, la Wehrmacht contrôlait les trois quarts de la ville et, au début du mois de décembre 1942, les Soviétiques n'étaient pas encore parvenus à encercler les forces allemandes. On se souvenait que celles-ci avaient réussi, neuf mois plus tôt, en avril, à dégager 95 000 Allemands placés en très mauvaise posture près de Demiansk.

La bataille d'El-Alamein, elle aussi, a vu sa portée et sa signification changer. Entre le 24 octobre et le 4 novembre, les forces anglaises et quelques contingents de l'Empire français repoussaient l'Afrika Korps cherchant à marcher sur Alexandrie, avant d'acculer Rommel à une retraite brutale vers l'ouest. Le succès, incontestable, devait-il être considéré comme décisif ? Des experts avançaient qu'on se trouvait, somme toute, en présence d'une énième variante de cette guerre de mouvement qui se déroulait depuis deux ans, à grandes chevauchées, à travers les dunes de la Cyrénaïque.

Au contraire, la réussite de l'opération Torch frappait immédiatement les esprits. Et si, aujourd'hui, on la juge moins décisive sur l'échiquier de ces affrontements planétaires, elle continue d'apparaître singulière. Et ses retombées intéressent directement notre propos dans la mesure où s'y joua la place de la France Libre parmi les alliés. Elle est singulière parce que, sur une réussite technique quasi inespérée, se greffa une véritable pétaudière politique, assez imprévue. Une fois les enjeux précisés, on comprend que, malgré l'éloignement, Moulin y ait attaché une importance certaine.

Il s'agissait d'une opération amphibie de grande envergure – il avait même été question de débarquer 500 000 hommes. Pourtant, l'improvisation avait prévalu et on avait dû trancher entre deux stratégies. D'un côté, les Américains avaient adopté une ligne simple : frapper le plus vite possible l'ennemi principal, le Reich lui-même, sur le continent européen. Les responsables, dont le général George Marshall, chef d'état-major, avaient mis au point un « plan Sledgehammer » qui prévoyait d'installer une tête de pont sur les côtes françaises dès l'automne 1942, pour préparer la reconquête de la France dans l'année 1943. L'Etat-Major anglais, lui, était particulièrement inquiet de ces projets qu'il jugeait délirants, eu égard au savoir-faire de la Wehrmacht. Et l'échec sanglant du raid anglo-canadien sur Dieppe, le 19 août 1942, venait de lui donner cruellement raison. D'autant que l'entreprise serait mise en œuvre par une armée qui, si l'on excepte quelques opérations ponctuelles en Amérique centrale, n'avait pas tiré un seul coup de fusil depuis 1918. A quoi les généraux américains opposaient, pour compenser le manque d'expérience de la troupe, leur confiance dans une logistique de premier ordre qui aurait, de surcroît, le mérite d'épargner la vie des boys. Churchill continuait, lui, de plaider pour la stratégie de type « périphérique », comme il l'avait fait depuis 1940, à quoi s'ajoutait dorénavant la nécessité de contrôler la Méditerranée malgré les risques et les difficultés, pour ensuite s'engouffrer dans les Balkans. Roosevelt finit, le 24 juillet, par céder à Churchill, contre l'avis de son Etat-Major, ce qui était chez lui rarissime. Le Premier britannique eut le geste d'accepter que le commandement de l'opération, qui reçut finalement le nom de code de « Torch », aille à un général américain, même relativement obscur, Dwight Eisenhower, qui devait, il est vrai, révéler dans cette affaire des qualités exceptionnelles d'organisateur et de diplomate.

Laisser la direction des opérations aux Américains s'imposait d'autant plus que planait sur l'Afrique du Nord française le souvenir particulièrement amer de Mers el-Kébir et des canonnades anglaises qui avaient suivi, souvenir ravivé par les combats de Syrie en juillet 1941. Mais il fallait monter l'entreprise en moins de trois mois, et ne prévenir les conjurés ou les sympathisants que le plus tard possible pour éviter les fuites. Des relais politiques étaient en effet souhaitables car les « autorités locales », selon la terminologie américaine, risquaient de s'opposer au débarquement. C'est Robert Murphy, naguère conseiller à l'ambassade américaine en France, pour l'heure consul général à Alger et représentant personnel de Roosevelt, qui fut le maître d'œuvre de la préparation politique. Récusant les communistes, se défiant presque autant des gaullistes, Murphy avait contacté des officiers et des notables antiallemands et antigaullistes prêts à se frayer une troisième voie entre le vichysme empêtré dans la collaboration d'Etat et la dissidence londonienne. Weygand avait été fort sollicité par les Anglo-Saxons pendant le proconsulat qu'il avait exercé depuis septembre 1940 et même après son rappel d'Afrique du Nord, sur injonction du Reich, le 18 novembre 1941. Mais Weygand était trop attaché à la Révolution nationale pour basculer dans ce qui s'apparenterait à une dissidence dont tout, dans sa culture, l'éloignait. Les Américains pensèrent alors, à la mi-septembre, avoir trouvé l'homme de la situation : Henri Giraud. Nous en reparlerons, mais disons pour le moment que si la conduite de ce général à cinq étoiles avait été durant la campagne de France, dénuée d'éclat à la tête de la 7e Armée, il avait réussi, le 17 avril 1942, à s'évader de la forteresse de Königstein. Sans doute ses plans géostratégiques pouvaient-ils passer pour chimériques, mais son antigaullisme, presque aussi tenace que son anticommunisme, avait de quoi séduire outre-Atlantique ; et surtout, Murphy croyait que Giraud saurait à lui seul rallier les forces armées d'Afrique du Nord. Il pouvait être le « chef » que l'on cherchait.

Sur place encore, Murphy disait pouvoir compter sur quelques responsables militaires en poste et sur des hommes décidés depuis décembre 1941 à faciliter le débarquement des Américains, avec ou sans le consentement des troupes vichystes. Il s'agissait d'une part de personnalités politiques nationalistes qui venaient de gagner l'Algérie, comme Jacques Lemaigre-Dubreuil, le directeur général des Huiles Lesieur délocalisées en A-OF. Venu de la droite extrême, ayant milité, notamment lors de la journée du 6 février 1934, à la tête de la Ligue des contribuables, il était alors antigaulliste et proaméricain et son second, le journaliste Jean Rigault, avait probablement fait partie de la Cagoule. Ils tablaient, eux aussi, sur Giraud.

Grâce à Henri d'Astier de La Vigerie, un monarchiste doté d'un sens éminent de la communication et du contact, ils avaient pris langue avec un deuxième groupe, composé, lui, de jeunes algérois militants antifascistes ; peu nombreux mais bien organisés autour du fils d'un notable de la communauté juive algéroise, José Aboulker, ils avaient accepté, sous l'impulsion d'un petit industriel oranais, Roger Carcassonne, de s'allier par réalisme patriotique avec des hommes venus d'un tout autre horizon mais qui avaient leurs entrées auprès du tout-puissant Robert Murphy. Les conjurés tablaient également sur quelques complicités militaires.

Si cette opération Torch resta marquée par un certain amateurisme, la réussite fut indiscutable sur le plan militaire. L'armada parvenait à débarquer, le 7 novembre, 100 000 hommes sur huit points des côtes marocaine et algérienne.

Or des forces vichyssoises allaient s'opposer à « l'agresseur ». Pour la première fois depuis la guerre (non déclarée) de 1798-1800, Américains et Français s'affrontaient violemment, au moins à Oran – où la mèche avait été vendue par un des officiers mis dans la confidence – et encore plus à Casablanca, où le général Noguès, croyant à un putsch, avait ordonné de résister aux Américains. On releva près de 480 morts du côté américain et près de 1 350 dans les rangs des marins et soldats vichyssois rapatriés récemment du Levant. A Alger, le retard pris par les troupes américaines qui s'étaient égarées avait failli faire échouer le mouvement insurrectionnel déclenché dans la nuit par les petits commandos d'Aboulker, qui, rejoints par quelques gaullistes déclarés, avaient réussi dans un premier temps à neutraliser les responsables politiques et militaires.

Profitant du choc psychologique, les Américains étaient donc parvenus à entrer dans la ville sans perdre trop de boys. Mais le général Clark, le second d'Eisenhower, devait alors faire face à un imbroglio politique aussi confus qu'imprévu. Il aurait pu reprendre à son compte le début de l'un des chapitres des *Mémoires de guerre* : « Vers l'Orient compliqué, je volais avec des idées simples ». Dans Alger, qui ne fera plus jamais dans le simple, se joua pendant une semaine une partie embrouillée à souhait, dont le détail doit être esquissé pour situer et apprécier les réactions du Délégué Jean Moulin. En face des Américains dont les vues politiques étaient parfois simplistes dans une situation complexe, Darlan, retors, naviguait à vue, Noguès semblait dépassé par les événements, le général Juin essayait d'être réaliste, Giraud se révélait un piètre tacticien politique. Le grand absent était De Gaulle ; les perdants, les membres des commandos qui avaient aidé les Américains dans la prise d'Alger et qui se trouvèrent bien vite exclus de toute responsabilité, voire emprisonnés par les autorités locales.

François Darlan, qui cumulait toujours la qualité de successeur du « Maréchal » et la fonction de commandant en chef de toutes les armées françaises, se trouvait à Alger depuis le 5 novembre, appelé – c'est l'explication la plus plausible – au chevet de son fils unique presque mourant. Quant à Giraud, sur lequel comptaient à la fois les Américains et certains conjurés, après avoir perdu quelque temps, à Gibraltar, en palabres avec Eisenhower, il arrivait en Algérie avec 48 heures de retard, pour constater que l'armée d'Afrique ne lui obéirait d'aucune manière. Darlan s'efforçait dans un premier temps de ménager les uns et les autres : les Américains auxquels il concédait immédiatement un armistice, mais qui ne valait que pour la seule ville d'Alger ; Vichy, qu'il tient informé de l'évolution de la situation (« Vous avez toute ma confiance », lui câblait Pétain, le 8 novembre), refusant de prendre toute autre mesure qui, il le soulignait dans ses télégrammes, risquerait de provoquer la rupture de l'armistice.

Le général Clark, lui, avait pour mission primordiale d'obtenir un cessez-le-feu général – qui intervint le 11 novembre – pour préparer la campagne de Tunisie en acquérant l'appoint de forces françaises. Excédé par les états d'âme des uns et les manœuvres des autres, mêlant marchandages et menaces, il finit par passer en force. Il emporta la décision de Darlan qui, pressé également par le général Juin, et s'estimant délié de toute obligation avec l'occupation de la zone sud de la France par la Wehrmacht le 11 novembre, bascula, le 13, du côté des Américains. Ce jour-là, Darlan recevait donc la reconnaissance officielle d'Eisenhower, qui estimait que parmi tous ces prétendants, celui-là au moins s'imposerait aux forces armées françaises. L'amiral, par une ordonnance, s'octroyait alors la qualité de « Haut-Commissaire de France en Afrique », et ce « au nom du Maréchal de France, chef de l'État, empêché... ». Car il avait pris une double précaution. D'abord, dès le 11 novembre, il brodait sur le thème du Maréchal prisonnier : « L'armistice est rompu. Nous avons notre liberté d'action, le Maréchal n'étant plus libre de ses décisions. » Et mieux, le lendemain, ayant reçu de Vichy un télégramme faisant état de « l'accord intime du Maréchal et du Président [Laval] » qui portait seulement (sinon on comprend difficilement comment Laval aurait pu s'y associer) sur le fait que Darlan devait se considérer à nouveau comme l'interlocuteur privilégié dans les négociations avec les Américains, il le travestit délibérément, affirmant que Pétain venait de donner son accord au ralliement de l'Afrique du Nord aux

Américains, déclarant notamment à la radio : « Les Américains aident les Français à assurer la défense de l'Afrique du Nord. Vive le Maréchal ! Vive la France ! » Un tour de passe-passe qu'on voulut bien admettre autour de lui. Chez les Américains, qui n'en demandaient pas plus, Clark reconnaissait donc : « L'Amiral de la Flotte, François Darlan, exercera désormais le pouvoir en Afrique du Nord, au nom du Maréchal Pétain et avec son accord. » Giraud, quant à lui, avait reçu en lot de consolation le titre de « Commandant en chef militaire en Afrique française » (à l'exception de la Marine que se gardait Darlan).

Il faut probablement remonter jusqu'aux guerres de religion pour retrouver le souvenir d'une souveraineté nationale à ce point émiettée. Trois « France » s'opposaient dorénavant. A celle de Vichy, réunifiée par le dernier coup de force de Hitler envahissant la zone non occupée, le 11 novembre, à la France Libre qui s'efforçait de faire reconnaître sa légitimité, se surajoutait un quasi-protectorat américain sur ce qui était alors trois départements français. Car le pouvoir de l'amiral ne valait que s'il ne contrariait pas les desseins des Anglo-Saxons. En tout cas, les accords que Darlan était contraint de signer avec le général Clark, le 22 novembre, sont significatifs des droits exorbitants que s'arrogèrent les Américains (qui s'engageaient – il est vrai – à réarmer massivement les Français en AFN) : ainsi ils exerçaient au besoin « le contrôle » des ports, des aérodromes ; ils disposaient du droit de réquisition, jouissaient de l'exterritorialité territoriale ; et tout déplacement des troupes françaises devait leur être « notifié ».

*

La réaction du chef de la France Libre dans une situation qui à l'évidence menaçait sa représentativité et donc sa légitimité fut dans un premier temps plus mesurée qu'on pouvait s'y attendre si l'on considère que le Comité national français avait été tenu totalement à l'écart de la programmation et de l'exécution de l'opération Torch (sur ce sujet, sauf indication contraire, on se reportera aux *Discours et Messages 1940-1946* (Plon, 1970) du général De Gaulle, complétés par ses *Lettres, notes et carnets*, tomes 2 et 3 (Plon, 1980-1982), et à *La France Libre* de Jean-Louis Crémieux-Brilhac, *op. cit.*). Churchill prit, certes, soin de lâcher du lest ailleurs en annonçant que l'administration de Madagascar serait transférée à la France Libre (ce qui fut effectif le 14 décembre). Puis, pour l'opération Torch proprement dite, avant de plaider les circonstances atténuantes, il affirma que les Américains qui avaient en charge l'entreprise avaient refusé que la France Libre en soit prévenue. Enfin, il assura, avec des trémolos dans la voix, que le Comité national gaullien demeurait bien le seul interlocuteur français possible. De Gaulle pouvait donc, sans perdre la face, le 8 novembre, sur les ondes de la BBC, exhorter tous ceux qui se trouvaient en Afrique du Nord à se joindre « sans réserves » à « nos alliés ». Il n'avait pas exclu d'envoyer sur place Frenay et Emmanuel d'Astier, encore à Londres, sans que, il est vrai, cette mission ait un « caractère officiel ».

Mais les choses se gâtèrent très vite quand il devint patent que Eisenhower laissait Darlan s'imposer. Au nom du Comité national français, De Gaulle faisait alors parvenir à l'amiral Stark, ambassadeur américain auprès des gouvernements en exil, cette communication cinglante : « Je comprends que les Etats-Unis paient la trahison des traîtres si elle leur paraît profitable, mais cela ne doit pas être payé sur l'honneur de la France. » Et à l'endroit de Churchill – que l'assertion ébranla un moment – il déclarait, le 16 novembre : « Vous gagnerez peut-être la guerre sur le plan militaire ; vous la perdrez moralement et il n'y aura qu'un seul vainqueur : Staline. » Car il perçut vite que Churchill, en dépit de sa détestation – réelle – de Darlan « au passé odieux », oublieux de ses récentes professions de foi, s'alignait totalement sur les positions de la Maison-Blanche, laissait tomber la France Libre dont il ordonnait de censurer à nouveau les messages, bref se prêtait au *Darlan's deal*, comme on disait alors, couvert par Roosevelt.

Le 16 novembre, De Gaulle obtenait de pouvoir diffuser une mise au point, en soulignant que le Comité national et lui-même « ne pren[aient] aucune part et n'assum[aient] aucune responsabilité dans les négociations en cours en Afrique du Nord avec les délégués de Vichy. Si ces négociations devaient conduire à des dispositions qui auraient pour effet de consacrer le régime de Vichy en Afrique du Nord, celles-ci ne pourraient évidemment pas être acceptées par la France Combattante ». Puis, après que Darlan se fut arrogé tous les pouvoirs et eut nommé un « Conseil impérial », qui comprenait notamment le général Bergeret, un ancien ministre de Vichy, De Gaulle se déchaînait le 7 décembre : « La nation n'admet pas qu'un quarteron d'hommes qui symbolisent la capitulation, la collaboration, l'usurpation et qui, ayant usé et abusé contre les libérateurs de la discipline des autres, en usent et en abusent pour singer l'honneur et le devoir. La nation n'admet pas que ces hommes, ayant failli dans la guerre étrangère et se sentant condamnés, puissent ménager leurs destinées en créant des conditions d'où sortira la guerre civile. » Quant à Moulin, il commentait la situation dans son courrier du 14 décembre : « Les événements d'Afrique du Nord ont provoqué des réactions profondes et diverses. Ce fut dans l'immense majorité du pays un mouvement spontané d'enthousiasme devant le succès foudroyant de l'opération, coup de fouet salutaire dans une opinion toujours confiante mais quelque peu lassée par le prolongement des hostilités et leur caractère stationnaire. Cet état d'enthousiasme unit au début des couches très diverses de la population, dans une égale admiration à l'égard des Alliés et des chefs militaires de la Résistance. En effet, de nombreux Français hostiles aux Allemands mais touchés par deux ans de propagande antibritannique voyaient avec plaisir l'initiative des opérations revenir aux Américains. » Mais il ne lui échappait pas que si « la situation paraissait se présenter sous d'excellents auspices », elle pourrait faciliter l'émergence de rivaux politiques du chef de la France Libre. C'est pourquoi, il prit sur lui de faire connaître très rapidement le point de vue des résistants de l'intérieur – du moins dans ce qui était encore appelé « zone non occupée » – en réunissant le maximum de signataires. Sans attendre l'accord du parti communiste, dont le représentant était toujours difficile à contacter et qui de surcroît devait en référer au secrétariat du parti caché en région parisienne, il avait envoyé, le 18 novembre, un câble qui arrivait le 19. Il s'agissait d'un « message extrêmement important à gouvernements britannique et américain » ainsi rédigé : « Combat – Franc-Tireur – Libération – Mouvement ouvrier français – groupement confédération générale du travail, CGT et syndicats chrétiens, parti démocrate populaire – fédération républicaine – parti radical – parti socialiste SFIO – adressent leurs chaleureuses félicitations aux gouvernements américain et britannique pour action libération en Afrique du Nord – Sont de cœur avec combattants alliés et attendent impatiemment jour où pourront lutter aussi les armes à la main – Saluent avec reconnaissance général Giraud et tous les Français qui spontanément se sont joints à général de Gaulle chef incontesté de la Résistance qui groupe plus que jamais tout le pays derrière lui – N'admettons en aucun cas que ralliement responsable trahison politique et militaire soit considéré comme excuse crimes passés – Demandent instamment que destinée nouvelle Afrique du Nord libérée soit remise au plus tôt entre mains général de Gaulle – FIN. »

Pour la première fois les signatures des trois grands Mouvements de zone non occupée voisinaient avec celles de deux syndicats et, plus remarquable encore, de divers partis politiques qui avaient pignon sur rue en 1939 (à l'exception du PCF, de l'Alliance démocratique et du PSF de François de La Rocque). Les termes du télégramme – on reconnaît bien la patte de Moulin – avaient été pesés avec soin. Rien ne manquait : la condamnation du hiérarque vichyssois qualifié de traître, le salut fraternel adressé aux soldats alliés, l'espérance d'un prochain débarquement où les résistants sauraient montrer ce dont ils étaient capables militairement, derrière le « chef incontesté », De Gaulle, à qui devait revenir le pouvoir en Afrique du Nord. Le général Giraud n'avait pas été oublié, mais il était soigneusement glissé parmi tous les Français censés se ranger derrière De Gaulle. Le texte était suffisamment explicite, suffisamment gaullien également, pour que les services britanniques, après en avoir – comme c'était la règle – pris connaissance, en aient interdit la diffusion à la BBC.

La presse clandestine française défendit des positions sinon identiques, du moins voisines. Ses rédacteurs, il est vrai, éprouvaient plus de difficultés à se retrouver dans le maquis des informations censurées et à interpréter l'avalanche des événements. Les journaux clandestins saluaient donc en termes très chaleureux le succès militaire que représentait le débarquement et ils traînaient plus bas que terre Darlan, l'homme qui avait notamment signé avec Abetz, les 27 et 28 mai 1941, les « Protocoles de Paris », textes portant à son sommet la collaboration d'Etat : « ce marin d'antichambre, ce lâche et ce traître » selon *Combat*, « le plus sûr artisan de la trahison française » selon *Libération-Nord*. Tous dénonçaient « la sinistre pantomime » (*Combat*) qui lui avait permis, en retournant sa veste, d'apparaître comme politiquement indispensable. Il faut tout de même noter que *Défense de la France* portait à son crédit d'avoir « politiquement, par sa présence, peut-être malgré lui, rendu service à la cause française en ralliant ceux qui combattent les Allemands ». Ajoutons que la plupart présentaient De Gaulle comme le chef politique nécessaire en Afrique du Nord.

La Résistance intérieure n'avait pourtant pas plus de prise que la France Libre sur l'évolution de la situation. Les réseaux de soutien de l'une et de l'autre étaient très maigres à Alger ; leurs militants ou sympathisants, souvent internés, étaient en tout cas surveillés de près. De surcroît, en Algérie, les notables et une partie du petit peuple urbain étaient pétainistes, entre autres raisons parce que la Révolution nationale – appliquée de manière particulièrement stricte (notamment dans la mise en œuvre de la loi « portant statut des juifs ») – en garantissant un certain ordre politique et social (voir Jacques Cantier, *L'Algérie sous le régime de Vichy*, Odile Jacob, 2002) semblait tenir en lisière les mouvements nationalistes. En fait, l'audience de ces derniers était très réduite, même si la déroute des armées françaises, la succession de batailles de légitimité, l'établissement de fait d'un protectorat américain avaient entamé le crédit de la France du côté des Algériens.

Darlan avait conforté son autorité plus aisément qu'on aurait pu le croire au 8 novembre. Il ne manquait certes pas d'adversaires, voire d'ennemis. Mais comme c'était bien à lui, et non à Giraud, que l'armée obéissait, les Anglo-Saxons pouvaient escompter qu'il saurait mobiliser sur place un nombre appréciable d'hommes dans la campagne de Tunisie. Celle-ci s'annonçait difficile, car les forces conjointes de Erwin Rommel et de Jurgen von Arnim infligeaient d'abord aux contingents américains inexpérimentés des revers sérieux. Sans doute Darlan s'était-il montré incapable de se faire obéir de ses anciens subordonnés de la flotte de haute mer, puisque l'amiral Godfroy à Alexandrie et encore plus l'amiral Laborde à Toulon avaient refusé de suivre ses récentes directives. Mais il avait reçu l'aval de Noguès, résident au Maroc, puis, le 23 novembre, celui du gouverneur Pierre Boisson qui s'était déplacé à Alger. Celui-ci – on s'en souvient – avait fait échouer, en septembre 1940, l'expédition gaullo-churchillienne sur Dakar et détenait les clés de l'A-OF. L'un et l'autre acceptaient la fiction d'un Darlan gouvernant au nom du « Maréchal empêché ». En Algérie, pour donner à son proconsulat un air supplémentaire de légalité, Darlan, qui déclarait qu'il « était nécessaire de maintenir en Afrique le principe de souveraineté légale française et de barrer la route à la dissidence », avait non seulement mis en place un Conseil impérial, mais décidé que les ordonnances seraient libellées comme « lois d'Etat », promulguées « au nom du Maréchal ».

Un certain ordre régnait donc à Alger. Pourtant Darlan dut admettre à la mi-décembre, à l'instigation des Américains, qu'il lui fallait apporter quelques allégements à la législation vichyssoise. C'est que les protestations de la France Libre marquaient quelques points. Elle avait su, au nom de la morale politique, susciter des campagnes de presse qui s'étaient révélées efficaces, mobiliser une fraction de l'Establishment contre le scandale Darlan, en Grande-Bretagne comme aux Etats-Unis. Roosevelt, qui ne pouvait méconnaître totalement les réserves exprimées à plusieurs reprises par Churchill contre l'intronisation de Darlan, avait dû concéder dans une longue déclaration embarrassée du 17 novembre, que l'accord conclu avec l'amiral était « un expédient temporaire uniquement justifié par les nécessités de la bataille ». Mais, en privé, il ne cachait pas que le temporaire pourrait durer, citant un proverbe d'Europe centrale disant à peu près qu'il fallait, si l'on franchissait un cours d'eau sur le dos du diable, y rester jusqu'à l'autre rive. Les références au diable s'imposaient d'ailleurs dans les échanges épistolaires entre alliés puisque, de son côté, Staline, lui aussi partisan de la Realpolitik, écrivait à Roosevelt le 13 décembre que « la diplomatie de guerre doit savoir utiliser pour des buts de guerre non seulement des Darlan mais aussi le diable et sa grand-mère ». Bref, résistants et Français libres devaient encore ronger leur frein.

L'assassinat de l'amiral de la flotte – qui fut considéré par certains comme une « exécution » (c'est le terme qu'utilise De Gaulle) – modifiait pour partie la donne franco-française, en supprimant une troisième voie éventuelle qui, entre vichysme et gaullisme, aurait fondé sa légitimité sur le commandement d'un Empire, composé du Maghreb et peut-être de l'A-OF participant de nouveau à la guerre contre l'Allemand. Si Darlan, pragmatique, ambitieux, méthodique, n'est pas un personnage bien mystérieux, sa mort, malgré une littérature profuse, demeure pour partie une énigme. Les circonstances de cette mort non plus que l'identité du meurtrier ne font pas problème ; manquent le ou les noms du ou des commanditaires, s'ils existent. L'essentiel demeure l'appréciation des retombées politiques de sa disparition auxquelles Moulin allait devoir réagir.

Le 24 décembre 1942, vers 15 heures, Darlan, qui s'apprêtait à regagner son bureau, était abattu de deux balles. L'assassin, Fernand Bonnier de La Chapelle, un jeune Algérois de vingt-deux ans qui avait participé aux événements de la nuit du 7 novembre, venait de s'engager dans les rangs des Corps francs d'Afrique. Arrêté, il était condamné à mort quarante-huit heures plus tard, après une instruction bâclée et une parodie de jugement, puis exécuté, sa grâce ayant été refusée par Giraud, qui, décidé à sanctionner le meurtre d'un grand chef, était peu désireux de voir étalés au grand jour les résultats d'une enquête dont on ne pouvait prévoir les rebondissements.

Quels étaient les commanditaires ? Sur ce point, deux thèses s'affrontent : la première voudrait que la mort de l'amiral ait été programmée et exécutée à l'intérieur d'un petit cercle de jeunes hommes révoltés par le maintien d'un responsable de Vichy, chantre de la Collaboration ; ils auraient agi *motu proprio*. Elle a été reprise par l'historien Jean-Baptiste Duroselle (*L'Abîme*) comme par Charles De Gaulle, qui, le 23 janvier 1963, répondant à la question d'Alain Peyrefitte (*C'était De Gaulle*, Editions de Fallois/ Fayard, tome 1, 1994) « Vous étiez au courant ? », affirmait : « Non, pas de ce projet. Mais je savais bien que Darlan serait exécuté un jour ou l'autre. Pour moi, la chose était comme faite. Si ce n'avaient pas été ces quatre-là, c'en aurait été d'autres. Cette exécution avait un caractère spontané et élémentaire. » La seconde thèse, qui paraît plus vraisemblable, fait agir dans la coulisse des personnalités prises à contre-pied par la consolidation du pouvoir de Darlan, puisque les Anglo-Saxons paraissaient bel et bien maintenir cet « expédient provisoire ». Faute de solution légale, il fallait alors recourir à l'assassinat, en manipulant ce groupe de jeunes résistants décidés à tout. Le nom le plus souvent cité, à l'époque déjà, est celui de Henri d'Astier de La Vigerie, dont on a dit la forte personnalité, l'hostilité à l'Allemagne et qui, avec une sensibilité monarchiste, aurait œuvré pour le comte de Paris. Car le prétendant au trône de France quittait à ce moment précis le Maroc espagnol pour rejoindre secrètement Alger.

Plus tard, on crut déceler dans le complot l'inévitable action des services secrets britanniques. Très récemment, Jean-Luc Barré, dans *Devenir De Gaulle 1939-1945*, Perrin (2003), fait de l'entourage du général Giraud l'organisateur de l'exécution. Et c'est enfin le chef de la France Libre qu'on n'a pas manqué de dénoncer, ses adversaires les premiers, comme le véritable commanditaire du meurtre, lui qui avait envoyé en émissaire, à la mi-décembre, à Alger, le très gaullien général François de La Vigerie, frère d'Henri. L'inconvénient de cette dernière thèse, reprise récemment par Claude Huan et Hervé Coutau-Bégarie dans leur biographie de *Darlan* (Fayard, 1989), est qu'elle est bien tardive, qu'elle néglige le fait que l'assassinat ne faisait pas partie de la culture politique du Général et que, surtout, elle méconnaît le risque qu'il aurait pris : le moindre soupçon aurait justifié la gaullophobie de Roosevelt comme les méfiances de Churchill. Et, de fait, aucun responsable anglo-saxon ne chercha alors à imputer une pratique aussi expéditive au chef de la France Libre.

L'amiral, « mort pour la France », eut droit à des obsèques solennelles. Si cette mort fut regrettée très officiellement – on n'avait sans doute aucune envie de lancer la mode des meurtres politiques –, elle fut commentée de façon officieuse sur un registre plutôt cynique. Par Clark lui-même : « La mort de Darlan fut selon moi un acte de la Providence [...]. Lui chassé de la scène, l'abcès était crevé. Il avait fini de jouer son rôle. » Churchill se montra encore plus explicite : « Le meurtre de Darlan délivre les Alliés de l'embarras que lui causait sa coopération en leur

laissant tous les avantages qu'il avait pu leur procurer. »
La presse de la Résistance adopta, elle, un ton relativement distancié, désapprouvant le meurtre comme instrument politique, sans pleurer pour autant l'amiral, comme
dans *Le Populaire* clandestin : « On est bien obligé de
reconnaître que Darlan a trahi la France, qu'il a été pendant deux ans le bourreau du peuple français et qu'il a
fini par trahir également son maître allemand et Pétain
lui-même. Réservons donc nos larmes pour d'autres
victimes. »

Cette disparition modifiait la situation. Les Américains
agirent vite. Echaudés par le précédent Darlan, ils brisè-
rent net les velléités du prétendant au trône qui voulait
mettre en place un gouvernement d'union nationale dont
De Gaulle aurait été le Premier ministre et Giraud le chef
des armées : on le pria de regagner immédiatement ses
terres d'exil au Maroc espagnol. Après quoi, le Conseil
impérial mis en place par Darlan fut sommé de reconnaître en Giraud « le seul choix possible », lui décernant
le 26 décembre, le titre de « Commandant en chef civil et
militaire en Afrique du Nord ».

La disparition de l'amiral à la fois simplifiait et compliquait la tâche de la France Libre, et donc celle de Moulin.
Ce qui clarifiait relativement les positions, c'est que le
régime de Vichy et « le Maréchal » lui-même avaient vu
durant cette période leur crédibilité singulièrement
réduite tandis que s'accentuait leur dépendance à l'égard
du Reich. La politique de collaboration, promue par Darlan qui la présentait comme rentable, avait été *grosso
modo* continuée par Laval. L'opération Torch mit gravement à mal cette ligne de neutralité qui avait toujours été
dissymétrique. Vichy, pour la maintenir tout en affirmant
– ce qui était primordial – sa légitimité, devait en tout cas
défendre ce qui restait de l'Empire. Pétain ne s'y trompait
pas dans un message envoyé par Roosevelt au matin du
8 novembre : « J'ai toujours déclaré que nous défendrions
notre Empire s'il était attaqué. Vous saviez que nous le
défendrions contre tout agresseur. » Et d'une manière qui

restait cohérente avec ses choix antérieurs, Pétain répétait : « J'avais donné l'ordre de se défendre contre l'agresseur ; je maintiens mon ordre. » Avant de désavouer officiellement Darlan.

Entre-temps, Laval, convoqué à Berchtesgaden, repoussait, certes, une offre de cobelligérance contre les Anglo-Saxons mais, pressé par Hitler, lâchait du lest et confirmait l'ordre de faciliter l'installation d'un corps expéditionnaire allemand en Tunisie. Celui-ci opéra d'autant plus aisément sa jonction avec les troupes de Rommel que les Anglais avançaient fort lentement et que la majeure partie des responsables français sur place, méfiants vis-à-vis des Anglo-Saxons, se réfugiaient dans l'attentisme. Ce geste ne suspendait pas pour autant, en France, le déclenchement de l'opération Anton, à savoir l'occupation par les Allemands de la zone sud, qui intervenait le 11 novembre (Hitler avait le sens des anniversaires !). Le nouveau ministre de la Guerre, le général Bridoux, ayant interdit toute manifestation d'opposition à ce coup de force, l'armée d'armistice ne réagit pas, à l'exception du général Jean de Lattre de Tassigny qui partit de Montpellier avec son état-major, avant d'être arrêté, dans une tentative de résister dont Moulin faisait une relation très détaillée dans son courrier du 25 novembre. A noter que, malgré leurs demandes pressantes adressées aux militaires, les responsables des Mouvements ne récupérèrent – et encore à grand-peine – que le quart des armes qui avaient été stockées et cachées dans cette zone par l'armée d'armistice durant l'été 1940. Et, comme le déplora, le 27 novembre, Jean Moulin, les « démarches [auprès du Service des menées antinationales, un organisme vichyssois] pour faire élargir prisonniers politiques à l'arrivée Allemands zone non occupée ont échoué ». L'ex-zone non occupée était bien baptisée par le Reich, pour les besoins de la cause, « zone d'opérations » – et non d'occupation – comme si pouvait se maintenir jusqu'au bout la fiction d'un Etat souverain. Il n'en reste pas moins que Vichy, gouvernement d'un Etat vassalisé, prenait des allures de fantoche, même si Laval se voulait martial, déclarant ainsi le 13 décembre devant la presse : « Je renverserai impitoyablement tout ce qui, sur ma route, m'empêchera de sauver la France [...]. La victoire de l'Allemagne empêchera notre civilisation de sombrer dans le communisme. La victoire des Etats-Unis serait le triomphe des juifs et du communisme. Quant à moi j'ai choisi. »

Les 26 et 27 novembre, la Wehrmacht, qui avait déclenché l'opération Lila, désarmait l'armée d'armistice, toujours sans coup férir, et investissait Toulon. L'amiral Laborde choisissait alors d'envoyer par le fond le gros de la flotte de haute mer plutôt que de rejoindre l'Afrique du Nord (à l'exception de 5 sous-marins, dont l'un préféra être désarmé en Espagne et un autre se saborder en pleine mer). Notons au passage que, à l'époque, presque toute la presse clandestine et De Gaulle, lui-même, virent dans ce sabordage un acte « héroïque ». Au total, en quinze jours, les hommes de Vichy avaient perdu presque tous les moyens de marchandage dont ils avaient absolument besoin s'ils voulaient maintenir la politique du « donnant-donnant » défendue tout au long de l'année 1941 dans le cadre de la collaboration d'Etat. Si la flotte française avait perdu de son importance stratégique (car elle ne disposait pas de porte-avions et ne représentait plus que 6 % du tonnage mondial), l'Empire demeurait, lui, un enjeu majeur ; or, il avait rallié progressivement la ligne Darlan.

L'impuissance du régime éclatait au pire moment, alors que le Reich s'engageait dans « la guerre totale » et qu'il pressait Vichy d'accélérer les réquisitions de main-d'œuvre qui avaient débuté quelques mois auparavant. Ni Fritz Todt, ni son successeur Albert Speer n'avaient pu obtenir du Führer que toutes les énergies allemandes soient mobilisées ; les Gauleiter, soutenus par Hitler, se refusaient pour des raisons politiques à demander des efforts excessifs au *Volk* allemand, et notamment aux femmes. Comme la Wehrmacht avait besoin de plus en plus d'hommes, restait la solution d'une utilisation systé-

matique de la main-d'œuvre des pays vaincus. C'est ce
à quoi s'employa le Gauleiter de Thuringe, Fritz Sauckel, un nazi sans états d'âme, nommé le 21 mars 1942
« plénipotentiaire au recrutement et à l'emploi de la
main-d'œuvre ». Il exigeait immédiatement un premier
transfert de 250 000 ouvriers français dans le Reich. Laval
parvint dans un premier temps à faire admettre le retour
d'un prisonnier pour trois travailleurs partant sur la base
du volontariat : c'est la « Relève » annoncée le 22 juin
1942. Puis, comme Sauckel s'apprêtait à décréter la mobilisation de toute la main-d'œuvre masculine et féminine
et le recensement de la population de 18 à 55 ans dans
toute l'Europe occupée, Laval prenait les devants en pro-
mulguant, le 4 septembre, une sorte de loi-cadre, la loi
« relative à l'utilisation et à l'orientation de la main-
d'œuvre, » pour « faciliter l'exécution de tous travaux que
le gouvernement jugera utile dans l'intérêt supérieur de
la nation ». Pouvait y être astreinte toute personne de sexe
masculin âgée de plus de 18 ans et de moins de 50 ans et
toute personne du sexe féminin, célibataire, âgée de plus
de 21 ans et de moins de 35 ans. La propagande continuait de vanter les avantages du volontariat (et on notera
qu'il y eut jusqu'en 1944 quelque 250 000 volontaires dont
un quart de femmes, ce qui n'est pas rien). Mais très vite,
dès octobre 1942, comme l'occupant se plaignait du défi-
cit de spécialistes, un certain nombre d'établissements
eurent à désigner parmi les ouvriers des « volontaires
requis », des volontaires forcés.

Ces ponctions répétées de main-d'œuvre avaient renforcé les rangs des déçus du pétainisme, qui étaient
demeurés jusque-là dans l'expectative, parce que, entre
autres raisons, ils croyaient à un double jeu pratiqué par
Philippe Pétain. Il devenait clair que la stratégie hexagonale défendue contre vents et marées depuis juin 1940
ne leur offrait plus que la perspective d'une révolution
culturelle qui, certes devait les régénérer, mais leur refusait toute participation à des combats censés n'engendrer
que le désordre, ce mal absolu. En faisant le choix, qui

fut alors décisif, de ne pas rejoindre l'Afrique du Nord, comme l'y poussait pourtant une fraction de son entourage, Pétain commettait, aux yeux d'une partie de l'opinion éclairée, une très grave faute politique qui le délégitimait, lui que la presse clandestine qualifiait de plus en plus souvent de « sinistre vieillard ». Cette prise de conscience incitait ceux que les historiens classent comme des « vichysto-résistants » à basculer dans la dissidence, en passant, pour nombre d'entre eux, par une sorte de sas giraudiste. Ces déçus du pétainisme formèrent – on l'oublie trop – la quatrième famille de résistants, et peut-être la plus nombreuse, après la gaullienne, la communiste et celle des premiers militants des Mouvements.

*

D'un autre côté et dans le même temps, la situation de la France Combattante se compliquait. Dès la mi-novembre, Moulin avait perçu quelle partie se jouait entre Giraud et De Gaulle et pour apprécier la lucidité dont il fit preuve malgré la distance et les difficultés de l'information, il faut préciser quelle était la position de chacun des deux rivaux et leur latitude d'action par rapport au grand allié américain.

Les Américains parlaient de plus en plus en maîtres – ce qui obligeait la France Combattante à compter avec eux. Face à une situation politique inattendue et sans doute déroutante pour lui, Eisenhower lorsqu'il avait reconnu Darlan comme l'interlocuteur privilégié avait somme toute appliqué la doctrine éprouvée, définie par son gouvernement : traiter dans tous les cas, sans considérations idéologiques, avec les « autorités locales ». Le choix de Darlan avait paru le plus efficace. Dans un premier temps, Roosevelt qui, à la différence de Staline et de Churchill, laissait une grande latitude d'action à ses généraux, avait donc approuvé le *Darlan's deal*, même s'il avait dû – nous l'avons vu – admettre sous la pression d'une partie de son opinion publique que ce serait un expédient temporaire.

Mais de ce fait, les rapports entre la France Libre et une bonne partie de l'Administration américaine et surtout Roosevelt n'avaient cessé de se tendre. L'échec anglo-gaullien devant Dakar, en septembre 1940, échec dont on avait tenu pour responsables les hommes de la France Libre, avait déjà suscité la défiance d'une partie de l'Administration et des responsables de l'armée américaine, notamment celle de George Marshall, le patron des forces des Etats-Unis. Puis cela avait été l'expédition de trois corvettes des forces navales de la France Libre, commandées par l'amiral Muselier : le 24 décembre 1941, les fusiliers marins, certes accueillis par la majorité des îliens dans l'allégresse, avaient débarqué, malgré le veto américain, à Saint-Pierre-et-Miquelon. Ce qui n'était au départ qu'une affaire secondaire avait pris des proportions démesurées, d'autant que le secrétaire d'Etat, Cordell Hull, estima que l'entreprise allait inutilement envenimer les relations avec Vichy que le Département d'Etat entendait ménager et y vit, de surcroît, un affront personnel infligé par des trublions, des « soi-disant Français Libres ». Et si Roosevelt chargeait, en juillet 1942, l'amiral Stark de représenter les Etats-Unis auprès de Charles De Gaulle, cette nomination ne signifiait pas qu'il reconnaissait dans le chef de la France Libre le porte-parole des intérêts français, car les relations avec Vichy n'étaient pas rompues.

De Gaulle, pour sa part, nourrissait des sentiments ambivalents à l'égard des Etats-Unis, même s'il reconnaissait sans réserves que leur entrée en guerre était le fait décisif d'une lutte devenue planétaire. N'avait-il pas déclaré devant Passy, après Pearl Harbor : « Maintenant la guerre est définitivement gagnée ! Et l'avenir nous prépare deux phases : la première sera le sauvetage par les Alliés ; quant à la seconde, je crains que ce soit une grande guerre entre les Russes et les Américains... » S'il admirait la puissance des Etats-Unis, notamment industrielle, il n'avait jamais éprouvé d'attirance pour ce pays qui s'était développé, selon lui, sans bâtir une véritable nation, et dont la culture, à tous les sens du terme, lui était parfaitement étrangère. Il consentit pourtant quelques efforts pour tenter d'amadouer Roosevelt : il proposa à l'armée américaine des bases militaires en A-EF, accepta un *modus vivendi* en Nouvelle-Calédonie, où un conflit avait opposé Thierry d'Argenlieu et le général Patch, et envoya plusieurs missions outre-Atlantique. Après une tournée de conférences d'Emmanuel d'Astier de La Vigerie outre-Atlantique, en juin 1942, André Philip fut chargé, en octobre, de rencontrer Roosevelt. L'affaire parut suffisamment importante pour que Moulin fût prié de demander à Edouard Herriot, *persona grata* auprès de l'Administration américaine, d'écrire une lettre de recommandation au Président. Mais Philip, s'autorisant notamment de sa bonne pratique de l'anglais, entreprit de faire la leçon au maître de la Maison-Blanche, et les interlocuteurs sortirent tous deux exaspérés de l'entretien.

Roosevelt, en tout cas, avait acquis progressivement la conviction que De Gaulle était une sorte de *diva* nombriliste se prenant – entre autres – pour Jeanne d'Arc, un apprenti dictateur, et – à ce titre – dangereux. C'est ce que d'ailleurs lui répétaient nombre de personnalités parmi les 2 000 Français réfugiés ou exilés aux Etats-Unis, et notamment Alexis Léger (en poésie Saint-John Perse), l'ancien secrétaire général du Quai d'Orsay, très écouté dans les milieux officiels. Roosevelt en vint même à déclarer à sa femme, en revenant d'Anfa, que ce De Gaulle était tout bonnement un fanatique de tendance fasciste.

Leur nationalisme et leur culture politique aggravaient l'animosité qu'ils ressentaient l'un vis-à-vis de l'autre, comme l'a souligné Mario Rossi dans *Roosevelt and the French* (Connecticut/ Praeger, 1994). Pour le président américain, la légitimité dont se réclamait à cor et à cri De Gaulle n'aurait pu relever que d'un contrat juridique et de la seule légalité sortie des urnes. Les vaticinations sur une légitimité nourrie de la mystique de l'histoire, exaltant la

spécificité de la nation France, lui paraissaient dénuées
de sens et d'autant plus ridicules qu'à ses yeux la France,
incapable de se relever de la déroute de 40, avait cessé
d'être une grande puissance. Il était donc insupportable
de voir ces Français Libres, qui se prenaient pour la
France éternelle, prétendre contrecarrer les plans des
Etats-Unis, critiquer leur politique à l'endroit de Vichy,
régime qu'ils ne cessèrent de courtiser jusqu'au printemps
de 1943 dans l'espoir de freiner sa collaboration avec le
Reich. Le 6 juin 1942, De Gaulle avait fait à son représentant aux Etats-Unis, Adrien Tixier, cette mise au point :
« Tout se ramène au fond à un impérialisme croissant
pour ce qui concerne les Etats-Unis et à un désir élémentaire de réalisme colonial au moment propice pour ce qui
concerne l'Angleterre. »

En effet, la situation se compliquait pour la France
Combattante dès lors que Churchill lui aussi se mettait
de la partie comme on peut le voir dans l'ouvrage plein
de malice de François Kersaudy, *De Gaulle et Churchill*
(Plon, 2001). Il arrivait encore au Premier britannique,
plus porté que De Gaulle aux effusions, de s'épancher. Le
8 novembre 1942, dans son français à l'accent inimitable,
il promettait : « Vous avez été avec nous dans les pires
moments de la guerre. Nous ne vous oublions pas dès lors
que l'horizon s'éclaircit [...]. Nous descendrons ensemble
les Champs-Elysées. » Pourtant au fil des mois le capital
d'estime réciproque, incontestable – nous le savons – dans
les débuts de la France Libre, s'était érodé, sous l'effet du
caractère ombrageux de l'un, des réactions impulsives de
l'autre, et bien plus encore, dans la confrontation d'intérêts nationaux divergents.

Si, personnellement, il exécrait Pétain et l'Etat français, Churchill laissa le plus souvent les généraux, voire
les proconsuls de Sa Majesté, traiter sur le terrain les
hommes de Vichy avec bienveillance, sans égard pour
les intérêts de la France Libre, par exemple au Levant en
juillet 1941. Le général vichyssois Dentz avait dû concéder l'armistice de Saint-Jean-d'Acre à la fin d'une cam-

pagne déclenchée par le fait que Vichy avait consenti, en mai, des facilités à la Luftwaffe pour aider en Irak la révolte nationaliste de Rachid Ali Al-Gaylani. Les Britanniques, qui, avec l'aide des Forces Françaises Libres, avaient eu quelque mal à l'emporter, autorisèrent alors 25 000 soldats se réclamant du Maréchal à regagner la France et l'Afrique du Nord, avec leurs armes personnelles, alors que 6 000 de leurs ex-camarades eurent, eux, les plus grandes difficultés, malgré « un accord interprétatif » arraché par De Gaulle, à opter pour les Forces Françaises Libres. Cette indulgence pour les « traîtres » était inadmissible aux yeux du chef de la France Libre et il en rajoutait en dénonçant ce qu'il considérait comme le fruit des intrigues tortueuses du Colonial Office toujours prêt à dépecer l'Empire français. De Gaulle était notoirement soupçonneux – mais il avait bien quelques raisons de l'être, ayant perçu à plusieurs reprises que la France Libre était délibérément tenue à l'écart quand on programmait la reconquête de possessions de l'Empire français, comme ce fut encore le cas à Madagascar investie en mai 1942 par les seuls Anglais. Ces manœuvres britanniques ne pouvaient que contrebattre le dessein, constamment affirmé par Charles De Gaulle, de remettre tout l'Empire français, placé – cela allait sans dire – sous la gouverne de la France Libre, dans la guerre. Churchill, de son côté, interprétait les déclarations fracassantes, voire provocatrices de Charles De Gaulle comme autant d'indices d'anglophobie. Les incidents du Levant empoisonnèrent ainsi d'autant plus les relations franco-britanniques, que Churchill et les responsables du Colonial Office, jouant la carte arabe, prônaient la tenue d'élections libres au Liban et en Syrie, deux pays jusque-là sous mandat français, auxquels, certes, la France Libre venait d'accorder l'indépendance, mais à la vérité une indépendance plus théorique que réelle. Ajoutons que De Gaulle soupçonnait Churchill – et il n'avait pas tout à fait tort – de s'immiscer dans les affaires internes de la France Libre en cherchant à diluer son autorité.

On comprend donc que se soient multipliés les affrontements, et que Churchill, lors d'une rencontre particulièrement houleuse, le 30 septembre 1942, ait pu s'écrier : « Vous pensez être la France ! Vous n'êtes pas la France ! Je ne vous reconnais pas comme la France ! » A quoi De Gaulle aurait rétorqué, si l'on en croit ses *Mémoires* : « Pourquoi discutez-vous de ces questions avec moi si je ne suis pas la France ? » Bien plus, pour faire face à la grogne d'un certain nombre de députés, Churchill se livrait lors de la séance secrète du Parlement du 10 décembre à une véritable diatribe contre « l'apôtre de l'anglophobie », qui se terminait sur ce conseil : « Je ne vous recommanderai pas de fonder tous vos espoirs et votre confiance en cet homme, et encore moins de croire qu'à l'heure actuelle, notre devoir serait de lui confier les destinées de la France... »

Ce n'était pas tout. Il allait de soi que, pour l'Angleterre, qui avait assumé seule les dix-huit premiers mois du conflit, l'entrée en guerre des Etats-Unis avait été un immense soulagement. Churchill était convaincu qu'il fallait coûte que coûte maintenir deux lignes : conforter dans le moyen terme la solidarité anglo-saxonne (on sait qu'elle allait pleinement s'exprimer le 4 juin 1944 dans la tirade bien connue : « Sachez-le ! Chaque fois qu'il faudra choisir entre l'Europe et le grand large, nous serons toujours pour le grand large » et d'ajouter : « Chaque fois qu'il me faudra choisir entre vous et Roosevelt, je choisirai toujours Roosevelt ») et, second impératif, établir des liens personnels les plus étroits possible avec le cher mais un peu capricieux F.D. Roosevelt. Ayant accepté, comme l'écrit François Kersaudy, de devenir un « second violon », le Premier ministre ne tenait vraiment tête à Roosevelt que pour défendre la survie de l'Empire britannique que son interlocuteur estimait, lui, archaïque et facteur de guerres à venir. De Gaulle ne manqua pas, précisément à propos de l'opération Torch, de le tancer : « Vous vous mettez à la remorque des Etats-Unis [...]. C'est à vous de prendre la direction morale de cette guerre [...]. Je

comprends mal que vous, Anglais, passiez aussi complètement la main dans une entreprise qui intéresse l'Europe
au premier chef. » En tout cas, Churchill était, sinon prêt
à sacrifier De Gaulle à Roosevelt, du moins décidé à
empêcher que les foucades gaulliennes n'altérassent les
liens tissés entre les deux leaders anglo-saxons, même si
une partie du cabinet, et notamment Anthony Eden,
devenu le patron du Foreign Office, restait favorable à la
France Libre.

A dire vrai, De Gaulle était plutôt désarmé devant
l'évolution des rapports de force. Après un nouvel affrontement avec le Premier britannique, il était même
amené – et ce n'était pas de gaieté de cœur – à poser, le
1er octobre 1942, une véritable question de confiance aux
membres du Comité national : « Si vous croyez que ma
présence à la tête du Comité national est nuisible à la
France, c'est votre devoir de me le dire et je me retirerai. »
La proposition fut évidemment rejetée à l'unanimité. Tout
en faisant de plus en plus souvent appel à l'opinion, il
était parfois contraint de menacer de se retirer sous sa
tente, parlant de se replier en A-EF, ou de se cloîtrer dans
la campagne anglaise, comme en mars 1943. Il avait
même, le 6 juin 1942, effectué une démarche pour
demander à Alexandre Bogomolov, l'ambassadeur soviétique auprès de la France Libre, si l'URSS accueillerait
cette dernière, évidemment en tout bien tout honneur.

Dans l'immédiat, Londoniens comme résistants
devaient résoudre la question Giraud, car la querelle des
généraux se profilait. Le général à cinq étoiles Henri
Honoré Giraud, auréolé par une évasion de la forteresse
de Königstein que son âge – soixante-trois ans – rendait
encore plus remarquable, avait bien fait allégeance à
Pétain, en signant le 4 mai 1942 une lettre l'assurant de
son « absolu dévouement », quand il avait regagné la
France après son évasion. Mais il avait alors refusé de se
plier au Diktat allemand et, à la différence de Darlan, il
n'avait trempé d'aucune manière dans la collaboration
d'Etat. Il avait toutes les raisons d'être parrainé par les

Américains. C'était un baroudeur, un meneur d'hommes, qui, n'ayant probablement pas éprouvé le besoin de lire Clausewitz, proclamait *urbi et orbi* qu'il tenait pour nulle « la politique ». Il avait pourtant – bien entendu – quelques idées sur le sujet : un anticommunisme primaire, la détestation du Front populaire, le rejet des « pékins », des civils. C'était un autre Weygand, aussi imbu de la culture de la hiérarchie militaire, en moins intelligent. Ses premiers contacts avec des émissaires de la Résistance, Claude Bourdet notamment, avaient été peu concluants, tant ses propos avaient été évasifs et ses projets pichrocholins.

Moulin, qu'il avait refusé de recevoir, perçut immédiatement, quant à lui, les risques du personnage : ayant commis la faute politique de servir sous Darlan, Giraud pouvait, se prenant pour le nouveau patron des armées françaises, devenir un rival dangereux pour De Gaulle confiné à Londres. Il note dans son courrier du 14 décembre que des « milieux militaires encore réticents à l'égard du général de Gaulle [...] considéraient Giraud comme plus près de leurs aspirations », en ajoutant qu'un « certain nombre d'entre nous pour avoir assisté aux manœuvres du général Giraud en territoire national persistait [...] à penser que son cas méritait d'être suivi de près ». Il avait pris alors pris une double initiative : il avait envoyé aux gouvernements américain et britannique le télégramme cité *supra* tout en s'efforçant d'agir sur l'entourage de Giraud demeuré en France, en particulier sur son second, comme l'atteste son télégramme du 15 novembre : « Ai eu hier très long entretien avec colonel de Linarès sous-chef état-major 14ᵉ région chargé 2ᵉ bureau – Linarès est bras droit général Giraud dont il a organisé l'évasion – Ai montré erreur criminelle Giraud n'avoir pas rallié de Gaulle immédiatement et conséquences catastrophiques pour unité Résistance et avenir pays – Semble avoir compris et envisage accord et même venue général de Gaulle en Algérie – Linarès a vif désir rejoindre Giraud mais n'a aucun moyen – Estime serait bonne politique faciliter voyage à Londres où rencontrerait de Gaulle – Si d'accord Leo [Yvon Morandat] céderait sa place [pour la prochaine opération Lysander] – Si impossible cette lune opération prochaine lune... » Cinq jours plus tard, il revenait à la charge en câblant : « Tous mouvements et partis unanimes derrière général de Gaulle demandent la plus grande fermeté à l'égard envoyé général Giraud qui doit faire acte obédience. »

Linarès put gagner Londres, où il déclara, notamment à Passy, qu'il fallait chasser Darlan et trouver un terrain d'entente avec De Gaulle. Mais ses bonnes dispositions s'évanouissaient lorsqu'il eut rejoint Alger et l'entourage de Giraud. Dès le 25 décembre, alors que Darlan n'était pas encore inhumé, De Gaulle télégraphiait à Giraud et lui proposait d'« étudier les moyens de grouper sous une autorité centrale provisoire toutes les forces françaises susceptibles de lutter pour [...] le salut de la France ». Il n'en reçut qu'une réponse dilatoire, l'émotion profonde suscitée par la mort de l'amiral rendant « l'atmosphère [...] actuellement défavorable pour une rencontre entre nous ». Sans doute le nouveau haut-commissaire avait-il fort à faire avec la succession de Darlan. Mais, surtout, il détestait en De Gaulle le côté rebelle et non conformiste, méprisant, aux dires de Claude Bourdet « les petites Forces Françaises Libres », lui qui se prévalait du soutien d'Eisenhower et Roosevelt.

Les événements d'Afrique du Nord, puis cette rivalité allaient peser sur certains des chefs de la Résistance. A cet égard, deux données – elles sont suffisamment primordiales pour que j'en reparle plus avant – doivent être gardées à l'esprit si l'on veut comprendre comment et pourquoi évoluent, dans les mois à venir, les rapports entre les « Grands » de la Résistance et Moulin. Les résistants – à l'instar des Français – ont en effet estimé que la réussite de l'opération Torch rendait crédible un débarquement sur les côtes françaises dès l'année 1943. Ce débarquement n'était pas seulement exigé de manière

impérieuse par Staline au titre du « second front » qui
soulagerait la pression de la Wehrmacht sur l'Armée
rouge, mais prédit par Churchill en personne « avant la
chute des feuilles de l'automne » (il avait été prévu
l'emploi de 6 000 avions et la mise en œuvre de 48 divisions). Nous commettons le plus souvent une erreur
d'optique, parce que nous réfléchissons en fonction du
D Day, repoussé, comme on le sait, au mois de juin 1944.
Si quelques rares privilégiés furent informés de manière
très confidentielle – Moulin sera l'un d'eux lors de son
séjour londonien – du report de la mise en œuvre d'un
« second front », et seulement à la fin mars 1943, il fallut
attendre juin-juillet pour que la plupart des responsables
de la Résistance en fussent avertis. Or, la stratégie qu'ils
adoptèrent depuis l'automne 1942 et leurs réactions,
même pendant les six premiers mois de 1943, tenaient
compte du fait qu'ils croyaient que le combat ultime
interviendrait dans un avenir relativement proche.

La deuxième remarque est pour partie corrélée avec la
précédente : les retombées politiques de l'opération Torch
ont contribué à modifier les rapports de force entre les
Mouvements et la France Libre. La mémoire commune,
relayant la tendance dominante de l'historiographie, souligne volontiers que cette dernière a accompli dès 1942
des progrès décisifs. Il nous paraît plus judicieux de dire
qu'elle resta fragile au moins jusqu'en 1943, du fait en
particulier de sa dépendance à l'égard des Britanniques.
Sans doute depuis l'été 1942, connaissait-elle des jours
plus fastes qu'à ses débuts. Un nombre plus élevé de personnalités demandaient à rejoindre Londres ou acceptaient de le faire après avoir été approchées par un
émissaire de la France Libre, aussi bien les socialistes
André Philip et Félix Gouin que le PSF Charles Vallin. On
a vu précédemment que Emmanuel d'Astier mais aussi
Henri Frenay avaient fait, après Christian Pineau, un
voyage *ad limina*, contribuant à établir, entre les deux
bords de la Manche, un réseau de relations suivies. Ajoutons que, à Bir Hakeim, dans le désert libyen, en tenant

tête, du 26 mai au 10 juin, à Rommel dans des conditions difficiles pour ne pas dire désespérées, avant de pouvoir réussir une percée, les hommes de Koenig et partant les Forces Françaises Libres avaient remporté un véritable triomphe dans l'opinion publique.

Et puis, l'évolution des positions politiques proprement dites de Charles De Gaulle doit être soulignée. Le 15 novembre 1941 à l'Albert Hall de Londres, il rappelait que « l'article 2 de notre politique est de rendre la parole au peuple, dès que les événements lui permettront de faire connaître librement ce qu'il veut », en ajoutant : « Nous disons "Honneur et Patrie" entendant par là que la nation ne pourra revivre que dans l'air de la victoire et subsister que dans le culte de sa propre grandeur. Nous disons "Liberté, Egalité, Fraternité", parce que notre volonté est de demeurer fidèles aux principes démocratiques que nos ancêtres ont tirés du génie de notre race et qui sont l'enjeu de cette guerre pour la vie ou la mort... » En décembre 1941, il écrivait à Adrien Tixier : « Nous sommes fermement partisans des principes démocratiques tels que la Révolution française les a fait triompher en France et dans le monde. » Il prenait ainsi, définitivement ou presque, ses distances avec le gaullisme des débuts qui – on s'en souvient –, tout en se voulant apolitique, se trouvait revendiqué par des officiers et des coloniaux affichant des opinions véhiculées par la droite extrême. Ces derniers, Leclerc le tout premier, firent d'ailleurs connaître leur agacement pour ne pas dire leur irritation à l'égard d'une évolution qu'ils estimaient à même de « réveiller les discordes antérieures ». Au nom du Comité national français, De Gaulle ne se contentait plus de préciser les buts de guerre de la France Libre, mais définissait un programme pour l'après-Libération. Encore fallait-il que ces buts de guerre et ce programme fussent connus des responsables de la Résistance. Ce résultat doit être attribué à la ténacité de Christian Pineau qui l'avait poussé à sauter le pas en l'amenant, bon gré, mal gré, à adresser en mars 1942 une « déclaration aux

Mouvements de Résistance ». On se souvient que Pierre Brossolette avait incité Pineau à se rendre à Londres pour rompre l'isolement de son Mouvement, Libération-Nord, obtenir des moyens et qu'André Philip lui avait alors conseillé d'obtenir coûte que coûte du Général un texte-programme destiné aux Mouvements.

Christian Pineau avait été choyé à Londres sur la foi d'un rapport du 25 février où Rémy précisait : « il attend notre convocation pour se rendre à Londres, afin de se mettre aux ordres du général de Gaulle ». Le BCRA et De Gaulle croyaient qu'il apportait le ralliement des syndicalistes à la France Libre, ce que le capitaine Billotte confirmait à l'un de ses correspondants du SOE, le 6 avril 1942 : « L'arrivée à Londres par la voie des organisations de Résistance du mandataire des syndicats ouvriers et des communistes français [*sic*] venant se mettre aux ordres du général de Gaulle éclaire d'un jour nouveau la position. » La nouvelle était d'importance car, enfin, « le peuple » allait compenser « la trahison des élites » fustigée par le Général. Dans la lettre déjà citée du 22 juin 1942, adressée à Léon Blum par Georges Boris (Archives nationales 72AJ 220), ce dernier notait : « On a dit et c'est juste qu'il [De Gaulle] n'inclinait pas naturellement aux idées démocratiques. Il y est venu par raisonnement et par expérience, parce qu'il méprise les anciennes élites, parce qu'il a reconnu que tout ce qui était sain se trouvait dans le peuple. »

Christian Pineau eut des conversations d'ordre militaire avec Passy et politique avec De Gaulle. Ces dernières furent certainement les plus ardues et c'est seulement *in extremis*, au moment où, dans la nuit du 27 avril 1942, Pineau repartait vers la France, qu'il obtint de ramener un texte à peu près satisfaisant sinon pour ses amis syndicalistes qui redoutaient l'embrigadement des syndicats, du moins pour un certain nombre de responsables des Mouvements. Dans la version finale, la déclaration reprenait en les précisant et les accentuant différents points du discours prononcé à l'Albert Hall le 15 novembre 1941.

La souveraineté réside bien dans la nation et « Une fois l'ennemi chassé de chez nous tous les hommes et toutes les femmes [à noter, bien entendu] de chez nous éliront l'Assemblée nationale qui décidera souverainement des destinées du pays » ; c'est dans cette perspective qu'était soulignée la volonté « que l'idéal séculaire français de liberté, d'égalité, de fraternité soit désormais mis en pratique chez nous ». L'affirmation que la « sécurité nationale et la sécurité sociale sont, pour nous, des buts impératifs et conjugués » satisfaisait ceux qui accordaient de l'importance à la « question sociale » ; et ceux qui aspiraient à ce que la France libérée connût des lendemains tout neufs se retrouvaient dans l'avertissement donné que « tandis qu'il s'unit dans la victoire [le peuple] s'assemble pour une révolution ». Cela dit, De Gaulle, tout en acceptant – de mauvais gré – de fustiger encore plus vigoureusement Vichy, n'avait pas voulu céder sur le bien-fondé du parallèle, qui lui tenait à cœur, entre la IIIe République finissante – « un régime moral, social, politique, économique, a abdiqué dans la défaite après s'être lui-même paralysé dans la licence » – et le régime de Vichy – « Un autre, sorti d'une criminelle capitulation s'exalte en pouvoir personnel. » Mais si la première assertion choqua ceux qui continuaient de défendre l'ancien régime parlementaire – Edouard Herriot par exemple qui en conçut une vive rancune –, elle reçut inversement l'aval général des Mouvements.

Jean-Louis Crémieux-Brilhac, un Londonien devenu un remarquable historien, voit dans ce Manifeste l'un des trois textes fondamentaux du gaullisme politique, situé entre le discours du 18 juin et celui de Bayeux. La notation est peut-être exagérée, même si la déclaration adressée aux Mouvements marque une étape dans la définition du gaullisme gaullien. On y verra l'expression d'une maturation probable, à laquelle l'influence de la vie politique et sociale britannique n'était pas étrangère. Un peu plus tard, ces thèmes dorénavant gaulliens furent repris après un appel des morts, particulièrement émouvant (citant

« [les] combattants de Saint-Nazaire, tombés le couteau à la main, [les] fusillés de Nantes, Paris, Lille, Bordeaux, Strasbourg et d'ailleurs... »), dans un nouveau discours prononcé dans la rotonde de l'Albert Hall, le 11 novembre, en pleine pétaudière algéroise. Précisons que Henri Frenay et Emmanuel d'Astier, présents incognito, furent très impressionnés par cette profession de foi démocratique du Général.

L'année 1942 se marquait également par un renouvellement des équipes responsables de la propagande et de l'action politique en France occupée, notamment avec l'arrivée à la tête du commissariat à l'Intérieur du socialiste André Philip, flanqué de Georges Boris et du catholique de gauche Francis Louis Closon, tandis que la section non militaire du sein du BCRA était dirigée par Louis Vallon, assisté par Jacques Bingen, l'un et l'autre socialisants. Si ces nouveaux responsables ne « faisaient » pas de politique, comme il était de règle aussi bien au BCRA qu'au commissariat à l'Intérieur, leur culture les portait à des approches plus iréniques, moins crispées, que celles de leurs prédécesseurs.

La France Libre avait pris, le 29 juillet le nom de la France Combattante, témoignant ainsi que la Résistance intérieure devenait totalement partie prenante d'un combat commun. Jusqu'alors, les chefs des Mouvements des deux zones avaient été plutôt demandeurs et la nécessité d'obtenir des moyens pour se développer les avait finalement amenés à accepter la tutelle de Londres, Moulin ayant été un intermédiaire et plus encore un agent efficace de cette dépendance acceptée. Mais les rapports de force pouvaient évoluer. Ceux des résistants qui avaient fait le voyage londonien s'étaient déjà rendu compte des dissensions qui existaient entre la France Libre et ses alliés anglo-saxons, et qui étaient insoupçonnées – ou presque – en France. L'exécution de Darlan, son remplacement par Giraud et, dans la foulée, la querelle des généraux ouvraient de fait des espaces de manœuvre à ceux qui estimaient que les résistants étaient politiquement majeurs. Sans doute, la Résistance avait-elle été quasi unanime à condamner l'usurpation du pouvoir par Darlan. Sans doute, également était-ce bien De Gaulle que presque tous les journaux clandestins disaient voir à la tête de l'Afrique du Nord : « Cette unité se fera derrière De Gaulle parce que le peuple français en a ainsi décidé », déclarait *Combat* dans son numéro de décembre. Et de manière significative, aussi bien Frenay que Emmanuel d'Astier avaient, dès le 11 novembre, dans des télégrammes envoyés de Londres où ils séjournaient encore, justifié leur choix en des termes très gaullistes : le premier estimait en effet que « position morale prise par De Gaulle de refuser armistice et acceptation tacite de cet armistice par Giraud donne droit à De Gaulle assurer direction d'ensemble », tout en précisant que « sur plan politique Combat en raison garanties démocratiques données par De Gaulle reste groupé derrière ». Quant au second, il s'exprimait à peu près dans les mêmes termes : « La conduite politique de la France résistante doit sans aucun doute rester aux mains du général De Gaulle et Comité national qui ont refusé l'armistice et ont donné au peuple français les garanties nécessaires concernant la restauration des idéaux démocratiques de la Nation. »

L'acte fondateur du refus de l'armistice et les garanties démocratiques que fournissait l'évolution politique du gaullisme gaullien offraient donc à Charles De Gaulle, dont par ailleurs la Résistance avait besoin, un avantage difficile à remettre en cause. Reste que la querelle des généraux pouvait modifier le rapport des forces entre De Gaulle et les Mouvements. D'ailleurs, ils entendaient élargir leur latitude d'action et souhaitaient avoir leur mot à dire dans la conduite de la France Combattante, dont somme toute la Résistance intérieure était partie prenante. Où l'on retrouve l'échange célèbre entre Henri Frenay et De Gaulle : « La France choisira entre vous et moi. » Et en bonne logique, Moulin qui apparaissait comme le bras séculier des Londoniens, « un petit fonctionnaire appointé », comme avait négligemment laissé tomber l'aristocratique patron de Libération, Emmanuel d'Astier de La Vigerie, Moulin dont les pratiques commençaient d'être jugées autoritaires devenait un personnage plus contestable.

Ce n'était pas la seule difficulté à laquelle Moulin était dorénavant confronté : il devait résoudre les problèmes posés par les reconstitutions parallèles du PCF et du parti socialiste clandestins.

Depuis 1941, la direction du PCF clandestin était plus à son aise : dorénavant on pouvait se battre en même temps pour la survie de la nation France et pour défendre la patrie du socialisme. Pourtant, les dirigeants communistes, tout en demandant tous les sacrifices à leurs militants, allaient hésiter entre deux lignes : ou bien mettre en œuvre une politique de front anti-hitlérien rassemblant sous la direction du PCF les forces politiques et sociales antifascistes, démarche qui pourrait, la guerre aidant, hâter un processus révolutionnaire ; ou bien promouvoir une sorte de compromis historique avec les forces politiques bourgeoises, compromis dont le PCF pouvait attendre également des avantages, notamment le fait d'être dans de bonnes conditions réintégré dans la communauté nationale.

Jusqu'à la fin du printemps 1942, la direction du parti communiste, répondant à l'ordre impératif de soulager l'Armée rouge, souhaita déclencher une luttes à outrance : en avril 1942, furent créés les Francs-Tireurs et Partisans Français (FTPF). Elle prôna une guerre nationale à tonalité révolutionnaire. Mais les pertes du parti, toujours isolé, restaient sans commune mesure avec les résultats obtenus ; puis le parti se mobilisa pour mettre avant tout en œuvre rapidement ce second front exigé par Staline et infléchit progressivement sa ligne. Et après que Laval eut proféré son souhait doublement sacrilège, le PCF choisit, entre septembre et novembre 1942, d'écarter toute idée de front de classe pour adopter la ligne du front antihitlérien le plus large possible, de réactiver le Front national qui serait dorénavant la structure d'accueil pour tous les

« patriotes », sans distinction de classe et qui pourrait représenter l'ensemble de la Résistance (sur cette évolution, se reporter à Stéphane Courtois, *Le PCF dans la guerre, op. cit.*). C'est finalement cette ligne qui a prévalu. S'il est vraisemblable que Moulin a dû réfléchir aux retombées politiques que ce choix pouvait provoquer, ce dernier n'interférait pas pour le moment avec la mission Rex.

Il n'en allait pas de même avec les socialistes résistants qui, eux, devenaient un élément perturbateur. Les socialistes avaient quelques raisons de s'inquiéter de la mise sur pied par Moulin de la coordination, décidée à Londres, des trois Mouvements de zone non occupée. Car en échange de leur subordination de fait, ces Mouvements pensaient avoir reçu – comme nous l'avons vu – une sorte de monopole de représentation des organisations présentes ou à venir de la Résistance. Une note de Frenay du 1er octobre en tirait les conclusions : « Il est hors de doute que la population française, dans son immense majorité, est opposée à la reconstitution des partis, laquelle représente pour la Résistance un danger réel. Je demande que le général De Gaulle prenne officiellement position sur ce sujet et conseille aux anciens partis en cours de reconstitution de s'intégrer dans les Mouvements de Résistance actuellement existants. » Pareille prétention provoquait les protestations des dirigeants du parti socialiste clandestin, par exemple de Gaston Defferre, écrivant un peu plus tard à Félix Gouin : « Les chefs des Mouvements de Résistance n'ont pas d'expérience politique, ils ont acquis depuis deux ans, dans l'action clandestine, le goût de l'autorité, ils ne sont attachés à aucune doctrine précise. Ils pourraient donc, si leur mission n'est pas clairement définie, si leur position par rapport aux partis politiques n'est pas précisée [...] apporter dans la situation politique une confusion grave dans le présent et plus grave encore dans l'avenir » (cité dans le tome III de *L'Histoire de la Résistance* de Henri Noguères). Le débat prenait de l'ampleur. Christian Pineau, pourtant lui-même fondateur du Mouvement Libération-Nord et qui n'était pas prêt à accepter à n'importe quelle condition l'intrusion des partis politiques, déclarait au début de décembre qu'il lui « apparai[ssai]t dangereux et même inapplicable que la Résistance politique soit centralisée par un comité de coordination comportant seulement les chefs des grands Mouvements de la zone libre ».

Or les socialistes eurent un autre motif de se sentir écartés. Dès que furent affichées dans les usines les listes des volontaires forcés de partir en Allemagne, les « requis », des mouvements de protestation spontanés éclatèrent. Le 13 octobre, dans la région lyonnaise, plusieurs ateliers de la SNCF se mettaient en grève, suivis par les usines Berliet et Somua. Le mouvement dura une bonne semaine. Dans son courrier de novembre, Moulin jugeait « l'attitude des ouvriers [...] extrêmement ferme et digne sur cette question » et il signalait qu'il avait mis à la disposition du Mouvement Ouvrier Français, qui se créait à l'époque, « une somme de un million ». Le 16 octobre, à Oullins, d'où était partie la grève, était sorti un tract avec pour mot d'ordre « Pas un homme en Allemagne ». Y était précisé que « les organisations qui signent cet appel représentent tout le peuple français en lutte contre l'occupant » ; or ces organisations étaient non seulement Combat, Libération, Franc-Tireur mais encore le Front national et tout autant le parti communiste qui flanquait ès qualités pour la première fois les Mouvements de Résistance. Les responsables socialistes ignoraient probablement que ce tract avait été rédigé localement. Mais le même cas de figure se retrouvait dans la composition d'un Comité central de la résistance ouvrière, créé le 31 octobre, « seul qualifié pour arrêter les consignes générales d'action contre la Relève » dont Moulin donnait le détail dans son courrier du 25 novembre : « Il est composé limitativement de cinq membres : un représentant du Mouvement ouvrier français dirigé par celui-ci, un représentant de chacun des Mouvements de Résistance – Combat, Libération, Franc-

Tireur – Parti communiste français. » Les responsables socialistes avaient en mémoire l'histoire du mouvement ouvrier français : il était patent que les communistes profiteraient du combat commun, voire de la neutralité des Mouvements de Résistance, pour chercher – selon la vieille formule de l'un de leurs responsables – à « plumer la volaille socialiste ».

Mais le parti socialiste avait-il les moyens de s'imposer parmi les organisations clandestines ? On a dit dans quel état il s'était trouvé depuis 1940. Et, comme l'écrira Léon Blum dans *A l'échelle humaine* : « Brusquement, nous qui étions habitués à l'action légale et aux formes de la vie démocratique, nous étions obligés de passer à l'action clandestine, pour laquelle nous n'étions nullement préparés... » Recréer des structures partisanes avait été lent et incommode. L'artisan en fut un jeune rédacteur du *Populaire*, peu connu et sans mandat, Daniel Mayer, qui avait la confiance de Blum. Celui-ci l'avait convaincu de ne pas partir pour Londres et de demeurer en France pour reconstruire le parti. Nous avons dit comment à quelques-uns, avec un Bureau de quatre membres dont Daniel Mayer était proclamé secrétaire général, il jetait à Toulouse les bases d'un Comité d'Action Socialiste (CAS) de zone non occupée tandis que se créait une organisation symétrique en zone occupée. Durant l'année 1941 on s'était limité à établir des contacts mais les échecs du régime, l'aggravation de la répression, le procès de Riom, redonnèrent quelques couleurs à un parti clandestin rénové, excluant tous les parlementaires qui avaient voté « Oui » lors du scrutin du 10 juillet ; il aurait compté, fin décembre 1942, quelque 28 000 militants, soit le dixième de ses effectifs d'avant-guerre.

Daniel Mayer et ses amis faisaient deux choix politiques, les deux à l'instigation de Léon Blum, qui depuis sa prison de Bourassol gardait sur une fraction de ses camarades une magistrature d'influence qu'avait renforcée sa superbe défense de la République au procès de Riom. On peut distinguer trois familles de socialistes face à la France Libre : les socialistes franchement gaulliens, ceux qui étaient gaulliens par raison et les socialistes d'opposition. Léon Blum, suivant la ligne préconisée par son ami et camarade Georges Boris, plaidait, dès le printemps 1942, pour un ralliement très clair au chef de la France Libre. Il confortait dans leur opinion les socialistes gaulliens, tel André Philip qui, ayant gagné Londres en juillet, dirigeait le surlendemain de son arrivée le commissariat à l'Intérieur ; mais il ne put convaincre ses camarades opposés à De Gaulle comme à une sorte de général Boulanger fasciste, notamment ceux qui étaient rassemblés à Londres autour de Louis Lévy, dans un Cercle Jean-Jaurès, même en leur faisant savoir qu'il « ne partage[ait] pas ce genre de préoccupation ». Il adressait aux socialistes gaulliens de raison une mise au point dans une lettre du 21 octobre 1942 largement diffusée : « Je crois pour ma part entièrement et fermement à la droiture et à la loyauté du Général. Je me fie à lui [...]. A la Libération, c'est sur le peuple, le peuple républicain que le Général trouvera son point d'appui nécessaire [...]. Ma conclusion est donc bien nette : non seulement il ne peut être question de rompre avec l'action organisée autour du Général, mais ce serait une faute lourde d'apporter à la collaboration la moindre trace de méfiance et de réserve. » En tout cas, le 27 novembre, le CAS de zone sud affirmait son ralliement : « Derrière de Gaulle, le CAS poursuivra son combat pour la libération nationale et sociale de la France et des Français. »

L'autre choix de Daniel Mayer donnait la priorité à la reconstruction du parti. Cette démarche, qui faisait des militants plus des socialistes résistants que des résistants socialistes, visait à préparer les lendemains de la Libération. Elle reflétait surtout – il faut y insister – la culture d'un parti aspirant à redevenir un parti de masse, mais qui éprouvait bien des difficultés à mettre en œuvre une stratégie autre que parlementaire et électorale. Dans la pratique, refusant de se doter d'organisations paramilitaires, le parti conseilla à ceux de ses militants qui en sentaient le besoin de s'engager dans les Mouvements, et en priorité à Libération-Nord et à Libération-Sud. Sans doute, certains voulurent-ils créer des groupes autonomes, tel le groupe Froment (Froment était le pseudo de Boris Fourcaud) regroupant autour de deux avocats marseillais, Gaston Defferre et André Boyer, des socialistes militant dans un réseau de renseignement lié au BCRA et visant à développer des groupes armés. Mais c'était là une exception.

Le parti communiste clandestin, en bon parti marxiste-léniniste, donna lui aussi la priorité à la reconstitution du parti, instrument décisif pour la prise du pouvoir. Mais, tout en clamant son apolitisme, il se prononçait dans le même temps pour l'action paramilitaire et la lutte armée, alors que les socialistes, eux, restaient cantonnés dans l'action politique. C'était laisser du champ aux communistes, alors que les Mouvements, et même Libération-Sud, refusaient de donner aux militants socialistes des postes de responsabilité, tout en tenant leur parti pour moribond ou archaïque, donc peu dangereux. Claude Bourdet reconnaîtra – beaucoup plus tard – que l'une des fautes majeures commises par les Mouvements avait été de rejeter le CAS, et d'une manière générale les socialistes.

Nous aurons l'occasion d'analyser plus longuement la position de Moulin à l'égard des partis à propos de la création du CNR. Contentons-nous pour le moment de dire que, sans faire sienne la croisade lancée contre la classe politique traditionnelle, aussi bien par les hommes de Vichy que par nombre de responsables tant de la France Libre que des Mouvements, il avait jusqu'alors choisi de faire plus fond sur la vitalité des Mouvements que sur ceux qui se réclamaient d'une tradition strictement partisane. C'est pourquoi il avait, en juin 1942, fait repousser avec l'aide de Christian Pineau l'idée avancée par des socialistes gravitant autour du groupe Froment de mettre en place un « comité politique », consultatif, dont la compétence ne s'étendrait pas au domaine paramilitaire, mais qui intégrerait des membres des anciens partis. C'était pourtant, en fait, la préfiguration, dans son économie générale, du Conseil de la Résistance, dont les socialistes sont sans conteste les initiateurs, quoi qu'en ait retenu la mémoire commune, à cause peut-être de la stratégie partisane un peu étriquée qu'ils avaient adoptée. Mais, à l'époque, Moulin avait trouvé l'idée prématurée, comme le câblait Christian Pineau à Londres : « A mon avis et celui de Rex, il est dangereux de demander à des partis politiques de mandater des hommes à eux, car cela lie le Général à une forme politique ancienne qui ne correspondra pas à quelque choses d'indispensable au lendemain de la victoire. » Rex-Moulin avait botté en touche en proposant de créer en lieu et place le Comité général d'experts, dont nous avons parlé dans le chapitre précédent. Il avait aussi repris à son compte, dans le droit fil de ce qui était alors la vulgate londonienne, l'idée lancée par Pineau de créer une instance politique qui à la Libération servirait de caution à De Gaulle, mais dans laquelle les hommes politiques ne figureraient pas en tant que représentants des anciens partis. Ces réserves irritaient Blum qui finissait par adresser en novembre à De Gaulle une lettre plutôt sèche : « C'est une grande faute de dénier la légitimité des partis quand il s'agit de socialisme pour l'admettre quand il s'agit de communisme [...]. Je suis obligé de vous avouer, non sans ennui ni préoccupation, que les efforts de mes camarades ne me paraissent pas trouver beaucoup de résonance auprès de vos amis les plus directs. » L'avertissement pouvait parfaitement, du moins dans ses deux dernières lignes, viser Moulin.

Ce dernier estimait le risque encore plus grand, au moment où les événements d'Afrique du Nord mettaient en péril la représentativité de la France Libre, de voir les forces centrifuges l'emporter, de voir émerger des résistances mises en œuvre par les communistes, par les socialistes, par des chefs de Mouvements, en lieu et place de la Résistance placée sous la direction militaire et politique du Comité National Français. Cet éclatement aurait non seulement signé l'échec de la « mission Rex » mais aurait affaibli considérablement De Gaulle, soucieux d'apparaître comme le patron d'une France Combattante englobant l'ensemble de la Résistance intérieure. Le danger n'avait pas échappé à Londres, où le commissariat à l'Intérieur consacrait le 16 novembre 1942, dans ses « Instructions pour l'action » adressées à Moulin, un long développement au parti socialiste : « Outre les contacts individuels, vous aurez à envisager, dans votre action politique, les contacts avec les partis politiques qui se réorganisent ou qui subsistent. Ce sera d'abord le parti socialiste. Il s'est reconstitué clandestinement dans la résistance. Il ne nous appartient pas, et par conséquent il ne vous appartient pas d'intervenir dans sa reconstitution en tant que parti. Ce qui est de votre ressort, c'est d'agir pour que cette reconstitution concourre le plus efficacement possible à la résistance et ne risque jamais de la gêner, en ce sens vous pourrez, probablement sous le couvert d'un Mouvement de Résistance [ce sera Libération-Sud], mettre à la disposition du comité directeur du parti socialiste les sommes dont il peut avoir besoin (100 à 200 000 francs par mois). Vous aurez d'autre part à faire comprendre à ses dirigeants que pour ne pas atomiser la Résistance, il est indispensable qu'ils versent à l'un des trois grands Mouvements ou à l'Armée secrète par l'intermédiaire de ces Mouvements tous leurs groupes d'action ou tous leurs adhérents résolus à l'action [...]. »

La solution qui permettrait aux socialistes de s'intégrer à l'action, tout en sauvegardant les structures du parti, est proposée dans le numéro de fin novembre 1942 du *Populaire* clandestin : « Contre Vichy ! contre Hitler ! Vive l'unité de la Résistance française ! Français de la Résistance, forgeons ensemble l'outil qui manque à notre action. Créons sans délai le comité exécutif de la Résistance française. » Et de préciser que le parti « se trouve tout naturellement placé pour assurer l'initiative et imprimer les impulsions. A la fois parti de classe et organisation républicaine, il est par nature amené à réconcilier la fraction de la classe ouvrière groupée dans le parti communiste et les organisations de la démocratie avancée [...]. Il doit être le promoteur et l'animateur d'une sorte de rassemblement populaire à l'image sur le plan intérieur du grand mouvement d'espérance qui s'était emparé de la population laborieuse en 1936... ». En tout cas, le Comité prévu rassemblant des représentants des Mouvements, des syndicats ouvriers et des partis politiques, mettrait en œuvre dans l'immédiat un programme d'action, tout en servant à la Libération de conseil à De Gaulle. Et – le point est d'importance – il ne dépendrait pas de la France Libre. Bien plus, *Le Populaire* brandissait la menace à peine voilée de lancer sans délai l'opération si le CAS n'était pas écouté.

Le remue-ménage provoqué par le parti socialiste clandestin perturbait la stratégie que s'était fixée Moulin en fonction des directives reçues de la France Libre. Jusqu'alors il avait pu être cette sorte d'ambassadeur qui défendait le point de vue de ceux auprès desquels il était accrédité ; il avait alors estimé que ces trois Mouvements de zone sud fourniraient un apport décisif dans la mise en œuvre de la France Combattante. C'est pourquoi, il avait câblé le 28 août 1942 : « Vous confirme ma confiance absolue dans loyauté Nef [Frenay] et Bernard [Emmanuel d'Astier]. » Il avait parié sur le renforcement des Mouvements plutôt que sur la résurrection des partis. Pourtant il consultait, hésitait de plus en plus, prenait en compte les risques d'éclatement de la Résistance provoqués par des socialistes auxquels il tenait encore tête, mais auxquels il n'avait pas grand-chose à reprocher car ils déclaraient le 27 novembre que le Comité d'Action Socialiste « considère que le Général De Gaulle et le Comité Français [*sic*] ont seuls qualité pour représenter la France Combattante, préfiguration de la France de demain, et pour parler au monde en son nom... ». Lui-même avait choisi déjà une fois d'associer – comme nous l'avons vu – dans le télégramme qu'il adressait aux gouvernements anglo-saxons, aux trois Mouvements de

Résistance, deux centrales syndicales et quatre partis, dont le Comité d'Action Socialiste.

De Gaulle réclamait sa venue à Londres avec celle du général Delestraint pour s'enquérir de l'avancée de l'Armée secrète. Ce serait aussi pour Moulin, qui avait dû reporter le voyage à plusieurs reprises, l'occasion de consulter le Général sur ces derniers développements qui rendaient de plus en plus complexe l'exécution de la mission Rex.

8

Rex, Joseph, Régis, Max, et les autres

Lors de son deuxième séjour londonien, en février-mars 1943, Moulin voit les résultats de sa première mission reconnus et ses fonctions prendre une dimension nouvelle. C'est que Charles De Gaulle, voire les services londoniens, appréciaient celui qui devenait commissaire national en mission. C'est le moment d'esquisser son portrait, de voir comment il a été perçu par ceux qui se sont attachés à lui comme par ceux avec lesquels il avait eu des heurts, comment également il organisait la Délégation, sa clandestinité, sa vie.

*

Il avait été entendu, avant qu'il reparte en France, le 1er janvier 1942, pour la mission Rex, que Joseph Mercier, alias Régis, alias Rex, reviendrait à Londres six à huit mois plus tard en présenter le rapport. Mais ce retour fut différé, avant tout pour des raisons météorologiques, au moins à quatre reprises entre les mois de septembre 1942 et de février 1943, ce dont Moulin conçut une certaine irritation. Le 12 septembre, un câble le réclamait puisque étaient également attendus, on l'a vu, les responsables des trois Mouvements de zone non occupée : « Pour discuter et fixer avec précision directives action en ZNO vous demandons venir Londres au cours prochaine lune... » Si Frenay et d'Astier étaient bien pris en charge le 17 septembre, Jean-Pierre Lévy et Rex attendaient en vain pendant une semaine sur les bords de la Saône, tandis qu'échouait, quelques jours plus tard, une nouvelle tentative d'enlèvement (c'était le terme employé) par Lysander. Le 10 octobre, Londres suggérait de reporter le passage de Moulin : « Raison échec opération maritime retardons votre venue lune novembre pour éviter croisiez [autrement dit pour éviter de manquer] Nef [Frenay] et Bernard [d'Astier] – Ceux-ci seront accompagnés par envoyé spécial du Général [c'est André Manuel] qui vous apportera instruction complète. » Moulin acquiesçait dans un courrier arrivé le 18 novembre : « Je regrette de n'avoir pu partir le mois dernier et d'avoir perdu à cette occasion une dizaine de jours qui eussent pu être utilement employés – Mais autant je pensais que ma présence pouvait être utile auprès de vous lors du séjour de Nef et de Bernard autant j'estime avec vous qu'il est nécessaire que je sois ici au moment de leur retour... »

Nouvelle péripétie en décembre : « Contrairement mon 38 votre venue Londres modifiée – Général envoie lune janvier délégué spécial [ce sera Pierre Brossolette] en ZO je dis ZO qui devra prendre contact avec vous – Avez choix venir soit immédiatement si jugez nécessaire soit lune février si départ immédiat pas opportun. » Puis les choses semblaient s'accélérer au moment où Londres câblait le 8 janvier 1943 : « Confirmons Général désire venue Rex et Vidal [Delestraint] plus tôt possible... » ; mais le 2 février, un télégramme était envoyé au BCRA : « Rex et Vidal sur terrain SIF [Fassin, le responsable du terrain] C 21 [désignation du terrain] parfait état attendent départ depuis 10 jours – Faire l'impossible pour les enlever cette lune. » Le départ eut finalement lieu le samedi 14 février, du Jura, près du château de Villevieu. Les deux « clients », comme les pilotes de la RAF nommaient leurs passagers d'une nuit, arrivaient à bon port,

ce que confirma le « message personnel » convenu :
« Entre cour et jardin, tout s'est bien retrouvé. »

*

C'est à ce moment, lorsque, revenu à Londres, Moulin
voyait sa tâche de délégué prendre une ampleur nouvelle,
qu'il convient d'en brosser le portrait, de s'attacher à
l'homme tel qu'il a été perçu par ceux qui ont eu, durant
ces dix-huit mois, à travailler avec lui, enfin d'examiner
la façon dont il a mené sa vie, entre contraintes et liberté
personnelle. Portrait d'un délégué d'exception, dans son
contexte... (sauf indication contraire, les citations sont
extraites des télégrammes envoyés par Moulin à Londres,
AN 3 AG2 400, ou des câbles et courriers reçus par lui, 3
AG2 398 et 401).

Décrire le Moulin qui arrive à Londres n'est pas un
exercice aisé. Non que les témoignages manquent sur sa
personne : ils sont au contraire fort nombreux et comme
ils se recoupent presque toujours, ils sont exploitables. La
difficulté est d'un autre ordre : elle est partagée par tous
ceux qui ont pris en charge l'évocation d'un Mouvement
de Résistance ou d'un de leurs chefs et qui éprouvent du
mal à prendre suffisamment de distanciation à l'endroit
de leur objet d'étude. Comprendre, comme expliquer,
entraîne facilement à privilégier le verre demi-plein sur le
verre demi-vide. Il y a des exceptions : mais Olivier Wieviorka, pour avoir su parler de Philippe Viannay avec l'esprit critique nécessaire, s'est attiré les foudres d'anciens
du Mouvement Défense de la France. Au risque d'une par-
tialité assumée, force m'est de constater que la plupart de
ceux qui ont approché Moulin en disent globalement du
bien. Les gens de la Délégation nourrissaient à son
endroit une sorte de vénération ; bon nombre de ses
adversaires, même, lui reconnaissaient beaucoup de qualités.

Jean Moulin avait à cette époque une petite quarantaine qui risquait de le faire passer pour vieux dans ce

monde plutôt jeune lancé dans l'aventure de la France Libre et de la Résistance. Il donnait pourtant l'impression d'être dans la force de l'âge, en pleine possession de ses moyens, avec un charme toujours opératoire, comme le confirment trois témoignages. Francis Louis Closon – que nous allons retrouver au commissariat à l'Intérieur – rapporte dans *Le Temps des passions* (Presses de la Cité, 1974) la visite qu'il fit à Moulin à Londres : « L'homme qui m'ouvrit était jeune, d'une quarantaine d'années au maximum, de taille moyenne, brun, plus alerte que vif, au visage précis, mobile et présent... Que me reste-t-il de cette rencontre ? un ton amical, souriant, un accueil désarmant de simplicité... » Jacques Baumel trace dans son dernier ouvrage, *Résister* (Albin Michel, 1999), un portrait plus nuancé : « Il donnait l'impression d'un homme encore jeune, d'un cadre supérieur de profession indéfinissable. Il aurait pu être un médecin ou un avocat, n'était une touche de dilettantisme dans sa pose, dans sa façon de porter l'écharpe. [... Il] était de taille moyenne, ses cheveux grisonnaient sur un visage étonnamment jeune, lisse, soigné, presque poupin. Ses yeux étaient noirs, vifs, volontiers rieurs et son regard vous fixait de temps en temps, comme pour appuyer ses propos, puis se détournaient. Ses lèvres se crispaient parfois, puis se relevaient dans une moue qui n'était pas toujours bienveillante. Sa voix était chaude avec une pointe d'accent du Midi, et ses gestes sobres. Il donnait l'impression immédiate d'un homme habitué aux contacts politiques. » Terminons sur les *Mémoires* de Passy, plus sobre : « Jean Moulin, dit Rex, était un homme petit et solide, aux cheveux poivre et sel et au teint mat. Ses yeux étaient brillants et vifs. Il respirait la force physique et morale, l'énergie et la ténacité. Un léger sourire, lorsqu'il vous parlait, venait souvent éclairer ses pupilles, trahissant le mouvement de sa vie intérieure, et désarçonnant ses interlocuteurs. »

Tous évoquent son intelligence : on ne le tient pas pour un génie mais pour un esprit clair et synthétique. Cet homme cultivé, sans rien de pédant ou de mondain, était réputé pour sa courtoisie, et encore plus pour sa gentillesse, illustrée notamment par l'attention qu'il prêtait aux plus jeunes, ce qui n'était pas le cas – loin s'en faut – de tous les chefs résistants. Pas question pour autant de tolérer la familiarité : on ne tapait pas sur le ventre de Jean Moulin.

D'ailleurs cet affectif rentré était un homme secret. Il n'était guère bavard, ce qui sans doute valait mieux pour sa sécurité, mais cette retenue ne lui demandait pas vraiment de forcer sa nature. Soulignons le fait que ce n'était pas, pour reprendre un qualificatif devenu usuel mais qui ne s'employait guère à l'époque sous cette forme, un « intello ». Cet homme d'action, sûr de lui, n'a jamais passé pour un doctrinaire et encore moins un spéculatif. Il donnait l'impression d'affirmer quelques idées ou principes simples, quitte à faire preuve pour les mettre en œuvre d'une étonnante ténacité, qui le faisait discuter jusqu'à deux ou trois heures de rang le long des quais de la Saône, pour convaincre son interlocuteur. S'il ne déviait pas d'un pouce lors de ces discussions, on ne l'a jamais taxé de sectarisme : presque tous ses interlocuteurs de cette époque ont remarqué sa très grande tolérance idéologique. Ainsi son homme de confiance, Daniel Cordier, comme deux de ses officiers de liaison, avaient milité à l'extrême droite, sans que cela lui posât problème. Et si ses délégués en zone nord étaient de gauche, presque tous les membres de sa délégation penchaient plutôt pour la droite. Lui-même, sans renier ses convictions, se gardait d'afficher ses idées, ne parlait jamais « politique » sauf, incidemment, avec Daniel Cordier et Georges Bidault pour brocarder le régime et les hommes de Vichy qu'il avait en horreur.

Il avait, bien entendu, les défauts de ses qualités. Chacun lui reconnaissait une « autorité naturelle » qui ne laissait personne indifférent. Mais comme il était le plus souvent exigeant, voire très exigeant, il pouvait être sec, et même cassant. Passy, quelques autres Londoniens, et presque tous les responsables de la Résistance, lui ont reproché son autoritarisme ; les plus critiques ont attribué sa volonté de tout contrôler à un tempérament ou à des vues machiavéliques. Il est plus vraisemblable qu'après vingt ans de carrière préfectorale, les conditions dramatiques dans lesquelles se débattait celui qui était le délégué du chef de la France Libre avaient aggravé ce trait de caractère.

*

Son séjour à Londres confirme une image d'homme de contact, apprécié et efficace. Le délégué, dispensé cette fois de devoir passer par Patriotic School, fut installé dans un appartement proche de Pall Mall. Si sa présence devait rester particulièrement discrète pour des raisons de sécurité, l'intérêt qu'on lui manifesta fut à la mesure de l'estime que lui portaient ceux qui avaient en charge les agents en France et qui communiquaient avec lui depuis de longs mois.

Car sa réputation le précédait et la mission Rex était considérée comme exemplaire. On était reconnaissant à Moulin de veiller toujours – ou presque – à informer Londres des initiatives qu'il était amené à prendre. Il est vrai que, en contrepartie, il entendait être tenu au courant des décisions qui pouvaient avoir des retombées sur sa propre mission. Ainsi après que André Philip, jusqu'alors membre du comité directeur de *Libération*, eut été, en juillet 1942, nommé commissaire à l'Intérieur, ce qui pouvait agacer certains responsables des autres Mouvements de zone non occupée, Moulin câblait le 3 août 1942 : « Nomination Philip en général bien accueillie milieux politiques [...] regrette que m'ayez pas prévenu quelques jours avant – Aurais préparé le terrain – M'efforce éviter publication par *Combat* et *Franc-Tireur* observations regrettables pour unité résistance. » *A fortiori*, plus tard, le 4 juin 1943, mais cela est trop significatif pour ne pas le dire ici, il prit fort mal le fait qu'Emmanuel d'Astier de

La Vigerie ait pu prendre connaissance d'un de ses courriers nommément adressé à André Philip : « Proteste
énergiquement contre communication mes rapports à
autres que chefs officiels France Combattante – Même
observation pour instructions qui me sont adressées. »
Son autorité grandissant, les services londoniens prenaient souvent son avis sur telle ou telle personnalité
susceptible de rejoindre Londres. Il lui arrivait aussi
de le donner de lui-même : c'est ainsi qu'il câblait le
18 novembre 1942 : « J'apprends que l'Intelligence
[Service] prépare enlèvement Frossard – si ce renseignement est exact les Mouvements et moi-même nous oppo-
serons au départ de ce parlementaire. » Mieux, le
10 décembre 1942, il récusait le choix – pourtant avalisé
par De Gaulle – d'André Laurent-Eynac, un avocat,
député, puis sénateur radical-socialiste de la Haute-Loire,
grand cumulard de ministères, candidat au départ pour
Londres : « Pas d'accord ainsi que Mouvements pour Laurent-Eynac – totalement discrédité. » Et le voyage ne se
fit pas.

Pendant ces cinq semaines londoniennes, il multiplia
les échanges avec des responsables du commissariat à
l'Intérieur et du BCRA : avec Passy, avant que celui-ci
gagne la France, avec Manuel ; et surtout avec Jacques
Bingen, qui l'avait en charge. Il s'entretint avec ceux des
chefs de la Résistance qui attendaient alors de repartir :
Christian Pineau, Jacques-Henri Simon, Jean Cavaillès,
Fernand Grenier. Et il eut, dans la semaine qui suivit son
arrivée, de très longs entretiens avec le chef de la France
Libre. Ajoutons que, les 4 et 10 mars, Delestraint et lui
firent une mise au point sur la situation en France devant
quelques hauts responsables des forces armées britanniques, dont Sir Alan Brooke, chef d'Etat-Major impérial.

N'embellissons pourtant pas les choses : les résultats
qu'il obtint ne furent pas à la hauteur de ses espérances,
sur lesquelles nous reviendrons. Les Britanniques prêtèrent, certes, une grande attention aux informations sur
l'Armée secrète et aux « 50 000 parachutistes déjà à terre »

dont parla avec éloquence Delestraint qui jouissait auprès d'eux d'une excellente réputation. Mais ils ne se laissèrent pas ébranler dans leur détermination à refuser, pour des raisons moins politiques – comme on l'a prétendu plus tard – que géostratégiques, la multiplication des parachutages d'armes en France et *a fortiori* l'armement des premiers maquis. Jean Moulin en adressa le reproche, rapporté par Daniel Cordier, à l'un de ses interlocuteurs britanniques : « Je crains que sir Charles nous ait considérés comme des émissaires d'une nation affamée auprès de laquelle la Grande-Bretagne consentirait à jouer les Samaritains. Il ne s'agit pas de cela. Nous ne demandons pas tellement à manger qu'à combattre. »

Avec les résistants de passage, les échanges paraissent avoir porté en priorité sur la gestation du futur Conseil de la Résistance et l'accueil fut au mieux mitigé. Grenier, qui lui prêtait une oreille plutôt bienveillante, précisa évidemment ne pouvoir prendre aucune position officielle, tant que le comité central du PCF clandestin n'en aurait pas débattu. Cavaillès, qui jouissait à Londres d'un crédit certain comme dirigeant de Libération-Nord, et plus encore comme le patron du réseau Cohors, se montra plutôt réservé, craignant que l'introduction des partis politiques ne détournât la Résistance de l'action. Sensible à une partie de l'argumentation de Moulin, Simon (Sermois), qui jouait un rôle important à l'OCM, demeurait, lui aussi, hostile à la place que l'on était en train d'accorder aux partis.

En revanche, les nombreux entretiens que Moulin eut avec De Gaulle, à l'évidence, se passèrent bien. Moulin, qui avait fini par se donner en la matière une doctrine – nous y reviendrons –, sut convaincre le chef de la France Libre, encore hésitant, de la manière dont devait fonctionner le Conseil de la Résistance. Ces échanges aboutirent à la signature par De Gaulle, le 21 février, de « nouvelles instructions » – très importantes – que Moulin était chargé de mettre en œuvre. Ainsi – et ce n'est pas la moindre conséquence de l'estime dans laquelle était tenu

Moulin – se trouvait confirmée la décision, prise le 10 février 1943, lui conférant une compétence démultipliée en France occupée : « (10) [Moulin] déjà le délégué de (5) [général De Gaulle] en ZNO devient dorénavant le seul représentant permanent de (25) [général De Gaulle plus Comité national français] pour l'ensemble du territoire métropolitain. » Cette primauté fut rappelée par le commissariat à l'Intérieur, le 12 mars, à Passy et Brossolette, partis en mission en France : « Rex [...] a pleins pouvoirs pour toute décision concernant la zone occupée aussi bien que non occupée, en liaison avec Londres. » Et comme la France Libre estimait que la querelle des généraux, qui se jouait pendant ce temps à Alger (nous y reviendrons), pouvait amener les Anglo-Saxons à prendre des mesures drastiques à son encontre, le même câble ajoutait : « Dorénavant, si les communications étaient coupées avec le général de Gaulle et le comité national français de façon permanente, c'est-à-dire pendant un mois ou presque, Rex, après avoir, s'il le peut, pris les avis d'Arquebuse [Passy] et de Brumaire [Brossolette] et du conseil de la résistance (s'il est constitué) est habilité à prendre les décisions qu'il croira nécessaires. » Enfin, une ordonnance un peu postérieure, datée du 2 avril, « nommait M.X. [Joseph Mercier, alias Jean Moulin] commissaire national en mission », ce qui lui donnait rang de ministre. Cette promotion ne faisait pas de lui le patron de tous les agents envoyés par le BCRA, puisque sa compétence s'arrêtait à ce qui touchait aux réseaux de renseignements. Elle le désignait en revanche comme le chef en France des agents de toutes les missions-action, y compris celles à vocation politique.

*

Pour donner un sens à la primauté que lui accordait cette fonction de « délégué général », il faut rappeler avec quels soutiens et dans quel cadre elle s'exerçait, mais aussi quelles pesanteurs s'y opposaient. Pour asseoir son autorité, Moulin avait déjà dû longuement batailler et la primauté enfin acquise devait être dans les faits contestée jusqu'au bout. L'activité du délégué, avant comme après cette nomination importante, s'exerçait dans la partie complexe qui se joua entre les organisations londoniennes, que l'on décrira en rappelant leur évolution, et la résistance intérieure dont on évoquera la réaction globale.

Moulin bénéficia largement – même si ce ne fut jamais, loin de là, inconditionnel – du soutien de « Londres ». A commencer par celui du chef de la France Libre, dans la mesure, certes, où celui-ci prenait le temps de s'intéresser aux affaires de la Résistance. Bien plus tard, dans le deuxième tome des *Mémoires de guerre*, De Gaulle, qui n'était porté ni à parler longuement des individus, ni à leur ciseler des compliments, consacra presque une page, élogieuse, à ce compagnon-là. L'éloge, très postérieur à la mort de Moulin, est teinté d'affection : « Cet homme, jeune encore, mais dont la carrière avait déjà formé l'existence, était pétri de la même pâte que les meilleurs de mes compagnons. Rempli, jusqu'aux bords de l'âme, de la passion de la France, convaincu que le "gaullisme" devait être, non seulement l'instrument de combat, mais encore le moteur de toute une rénovation, pénétré du sentiment que l'Etat s'incorporait à la France Libre, il aspirait aux grandes entreprises. Mais aussi, plein de jugement, voyant choses et gens comme ils étaient, c'est à pas comptés qu'il marcherait sur une route minée par les pièges des adversaires et encombrée des obstacles élevés par les amis. Homme de foi et de calcul, ne doutant de rien et se défiant de tout, apôtre en même temps que ministre, Moulin devait en dix-huit mois accomplir une tâche capitale. La résistance dans la Métropole, où ne se dessinait encore qu'une unité symbolique, il allait l'amener à l'unité pratique. Ensuite, trahi, fait prisonnier, affreusement torturé par un ennemi sans honneur, Jean Moulin mourait pour la France, comme tant de bons soldats qui, sous le soleil ou dans l'ombre sacrifièrent un long soir vide pour mieux "remplir leur matin". » En prenant soin de mettre entre parenthèses l'affirmation problématique que Moulin aurait fait du gaullisme le moteur de toute rénovation, on peut estimer que ce portrait, modelé dans un style si gaullien, ne comporte pas de distorsion majeure entre la mémoire *post mortem* et l'histoire.

De Gaulle avait sans conteste le défaut de n'accorder qu'une attention médiocre, voire de témoigner facilement quelque mépris, à ceux qu'il côtoyait. On peut en croire entre autres d'Astier de La Vigerie écrivant dans *Sept fois sept jours* : « Il n'aime pas les hommes ; il aime leur histoire, surtout celle de la France... » Il est donc d'autant plus important de signaler que Jean Moulin a certainement obtenu son estime, peut-être même une grande estime. Des mémorialistes soulignent pourtant volontiers qu'il n'était pas *a priori* le type d'homme capable de séduire Charles De Gaulle, plus sensible à ceux qui développaient avec brio « des idées générales », comme, par exemple, justement, Emmanuel d'Astier de La Vigerie. De Gaulle a sans doute reconnu en Moulin autre chose qu'un esprit brillant : le prototype du grand serviteur de l'Etat, courageux, intelligent, compétent et efficace, tel qu'il apprenait à les apprécier, surtout s'ils ne déviaient pas de la route qu'il leur avait fixée. C'est ce que confirme une lettre adressée le 8 avril 1947 à Laure : « C'est parce que nous avions l'un et l'autre et en toute connaissance de cause une confiance entière que je l'avais choisi et désigné pour agir et parler en mon nom [...]. Nos entretiens et nos travaux communs à Londres, comme les rapports qu'il m'adressait de France et les instructions que je lui envoyais [...] ont été l'expression éclatante de cet accord et de cette confiance. »

A l'époque, il sut le lui dire, en le faisant Compagnon de la Libération le 17 octobre 1942, avec cette citation : « Chef de mission d'un courage et d'un esprit de sacrifice exemplaires, a, en personne, établi la liaison entre les Forces françaises combattantes et les Mouvements de

Résistance en France, en déployant pour y arriver une ardeur exceptionnelle. » Faisons la part des choses : les militaires, quels qu'ils soient, lésinent rarement sur les qualificatifs quand ils attribuent une distinction pour faits de guerre. Reste que ces compliments sonnent juste. C'est Raymond Lagier (Bienvenüe), le chef de la section Action, qui avait averti Moulin de sa promotion dans un courrier du 10 novembre 1942 : « De RB, je dis René Bernard, êtes compagnon Libération, je dis compagnon Libération – Amicales félicitations de tous. » Celui-ci répondait dans un câble du 15 : « Grand merci pour distinction – Pensez à collaborateurs. »

De Gaulle, qui attachait une attention minutieuse aux nominations dans ce nouvel Ordre, avait prévu les moindres détails des cérémonies de remise par un texte du 27 mai 1941 : « Je rappelle que l'admission dans l'Ordre de la Libération ne peut être prononcée que par moi-même personnellement. La remise se fait au cours d'une prise d'armes et avec la plus grande solennité possible. » Mais compte tenu de la nécessité d'ébruiter le moins possible le séjour de Rex à Londres, cette remise eut lieu, immédiatement après l'arrivée de Moulin, dans Frogal House, la maison que les De Gaulle avait louée à Hampstead. Passy en a fait le récit dans *Missions secrètes en France* : « La cérémonie eut lieu dans le salon de la maison de Hampstead qu'habitait alors le Général. Elle se déroula en petit comité car on devait garder le secret absolu sur le séjour de Rex à Londres. Seuls y assistaient, si ma mémoire est fidèle, le général Delestraint, Billotte, Philip, Manuel et moi. Mais ce caractère d'intimité rendit cette remise de décoration encore plus impressionnante et, après plus de cinq ans, j'en revis les détails avec une étonnante précision. Je revois Moulin, blême, saisi par l'émotion qui nous étreignait tous, se tenant à quelques pas devant le Général. Et celui-ci disant, presque à voix basse : "Mettez-vous au garde-à-vous" puis, poursuivant en détachant les membres de phrase et en les scandant de sa manière personnelle que chacun connaît aujourd'hui :

"Caporal Mercier, nous vous reconnaissons comme notre compagnon, pour la Libération de la France, dans l'Honneur et par la Victoire." Et, pendant que de Gaulle lui donnait l'accolade, une larme, lourde de reconnaissance, de fierté et de farouche volonté coulait le long de la joue pâle de notre camarade Moulin. Comme il avait la tête levée vers celle du Général, nous pouvions voir encore, au travers de sa gorge, les traces du coup de rasoir [une légère inexactitude] qu'il s'était donné, en 1940, pour éviter de céder sous les tortures de l'ennemi. »

Mais entre l'annonce de sa nomination et la cérémonie officielle, le « caporal Mercier » avait déjà reçu deux autres *satisfecit*. Le premier, daté du 22 octobre 1942, donc du moment où Moulin n'avait pu accompagner Frenay et d'Astier, est une lettre assez longue signée « De Gaulle », ouverte par un « Cher ami », qui affirme : « j'ai vivement regretté votre absence », et, après l'énoncé des directives pour la mise en place d'un comité de coordination, se clôt cordialement sur : « je tiens à vous dire que vous avez mon entière confiance et je vous adresse toutes mes amitiés ». Le second, encore plus explicite, est un message envoyé de Carlton Garden S.W. qui était alors le siège de la France Libre à Whitehall, daté du 9 février 1943, reçu par Moulin juste avant de partir pour Londres : « Mon cher ami, Le rapport que m'a fait parvenir le Commandant Manuel, les entretiens que j'ai eus avec votre adjoint 20 [Henri Manhès] et l'ensemble de mes informations me confirment, s'il en était besoin, dans l'opinion que votre immense tâche est en excellente voie. Le même messager vous apportera des instructions qui élargissent vos pouvoirs et précisent mes intentions. Je suis sûr qu'une autorité accrue vous permettra de développer encore plus votre action, vous avez toute ma confiance. Nous approchons du but, voici l'heure des plus durs efforts. Croyez, mon cher ami, à mes sentiments les plus profondément dévoués. Signé : Ch. de Gaulle. » Le dernier repère est une réponse plus laconique à la question de confiance posée, le 25 avril, par Moulin en butte à l'offensive de Frenay

dans « l'affaire suisse » (dont nous parlerons plus avant) :
« Mars [Delestraint] et Rex demandent si De Gaulle d'accord pour m'appuyer fermement... » Le commissariat à
l'Intérieur dans un télégramme du 8 mai soulignait :
« Général de Gaulle vous renouvelle sa confiance ainsi
qu'à Mars... »

*

Quant aux bureaux londoniens, ils étaient particulièrement sensibles aux résultats de la mission Rex. Selon le
témoignage qu'a bien voulu nous accorder Stéphane Hessel, quand les courriers de Moulin arrivaient, ils étaient
lus à la loupe. On faisait souvent un tri dans les critiques
ou récriminations venues de tel responsable résistant ou
tel envoyé en mission ; mais quand Moulin montait au
créneau, les choses étaient prises très au sérieux et on en
tenait le plus grand compte. Pour mener à bien ses missions, Moulin bénéficia sans nul doute du soutien du
BCRA comme de celui du commissariat à l'Intérieur,
deux organismes dont l'efficacité croissait au fil des mois.
Aussi est-il nécessaire de préciser, en essayant de simplifier car c'est assez complexe, comment ont évolué ces
deux services auxquels, du début à la fin, Rex eut à faire
pour mettre en œuvre à la fois une mission « action »
paramilitaire et une mission plus spécifiquement politique.

Pour mener à bien la première, il dépendait du BCRA
qui, jusqu'en janvier 1942, s'était appelé « Service de Renseignement », puis – entre janvier et l'été 1942 – le
« Bureau Central de Renseignement et d'Action Militaire » (BCRAM). Ce service comportait une section technique, s'occupant des transmissions, du chiffrage, des
finances, un bureau des études, un autre s'occupant de
la documentation et de la diffusion, un service des évasions, un service de contre-espionnage, et surtout deux
« sections-mission » en direction de la France : l'une
« Renseignement », l'autre « Action ». La première ne

concernait pas Moulin. Rappelons que Passy, en plein accord avec MI6 (l'Intelligence Service), avec lequel il entretenait des rapports quasi cordiaux, entendait, pour des raisons de sécurité, séparer strictement le renseignement de tout le reste et que les premières instructions données à Rex avaient exclu ce domaine de sa mission. Dirigée par André Manuel, la section-mission « Renseignements » demeurait la section reine, pour des raisons d'efficacité militaire et parce que – ne l'oublions pas – c'était la meilleure monnaie d'échange dont disposait la France Libre dans ses rapports avec les Britanniques. La deuxième « section-mission », dite « Action », avait été créée par Passy, malgré les réticences du chef de la France Libre, et sa direction en était confiée à Raymond Lagier/ Bienvenüe, un homme sorti de l'Ecole supérieure de commerce de Paris, qui avait ainsi en charge les diverses formes de l'action clandestine paramilitaire en France.

Moulin dépendait également du commissariat à l'Intérieur, créé en septembre 1941, lors de la formation du Comité national français. Ce commissariat succédait à une Direction des affaires politiques, relevant de l'état-major personnel de Charles De Gaulle et d'abord confiée à Gaston Palewski, ancien directeur du cabinet de Paul Reynaud quand ce dernier était ministre des Finances ; cette direction avait été transformée en une Direction des territoires non libérés, avec à sa tête Maurice Dejean, un ancien membre de l'équipe Daladier. Devenue finalement le commissariat à l'Intérieur, sa responsabilité en avait été confiée à André Diethelm, un inspecteur des finances très introduit dans la haute société protestante, qui avait dirigé l'un des cabinets de Georges Mandel. Il avait en charge l'action politique à mener en direction de la France.

Comme c'était un peu prévisible, les deux organismes, complémentaires et rivaux, s'entendaient fort mal. Passy le constate dans un mémorandum adressé au colonel Billotte le 7 mai 1942 : « Il est évident qu'un manque de confiance total et réciproque règne entre les dirigeants du commissariat national à l'Intérieur et ceux du B.C.R.A.M. » Jaloux de leurs prérogatives, cultivant l'un et l'autre le secret, ils échangeaient le moins d'informations possibles, au point que l'un pouvait ignorer une mission confiée par l'autre. Ainsi Bingen fut-il amené à révéler à Moulin, en février 1943, que, un an auparavant, Pineau avait bien reçu une mission politique mais du commissariat à l'Intérieur : « Pour votre édification, précisons primo Francis [Christian Pineau] était justifié prétendre avoir reçu mission action politique ignorée du BCRA par ancien manque coordination Londres [...] » Il faut dire que Passy, dès 1941, avait milité pour que le BCRAM fût également chargé de l'action politique. Mais De Gaulle avait continûment fait la sourde oreille. A la différence de Churchill, très féru d'action subversive et convaincu de l'importance du SOE, Charles De Gaulle se défiait des services secrets. Il admettait la nécessité d'un service de renseignements classique, mais sa culture, celle de l'armée française, ne l'incitait guère à innover pour ce qui est d'un espionnage considéré comme un mal nécessaire, mais tenu dans une piètre estime. D'autant qu'il entendait surveiller directement ou, à défaut, par commissaire interposé, l'action spécifiquement politique. Jusqu'à l'été 1942, il a imposé une coupure stricte entre l'action politique et les autres missions.

Les choses changèrent dans l'été 1942, et la suppression du « M » dans le nom du service devenu le BCRA a tout son sens : l'action n'est plus exclusivement militaire. Le Comité national à l'Intérieur, sous la direction de Diethelm, sans grands moyens d'action et – disons-le – sans grande imagination, ne pouvait se prévaloir que de résultats médiocres, à l'exception notable de la mission Rex. Relayant Passy, Manuel et surtout Brossolette, montrant que l'épreuve des faits jouait en faveur d'une réorganisation de l'ensemble des services, ébranlèrent De Gaulle. Celui-ci maintint sa position de principe en stipulant en juin 1942 que « le Commissariat de l'Intérieur est, sous mon autorité, seul chargé et seul responsable de toute action en France qui n'a pas un caractère militaire ». Mais il admit que la mise en œuvre des missions d'ordre politique serait désormais confiée à ce qui devenait le BCRA, le Bureau Central de Renseignement et d'Action, dont une section non militaire (N/M) se consacrerait à l'action politique en France. Cette section fut placée sous l'autorité de Louis Vallon, un polytechnicien non conformiste, socialisant, qui avait appartenu au comité directeur de Libération-Nord. Quant à Passy, qui aurait vraisemblablement mené, sans la France Libre, une carrière militaire classique de polytechnicien versé dans l'armée, il s'était révélé un homme assez exceptionnel, sans doute froid par nature, puis par fonction, mais inventif, énergique et efficace. Il avait obtenu gain de cause : pour encadrer la Résistance sous l'égide de Charles De Gaulle, il disposait désormais d'un instrument polyvalent. A quelques exceptions près, les témoins comme les historiens considèrent que la vingtaine d'officiers, en majorité des officiers de réserve, travaillant au BCRA, réussirent à façonner « une grande maison », qui, gardant son caractère original, ne cessa de gagner en professionnalisme. Ajoutons que la réputation qui avait été faite à cet organisme par ses adversaires de sentir le soufre, d'être un repaire de militants déclarés de la droite extrême, était de moins en moins justifiée, puisque, par le jeu des arrivées et des départs, ceux qui avaient une sensibilité de gauche (non communiste) y devenaient majoritaires. D'ailleurs, comme l'affirme sans ambages Stéphane Hessel qui y travailla : « On ne parlait pas idéologie ou politique, le BCRA était un organisme fonctionnel en vue du combat et de l'action. »

La nomination d'André Philip, qui remplaçait Diethelm à la tête du commissariat à l'Intérieur, quelques jours après son arrivée à Londres, à la fin de juillet 1942, parachevait la mue des services londoniens. A quarante ans, ce protestant convaincu, professeur d'économie politique à Lyon, avait été élu en 1936 député socialiste du Rhône ; il s'était prononcé contre l'attribution des pleins pouvoirs à Philippe Pétain avant de participer au comité directeur de Libération-Sud. Malgré sa tignasse de cheveux en bataille, sa vie sentimentale hétérodoxe – un mauvais point aux yeux du chef de la France Libre ! – et un désordre proverbial, il avait séduit De Gaulle, par son intelligence et ses talents d'orateur. Il donnait une impulsion décisive au commissariat à l'Intérieur, en s'attachant deux collaborateurs de qualité : Francis Louis Closon, un catholique de gauche, ancien attaché financier à Washington, et Georges Boris, enfin utilisé à sa juste valeur. Socialiste, directeur du cabinet de Blum en 1938, patron de l'hebdomadaire de gauche *La Lumière*, engagé volontaire à plus de cinquante ans, rescapé de Dunkerque, Boris avait d'abord été remisé dans ce qui était un peu un placard, malgré la précocité de son ralliement qui datait du 19 juin 1940. Le milieu gaullien des débuts – ce n'était pas le cas de Charles De Gaulle – lui reprochait un engagement politique trop marqué et accessoirement d'être juif. Deux ans plus tard, cet homme remarquablement intelligent et fin politique était devenu l'éminence grise de Philip.

Ces deux maisons rénovées demeuraient, il est vrai, rivales, parce que le BCRA chercha évidemment à élargir sa compétence en matière d'action politique. Mais les heurts étaient en grande partie amortis grâce à l'officier qui faisait la liaison, Jacques Bingen. Voilà un « officier sédentaire » remarquable et pourtant tombé, comme d'autres, dans les oubliettes de l'Histoire, après qu'il eut préféré, en mai 1944, avaler sa pastille de cyanure pour ne pas parler. Beau-frère de l'industriel André Citroën, il avait rejoint précocement Londres dans l'été 1940, dirigeant la marine marchande de la France Libre avant d'être récupéré par le commissariat à l'Intérieur, puis nommé adjoint de Vallon dans la section non militaire du BCRA. Il avait apprécié que Moulin ait appuyé les réformes, comme il l'écrit dans un rapport : « Des contacts très étroits ont été maintenus avec M. Mercier pendant le séjour de celui-ci à Londres. C'est au passage de M. Mercier qu'est due, pour une grande part, l'impulsion donnée à la section N/M. » En tout cas, le nouvel état de fait simplifiait et donc améliorait les tâches et la sécurité des agents envoyés en France.

Moulin n'en continuait pas moins de rencontrer des difficultés de trois ordres. D'abord, comme tous les agents du BCRA, il dépendait, au moins indirectement, du bon vouloir du SOE britannique, qui, – répétons-le – non seulement comportait une « section française » dotée de ses propres équipes, mais avait la haute main sur l'attribution des moyens techniques indispensables aux missions-Action du BCRA : postes émetteurs-récepteurs, autorisation d'enlever par Lysander ou sous-marin les agents ou les personnalités politiques, parachutage des containers d'armes.

Deuxième sujet de préoccupation : le manque de cadres, ces adjoints que Moulin réclamait à cor et à cri en avril-mai 1943. Le BCRA ne parvenait pas à attirer suffisamment « d'officiers sédentaires » (alors que le personnel subalterne avait été multiplié par cinq entre novembre 1941 et février 1943 atteignant près de 170 personnes). D'une part les diverses armes rechignaient à céder leurs bons éléments, d'autre part la culture des officiers français d'active, voire de réserve, les incitait à se battre au grand jour à Koufra ou à Bir Hakeim, mais moins facilement à rejoindre à Londres des « planqués » pour tremper dans de l'espionnage vulgaire, indigne de leur uniforme. Ce comportement était très différent de celui des étudiants sortis des collèges des Universités les plus prestigieuses de Sa Majesté, notamment d'Oxford et de Cambridge, qui pratiquaient le renseignement comme un sport, sans doute un peu particulier, mais qui ne faisait pas déchoir.

Troisième difficulté rencontrée par Moulin : les luttes sourdes des bureaux londoniens – sans doute peu perceptibles de l'extérieur – mais qui posaient problème. C'est ainsi qu'un différend violent avait opposé Manuel à Wybot qui voulait donner au contre-espionnage une place primordiale. Mais c'est surtout – il faut bien le reconnaître – l'arrivée de Brossolette, exerçant auprès de Passy une fonction de conseiller privilégié – nous aurons l'occasion d'en parler – qui allait secouer le BCRA. Le conflit qui éclata entre lui et Rémy dans l'automne 1942 n'avait qu'indirectement mis en cause les structures mêmes de 10 Duke Street, siège du BCRA. Mais par la suite, les choix faits par Brossolette, y compris la stratégie qu'il entendait mettre en œuvre en France, provoquèrent la rupture de l'attelage Passy-Manuel, qui avait jusqu'alors fort bien fonctionné. Pourtant André Manuel, qui après avoir travaillé dans l'entreprise textile familiale, avait représenté les intérêts d'une firme américaine, savait négocier avec doigté, ce qui n'était pas toujours le cas de Passy.

Moulin pouvait sans doute bénéficier du soutien affiché du BCRA. Il y avait de chauds partisans : André Manuel, précisément, dans le rapport qu'il avait rédigé après avoir mené à bien en France, en zone non occupée, du 23 novembre au 27 janvier, la mission « Pallas », s'était plu à souligner que « Seul Rex et son équipe planent au-dessus de ces discussions et tentent en plein accord avec les militants de consolider la Résistance sans négliger les aspirations idéologiques des membres qui la composent. Ainsi qu'on peut le constater par cette situation confuse, le rôle de Rex est extrêmement difficile. Il s'en tire bien grâce à ses qualités et au crédit moral dont il jouit auprès de tous ». Et d'ajouter cette recommandation prémonitoire : « Les conversations en cours à l'heure actuelle doivent, pour répondre aux vœux des militants et aux nécessités de la guerre, tendre à un renforcement de son autorité et à une coordination de toutes les formes de l'action entre ses mains. » Lorsque Jacques Bingen prit le relais, il fut tout aussi séduit par Moulin et l'exprimait dans un courrier du 6 avril : « Mon cher Max, quelques mots personnels. Nous vivons encore constamment dans cette maison-ci sur la lancée des visites de M [Moulin] et CH [Delestraint] que nos pensées accompagnent constamment et qui continuent d'inspirer notre travail [...] Avec toute mon admiration et mon amitié, à vos ordres [...]. »

*

Mais ce fut surtout avec des agents londoniens envoyés en France qu'éclatèrent des conflits risquant d'affaiblir en partie la position de Moulin. La mission Brumaire-Arquebuse, dont il sera question plus longuement dans le chapitre suivant, provoqua d'importants remous ; elle ne fut pas la seule.

Faisons le constat que presque tous ceux qui acceptaient de partir et surtout de repartir en mission en France avaient tendance à déborder du cadre strict de leurs instructions, il est vrai rarement bien définies, jugeant que là-bas, à Londres, les « bureaux » n'avaient pas une vision claire de la situation concrète qui prévalait sur le terrain. Et puis, contrairement à l'image d'Epinal entretenue par la saga gaullienne, l'improvisation, voire le désordre n'épargnaient pas la France Libre, qui d'ailleurs n'avait guère de latitude dans le choix de ses agents, tant ils étaient peu nombreux. La zizanie qui existait entre le BCRA et le commissariat à l'Intérieur n'arrangeait rien. Avec l'arrivée d'André Philip, le rôle de Rex fut, il est vrai, un peu mieux précisé par un courrier qui lui fut adressé en octobre 1942 : « Vous êtes et resterez le représentant du comité national français dans la ZNO, à ce titre, outre votre rôle de président du comité de coordination, vous avez à assurer les contacts avec les hommes politiques désireux de collaborer avec nous à la libération du territoire national et à l'établissement de nouvelles institutions libres dans notre pays. Nous avons placé, il y a quelques semaines, et nous placerons sous votre autorité directe tous les agents envoyés de Londres avec des missions de contact ou de projection politique, de façon à vous permettre d'assurer dans de bonnes conditions la direction de leur travail et d'éviter certaines situations délicates qui se sont produites dans le passé. Vous avez qualité pour exiger de ces agents, qui en ont été avisés, la plus stricte discipline dans l'exécution des missions que vous estimez devoir leur maintenir ou leur confier [...]. »

C'était trancher dans un premier conflit, celui qui mettait Moulin aux prises avec Rondeau, alias Philippe Roques, un ancien attaché parlementaire de Georges Mandel. Il avait reçu d'André Diethelm la « mission secrète et personnelle » de démarcher d'anciens parlementaires. Cette mission avait été confirmée par De Gaulle en personne, lors du passage de Rondeau à Londres en mai 1942. Reparti en France, celui-ci avait obtenu des résultats, puisqu'il apportait non seulement le soutien de Mandel emprisonné mais encore celui d'une cinquantaine de parlementaires, qui lui fournissaient un certain nombre d'informations sur Vichy. Mais ses déclarations à l'emporte-pièce avaient bien vite exaspéré Moulin, qui n'avait pas été prévenu de cette mission politique. Il protestait par un câble du 28 août : « Apprends que Philippe Roques a vu individuellement les quatre membres du comité Experts que j'ai mis sur pied non sans difficulté après accord Diethelm Bernard [d'Astier] Nef [Frenay] et chef Tirf [Franc-Tireur, donc Lévy] ainsi que Francis [Pineau] et Fourcaud. Roques a déclaré à chacun des membres comité experts que je n'avais aucune qualité pour m'occuper de ce travail, que seul était qualifié et que d'ailleurs constitution de ce comité ne correspondait pas à directives général de Gaulle. » Et d'ajouter : « Vous indique les seules difficultés sérieuses qu'ai rencontrées dans ma tâche viennent des agents gaullistes et que si question n'est pas réglée dans moindre délai aurai regret vous demander me relever mes fonctions – dans ce domaine le désordre est à son comble [...] demande pour moi enlèvement lune septembre. » Londres cédait devant cette menace explicite de démission, dès le 4 septembre : « Vous informons Philippe Roques pseudo Rondeau recevra dorénavant de vous ses instructions [...] Avez plein pouvoir pour fixer la mission de Rondeau indépendamment de toutes instructions reçues par lui au départ. »

Une décision confirmée peu après : « Vous déciderez vous-même s'il y a lieu de faire rentrer à Londres Rondeau en interrompant sa mission ou si au contraire il est possible de la lui laisser poursuivre sans inconvénient et sous votre contrôle. »

Moulin avait quelque raison de déplorer vivement un désordre qui, à force de démarches brouillonnes, donnait de la France Combattante une image déplorable. Certains cas tournaient au vaudeville politique : il donnait l'exemple caricatural d'Herriot « touché dix-neuf fois par dix-neuf agents dont chacun prétend être le seul représentant qualifié du général De Gaulle ». Mais il dénonça encore plus énergiquement les dérives de ceux dont il estimait qu'ils mettaient entre parenthèses leur qualité d'agent de la France Libre. C'est pourquoi il n'hésita pas à demander le rappel de Léon Morandat (dit Léo ou Yvon) dont nous avons déjà parlé. Il avait dans un premier temps fait bon ménage avec ce jeune syndicaliste chrétien qui ne faisait pas partie de l'Establishment, rallié dès l'été 1940 à la France Libre et qui, le 7 novembre 1941, à l'instigation de Charles De Gaulle, avait été renvoyé en France avec la mission – on s'en souvient – de gagner à la France Libre les milieux syndicalistes de zone non occupée. Mais les rapports entre les deux hommes se dégradèrent lorsque « Léo » fit le choix de s'investir dans le Mouvement Libération-Sud, y jouant un rôle de plus en plus actif. Cette décision parut à Moulin incompatible avec sa mission : « Léo – je dis Léo – actif et débrouillard a rendu services certains – mais tend à se considérer moins comme officier Forces Françaises Combattantes que militant Libération dont il est membre Comité directeur... M'a créé au début grosses difficultés avec Lifra [Combat] – aujourd'hui avec Tirf [Franc-Tireur] – a pris enfin à mon insu initiatives allant contre décision arrêtée avec vous notamment au sujet comité experts. » De surcroît, dans un télégramme du 9 octobre, Moulin affirmait le tenir pour responsable d'une « opération maritime manquée » : « suis obligé de constater une fois de plus Léo n'a agi qu'avec grande légèreté [...] ». Et comme Morandat continuait de mener une politique personnelle à l'endroit des syndicats (« [il a] failli nous aliéner CGT »), il fut rappelé à Londres le 17 novembre 1942.

Moulin allait formuler les mêmes griefs à l'encontre de Christian Pineau, lui reprochant de ne pas savoir choisir. Peut-être lui apparaissait-il également comme une sorte de rival, qui non seulement avait sa propre vision politique mais qui avait été – on l'a vu – le premier des chefs d'un Mouvement, fort de ses militants syndicalistes et socialistes, à gagner Londres, d'où il était reparti avec un manifeste de Charles De Gaulle. Pineau et Moulin s'estimaient, sans plus, mais se respectaient. « Je n'ai sur le plan personnel rien à reprocher à Francis [Pineau] qui est loyal et courageux », déclarait Moulin. Ils avaient travaillé ensemble, mais sans que Moulin eût été mis au courant de la mission que le commissariat à l'Intérieur avait confiée à Pineau, quand il était revenu en France.

Moulin s'était assez vite inquiété des initiatives que « Francis », jouant sur divers registres, prenait, ici et là. En témoignait son courrier annexe du 14 décembre 1942 : « ... J'appelle votre attention sur les difficultés créées au comité de coordination par l'activité de Francis qui poursuit en dehors du comité de coordination des négociations politiques et qui risquent, par ailleurs, de faire échouer tous les efforts difficiles que je fais en vue de l'unité morale et matérielle de la résistance. Ces négociations politiques font paraître absolument désordonnée l'action politique des forces gaullistes [...]. Francis m'a déclaré qu'il avait l'intention de vous demander de le décharger de sa mission de renseignement [il avait monté, sur ordre du BCRA, le réseau Phalanx]. Il tient en effet à reprendre sa liberté pour s'occuper en ZO de questions politiques et paramilitaires et plus précisément de reprendre la tête du mouvement Libération ZO qui est tombé assez bas. » Et d'ajouter : « Il m'apparaît une fois de plus que les tâches de chacun doivent être strictement précisées. Si Francis ou tel autre doit prendre la tête d'un mouvement politique, il est nécessaire qu'on lui rende toute sa liberté. Rien de plus néfaste, en effet, que ces agents Jamesbifrons [*sic*, probablement pour « Janus bifrons »] qui parlent une fois au nom du général De Gaulle et une fois au nom de leurs troupes. » Moulin n'appréciait pas que Christian Pineau ait continué de jouer les francs-tireurs, n'œuvrant pas suffisamment au service du chef de la France Libre, même si certaines de ses démarches rejoignaient plutôt les siennes ; c'est ce qu'il signalait dans un câble parvenu à Londres le 14 février : « Comité de coordination et moi-même faisons toutes réserves sur propositions et action politique Francis et Froment [Boris Fourcaud]. » C'est pourquoi, lorsque à Londres on discuta du rôle de Pineau, il ne le défendit pas. Christian Pineau non seulement lui fut subordonné – ce qui était logique –, mais il ne garda qu'une délégation bien maigre en termes politiques : il ne devait plus s'occuper que du syndicalisme et encore uniquement du syndicalisme agricole qui n'était pas précisément sa tasse de thé. Il faut tout de même noter que Pineau prit sur lui d'accepter l'annulation de la mission politique qui lui avait été confiée en avril 1942, et que seules son arrestation et sa déportation mirent fin à ses activités.

Reste le cas Brossolette. Avant de détailler les péripéties de leurs confrontations, il convient de rappeler qu'avec Brossolette Moulin se heurtait non seulement à une personnalité de son calibre, mais que l'homme était singulièrement délié d'esprit, pugnace et ambitieux. Deux ouvrages récents, la biographie précise de Guillaume Piketty, *Pierre Brossolette, un héros de la Résistance*, et un recueil de textes, *Pierre Brossolette Résistance (1927-1943)*, publiés tous deux chez Odile Jacob, soulignent que Brossolette était pétri de dons : à dix-neuf ans, en 1922, il entrait, dès son premier concours, cacique à l'ENS de la rue d'Ulm. Dans la foulée, il était reçu à l'agrégation d'Histoire, deuxième derrière Georges Bidault. Même ses détracteurs reconnaissent son intelligence inventive, ses capacités de synthèse et de clarté, son ouverture d'esprit ;

bref, une grosse tête exceptionnellement douée comme les grandes écoles de la République peuvent et savent en produire, au service d'un tempérament généreux. Ajoutons-y le brio dans la conversation, des qualités d'orateur, le don de trouver la formule juste et qui touchait, comme dans ces lignes superbes et inégalées extraites de l'allocution qu'il prononça à la BBC, le 22 septembre 1942, pour exalter les sans-grade de la Résistance : « A côté de vous, parmi vous, sans que vous le sachiez toujours, luttent et meurent des hommes – mes frères d'armes – les hommes du combat souterrain pour la libération. Ces hommes je voudrais que nous les saluions ce soir ensemble... Saluez-les. La gloire est comme ces navires où l'on ne meurt pas seulement à ciel ouvert mais aussi dans l'obscurité pathétique des cales. C'est ainsi que luttent et meurent les hommes du combat souterrain de la France. Saluez-les, Français ! Ce sont les soutiers de la gloire. » Un demi-siècle plus tard, Stéphane Hessel gardait un souvenir ému d'un homme d'exception qui avait fait circuler « un courant d'air merveilleux » dans le BCRA.

Pierre Brossolette, s'il était un intellectuel brillant, s'était tout de suite révélé avide d'action, habité par la politique. Rien ne l'aurait contraint à se calfeutrer dans une tour d'ivoire ni *a fortiori* à se confiner dans des fonctions de « rond-de-cuir ». On comprend qu'il ne se soit pas contenté de suivre une carrière universitaire pourtant prometteuse : après avoir enseigné quelques mois, il multiplia les activités. Lancé dans la presse écrite, tirant souvent le diable par la queue, il fut assez éclectique dans le choix des rédactions pour lesquelles il écrivait et tâta aussi de la radio pendant plus de trois ans. Il s'intégrait à divers réseaux, dont la franc-maçonnerie (il fut initié dans la Grande Loge de France en 1928, puis au Grand Orient) ; en même temps il s'engageait, ne ménageant pas ses efforts pour défendre la politique de la sécurité collective et la SDN. Militant à la SFIO de 1929 jusqu'en 1939 – et même responsable de la fédération de l'Aube en 1935-

1936 –, il devint, en novembre 1938, le responsable de la rubrique de politique étrangère du *Populaire*. En congé de parti, lors de son séjour londonien, il garda néanmoins des liens relativement étroits avec nombre de socialistes. Partout, il laissa le souvenir d'une forte personnalité, débordante d'idées, d'activité. Et on ne saurait donner meilleure preuve de son indépendance d'esprit qu'en citant quelques lignes de la lettre énergique qu'il adressa à titre personnel à Charles De Gaulle le 2 novembre 1942. Tout en renouvelant l'assurance de « [s]on très grand respect, et d'une affection plus grande encore », il dénonçait en termes vifs le mode de gouvernement pratiqué par le chef de la France Libre, et en particulier son autoritarisme : « Le premier effet en est que, dans votre entourage, les moins bons n'abondent que dans votre sens ; que les pires se font une politique de vous flagorner ; et que les meilleurs cessent de se prêter volontiers à votre entretien. » On ne connaît pas d'autre civil qui ait parlé, à cette époque, sur ce ton, à Charles De Gaulle n'admettant pas d'être interpellé (il avait déclaré à Passy : « Je n'ai pas de leçon à recevoir d'un galopin comme vous. »

Brossolette avait de quoi revendiquer son franc-parler, lui qui était au nombre des *happy few* engagés dès 1940. De manière particulièrement précoce, il avait fait partie du premier groupe d'intellectuels et d'avocats organisé en zone nord, le « réseau » du musée de l'Homme. C'est lui qui rédigeait en février 1941 le cinquième et ultime numéro de leur journal *Résistance*, alors que le Mouvement était décapité par des arrestations. Par la suite, il avait enseigné un temps dans un établissement privé, puis s'était improvisé libraire avec sa femme Gilberte. Il avait alors été contacté par un membre de la Confrérie Notre-Dame, le réseau monté par Rémy, et y était devenu le chef de la section presse et propagande. En décembre 1941, il signait son acte d'engagement dans les Forces Françaises Libres. Londres était à ses yeux le seul endroit où l'on pouvait faire avancer les choses. Sa décision était d'autant plus arrêtée qu'il avait été relativement déçu par l'activité des premiers Mouvements et du CAS socialiste de zone nord. Pour autant, Brossolette n'entendait pas se terrer en Angleterre ; enlevé par Lysander, après avoir reçu l'accord de la France Libre, dans la nuit du 27 au 28 avril 1942, il avait décidé de repartir en mission, parachuté « blind » si nécessaire : il avait ainsi retrouvé la France occupée du 4 juin au 14 septembre 1942.

Ce cursus, remarquable par rapport à la grisaille commune, explique que « le commandant Bourgat » ait acquis une position de premier plan à l'intérieur du BCRA : en septembre 1942, il prenait la direction du « Bloc opératoire », devenait officiellement le numéro 3 du Bureau, avant de supplanter André Manuel comme bras droit de Passy. Le chef du BCRA, une fois oubliées ses réserves initiales, avait été fasciné par cette personnalité flamboyante. Il explique sans afféterie dans ses *Mémoires* comment il en avait fait son mentor politique : « Je ne m'étais jamais occupé de politique et n'avais à vrai dire pas la moindre notion sur ce sujet. » Pierre Brossolette, lui, avait des projets et des points de vue à revendre. Son approche relevait d'un gaullisme qui pouvait passer pour orthodoxe. Dans les neuf rapports rédigés à Londres en mai 1942, il affirmait que le salut d'une France globalement attentiste et petite-bourgeoise ne pouvait venir que de l'extérieur « du dehors et d'en haut », donc de Charles De Gaulle, chef militaire, mais surtout dépositaire de la légitimité de la nation française en guerre. Il estimait que lors de la Libération, une « transition » gaulliste serait nécessaire pendant plusieurs mois, voire pendant plusieurs années. Il conseillait au Général de rallier autour de lui non seulement les Mouvements, mais encore des personnalités politiques, à condition que leur ralliement le fût à titre personnel. Il fallait, selon lui, s'intéresser surtout aux milieux encore attentistes. Il pensait en particulier que la fraction la plus patriote de l'ex-parti social français, fondé et dirigé par François de La Rocque – dont il surestimait il est vrai l'importance – pouvait être gagnée à la cause gaulliste. C'est pourquoi, avec l'accord du chef de la France Libre, il s'employa à convaincre Charles Vallin, le vice-président du PSF, de gagner Londres. Or, l'arrivée de ce ci-devant pétainiste, qui avait non seulement voté les pleins pouvoirs à Philippe Pétain mais surtout accepté de faire partie du Conseil de justice politique chargé de condamner sans jugement, entre autres, Daladier et Blum, provoqua de tels remous que De Gaulle expédia Vallin au Tchad avec des fonctions subalternes. Dans un article de *La Marseillaise*, un journal fort gaullien, paru le 27 septembre 1942, où il réagissait en termes virulents à la campagne lancée contre Charles Vallin, Brossolette avait défendu un gaullisme tellement exclusif, en particulier à l'encontre des partis traditionnels qu'il fut contraint, face à l'émergence du parti communiste, de faire quelque peu machine arrière, quelques semaines plus tard, tout en continuant de défendre l'idée d'un rassemblement de type non partisan autour de Charles De Gaulle, du moins pendant la durée de la guerre.

Bref, il existe bien une variante brossolettienne d'un gaullisme gaullien, celui qu'il exalte avec lyrisme, le 22 septembre 1942, dans l'intervention à la BBC que nous avons déjà citée : « Français ne craignez rien, l'homme [De Gaulle] est à la mesure du geste [celui du 18 juin] et ce n'est pas lui qui vous décevra lorsqu'à la tête des chars de l'armée de délivrance, au jour poignant de la victoire, il sera porté tout au long des Champs-Elysées, dans un murmure étouffé des longs sanglots de joie des femmes, par la rafale sans fin de vos acclamations. » C'est de cette orthodoxie que le complimente rétrospectivement De Gaulle dans ses *Mémoires* : « Brossolette nous rejoignait ensuite, prodigue d'idées, s'élevant aux plus hauts plans de la pensée politique, mesurant dans ses profondeurs l'abîme où haletait la France et n'attendait le relèvement que du "gaullisme" qu'il bâtissait en doctrine. Il allait largement inspirer notre action à l'intérieur. »

Guillaume Piketty, dans une intervention faite lors du colloque consacré à *Jean Moulin face à l'Histoire*, souligne avec raison que Moulin et Brossolette partageaient un certain nombre de points forts trop occultés par une mémoire qui oppose les deux hommes de manière systématique, sans doute parce que la comparaison s'impose. Tous deux, en premier lieu, appartenaient à la génération des quadras (Moulin est l'aîné de quatre ans), confrontés aux mêmes choix politiques de plus en plus oppressants. Pour tous les deux, la République était un bloc et ne saurait être remise en cause. A noter qu'avant de militer à la SFIO, Brossolette avait lui aussi évolué dans la mouvance radicale, faisant partie des cercles jeunes-turcs, dans lesquels nous avons rencontré Pierre Cot. Ils ont réagi de la même manière aux événements significatifs de la IIIᵉ République finissante, notamment par leur condamnation des émeutiers du 6 février 1934. Leur opposition fut également ferme aux retombées du pacte germano-soviétique. Les deux furent bouleversés à la fois par la déroute militaire (le capitaine Brossolette réussissant, pour sa part, à éviter que la compagnie qu'il commandait ne soit faite prisonnière), par la dilution de l'Etat et par la trahison politique ou l'aboulie des élites. Ni l'un ni l'autre n'ont cédé à la tentation de faire un bout de chemin avec Vichy, régime qu'ils abhorraient également. Entrés en Résistance, chacun à leur manière, à une date précoce, ils deviennent tous les deux gaulliens. L'un et l'autre ont été faits Compagnons de la Libération, en octobre 1942.

Et pourtant, les deux hommes s'affrontèrent violemment en mars 1943 à Paris. Ce qui nous intéresse ici – nous reviendrons sur les enjeux de fond de ces deux missions parallèles dans le chapitre suivant – c'est de saisir la conception que se faisait Moulin des responsabilités d'un délégué général et de comprendre de quelle manière il l'imposa. Parti en mission en France, à la fin de janvier 1943, Brumaire/Brossolette faisait alors fi – c'est peu contestable – des dernières instructions de Londres comme des rappels à l'ordre formulés tant par le commissariat à l'Intérieur, dont il dépendait pour la partie politique de sa mission, que par Bingen à la tête de la section non militaire du BCRA : « Propositions Brumaire [...] sont incompatibles avec décisions prises ici [...] Brumaire excède sa mission », câblait ce dernier le 9 mars, en ajoutant cette précision : « retarder toute décision jusqu'à arrivée prochaine Rex ». Sans doute ont pu jouer les difficultés de communication et de transmission. Reste que Arquebuse/Passy – quoi qu'il ait pu écrire dans *Missions secrètes en France* – avait alors rejoint Brossolette en France et l'avait nécessairement informé de la position de Londres. Ce dernier savait donc très certainement qu'il devait se garder de toute initiative personnelle avant le retour prochain de Rex/Moulin. C'est ce que soulignait André Philip, le 19 mars : « Je vous confirme les directives que j'ai données à Rex dont vous avez déjà eu connaissance par Arquebuse/Passy » ; et de mettre les points sur les *i* : « Rex est donc le représentant officiel du général De Gaulle, ayant seul qualité pour les contacts politiques, directement ou par des délégués sous sa responsabilité. »

Sans entrer ici dans le détail, disons que Brossolette réussit à convaincre Passy de ne pas respecter les consignes, sous le prétexte – classique – que ceux qui sont sur place sont plus à même de juger. Il contourna l'ordre de réintroduire en bonne et due place des partis politiques dans le Conseil de la résistance à venir, installa, comme nous le verrons, une instance non programmée, etc., en un mot modela politiquement, mais à sa guise, la Résistance en zone occupée. Quelles raisons pouvaient l'inciter à aller à l'encontre à la fois des instructions et des rappels à l'ordre ? La question a été débattue de manière polémique. Lui-même argua de la spécificité de la zone nord et de problèmes de sécurité. Si ses arguments n'étaient pas totalement infondés, ils masquaient des raisons profondes liées à l'idée qu'il se faisait de sa mission, lui, spécialiste reconnu de la vie politique française, qui avait des idées sur l'avenir de la Résistance et qui, de surcroît, pensait bien connaître la zone nord pour y avoir milité et y avoir accompli une première mission. Il avait justement, selon moi, entre autres ambitions, celle de façonner politiquement cette zone. Brossolette était ambitieux, Moulin, bien entendu, l'était lui aussi à sa manière. Soulignons qu'il serait erroné de croire que l'un comme l'autre aient été motivés par le dessein trivial d'occuper des places : dans l'aventure qu'était encore la Résistance, il n'y avait alors que des risques à prendre et leur destin à tous deux en donna une sinistre preuve. Cela dit, Gilberte Brossolette a probablement fourni la bonne clé d'interprétation en faisant remarquer dans un entretien accordé à l'auteur que son mari avait toujours été convaincu qu'il saurait imprimer sa marque sur la politique française. Ce qui n'avait pas été faisable en 1936, dans la mouvance de Léon Blum, lors du Front populaire (d'autant qu'il avait été battu, dans l'Aube, aux législatives), devenait possible ou mieux nécessaire, aux côtés du chef de la France Libre, avec l'appui du chef du BCRA.

Cela dit, Brossolette ne voulut pas, à proprement parler, supplanter Moulin. Leur premier contact, avant que celui-ci parte pour Londres, avait même été plutôt bon. Il écrit dans le premier rapport qu'il envoya au BCRA : « Même si vous n'acceptez pas toutes les suggestions de Rex, il n'est pas douteux qu'elles offrent le plus vif intérêt et qu'elles peuvent nous éviter de graves faux pas. » Ses télégrammes ménageaient Moulin : « demander amicalement Rex pas tout court-circuiter », câblait-il le 4 mars ; et il signalait, le 21 mars qu'avait été « bien accueillie ici [...] la désignation de Rex comme représentant unique du général de Gaulle... ».

Mais, revenu en France, le 20 mars, Moulin jugea quasi immédiatement que la mission Brumaire/Arquebuse dépassait les limites imposées aux envoyés de Londres. Voilà qui confortait sa réticence sur le principe même de la mission. Dès le 2 janvier 1943, en effet, il avait mis en garde le BCRA : « Essentiel aussi qu'arrivée nouveau délégué n'apparaisse pas comme coupure ou désaveu », et de réitérer le lendemain : « Contacts Rex en ZO très importants et personnels – [...] Ne la compliquez pas par décision inopportune. » Après quoi, il fit de sa primauté une question de principe sur laquelle il n'était pas prêt de transiger. Or, en rendant pour partie inapplicable le schéma mis au point à Londres, Brossolette semait la pagaille, alors que Moulin rencontrait déjà de grandes difficultés avec les chefs des Mouvements de zone non occupée. Pour Moulin cette intrusion, inacceptable dans le principe, compromettait dans les faits un processus qui, nous le verrons en le présentant dans le chapitre suivant, était difficile. On ne peut négliger non plus l'effet fâcheux de propos tenus sur Moulin alors à Londres, dénonçant une ambition qui aurait été démesurée. Dans un témoignage fourni à l'auteur le 25 mai 1981, André Dewavrin-Passy confirmait que « les propos contre Jean Moulin ont été tenus mais amplifiés plus qu'il ne le fallait ». On en arrivait ainsi, les 31 mars et 1er avril, à des affrontements directs d'une très grande violence. Selon des témoignages concordants cités par Daniel Cordier, l'une des séances « fut particulièrement orageuse. Jean Moulin traita avec la plus grande sévérité les deux envoyés de Londres. Il reprocha violemment à Brossolette de vouloir briser l'unité de la Résistance, en vue d'une opération politique personnelle, en profitant de l'autorité que lui conférait sa mission. Quant à Passy [...] il lui reprocha avec véhémence de ne pas s'être opposé aux agissements de son subordonné ». Passy ne pardonna jamais à Moulin cet accès de colère qu'il juga « humiliant » pour Brossolette (Rex avait fini par se taper sur les fesses pour signifier ce qu'il pensait des raisons avancées par Brossolette). A son retour de mission, le chef du BCRA faisait d'ailleurs sur Moulin un rapport plutôt critique : « Je fis part de mes craintes au général De Gaulle dès mon retour à Londres et insistais sur le risque qu'il y avait à laisser seul en France, avec des moyens pratiquement illimités, et sans aucun contrôle, un homme dont l'absolu loyalisme à son égard et à l'égard du Comité national ne saurait être mis en cause, mais dont les jugements ou les décisions pouvaient être soumis, du fait de son étrange entourage [il visait notamment Pierre Meunier] à d'inquiétantes pressions. Aussi suggérais-je au Général qu'il envoyât à Rex comme adjoints des personnalités sûres. »

Moulin, quant à lui, n'avait pas désarmé sur le principe même de son autorité quand il rédigea le 7 mai 1943 un rapport adressé directement au chef de la France Libre : « Une fois de plus je suis amené à appeler votre attention sur le danger qu'il y a à faire régler par une mission d'un mois ou deux des problèmes complexes demandant une longue habitude du milieu. Je suis sûr que, de bonne foi, Arquebuse et Brumaire ont cru avoir définitivement réglé les questions qui se présentaient à eux. Or il est de fait que les premières difficultés sont apparues au lendemain même de leur départ... »

Cet affrontement nous permet, pour cerner précisément comment Moulin envisageait son rôle de délégué, de faire le point sur l'autoritarisme qu'on lui reproche. Moulin entretint, certes, des rapports cordiaux avec certains agents envoyés en mission, tel Jacques Soulas, alias Lezine ou Salm, qui après s'être engagé dans les Forces Françaises Libres au retour d'un séjour forcé en URSS, avait rejoint Lyon ; il lui confiera officiellement son intérim quand il partira pour Londres (« Ai désigné Salm pour assurer mon intérim et l'ai présenté à membres comité de coordination – Disposera mon secrétariat et courrier »). Mais s'il pressentait en eux des rivaux qui allaient sur ses brisées, surtout en déviant de leur mission originelle, il ne les ménageait pas. Cette attitude lui fut reprochée à l'époque, parfois vivement. Emmanuel d'Astier, pour ne citer que lui, dénonçait en avril 1943, sans prendre le moindre gant, les « manœuvres de Rex en France » : « Le jeu de Rex a consisté à briser progressivement tout ce qui pourrait diminuer son pouvoir personnel, sans souci des fins proprement dites du gaullisme » (cité par Laurent Douzou dans l'édition annotée des *Souvenirs inédits* d'Yvon Morandat, Cahiers de l'IHTP, éditions du CNRS, septembre 1994). Ce qui a laissé des traces. Ainsi, Alya Aglan, dans une communication consacrée à Christian Pineau et Jean Moulin dans le colloque déjà cité, dressait ce constat critique : « Pour résumer, Brossolette évincé, Pineau "cantonné", Moulin s'impose comme maître absolu. » C'est une interprétation possible. Et pourtant, à mon sens, ne voir, en l'occurrence, dans la démarche de Moulin qu'une poussée exacerbée d'autoritarisme dont il aurait été de manière quasi congénitale coutumier me paraît simplificateur. A ses yeux, l'efficacité, que les circonstances exigeaient encore plus que naguère, demandait que chacun agisse avec un surcroît de rigueur. Et non seulement il se montra sans pitié à l'égard des agents de la France Libre dont il estimait que la conduite relevait de l'amateurisme, mais il ne renonça jamais à batailler contre ceux qui risquaient de mettre à mal la mission dont il avait été chargé.

A Londres, donc au moment où Passy mettait en garde contre la concentration des pouvoirs détenus en pratique par Moulin, en « France occupée », comme l'on continuait à dire, on reçut également les protestations d'un certain nombre de responsables de la Résistance : en avril 1943, disant parler au nom des Mouvements Unis de Résistance, Emmanuel d'Astier de La Vigerie s'élevait contre son autoritarisme, se plaignait « de fonctionnaires qui feraient, sous prétexte qu'ils représentent le Comité national français, une politique autoritaire et personnelle. » Et, comme nous le verrons en étudiant ultérieurement la fronde développée par les chefs des Mouvements à l'égard de Moulin, André Philip tint partiellement compte des critiques formulées.

*

En France, avant comme après ce séjour londonien qui avait donné toute son ampleur à sa tâche, la vie du délégué s'organisait concrètement en fonction des contraintes de tous ordres : il fallait à la fois communiquer avec Londres et avec les responsables des Mouvements sur place, monter une « Délégation », en assurer la sécurité, vivre aussi...

La question des transmissions et des liaisons était primordiale. Pour ces dernières, l'arrivée, le départ, la réception et le renvoi des émissaires s'étaient sans conteste améliorés. Les premiers agents de la France Libre avaient été soit amenés par des vedettes sur les côtes de la Manche, soit parachutés « blind ». Certains étaient renvoyés par mer, d'autres retournaient par l'Espagne, en faisant un séjour plus ou moins long dans le camp de Miranda. Depuis l'automne 1941, on disposait, progrès notable, de monoplans Westland Lysander qui, chaque mois, durant une petite huitaine de nuits de pleine lune, venaient, sans protection de la chasse, se poser en moins de 150 mètres, puis décoller immédiatement après sur près de 200 mètres. Ils ne pouvaient prendre à leur bord, outre le courrier contenant des renseignements qui étaient sans prix, que deux personnes (en principe de sexe masculin). Ce n'est qu'à compter de juin 1943 que purent se poser pour quelques instants des avions Hudson capables d'enlever jusqu'à huit « clients ».

L'opération respectait le protocole établi de façon immuable : sur un terrain, dûment homologué au préalable par la RAF, formant une sorte de T balisé par trois lampes rouges plus une blanche, l'équipe envoyait en morse au premier passage de l'avion une lettre convenue, à laquelle le pilote répondait par une autre lettre. Le même rituel était utilisé quand un bombardier venait parachuter des containers remplis d'armes. C'est dans une opération de ce genre, respectant toutes les consignes, que Moulin avait fini par être enlevé d'un terrain situé dans le Jura près de Lons-le-Saunier, le 12 février 1943, en compagnie de Delestraint. Les services britanniques toléraient qu'en partant d'Angleterre on emportât du chocolat, du café, des cigarettes, précieuses denrées que se partageait généralement l'équipe de réception ; le pilote, lui, avait le plus souvent droit à une bouteille de champagne débouchée au retour à la base. Ce transport de voyageurs dûment sélectionnés, car leur choix avait dû faire l'objet d'un accord entre Moulin et le BCRA et recevoir l'autorisation indispensable du SOE britannique, était annoncé par un message d'alerte, suivi de l'un des nombreux « messages personnels » qui passaient au début de l'émission française de la BBC. « Les Français parlent aux Français ». C'est le Service des Opérations Aériennes et Maritimes (SOAM), rattaché – et Moulin y veillait soigneusement – à la Délégation, qui était chargé de la bonne marche des opérations sur le terrain.

Ce va-et-vient aérien n'était pas négligeable, mais il demeurait insuffisant. C'est pourquoi la Délégation continua d'utiliser tout au long de l'année 1942 et du printemps de l'année 1943 la « filière Brandy » qui avait été mise en place pour convoyer jusqu'à Barcelone des pilotes anglais abattus. Parallèlement, furent montées en Méditerranée des opérations maritimes qui acheminaient en Grande-Bretagne, via Gibraltar, 8 à 10 personnes. C'est le genre d'opération qu'il proposait par exemple par un télégramme du 3 janvier : « pouvons avoir chalutier qui irait rencontre sous-marin dans détroit de Beauduc – RDV serait 1 500 m sud du phare de la Gacolle – A ce point fond de 12 m... ».

Il fallait aussi pouvoir transmettre. Moulin envoyait des « courriers » mensuels de deux à trois pages, construits comme des rapports préfectoraux. Il y joignait le plus souvent les textes d'ordre divers qui lui paraissaient importants : documents provenant de la Résistance, réponses à des questionnaires envoyés par le commissariat à l'Intérieur, voire projets qu'il soumettait à Londres. Il proposa ainsi la création immédiate sur le sol métropolitain d'un « conseil de guerre » qui régulariserait l'exécution pure et simple des traîtres, exécution dont il était un partisan déterminé ; mais malgré une relance datée du 27 novembre, « Quid du conseil de guerre dont je vous ai soumis le projet ? », le commissariat n'y donna aucune suite.

On devait être capable, si les circonstances l'exigeaient, de réagir vite. Si cette règle était impérative pour les réseaux de renseignement – il fallait transmettre les informations avant qu'elles se périment –, elle pouvait le devenir pour les missions « Action ». Les opérateurs radio étaient alors un maillon à la fois primordial et vulnérable. Dans ce domaine également les techniques s'améliorèrent. Les postes émetteurs-récepteurs qui pesaient dans les premiers temps quelque trente kilos étaient devenus plus maniables : les radios disposaient dorénavant du Paraset, un poste émetteur-récepteur petit et léger, dont la réception sur les ondes courtes avait l'avantage d'être sensible à des signaux faibles et dont l'émetteur, grâce à des cristaux de quartz permettant de stabiliser l'émission sur une fréquence donnée, pouvait, malgré sa faible puissance, être capté par un opérateur un tant soit peu averti de la Home Station, la station d'écoute britannique pour toute l'Europe. Les messages étaient évidemment codés à partir d'une grille reprenant les mots d'un texte appris par cœur. Il y avait un code anglais pour les renseignements de type paramilitaires, français pour les informations politiques.

Mais les opérateurs radio, souvent contraints d'émettre trop longtemps, restaient les proies des voitures gonio allemandes, dont Laval avait autorisé, nous l'avons dit, la pénétration en zone non occupée. Une quarantaine d'engins étaient ainsi à la disposition d'une centaine d'hommes du contre-espionnage allemand. Dans la région lyonnaise, ces voitures gonio gagnaient parfois le lieu d'émission en moins d'une heure : sans une petite équipe de protection chargée de donner l'alerte, la catastrophe était assurée. On ne s'étonnera pas que 83 % des opérateurs radio envoyés dans le second semestre de 1942 en France, après un stage de huit mois accompli au STS 52, l'école de radio de Thame Park, aient été arrêtés, souvent torturés, déportés. Ce n'est que plus tard, à partir de l'automne 1943, que la technique du Broadcast, de « l'émission en l'air », qui évitait de perdre du temps à rechercher le contact avec le correspondant londonien, limita relativement les risques. Reste que durer six mois pour un radio relevait de l'exploit et Moulin souffrit du manque d'opérateurs. Monjarret, qui avait été parachuté avec lui et qui était officiellement le radio de Sif/Fassin, n'avait pu lui passer qu'une cinquantaine de télégrammes ; il put récupérer Brault, le radio de Schmidt, l'officier du BCRA détaché auprès de Libération-Sud ; mais celui-ci, assurant le trafic de Moulin, de Bidault, et de Schmidt, se fit prendre le 16 octobre après avoir émis pendant six heures d'affilée. Moulin eut ensuite la chance de trouver un opérateur particulièrement débrouillard, Maurice de Cheveigne. C'est pour faire face à cette pénurie qu'il créa une sorte de pool radio, la WT (« wireless transmission »), dépendant du « secrétariat » de la Délégation ; son télégramme du 4 novembre 1942 en annonce la mise en œuvre : « organise circuits postes pour rotation émissions en vue diminuer durée transmission – besoin urgent matériel ». On comprend dans ces conditions qu'il ait fréquemment envoyé des câbles incendiaires à Londres : « Voulez-vous demander Anglais s'ils se moquent de nous. » Un courrier de novembre 1942 rappelait le problème : « Il est capital que les opérateurs chargés de la réception en Angleterre soient strictement exacts aux heures de contact prévues – des retards inadmissibles de l'ordre de 20 à 30 minutes se produisent trop souvent. Il faut songer à la vie que mènent ici nos radios et c'est criminel que de les utiliser à des besognes autres qu'urgentes et efficientes. » Il revenait à la charge le 19 mars 1943 : « Sommes très mécontents des services radio », en dénonçant la légèreté des opérateurs de la Home Station.

Elargissons le propos : Moulin, comme l'ensemble des services de la France Libre, soulignons-le une fois encore, était tributaire du bon plaisir des Britanniques, de leur stratégie et, par-dessus le marché, de l'état des relations entre De Gaulle et Churchill. Si les Anglais demeuraient prêts à faire des sacrifices pour que leur soient rapportées des informations qu'ils jugeaient vitales, ils étaient beaucoup plus pingres pour ce qui ne concernait pas le renseignement. Prenons le cas de l'armement : l'état-major anglais ne réservait qu'une quinzaine de bombardiers aux parachutages d'armes dans toute l'Europe occupée. Et, pour des raisons stratégiques, les Britanniques donnèrent alors la priorité aux maquis yougoslaves et grecs, dont ils pensaient qu'ils pouvaient mobiliser nombre de divisions allemandes, alors qu'une action prématurée de la Résistance française aurait inutilement attiré des renforts de la *Wehrmacht*. Ajoutons que les réseaux Buckmaster, « la section française » du SOE, étaient toujours servis en priorité. Passy dans une note adressée au général d'Astier de La Vigerie, en date du 16 juin 1943, constatait : « La quantité d'armes parachutées depuis le mois de janvier est au maximum capable d'équiper environ 2 700 hommes, alors qu'on veut un minimum de 50 000 hommes. » Moins de mille mitraillettes Sten, l'arme mythique des maquisards, avaient été parachutées jusqu'en juillet 1943, et il faudra attendre les parachutages massifs du printemps 1944 pour atteindre en juillet de la même année le chiffre de 12 000. La dépendance à l'égard des Britanniques se traduisait concrètement à bien d'autres niveaux. Eux seuls étaient habilités à homologuer les terrains d'atterrissage ou de largage. Les submersibles étaient nécessairement britanniques, comme d'ailleurs les pilotes : c'est seulement dans l'été 1943 que le capitaine Philippe Levry-Level fut autorisé à prendre les commandes d'un bombardier Hudson pour effectuer un enlèvement sur le sol français. Maîtres de la centrale de réception, eux seuls pouvaient conférer des brevets de radio, d'atterrissage, etc. Et c'est le SOE qui, chaque mois, fixait le nombre de « sorties » durant « la lune ».

*

Au fil des mois, le fonctionnement de la « Délégation », qui servait donc d'intermédiaire et de relais entre Londres et les Mouvements, s'était lui aussi amélioré, tout en demeurant bien vulnérable.

Jusqu'à l'automne 1942, Moulin était presque à lui seul la Délégation tout entière. Il était contraint de faire à peu près tout. Comme il n'avait pas de dactylo, certains des courriers qu'il envoyait à Londres étaient manuscrits ; il devait coder ses propres câbles, avec quelque peine, car il n'était pas expert en la matière, et il arrivait que certains fussent peu compréhensibles ; il lui fallait fixer lui-même ses rendez-vous et non seulement répartir mais distribuer en personne aux organisations et aux Mouvements l'argent qui leur revenait. Bref, Rex n'était pas bien outillé pour sa mission. Mais il eut le flair de s'attacher Daniel Cordier (*alias* BIPW, Benjamin ou encore Alain), quelques jours après son parachutage le 26 juillet 1942 ; l'ayant attentivement écouté, sinon confessé, sans tenir compte de son passé politique d'extrême droite, il fit confiance à cet agent du BCRA, malgré son extrême jeunesse, puisque, rappelons-le, il avait tout juste vingt-deux ans. Une décision judicieuse, même si l'intéressé tient à souligner que ce choix relevait plutôt de la grave pénurie en hommes dont souffrait la Délégation. Un peu plus tard, d'ailleurs, le BCRA manifesta un certain mécontentement : « Nous regrettons que vous ayez distrait BIPW au bénéfice de votre Bureau, car considéré comme un excellent instructeur, alors que nous manquons de radios bien entraînés. » Moulin chargea Daniel Cordier non seulement de coder et décoder ses télégrammes, mais encore de mettre sur pied un « secrétariat » qui le déchargerait des tâches quotidiennes.

Les guillemets sont de rigueur car on était bien loin d'une structure organisée : à Lyon, un à deux bureaux loués étaient accessibles à quelques « courriers », à savoir des agents de liaison indispensables puisque, pour des raisons de sécurité évidentes, les résistants ne pouvaient utiliser ni la poste ni le téléphone. Cette étape fondamentale de la transmission des messages, fragile en cas d'arrestation, était souvent assurée par des jeunes femmes censées échapper plus facilement aux contrôles. Ces « courriers » apportaient des messages, qui pouvaient n'être que des morceaux de papier roulés en boule pour échapper aux fouilles. Il leur arrivait aussi d'avoir à les déposer dans des « boîtes à lettres », qui étaient soit de véritables boîtes à lettres (car, on l'a dit, à la différence de ceux de Paris, les immeubles de Lyon n'avaient que peu de concierges), soit des endroits convenus. A cette multitude de liaisons, notamment avec Paris, qu'il fallait assurer de toutes les façons possibles, y compris en train, s'ajoutaient, dans la région lyonnaise proprement dite, la recherche de locaux, de lieux de réunion, d'émission, la distribution des fonds, la frappe des lettres, des rapports, leur chiffrage, le déchiffrage des courriers arrivés. Daniel Cordier, devenu le secrétaire de Moulin, promu, avec ses allures de jeune esthète, au rang d'homme de confiance, et auquel les chefs de la Résistance ne prêtèrent aucune attention, sut réunir, en quelques semaines, en les cooptant, une petite douzaine d'hommes et de femmes, et réussit à assurer la sécurité de tous : on n'eut à déplorer jusqu'à l'arrestation de Delestraint que (si l'on ose dire) celle de deux radios rattachés à la Délégation, arrêtés au cours d'émissions trop longues. Mais l'ensemble était fragile : c'est en raison de la défaillance d'un « courrier » parisien, que Moulin ne fut mis au courant de l'arrestation de Delestraint que cinq jours plus tard.

Ces petites mains, tout aussi vulnérables que les plus titrés des Résistants, sont sans nul doute ces « soutiers de la gloire », exaltés par Pierre Brossolette en septembre 1942. La mémoire occulte facilement leur existence pour réserver ouvrages et films à ce qu'on pourrait appeler, avec ce qu'il faut parfois d'impertinence, la HSR, la Haute Société Résistante. Et comme je n'échappe pas à ce travers en me consacrant à une biographie de Jean Moulin, je m'en voudrais de ne pas évoquer ces quelques personnes d'exception, peu connues, dont certaines avaient à peine vingt ans, qui ont fait « tourner » le secrétariat de la Délégation proprement dite. Qu'au moins leur nom soit rappelé : Hughes Limonti, dit Germain, un jeune ouvrier de chez Berliet qui s'était donné deux coups de masse sur le pouce droit pour ne pas partir en Allemagne comme « requis », devint le « chef des courriers », recevant à Lyon, à ce titre, un salaire de 3 000 francs par mois, partageant avec Daniel Cordier la collecte et la distribution des messages. J'ai été reçu par cet homme remarquable, chaleureux et modeste, devenu le patron d'un tout petit atelier après avoir survécu à la déportation ; lui du moins fut nommé Compagnon de la Libération. Laure Diebold, dite Mado, une Alsacienne repliée en zone non occupée, travaillant au service d'entraide des Alsaciens-Lorrains, devint la dactylo du secrétariat, tout en aidant Daniel Cordier au codage et au déchiffrage des câbles et des courriers : à partir de janvier 1943, elle disposa enfin d'un vrai bureau. Elle fut l'une des six femmes – Charles De Gaulle, qui attribua 1 036 croix, fut particulièrement pingre à leur endroit – à recevoir la Croix de la Libération (en compagnie de Berthie Albrecht, Marie Hackin, disparue en mer, Marcelle Henry, déportée à Ravensbrück, Simone Michel-Lévy, responsable de la Résistance dans les PTT, pendue à Flossenbürg, Emilienne Moreau-Evrard). Citons encore, repliée à Lyon avec Mme Moret sa mère, Suzette Olivier, un courrier (ou agent de liaison) particulièrement actif et remarquable. Arrêtée en juin 1943, elle croisa peut-être Jean Moulin, rue Foch, à Paris, lors de son calvaire, mais elle revint, elle, de déportation. Il y eut encore Eugène Diebold, courrier, Joseph van Dievort, *alias* Léopold, également courrier, Hélène Vernay qui deviendra sa femme, Georges Archimbaud, courrier, Laurent Girard, qui ne revint pas des camps, Louis Rapp, courrier, Théobald, un étudiant en médecine ; quant à la belle Mme Bedat-Gerbaud, professeur de piano, elle servait de boîte à lettres de secours ; un télégramme reçu à Londres le 4 novembre à l'intention d'André Manuel indiquait : « Pour envoyé du général boîte aux lettres 28 rue de la République Bedat-Gerbaud. »

Tout ce petit monde était aiguillonné chaque jour par Daniel Cordier, tôt levé pour porter à Jean Moulin, vers 7 heures, du pain acheté avec les tickets de rigueur, les journaux du matin et surtout les précieux télégrammes décodés pendant la nuit. Il prenait ses consignes, à retenir par cœur, et organisait avec Limonti la noria des courriers de la région lyonnaise. Il voyait à nouveau Moulin éventuellement à midi et dans tous les cas le soir. Selon des témoignages concordants, Moulin ne manifestait que rarement de l'impatience à l'égard des uns et des autres, et nous savons par ses télégrammes qu'il n'oubliait pas de rendre hommage à ces soutiers de la Délégation. Il signala à Londres : « SalmW a fourni un travail remarquable que je suis heureux de signaler une fois de plus » et ce compliment s'adressait au radio Maurice de Cheveigne, qu'il s'était pour partie annexé, habile et courageux au possible, qui finira par être arrêté, reviendra de déportation avant d'écrire des Mémoires étonnants, mais non publiés. Cela dit, Moulin – comme à son habitude – demeurait très exigeant : s'il lui avait gentiment rapporté une écharpe de Londres, il n'hésitait pas à tancer énergiquement le malheureux Cordier, qui s'était fait voler sa bicyclette – objet aussi rare qu'indispensable à l'époque – pendant qu'il était au restaurant !

A la fin mars 1943, avec l'assouplissement de la ligne de démarcation, la majeure partie du secrétariat migrait à Paris et Moulin prévoyait de s'y installer. Deux courriers devraient désormais faire chaque jour l'aller-retour entre le nouveau siège de la Délégation et Lyon. Ce qui eut pour conséquence malencontreuse que l'antenne de Lyon passa sous la direction de Tony De Graaff, le fils d'un banquier qui se chargeait de changer en francs les dollars et livres d'une partie de la dotation financière reçue de Londres. Le moins que l'on puisse dire est que sa passivité, le 21 juin, allait jouer à l'encontre de Moulin lors du coup de filet de Caluire.

On retiendra que la Délégation au sens large, qui jouait pourtant un rôle de premier plan comme articulation entre la France Libre et les Mouvements, compta tout au plus une quarantaine de personnes, en y incluant, outre le secrétariat proprement dit, les officiers de liaison, une petite équipe de saboteurs, les radios, les secrétaires de Georges Bidault, le comité des experts, l'entourage immédiat de Delestraint. C'était peu, c'était trop peu, et cette pénurie nuisait à la sécurité et à l'efficacité. Après son retour de Londres, Moulin ne cessa de protester contre la difficulté à obtenir des renforts en hommes, par exemple dans un câble du 1er juin : « Mars [Delestraint] et moi avons formellement demandé il y a trois mois personnel pour Armée secrète notamment Morinaud Saint-Jacques [Duclos] et Pelabon – Aucune décision n'a été prise ce qui rend la situation dramatique – Insistons personnellement auprès général de Gaulle sur responsabilités très graves prises par France Combattante en s'abstenant fournir cadres nécessaires. » Quelques jours plus tard, il revenait à la charge auprès de Passy : « Mon très cher ami [...] Je suis très mécontent qu'on n'ait pas envoyé Morinaud, Pélabon et Saint-Jacques – Vous avez pris là (je parle des gens de Londres) une terrible responsabilité – Maintenant il faut réparer, c'est-à-dire agir et agir vite. » Londres ne détacha que Claude Bouchinet-Serreulles, quelques jours avant l'arrestation de Caluire. De plus, les survivants de la Délégation se sont plaints du fait que, contrairement à ce qui est maintenant un peu trop complaisamment évoqué, le soutien fourni par les résistants restait bien aléatoire. Ainsi Maurice de Cheveigne, qui porte pourtant un jugement plutôt indulgent sur la Résistance, dressait un constat bien désabusé à propos des locaux indispensables aux émissions de radio : « La Résistance, à qui on les demande, parle beaucoup, réalise peu. » Quant à Claude Bouchinet-Serreulles, il sera encore plus amer et critique – comme nous le verrons – lorsqu'il rendra compte de ses efforts pour faire évader Moulin, les résistants lyonnais ne lui ayant fourni, selon lui, aucune aide.

« La vie n'est pas toujours facile » : ce fut le « message personnel » dont Moulin demanda le passage à la BBC pour signifier que le BCRA avait bien reçu son câble du 25 avril, câble auquel il attachait une importance particulière. Voilà qui pourrait caractériser la double vie, souvent incommode, menée par Rex/Moulin. Au fil des mois, le déroulement des journées lyonnaises devenait de plus en plus austère. La dernière chambre qu'il louait, 2 place Raspail, comportait une petite table, un lavabo près de la fenêtre, une armoire en face d'un étroit divan. Très économe des deniers envoyés par Londres, il dînait ou invitait Cordier à dîner dans des restaurants modestes, au demeurant plus sûrs ; cette austérité, il la faisait partager à son entourage immédiat et Maurice de Cheveigne, un peu plus argenté que son petit camarade Cordier, s'est souvenu qu'il avait parfois dû offrir un repas dans un « bouchon » alimenté par le marché noir au secrétaire de la Délégation, ce dernier « ayant si peu d'argent qu'il [avait] faim ».

Moulin se levait tôt avant de recevoir Cordier. Laissons la parole à ce dernier, en utilisant un témoignage qu'il avait déposé naguère à l'Institut d'histoire du temps présent et qui est conservé aux Archives nationales en 72AJ : « Quand j'arrivais, sa logeuse lui avait déjà préparé une tasse de faux café qu'il buvait avant d'examiner le courrier que je lui remettais. [...] Il commençait par la lecture des télégrammes déchiffrés pendant la nuit ou des rapports. Assis devant sa petite table auprès de la fenêtre, fumant sa première cigarette, il lisait rapidement, annotait, dictait ou rédigeait lui-même sa réponse. Sans que j'en sache l'origine, j'observais son aisance dans l'accomplissement de cette tâche qui prouvait une longue habitude dans l'expédition des affaires administratives ainsi que dans la rédaction de longs rapports qu'il écrivait, en général, d'un seul jet. » Après quoi, même durant cet hiver 1942-1943 particulièrement humide et pénible, où Lyon, comme à son habitude, se nappait de brouillards, Moulin, vêtu d'un pardessus de coupe anglaise, d'une écharpe et d'un feutre rabattu, se défiant des lieux fermés, arpentait les quais du Rhône et de la Saône ou encore les allées souvent désertes de la roseraie du parc de la Tête d'Or. Il rencontrait régulièrement les trois officiers d'opérations qui, jusqu'à la fondation des MUR en janvier 1943, étaient placés auprès des trois Mouvements de zone non occupée, s'entretenait avec des responsables des Mouvements ou avec ceux qu'il devait « contacter ». Il lui fallait encore présider des réunions au sommet qui s'éternisaient souvent, parfois de son fait car, nous l'avons dit, il ne lâchait jamais prise dans une discussion.

Le Délégué parvint à tenir dix-huit mois. Et somme toute, Barbie eut besoin de circonstances favorables pour réussir à l'arrêter. On ne peut pas dire qu'il multipliait les précautions : il n'avait évidemment pas de garde du corps, se contentait, quand il se rendait à une réunion qui n'avait pas d'équipe de protection, d'envoyer Daniel Cordier en éclaireur. Celui-ci lui remettait au début de la séance les documents dont il aurait besoin, et les reprenait à la sortie.

Mais il avait très rapidement mis en œuvre un système efficace pour dissimuler son identité. Pour les bureaux londoniens, Moulin était Joseph Mercier, Rex, Max, pour quelques responsables de la Résistance, Rex, Régis, Max ; à Lyon, il vivait sous ses faux noms dans des chambres louées à des logeuses peu curieuses. Il s'appelait Jacques Martel, décorateur, quand il fut arrêté. A Montpellier, et plus généralement au sud d'Avignon, il redevenait Jean Moulin, ex-préfet, restant « propriétaire à Saint-Andiol ». Un courrier, Jean Choquet (arrêté, il mourra en déportation), le connaissant sous sa véritable identité, mais ignorant tout de ses activités lyonnaises, faisait très régulièrement la navette entre Avignon et le « secrétariat » de Lyon pour apporter des messages dans les deux sens, quand Moulin était dans le Midi ; c'est lui qui tenait toujours disponible à Avignon une bicyclette que Moulin enfourchait pour faire la vingtaine de kilomètres qui le séparait de la demeure familiale de Saint-Andiol. Symétriquement, Daniel Cordier qui en savait beaucoup sur Rex/Régis/Max (il était le seul parmi les personnes de la Délégation et les Résistants à connaître l'adresse du 2 place Raspail) ne descendait jamais au sud d'Avignon, et ignorait bien entendu tout du passé ou de l'identité de l'ex-préfet.

Soucieux de rendre crédibles ses différents personnages, Moulin laissait rarement les choses au hasard : dix jours avant Caluire, de passage à Trévoux chez les parents de Hélène Vernay, l'une des courriers de la Délégation, il avait pris soin d'emmener un attirail de peintre, puisqu'il se faisait passer auprès de ses hôtes pour un décorateur. A Lyon, il ne mettait jamais les pieds dans le bureau du secrétariat, où circulait trop de monde ; il ne voyageait qu'en troisième classe, se tenait évidemment loin de tout lieu mondain où il aurait pu croiser des personnes gardant le souvenir de ses anciennes fonctions. Il avait fait le tri parmi ses connaissances, voire ses anciens amis, les évitant systématiquement, y compris dans le Midi. Il avait organisé ses relations en réseaux distincts, isolant notamment le groupe des hommes qui avaient appartenu à l'équipe Cot, tels Pierre Meunier et plus encore Henri Manhès (*alias* Frédéric). C'est sans doute ce cloisonnement méthodique qui l'autorisa à faire de ce dernier, pourtant tonitruant et bien peu ordonné, mais qui avait été dans l'action dès l'automne 1940, son homme de confiance pour la zone occupée, jusqu'à son arrestation en mars 1943. Sa sœur, Laure, était informée de cette double vie et il la tenait au courant de certains aspects de son existence, même s'il lui confiait sans doute moins d'informations qu'elle ne l'affirmera par la suite dans son *Jean Moulin* ; le domicile familial à Montpellier put servir à l'occasion de « boîte aux lettres », mais Moulin avait formellement interdit à Laure de militer, ce qui aurait pu amener la police à s'intéresser à lui par ricochet.

Pour donner le change, il mena une guérilla, qu'il savait pourtant perdue d'avance, avec son administration, concernant sa pension, après qu'il eut été « admis à faire valoir ses droits à la retraite... avec effet à compter du 16 février 1941 », par le décret n° 2063 du 11 juillet 1942. Il ne cessa d'ergoter sur son montant : « Il ne m'est pas possible d'accepter la décision du 11 juillet 1942 et je demande [...] le report au 23 mai 1942 de la date de mon admission à la retraite et le versement intégral de mon traitement de préfet de 3e classe du 16 février 1941 au 23 mai 1942. »

L'ensemble du dispositif fut relativement efficace du côté de Vichy, même si la police ne le perdit pourtant pas totalement de vue, comme en témoigne cet échange de télégrammes (AN F 1b1 816) entre l'intendant de police de la préfecture régionale de Nice et le cabinet de Laval : « Nice le 9 janvier 1943, Par mon envoi cité en référence, je vous ai signalé la présence dans mon département de M. Jean Moulin ancien préfet d'Eure-et-Loir, objet d'un télégramme de vos services. L'intéressé se trouve actuellement à Nice [...]. Je vous serais reconnaissant de bien vouloir me faire parvenir, au plus tôt, les instructions que je vous demandais à son égard. » La réponse du cabinet fut benoîtement indifférente : « Pas d'objection particulière. M. Moulin qui s'est déclaré antigouvernemental a été mis à la retraite et fait en principe de l'agriculture. »

La vie difficile qu'il menait ne rendait pas pour autant l'homme austère. Paul Schmidt comme Monjarret, deux de ses officiers d'opérations, ont témoigné l'un et l'autre qu'à la fin de leurs réunions de travail, pour peu que les choses aient bien marché, il se mettait à plaisanter. Quand Moulin, rentrant de ses voyages de fin de semaine, arrivait dans la soirée, il dînait presque toujours avec Daniel Cordier et Georges Bidault ; les affaires courantes expédiées, les dernières nouvelles commentées, il prenait plaisir à écouter ce dernier distiller avec gourmandise les derniers potins du monde résistant. Moulin appréciait beaucoup Bidault, dont – rappelons-le – il avait fait le chef du BIP, l'agence d'information de la Délégation ; il le trouvait non seulement loyal, fiable et efficace, mais encore cultivé, plein d'humour, peu dogmatique. Il était de surcroît – ce que son évolution après guerre risque de faire oublier –, parmi les responsables des Mouvements, l'un des plus gaullistes.

Et puis, Moulin s'efforçait de quitter Lyon le samedi ou

par le dernier train du vendredi soir, le plus souvent pour le Midi, non sans avoir donné à Cordier les dernières consignes et précisé sa date de retour. A intervalles réguliers, il se rendait à Montpellier pour aller embrasser sa mère. Jusqu'en avril 1943, il avait même réussi à partir à plusieurs reprises à la rencontre de celles qui comptaient toujours dans sa vie affective (sur cet aspect de la vie de Moulin, voir Pierre Péan, *Vies et morts de Jean Moulin, op. cit.*) : Antoinette Sachs quittait alors pour quelques jours son compagnon Paul Géraldy et redevenait une confidente attentionnée, pour ne pas dire ardente si l'on en croit du moins les quelques documents qu'elle avait conservés. Et surtout, durant ces mois de clandestinité, il connut sinon le grand amour, du moins une grande passion. C'est à Megève qu'il avait croisé, à la fin du moins de janvier 1942, une très belle jeune femme, Colette Pons. La séduction avait été immédiate. Une photo a fixé les visages souriants, heureux de deux skieurs. Des lettres attestent qu'il fit une cour assidue à cette femme qui venait de divorcer, et en aimait un autre, qui – quelle coincidence ! – avait, lui, rejoint Londres. Elle accepta de l'accompagner ici et là, à Lourmarin, à Paris, et même de l'aider, elle qui habitait Nice, à ouvrir, 22 ter rue de France, une « galerie d'exposition et de vente de peintures, dessins et sculptures modernes », la galerie Romanin (on se souvient que c'est sous ce pseudo qu'il signait les dessins envoyés jadis à divers journaux). Il en avait conçu le projet à la fin de l'été 1942 et avait fini par jeter son dévolu sur une vieille librairie. Pour mettre la galerie sur pied, il avait requis l'aide d'un de ses amis d'enfance, Maître Milhé. Quant à l'argent (il avait acheté le fonds de commerce), il fut versé en partie par un industriel grenoblois, du nom de Paul Chatin, fréquenté au temps du cabinet Cot. On y contemplait des dessins de Renoir et de Matisse, des peintures de Dufy, Rouault, Degas, Utrillo, Bonnard, un Chirico... dont la plupart étaient en dépôt. On sait combien la peinture représentait pour Moulin une manière d'échapper à l'embrigadement ou à l'étouffement. Par les temps qui couraient, cette galerie Romanin fournissait de plus une très bonne couverture. Le vernissage, le 9 février 1943, fut, paraît-il, fort couru, et honoré de la visite du préfet des Alpes-Maritimes qu'on avait pris soin d'inviter officiellement. Or, l'existence de cette galerie nécessitait des recherches et les achats, des voyages. Ajoutons qu'en la confiant à Colette Pons, il n'excluait pas également de s'attacher la belle.

Bref, la vie, en dehors de Lyon, n'était pas totalement triste et on aurait tort de faire de Moulin un héros cramponné de manière quelque peu janséniste à sa mission. Reste qu'à compter d'avril 1943, cette mission se fit harassante, les contraintes de plus en plus lourdes, et que lui-même se retrouva plus solitaire. Il vit, pour la dernière fois, sa mère et Laure au début d'avril. Colette Pons, qui l'avait accompagné à Paris, notamment pour faire la tournée des galeries, en repartit pour Nice, le 23 du même mois. Quant à Antoinette Sachs elle était assignée à résidence et dut se cacher jusqu'à ce qu'elle puisse passer en Suisse, parce qu'un inspecteur de l'antenne du Commissariat général aux questions juives estimait que son certificat de non-appartenance à la race juive, délivré en novembre 1941, avait été acquis dans des conditions douteuses. Et puis, celle qui avait été son long amour secret au temps où il était chef de cabinet de Cot, Gilberte Lloyd, lasse, à quarante-cinq ans, d'attendre un mariage que Moulin n'avait cessé de différer, lasse de rencontres de plus en plus furtives, avait décidé dès 1942 de rompre pour convoler avec un industriel. Celle qui devenait Gilberte Riedlinger allait vieillir et mourir sans jamais faire état de ses amours avec celui qui était pourtant célébré entre-temps comme le « héros de la Résistance » ; il fallut les confidences tardives de Pierre Meunier pour qu'on redécouvre son existence.

C'est Pierre Meunier, précisément, qui a lancé l'idée que la brutalité de cette rupture serait à l'origine lointaine de la chute de Caluire, persuadé que Moulin aurait cessé alors de prendre les précautions de sécurité les plus élémentaires. Mais aucun indice ne vient étayer pareille hypothèse. Bien au contraire. Ce qui est plus vraisemblable, c'est que les éloignements affectifs successifs ont accentué l'un des traits caractéristiques de la vie de nombre de clandestins : leur relative solitude. Et comme l'écrit Passy dans ses Mémoires, « se battre seul, au milieu de dangers multiples et souvent inconnus, sans jamais pouvoir, aux heures de cafard, trouver cette camaraderie chaude et bourrue, qui resserre les hommes d'une même unité pendant les heures de détente, est vraiment la forme de combat la plus épuisante moralement... ». Mais le sentiment qu'il était devenu beaucoup plus vulnérable à cause des imprudences de Manhès et de certains responsables de la Résistance – à commencer par Frenay – l'inquiétait sans doute plus, comme il l'écrit à De Gaulle dans son rapport du 7 mai : « Je suis recherché maintenant tout à la fois par Vichy et la Gestapo qui, en partie grâce aux méthodes de certains éléments des Mouvements, n'ignore rien de mon identité. » Il visait notamment « un très long rapport de Nef [Frenay] adressé aux Chefs régionaux » qui parvenait « trois jours après sa diffusion entre les mains de la Gestapo » ; or, « cela est d'autant plus regrettable que toute l'activité de Max depuis 18 mois y était retracée et commentée et qu'on y faisait état de ses déplacements ». Et s'il a pu ressentir de la lassitude, c'était probablement plus d'avoir dû batailler pendant deux longs mois pour imposer finalement un Conseil de la Résistance, tel que le souhaitait De Gaulle.

9

Le gaullien

Pour analyser l'œuvre la plus connue de Jean Moulin, la mise sur pied de ce qui sera plus tard nommé Conseil National de la Résistance, il faut évaluer ce que représentait, dans la France de 1943, ces syndicats et ces partis politiques qu'il a réussi à fédérer avec les Mouvements malgré les réticences de ces derniers. De Gaulle comme Moulin évoluèrent avec pragmatisme sur cette question en fonction du contexte géostratégique. Né d'une initiative socialiste et pour tenir compte de l'évolution du PCF, la création du Conseil de la Résistance a surtout répondu au besoin qu'avait De Gaulle de s'affirmer face aux Anglo-Saxons.

*

Le 19 décembre 1964, dans le discours fondateur de la geste de Jean Moulin prononcé face au Panthéon, Malraux n'avait pas hésité à faire de celui qu'il célébrait un précurseur du mouvement gaulliste proprement dit : « Attribuer peu d'importance aux opinions dites politiques, lorsque la nation est en péril de mort – la nation, non pas un nationalisme alors écrasé sous les chars hitlériens, mais la donnée invincible et mystérieuse qui allait emplir le siècle ; penser qu'elle dominerait bientôt les doctrines totalitaires dont retentissait l'Europe ; voir dans l'unité de la Résistance le moyen capital du combat pour l'unité de la nation, c'était peut-être affirmer ce qu'on a, depuis, appelé le gaullisme... » Il aurait été plus exact de dire que Moulin devint gaullien, ou en tout cas fit sienne la démarche gaullienne.

A l'automne 1941, De Gaulle et Moulin s'étaient, on s'en souvient, plutôt compris qu'à proprement parler séduits. Le barrèsien et le jacobin, tous deux dorénavant rebelles, avaient en commun le rejet catégorique de l'occupant comme de Vichy, et le souci d'apporter un soutien à l'action en France. Mais si c'est dans cet esprit que Moulin avait accepté d'être le délégué du chef de la France Libre, sa culture politique l'incitait à rester sur l'expectative quand il s'agissait d'un avenir auquel son interlocuteur ne cessait de songer. Certes, il était convaincu qu'il avait rencontré un républicain, au point de déclarer à François de Menthon après son retour : « sinon, je n'en suis pas ». Mais il n'avait aucune assurance que le Général fût un démocrate. Bref, « embarqué » aux côtés de celui qui symbolisait – depuis le 18 juin – le refus de la défaite, il privilégiait en lui l'intermédiaire grâce auquel les Résistants obtiendraient les moyens dont ils avaient si cruellement besoin.

Moulin, à la différence d'un certain nombre de responsables de la Résistance ou de quelques Londoniens, ne s'exprimait que très rarement sur la politique, estimant prématuré de se projeter dans l'après-Libération. Il était encore moins prolixe au sujet du chef de la France Libre. Et pour comprendre comment il devint progressivement gaullien, nous en sommes réduits, tant que Daniel Cordier n'aura pas publié ses souvenirs, à nous contenter d'hypothèses, corroborées tout de même par le contenu de sa correspondance avec Londres.

Moulin avait été déçu par les Mouvements de Résistance non communistes, leurs rivalités, des ambitions qu'il jugeait médiocres. Il se défiait des communistes et jugeait que les autres partis politiques n'étaient pas suffisamment efficaces pour l'action militaire. Quant au géné-

ral Giraud, qui avait refusé de le recevoir et multiplié les
bourdes à l'endroit des résistants, il en avait très vite
décelé le néovichysme, le manque d'intelligence politique.
Il partageait les réticences d'André Philip qui avait, le
7 avril, exprimé la crainte que, au nom d'une prétendue
primauté militaire, ce général ne s'attribue la responsabilité de l'action en France. A l'inverse, il découvrait en De
Gaulle, non seulement un nationaliste conséquent, mais
un homme d'Etat, ferme dans ses convictions comme
dans sa pratique. Il est vraisemblable que le discours prononcé par De Gaulle à l'Albert Hall le 11 novembre 1942
avait levé en lui les dernières réserves qu'avait pu susciter
sa pratique politique. En outre, l'entourage londonien
s'était diversifié. Moulin n'éprouvait donc plus les
craintes de Georges Gombault, une des têtes des socialistes d'opposition à De Gaulle, s'étant écrié le 1er juillet
1940 : « Je viens de voir le général Boulanger. » Il était
désormais sûr qu'il ne s'agissait pas d'un homme de
guerre civile. Enfin, il percevait que, conforté par les
émissions de la BBC, un sentiment gaulliste diffus
gagnait peu à peu la France profonde. A compter de l'automne 1942, il était persuadé que le choix de se mettre,
peut-être provisoirement, au service de cet homme singulier était le bon.

Et il mourra gaullien, quoi qu'ait pu écrire dans son
ouvrage *Les Secrets de l'affaire Jean Moulin*, publié en
1998, Jacques Baynac. Empêtré dans une interprétation
erronée de télégrammes mettant en jeu un certain
« Max », qui n'était pas Jean Moulin, cet auteur, faisant fi
du principe de cohérence, en arrive à formuler un véritable contresens : « Et Moulin va jusqu'au bout du raisonnement. En reprenant à son compte la revendication
essentielle des mouvements, l'indépendance de la résistance intérieure, il signifie le contenu de sa nouvelle ligne
politique : la Résistance intérieure doit faire du gaullisme
sans De Gaulle, voire contre De Gaulle. » Moulin, bien
au contraire, s'était fait, et ce jusqu'à sa mort, l'artisan

orthodoxe du gaullisme gaullien, comme le confirme l'analyse des derniers mois de son action.

*

Son langage comme sa ligne de conduite deviennent désormais ceux d'une sorte de haut commis d'un Etat gaullien virtuel. Certaines expressions auraient pu passer pour simplement protocolaires. Pour s'en tenir à un seul exemple, celui du rapport envoyé à André Philip, le 4 juin 1943, dans la formule finale : « Priez-le [le général De Gaulle] de croire à mon profond et respectueux attachement », on perçoit l'admiration sous une rhétorique quasi préfectorale. Son respect des directives a été sans faille. Il ne cessait de demander des instructions précises y compris dans le détail. Le 3 juin 1942 : « demande instructions pour journée du 14 juillet ». Et il est rare qu'il ne les ait pas suivies à la lettre.

Il ne s'agissait pas d'une attitude. C'est à De Gaulle qu'il souhaitait que revienne le mérite des initiatives fortes. Ainsi dès le 29 avril 1942 : « Regrette Général pas lancer lui-même appel pour occasion première manifestation conscience ouvrière et Mouvements de la résistance. » Tous les moyens lui étaient bons pour afficher à chaque occasion cette primauté, au profit de laquelle il minimisait les actions ou les décisions d'autres parties prenantes. Son câble du 28 août 1942 à propos du futur chef de l'Armée secrète déniché par les responsables de Combat et qui lui paraissait présenter les qualités requises, déplaçait la responsabilité de ce choix : « Serait très souhaitable que s'il est d'accord sur personnalité Vidal [le général Delestraint] Général de Gaulle impose lui-même sa désignation pour que cette dernière soit incontestable. » A deux moments décisifs, le 19 novembre 1942, et mieux encore en mai 1943, il prenait l'initiative d'envoyer un texte, contresigné par le maximum de responsables de la Résistance intérieure, destiné à être connu des gouvernements américain et britannique, pour attester que

De Gaulle avait bien derrière lui, et qu'il était le seul, l'ensemble de la France Combattante. Le câble du 19 novembre 1942 saluait « le général de Gaulle chef incontesté de la Résistance qui, plus que jamais groupe derrière lui tout le pays », et ajoutait : « Nous demandons instamment que les destins nouveaux de l'Afrique du Nord libérée soient, au plus tôt, remis entre les mains du général de Gaulle. »

Dans ses rapports avec Giraud, il suivit la même ligne. En novembre 1942, rencontrant l'aide de camp du rival de De Gaulle, il le tançait : « ai montré erreur criminelle Giraud n'avoir pas rallié De Gaulle immédiatement et conséquences catastrophiques pour unité résistance et avenir pays ». Et le câble parvenu le 13 février était une initiative qu'il avait prise pour affirmer la prééminence gaullienne : « Tous groupes politiques et résistants me chargent féliciter général de Gaulle pour son attitude ferme Casablanca [conférence d'Anfa] – lui font confiance pour abdiquer aucun des droits France Combattante dans négociations en cours et l'assurent fidélité absolue peuple français – celui-ci n'admettra pas concessions incompatibles principes sacrés pour lesquels il lutte. » C'est ce qui rend plausible l'hypothèse de Daniel Cordier estimant que c'est Moulin, lors de son second séjour à Londres, qui convainquit Charles De Gaulle, alors hésitant sur le ton à adopter, de ne pas baisser la garde face à Giraud. Du coup De Gaulle télégraphiait ensuite à Catroux le 23 mars : « Nos organisations de la Résistance en France viennent de me confirmer leur adhésion avec une netteté impressionnante. Dans l'intérêt national, pour le présent et pour l'avenir, l'union avec Giraud est très désirable, mais certainement pas à tout prix. Mes résolutions sont prises. »

Cette volonté de défendre en toutes circonstances la position du chef de la France Libre le conduisit même à une proposition stupéfiante. Il s'agissait du ralliement de Joseph Darnand, le secrétaire général de la Milice, dont il avait appris, par une source que nous ignorons, qu'il se disait déçu par Laval au point de ne pas exclure de gagner Londres. Moulin estimant l'issue du duel entre Giraud et

De Gaulle prioritaire, faisant abstraction des turbulences provoquées – comme nous l'avons vu – en septembre 1942 par l'arrivée du ci-devant pétainiste et vice-président du PSF Charles Vallin aux côtés de Brossolette, proposa par un télégramme du 4 juin 1943 de faire enlever le chef de la Milice en Lysander pour le faire témoigner à la BBC en faveur de la France Libre, avant d'être traité comme l'étaient d'autres personnages aussi encombrants : « Darnand je dis Darnand ex-cagoulard chef de la Milice est disposé rallier unité combattante FFC étant dégoûté de Vichy – Vous laisse soin examiner ce ralliement sensationnel peut servir négociations actuelles – Seriez d'accord vous propose envoyer avec lui Valentin ex-chef Légion [la Légion des combattants institution vichyssoise rassemblant les Anciens combattants] A condition que dès arrivée ils confessent leur erreur à BBC et devant journalistes alliés – Et immédiatement après soient affectés unité combattante. » Sans doute ce militant de l'ultradroite, devenu le secrétaire général de la Milice française créée par Vichy le 30 janvier 1943, n'avait-il pas encore fait allégeance à Hitler et n'avait-il pas déjà armé sa « Franc-Garde » contre les maquis. Il était tout de même l'auteur des 21 points du serment de la Milice, un programme de guerre civile encourageant les expéditions punitives par une propagande virulente contre les « ennemis intérieurs », gaullistes compris. Accepter ce personnage ne pouvait manquer de brouiller l'image politique de la Résistance. A Londres, le refus, probablement rédigé par Georges Boris, en l'absence d'André Philip parti à Alger, fut immédiat : « Votre proposition Darnand moralement inacceptable. » A l'inverse la réponse était réservée au sujet de l'ancien directeur général de la Légion française des combattants : « Pour Valentin questionnons Alger – câblerons décision. » Ce dernier, qui avait rompu avec Vichy, fera d'ailleurs parvenir en août 1943 un message condamnant le régime qui sera lu à la BBC.

*

On attribue généralement à Moulin le grand mérite de la mise en œuvre du Conseil de la Résistance : en analyser la genèse permet de voir en quoi il continua de servir les intérêts du chef de La France Libre. Au préalable, il faut rappeler quelle était à l'époque la situation des trois parties prenantes de ce Conseil, les syndicats, les partis politiques, les Mouvements de Résistance et quel était l'état de leurs relations avec la France Libre.

Les relations complexes qu'entretenaient Londres et les Mouvements nous sont relativement bien connues, on peut même dire que les différends entre Moulin et Frenay, voire d'autres responsables de Mouvements, sont soulignés à l'envi. Nous y reviendrons longuement dans le prochain chapitre.

Tandis que l'action pourtant presque continue des Londoniens et de Moulin en direction des syndicalistes, alors qu'il s'agissait d'une carte difficile à jouer, est, elle, trop ignorée. Les syndicats se trouvaient très handicapés depuis que le gouvernement de Vichy, dès août 1940, avait interdit toutes les centrales syndicales, qu'elles fussent patronales et surtout ouvrières. La désunion était une cause d'affaiblissement encore plus préoccupante. Avant-guerre les relations entre la CGT et les syndicalistes chrétiens réunis dans la CFTC, créée en novembre 1919, étaient à peu près inexistantes, au point que ces derniers malgré leurs 400 000 inscrits, avaient été éliminés des discussions qui avaient débouché en juin 1936 sur « l'accord Matignon ». Il est vrai que dans l'été 1940 un rapprochement s'était fait jour : trois des signataires du « manifeste des Douze », paru en novembre 1940, condamnant le syndicalisme unique prôné par Vichy et l'antisémitisme, appartenaient à la CFTC (dont le président Jules Zirnheld et le secrétaire général Gaston Tessier).

Beaucoup plus profond était le contentieux qui opposait les deux tendances issues de la scission, en 1921, de la CGT, les « ex-Unitaires » (une fraction des syndicalistes révolutionnaires et les communistes, derrière Benoît Frachon) aux « ex-confédérés », soit la majorité non communiste. Difficilement réunifiée en 1936, la CGT éclatait à nouveau dès septembre 1939 : la majorité non communiste, sous l'impulsion de sa fraction munichoise conduite par René Belin, excluait les « ex-unitaires », qui avaient refusé, avec le PCF, de condamner l'entrée de l'Armée rouge en Pologne. Depuis, le contentieux s'aggravait : les « ex-unitaires » reprochaient aux « ex-confédérés », demeurés fidèles à Léon Jouhaux, l'attitude ambiguë qui, dans l'été 1940, les avait rendus complices à la fois de Belin, devenu ministre de Vichy, et des « impérialistes » anglais. Léon Jouhaux, dont l'influence restait grande, n'avait accepté de favoriser le recrutement du Mouvement Libération-Sud qu'à la condition qu'aucune démarche ne serait effectuée en direction des ex-unitaires. On se divisait encore pour savoir s'il fallait participer aux syndicats officiels mis en place par la Charte du travail en septembre 1941 et c'est à peine si les relations se détendirent lorsque le PCF clandestin, en juin 1941, prit le tournant que l'on sait.

La France Libre, comme d'ailleurs Moulin, allait pourtant faire fond sur ce champ de ruines syndical. Répétons que Charles De Gaulle estima vite qu'il éprouverait bien des difficultés à rallier des élites politiques, militaires, culturelles dont la plupart avait failli en 1940. Puisqu'il fallait chercher appui dans le « peuple », pourquoi ne serait-ce pas auprès des syndicalistes ? Le 21 octobre 1942, il avait fait passer à Léon Jouhaux ce message explicite : « Très secret. Cher monsieur Jouhaux, Je vous demande d'être directement associé à nous, c'est-à-dire à moi et au Comité national, pour tout ce qu'il vous est possible de faire. Pour nous, la résistance de la classe ouvrière est un élément exemplaire et essentiel de la Résistance française. Je vous envoie toute ma sympathie profonde et je vous prie d'accepter entre vous et nous le régime d'une complète confiance. » Dès l'automne de 1941, il avait tancé ses services pour que soit envoyé sans retard en mission en zone sud le jeune syndicaliste chrétien Yvon Morandat (dit Léo), dont nous avons parlé. Après quoi, l'arrivée de Christian Pineau à Londres conforta ceux des Londoniens qui, comme De Gaulle, croyaient en cette possibilité d'étoffer leurs rangs. Pierre Billote, en avril 1942, demandait aux Britanniques des moyens supplémentaires en raison de « l'arrivée à Londres par la voie des organisations de la Résistance de mandataires des syndicats ouvriers [...] venant se mettre aux ordres du général de Gaulle [...] ».

Il y avait quelque malentendu. De Gaulle crut ou feignit de croire que Pineau apportait le ralliement des syndicalistes français, alors que le chef de Libération-Nord, où les syndicalistes jouaient un grand rôle, ne désirait encore, rappelons-le, qu'en savoir un peu plus sur les intentions du chef de la France Libre. Mais le fait est que renforcer le point d'appui syndicaliste pour enraciner la France Libre dans l'opinion apparut alors comme une tâche politique de premier plan. Un peu plus tard, dans un courrier adressé en octobre à Rex, André Philip consacrait un long développement au « problème syndical » : « Nous allons mettre à la disposition du mouvement syndical français, en la personne de Léon Jouhaux, les sommes nécessaires à la réorganisation secrète du mouvement syndical et à l'action contre le travail forcé [...] », en ajoutant qu'il demanderait à deux responsables de la CGT de venir à Londres. Il s'agissait de Louis Saillant, qui avait à l'époque la pleine confiance de Jouhaux, envoyé « afin qu'il puisse se mettre au courant de la situation exacte », et de Robert Lacoste ; ce dernier faisait l'objet, le 21 juin 1943, d'un nouveau télégramme : « Général désire venue Robert L. pseudo Trin à qui sera confié poste politique. » Or, les uns comme les autres continuèrent de manifester jusqu'au début de 1943 de la réserve, sinon de la défiance, à l'égard de la France Libre. Les ex-unitaires parce qu'ils adoptaient la stratégie du PCF ; les ex-confédérés pour défendre leur spécificité et maintenir dans l'action ouvrière une autonomie que pouvait menacer tout engagement politique. Jouhaux avait eu des velléités de rejoindre Londres, quand il était clandestin à Sète, mais il ne donna pas suite à ce projet. Et quand Pineau était revenu de son premier voyage londonien, il avait été accueilli fraîchement par ses camarades estimant qu'il s'était trop engagé. Il faut donc attendre février 1943 pour qu'Albert Guigui vienne à Londres en représentant officiel de la CGT. Les syndicalistes chrétiens, sur la même ligne, récusaient tout alignement et leur représentant, Marcel Poimbœuf, ne rejoignit la Grande-Bretagne qu'en avril 1943.

Moulin, déjà très attentif à ce qui se passait dans le monde du travail, écrivait dans un télégramme, arrivé le 25 novembre 1942 : « Ai profité grèves et résistance ouvrière pour négocier avec ex-CGT pour sa reconstitution clandestine sur bases solides – ouverture faite dans ce sens à Jouhaux – ai promis mensualités 200 000 ZNO et 300 000 ZO sous réserve primo de reconnaissance général de Gaulle secundo de bonne entente avec syndicats chrétiens. » Pour « la bonne entente », de petits pas avaient été accomplis dès l'automne 1940, on l'a dit, entre des responsables de la CGT et la fraction antivichyssoise de la CFTC. Puis des rencontres avaient eu lieu entre les deux fractions de l'ex-CGT : Sémat, ex-secrétaire de la fédération des métaux, était venu à Cahors où Jouhaux était assigné à résidence. Les négociations se poursuivirent après l'arrestation de Jouhaux et son internement en Autriche. On débouchait le 17 avril 1943 sur l'accord dit « du Perreux ». Ce n'était qu'un accord verbal entre Louis Saillant et Robert Bothereau d'une part, Henri Raynaud et André Tollet de l'autre et les mesures concrètes ne suivront pas avant l'été suivant. Reste que se consacrait le principe d'une unité d'action dans la lutte contre l'occupant et Vichy.

Il est généralement écrit que cette réunification devait beaucoup à Benoît Frachon qui non seulement avait fini par convaincre Jacques Duclos que la lutte revendicative devait accompagner la lutte armée, mais avait eu raison des ultimes réticences de Léon Jouhaux et de ses amis. C'est sous-estimer l'action de Jean Moulin. Lui qui n'était pas homme à revendiquer une réussite qui ne lui devrait rien envoya à Londres, le 29 mai, un télégramme explicite : « Ai pris initiative réunion représentants CGT éléments unitaires pour jeter base unité syndicale – Suis heureux vous annoncer que négociations ont abouti et que bureau confédération commune a été constitué sur base 5 confédérés et 3 unitaires – Action commune a été arrêtée mais conditions présent accord prévoient que ledit accord demeurera secret pour raisons impératives sécurité – Ne pas en faire état publiquement. » Georges Boris lui adressait de « vives félicitations. Le général et Philip sont prévenus et nous leur avons demandé le secret. Il faudra sans doute prévoir la venue d'un "unitaire" à Londres, afin que nous puissions essayer d'établir un programme social et économique immédiat ». Cela étant, lorsque la CGT réclama, plus tard, deux représentants au sein du Conseil de la Résistance, Moulin opposa un refus, s'en tenant au principe du représentant unique et réservant l'autre siège syndical à la CFTC.

*

Le deuxième acteur du futur conseil, à savoir l'ensemble des partis politiques qui comptaient avant-guerre, posait plus de problèmes, suscitant de vives oppositions. Et à la différence de la politique volontariste menée à l'endroit des syndicalistes, il faut bien constater que Londres eut plutôt la main forcée par l'action de certains partis et par l'évolution de la conjoncture politique.

Redisons que le rejet de la classe parlementaire de la IIIe République et, partant, la condamnation du régime d'assemblée, tenus pour responsable du désastre de 40, s'il était ancré à Vichy, se retrouvait chez nombre de résistants comme parmi des Londoniens (en 1951, Passy continuait d'évoquer les « vieilles barbes politicardes soigneusement camphrées », qui se mirent en 1943 à « sortir de leurs placards »). C'était d'ailleurs une maladie endémique de la démocratie libérale à la française. A l'extrême gauche et à l'ultra-gauche, on se gaussait du « crétinisme parlementaire ». L'antiparlementarisme martelé, à l'autre bord, par la droite extrême était relayé par les populistes de tout poil qui avaient dénoncé, durant les années 30, les scandales, l'instabilité ministérielle et l'incapacité de l'Etat à se réformer. En 1939, le régime avait pu donner l'impression d'avoir surmonté les plus grosses turbulences. Mais les réactions antiparlementaires étaient décuplées par les événements de juin-juillet 1940 pendant lesquels la classe politique avait donné l'impression ou de brader le régime ou de botter en touche. Bref, la défiance s'était généralisée à l'encontre des partis, entraînant souvent leur rejet pur et simple.

Dans le même temps, Vichy avait mené une politique sélectivement répressive : révocation d'un député-maire sur deux, arrestation, puis internement arbitraire, dès l'automne 1940, de Blum, Daladier, Reynaud, Mandel et de quelques autres parlementaires, poursuites iniques devant un tribunal militaire notamment de Pierre Mendès France, Jean Zay. La France Libre comme les résistants réprouvaient évidemment pareilles mesures. Mais ils n'éprouvaient aucune indulgence à l'égard de la classe politique de naguère. On comprend que Pétain dans son discours du 12 août 1941, pour se défendre du « vent mauvais » qu'il croyait se lever, ait cloué au pilori, ces « hommes politiques et partis, dépourvus de clientèle mais assoiffés de revanche [... faisant] passer leurs intérêts personnels avant les intérêts permanents de l'Etat » : il sent bien à cette date que ce thème reste porteur dans tous les secteurs de l'opinion française.

Pourtant, au fil des mois, l'Etat français, englué dans la collaboration d'Etat, mais incapable de protéger les Français de l'occupant (comme le démontrait l'instauration du STO), de plus en plus impuissant malgré la promulgation d'innombrables décrets, de plus en plus répressif, contribuait à redonner une virginité politique au régime qu'il prétendait enterrer. La République libérale et donc celle des partis, naguère encore bouc émissaire commode, redevenait quasiment belle. Le procès de Riom, organisé pour disqualifier définitivement la classe parlementaire, donnait à celle-ci l'occasion de se défendre. Le 19 février, dans une salle repeinte, rafraîchie, aux boiseries recouvertes de serge verte, et aux murs rehaussés de tapisseries de Beauvais et des Flandres, on commençait en jugeant un ancien secrétaire général de la Défense, Robert Jacomet, un ancien ministre de l'Air, Guy La Chambre, le général Gamelin et surtout Blum et Daladier. Ce dernier, incisif et précis, fit le procès de Pétain qu'il rendait responsable, et non le Front populaire comme le voulait l'acte d'accusation, de l'impréparation des armées françaises. Blum se présenta, sans mettre son drapeau dans sa poche, comme le champion de la République : « Il nous incombera de prouver à la France qu'elle n'est pas le peuple dégénéré, qui, pour avoir cru à la liberté et au progrès, devrait expier son idéal et se courber sous le châtiment. Si la République demeure l'accusée, nous resterons à notre poste de combat comme ses témoins et ses défenseurs. » La censure, évidemment, veillait et même certains adversaires de Vichy ne désarmaient pas : « en publiant les documents qui suivent, nous n'entendons nullement prendre la défense de M. Daladier et de M. Blum » soulignait *Combat* en mars ; quant à Rémy, il affirmait dans un rapport adressé au BCRA : « Le procès de Riom n'a soulevé aucun intérêt, pas même de curiosité ; le vieux personnel politique est placé dans une condition qui pour les hommes politiques est pire que la mort : il est oublié. » Mais André Lavagne, directeur du cabinet civil du Maréchal, ne s'y trompait pas et notait dans ses *Carnets* le 22 février : « Pays endormi depuis dix-huit mois, muselé ; brusquement on réveille des idées, des mots dangereux. » L'ambassadeur personnel de Roosevelt à Vichy envoyait à la Maison-Blanche sur le procès des rapports très précis. A la BBC, Charles De Gaulle ne manquait pas cette occasion de jeter l'opprobre sur le soi-disant Etat français : « Des accusés que les traîtres ont traînés à l'infâme procès de Riom bousculent la mascarade et accusent la trahison. » Vichy capitulait en rase campagne, renvoyant *sine die* le procès, après que Hitler, lors de la « Journée des héros », le 15 mars, eut condamné l'incapacité du régime français à en finir avec des fauteurs de guerre, tandis que son compère Mussolini daubait cette « farce typique de la démocratie ».

Une étude récente d'Olivier Wieviorka montre comment avaient évolué les parlementaires. Si un dixième d'entre eux, de gauche comme de droite, ont bien été séduits par le collaborationnisme, si un bon tiers demeuraient fidèles à Pétain, peuplant le Conseil national, militant dans la Légion des combattants, se retrouvant à la tête de mairies, les autres se partagèrent entre la réserve et l'hostilité, sentiments aggravés par des mesures comme celle du 25 août 1942, par laquelle Laval supprimait les réunions des bureaux des Assemblées, jusqu'alors tolérées. On n'oubliera pas que 51 parlementaires ont été déportés – la plupart d'entre eux, c'est vrai, en 1944, dont 28 pour faits de résistance et 22 pour des motifs politiques. Cette fronde des parlementaires ne produisait pourtant pas nécessairement la réactivation, même semi-clandestine, de tous les partis politiques et les cas des uns et des autres doivent être distingués pour préciser de quelle marge disposait Moulin.

C'est du côté de la droite parlementaire que les signes d'activité étaient les plus rares. Déjà sous la IIIᵉ République, les deux partis majeurs de la droite classique, la Fédération républicaine et l'Alliance démocratique, où la discipline de vote était inconnue, servaient avant tout à faire élire des individualités, le plus souvent des notables exerçant des professions indépendantes et notamment libérales. On ne pouvait espérer la résurrection de ces deux formations : nombre de leurs membres avaient voté les pleins pouvoirs avec conviction, et demeuraient maréchalistes, et ceux des leaders qui étaient des opposants avaient été assignés à résidence ou emprisonnés, tels Paul

Reynaud et Georges Mandel. Ils étaient rares à s'être engagées dans la Résistance : Léonel des Moustiers, par exemple, sera arrêté le 23 août 1943 pour avoir aidé des victimes de la répression et caché des armes ; déporté, refusant de bénéficier d'un régime spécial, il meurt d'épuisement le 18 mars 1945 (il sera fait Compagnon de la Libération à titre posthume). Mais la plupart des déçus du pétainisme, proches de Louis Marin, président de la Fédération républicaine depuis 1925, ou se réclamant de Paul Reynaud, se contentaient de participer entre députés à des réunions informelles qui ne débouchaient pas sur grand-chose. Bref, pour ceux des résistants qui attendaient un profond renouvellement de la vie politique, l'image de ces partis de droite restait négative.

Le parti de François de La Rocque est plus intéressant pour notre propos (voir Jacques Nobécourt, *Le Colonel de La Rocque 1885-1946 ou les pièges du nationalisme chrétien*, Fayard, 1996). La Rocque avait en 1936 dissous la Ligue des Croix de Feu pour créer le PSF, le Parti Social Français, un parti de rassemblement national s'appuyant sur les classes moyennes, prônant un régime autoritaire et populiste. Si aux élections partielles, en 1938-1939, le nouveau parti avait cessé de progresser, il avait revendiqué assez de militants et surtout de sympathisants (des centaines de milliers) pour que Brossolette, nous l'avons vu, ait cherché à créer une scission interne par l'entremise de Charles Vallin et que Moulin, poussé par Londres, ait songé dans son projet du 14 décembre 1942 à l'intégrer dans ce qui allait devenir le Conseil de la résistance. Les positions de La Rocque doivent être présentées de façon nuancée : demeuré germanophobe, il voyait d'un mauvais œil la collaboration d'Etat ; approuvant pleinement l'idéologie de la Révolution nationale, y compris sa xénophobie, il ne manifestait aucun antisémitisme. Il se serait bien vu conseiller du Prince, mais Pétain, comme son entourage, le tint soigneusement à l'écart ; et son parti (rebaptisé Progrès Social Français) auquel était refusé tout régime de faveur, finit par se voir interdire toute manifestation, tandis que la Légion des combattants lui enlevait des militants. Au moment où La Rocque était arrêté par l'occupant, en mars 1943, pour avoir aidé un réseau de renseignements, le réseau Klan, affilié au SOE britannique, Moulin avait déjà renoncé à la participation du PSF au futur conseil. Sans doute avait-il redouté l'ambivalence des positions de ses dirigeants, eux-mêmes divisés, et avait-il pris en compte son image plutôt négative chez les Anglo-Saxons, et le fait que l'arrivée de Vallin à Londres avait déjà provoqué les vagues que l'on sait.

En revanche, la sensibilité démocrate-chrétienne (voir Jean-Claude Delbreil, *Centrisme et démocratie chrétienne en France : le parti démocrate populaire des origines au MRP*, Publications de la Sorbonne, 1990) se manifestait dans la clandestinité, même s'il n'existait pas de résistance spécifiquement démocrate-chrétienne. Il ne s'agissait pas non plus de la participation directe d'un parti. Avant-guerre, en 1924, avait été créé un « Parti des démocrates populaires » reprenant des thèmes naguère lancés par Marc Sangnier, visant à regrouper sur un plan politique la famille plus large des « démocrates d'inspiration chrétienne ». Mais le PDP ne dépassait pas le chiffre de 15 000 adhérents : il était concurrencé par la Fédération républicaine, qui attirait une bonne part des votes des catholiques conservateurs, et critiqué par Mounier et ses amis d'*Esprit*, qui se défiaient de l'institution même d'un parti catholique. Il était, par ailleurs, déchiré par des dissensions internes, au point que face à une majorité se réclamant du centre droit, une minorité derrière Philippe Serre choisissait le camp du Front populaire. Sous Vichy, le mouvement se divisa encore. Une des figures les plus marquantes, Auguste Champetier de Ribes, qui avait refusé les pleins pouvoirs à Pétain, était arrêté en septembre 1942. Et le parti, malgré une minorité vichyssoise très active, se trouvait interdit de fait. Bien plus, le peuple catholique, dans son ensemble, vivement encouragé en cela par la quasi-totalité de sa hiérarchie qui cautionnait le nouveau régime pour des raisons à la fois idéologiques et politiques, avait rejoint le camp pétainiste plus précocement et plus bruyamment que le Français moyen agnostique.

Mais dès l'automne 1940, étaient apparus, nous l'avons vu, à travers le groupe Liberté (qui allait fusionner avec le Mouvement de Frenay pour donner Combat), des noyaux très sensibles au fait que le nazisme était une entreprise athée particulièrement perverse. Si ces militants ne rejetaient pas en bloc la Révolution nationale, ils n'acceptaient pas le caractère autoritaire du nouveau régime et encore moins la rencontre de Montoire. Se constitua alors une famille de résistants chrétiens, souvent sans doute plus intellectuels que militants, mais qui pouvaient toucher autour d'eux une opinion encore largement christianisée, d'autant que nombre de protestants et une partie des catholiques furent particulièrement choqués par les rafles opérées contre les juifs dans l'été 1942. Georges Bidault allait servir de passeur. Cet enseignant, agrégé d'histoire, militant et vice-président de l'ACJF, l'Association Catholique de la Jeunesse Française, une pépinière de cadres catholiques, membre également du PDP, était relativement connu dès avant guerre pour ses articles politiques dans *L'Aube*, un quotidien d'inspiration démocrate-chrétienne, fondé en 1932. Libéré de son Oflag, il rejoignit Lyon après quelques mois passés à Vichy, tout en restant en liaison avec Alphonse Juge, un des sages du PDP. Il fut sans conteste le chef de file des démocrates d'inspiration chrétienne. Moulin lui confia l'organisation du BIP, l'agence de presse de la Délégation. Faisons l'effort de mettre entre parenthèses ce qu'il deviendra par la suite. A l'époque, nous l'avons dit, les deux hommes, qui étaient du même âge, s'entendaient très bien. Moulin appréciait son entregent, l'efficacité de son travail (il était son meilleur informateur), mais aussi sa culture, son sens de l'humour.

On ne s'étonnera pas que le parti « radical et radical-socialiste » ait eu plus de mal à remonter la pente. Fondé en 1901, il était le plus vieux parti de France, présent dans tous les gouvernements de la IIIe, ou presque, avec ses cadres appuyés sur des réseaux de sociabilité provinciale, hostiles à la réaction cléricale, mais de plus en plus opposés au marxisme et au collectivisme. Or, c'est précisément parce qu'il faisait partie des meubles de la République qu'il fut communément tenu pour responsable de la défaite. De surcroît, les opposants à Vichy ne manquèrent pas de lui reprocher d'avoir largement bradé, le 10 juillet, cette République dont ils assuraient dans les banquets être les défenseurs. Dans la tourmente, il paraissait avoir cessé d'exister. Quelques députés s'étaient bien réunis à Nîmes en mars 1941 sous la houlette de Maurice Sarraut, un des rares responsables qui ne fut pas interné. Mais on ne décida même pas de réunir le comité exécutif du parti, sous prétexte d'éviter de raviver de vieilles querelles. Moulin fait tout de même référence, en mai 1943, à un « groupe d'action radicale » engagé dans la Résistance. Et sans doute, certains radicaux s'étaient-ils engagés personnellement dans la France Libre ou dans la Résistance : Pierre Mendès France, Henri Queuille (après bien des hésitations), Marc Rucart et surtout Paul Bastid. Ce dernier avait même rassemblé quelque 200 signatures de parlementaires condamnant l'évolution du régime et adressé, en août 1942, une lettre offrant ses services à De Gaulle, mais sans engager pour autant l'ensemble de ses camarades.

La figure emblématique du radicalisme restait alors Edouard Herriot (voir Serge Berstein, *Edouard Herriot ou la République en personne*, Presses de la Fondation nationale des sciences politiques, 1985). Ce fils d'une cuisinière, pur produit de la méritocratie républicaine, normalien, maire de Lyon, puis président du Conseil avait marqué quelque réserve à l'égard du Front populaire. Et le 10 juillet 1940, lors du vote des pleins pouvoirs à Pétain, « le Président » s'était réfugié dans l'abstention. Sans doute s'était-il gardé d'approuver la politique de Collaboration : il avait même renvoyé sa Légion d'honneur lorsque deux officiers de la Légion des Volontaires Français contre le bolchevisme (la LVF créée en juillet 1941) avaient été décorés à titre posthume. Sans doute, également, avait-il rompu tout contact avec le régime après que Laval eut dissout les bureaux des deux Assemblées, ce qui lui valut d'être interné. Mais il n'en était pas à s'engager dans la dissidence. Il est probable qu'il aurait aimé être consulté, voire flatté. En tout cas, son analyse de la situation, en février 1942, l'incite à rester sur la réserve. Jules Jeanneney rapportait, en date du 27 février dans son *Journal*, des propos significatifs : « Je suis beaucoup sollicité de prendre la tête d'un mouvement d'organisation. Je n'y consens pas. On a créé tant de sujets de divisions [...] qu'elles ne peuvent manquer d'éclater tout de suite et avec la plus grande violence. C'est par un bain de sang que la France devra passer d'abord [...] C'est après cela que le rôle des républicains pourra reprendre en faisant revivre ses organes représentatifs, à commencer par les Conseils généraux... » Même si Herriot attesta par une lettre adressée à Roosevelt qu'on pouvait faire confiance au chef de la France Libre, l'aventure gaullienne ne lui disait rien qui vaille, ne correspondant guère à ce qu'il tenait pour le modèle républicain, surtout après que De Gaulle eut vivement condamné, en mars 1942, les mœurs politiques de la IIIe.

Dans le même temps, la position des deux partis clandestins de gauche, le parti socialiste et le parti communiste, évoluait, les conduisant à jouer un rôle décisif dans la lente germination de l'idée d'un Conseil de la Résistance. Du côté des socialistes, cette évolution a été précoce et nous avons vu que dès l'automne de 1942 il avait contraint Moulin à se poser la question de la place des partis dans les organismes de la Résistance. Rappelons que Léon Blum avait demandé aux Comités d'Action Socialiste de s'attacher de manière prioritaire à reconstruire le parti, mais aussi de soutenir De Gaulle. Et il apporta sa caution auprès des Anglo-Saxons : « [on] sert la France démocratique en aidant le général de Gaulle à prendre dès à présent l'attitude d'un chef », écrivait-il à

Roosevelt en décembre 1942. En échange de ce soutien explicite, les socialistes attendaient une reconnaissance institutionnelle par la France Libre des partis et tout particulièrement du parti socialiste clandestin, dont la reconstruction paraissait bien avancée. En mars 1943 les deux Comités d'Action Socialiste de zone nord et de zone sud s'unissaient dans une SFIO clandestine, qui se dotait en juin 1943 d'un comité exécutif et dont Daniel Mayer devenait le secrétaire général.

Les socialistes accentuaient d'autant plus leurs pressions que les communistes, en modifiant leur ligne, marquaient des points. Le PCF clandestin – nous l'avons dit – préconisait, depuis l'automne 1942, la ligne du compromis historique avec les forces bourgeoises « patriotes ». Il en vint à l'appliquer à la France Libre qu'il n'avait jusqu'alors jamais reconnue. Ce qui impliquait – et la conséquence n'est pas mince – de renoncer dans l'immédiat à la recherche d'un bouleversement révolutionnaire. En contrepartie de cette ouverture, le parti escomptait surmonter l'ostracisme que lui avait valu le virage de l'automne 1939. Il pourrait alors se réclamer de la légitimité populaire face à la légitimité gaullienne, et s'imposer à la tête de la Résistance intérieure, grâce à son organisation, à l'efficacité de ses militants, à son mot d'ordre d'action immédiate auquel la victoire de Stalingrad donnait alors le plus grand impact. Sans doute la direction prit-elle soin dans un premier temps de ménager Giraud, auprès duquel elle détacha le député Henri Pourtalet. Mais la France Libre devint bien l'interlocuteur privilégié.

Il faut, bien entendu, se garder de l'anachronisme classique : le PCF de la fin de 1942 n'était d'aucune manière celui de l'été 1944 ni *a fortiori* celui qui, en 1946, mobilisait plus du quart des suffrages exprimés et disposait avec la CGT, où les communistes devenaient majoritaires, d'un levier syndical puissant. Reste que cette perspective de la réintégration du PCF dans la communauté nationale est un fait politique suffisamment important pour qu'elle ait eu des retombées sur la création du Conseil de la Résistance.

Pareille évolution fut encouragée par le Komintern. Il serait exagéré de se représenter tout parti communiste clandestin comme obéissant au doigt et à l'œil à « Moscou » de manière uniforme. Il existait des contraintes inhérentes à chaque pays. Reste que Duclos, qui avait alors en charge le PCF clandestin, n'avait certainement pas la carrure de Tito qui se permit de discuter les ordres de Staline et de refuser de mettre en œuvre une alliance avec toutes les forces anti-allemandes.

C'est ce qui nous amène à analyser l'évolution des relations entre Staline et De Gaulle (lire Jean-Louis Crémieux-Brilhac, *op. cit.*, et Eric Roussel, *Charles de Gaulle*, Gallimard, 2002). L'une des constantes de la politique de ce dernier fut la recherche systématique de « l'alliance russe ». Cette approche géostratégique avait été une des données de la politique étrangère française et nous savons par une lettre envoyée à sa mère, datée de 1935, après que Laval eut paraphé à Moscou un pacte franco-soviétique, que De Gaulle en était alors un partisan déterminé : « Nous n'avons pas les moyens de refuser le concours des Russes, quelque horreur que nous ayions pour leur régime. C'est l'histoire de François 1er allié aux musulmans contre Charles Quint. » Pour l'heure, « l'alliance russe » se justifiait d'autant mieux à ses yeux qu'elle fournissait à la France Libre une relative latitude d'action en limitant la sujétion anglo-saxonne. Mais si, dès l'été 1941, De Gaulle courtisait Moscou, ses démarches restèrent vaines jusqu'à la fin du printemps de 1942. Il y eut bien un échange de ce qui pouvait passer pour des ambassadeurs : Roger Garreau accompagné du général Petit, devenus l'un et l'autre soviétophiles, furent envoyés à Kouïbychev, tandis que Alexandre Bogomolov, ancien ambassadeur à Vichy, accrédité dorénavant auprès des gouvernements réfugiés à Londres, rencontrait assez régulièrement le chef de la France Libre. Mais Staline, quelle que fût sa suspicion à l'encontre des Anglo-

Saxons, de la Grande-Bretagne en particulier, évitait de les mécontenter (surtout s'il s'agissait des Etats-Unis dont l'URSS dépendait alors dans une large mesure en raison de besoins quasi dramatiques en matériel), pour les beaux yeux d'une France Libre qui ne lui inspirait qu'une confiance médiocre : il soupçonnait ce De Gaulle, qui ne disposait que d'un nombre ridicule de divisions, d'être entouré de personnages douteux, pour le moins fascisants.

A la fin du printemps 1942, les Soviétiques adoptèrent une position plus coopérative, notamment après la rencontre à Londres entre De Gaulle et Molotov, le 24 mai, qui se passa bien. Ce dernier était avant tout intéressé par le soutien que la France Libre pouvait apporter à l'ouverture d'un « second front », mais il prit soin de préciser que « toute tentative pour imposer aux Français un régime de l'extérieur ne pourrait conduire qu'à des troubles civils prolongés que le gouvernement soviétique souhaite éviter. Il appartient au général De Gaulle de faire en sorte que les Français soient libres de choisir le gouvernement et le régime de leur choix ». On retrouvait là l'esprit de la directive du Komintern arrêtée dans l'été 1941 : « On ne doit pas poser la question de la révolution socialiste. Le peuple soviétique mène une guerre nationale contre l'Allemagne fasciste. Il y va de l'écrasement du fascisme qui asservit une série de peuples et cherche à en asservir d'autres. » En septembre 1942, l'URSS reconnaissait la France Libre comme « la vraie France », ayant seule qualité pour organiser la lutte. Cela n'empêchait pas les Soviétiques de réserver leur position en fonction de l'évolution de la carte de la guerre : fallait-il renforcer la position de cette puissance de second ordre qui pourrait ou bien résister à l'hégémonie anglo-saxonne, comme paraissait le signifier le nationalisme gaullien, ou bien renforcer un futur bloc antisoviétique ? Or, lorsque les événements d'Afrique du Nord eurent conforté Staline dans l'idée que la France était trop malléable, il n'hésita pas à s'aligner sur la politique anglo-saxonne : « La politique d'Eisenhower à l'égard de Darlan, de Boisson, de Giraud est parfaitement juste... », écrit-il encore à Roosevelt le 14 décembre 1942. Et, dans le même temps, il poussait le PCF à jouer à la fois la carte gaullienne et giraudiste.

Les anti-gaulliens à l'époque – et le petit-fils du général Giraud vient de reprendre le flambeau – ont accusé De Gaulle de s'être vendu aux Soviétiques contre un plat de lentilles pour assouvir son ressentiment à l'égard de Churchill, de Roosevelt et de Giraud. Jusqu'à plus ample informé, cette thèse du ressentiment n'est guère défendable. Sans doute De Gaulle a-t-il multiplié les hommages à ce qu'il s'obstinait à nommer « la Russie », comme le 20 janvier 1942 : « C'est avec enthousiasme que le peuple français salue les succès et l'ascension du peuple russe. » Mieux, à la différence des Britanniques, il adopta dans une large mesure le point de vue soviétique sur les futures frontières de la Pologne restaurée, ce qui provoqua un net refroidissement avec le gouvernement polonais en exil. Mais il s'est montré fidèle à la ligne qu'il défendait dès le 24 juin 1941 : « Sans accepter de discuter actuellement des vices et même des crimes du régime soviétique, nous devons proclamer, comme Churchill, que nous sommes très franchement avec les Russes puisqu'ils combattent les Allemands. » Et le fond de sa pensée paraît bien correspondre à la formule proférée devant Anthony Eden en juillet 1942 : « Américains trop irritants, Russes trop inquiétants. » Au bout du compte, rien n'interdisait un rapprochement politico-stratégique qui devait modifier les rapports entre la France Libre et le PCF clandestin.

Le dénouement de l'affaire fut singulier. D'autant que l'artisan le plus déterminé de ce rapprochement fut Gilbert Renault, dit Rémy, le fondateur du réseau de renseignements le plus connu de la France Libre, la Confrérie Notre-Dame. Professant des opinions de la droite extrême, détestant les partis politiques, il fut séduit par le courage des militants du PCF qu'il jugeait le seul mouvement efficace, au point de faire de la reconnaissance réciproque de la France Libre et du PCF une affaire personnelle. La France Libre s'était toujours gardée d'attaquer ce parti clandestin, même avant juin 1941, et on sait par une note de Pierre Billotte du 6 avril 1942 qu'elle suivait de près son évolution. La première tentative de prise de contact échoue. En mars-avril, le PCF entra en relation avec le second de Rémy, François Faure, dit Paco, et proposa une collaboration militaire à la France Libre. Le BCRA, avec l'aval des Anglais, projeta même d'envoyer en mission Passy en personne. Mais, envoyé en avant-garde, l'avocat René Georges Weil, dit « Mec », l'officier du BCRA chargé en mai d'aider immédiatement les communistes à mettre sur pied un réseau de renseignements baptisé « Fana », arrêté dès son arrivée en France, choisit de se suicider. De nouvelles approches tentées en juillet, dans lesquelles intervint Jean Moulin, ne débouchèrent sur rien de concret. C'est alors que revenu en France en octobre, Rémy non seulement retrouvait le contact grâce à un de ses premiers interlocuteurs, « Joseph » (Georges Beaufils), l'un des responsables des FTP, mais entreprenait de son propre chef, malgré les remontrances du BCRA (« votre mission ne présente aucun caractère politique [...] les contacts avec les FTP ne doivent entraîner de votre part aucune prise de position politique vis-à-vis de cette organisation comme de tout autre... »), d'ouvrir une étonnante négociation politique avec un nouvel intermédiaire communiste, un ancien député qui avait pu s'évader du camp de Chateaubriant, membre du Comité central, Fernand Grenier. Le BCRA s'exaspérait, Passy menaça Rémy de ne plus le laisser repartir en mission en France – ce qu'il fit d'ailleurs par la suite, en représailles, pour sanctionner son indiscipline. Rémy passa outre et aboutit à la fin novembre à la signature d'un « accord en 12 points » tout au bénéfice du PCF et des FTP auxquels il concédait imprudemment un rôle déterminant dans la direction de la Résistance intérieure.

L'approbation discrète du Komintern et l'entêtement de Rémy aidant, à la stupéfaction générale, Grenier, flanqué de son cornac, débarquait à Londres un beau matin, le

11 janvier 1943, pour annoncer l'adhésion du PCF à ce qui était devenu la France Combattante. Le 15 janvier, il déclarait à la BBC que De Gaulle avait eu « le mérite de ne pas désespérer alors que tout croulait ». Cet ouvrier autodidacte séduisit, et, bénéficiant sans doute de « l'effet Stalingrad », il fut très vite promu conseiller au commissariat à l'Intérieur. Alors qu'il était clair que le Front national, présenté par Grenier comme le seul instrument possible de l'unification de la Résistance intérieure, était totalement contrôlé par le PCF, Maurice Schumann avait déjà déclaré, le 14 janvier, que « Fernand Grenier achève et couronne le regroupement fraternel dans la France Combattante ». De Gaulle, pour rassembler le maximum de forces dans une Résistance dont il avait tout particulièrement besoin face à Giraud, adouba très rapidement le PCF clandestin. Il prenait tout de même quelques précautions politiques élémentaires avec une « Lettre aux membres du comité central du parti communiste français », adressée en même temps qu'un courrier à Léon Blum et à Daniel Mayer, le 10 février 1943 : « L'arrivée de Fernand Grenier, l'adhésion du parti communiste au comité national qu'il m'a apportée en votre nom [...] voilà une nouvelle preuve de votre volonté de contribuer à la libération et à la grandeur de notre pays. Je suis certain que les représentants que j'ai désignés trouveront chez les responsables du Parti communiste français une volonté de coopération poussée jusqu'à l'esprit de sacrifice et la même loyale discipline qui existait à l'intérieur de vos organisations. Je sais que la France Combattante peut compter sur le Parti communiste français. »

C'était ouvrir la boîte de Pandore des partis politiques et il devenait difficile de négliger le point de vue des formations non communistes, notamment des socialistes, qui comprirent immédiatement que le PCF, en position de force, chercherait à les court-circuiter.

Les relations entretenues par De Gaulle avec les partis furent liées de façon complexe à celles qu'il eut avec les hommes politiques : dans une conjoncture de plus en plus mouvante, il traita de façon différente les hommes, les individus, leur image politique personnelle et leurs responsabilités dans un parti, sans perdre de vue ni l'opinion de ses partisans du moment ni les perspectives d'avenir.

Sur le principe même de l'existence de partis politiques, sa position était que la nation doit rester la référence suprême. Il n'y avait pas lieu, selon lui, d'ostraciser les partis s'ils n'étaient pas instrumentalisés pour véhiculer ces ferments de division que sont les idéologies ou s'ils ne se transformaient pas en syndicats d'intérêts particuliers. Dans un premier temps, en fait, il n'en dit mot. Conscient de ce que sa légitimité devait au fait d'avoir appartenu au dernier gouvernement d'avant l'armistice, il était tout aussi soucieux de ne pas entrer dans la logique vichyssoise d'une revanche intérieure qui passerait avant la lutte contre l'occupant. Mais il estimait avoir été bien placé, au secrétariat du Conseil supérieur de la défense nationale, pour faire le constat que le gouvernement d'Assemblée soumis aux formations politiques avait miné l'Etat, qui s'était effondré au point d'être confisqué par une poignée de défaitistes.

Sa tactique de silence à l'égard des partis fut toute relative : le 15 novembre 1941, il s'emportait contre le « régime en décadence, son gouvernement d'apparence, sa justice influencée, ses combinaisons d'affaires, de prébendes et de privilèges ». Et quand, sur les instances de Christian Pineau, il fut contraint de prendre position, il engloba dans sa condamnation de la IIIe République « un régime moral, social, politique ayant abdiqué dans la défaite après s'être lui-même paralysé dans la licence », les partis politiques qui lui étaient associés, qualifiant plus tard certains de « sépulcres blanchis », une formulation soufflée par Jacques Soustelle.

Pour les personnalités politiques, il fit preuve du même pragmatisme. Pour ne pas déplaire aux rares officiers qui s'embarquaient dans l'aventure de la France Libre, Leclerc, Larminat, et quelques autres, il avait pris soin de décourager ou d'éloigner ceux des parlementaires que les uns ou les autres rejetaient, surtout, il faut bien le dire, s'ils risquaient de lui porter ombrage. Il toléra Pierre-Olivier Lapie, député, mais l'expédia vite comme gouverneur du Tchad. Il n'écarta pas Pierre Cot, comme on l'a dit, mais il ne lui attribua aucune fonction. Il agit de même à l'égard d'Henri de Kérillis, parlementaire de droite devenu suspect auprès de nombre de ses ex-amis pour ses prises de position non conformistes. De Gaulle prétendra ensuite que celui-ci avait lui-même voulu se rendre aux Etats-Unis : c'est pourtant lui qui l'envoyait au Canada, avant de lui adresser, le 4 juillet, ce message singulier : « tout en étant d'accord avec vous, comme vous le savez, je vous demande, sans vous désobliger, de ne pas vous présenter publiquement comme parlant en mon nom... ». Il a d'ailleurs cherché à ménager les deux hommes : le 5 juillet 1942, il écrit à Kérillis (qui ne passera à l'antigaullisme qu'en 1943) : « Je lis votre magnifique article dans *Pour la victoire*. Avec mes amitiés » ; et le 18 mai 1942, il adressait à Pierre Cot une longue missive : « Pour couper court à toute polémique, je tiens à vous dire qu'à mon avis votre activité est celle d'un bon Français qui se consacre à la lutte contre le nazisme et le fascisme. Quant à votre rôle comme ministre de l'Air, je répète qu'il n'est pas possible d'en juger actuellement avec l'objectivité et l'impartialité nécessaire. »

Mais De Gaulle se montrait en même temps plus sensible qu'on ne l'écrit généralement à l'*aura* de personnalités de la IIIe République qu'il considérait comme marquantes et dont il tenait à connaître l'opinion. Ainsi en était-il de Léon Blum, dont il savait qu'il ne voulait pas quitter la France puisque Jean Moulin avait câblé à Londres le 21 décembre : « Blum a déclaré qu'il ne se prêterait jamais à une tentative d'évasion à cause de son fils [retenu prisonnier dans un Oflag près de Lübeck]. » Il réclama Louis Marin, l'une des figures tutélaires de la Fédération républicaine : Londres prévint Moulin le 15 février que « le Général y tient beaucoup », avant de revenir à la charge le 27 mai : « Le général de Gaulle insiste pour venue Louis Marin – veuillez prévoir d'urgence son enlèvement – très secret. » Il exprimait souvent le désir de faire venir, voire d'écouter, tel ou tel homme politique, même d'un renom moindre, Henri Queuille par exemple, ou Robert Schuman. A un télégramme reçu le 5 septembre 1942 : « Philip désire savoir si avez possibilité faire demander Schuman s'il accepterait venir à Londres », Rex répondit le 12 : « Rencontrerai Schuman député Alsace dans une quinzaine et lui ferai proposition. » Dans un premier temps, De Gaulle envisagea favorablement, nous l'avons vu, la venue de Charles Vallin. Mais il s'agit chaque fois de rencontrer non le chef ou responsable de tel ou tel parti, mais une personnalité, même si se marque toujours l'espoir qu'elle pourrait servir de répondant, de garant.

Or au fil des semaines, les partis devenaient une instance de légitimation, en tout cas vis-à-vis des Anglo-Saxons, des partenaires qu'il n'était plus question de brocarder ou de placardiser et le pragmatisme s'imposait. De Gaulle n'en gardait pas moins des préventions, comme en témoignent un certain nombre de ceux qui avaient pu gagner Londres. Pierre Bloch notait : « Je sentis que je l'agaçais en parlant en homme politique. » Jules Moch et quelques autres se sont souvenus qu'il avait surtout hâte de les envoyer se battre. Et la réponse qu'il fit le 10 février à Daniel Mayer, plaidant inlassablement pour la reconnaissance des partis dans le futur Conseil de la Résistance, « je comprends bien votre ambition légitime quant à l'avenir de votre parti » est suivie d'une mise au point plutôt raide : « Ainsi que je viens de l'écrire au plus éminent de vos amis, il est normal et même souhaitable que la résistance, tout en demeurant unie et cohérente, se teinte et se nuance des tendances politiques traditionnelles et diverses. » Répondant à Léon Blum en personne, il précisait en février : « Nous souhaitons la formation à l'intérieur du pays d'un organisme concret groupant sous le signe unique de la lutte pour la patrie et pour la démocratie les représentations de partis, du moment que ces partis sont, en tant que tels, en action de combat. »

Il n'est pas plus aisé d'appréhender le point de vue de Jean Moulin à l'égard des partis politiques. Préfet et de surcroît membre des cabinets de Pierre Cot, il avait bien connu leur mode de fonctionnement ; et bien qu'il n'ait pas eu la carte du parti radical, peut-être pour respecter l'obligation de réserve liée à sa fonction, il n'ignorait rien du parti valoisien des années 30. Nous avons vu qu'en écrivant à ses parents, notamment après le 6 février 1934, il fustigeait les démissions de la classe politique. Faudrait-il en déduire qu'il condamnait en bloc la IIIe finissante ? Il est vraisemblable qu'il ne dénigrait pas la République pour laquelle il avait œuvré aux côtés de Pierre Cot.

La défaite venue, ce qu'il a probablement le plus condamné, c'est, plus encore que les collaborationnistes, le régime de Vichy, ses hommes, ses œuvres, ses pompes. Juste derrière les nouveaux petits maîtres, venait dans l'ordre de ses détestations ceux des anciens hommes politiques dont l'attitude confinait à ses yeux à de la lâcheté. C'est ainsi qu'il se mit à mépriser Herriot. Un télégramme, en date du 29 septembre 1942, lui donnait l'ordre de « prévenir Herriot que général De Gaulle et Philip souhaitent sa venue rapide à Londres et lui demandent si d'accord – nous rendre compte d'urgence – ferons immédiatement nécessaire pour préparer opération ». Moulin répondit qu'il se disait prêt à « organiser refuge » avant de pouvoir monter une « opération maritime spéciale » et chargea Bidault de la démarche souhaitée. Mais Herriot, malgré les relances, multiplia, pour les raisons déjà indiquées, les réponses dilatoires : il aurait mis en avant le fait qu'il souffrait gravement du mal de mer et d'ailleurs tout autant du mal de l'air ! En mars, il était clair qu'il refusait ce départ et, selon Daniel Cordier, Moulin aurait dit : « Il n'y a qu'à le laisser mariner dans son jus. » Moulin apprécia tout aussi peu les hésitations sans fin de Queuille, qui aggravait son cas en présentant comme un modèle Camille Chautemps, le symbole même de la classe parlementaire honnie, ou la dérobade de Louis Marin réclamé également par De Gaulle. On a déjà vu à propos de Laurent-Eynac, qu'il pouvait s'opposer au départ pour Londres de tel ancien parlementaire qui se serait ainsi refait à bon compte une virginité politique.

Quant à son attitude à l'égard des partis politiques proprement dits, elle est au fond ambivalente, car elle ne prit jamais chez lui les allures de croisade, comme dans les rangs des Londoniens aussi bien que dans ceux de la Résistance. Dans un premier temps, Moulin, on le sait, fit d'autant plus facilement fond sur les nouveaux Mouvements de Résistance que les partis ne paraissaient pas sortis de leur léthargie. Mais il évolua lorsqu'il se rendit compte que ces formations pourraient et devraient servir les intérêts de la France Combattante. Il compta sur eux pour freiner l'émergence de forces centrifuges, qu'il redoutait depuis que l'opération Torch rendait la France Libre vulnérable. Le rapport fait par Brossolette/Brumaire le 8 février 1943 (AN 3 AG2 BRU.1), après un entretien avec Moulin, nous fournit probablement une bonne approche : « Rex estime qu'on ne peut pas ignorer la reconstitution des partis politiques, sous peine de voir se constituer une vie politique sans lien organique avec nous ; il est donc favorable à la constitution d'un comité politique représentant ici l'ensemble des tendances politiques et syndicales du pays ; en même temps que des groupements de résistance de ZO et ZNO [...] »

Avec ce choix lucide, et le même pragmatisme que celui de De Gaulle, il gardait en tête, semble-t-il, la nécessité de deux garde-fous : les Mouvements de Résistance, et eux seuls, à l'exclusion des partis politiques, seraient habilités à diriger l'action et le système des partis devrait, une fois la Libération acquise, se réguler. Il le précisait dans un câble du 8 mai, annonçant que le Conseil de la résistance était constitué et réclamant un message de Charles De Gaulle : « pour l'avenir insister primo sur nécessité constituer 4ᵉ république qui ne sera pas calquée sur 3ᵉ et dans laquelle partis politiques devront former blocs idéologiques très larges... ». Si pour des raisons tactiques à l'endroit des Anglo-Saxons il choisissait de réunir dans le Conseil de la Résistance des représentants des formations ayant pignon sur rue dans l'avant-guerre, il fait peu de doute que, comme beaucoup d'autres, il songeait à un système rénové pour l'après-Libération.

En tout cas, Moulin se trouva en France confronté à des initiatives qui, on l'a dit, firent des socialistes les véritables inspirateurs d'un Conseil de la Résistance, dans un mouvement qui va s'accélérer avec l'émergence politique du parti communiste clandestin. Les premiers projets rédigés en mai et juin 1942 avaient été l'œuvre de deux jeunes avocats marseillais, André Boyer et Gaston Defferre, et d'un aviateur, Boris Fourcaud, alias Froment, tous trois engagés dans la Résistance active. Ils proposaient, un an à l'avance, on l'a vu, que cohabitent dans un même « Conseil » des centrales syndicales, des formations partisanes et les Mouvements de Résistance auxquels serait réservée en principe l'action. Il s'agissait pour eux d'unifier les forces résistantes, alors qu'un an plus tard la mise en œuvre du Conseil devait surtout servir, nous le verrons, à assurer dans l'immédiat la primauté du chef de la France Libre. Le 22 juin 1942, lors d'une réunion restreinte tenue à Toulouse, Moulin récusa cette première tentative, estimant que la situation n'était pas mûre pour introduire les partis ès qualités. Dans un courrier pour Londres, il faisait part de ses réticences et proposa d'imposer des conditions drastiques : « Si l'on peut concevoir dès à présent et sous certaines réserves un conseil appelé à jouer un rôle à l'arrivée du général de Gaulle, il faut à mon avis poser comme principes 1) qu'à aucun prix certains de ses membres n'y puissent figurer comme délégués des anciens partis ; les personnalités choisies ne l'étant qu'à titre individuel 2) pas de travail préalable de division 3) pas de réunion. »

Et c'est alors qu'il décida de créer le « Comité général des experts », dont les membres choisis en dehors des anciens partis auraient à préparer – comme nous l'avons vu – des projets pour la Libération, une manière de prendre en compte la démarche qui venait d'être faite, tout en veillant à ne pas ligoter la France Libre. Mais les responsables du Comité d'Action Socialiste, Daniel Mayer en tête, avec l'approbation de Blum, repartaient à l'offensive en décembre, ulcérés par la mise en place par Londres d'un Comité de coordination qui donnait aux Mouvements toute latitude d'action au détriment des partis, stupéfaits qu'ait pu être distribué dans la région lyonnaise un tract où figurait en bonne place la signature du PCF et d'où avait été exclue celle du CAS, alors que le succès de l'opération Torch risquait de modifier très rapidement toute la donne politique.

Moulin devant le risque de voir se créer, sous l'impulsion des socialistes, un « Comité exécutif de la Résistance française » qui, se référant au Front populaire, en appellerait à l'unité républicaine mais échapperait à la France Combattante, hésita sur la conduite à tenir et consulta. Il bénéficia des conseils et des talents de négociateur d'André Manuel, qui était encore, alors, le second de Passy et qui mena à bien en France, entre le 22 novembre et le 27 janvier, une mission importante à bien des égards, la « mission Pallas ». Après avoir inspecté – comme c'était sa mission – divers réseaux de renseignement, Manuel fit des suggestions pour ajuster le « Comité de coordination » qui venait – on s'en souvient – d'être créé à Londres. C'est alors qu'il rencontra Moulin qui lui inspira une vive estime et de l'amitié. Plongé bon gré, mal gré, dans « l'agitation politique » et soumis à la pression des socialistes, il s'efforça de les modérer, tout en conseillant à Rex de tenir compte de leurs desiderata. Manuel eut très vraisemblablement un rôle déterminant dans l'évolution de Moulin, évolution visible dans le courrier du 14 décembre, qui préconisa la mise en place d'un « Conseil politique de la résistance », un organisme fédérateur intégrant centrales syndicales, partis et Mouvements. Car, écrit-il, « les Mouvements de Résistance, aussi forts soient-ils, ne sont pas toute la Résistance. Il y a des forces morales, des forces syndicales, des forces politiques qui se sont maintenues en dehors des Mouvements, mais qui doivent jouer et joueront un rôle dans la libération du pays et dans la mise en place des nouvelles institutions ». Cela dit, la solution proposée alors n'était qu'un compromis puisque ce Conseil « ne constitue en aucune manière une délégation des partis ou des groupes » et que Rex prit grand soin de maintenir le Comité de coordination qui inclurait également des Mouvements de zone occupée et qui aurait « l'exclusivité de la direction de l'action ». Dans un autre courrier du 28 janvier, il se montrait encore plus précis : le futur Conseil « doit se limiter à un certain nombre de principes et laisser à un organe d'exécution le soin de traduire les dits principes en actes... L'organe d'action du Conseil doit être le comité de coordination ».

Dans sa tête, tout n'était pas encore tranché et, notamment, une question demeurait : fallait-il inclure les seuls partis qui pouvaient présenter un badge d'authenticité résistante, ce qui éliminait nombre d'anciennes formations partisanes ? Ou bien devait-on s'en tenir aux quelques fractions plus actives des formations partisanes, par exemple ne retenir que la « nuance Reynaud » dans les rangs de l'Alliance démocratique ? Ou bien pouvait-on intégrer tous les partis reconnus dans leur ensemble, ce qui aurait pour effet de sur-représenter la droite parlementaire qui n'avait brillé que par son inertie et que récusaient nombre de responsables des Mouvements, lorsque Moulin, attendant de pouvoir regagner Londres, les consultait ? Lui-même avait d'ailleurs précisé qu'il « ne saurait y avoir de place dans ledit conseil ni pour les ouvriers de la dernière heure, ni pour ceux qui hésiteraient devant les solutions révolutionnaires qui s'imposent ».

Si l'adoubement du PCF clandestin, si les projets des socialistes, eux-mêmes poussés par la rivalité de fait avec les communistes, ont pesé dans la hâte à réunir ce Conseil tripartite, sur lequel on s'interrogeait depuis de longs mois, ce sont les retombées de l'opération Torch, la prééminence donnée à Giraud à Alger par les Anglo-Saxons, suivie de « la querelle des généraux », où la France Libre a failli avoir le dessous, mettant aux prises, pendant cinq mois, Giraud et De Gaulle, qui ont fait évoluer de façon décisive à la fois De Gaulle et Moulin, précipitant la création de ce conseil en gestation. Mais il faut bien penser que cette « querelle des généraux » correspondait, au-delà de leur rivalité personnelle, à des choix politiques d'importance majeure pour la Résistance, c'est pourquoi il convient d'en rappeler les enjeux et les moments essentiels.

Giraud, qui avait pris le titre de commandant civil et militaire, était un homme d'ordre, qui avait maintenu à Alger la législation vichyssoise, mesures antisémites comprises. A ses yeux, De Gaulle demeurait le subordonné qu'il avait eu sous ses ordres à Metz : l'accueillant à Anfa, il l'interpellait par un « Bonjour Gaulle » ! Jugeant la France Libre à la fois suspecte et insignifiante, il avait refusé de rencontrer Jean Moulin. Quant à la Résistance intérieure, il la voyait comme un ramassis d'incapables manipulés par les communistes. Son principal atout venait du soutien affiché de la Maison-Blanche. Ce n'est pas que Roosevelt se soit fait la moindre illusion sur ses capacités politiques. Il n'était pas le seul à les juger médiocres et on appréciera l'euphémisme de Jean Monnet parlant dans ses *Mémoires* d'« un général longtemps formé aux affaires du désert et enclin à la simplification », après l'avoir peint comme « un homme de grande allure, au regard clair et vide, conscient de son prestige d'officier héroïque, intraitable sur les problèmes militaires, hésitant sur tous les autres ». Mais la Maison-Blanche appliquait, ici comme ailleurs, ce qui fut sa politique constante : traiter avec l'autorité en place, sans s'arrêter à des considérations idéologiques et sans engager l'avenir. De surcroît, Giraud acceptait docilement les directives de Murphy, l'homme de Roosevelt à Alger, qui lui promettait le commandement de nouvelles divisions. Bien entendu, il offrait l'intérêt supplémentaire de contrecarrer Charles

De Gaulle. Nous avons déjà dit les réticences du Département d'Etat et de Roosevelt à l'égard de ce dernier : l'Administration américaine venait d'annuler à la toute dernière minute le voyage qu'il projetait de faire à Washington au début de janvier. Et l'arrivée de Fernand Grenier à Londres avait accru la défiance des Anglo-Saxons. Giraud en tirait parti, répétant à l'envi qu'il saurait, lui, barrer la route à un homme qui, si on le laissait faire, serait un nouveau Kerenski. Les hommes de la France Libre tenaient le raisonnement inverse : la politique réactionnaire de Giraud et de son entourage, son néo-vichysme affiché provoqueraient, selon eux, l'éclatement de la Résistance, faisant à moyen terme le lit du communisme.

De Gaulle prit évidemment soin d'engager le débat sur le terrain politique, alors que, dans un premier temps, Giraud continuait à affirmer qu'il fallait s'en tenir aux seules questions militaires. Ainsi un memorandum du 21 février, en rappelant la nécessité impérieuse d'affirmer la souveraineté de la France sur son territoire et sur son Empire, soulignait que la France Combattante ne pourrait traiter que sur les bases suivantes : dénoncer l'armistice, annuler la législation de Vichy, restaurer les libertés républicaines. C'était mettre de son côté non seulement la majeure partie des résistants, mais aussi une bonne partie de l'opinion publique américaine et surtout britannique qui ne comprenait pas l'ostracisme dont était victime De Gaulle. La Maison-Blanche, consciente de l'avantage que celui-ci pourrait prendre, dépêcha auprès de Giraud une sorte de mentor politique, Jean Monnet.

Cet ancien secrétaire adjoint de la SDN était sensible à la dimension symbolique du personnage de De Gaulle, mais dès 1940 il en avait désapprouvé les desseins politiques et les ambitions. Monnet avait mis son savoir-faire, indiscutable, au service de la Grande-Bretagne et s'était ainsi fait connaître des milieux dirigeants américains. Envoyé en février par Roosevelt pour flanquer Giraud, il finit par le convaincre, en lui faisant craindre que les

Américains ne refusent ces nouvelles divisions sur lesquelles il fondait tous ses espoirs, de prononcer, le 14 mars, ce que Giraud reconnut naïvement comme « le premier discours démocratique de [sa] carrière ». En tout cas, il y affirmait que « le peuple français n'a pas accepté l'armistice », déniait toute « valeur légale » à la législation vichyssoise, déclarait abolies les mesures antisémites, et se référait à un gouvernement qui fonctionnerait « d'après les lois de la République » (consulter André Kaspi, *La Mission de Jean Monnet à Alger, mars-octobre 1943*, Publications de la Sorbonne, 1971). Ce grand bond en avant démocratique fit que la fraction la plus vichyste de l'entourage de Giraud le quittait, ulcérée. Mais l'accord entre les deux généraux allait être repoussé encore pendant plus de trois mois.

Derrière des passes d'armes qui peuvent donner l'impression d'une guerre picrocholine, étaient en suspens des questions d'importance : que faire des anciens gouverneurs des colonies demeurés vichyssois ? fallait-il imposer la subordination du commandement militaire à l'organe politique à mettre en place ? Comment fonctionnerait le pouvoir bicéphale dont le principe était accepté ? Dans les semaines qui suivirent l'assassinat de Darlan, l'impatience gaullienne se heurtait à des réponses dilatoires. De Gaulle ne faisait rien pour arranger les choses : poussé par une partie de son entourage (Soustelle, Billotte), il faisait montre d'une méfiance et d'une susceptibilité extrêmes. C'était prendre des risques. Grâce aux études de Jean-Louis Crémieux-Brilhac, nous savons que, faisant pendant à Jean Monnet, le général Catroux, qui représentait De Gaulle à Alger, a poussé, lui, à la conclusion de compromis. Ce militaire, qui avait été un proconsul colonial efficace, mit son intelligence et son habileté au service du chef de la France Libre, en lui tenant tête, agitant au besoin la menace de sa démission (se reporter à son analyse in : *Dans la bataille de la Méditerranée*, Julliard, 1949).

De Gaulle, menacé de se voir couper les vivres, avait dû

sur un ultimatum du Premier britannique se rendre, le 22 janvier, flanqué de Catroux, Boislambert, d'Argenlieu et Palewski, à Anfa, le quartier résidentiel de Casablanca, où Roosevelt et Churchill étaient convenus de discuter. Cette réunion avait des visées plus amples : c'est là qu'il fut notamment décidé, pour rassurer Staline, qu'une reddition sans conditions serait obligatoirement imposée aux puissances de l'Axe. En ce qui concerne la France, dans une atmosphère à couper au couteau, De Gaulle, à qui l'on offrait le rang de général d'armée, refusa tout net de participer, avec Giraud et le général Georges, qui était le candidat de Churchill, à une troïka docile aux desiderata américains. Il dut tout de même, pour les besoins d'une photo, accepter d'échanger une poignée de mai avec son rival, sous l'œil bénisseur de Roosevelt et celui, plus goguenard, de Churchill. Du moins les ponts n'étaient-ils pas totalement rompus, et le principe d'une mission de liaison fut-il retenu, mission assurée par Catroux qui débarquait à Alger le 1er mars. Puis, le discours qu'il avait prononcé le 14 mars ayant relancé le processus, Giraud avait invité De Gaulle à venir en Algérie. Mais pour mettre au point les modalités de ce voyage, ce fut l'occasion d'une nouvelle guérilla. Il fallut toute l'habileté de Catroux, du côté gaullien, et de Monnet, du côté de Giraud, le soutien bienveillant de Harold Macmillan, « ministre résident » qui représentait Churchill en Afrique du Nord, pour que, le 27 avril, De Gaulle finisse par accepter, moyennant des concessions inévitables et après avoir qualifié de « solution stupide et bâtarde » ce qu'on lui proposait, un compromis quelque peu boiteux : un duumvirat qui partagerait le pouvoir entre les deux hommes.

Les conditions de l'arrivée de De Gaulle en Afrique du Nord furent à nouveau l'occasion d'une joute sévère. Dans une note à Rex du 2 mai, Georges Boris soulignait : « Le point litigieux le plus important est le suivant : De Gaulle et le comité national demandent la subordination du pouvoir militaire au pouvoir civil », ce que refusait Giraud.

Mais d'autres détails comptaient : alors que De Gaulle n'envisageait de débarquer à Alger qu'« en plein jour et en pleine dignité », Giraud méfiant lui proposait de choisir entre Marrakech et Biskra. Le nom de cette ville suffisait à exaspérer le chef de la France Libre, qui en appela aux mânes des grands ancêtres : « Imaginez-vous que Clovis, Jeanne d'Arc, Danton ou Clemenceau seraient allés à Biskra ?... » La rupture évitée de justesse, De Gaulle se posa, le 30 mai, sur l'aérodrome de Boufarik dans un avion frappé de la Croix de Lorraine, avant de prendre, sur la place de la Poste, un premier bain de foule et de partir, en se passant du ralliement de notables qui lui resteront hostiles, à la conquête de Bab el-Oued. Une page, en tout cas, venait d'être tournée. Cela étant, ce qui s'était passé en France dans le même temps avait beaucoup compté comme nous allons le voir.

*

C'est dans ce climat qu'il faut replacer la dernière étape de la genèse du Conseil de la Résistance. Ce conseil est devenu une sorte de monstre sacré de la geste héroïque de la France des années sombres. On y voit une entreprise minutieusement préparée, l'émergence d'une sorte d'Etat clandestin unificateur. Or, il faut se garder d'une illusion rétrospective : le Conseil de la Résistance de mai 1943 ressemble fort peu à ce qu'il devint à la fin du printemps 1944. Sans doute les services londoniens s'efforçaient-ils de fédérer au maximum les forces de la résistance, et c'était bien la tâche prioritaire assignée à Jean Moulin. Mais la visée et tout autant les modalités de cette création, dont la réussite reste singulière et remarquable dans son genre, relèvent d'une part des initiatives des partis socialistes et communistes auxquelles De Gaulle comme Moulin ont dû s'adapter, et d'autre part d'un rapport des forces critique pour les Londoniens qui, face à Giraud soutenu par les Anglo-Saxons, devaient assurer la primauté du chef de la France Combattante. André Philip a bien synthétisé, en avril 1943, dans une note « A Rex personnel », les deux motifs qui avaient poussé à la composition, partis politiques inclus, de ce qui s'appellerait le Conseil de la Résistance : « J'ai reçu un long rapport de Brumaire [Brossolette] indiquant les objections de certains groupes de la ZO [zone occupée] à l'inclusion des partis politiques dans le conseil de la résistance, je maintiens néanmoins la position prise pendant votre séjour à Londres pour deux raisons : 1) Il est indispensable, au point de vue international, que nous puissions nous présenter avec l'appui des groupements politiques qui, pour les Anglais et les Américains, apparaissent comme la seule expression de l'opinion française. 2) Du moment que les communistes agissent en tant que parti, il est impossible d'empêcher les autres d'en faire autant, dans la mesure où ils ont réussi à mettre sur pied une véritable organisation résistante. »

On se souvient que le voyage de Moulin à Londres avait été retardé d'une « lune », alors qu'y étaient déjà arrivés, le 15 janvier, des socialistes qui militaient pour la mise en place d'un Conseil dans lequel les partis politiques seraient parties prenantes. Déjà, le 4 janvier, dans une opération s'apparentant à un chantage, Daniel Mayer avait proposé la réunion immédiate d'un « Comité exécutif de la Résistance », groupant Mouvements, syndicats et partis, projet auquel s'était rallié Christian Pineau : « Si tout le monde comprend la nécessité que les services de renseignement soient entièrement entre les mains du Général et que les organismes paramilitaires soient unifiés, il apparaît dangereux et même inapplicable que la résistance politique soit centralisée par un comité de coordination comprenant seulement des chefs de mouvements de la zone libre. Tout aboutirait à favoriser le parti communiste et les Mouvements. Or ceux-ci par leur recrutement même, limité et spécialisé... ne peuvent jouer le rôle de partis politiques. » Ce troisième assaut des militants socialistes fut le bon. De Gaulle de plus en plus accaparé par les événements d'Alger et qui, pour cette raison, venait de donner son accord à l'opération Fernand Grenier, cédait à leurs instances. Il donna l'ordre de préparer des instructions pour mettre en place un nouveau Conseil. A son arrivée à Londres, le 14 février, Moulin trouva un projet déjà rédigé par Jacques Bingen. De surcroît, ce qui ne simplifiait pas la situation, pour prendre l'avantage sur Giraud, De Gaulle proposait d'instituer une assemblée consultative (qui verra le jour à l'automne), comme il s'y était, il est vrai, engagé dans l'ordonnance du 24 septembre 1941 créant le Comité national français. Aux yeux de Moulin, les deux projets étaient complémentaires, mais celui du Conseil de la Résistance était devenu, compte tenu des circonstances, prioritaire.

Finalement, après une série de longs entretiens qu'il eut avec le chef de la France Libre, entretiens portant également sur la composition de la future Assemblée consultative d'Alger et sur l'évolution de la Résistance, Moulin fit modifier le projet préparé par les services londoniens pour aboutir à des « nouvelles instructions instituant le Conseil de la Résistance » que De Gaulle signait le 21 février 1943. Moulin avait préféré qu'il ne soit pas intitulé « Conseil *national* de la Résistance », pour éviter toute ambiguïté avec le Comité national français (qui était – rappelons-le – depuis septembre 1941 la structure institutionnelle de la France Libre). Dans ce texte fondateur – à sa manière – il était stipulé notamment que « doit être créé dans les plus courts délais possibles un Conseil de la Résistance unique pour l'ensemble du territoire métropolitain, et présidé par Rex, représentant le général De Gaulle. Ce Conseil de la Résistance [le point est d'importance] assurera la représentation des groupements de résistance, des formations politiques résistantes et des syndicats ouvriers résistants qui acceptent que leur rassemblement s'effectue autour des principes suivants [...] ». Précisons – et Moulin tenait beaucoup à cette disposition – que « le Conseil de la Résistance pourra, s'il le juge utile, instituer en son sein une Commission permanente ». On soulignera enfin qu'il était bien spécifié que

« le Conseil de la Résistance forme l'embryon d'une représentation nationale réduite, conseil politique du général De Gaulle à son arrivée en France ». Voici donc le projet auquel Moulin devait donner corps dans les plus brefs délais. Il le fit sans dévier des lignes qui venaient d'être fixées. Le texte lui en donnait les moyens en reprenant des dispositions proposées continûment par André Manuel : « Rex déjà le délégué du général De Gaulle en ZNO devient dorénavant le seul représentant permanent du général De Gaulle et du Comité national pour l'ensemble du territoire métropolitain. »

*

Nous n'avons pas jusque-là évoqué la position et le point de vue de ceux qui constituaient le troisième – ou plutôt le premier – partenaire de ce futur conseil : les Mouvements. Comme Jean Moulin pouvait s'y attendre –· et cela sera développé dans le chapitre suivant – il allait devoir batailler contre certains de leurs responsables sur le point sensible de la représentation des partis. Mais il n'avait pas prévu de devoir affronter pour cette nouvelle mission les deux personnalités qu'étaient Brossolette et Passy, qui, de surcroît, étaient censées l'aider.

Les difficultés qu'il devait rencontrer pour sa mission dans ses relations avec les Mouvements lui étaient apparues dès son séjour à Londres, car s'il avait pu rallier un homme de parti, Grenier, qui comprenait « la nécessité de constituer le conseil de la Résistance », il n'avait pas emporté la totale adhésion de ce résistant remarquable et peu porté aux intrigues qu'était Cavaillès, à la fois philosophe de renom et homme d'action, désormais l'un des dirigeants de Libération-Nord, et il s'était heurté à l'hostilité déclarée de Jacques Simon, un homme influent à l'OCM. Rien d'étonnant à cela : nous l'avons dit, l'opposition aux hommes politiques de la IIIe et au régime d'Assemblée était un des sentiments les mieux partagés par tous – ou presque – en 1940. Mais dans un premier temps, et à cet égard on peut faire un parallèle avec la France Libre, ou, du moins, avec son chef, les journaux des Mouvements avaient été pratiquement muets sur le sujet, puisque les partis ne faisaient plus parler d'eux. Il en fut tout autrement, dès que le parti communiste clandestin et le CAS socialiste émirent la prétention de représenter à leur tour les résistants. Or le temps pressait, puisque la Libération, rappelons-le, se profilait en principe avant la fin de l'automne 1943.

On vit alors réapparaître, sous la plume de Maxime Blocq-Mascart ou de Philippe Viannay notamment, des formulations reprises de l'antiparlementarisme classique de droite : face à l'image négative du politicien à l'esprit étroit, calculateur, d'abord soucieux de ses intérêts, le résistant se présente avec son patriotisme unitaire, sa valeur morale, le caractère désintéressé de son combat. Au besoin, on jouait sur le thème encore plus efficace du risque majeur de division que véhiculeraient presque par nature les partis. Le journal *Combat* l'exprimait dès décembre 1942, en soulignant ce qui lui paraissait être une évidence : « Qu'ils soient de droite ou de gauche tous les responsables ont trahi hier leurs militants, aujourd'hui la France. Les responsables ce sont aussi bien des chefs de la CGT, de la CGTU, des grandes associations de gauche comme de droite ; ce sont aussi des parlementaires. La France résistante connaît ceux qui ont fait exception et qui aujourd'hui sont dans ses rangs... » Il ajoutait : « A l'heure actuelle une seule [chose] compte en France : l'unité de la résistance. Cette unité a été réalisée par l'afflux au sein de Mouvements d'hommes appartenant à tous les partis et à toutes les classes sociales. Les partis ne peuvent se différencier que par des programmes politiques différents recueillant l'adhésion des uns et l'opposition des autres. La reconstitution des partis équivaut actuellement à diviser la Résistance, donc à l'affaiblir. A ce titre, la Résistance s'y oppose. » En fait, était surtout visé le parti socialiste, car même si on se défiait du parti communiste, et malgré la succession de ses virages, on le ménageait. On voyait dans les FTP des militants engagés dans l'action, alors que les socialistes – des socialistes résistants plus que des résistants socialistes – donnaient plus l'impression de placer politiquement le parti en vue de l'après-Libération. Dans *L'Aventure incertaine*, Claude Bourdet, qui reconnaîtra l'erreur politique d'avoir à l'époque ostracisé les socialistes, continuait, trente ans plus tard, d'en caricaturer les responsables : « Ceux-ci avaient l'air de bons bourgeois du Midi, manteau foncé, chapeau mou de même ; si je ne craignais pas de faire appel plutôt à l'imagination qu'au souvenir, je dirais qu'ils étaient vraisemblablement un peu ventrus. »

Le refus des partis n'était pourtant pas unanime si l'on en croit du moins le rapport nuancé que rédigea Emmanuel d'Astier, à Londres, à la fin avril 1943 : « Au sein des groupes, une grande part des militants était hostile à la reconstitution des partis politiques, l'autre part la croyait inévitable et jugeait bon de la canaliser sur le gaullisme. En définitive, cette reconstitution étant devenue un fait accompli, la position moyenne des militants de la résistance est actuellement celle-ci : il est concevable que les partis se reconstituent dans le but de réaffirmer ou de refondre leur idéologie et de renforcer leurs militants. Il est inconcevable que les partis à peine tirés d'un discrédit total, et qui n'ont participé d'aucune manière à la Résistance, s'efforcent de créer artificiellement une résistance cristallisée autour de leur ancienne structure et avec leurs vieux cadres. » Façon de dire que les formations politiques pouvaient être partie prenante de la Résistance. C'était évidemment le point de vue des socialistes, qui retournaient la critique, suggérant qu'on pouvait s'inquiéter de ce que deviendraient les Mouvements dans l'après-Libération. Blum mettait ainsi De Gaulle en garde le 15 mars : « Rendez-vous compte, bien clairement, je vous en conjure, que les organisations de résistance qui sont sorties du sol français à votre voix ne pourront à aucun degré se substituer à eux [les partis politiques]. Lorsque la France aura recouvré sa souveraineté et retrouvé une stabilité, le rôle utile de ces organisations sera épuisé. » Il disait même redouter que les Mouvements ne deviennent des « syndicats d'intérêts égoïstes et surannés comme les associations d'Anciens combattants de l'autre guerre », voire des « milices para-militaires redoutables à toute république ». Or, il était difficile à la France Libre d'occulter le fait que les socialistes, derrière Daniel Mayer, apportaient sans rechigner leur concours à De Gaulle. Le 23 mars, Rex câblait à André Philip : « Léon Blum désigne envoyé personnel Londres [ce sera Daniel Mayer qui arriva le 13 avril] pour primo apporter sans contestation possible adhésion parti socialiste à De Gaulle – secundo placer devant leurs responsabilités socialistes non gaullistes [le groupe Jean Jaurès oppositionnel]. » Les communistes de leur côté, même s'ils affectaient de ne pas se soucier de politique, admettaient les partis et ne les décriaient que pour tomber à bras raccourcis sur les socialistes. C'est en songeant probablement à eux que le communiste André Mercier déclarait à Brossolette : « Ça sent toujours mauvais quand on exhume les cadavres. » On trouvait également des démocrates-chrétiens résistants qui jetaient les bases du futur MRP.

Et, ne l'oublions pas, bien des responsables tant à Franc-Tireur qu'à Libération-Sud, avaient des perspectives politiques affirmées, même si ces deux Mouvements se sont bien gardés de placer à des postes de décision des hommes politiques de naguère. Le front antipartis était plus friable qu'il n'en avait l'air. Sans ménager sa peine, Moulin entreprit donc de jouer sur des divergences que les opposants aux formations partisanes avaient trop tendance à sous-estimer.

Cela étant, comme l'écrivit d'Astier dans le mémorandum d'avril déjà cité, les dirigeants des MUR voyaient dans la création, imaginée par Rex, d'une commission permanente interne au Conseil de la Résistance un cheval de Troie ayant pour objectif ultime l'effacement des Mouvements : « Les Mouvements qui ont mis sur pied la résistance et qui ont en charge l'exécutif ne sauraient admettre, que pour apaiser la soif de considération et de pouvoirs futurs des anciens cadres des partis, on crée un Super-exécutif, où les militants de la Résistance seraient en minorité et grâce auxquels les formations partisanes reprendraient les leviers de commande. »

*

Rentrant de Londres, Moulin rencontrait sur le terrain Pierre Brossolette (devenu pour l'occasion Brumaire) et Passy (baptisé Arquebuse), envoyés entre-temps en France. Or, à la différence de la « mission Pallas », dont on a vu qu'elle avait conforté les projets de Moulin, celle de ces deux envoyés londoniens, malgré d'importants résultats, ne devait pas lui faciliter la tâche. D'où la confrontation. En un sens, la querelle se poursuit encore puisque le dernier ouvrage de Daniel Cordier, *Jean Moulin, La République des catacombes*, critique à l'égard de Pierre Brossolette, ne consacre que quelques lignes aux effets favorables de la mission Brumaire/Arquebuse, tandis que Guillaume Piketty, biographe de Brossolette, minimise les dérapages de « Brumaire ». Quant à la relation minutieuse qu'en a donnée Passy, elle était également biaisée par l'attachement de l'auteur à la mémoire de Brossolette. Il faut donc retourner aux sources, en particulier aux quatre rapports de Brumaire (AN 3 AG2 42 BRU.1 du 8 février, BRU.2 du 17 février, BRU.3 du 15 mars, BRU.4 du 12 mars) et aux deux rédigés en collaboration avec Passy (ARQ.1-BRU.4 du 15 mars, ARQ.2-BRU.5 du 20 avril). Essayer de comprendre les logiques de ces affrontements, sans leur donner une importance excessive, met en évidence tant les réactions des Mouvements que celles de Moulin.

Le 12 décembre 1942, le BCRA prévenait Rex : « Le général de Gaulle a décidé d'envoyer en zone occupée, précisément à la lune de janvier, un délégué muni de très larges pouvoirs pour mettre en place l'état-major de zone occupée et organiser, au point de vue administratif le travail de prospection que vous avez déjà accompli en zone non occupée. » Prospecter, organiser la zone occupée, ce souci était amplifié depuis que les occupants avaient envahi la zone sud, et en particulier désarmé ce qui restait de l'armée d'armistice. Il n'était plus prioritaire dans l'ancienne zone libre de s'organiser pour lutter contre Vichy, le jour où il faudrait appuyer l'action des alliés : il fallait désormais penser la lutte sur l'ensemble du territoire national. Or les groupements de Résistance de la zone nord étaient moins bien connus des services londoniens que ceux de zone sud ; ajoutons que les suites de la dernière mission de Rémy, d'octobre 1942 à janvier 1943, notamment les initiatives qu'il avait prises du côté du PCF, nécessitaient une remise en ordre par un politique avisé. Ces tâches auraient pu, somme toute, être confiées à Jean Moulin, qui nous l'avons vu, avait alerté Londres dès janvier contre le risque d'empiètement possible. Mais outre les hasards du calendrier, confier cette mission à Brossolette et à Passy était une belle façon pour les responsables du BCRA de prendre les choses en main. Il leur fallut cependant passer outre aux fortes objections formulées par MI6 et le SOE britanniques qui jugeaient qu'en cas d'arrestation les deux envoyés en sauraient beaucoup trop.

La mission se déroula en deux temps : Brossolette, parti le premier, devait demeurer huit semaines en France occupée. Déposé par Lysander dans la nuit du 26 au 27 janvier, il rencontra à Lyon Moulin, en instance de départ pour Londres, reçut de lui des adresses utiles pour sa mission, avant de gagner Paris le 12 février. Passy, parachuté dans la nuit du 26 au 27 février, en compagnie de Forest Yeo-Thomas, un officier envoyé par le SOE britannique, venait à sa rescousse. Leur mission terminée, ils rejoignaient Londres dans la nuit du 15 au 16 avril.

Les instructions données à Brumaire – mais, comme on l'a dit, il faut garder en tête qu'elles allaient être amendées par les « nouvelles instructions » – portaient sur trois points. Il devait obtenir des groupements de zone nord que, pour les raisons classiques de sécurité et d'efficacité, ils séparent le renseignement de l'action civile et militaire ; il lui fallait en même temps procéder à un inventaire du potentiel résistant ; enfin il était chargé de rechercher les cadres de l'administration à mettre en place après la Libération. Brossolette multiplia les contacts avec les responsables des Mouvements, à la fois avec ceux qui étaient déjà en liaison avec Londres (l'OCM, Libération-Nord, le Front national), et ceux que Pierre Meunier, l'adjoint de Manhès, lui indiqua (Ceux de la Libération, Ceux de la Résistance, le Cercle, la Ligue). Quant à Passy, il devait rationaliser le fonctionnement des réseaux de renseignement, et coordonner l'action en zone occupée. Il avait reçu, partagée avec Brossolette, la mission plus politique de poser les bases de la mise en place d'un Conseil de la Résistance. Une fois réunis, tout en assistant ensemble à tous les entretiens, ils se partagèrent les tâches : à Passy les questions d'action militaire et de renseignement, à Brossolette tout ce qui se rapportait à l'action politique.

Moulin revint de Londres le 20 mars. Après avoir bataillé, comme nous le verrons ultérieurement, contre les responsables des Mouvements de zone non occupée, il rencontrait, à Paris, Brossolette et Passy, le 31 mars. Ayant déjà fait le récit de la séance, nous nous limiterons ici aux raisons de la querelle liées à la nouvelle mission confiée à Moulin. Nous ne reviendrons pas sur le problème des rapports personnels entre les deux hommes, ayant déjà dit notamment que Brossolette n'avait pas cherché à supplanter Moulin. Il est très vraisemblable qu'il entendait devenir l'équivalent de Jean Moulin pour une zone nord, dont Moulin, jusque-là n'avait pas été chargé, ce qui aurait pu être le cas si Londres n'avait pas modifié sa position. C'est le problème que posaient ces « nouvelles instructions » dont on voit encore écrit ici et là que Brossolette n'avait pas à les respecter puisqu'il les ignorait. En fait, ces « nouvelles instructions » signées par De Gaulle le 21 février lui avaient été transmises par Passy. Il lui fallait en tout cas se garder de prendre toute initiative personnelle en attendant le retour prochain de Rex/Moulin, comme le soulignait André Philip, dans le télégramme déjà cité : « Je vous confirme les directives que j'ai données à Rex dont vous avez déjà eu connaissance par Arquebuse/Passy », rappels à l'ordre dont tous deux, nous l'avons dit, avaient fait fi.

Moulin jugea que Brumaire et Arquebuse avaient outrepassé la teneur de leur mission, ce qui explique la violence de ses réactions. D'une part on ne tenait aucun compte de la primauté que Londres lui avait explicitement reconnue à plusieurs reprises. Car Moulin était bien désormais le représentant du Comité national, auquel tout Français Libre, qu'il fût ou non en mission en France, était subordonné. Le 12 mars, Londres spécifiait bien que « Rex... a pleins pouvoirs pour toute décision concernant la zone occupée aussi bien que non occupée, en liaison avec Londres » et de préciser : « Dorénavant, si les communications étaient coupées avec le général de Gaulle et le comité national français de façon permanente, c'est-à-dire pendant un mois ou presque, Rex, après avoir, s'il le peut, pris les avis d'Arquebuse et de Brumaire et du Conseil de la résistance (s'il est constitué) est habilité à prendre les décisions qu'il croira nécessaires. »

D'autre part ce manque de discipline menaçait l'exécution de sa mission. S'il faisait du respect de la fonction qu'il exerçait désormais une question de principe, c'est qu'il considérait que sa tâche était l'exécution méthodique et sans faiblesse des missions fixées. Or Brossolette, sans l'avoir attendu, avait pris des décisions qui n'étaient pas conformes aux dernières instructions de Londres et qui gênaient la mise en œuvre du Conseil de la Résistance dont il était dorénavant expressément chargé. Pour simplifier, le litige portait avant tout sur deux points : la réorganisation de l'ensemble des deux zones, et, au-delà, les nouvelles hiérarchies en train d'être établies impliquant la place des partis politiques dans le futur Conseil de la Résistance.

Sur le premier point, Brossolette, estimant connaître ce

terrain mieux que quiconque pour y avoir milité et y avoir accompli avec succès une première mission, exploitait la défiance qu'éprouvaient les responsables des Mouvements de zone nord à l'encontre de ceux de zone sud. Mais il allait plus loin en arguant que les deux zones présentaient des spécificifités et des « tempéraments » différents qui rendaient l'unification prématurée, trop lourde à gérer et poseraient des problèmes de sécurité insurmontables. Dès le 7 mars il avait prévenu Londres : « vous adresse 9 câbles [...] pour suggérer modifications à instructions Max car situation ici très différente de Zone non occupée » ; et il ajoutait, le 21 mars : « on y est plus discipliné, plus désireux de recevoir des ordres, moins préoccupé de discussions théoriques ; avec l'OCM [l'Organisation Civile et Militaire, un mouvement dont les seconds de Moulin se défiaient, le jugeant trop conservateur] on éprouve une certaine fierté à ne pas être absorbé par l'autre zone... ».

Avec le recul, il serait peu équitable de ne pas souligner les résultats appréciables obtenus dans cette zone aussi bien par Brossolette que par Passy : ils installaient de nouveaux réseaux de renseignement (Centurie, Turma, Manipule), qui avaient été disjoints des Mouvements. Mieux, ils créaient de véritables « centrales » de transmissions (Coligny et Prométhée, mobilisant plusieurs réseaux). Ils établissaient l'inventaire des forces paramilitaires de divers mouvements, mettaient sur pied un état-major de l'Armée secrète pour la zone occupée, qui fut présenté à Delestraint et à Moulin le 12 avril, auprès duquel se rangeaient en principe les FTP. Pour couronner le tout, Brossolette parvint à mettre en contact entre eux les principaux Mouvements de zone nord, qui jusque-là s'ignoraient, progrès appréciable dans le rapprochement nécessaire des forces résistantes en zone occupée. En effet, quoi qu'ait pu alors écrire Moulin, le travail militant accompli par ses émissaires en zone nord, notamment Manhès et Meunier, avait été lacunaire sinon médiocre.

Sans tenir compte des consignes de Londres, Brossolette créa donc son propre Comité de coordination de zone nord. Une première réunion qui se voulait « officieuse » se tint le 26 mars (alors que Moulin était rentré de Londres le 20) ; une seconde, le 30 « pour que les groupements ne s'impatientent pas », et pour « gagner du temps » (toujours sans informer Moulin). Celui-ci ignorait également la liste des Mouvements désignés *motu proprio* par Brossolette (en l'occurrence l'Organisation Civile et Militaire, Ceux de La Libération, Ceux de La Résistance, Libération-Nord et le Front national).

Sur le second point, la composition du Conseil de la Résistance, Brossolette utilisa habilement les réactions de la majorité des responsables de Mouvements non communistes, hostiles non seulement à la mise en place d'une commission permanente, mais encore et surtout à l'intrusion dans des instances représentatives de la Résistance de partis politiques et autres « sépulcres blanchis ». Il prêtait une oreille d'autant plus attentive aux doléances des chefs des Mouvements des deux zones confondues que lui-même nourrissait de fortes préventions contre les partis. Dans un article, qui avait connu une certaine célébrité, publié le 27 septembre 1942 dans le quotidien de tonalité très gaullienne, *La Marseillaise*, pour répondre aux attaques lancées à l'arrivée de Charles Vallin par les socialistes londoniens opposés à la France Libre, il n'avait pas eu de mots trop durs pour fustiger « les vieux renards de la politique, aujourd'hui terrés dans leurs trous, embusqués derrière le paquet d'actions de leur petit journal local qu'ils ont mis à la disposition des Allemands et de Vichy, sous prétexte de ménager l'avenir, tous ces vieux comitards essayeront de nous ramener à la France comitarde d'hier, dont la résurrection seule permettrait leur retour au pouvoir ». Et d'ajouter : « Il ne s'agit donc pas de savoir si la reconstitution des anciens partis politiques, dont les Français sont actuellement tout à fait détournés, est désirable en elle-même. Il s'agit de bien comprendre qu'elle serait désastreuse par ses conséquences et qu'elle conduirait inévitablement le pays par la dictature du dégoût à la dictature tout court. »

La reconnaissance par la France Libre du PCF l'avait sans doute incité à nuancer sa position, notamment à l'endroit du parti socialiste clandestin. Mais il continuait de penser que le salut ne passerait pas par la mise en place d'un gouvernement d'union nationale qui irait de Marin (la droite parlementaire) à Cachin (le parti communiste). A ses yeux c'était le « gaullisme » qui, pendant une période de transition plus ou moins longue, aurait à s'imposer à tous, y compris aux partis politiques, le Parlement se bornant à conseiller.

Le projet de Moulin ravivait donc sa défiance, à l'endroit du moins des appareils de la plupart des anciens partis : il se plaignit dans un rapport personnel adressé à André Philip de « la résignation [de Londres] à admettre les partis politiques », manifeste selon lui dans les nouvelles instructions londoniennes qui mèneraient à un « ravaudage de la vieille tapisserie politique », voire au « retour à un électoralisme du plus bas étage ». Il portait sur les hommes et les militants politiques, y compris ceux de son ancien parti, des jugements acerbes. Rencontrant le 8 mars Henri Ribière, ancien chef de cabinet du ministre de l'Intérieur Marx Dormoy et l'un des fondateurs du CAS de zone nord, il le présenta à Passy comme un homme à « l'envergure d'un commissaire de police à Pantin ». Il chercha continûment à contourner l'obstacle : les hommes politiques de l'ancien régime ne seraient que des « garants » et surtout il faudrait les faire figurer, par le biais des représentants des Mouvements, sous le truchement des « natures politiques » que seraient le communisme, le socialisme, la gauche laïque, le catholicisme, le nationalisme, des « familles spirituelles ». Exit les partis.

On voit bien comment ces positions idéologiques ont pu conduire Brossolette à déraper au point de ne plus respecter l'autorité londonienne, sans, il est vrai, la contrer explicitement. Or ces solutions plus ou moins ingénieuses manquaient l'un des buts constamment rappelés par Londres : convaincre les Anglo-Saxons par la présence ès qualités de représentants de partis politiques connus avant guerre, que De Gaulle avait bien derrière lui la totalité de la France résistante. Le 5 avril, André Philip confirmait sans ambages à Brossolette et Passy la « nécessité extérieure et intérieure de représentation immédiate des partis politiques dans le Conseil de la Résistance ».

Moulin pouvait s'estimer mécontent des initiatives de Brossolette. Passons vite sur les griefs de détail : importance démesurée donnée à l'OCM au détriment d'autres Mouvements, dont certains avaient même été laissés de côté, mise à l'écart de ses propres adjoints, ce qui lui était d'autant plus insupportable que Manhès – qu'il appréciait beaucoup – venait d'être arrêté le 3 mars. Il était exaspéré que le tandem Passy-Brossolette ait mis à mal le mécano à deux étages qu'il s'efforçait de monter. Enfin, en rendant pour partie inapplicable le schéma composé à Londres, Brossolette aggravait les difficultés qu'il rencontrait avec les chefs des Mouvements de zone non occupée, avec Frenay notamment. Il a certainement jugé que, quelles que fussent ses qualités, Brossolette, n'ayant pas l'habitude de négocier, avait lâché trop de lest, en faveur notamment du Front national. Il était évident que le Front national demanderait à figurer dans la liste des Mouvements du Comité de coordination créé par Brossolette pour la zone nord. Mais c'était accepter que le PCF, et lui seul, bénéficie d'une double représentation. Or, Moulin en avait refusé très tôt le principe comme Brossolette l'avait relaté dans son rapport du 17 février : « Rex [...] ne veut absolument pas se prêter à la manœuvre de noyautage que constitue le Front national. » Malgré cette mise en garde, Brossolette acceptait sans en débattre de l'admettre dans son Comité, avec quelque naïveté politique : « Nous tenons à noter que cet acquiescement [par les dirigeants du Front national] nous a été donné [le 18 mars] de très bonne grâce. »

Comme il lui était difficile de désavouer devant les

chefs des Mouvements un envoyé de Londres, Moulin avait été contraint de présider, le 4 avril, une réunion de ce Comité de coordination de zone nord qui n'aurait pas dû exister du fait des « nouvelles instructions ». Il avait dû également accepter les modifications introduites par Brossolette et reprendre notamment à son compte la liste des Mouvements qui pourraient figurer dans le Conseil de la Résistance. Mais tout de suite après le départ de Brossolette et de Passy, comme il l'avait déjà commencé à Londres, il se fit l'avocat inlassable du respect des formes préconisées par De Gaulle, avec l'approbation d'André Philip, d'André Manuel et de Jacques Bingen, pour l'instauration du Conseil de la Résistance. Il écrivait dans le rapport qu'il adressa personnellement au chef de la France Libre, le 7 mai : « J'ai donc entamé des pourparlers avec chacun des Mouvements, bien décidé à faire triompher le point de vue que vous aviez arrêté. »

Il tint bon, en particulier, sur la participation des partis politiques, négligeant même la recommandation de Philip de ne pas trop élargir l'éventail partisan. C'est ce qu'il relata, après coup, dans son courrier du 4 juin : « J'ai eu en premier lieu à vaincre l'hostilité profonde de certains mouvements de zone nord qui répugnaient à une collaboration quelconque avec les anciens partis. Les mouvements en général, vous le savez, tant en zone sud qu'en zone nord se sont montrés réfractaires depuis le début à des contacts de ce genre et cette attitude a surtout été sensible à l'"OCM" ; "Ceux de la Résistance" ; "Ceux de la Libération", et dans une certaine mesure à "Combat". Après une série de discussions, où je me suis attaché à démontrer l'intérêt que présentait, à l'intérieur et plus encore à l'extérieur, l'intégration dans la résistance organisée des éléments sains des anciennes formations politiques et syndicales, j'ai obtenu finalement l'adhésion des huit mouvements coordonnés sous la réserve que ces derniers resteraient l'organe d'exécution du Conseil. » En effet, si la majorité des Mouvements figurant dans le Conseil de la Résistance avaient accepté que les partis puissent jouer un rôle de représentation pour convaincre les Anglo-Saxons que la Résistance était bien derrière De Gaulle dans son duel avec Giraud, ils entendaient conserver le contrôle de l'action et notamment de l'action militaire. Or, comme on le sait, Moulin en était tout à fait partisan depuis l'été 1942 – et à cet égard il n'avait pas changé. A défaut de pouvoir mettre en place une commission permanente du Conseil de la Résistance, qui paraissait aux Mouvements une instance qui pouvait les déposséder de leur liberté dans l'action, il avait programmé un comité de coordination unique (le futur « Comité central »), réunissant les seuls Mouvements, qu'il avait prévu de réunir le 24 juin.

Pour siéger dans ce conseil, les Mouvements piochèrent dans les premiers cercles de leurs militants. Seuls refusèrent d'y siéger, parmi les responsables les plus connus, Frenay pour Combat, Maxime Blocq-Mascart pour l'OCM, marquant symboliquement leur opposition déterminée au Conseil de la Résistance. Les deux centrales syndicales envoyèrent Louis Saillant (qui avait alors la confiance de Jouhaux) pour la CGT et Gaston Tessier devenu, depuis la mort de Zirnheld, le patron d'une CFTC dont la majorité se détournait de Vichy. Le choix des représentants de certaines des anciennes formations politiques se fit facilement. Le parti communiste comme la SFIO pouvaient facilement désigner les leurs ; on notera pourtant que Moulin a éprouvé « au début des difficultés avec le parti communiste au sujet de l'acceptation du gouvernement provisoire (au jour J) que comportait l'adhésion au Comité ; je dois dire que ces difficultés ont été rapidement aplanies et que le comité central a souscrit à tous les points du programme qui lui a été soumis »). Avec Georges Bidault, Moulin avait sous la main un candidat idéal, puisqu'en même temps gaullien, pour représenter les démocrates-chrétiens.

Le problème se compliquait pour trouver les représentants des trois autres formations partisanes qui avaient été finalement retenues. La réputation des radicaux était, on l'a dit, exécrable et ceux qui s'étaient engagés dans la Résistance ne l'avaient fait qu'à titre individuel. Moulin n'eut que la ressource de demander au « groupe d'action radicale récemment constitué de désigner un représentant ». Le choix de Marc Rucart lui convint parfaitement : ce député des Vosges, garde des Sceaux dans la législature du Front populaire, avait voté « non » le 10 juillet 1940. Brièvement arrêté par les Allemands, il avait milité dans la résistance toulousaine. Franc-maçon de rang élevé, il représentait la fraction des frères maçons, avec lesquels Moulin et plus encore Manhès avaient eu des contacts, avant tout ceux de l'obédience du Grand Orient, dorénavant pleinement engagés, notamment dans le groupement *Patriam recuperare*. Choisir les représentants des deux formations de la droite parlementaire, l'Alliance démocratique et la Fédération républicaine, bien connues de la classe politique américaine et plus encore britannique, fut encore plus acrobatique, vu leur léthargie et le petit nombre des anciens élus qui avaient refusé les pleins pouvoirs à Philippe Pétain. Moulin dut se rabattre sur Joseph Laniel, député du Calvados, censé représenter l'Alliance démocratique, alors qu'il en avait démissionné après Munich. Certes, il avait voté les pleins pouvoirs, le 10 juillet, mais il était entré quasi immédiatement dans l'opposition au régime de Vichy, et reflétait ainsi les positions d'un Paul Reynaud, poursuivi par la vindicte de Vichy. Enfin, Louis Marin, figure tutélaire de la Fédération républicaine, dûment contacté par Jean Moulin, hésitait à s'engager. Il approuvait certaines mesures de la Révolution nationale, se défiait également de l'évolution de la Résistance qu'il estimait trop orientée à gauche, tout en rejetant toute idée de collaboration avec l'Allemand. Finalement, il demeurait à Vichy et ne devait rejoindre Londres qu'en avril 1944. Il avait finalement recommandé Jacques Debû-Bridel, en qui il avait confiance. Ce journaliste et rédacteur au ministère de la Marine, qui avait milité à l'OCM avant de rejoindre le Front national, avait la particularité de n'avoir jamais appartenu à la formation qu'il était censé représenter. Le rapport du 4 juin, dont certaines notations codées restent pour nous énigmatiques, permet de comprendre combien Moulin eut du mal à trouver un homme idoine : « M3 [Marin] est certes toujours bien disposé et il m'avait promis depuis plus d'un mois de venir lui-même ou de se faire représenter ; il m'avait indiqué M4 comme devant se substituer à lui le cas échéant, M4 que je n'ai pu toucher qu'in extremis car il se trouvait en Belgique n'avait reçu aucun mandat de M3 qu'il affirme n'avoir point revu depuis le 9 juin 1940 ; il est d'ailleurs assez giraudiste ; Jacquinot étant à L [Londres] et 5 ex-député du 6 que j'ai pressenti m'ayant fait la même réponse que lui, j'ai obtenu la veille de la réunion que 7 [Debû-Bridel] puisse représenter personnellement M3. » C'est d'ailleurs cette quête d'un homme censé représenter la fédération républicaine qui allait retarder de deux jours la séance inaugurale du Conseil de la Résistance, prévue le 25 mai. Ce report faisait un peu désordre, même en tenant compte des conditions particulières de la réunion.

Ces ultimes péripéties illustraient surtout les difficultés de la Résistance, acculée à trouver des solutions de fortune, lorsqu'elle voulait affirmer sa représentativité. Elles traduisaient également la volonté de Moulin d'appliquer, si possible à la lettre, les instructions londoniennes faites pour permettre à Charles De Gaulle de l'emporter politiquement.

*

Les services de la France libre reproduisaient et diffusaient, en juin, le texte de la motion « votée au cours de la séance tenue quelque part en France le 25 mai 1943 ». En fait – et on a dit pourquoi – c'est le 27 mai que se tint « la première réunion du CNR », à Paris, dans le 6e arrondissement, au 48 rue du Four, au premier étage, derrière les volets clos d'un appartement prêté par René Corbin, ancien du cabinet de Pierre Cot, et pour l'heure trésorier-payeur général. Pierre Meunier, un des bras droits de Moulin en zone occupée, aidé par Robert Chambeiron, fut chargé d'amener par petits groupes les dix-sept participants, dont certains – soulignons-le – ne s'étaient jusqu'alors jamais rencontrés.

Par un câble rédigé le 29 mai et arrivé le 2 juin, Moulin annonçait la bonne nouvelle : « Conseil résistance s'est réuni le 25 mai [en fait, le 27] sous ma présidence – Combat – Franc-Tireur – Libération zone sud – Front national – CDLL – CDLR – OCM – Libération zone nord – Alliance démocratique – Fédération républicaine – démocrates populaires – radicaux socialistes – socialistes SFIO – communistes – CGT – syndicats chrétiens – représentés – ne pas commettre erreur dans énumération qui doit être conforme indications ci-dessus – vous rappelle secrètement noms de certains membres. »

Les représentants de huit Mouvements de Résistance (les trois de ZNO et cinq de ZO) côtoyaient donc ceux de six « formations partisanes » et de deux centrales syndicales : Claude Bourdet pour Combat, Eugène Claudius-Petit pour Franc-Tireur, Pascal Copeau pour Libération-Sud, Pierre Villon pour le Front national, Jacques-Henri Simon pour l'Organisation Civile et Militaire, Roger Coquoin pour Ceux de la Libération, Jacques Lecompte-Boinet pour Ceux de la Résistance, Charles Laurent pour Libération-Nord, Joseph Laniel pour l'Alliance démocratique, Jacques Debû-Bridel pour la Fédération républicaine, Georges Bidault pour le parti démocrate populaire, Marc Rucart pour le parti radical-socialiste, André Le Troquer pour le parti socialiste, André Mercier pour le parti communiste français, Louis Saillant pour la CGT, Gaston Tessier pour la CFTC.

Cette séance inaugurale de ce qui dans presque tous les documents contemporains s'appelait « le Conseil de la Résistance » se déroula selon un plan rigoureusement fixé – Moulin à cet égard ne laissait rien au hasard – en fonction des objectifs prévus. Il s'agissait d'apporter un soutien explicite à De Gaulle dans le bras de fer contre

Giraud. Aux propos liminaires de Moulin énumérant les raisons de la création de cet organisme et délimitant clairement son objet, succédait la lecture d'un message du chef de la France Combattante, que Moulin avait dû réclamer à Londres, avant le vote, bien entendu à l'unanimité, de la motion mitonnée par Georges Bidault sur les conseils de Moulin. Le tout, rondement mené, ne prit pas plus de deux heures, ce qui était déjà long au regard des impératifs de sécurité.

Celui qui, à ses autres titres, ajoutait celui de président du Conseil de la Résistance, rendit compte de cette séance historique dans un important rapport, dont nous avons déjà parlé, adressé le 4 juin à André Philip. Il commençait par signaler qu'il s'agissait d'une sorte d'exploit : « Je passe sur les difficultés matérielles de l'organisation d'une réunion de 17 membres tous recherchés ou au moins surveillés par la police et la Gestapo. » Et d'ajouter : « J'ai la satisfaction de pouvoir vous dire que, non seulement tous les membres étaient présents à la réunion [Moulin en avait fait une obligation à laquelle il tenait tout particulièrement], mais celle-ci s'est déroulée dans une atmosphère d'union patriotique et de dignité que je me dois de souligner. » L'essentiel du compte rendu mérite d'être cité un peu longuement :

« Après avoir remercié tous les membres d'avoir répondu à l'appel du Général de Gaulle et du Comité National Français, j'ai cru devoir rappeler brièvement les buts de la France Combattante, tels que les avait définis son chef :

1) Faire la guerre ;

2) Rendre la parole au peuple français ;

3) Rétablir les libertés républicaines dans un Etat d'où la justice sociale ne sera point exclue et qui aura le sens de la grandeur ;

4) Travailler avec les Alliés à l'établissement d'une collaboration internationale réelle, sur le plan économique et spirituel, dans un monde où la France aura retrouvé son prestige. »

Notons que la formulation du quatrième paragraphe n'avait pas repris le texte primitif des « nouvelles instructions » qui préconisait la lutte « contre toutes les dictatures et notamment celle de Vichy, quel que soit le visage dont elle se pare » : devant Brossolette, Villon, représentant du Front national, avait tiqué sur l'imprécision de la formulation de la fin de la phrase qui risquait d'être utilisée contre l'URSS.

L'intitulé de ces « buts » avait été, en fait, débattu depuis six mois, par Jacques Bingen avec les socialistes et par Brossolette avec les Mouvements de zone nord. On en était arrivé à un programme à usage à la fois externe et interne : les Anglo-Saxons pouvaient en effet prendre bonne note que le régime qui succéderait à Vichy ne serait pas, sous la férule de Charles de Gaulle, un régime autoritaire et qu'il travaillerait « avec les Alliés » à la mise en œuvre d'une organisation internationale enfin efficace. Les patriotes ne trouveraient rien à redire à pareils motifs, et les anciens du Front populaire apprécieraient la promesse que la justice sociale serait tout particulièrement honorée dans la République à venir. Il ne manquait même pas le coup de clairon gaullien : faire la guerre visait à rétablir la grandeur et le prestige de la France.

Dans la foulée, Moulin n'oublia pas de faire, sur les conditions qui rendraient acceptables les partis politiques, jugés nécessaires, un petit cours inspiré par Londres, notamment par André Philip. Celui-ci, dans une « note à Rex personnelle » envoyée en avril, tout en lui indiquant nettement qu'il maintenait (contre l'avis de Brossolette) l'instruction d'intégrer les partis politiques dans le Conseil de la Résistance, avait lui aussi envisagé les risques : « Je ne méconnais nullement le danger que représenterait la reconstitution en France d'un nombre excessif de partis... il ne saurait être question, à aucun moment, du retour au pouvoir des anciens cadres déconsidérés. » Mais il préconisait quelques moyens d'empêcher les dérives : « Je vous conseille donc de limiter autant que possible le nombre des représentants des partis, de ne choisir un véritable délégué des partis que lorsque ceux-ci sont effectivement réorganisés et résistants... » C'était d'ailleurs aussi la position de Moulin qui poursuit en ces termes : « J'ai indiqué incidemment que si, comme le Général de Gaulle l'avait dit et écrit, le jeu de la démocratie supposait l'existence de partis organisés et forts, la présence au sein du Conseil des représentants des anciens partis politiques ne devait pas être considérée comme sanctionnant officiellement la reconstitution des dits partis tels qu'ils fonctionnaient avant l'armistice. J'ai insisté pour que, bien au contraire, il soit fait l'effort intellectuel et l'effort de discipline nécessaires pour constituer de larges blocs idéologiques capables d'assurer la solidité et la stabilité de la vie publique française. » Notons qu'André Philip avait souligné à son intention que « le but à poursuivre au point de vue politique pour l'immédiat après-guerre serait l'établissement en France d'un système analogue au régime britannique de deux partis politiques... ».

Après quoi, Moulin avait donné lecture du message du chef de la France Combattante « qui est arrivé fort à propos et qui a été écouté non sans émotion par tous les assistants ». Charles De Gaulle soulignait évidemment que « dans cette guerre où la patrie joue son destin, la formation du Conseil de la Résistance [...] est un événement capital ». On ne s'étonnera pas qu'il ait posé comme principe fondamental que la Libération devait être acquise « dans un effort proprement français » en vue duquel l'unité dans l'action était primordiale : « notre intérêt immédiat, notre grandeur de demain, même notre indépendance sont à ce prix » ; et, la création du Conseil de la Résistance devait justement renforcer la cohésion dans l'action. Il reconnaissait bien en lui « un organe essentiel de la France qui combat », mais il se montrait beaucoup plus vague sur l'avenir proprement politique de cet organisme. Quelle place prendrait ce Conseil à la fin de la guerre, lorsque d'une « colossale révolution » devait émerger une France nouvelle ? La réponse était pour le moins prudente sinon embarrassée. Le Conseil, après avoir « recueilli toutes les données et suscité tous les travaux qui pourront éclairer la nation », pourrait « apporter au Comité national des éléments de ses décisions quant aux dispositions à prévoir à mesure de la libération », puis « apparaître comme une sorte de première représentation des désirs et des sentiments de tous ceux qui, à l'intérieur, auront participé à la lutte [...] Ainsi pourra-t-il fournir au Comité National lui-même l'appui, le concours et, dans une large mesure, l'instrument indispensable pour exercer ses devoirs à l'intérieur et l'aider à faire valoir sans délai vis-à-vis des puissances étrangères les droits et les intérêts de la France ».

Cette formulation alambiquée, rare sous la plume de Charles De Gaulle, n'accordait au Conseil que des fonctions modestes et en tout cas exclusivement consultatives. Cette nouvelle instance ne saurait se poser en rivale du Comité national français et encore moins se considérer comme la tête d'un Etat clandestin. André Philip l'avait déjà souligné le 5 avril : « Le Conseil de la Résistance n'est pas un embryon de gouvernement mais un embryon de la représentation nationale. » Disons que ce devait être une étape par rapport à l'instance consultative que le chef de la France Libre s'était engagé à réunir dans son ordonnance du 24 septembre 1941. En attendant, la feuille de route était claire : comme « il est essentiel que la Résistance sur le territoire national forme un tout cohérent, organisé, concentré [...] il est donc en premier lieu et immédiatement nécessaire que la nation fasse en sorte d'émerger de sa libération dans l'ordre et dans l'indépendance, ce qui implique qu'elle se soit organisée par avance de manière à être aussitôt gouvernée, administrée suivant ce qu'elle-même désire, en attendant qu'elle puisse s'exprimer normalement par le suffrage des citoyens. A ce point de vue le Conseil de la Résistance doit, d'ores et déjà, apporter au Comité National [français] des éléments de ses décisions quant aux dispositions à prévoir à mesure de la libération. D'autre part, au moment de la libération elle-même, le Conseil doit apparaître comme une sorte de première représentation des désirs et des sentiments de tous ceux qui, à l'intérieur, auront participé à la lutte. »

Enfin avait été présentée par Georges Bidault la motion « qui vous est parvenue et que nous avions arrêtée en commun ». Elle avait été gardée pour la fin. Il y était dit que pour l'heure était seul envisageable « un gouvernement provisoire ». Mais ce gouvernement saurait répudier « une fois pour toutes, officiellement et dans les faits, la dictature de Vichy, ses hommes, ses symboles, ses prolongements ». Et d'ailleurs la France « entend que ce gouvernement – c'est le devoir du Conseil de l'affirmer avec netteté – soit confié au Général de Gaulle qui fut l'âme de la Résistance aux jours les plus sombres et qui n'a cessé depuis le 18 juin 1940 de préparer en pleine lucidité et en pleine indépendance la renaissance de la Patrie détruite, comme des libertés républicaines déchirées ». L'essentiel était dit. Bien entendu était décerné au général Giraud un éloge qui n'était pas dénué de valeur, mais qui le remettait à sa place de militaire : la France « souhaite ardemment que le général Giraud, qui a préparé et assuré avec les Alliés la victoire en Afrique du Nord, prenne le commandement de l'Armée française ressuscitée ».

La motion fut, certes, votée à l'unanimité, mais après un bref débat que Moulin passa sous silence dans son compte rendu. André Mercier pour le PCF et, surtout, Villon au nom du Front national, n'excluant pas de pratiquer une sorte de jeu de bascule entre les deux généraux, tentèrent en effet d'infléchir le texte. Ils estimaient qu'on en faisait trop, en cédant inutilement au culte de la personnalité et surtout en méconnaissant les réalités du terrain : Giraud contrôlant Alger, penser le subordonner à De Gaulle restait chimérique et compromettait gravement le maintien de l'unité. Ils plaidaient pour des solutions intermédiaires – y compris la mise en place d'un pouvoir bicéphale – et soulignèrent qu'il aurait été préférable de consacrer plus de place à l'organisation du combat proprement dit. Ils furent d'autant moins suivis, que les autres participants n'avaient pas pu tous se concerter. Ajoutons que Moulin, mettant habilement en avant les règles de sécurité pour clore une séance déjà longue, renvoyait à plus tard la prise en compte d'un « Appel au peuple français » rédigé par les communistes et dont lui-même n'avait pas pris connaissance au préalable. Ce texte aurait changé le sens de la réunion : il y était notamment affirmé qu'« expression complète et unique de la Résistance », le Conseil était « l'organe provisoire de la souveraineté nationale », assertions que Moulin aurait évidemment récusées.

Avant même qu'il se tienne, le Conseil avait déjà été utilisé en faveur des desseins et des intérêts de Charles De Gaulle. Il faut dire que Moulin n'avait pas hésité à anticiper. Dès le 8 mai, il avait câblé : « Conseil de la Résistance constitué. Essaie d'organiser réunion prochaine... », en donnant une première liste des organismes représentés. Dans le même temps, ayant appris par la BBC qu'une rencontre devrait avoir lieu entre De Gaulle et Giraud, il avait pris sur lui d'envoyer immédiatement un texte (reproduit par Daniel Cordier), explicite en faveur de De Gaulle. Sans doute s'était-il entretenu avec les uns et les autres de la querelle des généraux, mais, le 8 mai, les futurs membres du Conseil de la Résistance n'avaient pas encore donné tous leur accord formel au refus d'une « subordination » de Charles de Gaulle à Giraud. Or, c'était ce qu'affirmait noir sur blanc le câble envoyé, mais sans préciser que le Conseil ne s'était pas encore réuni : « Veille départ de Gaulle Algérie tous mouvements et partis résistance zones nord et sud renouvellent général de Gaulle et Comité national attachement total aux principes qu'ils incarnent et dont ne sauraient abandonner parcelle sans heurter violemment opinion française. Tiennent à déclarer fermement "Primo que rencontre prévue doit se faire entre Français au grand jour et au siège gouvernement général Algérie. A suivre." "Secundo que les problèmes politiques ne sauraient être exclus des conversations."

"Tertio que subordination de Gaulle à Giraud comme chef militaire ne sera jamais admise par peuple de France qui demande installation rapide gouvernement provisoire Alger sous présidence de Gaulle avec Giraud comme chef militaire." "Quarto quelle que soit l'issue des négociations de Gaulle demeurera pour tous seul chef Résistance française. Fin." »

Dès que les télégrammes eurent été décodés, le 14 mai, Jacques Soustelle faisait publier par le « Service de presse de la France Combattante » un communiqué qui affirmait : « [...] le Conseil de la Résistance française vient d'adresser le message suivant au général de Gaulle : "[...] le peuple de France n'admettra jamais la subordination du général de Gaulle au général Giraud [...]". » L'usage de ce texte qui, reproduit dans la presse britannique, passa dans l'émission *Honneur et Patrie*, la plage réservée à la France Libre par la BBC, rappelle quelque peu l'historique dépêche d'Ems. Soustelle, qui liait volontiers information et propagande, a d'abord expliqué qu'il y avait eu méprise dans le décryptage des télégrammes, avant de donner, mais seulement en 1950, dans le second volume de *Envers et contre tout*, la véritable raison de ce bricolage : « Cette nouvelle nous arrivait au plus épais des difficultés et des intrigues [...]. Je m'empressai de publier les nouvelles concernant le CNR qui ne pouvait que renforcer notre position. » Ce petit coup de force de Soustelle, qui n'avait pu agir sans l'approbation de Charles De Gaulle, suscita des réserves dans les rangs mêmes de la France Libre : René Massigli, le nouveau commissaire aux Affaires étrangères, en fut particulièrement irrité, jugeant irresponsable de prendre le risque de faire capoter les négociations en cours. Le procédé provoqua l'indignation des milieux antigaullistes ou non gaullistes. Le groupe socialiste antigaullien Jean Jaurès, élargissant le débat, écrit alors dans la revue *France* un article cinglant : « Il est nécessaire de ne pas perpétuer une forme de pensée qui représente l'avenir sous les traits d'un homme quel qu'il soit [...]. L'idéologie du chef se concilierait-elle avec le principe de la responsabilité collective du futur comité exécutif ? [...]. Une vérité, en tout cas, est hors de conteste : les Français ne veulent à aucun prix, sous aucune forme, subir le pouvoir personnel au lendemain de la libération du pays. L'enthousiasme de la victoire n'engendrera pas une autre espèce de dictature. »

Quant aux Anglais, qui avaient laissé passer la fausse dépêche, ils devaient ensuite systématiquement censurer toute référence au Conseil de la Résistance, et même l'information qu'il s'était réellement réuni le 27 mai. Moulin fut très mécontent de cet enchaînement d'incidents. Il le fait savoir dans le rapport adressé à André Philip le 4 juin : « Aussi suis-je obligé de vous dire combien tout le monde a été déçu et, dans une certaine mesure, vexé de voir avec quelle désinvolture le CNF avait fait parler et agir le Conseil à son insu et avant même qu'il ne fût constitué et réuni. Le télégramme que j'ai adressé et qui a été exploité comme étant une motion du Conseil de Résistance était le résumé d'un certain nombre de textes votés par des partis et mouvements. Il n'y était à aucun moment question du Conseil de la Résistance. Cet incident, survenant au moment où je demandais aux membres du Conseil de la Résistance de tenir leur réunion constitutive n'a pas été sans me gêner sérieusement. Mais ce qui est plus grave c'est que l'affaire ayant été éventée prématurément, aucune publicité n'a finalement été donnée à la vraie réunion du Conseil de la Résistance, ce qui a vivement indisposé la plupart des membres. Certains m'ont déclaré expressément que si Londres usait à sa guise et sans le consulter du Conseil de la Résistance, il n'était pas nécessaire de "faire jouer ici la comédie à ses membres". »

Le 12 juin, tout en présentant les excuses des services londoniens, Philip rappelait que l'essentiel restait la constitution du Conseil : « Nous avons été très heureux des bonnes nouvelles reçues de vous à ce sujet ; la résolution concernant le voyage du général de Gaulle à Alger nous a valu bien des critiques de nos Alliés car elle fut peut-être maladroitement exploitée ; il n'en reste pas moins qu'elle fut fort utile et nous vous en félicitons vivement... »

Il est certain que les télégrammes du 8 mai avaient servi à dénouer au profit de Charles De Gaulle la crise algéroise puisque, dès le 17, Giraud, tout en campant sur ses positions, invitait De Gaulle à se rendre à Alger même. Sans doute, comme le souligne à juste titre Jean-Louis Crémieux-Brilhac, était-il déjà influencé par le duo Macmillan-Monnet, en connivence avec le général Catroux. Mais c'est justement dans une lettre adressée à Catroux, que le chef de la France Libre insistait sur l'importance du texte censé avoir été voté par le Conseil de la Résistance. Et si l'on en croit Robert Offroy, qui faisait alors la navette entre Catroux et De Gaulle, il était effectivement convaincu que cette nouvelle serait décisive. Et De Gaulle le reconnaît dans ses *Mémoires*, sans s'étendre sur l'ambiguïté des affirmations : « Le télégramme de Paris [...] produisit un effet décisif [...]. J'en fus à l'instant plus fort tandis que Washington et Londres mesuraient sans plaisir, mais sans lucidité, la portée de l'événement. » Dans les semaines qui suivirent, De Gaulle eut encore besoin que les Résistants eussent affirmé sa primauté. Car les Anglo-Saxons, eux, ne semblaient pas vraiment convaincus. En témoigne la nouvelle crise déclenchée à la mi-juin par Roosevelt, s'efforçant, pour la dernière fois, mais avec le soutien de Churchill, d'en finir politiquement avec De Gaulle. La réunion du Conseil de la Résistance lui paraissait de l'esbrouffe et, le 17 juin, il donnait à Eisenhower cette « information secrète » : « Nous allons peut-être rompre avec De Gaulle au cours des quelques jours à venir. » Mais il dut renoncer à cette idée, car le contenu des télégrammes étaient mis en avant par le clan favorable à la France Libre, et notamment par Anthony Eden, qui continuait de critiquer, voire de contrer Churchill dans ses tentatives de se débarrasser politiquement de De Gaulle. Le 23 mai, le Premier britannique se vit rétorquer par le chef du Foreign Office : « Nous avons preuves nombreuses de la solidité de la position personnelle de De Gaulle en métropole. »

Bref, les deux motions, l'une faussement, l'autre authentiquement votée par le Conseil de la Résistance, furent les deux derniers services, qui n'étaient pas minces, rendus par Moulin le gaullien.

10

La fronde

Le terme de « fronde » ne rend peut-être pas suffisamment compte de l'ensemble des débats et des luttes qui opposèrent, tandis qu'on estimait que le débarquement était proche, certains des responsables de la Résistance de zone sud à Jean Moulin, visant à travers lui l'autorité de Charles De Gaulle, lui-même en position difficile. Le contexte français, en particulier l'instauration du STO, comme les rivalités qui opposaient De Gaulle à Giraud, portaient à leur paroxysme des tensions qui se manifestèrent très violemment, surtout à propos de la direction de l'Armée secrète et de « l'affaire suisse ». Au point qu'à Londres certains songèrent à tenir compte des récriminations de chefs des Mouvements et à rappeler Moulin.

*

Jusqu'à l'automne 1942, les relations entre Jean Moulin et les trois chefs des Mouvements de zone sud étaient demeurées, on s'en souvient, plutôt bonnes, d'autant que chacun estimait y trouver avantage. Et même en mai-juin 1943, au plus fort des empoignades entre Moulin et Frenay, son adversaire le plus affiché, tous deux reconnaissaient que naguère les choses avaient été différentes. Dans une note rédigée à l'intention du chef de la France

Libre, le 10 mai 1943, Frenay se plaît à souligner que « dès le premier jour les rapports que Max entretint avec les mouvements furent excellents », lui reconnaissant même un rôle de médiateur : « De nombreux points de friction existaient entre nous [les résistants des Mouvements], avec beaucoup d'habileté et d'impartialité, il rapprocha les points de vue en s'interdisant de s'immiscer dans leur vie intérieure. Si j'ai donné mon adhésion à cette nomination, c'est que j'avais confiance, comme encore maintenant, en ses capacités et sa droiture... » Ce texte, comme les autres écrits d'Henri Frenay, se trouve dans la série 72 AJ des Archives nationales. Voir aussi Robert Belot, *Le Cas Frenay*, Le Seuil, 2003. Quant à Moulin, dans le rapport qu'il adressait directement à De Gaulle, par l'intermédiaire de Francis Louis Closon (un « agent » du commissariat à l'Intérieur londonien), le 7 mai 1943, il est encore plus net : « Vous savez combien j'ai soutenu le point de vue des mouvements de Résistance. Je ne cesse de le faire encore. En ce qui concerne particulièrement Merlin [Emmanuel d'Astier] et Nef [Frenay], je les ai défendus et les défendrai. Ils ont su, par leur action personnelle, secouer l'apathie générale de la zone sud en des heures très difficiles, rassembler de nombreuses énergies autour de vous. Je n'ai jamais mis en doute leur bonne foi, quelles que soient les divergences de vues qui nous ont opposés... »

Avant d'entrer dans le vif du sujet, il me faut faire trois remarques et donner une précision méthodologique. Ces dissensions entre résistants ont continué de susciter chez un certain nombre de survivants des débats passionnels, sans compter qu'on n'a pas manqué de les utiliser à des fins politiques. Le rôle de l'historien est de tenter d'éclaircir et de faire comprendre les raisons de logiques devenues antagonistes, en évitant de jouer l'arbitre comme l'avocat et *a fortiori* le procureur. Deuxième remarque : le récit qui va suivre est quasiment muet sur le peuple résistant, les résistants de base : on aura compris qu'il s'agit bien, comme au sujet de la mission Rex, des relations entre Moulin et les seuls responsables de Mouvements. Il faut rappeler ce qu'était la société résistante comme en témoigne Charles d'Aragon, lui aussi membre de Combat : « Rien ne fut plus hiérarchisé que la résistance. Aucune société ne fut plus stratifiée que cette société à moitié souterraine » (*La Résistance sans héroïsme*, Le Seuil, 1977, réédité aux Editions du Tricorne en 2002). Les conditions de la clandestinité, la recherche de l'efficacité sont des éléments qui rendaient presque exclusif le rôle des dirigeants dans les choix à opérer. Claude Bourdet l'explique dans *L'Aventure incertaine* : « La vérité, c'est qu'il est impossible de diriger démocratiquement un mouvement clandestin. » Cela dit, on soulignera que presque tous les Mouvements ont connu un phénomène de bande, en tout cas de clan. Ce qui décidait de tout, en particulier des relations avec Londres et Moulin, ou de la ligne du journal, c'était le « centre », comme on disait, à savoir une douzaine de personnes qui défendaient bec et ongles leur pré carré à côté ou en face de celui du voisin. Et même, selon Claude Bourdet, ce clan « devient une sorte de famille, une maison de remplacement ». Contrairement à une idée couramment reçue, parce que régulièrement défendue par les acteurs, rien n'a été moins irénique que le monde des responsables de la Résistance. Ce n'est donc pas par négligence, ou pour trouver une formulation facile, que ce chapitre se focalise avant tout sur les relations, conflictuelles ou non, entre Moulin et la HSR, la Haute Société Résistante. La réalité a bien été un jeu compliqué entre un très petit nombre d'hommes (les femmes, elles, même à l'intérieur du noyau fondateur, ne comptant pas pour grand-chose).

Dernière remarque (une redite mais elle concerne de façon très précise cette affaire) : la plupart des responsables des Mouvements tablaient, après le succès de l'opération Torch, et les promesses de Churchill prévoyant le débarquement avant la chute des feuilles mortes, sur une date proche pour le Jour J. Le confirme entre autres une circulaire interne envoyée par les responsables de Libération-Sud en janvier 1943 (citée par Laurent Douzou, *op. cit.*) : « On peut aujourd'hui raisonnablement espérer que quelques mois seuls nous séparent de la Libération, c'est-à-dire du jour où nous aurons à faire la preuve de notre force. » Nombre d'entre eux n'ont été avertis du report de l'opération qui allait prendre le nom d'Overlord qu'à la fin mai, voire en juin 1943. C'est l'imminence espérée de cette échéance cruciale qui permet de comprendre pourquoi ils ont été quelques-uns à vouloir infléchir la donne politique au sens large du terme, pourquoi ceux qui avaient pris tous les risques entendaient l'emporter sur des ouvriers de la onzième heure, pourquoi l'antagonisme des logiques divergentes a pu se traduire en querelles véhémentes, empreintes de beaucoup d'intolérance.

Enfin, pour ce chapitre plus encore que pour d'autres, dans la mesure où les positions individuelles des résistants sont en jeu, les souvenirs et témoignages devront être recoupés, notamment par des sources d'archives écrites et il se trouve qu'elles sont relativement riches. Sauf indication contraire, nous renvoyons aux documents référés aux Archives nationales d'une part en 3 AG2 400 (télégrammes de Rex), 401, 181 (télégrammes ou instructions à Rex) et d'autre part à la série 72 AJ.

*

Comment expliquer la détérioration des relations entre Moulin et certains responsables de la Résistance de zone sud ? Les retombées ambivalentes de l'opération Torch, l'impuissance de la France Libre à contrer les effets du STO, les absences de Jean Moulin, les nouvelles structures dont se dotent les Mouvements de zone sud sont autant d'éléments d'explication, en y ajoutant les problèmes complexes posés par l'Armée secrète. Nous avons déjà suffisamment parlé de la défiance à l'égard de la réintégration de partis politiques dans le Conseil de la Résistance pour n'avoir pas besoin d'y revenir, d'autant qu'il ne faut pas surévaluer le poids de cette question – souvent mise en avant, sans doute parce qu'elle fournissait l'explication la plus commode – dans les attaques portées contre Moulin. Par ailleurs, contrairement à ce qui s'écrit trop facilement parce qu'on ne tient pas compte de la chronologie, les divergences entre communistes et non-communistes ne pesaient guère à l'époque.

Nous essaierons de prendre l'un après l'autre chacun des problèmes qui se sont posés, mais il est évident qu'au cours de ces quelques mois, ils interféraient et compliquaient la situation dans son ensemble. Commençons par les retombées des événements d'Alger qui introduisaient des modifications du rapport de force entre la Résistance intérieure et la France Libre. Le proconsulat de Darlan, puis la prééminence de Giraud qui avait, en ce début de 1943, le soutien actif de Roosevelt, avaient souligné la fragilité de la position de Charles De Gaulle. C'était bien le constat que faisaient ceux des résistants qui se rendaient à Londres et à qui ne pouvait échapper la guérilla que menait le chef de la France Libre contre les Anglo-Saxons dont il dépendait totalement, surtout pour les questions financières et matérielles gérées par la Grande-Bretagne. Naguère, de loin, la France Libre avait pu paraître maîtresse des moyens dont manquaient les Mouvements. Or le rapport de forces semblait presque inversé. Depuis novembre 1942, De Gaulle, dans sa rivalité avec Darlan, puis avec Giraud, avait sans conteste besoin du soutien de la Résistance intérieure pour affirmer sa représentativité.

Finalement, on l'a vu, aucune voix ne manqua du côté des résistants pour soutenir De Gaulle contre Darlan considéré comme un usurpateur ni pour affirmer sa prééminence politique sur Giraud. Mais certains des chefs de Mouvements sentaient croître leurs forces, et s'ils se référaient toujours à la fonction symbolique de Charles De Gaulle, s'ils ne contestaient pas son rôle de chef militaire dans le cadre interallié, ils s'estimaient des citoyens d'autant plus libres de leurs choix disons politiques, à la fois pour le moment présent et *a fortiori* pour l'après-Libération, que les cartes avaient été fortement redistribuées. Ils pouvaient en tout cas vouloir desserrer les contraintes imposées par Londres et contester le rôle de Moulin, qui leur apparaissait de plus en plus nettement comme le bras séculier des bureaux de la France Libre. Dans les premières semaines qui suivirent l'installation de la dyarchie De Gaulle-Giraud, en juin 1943, il n'était nullement évident que De Gaulle garderait le contrôle de la Résistance intérieure que revendiquait Giraud en tant que chef militaire. Et si cette dyarchie, suivant sa propre logique, impliquait la suppression du Comité national qu'elle remplaçait de fait, Jean Moulin pouvait parfaitement perdre sa fonction de délégué et *a fortiori* de « Commissaire national ». Par ailleurs, l'importance du rôle joué par les Américains dans ce qui se passait en Afrique du Nord attirait les regards de leur côté : ils donnaient aux Mouvements la tentation de chercher ailleurs qu'à travers la France Libre l'argent et les armes qui faisaient cruellement défaut. Ce sera l'enjeu majeur de « l'affaire suisse », une affaire fort sérieuse que nous détaillerons plus avant. Bref, les événements d'Afrique du Nord, rendant la situation pour le moins mouvante, donnaient à penser et à penser autrement.

Une autre conséquence des événements de novembre était évidemment l'occupation par l'armée allemande de la zone non occupée. Bien sûr, la suppression, le 10 mars 1943, de l'*Ausweiss*, jusque-là nécessaire pour franchir la ligne de démarcation, rendait plus faciles les relations entre les deux zones. Mais les tâches fixées en fonction de cette séparation changeaient – on l'a dit – de perspective, puisque les possibilités d'action militaire s'en trouvaient élargies à l'ensemble du territoire national.

Par ailleurs, même si, répétons-le, il serait erroné d'opposer une résistance au nord, plus « militaire », à celle du sud, plus « politique », la place et le poids des trois Mouvements de zone sud diminuaient du fait que les centres de décision de la Résistance intérieure migraient sur Paris. On peut formuler l'hypothèse que les trois grands de zone sud, Combat, Libération-Sud, voire

Franc-Tireur, ont cherché à marquer le maximum de points dans leur confrontation avec Londres au moment où leurs homologues du nord devenaient majoritaires dans des instances représentatives parce que les Mouvements, moins structurés, s'y trouvaient plus nombreux. Enfin au moment où ceux de zone sud regimbaient contre les contraintes qu'imposait Londres, les Mouvements de zone nord, en exceptant peut-être l'Organisation Civile et Militaire (OCM) et le Front national para-communiste, pouvaient accepter d'assez bonne grâce les subsides londoniens (qui tombaient à point pour rattraper le retard pris pour s'organiser) et admettre un délégué qui venait tout juste d'être nommé pour l'ensemble du territoire métropolitain et avec lequel ils n'avaient, eux, aucun contentieux.

Dans ce contexte, c'est l'instauration du STO qui provoqua le premier dysfonctionnement grave entre les Mouvements de zone sud et le couple France Libre-Moulin. Il faut avoir à l'esprit que cette mesure eut un profond retentissement que nos mémoires risquent d'avoir occulté. Elle a eu tant d'effet sur l'opinion que, par exemple, lors de l'épuration, il a été beaucoup pardonné aux chefs d'entreprise qui s'étaient efforcés de protéger leurs salariés des astreintes du STO, bien plus qu'à ceux qui auraient pris des mesures pour aider ou sauver du personnel juif. Pour comprendre pourquoi, sur le moment, le STO provoqua plus de remous encore que « la Relève », dont nous avons déjà vu les effets, rappelons que le Gauleiter Fritz Sauckel, le « négrier de l'Europe », avait été chargé par le Führer de forcer par tous les moyens les nations occupées à alimenter la machine de guerre allemande engagée dorénavant dans une guerre totale. Il préconisa une succession d'« Actions », dont quatre concernèrent la France. Pour se conformer à la deuxième, Laval, en s'appuyant sur les dispositions de la loi du 4 septembre 1942, « relative à l'utilisation et à l'orientation de la main-d'œuvre », institua par une nouvelle loi, le 16 février 1943, le « Service du travail obligatoire ». Un décret stipulait que « tous les Français et ressortissants français du sexe masculin résidant en France et appartenant à l'une des trois catégories suivantes : hommes nés entre le 1er janvier et le 31 décembre 1920, 21, 22, sont astreints à un service du travail d'une durée de deux ans [on pouvait défalquer le temps passé dans les Chantiers de la jeunesse] qu'ils pourront être tenus d'exécuter à partir de la date de publication du présent décret... ».

A la différence de la Relève, puis des réquisitions de septembre 1942, la nouvelle mesure frappait en principe toutes les catégories sociales. Cette réquisition de la population jeune suscita des mouvements spontanés de refus, qui firent des plus déterminés des réfractaires. Sans doute fallut-il attendre l'automne 1943 pour que le nombre des partants devienne inférieur à celui des défaillants ou des insoumis. Mais très tôt certains de ces réfractaires, se cachant où ils le pouvaient, en vinrent à « prendre le maquis ». Par exemple en Haute-Savoie, où le relief offrait des possibilités de disparaître dans la nature, un à deux milliers de jeunes hommes, suivant en cela l'exemple des élèves et des employés de l'école d'horlogerie de Cluses, plongeaient dans l'insoumission dès que furent connues les menaces de « déportation », terme immédiatement utilisé à l'époque. On sait que le vocable « maquisard » spécifiquement français, s'est répandu à travers le monde, mais en changeant de sens, et en France ce n'est qu'au cours de l'année 1943 que le mot a commencé d'être utilisé dans son sens moderne de « combattant ». Car les premiers maquis, à quelques très rares exceptions près (dans le Jura en particulier), sont d'abord des maquis-refuges dans lesquels les jeunes gens se cachaient plutôt qu'ils ne luttaient : jusqu'au bout les réfractaires réellement résistants furent selon toute vraisemblance moins nombreux que ces réfractaires passifs. Reste qu'il fallait bien trouver à ce phénomène nouveau des réponses adéquates.

Les responsables de la Résistance de zone sud s'enflammèrent devant ce mouvement de désobéissance civile, un phénomène peu courant en France, et dont on pouvait espérer qu'il modifierait le potentiel humain et militaire de la Résistance, si, accueillant ces insoumis, elle les intégrait dans des unités combattantes. Il leur paraissait moralement et politiquement inadmissible que Londres ne puisse donner les moyens nécessaires pour que les Mouvements soient capables d'abord d'empêcher le départ pour l'Allemagne de jeunes hommes susceptibles de porter les armes, et ensuite soient à même d'encadrer ceux qui choisissaient le refus. Ils envisageaient même, considérant, comme on l'a dit, que le débarquement en France était proche, de déclencher une pré-insurrection contre le STO. Les télégrammes envoyés à Charles De Gaulle, et à Moulin, puisqu'il était alors à Londres, se faisaient comminatoires : « France menacée être vidée totalité hommes valides en deux mois – attend votre mot d'ordre résistance totale et violente – avons décidé passer je dis passer action immédiate – avons espoir entraîner mouvement unanime désobéissance et révolte – demandons aide argent et armes », affirmait d'Astier dans un câble adressé à De Gaulle le 3 mars. Le même jour, le comité directeur des MUR (les Mouvements Unis de Résistance : nous reviendrons sur leur création) envoyait lui aussi un message de la même veine : « Français déportés considèrent abandonnés par Alliés [...] sommes arrêtés moyens financiers ridicules [...] sans moyens action déportation réfractaires passera mains communistes – votre autorité sera rapidement sapée si ne manifestez pas par notre intermédiaire dans lutte libération commencée – demandons gouvernement anglais comprendre [...] si nos appels inutiles ordonnons action désespérée à outrance. » Deux jours plus tard, d'Astier adresse un « télégramme personnel », cette fois à Moulin : « Situation grave pays vidé rapidement hommes – seul salut résistance totale – mettons tout en œuvre mais souhaitons votre retour rapide avec moyens argent et promesses concrètes armes – pays mûr je dis mûr pour résistance violente si soutien mot d'ordre précis – organisation en groupes francs des récalcitrants à la déportation – laissez faire déportation fait jeu communisme. »

A Londres, les responsables de la France Libre furent pris de court et Jean Moulin tout autant. Si ce dernier avait prêté attention à ce qui allait devenir le phénomène du maquis, c'était uniquement à propos du projet bien particulier, celui de faire du Vercors un réduit, en contrôlant ses deux routes d'accès, projet qui émanait de Pierre Dalloz, membre du club alpin français et qu'avait approuvé Delestraint, mais qui resta alors sans suites. Les responsables londoniens, comme Moulin lui-même, se montrèrent réservés à propos de ce qui se déroulait en Savoie. A Londres, il paraissait suicidaire de se lancer dans l'aventure sans un minimum de soutien logistique fourni par les Anglais. Car comme le soulignait alors Passy (voir AN 3 AG2 1) pour le général François d'Astier de La Vigerie : « La quantité d'armes parachutées depuis le mois de janvier est au maximum capable d'équiper environ 2 700 hommes ; alors qu'on en veut un minimum de 50 000... » Précisément, Delestraint, qui, rappelons-le, accompagnait Moulin, avait eu, en ce début du mois de mars, des conversations approfondies avec les responsables de l'Etat-Major anglais. Il avait séduit ceux-ci, d'autant que sa réputation de général de l'arme blindée était grande auprès d'eux, mais il ne les avait pas totalement convaincus de l'importance de soutenir une « armée de l'Intérieur » faite de 50 000 « parachutistes déjà à terre » selon une formule de Frenay. Lorsque arrivèrent les appels à l'aide des Mouvements, les Britanniques répondirent très vite négativement : ce qu'ils considéraient comme une agitation politique les inquiétait et les indisposait. Et justement, par suite d'une arrestation et de malentendus, un parachutage, effectué le 14 mars par des Halifax près d'Annemasse, se termina mal : trois des appareils sur les six engagés furent abattus par la Flak, alors que la Royal Air Force ne disposait en tout et pour tout que d'une quinzaine d'appareils pour accomplir ce genre de mission dans l'Europe entière. Les Britanniques, d'ailleurs, ne pouvaient envisager une opération continue de parachutage d'armes au moment où les « bombardement stratégiques » sur le Reich mobilisaient la majeure partie des appareils disponibles. Enfin, et surtout, comme l'a montré Jean-Louis Crémieux-Brilhac, le choix d'une stratégie différente venait d'être fait : il fallait aider, de toutes les manières possibles, les partisans yougoslaves et grecs qui retenaient, eux, plusieurs divisions allemandes à l'Est et au contraire freiner, même si on encourageait le sabotage de la machine de guerre allemande, toute insurrection paramilitaire qui risquerait de ramener en France des divisions qui pèseraient lourd lors du débarquement.

A la démarche faite par De Gaulle auprès de Churchill pour savoir sur quel soutien pouvait, malgré tout, compter la Résistance, le gouvernement de Sa Majesté répondait poliment mais fermement, le 22 mars, qu'il entendait ne modifier en rien la ligne qu'il avait adoptée : « Après une étude sérieuse de la lettre du général de Gaulle, le gouvernement britannique partage la crainte du général de Gaulle qu'un soulèvement prématuré de la résistance française entraîne une annihilation des forces de résistance et prive les alliés de leur concours au moment du débarquement. En conséquence le SOE [le service chargé de la guerre subversive] a déjà demandé à ses correspondants d'empêcher l'extension d'aventures similaires à celles de la Haute-Savoie et le gouvernement britannique demande que le Comité national agisse de même envers ses Amis. » Le refus anglais renforçait De Gaulle dans ses réticences. La messe était dite et les consignes d'André Philip étaient sans équivoque : « Etant donné la position prise par le gouvernement britannique [...] nous maintenons les directives prises au moment du départ de M. Mercier [Moulin] : 1) organisation du sabotage industriel et administratif de la déportation dans toute la mesure du possible afin de gagner du temps 2) encouragement à la dispersion des jeunes gens, appels et organisation à la solidarité à leur égard ; nous allons accroître à ce sujet les moyens financiers mis à leur disposition 3) refus d'encourager une révolte à main armée qui, insuffisamment aidée de l'extérieur, ne pourrait aboutir qu'à une catastrophe. »

Moulin, qui s'était entretenu avec différents officiels britanniques, avait déjà câblé le 16 : « A Alain [Daniel Cordier, son relais lors du séjour londonien] pour tous – primo – demander à tous mouvements et groupes apporter assistance à patriotes SAVOIE notamment en fournissant cadres – secundo – donner consignes population appelée à garder voies et ponts stratégiques de collaborer avec groupes armés en pratiquant sabotages et en aidant ravitaillement – tertio – sur nos instances 6 bombardiers RAF ont tenté vainement nuit du 14 au 15 de parachuter armes et vivres sur terrain – quarto – étant donné grosses difficultés obtenir aide efficace s'efforcer de ne pas amplifier action SAVOIE – quinto – Armée secrète ni Montagnards [maquis du Vercors] ne doivent intervenir pour instant dans autres secteurs – sexto – poursuivre action contre déportation en continuant à cacher tous militants menacés. » Sans doute, Moulin s'efforçait-il de donner un air martial à cette directive qui se distingue du message d'André Philip cité précédemment. Mais, pour ses interlocuteurs, c'était la douche froide, on était bien trop loin de ce qu'ils escomptaient. Il est significatif que Daniel Cordier, qui se défiait pourtant des emballements des responsables des Mouvements, ait pu câbler à Moulin prêt à repartir pour la France : « Exécutons vos ordres – Impuissance inconvénients à s'opposer par force à déportation contribue à faire baisser proportion considérable je dis considérable sentiments gaullistes – population plus que jamais résistante mais déçue par inaction alliée après espoir promesse annoncée depuis deux ans par BBC. »

A peine rentré en France, Moulin, le 23 mars, prévenait Londres : « Situation plus grave que je pensais – obligé calmer dirigeants qui croient action alliée imminente... » La réunion du comité directeur des MUR fut plutôt houleuse : « A notre retour ici, Mars [Delestraint] et moi, nous avons trouvé en zone sud les dirigeants des Mouvements (plus exactement Nef [Frenay] et Merlin [d'Astier], le représentant de Tirf [Franc-Tireur] étant demeuré plus calme) dans un état de surexcitation considérable en présence des mesures de déportation. Vous avez eu les câbles de Libé et de Combat demandant un appel à l'insurrection et annonçant que les mouvements allaient passer à l'action généralisée. Concurremment, le Comité Directeur adressait des circulaires incendiaires aux régions et publiait des tracts invitant à la révolte ouverte, les armes à la main [...]. Cet état d'esprit [...] mena Mars et moi à faire, avec tous les ménagements nécessaires, une mise au point devant le Comité directeur [...]. Mars se heurta à une position bien arrêtée de la part de Nef qui entendait agir coûte que coûte tout de suite, distribuant toutes les armes aux gens dans les maquis pour qu'ils fassent acte de guerre dès à présent... »

L'instauration du STO sera portée au passif du régime de Vichy, comme une preuve flagrante de son incapacité à être le bouclier qu'il prétendait être. On se gardera, évidemment, de pousser la comparaison trop loin, mais le fait que Londres se fût montré incapable de faire face à une situation jugée exemplaire fut alors porté – mais par les Mouvements de Résistance, bien entendu – au débit de la France Libre et partant de Moulin : à quoi bon conserver ce délégué, de surcroît donneur de leçons, s'il ne remplissait plus la fonction pour laquelle il avait été naguère accepté, à savoir fournir des moyens ? Brossolette, qui notait dans son rapport (consultable AN ARQ2.BRU5) qu'en zone nord, compte tenu des conditions politiques et géographiques particulières, prévalait « un sentiment d'impuissance douloureux », soulignait « l'effet désastreux » de l'absence de soutien concret pour enrayer la « déportation ». A cet égard, l'effet fut encore plus grand auprès des Mouvements du sud plus à même de réagir. Quelques semaines plus tard, à Londres, d'Astier déclarait dans une note : « Les Mouvements Unis [les MUR] signalent que les hommes dont ils sont responsables, qui sont désireux ou contraints de se battre, ne pourront jamais pardonner à leurs chefs d'avoir refusé des armes dans de telles conditions et de les avoir exposés au massacre ou à la déportation, cela quelles que soient les hautes raisons invoquées. »

Entre-temps était intervenue la fusion des Mouvements de l'ex-zone non occupée, devenus les MUR, Mouvements Unis de Résistance, dont nous venons d'évoquer les réactions. En fait cette étape dans l'unification de la Résistance devait paradoxalement accroître la tension avec Londres, et donc avec Moulin.

Comme l'auteur est conscient des difficultés que peut éprouver le lecteur à se retrouver dans l'évolution des organigrammes de la Résistance, il lui rappelle que, en octobre 1942, et sous l'égide de Londres, malgré les réticences des responsables de Libération-Sud, les chefs de Combat, et de Libération-Sud, avaient accepté de coordonner leurs activités et en tout cas de regrouper leurs éléments paramilitaires, ce qui avait été un des buts de la « mission Rex ». Après quoi, Frenay, avec la neutralité bienveillante de Jean-Pierre Lévy et le soutien discret de Moulin, avait continué de faire pression pour passer de la coordination à la « fusion » des trois Mouvements. Après avoir encore traîné les pieds, et pour les mêmes raisons que précédemment (à savoir la crainte d'être phagocytés en particulier par les amis de Frenay dont il divergeait politiquement), Emmanuel d'Astier avait fini par donner son accord à la mise sur pied d'« une unité de commandement », terme qui permettait d'éviter celui de fusion. Elle sera annoncée par une circulaire commune du 27 janvier 1943 spécifiant qu'étaient créés « Les Mouvements de Résistance Unis », dénomination transformée plus couramment en « Mouvements Unis de Résistance », abrégée en MUR. Il y était dit que, pour faire face à la situation nouvelle créée par l'occupation de la zone sud, la nécessité de redoubler de vigilance et d'activité imposait de réaliser l'union totale de toutes les forces de la Résistance de cette zone.

En fait, la fusion n'était pas totale, car aussi bien Frenay que d'Astier et Jean-Pierre Lévy tenaient beaucoup à ce que les journaux respectifs des trois Mouvements continuent d'être publiés séparément, chacun tenant à maintenir sa spécificité idéologique. Mais tout le reste devait se fondre dans un organisme unique : les services centraux (NAP ou Noyautage des administrations publiques, groupes francs, service social, faux papiers, etc.), comme les directions départementales et régionales. Ces dernières en particulier seraient désormais chapeautées par des troïkas issues des trois Mouvements et présidées par l'un des trois. Il avait même été prévu que les désignations « ne devront pas correspondre à un souci de dosage entre les trois Mouvements mais à la recherche du meilleur homme ». A la tête, un Comité directeur se substituait en zone sud au Comité de coordination de naguère, et dans ce comité se retrouvaient les trois chefs - historiques des Mouvements de zone sud qui prenaient le titre de « Commissaires ». Frenay avait été évidemment chargé des affaires militaires, d'Astier devenait, non moins évidemment, commissaire aux affaires politiques et Jean-Pierre Lévy, traité quelque peu en parent pauvre, héritait du renseignement et des affaires administratives. Un secrétariat administratif, confié à un jeune militant de Combat, Jacques Baumel, et un secrétariat général qui avait en charge les régions, dévolu à un responsable de Libération, Pierre Hervé, complétaient l'organigramme.

L'étape était importante pour au moins deux raisons. D'abord, elle prouvait que l'unification des forces résistantes était en marche. Mais elle avait un autre effet dont on parle moins : à la différence du Comité de coordination qui avait été créé sous l'égide de Londres, la nouvelle instance s'était organisée et fonctionnait indépendamment de la France Libre ; et la nécessité de rétablir la subordination institutionnelle des Mouvements à Londres était une des raisons de la mise sur pied du Conseil de la Résistance.

Mais, pour des raisons singulières, voire étonnantes,

Jean Moulin, qui n'avait pourtant aucune qualité pour faire partie de ce Comité directeur composé de chefs de Mouvements, s'en retrouvait président et qui plus est avec une voix prépondérante, comme il l'avait eue à la tête du Comité de coordination. Frenay écrivit dans son rapport du 10 mai que ce poste lui avait été offert non seulement « en égard des hautes fonctions dont il était investi », mais en raison de « l'amitié » qu'il lui portait. Claude Bourdet semble plus dans le vrai lorsqu'il souligne que ce choix était presque inévitable parce que l'aide de Moulin avait été précieuse pour parvenir à la fusion, qu'il avait été naguère un bon ambassadeur des mouvements auprès de Londres, et un médiateur efficace pour rapprocher les positions des uns et des autres, alors qu'on pouvait prévoir que risquaient de se renouveler les accrochages entre les trois Mouvements. Moulin ne s'était pas fait prier et il est même vraisemblable qu'il avait offert ses services. Mais Bourdet conclut avec raison : « Sans le vouloir, nous mettions la résistance de zone sud sous les ordres d'un homme de Londres. »

Les chefs des trois Mouvements mirent quelques semaines à percevoir les inconvénients qui pouvaient découler de la nouvelle fonction du délégué. L'émotion née autour de l'instauration du STO mit en lumière le risque de conflit d'intérêts. Moulin en effet, de ses deux casquettes, l'une qui faisait de lui sinon le chef de la Résistance de zone sud, du moins le personnage le plus important dans son instance principale, l'autre, qui était celle du délégué du Comité national londonien, privilégiait la seconde.

Ce n'était pas que la situation fût très confortable pour Moulin. En particulier, malgré ses appels répétés à Londres, il demeurait sans second, alors qu'il lui fallait passer d'une zone à l'autre, régler les problèmes posés par la mission Brumaire-Arquebuse, mettre sur pied impérativement un Conseil de la Résistance qui aurait l'intérêt d'être national et de réaffirmer la prééminence de Londres, passer des heures à convaincre, présider des réunions, rédiger des rapports. Son absence d'un mois avait suffi à décupler des difficultés devenues quotidiennes. Et les problèmes posés par les Mouvements de zone sud lui donnaient du fil à retordre car la fusion n'avait pas fait taire les rivalités, elle en avait simplement modifié les modalités. En tout cas, le clan Combat n'hésitait pas à contrer le clan Libération, et vice versa.

L'unification elle-même n'avait pas produit les résultats que chacun en attendait. Pascal Copeau, que sa finesse d'analyse rendait redoutable, faisait ce constat, dans le rapport qu'il adressait le 4 juin à d'Astier dont il avait été promu le second : « Quand Gervais [Frenay] vous a fait subir une pression continuelle pour opérer la fusion, il ne fait pas de doute, je m'en rends bien compte maintenant que, consciemment ou non, pour lui cette fusion signifiait la prise en main de la résistance par lui-même et par l'appareil administratif de Combat. Or, je crois qu'on peut dire aujourd'hui, et je le dis pour ma part avec une certaine satisfaction, que cela ne se passe pas du tout comme il l'avait imaginé » (AN 72AJ 410). En effet, des responsables de Libération avaient pu s'imposer, probablement grâce à leur charisme politique, à la tête des troïkas des départements et des régions, par exemple Alfred Malleret en R1, la région lyonnaise. Frenay ne cachait pas sa déception et Jacques Baumel rapporte qu'il lui aurait déclaré, avant la Libération : « Je n'aurais jamais dû accepter la fusion des mouvements. C'était absurde. C'est une perte de temps, d'énergie, une source de dispersion et de division pour un bénéfice illusoire. Nous aurions tout à fait pu gagner seuls. Libération et Franc-Tireur auraient été obligés de suivre. Ils n'ont jamais fait le poids. Et cela nous aurait épargné les rancœurs de d'Astier, l'amateurisme de Jean-Pierre Lévy et les remontrances des délégués de Londres » (*Résister, op. cit.* p. 222). Il a formulé ce même regret dans la déposition qu'il a faite au Comité d'histoire de la Seconde Guerre mondiale en 1955, déclaration reprise dans *La nuit finira*.

Copeau n'avait donc pas tout à fait tort d'écrire dans le

rapport précédemment cité : « En fait, ce sont les divisions des mouvements et une certaine impuissance dont la principale cause est la personnalité même de Gervais [Frenay], qui ont fait de Max [Moulin] ce qu'il est aujourd'hui. En somme, nous avons fait, de nos propres mains Vidal [Delestraint, sur lequel nous nous allons revenir] et Max. » Mais si les dissensions entre chefs de la Résistance facilitaient la mission que s'était fixée Rex/Max, leurs griefs communs allaient le mettre vraiment en difficulté.

*

On voudra bien pardonner la longueur et la complexité des rappels indispensables pour faire comprendre les logiques des chefs de la Résistance de la zone sud, et avant tout celles défendues par Frenay et Emmanuel d'Astier de La Vigerie, exprimées le plus souvent au nom des MUR. Elles allaient les conduire à contrer la position gaullienne que Moulin ne cessa de maintenir. Il était – on l'a dit – convaincu, non seulement que les choix faits par De Gaulle étaient ceux d'un authentique homme d'Etat, mais qu'il était impératif que rien – et certainement pas les turbulences engendrées par les chefs des Mouvements de Résistance – ne puisse l'affaiblir, surtout au plus fort de la querelle des généraux, dont l'issue était vitale.

On peut en venir maintenant à la suite des affrontements inévitables au bout desquels Moulin allait être sérieusement mis en cause en tant que chef de la Délégation, ce qui revenait au fond, à travers sa fonction de délégué, à viser la France Libre. Des documents nous y aident : le long mémorandum que rédige à Londres d'Astier de La Vigerie, probablement à la fin avril 1943 (consultable en 72AJ) et des textes fort explicites d'Henri Frenay, notamment ceux des 8 avril et 10 mai ; quant à Moulin, ses réactions sont résumées dans la longue missive, datée du 7 mai, qu'il fait parvenir directement à De Gaulle (publiée *in extenso* dans l'ouvrage de Francis Louis Closon déjà cité) et dans le courrier qu'il adresse à André

Philip le 4 juin. On verra que l'Armée secrète a polarisé les affrontements les plus violents ; et ce qu'il est convenu d'appeler « l'affaire suisse » a exprimé le mieux les antagonismes des deux logiques.

Les chefs des MUR avaient compris quelle erreur ils avaient commise en laissant Moulin à la présidence. Frenay s'en est fait l'écho – et pour une fois en termes mesurés – dans une « Note » sur « les rapports du comité directeur des Mouvements Unis avec Max » datée du 10 mai : « La double fonction de Max [Moulin] rendait sa tâche infiniment délicate ; comme représentant du Comité national français, il devait naturellement chercher à faire prévaloir les opinions du dit comité ou ce qu'il pense, à défaut de directives, être ses opinions ; comme président du comité directeur [des MUR] il devait chercher à faire prévaloir les opinions de la Résistance. Tant qu'un accord complet existe entre ces opinions, il est bien naturel qu'aucune difficulté ne surgisse ; mais lorsqu'il y a divergences de vues, ce qui est le cas en ce moment, il ne peut se dédoubler pour être simultanément défenseur de l'une et de l'autre. L'expérience prouve que dans ce cas, il défend toujours le point de vue du comité national français ou de ce qu'il croit être son point de vue et jamais celui de la Résistance... » Frenay voyait juste : Moulin défendait toujours le point de vue du Comité national londonien. Il ne cherchait même pas des solutions de compromis, car elles l'auraient mis en porte-à-faux par rapport à sa mission. Il s'efforçait par de longues conversations, sur les quais du Rhône ou dans le parc de la Tête d'Or entre autres, de convaincre son interlocuteur du bien-fondé de son point de vue et de l'amener patiemment (il avait la réputation de ne jamais lâcher dans ces discussions !) sur les positions londoniennes. S'il lui arriva de transiger – très rarement – avec ses instructions, ce fut contre son gré, par exemple quand il dut avaliser les mesures prises en zone nord par Brossolette en avril 1943. A la longue, évidemment, les responsables de la Résistance, ceux de zone sud en tout cas dont l'appétit d'autonomie grandissait avec leurs forces, furent exaspérés de cet alignement systématique sur les positions du commissariat à l'Intérieur ou du BCRA de celui qui dans le même temps présidait leur Comité directeur des MUR.

Ils lui reprochèrent une inflexibilité qui prenait ses racines dans un fond d'autoritarisme réel. La tension engendrée par la clandestinité, le sentiment que l'étau se resserrait, la gravité des enjeux politiques, tout cela accroissait son exigence de « professionalisme » chez ses collaborateurs et sa détermination à s'imposer auprès de ses interlocuteurs. On a déjà évoqué la rudesse de sa réprimande au malheureux Cordier dépouillé de son vélo alors qu'il déjeunait dans un restaurant lyonnais. De manière encore plus significative, Passy rapporte que lors de la réunion tenue le 4 avril, aux représentants des FTP qui protestaient contre la ligne qu'il préconisait concernant l'Armée secrète, il avait répliqué sèchement qu'il leur fallait « claquer les talons », point final ! – ce qui avait provoqué leurs protestations, puis leur départ. Claude Bourdet remarque avec pertinence dans *L'Aventure incertaine* : « Moulin était profondément autoritaire, même si son autoritarisme semblait plus souple, plus nuancé que celui de Frenay ; mais à la réflexion je dirais que sous des apparences contraires Moulin était plus inflexible, plus difficile à influencer que Frenay... »

Les plus perspicaces – ou les plus soupçonneux – des responsables des Mouvements de zone sud allaient jusqu'à affirmer que c'était son génie des « manœuvres » qui permettait généralement à Moulin de parvenir à ses fins. C'est ce qu'écrit Pascal Copeau à d'Astier, le 4 juin (72AJ 410), après avoir dressé la liste des moyens très divers utilisés selon lui par Moulin pour isoler Frenay : « J'ai dit très fermement et même violemment à Max qu'il faisait une vilaine besogne de division et qu'il allait à l'encontre de ce que lui-même avait voulu sous prétexte qu'il rencontrait une résistance... » Quant à d'Astier, dans *Sept fois sept jours* (Editions de Minuit, 1947), il attribue à Moulin « trois armes : le prestige, le secret et la ruse ».

Aux yeux de ces détracteurs, cette habileté incontestable servait dorénavant à établir un « écran » entre les Mouvements et Londres. Emmanuel d'Astier, appuyé par Jean-Pierre Lévy, pourtant d'habitude modéré et prudent, exprimait à Londres cette crainte, en écrivant à Charles De Gaulle, le 19 mai : « Nous vous demandons que vos agents ou vos services centraux ne constituent pas un écran impénétrable entre vous et nous... » Même si « il n'[était] pas question de condamner une personne, mais un système », la critique visait le Délégué général.

Le premier reproche concernait ce qu'ils considéraient comme la confiscation des services de la Délégation qui avaient été mis en place tout au long de l'année 1942. Rappelons qu'ils avaient été, pour partie d'entre eux, créés avec l'accord des Mouvements. Mais selon d'Astier, ils étaient devenus pour Moulin des moyens de contrôle efficaces : « Depuis novembre 1942, l'essentiel du travail de Rex a consisté à créer en marge de la Résistance des secteurs d'activités jusqu'alors compris dans la Résistance qu'il a pris sous sa coupe personnelle. Ces services étaient montés par les seuls éléments fournis par la Résistance et ont échappé peu à peu au contrôle du Comité de coordination... » Cette assertion est inexacte, car à part les équipes fournies pour les atterrissages et les parachutages, les services de la Délégation mis en place par Moulin ne devaient pas grand-chose aux militants des Mouvements. Il y avait, bien sûr, des actions mises en place par les Mouvements et que Moulin pouvait suivre avec intérêt. On peut prendre l'exemple du Noyautage des Administrations Publiques (ou NAP), un moyen d'utiliser les compétences des femmes et des hommes travaillant dans les services publics, agents dans les préfectures, policiers, postiers, cheminots, agents de l'électricité, etc. C'était un militant lyonnais de la Jeune République qui, ayant eu le premier l'idée de ce noyautage, s'en était ouvert à Marcel Peck, un militant de Combat, puis à Bourdet, que l'idée enthousiasma. Tout naturellement, en septembre 1942, ce dernier en avait parlé à Moulin qui approuva l'idée mais ne chercha d'aucune manière à interférer dans cette démarche résistante qui allait prendre – mais plus tard – une grande ampleur. Reste que bon nombre des responsables des MUR étaient très critiques sur le travail effectué par la Délégation proprement dite, reprochant volontiers à ceux qui y travaillaient leur propension, malgré la grande jeunesse qui était souvent la leur, à trancher de tout à l'image de leur patron, ayant reçu, par exemple, la responsabilité de répartir ou de faire stocker les armes parachutées.

Le plus gros problème, c'était évidemment la répartition des fonds qui arrivaient de Londres. Le fait que Rex en fût le seul maître aiguisait les critiques. Les Mouvements avaient de plus en plus besoin de fonds, pour payer les frais des multiples déplacements des militants, pour publier leur presse clandestine, pour effectuer des versements aux permanents du « Centre » comme à ceux des directions régionales. Jusqu'à l'automne 1942, Moulin avait pu faire face à peu près à la progression de leurs dépenses réelles. Mais à partir de janvier-février 1943 la Trésorerie britannique se fit plus chiche et les aléas des liaisons aériennes n'arrangeaient guère les choses. Au besoin, Moulin se servit de ces difficultés comme d'un véritable moyen de pression coercitif : il l'utilisa en particulier à l'encontre des FTP, après l'algarade du mois d'avril, en supprimant le principe du versement qu'avait décidé Rémy, entériné par Passy et Brossolette, refus qu'il maintint jusqu'à son arrestation. Sans aboutir chaque fois à cette mesure extrême, Moulin, qui d'ailleurs adressait à Londres le relevé mensuel précis de ses dépenses, répartissait l'argent reçu, sinon selon son bon plaisir comme le dénonçaient des responsables des MUR, du moins – et c'est certain – comme il l'entendait. Les chefs des Mouvements qui regrettaient déjà qu'une partie des sommes aille aux partis politiques ou aux syndicats, et qui avaient mal admis que le budget des divers services de la Délégation et surtout celui de l'Armée secrète soient devenus autonomes, furent exaspérés à la fin février. Car dans un premier temps du moins, le montant des versements du mois de mars n'avait pas augmenté par rapport à ceux des deux mois précédents, alors que, selon eux, la formation des maquis décuplait les besoins. Dans un deuxième temps, Moulin avait bien donné, de Londres, l'ordre à Cordier de piocher dans les réserves, dont on avait prévu l'utilisation pour des coups durs, mais il avait bien spécifié que le supplément à distribuer devrait l'être exclusivement « pour la Relève » (Moulin a continué d'utiliser cette appellation – pourtant obsolète – lorsqu'il parlait du STO), et sous le contrôle de la Délégation. Ce qui signifiait que Moulin, respectant très précisément les instructions qu'il avait reçues, refusait de céder la moindre de ses prérogatives dans l'utilisation et le dosage de ce moyen de contrôle.

Frenay, dans une lettre envoyée, le 28 avril, à ses émissaires en Suisse portait le débat sur le fond : selon lui, De Gaulle, qui avait besoin, vis-à-vis des Américains, d'apparaître comme soutenu par les résistants, ne perdrait rien à ne plus financer ces derniers, tandis que « ses agents ont beaucoup à y perdre. En mettant la résistance à leurs ordres, ils augmentent leur position personnelle et au contraire son indépendance diminue cette position... ». Ecrivant à Moulin le 8 avril, il lui avait déjà expliqué que cette omnipotence ne profitait d'aucune manière à la Résistance qui risquait, au contraire – le terme sera repris à l'envi –, de se « fonctionnariser ». Et Moulin lui-même, selon lui, risquait d'être victime d'une myopie préjudiciable à tous : « Laissez-moi vous le dire amicalement mais fermement, vous ne connaissez qu'un seul côté de la résistance ; vous n'avez placé votre œil qu'au seul gros bout de la lunette ; vous n'avez pas eu le temps de regarder par le petit bout. Cette méconnaissance que vous avez du travail réel est grave. Je sais les progrès de géant qui ont été accomplis en un an. Vous ne semblez pas les avoir mesurés, ni compris l'extension possible... »

Dans le mémorandum en huit points, rédigé en avril au nom du Comité directeur des MUR, d'Astier, lui, exigeait des modifications dans l'organisation des rapports entre la France Libre et les Mouvements de résistance, et réclamait surtout une transformation du statut de la Délégation : « Les Mouvements souhaitent recevoir des directives du général De Gaulle, leur chef, mais leurs troupes et leurs activités ne peuvent être remises en aucun cas entre les mains de fonctionnaires n'ayant connaissance qu'épiso-dique (*missi dominici*) ou abstraite des possibilités de la masse résistante ; de fonctionnaires qui décideraient sa structure et l'amputeraient d'éléments essentiels et qui feraient, sous prétexte qu'ils représentent le Comité natio-nal, une politique autoritaire et personnelle. » Moulin était explicitement visé par la dernière phrase et d'Astier proposait que Moulin, maintenu pour le moment à son poste de Délégué, fût sérieusement encadré : « Il est donc naturel qu'un représentant du Comité national [de la France Libre] vienne "collaborer" avec les dirigeants de la Résistance, mais il ne peut, en aucune manière, se substi-tuer à eux dans l'exécutif, ni même leur imposer des modes d'action, des structures ou des directions poli-tiques incompatibles avec les possibilités de l'outil qu'ils ont créé ou avec les aspirations de la masse française. » Symétriquement, les Mouvements Unis de Résistance, continuait d'Astier, « demandent qu'un accord de prin-cipe intervienne pour la nomination d'un représentant de la résistance à Londres. Ce représentant désigné par les Mouvements et agréé par les Forces Françaises Combat-tantes serait en permanence à Londres, serait entendu par le Comité national pour les questions concernant la Résis-tance ; il aurait à collaborer avec les différents services concernant la Résistance ».

Toujours en avril, et en porte-parole des MUR, le même d'Astier demandait que soit rattaché aux instances des Mouvements le service des liaisons aériennes et mari-times, la WT (la centrale de transmission radio montée par Moulin), le BIP, (l'agence d'informations clandestine), et également le CGE (Comité général d'experts) auquel Moulin tenait tant ; il voulait aussi que l'Armée secrète soit rattachée plus étroitement aux MUR et ne voulait pas entendre parler de l'intrusion dans un hypothétique Conseil de la Résistance de formations partisanes, sauf si elles avaient fait montre d'un réel engagement résistant. Bref, c'était un travail de sape contre toutes les fonctions exercées par celui qui était pourtant devenu Commissaire national en mission.

*

Moulin était d'autant moins prêt à admettre cet argumentaire – comme nous le verrons – qu'une partie au moins des critiques formulées à son encontre visaient en fait la stratégie gaullienne qu'il avait fait sienne et qu'il était décidé à mettre en œuvre, patiemment d'abord, en passant en force si cela devenait nécessaire. Et ils étaient relativement nombreux dans les instances dirigeantes de Combat, mais pas uniquement à Combat, à formuler des réserves à l'encontre de l'omnipotence du chef de la France Libre et de la stratégie défendue par Londres. On n'oubliera pas que, de son côté, la direction du parti communiste clandestin ne se privait pas d'émettre des critiques du même genre. Alors que s'il faut se défier d'opposer trop systématiquement dirigeants et militants, il est vraisemblable – mais sous bénéfice d'inventaire – que pour les résistants de base, la BBC aidant, le prestige de l'homme du 18 Juin restait intact, voire allait grandissant, et que les différends entre « Londres » et tel ou tel responsable des Mouvements paraissaient hors de saison, voire peu compréhensibles.

Frenay écrivait à Moulin le 8 avril : « Nous nous considérons, un peu, si vous le voulez, comme un parti qui soutient un gouvernement, mais pas pour autant aux ordres de ce dernier. » Moulin rétorquait dans sa lettre adressée à De Gaulle : « Nef [Frenay] à plusieurs reprises, défendant devant moi la thèse de l'indépendance absolue des Mouvements, m'a déclaré qu'il se considérait dans la position d'un chef de parti à l'égard du chef du gouvernement. Tel n'est pas mon avis. Qu'il en soit un jour ainsi, lorsque vous serez réellement à la tête des destinées de la France, c'est possible. Mais, à l'heure actuelle, j'estime que vous devez vous considérer bien plus comme un chef de parti que comme un chef de gouvernement. » Ainsi était posé en termes parfaitement clairs l'un des points les plus centraux de l'affrontement de logiques opposées.

Dans la même lettre, Frenay précisait : « Vous semblez méconnaître ce que nous sommes vraiment, c'est-à-dire une force militaire et une expression politique révolutionnaire. Si sur le premier point, et avec les réserves que j'ai faites à notre dernière réunion, nous nous considérons aux ordres du Général De Gaulle, sur le second nous conservons toute notre indépendance. » Même en négligeant pour le moment la qualification de « politique révolutionnaire » (à l'époque tout un chacun – ou presque – dans la Résistance, et d'ailleurs également à Londres, se disait ou se voulait « révolutionnaire »), Frenay exprimait une opinion partagée par la grande majorité des responsables des Mouvements : l'obéissance à De Gaulle en tant que chef militaire, œuvrant en liaison avec l'Etat-Major allié pour la réussite du débarquement le Jour J, était un principe indiscutable. Mais elle ne saurait impliquer une obédience au plan politique. Car les membres de cette armée de l'intérieur restaient des citoyens à part entière qui pouvaient et devaient utiliser leurs droits. Dans une lettre écrite le 28 avril au général Davet son représentant en Suisse, rendant compte des débats houleux de la dernière réunion du Comité directeur des MUR, il défendait le même principe : « Si nous ne voulons rien changer à l'attitude que nous avons prise vis-à-vis du général De Gaulle, père et symbole de la Résistance, nous entendons en revanche rester libres de nous exprimer librement, de nous organiser librement et conserver cette attitude d'indépendance qui seule donne du poids à nos avis tant auprès des alliés que de De Gaulle lui-même. » Frenay était profondément convaincu de la pertinence de cet argumentaire.

Or De Gaulle à l'époque récusait totalement cette manière de voir. Pour lui les Résistants étaient des soldats enrégimentés dans des casernes invisibles et tenus à une obéissance indivisible. Et Moulin était à l'unisson, lui à qui tout affaiblissement de la position de la France Combattante, et partant de la ligne politico-militaire du chef de la France Libre, paraissait suicidaire s'il s'en référait à ce qui s'était passé durant la guerre d'Espagne. Et, compte tenu de l'importance des enjeux politiques et de l'activité des problèmes du moment, il jugeait cette revendication d'indépendance particulièrement blâmable.

Le débat avait pour enjeu ultime la primauté de la France Libre sur la Résistance. Ce n'était pas absolument nouveau. Déjà à Londres, en octobre 1942, la discussion avait été portée sur ce terrain au cours d'un déjeuner. Nous disposons de deux versions voisines de ce dialogue manifestement tendu et conclu dans une tonalité tout à fait gaullienne. Frenay, commettant un léger anachronisme dans sa relation, nous préférons citer celle de Passy : « Quelques jours après l'arrivée de d'Astier et de Frenay à Londres en septembre 1942, le général de Gaulle les invita à déjeuner à l'hôtel Savoy, avec André Philip, Billotte [son chef d'Etat-Major] et moi. Frenay précisa la position des Mouvements à l'égard du Comité national [londonien]. Elle se résumait à ceci : obédience complète dans le domaine paramilitaire ; mais du point de vue politique, les Mouvements se considéraient vis-à-vis de lui dans la même situation que des partis politiques en face du gouvernement. "Qu'arrivera-t-il, demanda Frenay, si nous ne pouvons nous mettre d'accord avec Rex ? – Vous viendrez ici, et nous essaierons de trouver une solution, répondit le Général. – Et si cela se révèle impossible ? repartit Frenay – Eh bien ! conclut De Gaulle, dans ce cas, la France choisira entre vous et moi" » (*Mémoires du chef des services secrets de la France Libre*, p. 363).

Quelques mois plus tard, la situation, nous l'avons dit, s'était encore dégradée. La disparition de Moulin ne devait rien y changer : le fond du conflit était bien entre

Londres et la Résistance. Dans une note qui faisait l'historique des relations entre Combat et la France Libre, rédigée à Londres le 2 juillet 1943 (consultable en 72 AJ) et destinée à De Gaulle, Frenay, après avoir rappelé : « au retour de mon premier voyage, j'avais la certitude que le cœur de la France Combattante battait du même rythme que celui de la France résistante », déplorait la rupture de « l'unité spirituelle des forces françaises combattantes ». Pis encore, dans le rapport rédigé à la fin juillet 1943, avant son envol pour Alger, il étendait sa critique à l'ensemble des hommes de Londres : « A Londres, on fait de la politique et on oublie la guerre comme virtuellement gagnée ; en France on fait la guerre, peut-être parce qu'on y est contraint, ensuite de la politique. » Et de s'en prendre explicitement à ce qu'il nommait la « vieille garde », avec laquelle De Gaulle était en « contact presque exclusif » ; elle « n'a pas compris la nécessité de s'élargir », elle empêchait une « opposition éventuelle de s'exprimer librement et [a] fait le jeu de ceux qui affirment les tendances autoritaires du Général et de ses conseillers ». Les représentants de la Résistance sont désormais, dit-il, « accueillis avec froideur et méfiance par la vieille garde ». Et pour ce qui le concerne, écrit-il le 10 juillet, « je suis arrivé [à Londres, en juin] dans la position "accusé levez-vous" [...] j'ai été reçu en suspect... ».

Les bureaux londoniens, sur un autre ton et avec moins de certitude hautaine que leur illustre chef, pouvaient en effet donner à Frenay et d'Astier l'impression de n'être pas tout à fait bien reçus. Ils considéraient d'un œil de plus en plus critique ces responsables des Mouvements. Il nous semble que dans l'entretien qu'il nous a accordé, Stéphane Hessel, qui appartint à la section Renseignement du BCRA, a bien résumé l'opinion générale : « On aimait bien les chefs des Mouvements. Mais on ironisait également beaucoup sur eux. On se résignait au fait qu'ils en rajoutaient (et à notre avis inutilement). On comprit d'ailleurs très vite qu'il fallait en prendre et en laisser car ils s'écoutaient vraiment parler. En plus, ils se disputaient (même si la rumeur en était un peu trop amplifiée). Frenay, d'ailleurs, ne cachait pas ses sentiments à l'encontre des autres Mouvements. »

Plus précisément, si ces responsables londoniens paraissaient avoir apprécié Jean-Pierre Lévy, et avoir été impressionnés par Jean Cavaillès, voire par Jacques-Henri Simon (de l'OCM), ils étaient beaucoup plus réservés à l'endroit de Frenay et d'Emmanuel d'Astier. En témoigne le portrait ambivalent brossé par Passy du chef de Combat en octobre 1942 (on imagine qu'un an plus tard le ton eût été plus acide) : « Frenay était un homme de trente-sept à trente-huit ans, au corps petit et mince surmonté d'une tête large et curieusement façonnée, aux yeux clairs et vifs. Sa parole était rapide mais ses propos, quoique énoncés sur un ton très affirmatif et parfois même un peu doctrinal, révélaient dès l'abord un étrange manque de suite dans les idées. Beaucoup de ceux qui furent appelés à travailler avec lui furent frappés par ses fréquents retournements de position et l'accusèrent de mauvaise foi. Je suis persuadé, quant à moi, qu'il avait des sincérités successives ; mais leurs variations suivaient un rythme tellement précipité qu'on en était souvent choqué. Malgré ce défaut évident, Frenay m'apparut très sympathique. Il débordait d'ardeur et d'enthousiasme et son courage était indiscutable » (*Mémoires*, p. 362).

Quant à d'Astier, et à l'inverse de la vive admiration que lui portaient ses camarades et de la séduction qu'il exerça sur De Gaulle, il s'est attiré, presque immédiatement, de la part des bureaux londoniens, plus de sarcasmes que de *satisfecit*. Brossolette lui avait signifié de manière cinglante : « Ce qu'il nous faut dans les Forces Françaises Libres, ce sont des hommes aventureux et non pas des aventuriers. » Ce que confirme le commentaire rétrospectif de Stéphane Hessel : « Même s'il était séduisant, d'Astier était peu sérieux. Il était horripilant par ses attitudes de gauchiste [...]. Avec beaucoup de mépris à l'égard des autres, il apparaissait comme ayant les dents trop longues. Le même reproche aurait pu être fait à l'encontre de Brossolette, mais celui-ci se rachetait par son courage. »

La position de Moulin est restée nuancée. On a rappelé que, le 7 mai encore, il affirmait à propos de Frenay et d'Emmanuel d'Astier : « Je les ai défendus et je les défendrai » parce que ces premiers Résistants avaient pris tous les risques dans une France qui n'était sortie du maréchalisme que pour s'assoupir dans un attentisme frileux. Mais il a été relativement déçu par certains des chefs de Mouvements, par l'amateurisme qu'aggravaient des querelles incessantes, par leur incapacité à proposer une relève politique crédible, par leurs réticences surtout à l'endroit de la stratégie gaullienne. On peut saisir le fond de sa pensée dans le memorandum établi par Emmanuel d'Astier, en avril 1943, en réponse à ses critiques : « Nous ne nous considérons pas, selon l'expression de Rex, comme des "Rois nègres". Nous ne considérons pas le général de Gaulle, selon l'expression de Rex, comme une "vache à lait" [...]. » Les paroles attribuées à Moulin ne paraissent pas invraisemblables. En tout cas, à partir d'avril-mai 1943, il éprouvait à l'encontre de Frenay et d'une partie de son entourage, en particulier Bénouville, un fort ressentiment. La réciproque était vraie.

*

On ne faisait pas que récriminer ou critiquer. Deux affaires allaient cristalliser ces antagonismes et devenir les enjeux précis de ces affrontements : la direction et la conduite de l'Armée secrète et « l'affaire suisse ».

Autour de l'Armée secrète se déclarèrent des dissentiments entre d'une part le couple Delestraint/Moulin et d'autre part Frenay, soutenu par des résistants. Un bref rappel est nécessaire : dans l'automne 1942, ce qui avait été le plus vite coordonné entre les Mouvements, ce furent les activités paramilitaires regroupées sous le vocable « Armée secrète ». Cette armée de l'intérieur devait se tenir prête à aider l'Etat-Major allié lors du débarquement

mais également à fournir des corps francs, des groupes
de sabotage en principe immédiatement disponibles. Il
avait été alors plus ou moins entendu à Londres qu'elle
pouvait dépendre à la fois de la France Libre et du comité
de coordination des trois Mouvements de zone sud. Mais
dès que De Gaulle eut fait le choix de Delestraint, comme
chef de l'Armée secrète pour l'ensemble de la France
occupée et ne relevant que de lui-même, Frenay estima
que le compromis qu'il avait dû accepter était rompu.
Dans une réunion du comité directeur des MUR, il en vint
à déclarer que, en l'occurrence, « le Général avait agi
inconsidérément ». Or, le choix du général Delestraint à
la tête de la très jeune Armée secrète était une idée de
Moulin. On comprend que Frenay ait eu fort mauvaise
grâce à accepter cette décision, car la majorité des
membres de l'AS sortaient des rangs de Combat, comme
d'ailleurs à supporter les excommunications fulminées
contre lui, à plusieurs reprises, par Emmanuel d'Astier,
plaidant qu'il fallait pour ce poste singulier trouver un
titulaire en dehors des Mouvements. Du moins pensait-il
pouvoir aisément dominer ce général repéré d'abord par
Marcel Peck, un des responsables de Combat de la région
lyonnaise.

C'était sans doute un choix heureux, comme le confirmera plus tard Claude Bourdet : « En vérité nous n'aurions pas pu tomber sur un officier supérieur plus
dévoué, plus intelligent et modeste [...], plus prêt à acquérir l'expérience qu'il ne possédait pas... » Tout en ajoutant
dans la foulée : « Mais Delestraint fut placé, dès le premier jour, dans une situation qui faisait de lui l'homme de
Londres et le second de Moulin. » Ce qui est parfaitement
exact.

Si Delestraint jouissait outre-Manche auprès de ses
homologues anglais d'une bonne réputation, c'était, aux
yeux de Frenay, un officier à la retraite qui découvrait les
rudiments de la lutte clandestine. Frenay avait escompté
un temps que cette nomination resterait largement hono-
rifique ; puis, comme il avait reçu à l'intérieur du comité

directeur des MUR les fonctions de commissaire aux affaires militaires, il se considérait comme une sorte de ministre de la Guerre de la Résistance ayant sous ses ordres un chef de corps d'armée, certes pas n'importe lequel, mais enfin un subordonné de fait. Une prétention inacceptable pour Charles De Gaulle.

La guérilla menée par Frenay, sous le regard au départ complice d'Emmanuel d'Astier, fut déclenchée dès le retour de Londres des deux voyageurs, d'autant que Frenay, si l'on en croit le télégramme de Moulin du 25 avril, avait profité de leur absence pour se conduire en véritable maître de l'Armée secrète : « Situation très grave en zone sud – Nef, je dis Nef [Frenay] a profité mon absence pour bouleverser complètement organisation et mène violente campagne contre Mars [Delestraint] dont refuse reconnaître autorité. » La promotion inattendue de Charles Delestraint nommé responsable pour toute la France, le soutien explicite que lui apportait Moulin pour les qualités qu'il trouvait à l'homme et plus encore pour l'affirmation répétée qu'il obéirait sans états d'âme aux directives du chef militaire de la France Libre, incitèrent Frenay à durcir le ton. Il profitait du fait que les Londoniens, dont Moulin, pouvaient être accusés d'abandonner à leur sort les réfractaires au STO. La séance du comité directeur des MUR du 26 avril fut d'une grande violence – tous les témoignages concordent. Moulin rapporta que « Mars [...] déclara fermement qu'il entendait ne plus venir se faire injurier périodiquement devant le Comité [directeur des MUR] », lui qui avait reçu des missions précises du chef de la France Libre. Mais Frenay ne désarma pas, jusqu'à l'arrestation de Delestraint, si l'on en croit un rapport de Robert Lacoste parvenu à André Philip le 17 mai : « Charvet [Frenay] [...] rend la tâche impossible à Vidal [Delestraint] qui est à la fois prudent et actif [...]. Charvet se moque de lui et sème le désordre pour se justifier... »

Frenay posait en fait le problème du pouvoir, adressant, le 8 avril, à Delestraint un mémorandum repris dans une

« note » du 10 mai. Il opposait la conception quasi classique de l'armée qu'il prêtait à Delestraint – et il n'avait pas totalement tort – à une vision plus exaltante pour des résistants, celle d'une armée « révolutionnaire ». Car disait-il, « libération et révolution sont les deux aspects d'un même problème indissolublement liés dans l'esprit de nos militants... ». Et de faire appel aux grands ancêtres : « les volontaires de la Résistance ressemblent comme des frères aux volontaires de 93 », tout en n'hésitant pas à les décrire comme des « bandes partisanes qui veulent se battre plus encore pour leurs libertés intérieures que contre l'envahisseur ». En tout cas, la discipline de cette armée révolutionnaire n'avait selon lui rien à voir avec celle qu'on exige dans une armée régulière et il récusait toute obéissance à des chefs qui n'auraient pas la confiance des volontaires : « La clandestinité de notre action et de notre organisation n'a pas développé le sentiment d'obéissance aveugle à n'importe quels chefs. La discipline chez nous est faite de confiance et d'amitié. Il n'existe pas de subordination au sens militaire du terme. » Habilement – car c'était l'argument qu'utilisait De Gaulle à l'encontre de Giraud – il rappelait à Delestraint qu'en bonne rigueur républicaine le pouvoir politique devait l'emporter sur les instances militaires : « J'ajoute enfin que dans notre récente conversation nous avons perdu l'une des deux missions de l'Armée secrète, je veux parler de la tâche insurrectionnelle. L'exécution de cette mission qui demeure valable [c'est du moins ce que considère Frenay, mais depuis l'occupation de la zone sud ce n'est plus la même chose] implique à tous les échelons la prééminence du politique sur le militaire. » Et d'ajouter – pierre dans le jardin de Delestraint qui avait recruté quelques officiers de l'armée d'armistice dissoute – que les volontaires « en se battant contre l'ennemi extérieur [...] se battent pour un idéal ; pas plus que leurs aînés [les volontaires de 93], ils refusent de se mettre aux ordres des ci-devant de l'Ancien Régime ». Avec pour conclure cette formule bien frappée : « Une armée révolutionnaire nomme ses chefs, on ne les lui impose pas. »

Ni Moulin ni Delestraint ne se risquèrent à croiser le fer avec Frenay sur la nécessité d'une armée révolutionnaire ni sur l'assertion que l'Armée secrète possédait déjà ce caractère. Bien entendu, à leurs yeux l'Armée secrète possédait certaines caractéristiques que Frenay pouvait baptiser à son gré « révolutionnaires ». Cela étant, Max ne cacha pas à De Gaulle dans sa lettre du 7 mai sa réprobation devant des formulations qu'il jugeait irresponsables : « En ce qui concerne la discipline, il ne peut pas être conçu un organisme militaire même révolutionnaire dans lequel tout le monde a son mot à dire et à tous les échelons. » Quelques semaines plus tard, dans sa réponse du 4 juin à André Philip, il met à nouveau les points sur les *i*, tout en élargissant le propos : « Il y a là une question de sécurité et de discipline. Vous n'ignorez pas que les méthodes de certains dirigeants de mouvements en zone sud ont abouti à l'arrestation de la plupart des cadres régionaux des Mouvements Unis ; il est absolument nécessaire de préserver les cadres de l'AS d'une telle contagion, si l'on veut que l'armature puisse être maintenue jusqu'au Jour J. »

Surtout, il ne pouvait admettre que cet appel aux grands ancêtres de la Patrie en danger serve en fait – car à ses yeux ce n'était qu'un prétexte – à remettre en cause l'autorité de Delestraint, pour poser la question du contrôle politique : Londres ou les Mouvements ?

Certains, comme Claude Bourdet, ont pu penser que le débat se situait sur un autre terrain : « Notre principal différend ne venait pas de ce que l'Etat-Major de Londres entendait nous en enlever le contrôle, mais de ce que les troupes devaient être mises dans la naphtaline. » C'était poser le problème de « l'action immédiate ». On appelle ainsi le passage à des formes de lutte armée contre l'occupant qui n'attendraient pas l'attaque générale des alliés le jour du débarquement. Il se trouve que cette question fut ravivée par l'irruption des maquis-réfractaires, d'autant que les communistes soutenaient la nécessité de l'action immédiate. Sans abandonner l'idée de réduire ainsi la pression exercée par la Wehrmacht sur l'URSS, ils estimaient surtout qu'elle aguerrirait cadres et militants. Dans un rapport (cité par Daniel Cordier, *La République des catacombes, op. cit.*, p. 335) rendant compte de l'incident survenu avec Moulin le 12 avril, Joseph [Beaufils] souligne l'opposition de deux points de vue sur l'utilisation de l'AS : « L'Armée secrète devrait se contenter d'être une masse d'hommes restant bien sages jusqu'au moment des opérations de débarquement. Ce qui est en opposition formelle avec notre conception de la lutte, car nous continuons de penser qu'il faut chaque jour frapper plus fort et davantage l'ennemi, ce qui a entre autres conséquences, celle de former des cadres et des effectifs solides et entraînés, sur lesquels le haut commandement pourra compter au moment décisif. » On rappellera cependant que le parti communiste n'exerçait pas encore à ce moment-là une influence déterminante sur la Résistance, et que ce débat ne devint aigu qu'à l'automne 1943, voire au printemps 1944.

Londres décida néanmoins de contrer cette double critique en autorisant sous certaines conditions l'action immédiate. André Philip, avec l'accord de Charles De Gaulle, faisait connaître à la mi-mai cette nouvelle directive : « Le principe de l'action immédiate reste admis sans restriction jusqu'à nouvel ordre, à charge pour vous, s'il y a lieu, de donner certaines directives dont nature est précisée dans instructions qu'allez recevoir par courrier. » Jean Moulin crut nécessaire de défendre le chef de l'Armée secrète, qui paraissait désavoué, en précisant le 4 juin : « Il semble que les intentions de Vidal [Delestraint] aient été également quelque peu déformées. Il n'a jamais été dans ses projets d'interdire de façon absolue aux militants de l'Armée secrète de se livrer à aucune activité en attendant le jour J. Vidal sait bien que cela serait pratiquement impossible. » Ce plaidoyer tardif faisait pourtant l'impasse sur le fait que les Anglo-Saxons, et partant les responsables de la France Libre, étaient avant tout soucieux de maintenir les effectifs de la Wehrmacht en France à 13 divisions et redoutaient qu'une insécurité grandissante n'incitât l'occupant à amener des renforts.

C'était donc bien la question du contrôle de l'Armée secrète, ou, plus exactement, de son contrôle exclusif par les délégués de Londres, qui se posait. De Gaulle, en arrêtant les directives de la « mission Rex », s'était directement rattaché ce qui allait devenir l'Armée secrète. Si les choses avaient évolué, il estimait qu'il restait hors de question d'en confier, en zone nord comme en zone sud, le commandement à un quelconque responsable de Mouvements, comme de laisser les MUR s'immiscer dans sa direction. On retrouvait l'argument concernant la subordination nécessaire des Mouvements à la France Libre. C'était pour lui une question de principe : les résistants en général devaient se considérer comme des soldats et ceux qui s'intégraient à une armée devaient encore plus nécessairement obéir au commandant qu'avait choisi le chef de la France Libre. D'ailleurs, s'il y avait un titre et une fonction que les Anglais ne lui avaient jamais contestés, c'était bien ceux de « commandant en chef des Forces Françaises Libres ».

Quant à Delestraint, il avait souligné devant le comité directeur des MUR « qu'il avait été nommé commandant en chef de l'Armée secrète par le général de Gaulle, que sa nomination ne comportait aucune subordination à un comité quelconque, qu'il n'acceptait que le contrôle et l'autorité, au point de vue politique, du Comité national français et, dans une certaine mesure, du Conseil de la Résistance [encore en projet] ». Dans la lettre déjà citée du 7 mai, Moulin développait l'analyse : « Au point de vue militaire, la Résistance française ne peut être considérée que comme un élément, entre bien d'autres, de la lutte entreprise par les Alliés contre l'Axe. Elle doit entrer strictement dans le cadre fixé par l'État-Major allié si l'on veut que la France reprenne un rôle dans la lutte commune. A ce titre vous êtes le chef militaire des Français sans réserves, ni restrictions. » Et face à Frenay, il défendait fermement que l'Armée secrète était autonome des Mouvements pour la préparation militaire en vue du jour J ; qu'elle était sous le commandement de Delestraint qui recevait ses directives directement du commandement interallié ; et que s'il devait être en bons termes avec les Mouvements de Résistance, il n'était nullement obligé de prendre ses ordres auprès d'eux.

Pareilles thèses parurent inacceptables à un certain nombre de responsables des Mouvements de zone sud, et en particulier à Frenay ; en conclusion de son rapport écrit le 10 mai 1943, il développait longuement toutes les bonnes raisons qui militaient pour que l'Armée secrète soit également rattachée aux Mouvements Unis de Résistance. Il fait d'abord état de droits d'aînesse : « 1) L'Armée secrète fait partie intégrante des Mouvements Unis, lesquels l'ont créée de toutes pièces [ce qui est partiellement inexact], ont déterminé les structures et son orientation, ont formé ses cadres et recruté ses troupes. » Après quoi, il établit un partage strict des devoirs qui devaient être ceux de Delestraint : « 2) Le commandant de l'Armée secrète est placé aux ordres de l'Etat-Major des Forces françaises combattantes pour tout ce qui concerne les missions dont l'Armée secrète sera chargée dans les opérations militaires. Il est placé sous le contrôle directeur des Mouvements Unis pour la coordination de son activité et de celle des autres services. » Le 8 avril, il avait déjà souligné auprès de Delestraint que la « prééminence du politique sur le militaire implique à tous les échelons une étroite collaboration entre les chefs politiques et ceux de l'Armée secrète. Telle est une autre raison qui explique pourquoi le comité directeur des MUR doit conserver un droit de regard sur l'Armée secrète ». Frenay n'était pas le seul à défendre pareille ligne. D'Astier de La Vigerie plaida à Londres presque dans les mêmes termes : « On a créé l'Armée secrète sans qu'il fût dit d'ailleurs un seul instant que cette Armée secrète, commandée par un général du point de vue militaire dût sortir un seul instant du

contrôle de la Résistance. La prééminence du politique
sur le militaire et le maintien de l'Armée secrète dans le
corps de la Résistance paraissaient tellement nécessaires
que Rex lui-même proposa dans la répartition des activités au sein du comité de coordination un membre spécialement en charge des affaires militaires... »

Ce qui n'aurait pu être qu'un affrontement technique
tourna au drame passionnel. Il y avait du vrai dans cette
admonestation émouvante du chef de Combat, le 8 avril :
« Je pris de ce fait sur mes camarades et subordonnés un
ascendant réel que vous n'entendrez pas contester. C'est
à moi qu'ils avaient fait confiance, c'est à moi qu'ils
étaient liés. Je ne cherche pas en vous disant cela à faire
étalage de mon influence mais seulement à vous éclairer
sur une situation de fait dont vous voudrez tenir
compte [...]. Vous avez recueilli le fruit de deux années,
vous concevrez aisément que nous ne saurions nous
désintéresser de son sort. » Prêtons également attention à
cette analyse pertinente de Passy dans ses *Mémoires*
(p. 272) : « Frenay, lui, était un officier d'active, qui
n'avait pas envisagé, en créant son mouvement, la reconstruction politique du pays, et encore moins une place de
choix dans cette reconstruction. Il s'était simplement
lancé avec un dynamisme souvent brouillon et une évidente générosité de cœur dans la création d'un organisme
actif et hiérarchisé, orienté avant les autres vers la préparation de groupes paramilitaires. Mais, après quelques
mois passés à la direction de Combat, il avait cru, lui
aussi, avoir un rôle politique à jouer, persuadé qu'il était
que les Mouvements de Résistance formeraient après la
victoire l'ossature politique nouvelle de la nation. Il savait
parfaitement qu'une fusion à bref délai lui apporterait
inéluctablement la commandement de l'Armée secrète
(puisqu'il était plus compétent et qu'il amenait la majorité
des éléments paramilitaires) tout en lui laissant, au sein
du comité de direction politique unique qui serait constitué, une place que ses chefs de l'Armée secrète rendrait
prépondérante. »

La tension devint extrême : « Frenay, note Claude Bourdet, revenait des séances du Comité directeur aussi exaspéré que Delestraint et Moulin l'étaient de leur côté. » Claudius-Petit et Pascal Copeau jugèrent nécessaire de s'entremettre, tout cela pour aboutir à une cote mal taillée qui permettait du moins d'éviter un blocage. Une résolution du comité directeur des Mouvements de Résistance Unis, en date du 26 mai, à la fois confirme Delestraint et le dépouille d'une partie de ses attributions en segmentant l'Armée secrète : « Il est fait confiance à Vidal [Delestraint] pour assurer le commandement de l'Armée secrète. Le contrôle des Mouvements Unis demeure et se fera a posteriori qu'il s'agisse de l'orientation générale ou du choix des cadres supérieurs. Les maquis restent sous le contrôle du comité directeur [des MUR] sous la réserve [...] que certains d'entre eux peuvent passer sous le contrôle de l'Armée secrète sur sa demande afin de remplir certaines tâches de caractère militaire. Les Groupes francs organisés par les Mouvements Unis restent sous le contrôle du comité directeur [...]. Les Mouvements Unis insistent auprès de leurs militants pour que toute autorité soit donnée à Vidal dans le cadre de ces décisions. » Londres, de son côté, lâchait Delestraint. Moulin, qui s'efforçait avant tout de réunir au plus vite le Conseil de la Résistance, dut donc se résigner à voir une partie des attributions du chef de l'Armée secrète passer dans l'escarcelle de Frenay, en tant que commissaire aux questions militaires. Il n'était pas le seul à s'inquiéter : « Le secteur maquis et groupes francs devrait, précise Pascal Copeau, le 4 juin, bien être assez vaste pour le bouillant esprit de notre ami, mais ce n'est pas sans danger de lui laisser entre les mains un pareil instrument. » Tout n'était pas réglé pour autant, car Frenay entendait revenir sur les termes du compromis.

Si le soutien sans faille apporté par Delestraint est l'une des raisons majeures de l'antagonisme entre Moulin et Frenay, avait interféré ce qu'il est convenu d'appeler « l'affaire suisse ». Des hommes de Combat tentaient, en effet, d'établir des rapports privilégiés avec l'antenne des services secrets américains à Berne, en mettant en place en Suisse une « délégation », censée représenter la résistance intérieure (la correspondance entre les divers protagonistes est consultable aux AN en 72AJ, dans les papiers Monod). Il s'ensuivit une crise sans doute brève – à peine trois mois – mais suffisamment violente pour laisser des traces indélébiles.

Il y eut deux étapes distinctes. Dès la fin de l'année 1942, Frenay souhaitait – il en parle à Passy à Londres – prendre des contacts en Suisse avec les Anglo-Saxons pour améliorer les moyens de transmission et les circuits financiers entre les mouvements de zone sud et les Anglo-Saxons, via Berne, par l'intermédiaire, dans un premier temps, de l'ambassade britannique. Mais ni la France Libre, pour des motifs politiques, ni même les Anglais, surtout pour des raisons techniques, n'avaient donné suite à cette première tentative du côté de l'ambassade britannique à Berne. Le chef de Combat ne se tint pas pour battu et utilisa pour contacter les Américains les bons offices de Philippe Monod, un militant recruté par Claude Bourdet. Cet avocat international, qui avait travaillé avant-guerre pour le cabinet américain Sullivan & Cromwell, avait rencontré en novembre 1942 un de ses anciens patrons, Max Shoop, qui, rejoignant l'antenne OSS de Berne, se déclara intéressé par les Mouvements de Résistance et accepta de recevoir les émissaires de Combat. Il entendait leur faire des propositions qui se voulaient honnêtes.

C'était le début de la seconde phase, la phase américaine, soigneusement édulcorée par Frenay dans « Le rapport Charvet », sur les relations des mouvements unis de résistance avec les alliés en Suisse » adressé postérieurement à De Gaulle, le 25 mai. Des deux protagonistes de l'affaire suisse, l'antenne de l'OSS à Berne et le noyau directeur de Combat, c'est ce dernier qui nous intéresse avant tout. Il faut cependant dire quelques mots sur la stratégie du général Donovan. C'est relativement tard (en juin 1941) que se mettait en place, sous sa direction, et relevant directement de Roosevelt, une centrale de renseignements et d'espionnage : l'Office of Strategic Services, l'ancêtre de la CIA (créée, elle, en 1947). Dans l'automne 1942, Allan Dulles installa à Berne une antenne couvrant le Reich et l'Europe occupée. Si cette dernière manquait encore d'expérience et d'agents opérationnels, elle pouvait faire miroiter le versement pour services rendus de sommes respectables en dollars. Le 6 mars, un câble de Dulles signalait au général Donovan que des groupes de résistants étaient venus offrir leur collaboration, se présentant comme les délégués des « Forces françaises combattantes de la métropole ». Frenay prétendit – à tort – que c'était le refus de Londres de fournir des moyens aux maquis naissants qui avait suscité les contacts. En fait, ils avaient été pris auparavant, mais l'incapacité de la France Libre de fournir des moyens supplémentaires renforçait le projet. Claude Bourdet écrira plus tard qu'ils avaient alors décidé de « transformer la tête de pont Bénouville à Genève en véritable délégation... ».

Quoi qu'aient pu dire les amis de Frenay, insistant sur le *fair play* américain, sur la promesse de garantir l'indépendance politique des Mouvements, le bureau bernois entendait évidemment en avoir pour son argent. Il escomptait la livraison privilégiée de renseignements politiques et militaires concernant à la fois l'occupant et la Résistance, alors que les relations étaient particulièrement tendues entre De Gaulle et la Maison-Blanche.

Au départ, Frenay envisageait probablement d'améliorer ses moyens de transmission, mais très vite il fut à la recherche d'argent pour développer les activités de son Mouvement, estimant que les sommes en provenance de Londres, déjà insuffisantes, risquaient de devenir dramatiquement dérisoires avec le développement des maquis. Et il supportait de plus en plus difficilement qu'elles continuent d'être réparties par Moulin. Claude Bourdet résume l'enjeu de l'affrontement : à Moulin qui lui reprochait de se laisser prendre dans un engrenage et d'accepter de donner des renseignement militaires, dont la livraison aux alliés constituait un des atouts majeurs de la France Libre, Bourdet, sans en disconvenir, répondait que ce risque avait moins d'importance que la menace d'asphyxie pécuniaire de la Résistance. Il écrira plus tard que le créneau suisse aurait fait fonction d'un « second poumon » pour la Résistance. Et au fil des semaines, Frenay en vint à penser que les contacts suivis avec ces services secrets américains lui permettraient aussi de développer, autour de lui, un second pôle de la France Combattante, qui équilibrerait celui de Londres. S'il ne souhaitait pas rompre avec De Gaulle, il estimait trouver là le moyen de l'obliger à négocier, à modifier sa stratégie sur le devenir de la Résistance, à revenir sur le statut de l'Armée secrète.

Il allait sans dire que Moulin serait, sinon révoqué, du moins remisé dans un placard. C'est ce qu'il expliquait à Philippe Monod, à Genève, le 27 avril : « Vous connaissez les raisons qui nous ont amenés à rechercher un contact direct entre les alliés en Suisse. C'est d'une part la difficulté d'avoir des relations normales et rapides avec Londres et éventuellement les capitales étrangères, l'impossibilité où nous nous trouvons d'avoir le matériel et les sommes nécessaires au développement de notre entreprise, notre volonté de faire entendre notre voix sans aucun intermédiaire et sans modifier en rien la position idéologique que nous avons prise depuis longtemps... » L'antenne bernoise de l'OSS, quant à elle, établissait pour le général Donovan, dès le 10 avril, ce constat qui montre qu'elle ne s'y trompait pas : « Les représentants des forces françaises combattantes métropolitaines [c'était le nom qu'avait donné Combat à son antenne] ont exprimé le désir de travailler directement avec les Anglais et nous-mêmes. Bien qu'ils acceptent encore le lien avec De Gaulle au travers de ses représentants travaillant avec eux, nous croyons que ce désir de leur part indique qu'ils souhaitent sortir de la domination du Comité national français [de la France Libre]. Brake [Frenay] souhaite faire un rapide voyage en Afrique du Nord avant De Gaulle. »

Dans une réunion de Combat, tenue à Caluire, au début mars, Frenay, secondé par Bénouville, s'était employé à triompher d'un certain nombre de réticences, celles de Bourdet notamment. Il imposait l'installation d'une « délégation » à Genève, à la tête de laquelle il avait placé un ami de Bénouville, le général d'aviation Davet, un royaliste d'Action française, estimant que son passé politique comptait peu en regard du fait qu'être général et compagnon de Mermoz était à même d'impressionner les Américains. Menées dans le plus grand secret, les négociations étaient bien avancées, la « délégation » de Combat installée le 4 avril et il était question que les Américains versent la somme considérable de 10 millions de francs par mois. Un peu plus tard, Frenay envisagea, sinon de rompre avec Londres, du moins de faire cavalier seul si les autres Mouvements ne le suivaient pas, dès lors qu'il obtiendrait des Américains des garanties suffisantes. Qu'on en juge par le télégramme qu'il envoya le 24 mai au général Davet : « En aucun cas, je n'accepterai que les fonds [promis par l'antenne des services secrets américains à Berne] soient versés en d'autres mains que Davet et qu'ils soient répartis autrement que par la Résistance [...]. Je compte que ce point de vue sera partagé par mes coéquipiers. Il ne faut pas exclure qu'il en soit autrement. Je suis décidé dans ce cas à reprendre ma liberté totale, ce qui évidemment ne changerait rien au ralliement inconditionnel au symbole De Gaulle [...]. Je n'ignore pas les inconvénients graves qui résulteraient d'une semblable attitude ; l'unité serait gravement compromise mais il est hors de doute que nous gagnerions en efficacité et éviterions cette inadmissible tutelle... »

C'est seulement le 25 avril que Jean Moulin eut vent de ce qui s'était tramé derrière son dos. Cette dissimulation, assimilée à un complot, presque autant que les coups ainsi portés – jugés sur-le-champ gravissimes – contre le chef de la France Libre se trouvait alors en très grande difficulté face à Giraud et aux Américains, suscitèrent chez lui une très vive colère. Francis Louis Closon, Jacques Baumel et Pascal Copeau sont unanimes à souligner la violence des affrontements lors du Comité directeur des Mouvements Unis qui suivit, où Moulin accusa Frenay de « poignarder le général de Gaulle dans le dos ».

Ayant déclaré qu'il « ne laisserait pas étrangler le gaullisme au coin d'une porte », Moulin agit avec rapidité et détermination : il fit partir un émissaire à Berne pour en savoir plus et envoya ce câble à Londres le 25 avril : « Nef [Frenay] a envoyé en Suisse au nom Mouvements Unis à mon insu général Davet je dis Davet avec mission établir liaison avec Américains et obtenir aide financière et technique – Américains auraient promis 10 millions par mois et 20 largages – Par ailleurs Nef aurait demandé Américains passage avion direct d'Algérie pour liaison avec Eisenhower et Giraud – Question confiance se pose – Demande à être entendu par ex-comité Combat Libé et Tirf [Franc-Tireur]... » C'était pour poser la « question confiance » qu'il exigeait d'être entendu par les comités directeurs des trois Mouvements. Il venait de découvrir que si les dirigeants de Combat avaient monté la « délégation » suisse, ceux des deux autres Mouvements, même mis tardivement dans le secret (le 12 avril), même plutôt critiques à l'égard de la démarche, s'étaient bien gardés de le prévenir. Si Pascal Copeau (qui dirigeait politiquement Libération depuis le départ d'Emmanuel d'Astier à Londres) refusait, dans un premier temps, la rencontre en dénonçant une « manœuvre de dissociation », Claudius-Petit, au nom de Franc-Tireur, et Frenay l'acceptaient. Quoi qu'ait pu écrire Frenay par la suite, son propre comité directeur, où les membres démocrates-chrétiens excédés par son autoritarisme n'hésitèrent pas à le désavouer, le mit en minorité. C'est ce que corrobore un télégramme envoyé à Londres par Robert Lacoste le 17 mai. De son côté, Claudius-Petit câblait le 13 mai : « Notre comité directeur je dis notre comité directeur a maintenu réserves formelles contacts pris en Suisse... » Et c'est à bon droit que Moulin pouvait faire passer à Londres, le 9 mai, le message : « entendu par comité directeur Tirf [Franc-Tireur] qui désapprouve Nef [Frenay] et par celui de Combat qui a mis Nef en minorité, serai entendu par Libé ce jour... ».

Quant à la position adoptée par le noyau directeur de Libération, elle est intéressante. D'Astier n'avait d'abord pas condamné le fait que les Mouvements « puissent négocier pour obtenir ces moyens des Alliés ». Copeau lui câblait, le 11 mai (se reporter à 72AJ 410) que « ces contacts, avec l'aide qu'ils comportent, peuvent nous être précieux et loin de diminuer le prestige du gaullisme, le renforcer », tout en ajoutant dans la foulée « mais à condition que ce dangereux instrument soit mis entre des mains extrêmement averties ; or, à ce sujet nous avons agi avec un peu de légèreté et nous n'avons aucune garantie ». Il allait même plus loin : « nous risquons, comme à son origine [de l'affaire suisse], d'être toujours placés devant des faits accomplis extrêmement dangereux ». Le risque lui paraissait d'autant plus grand que toute l'entreprise était menée par des hommes éminemment suspects à ses yeux, venus de la droite extrême, à commencer par Bénouville et Davet. Et de souligner : « les raisons apportées par Max sont sérieuses et méritent d'être examinées sans passion. Je pense que vous avez eu l'occasion d'en discuter avec Charles [De Gaulle] et que si lui-même, en toute connaissance de cause, juge que ces contacts sont inopportuns, il faut de toute nécessité et immédiatement s'incliner... ».

Or, précisément, « Charles » réagissait on ne peut plus nettement. Dès qu'il avait eu connaissance des tractations de Combat, Moulin avait terminé son télégramme du 25 avril, en posant une autre question de confiance : « Max et Mars [Delestraint] demandent si De Gaulle d'accord pour m'appuyer fermement – prière accuser réception par BBC – "la vie n'est pas toujours facile – je dis la vie n'est pas toujours facile". » Dans son rapport du 7 mai, dont on a déjà dit l'importance, il précisait sa position :

« Les Mouvements Unis sont libres d'avoir en Suisse des relations avec les Américains et les Anglais, pour autant que ces relations aient pour but d'éclairer nos alliés sur l'état d'esprit de la Résistance et qu'elles soient exclusives de toutes questions militaires... » En prenant soin d'ajouter, lui qui connaît parfaitement le poids de l'arme financière – et pour cause, puisqu'il la manie : « En définitive, je suis persuadé que cette question des relations des Mouvements Unis avec les Américains et les Anglais par la Suisse peut être réglée très promptement, étant donné les réticences manifestées actuellement par les dirigeants de Tirf [Franc-Tireur] et de Libé, à condition 1°) Que des sommes très importantes me soient versées rapidement pour que je puisse, en votre nom, attribuer aux mouvements de zone sud, comme à ceux de zone nord, des sommes sinon équivalentes du moins assez sensiblement rapprochées de celles promises par les Américains [...]. A ce point de vue l'argumentation de Nef ne manque pas de fondement. Le jour où l'on pourra dire que c'est vous, et non pas les alliés, qui financez la lutte contre la déportation [rappelons qu'il s'agit du STO], il est certain que la position du gaullisme sera renforcée d'autant... » Quant à De Gaulle, alerté par Moulin, qui, peut-être mal informé, laissait entendre que le général Davet rencontrerait « le chef du 2e B[ureau] Vichy » et surtout un représentant de Giraud, il avait envoyé, le 9 mai, un câble personnel à son délégué général l'incitant à la plus grande prudence et en lui rappelant que : « toutes les directives à donner à l'Armée secrète – ainsi que les questions de parachutage et de financement ne peuvent être traitées que par moi – à Londres avec nos alliés... ». Ce dont Moulin était évidemment convaincu.

Officiellement, l'affaire s'était réglée dès le 4 mai, comme le souhaitait De Gaulle, car Passy, face au danger réel de voir la France Libre perdre l'une de ses cartes maîtresses, la fourniture de renseignements, sut rapidement convaincre ses homologues du MI6. A dire vrai, les Anglais ne tenaient pas à voir les services secrets américains s'immiscer dans les affaires de la Résistance française ni *a fortiori* contrôler les renseignements militaires qu'elle lui fournissait et qu'ils jugeaient fort précieux. Une réunion tripartite, entre les représentants des services secrets américains, anglais et ceux de la France Libre, décida que tout ce qui touchait aux Mouvements de Résistance serait traité à Londres. Il était en particulier spécifié que si les services américains versaient mensuellement à la Résistance française les dix millions promis aux émissaires de Combat, l'argent transiterait obligatoirement par le représentant du général De Gaulle.

C'est cette clause, et notamment le fait que l'argent transiterait par Moulin, qui allait provoquer chez Frenay une colère si violente qu'il menaçait de faire cavalier seul. Il expliquait, le 24 mai, à Davet : « Nous conserverions en main l'essentiel de la force de Planchon [la Résistance] et notamment tout ce qui concerne l'action immédiate et l'Armée secrète. » Dans la longue lettre qu'il adressait à De Gaulle, le 25 mai, pour expliquer les raisons de l'engagement de Combat dans l'affaire suisse, Frenay soulignait que ses émissaires s'étaient constamment efforcés de défendre De Gaulle face à Giraud. Ce qui est exact. Devant les réticences manifestées par les dirigeants des autres Mouvements, notamment Eugène Claudius-Petit, il avait même renoncé, de fait, à fournir à l'OSS des renseignements militaires, ce que confirma Moulin le 7 mai : « Nef, d'ailleurs, sentant qu'il n'est pas suivi sur ce terrain, a accepté de s'en rapporter à votre décision. » Mais le fait de voir s'évanouir la possibilité offerte de recevoir de l'argent sans le truchement de Moulin et donc, pour la Résistance, celle de mener une politique plus autonome, le mit littéralement hors de lui. Et ses espoirs allaient, il est vrai, être déçus, car, comme en faisaient lucidement le constat Davet et Monod le 17 juillet : « La délégation [celle mise sur pied en Suisse par Bénouville] peut rendre des services mais qui n'auront jamais l'importance que nous espérions... La question du financement nous échappera complètement. » Notons enfin qu'après la décision prise à Londres, on n'entendit plus parler – du moins dans l'immédiat – des dix millions de francs promis par l'OSS.

*

Si Moulin avait réussi à contrer Frenay dans l'affaire suisse, sur les autres questions son autorité sortait affaiblie. Sa situation était pour le moins paradoxale : avec les responsables de zone nord, qu'il avait relativement peu aidés, les désaccords se limitaient presque exclusivement aux discussions sur la composition du Conseil de la Résistance. En revanche, en zone sud, les chefs historiques s'installaient dans une attitude si violemment critique qu'à Londres André Philip crut nécessaire d'intervenir et qu'il fut même envisagé de rappeler Moulin. Certes il n'en fut rien, mais on lui fit des observations, dont certaines étaient blessantes. Mais s'il en sortit fin mai une mise en cause de son statut, on ne saurait d'aucune manière parler d'une quelconque rupture entre Jean Moulin et la France Libre gaullienne.

Le 13 avril, deux jours avant que Passy et Brossolette aient regagné Londres, y parvenaient Jean-Pierre Lévy et Emmanuel d'Astier. Pour des raisons sans doute diverses, tous les quatre avaient des comptes à régler avec Moulin et souhaitaient critiquer la manière dont il accomplissait sa mission, ce qu'ils firent avec quelques phrases plus ou moins assassines. Les deux premiers, surtout Brossolette, on s'en souvient, s'étaient heurtés à lui sur la composition du futur Conseil de la Résistance. Quant aux deux derniers, ils n'avaient pas apprécié sa manière de gérer la crise du STO et ils estimaient que sa volonté de faire appliquer à la lettre les directives de Londres et de tout contrôler était devenue insupportable. Dans une lettre à De Gaulle, le 19 mai, ils dénonçaient « l'instauration d'un système qui aboutirait à la fonctionnarisation et à la stérilisation des Mouvements ».

Si André Philip avait soutenu Moulin dans son conflit avec Brossolette, il devint beaucoup plus perméable aux critiques concordantes de d'Astier, dont on savait qu'il râlait continûment, et de Jean-Pierre Lévy, réputé, lui, pour sa mesure. De surcroît, Yvon Morandat, dont Moulin avait obtenu le rappel à Londres, était invité à mettre son grain de sel. D'Astier qui s'était jusqu'alors contenté de dresser un réquisitoire contre celui qu'il avait désigné un jour de l'automne 1942 comme « un petit fonctionnaire appointé », et qui jusque-là ne demandait pas le rappel de Moulin, bascula, probablement irrité par des nouvelles reçues du « Centre » de Libération. On le sait par une remarque de Jacques Bingen sur des notes (consultables en 3 AG2 1), prises lors d'une réunion du 14 mai : « Bernard [d'Astier] change de position, Rex doit partir. »

L'hypothèse de rappeler Moulin ne fut pas exclue par André Philip, si l'on interprète correctement l'allusion que fait Bingen dans sa lettre du 4 mai à Philip : « Il s'ensuit que si Rex est maintenu à son poste de représentant du général de Gaulle – ce qui semble être l'intention actuelle... » De la sorte Philip, sans souffler mot des menaces pesant sur lui, expliquait à Moulin, dans une « note personnelle et confidentielle » du 13 mai qu'il avait dû prendre des mesures pour partie déplaisantes à cause des contraintes de la conjoncture algéroise : « La fusion va sans doute se faire avec Giraud et on essaiera là-bas soit de mettre la main sur le BCRA, soit de glisser parmi nous les éléments du Deuxième Bureau de Vichy. Pendant une période de transition, nous pouvons nous trouver dans une situation difficile. Il faut que nous puissions les menacer d'une rébellion de la résistance française. Il est donc essentiel que les mouvements gardent leur autonomie pour l'instant, quitte à reprendre la politique de centralisation quand un pouvoir stable aura été définitivement constitué... » Somme toute, Moulin était victime de l'argument qu'il utilisait volontiers à l'encontre des chefs des Mouvements : la partie qu'il fallait gagner coûte que coûte, après une ultime passe d'armes avec Giraud, avant l'arrivée du chef de la France Libre à Alger, exigeait des sacrifices. Et si De Gaulle accepta que des observations puissent être faites à Moulin, c'est que le soutien unanime – primordial – de la Résistance exigeait d'en ménager, pour l'heure, les responsables.

Deux hommes, Bingen et vraisemblablement Charles De Gaulle lui-même, empêchèrent que les choses n'aillent trop loin. Jacques Bingen administra ainsi une sorte de cours de droit constitutionnel à Philip : Rex appartenait aux cadres dirigeants des forces françaises combattantes, à la différence des chefs des mouvements qui n'étaient pas partie intégrante des dites forces. Puisqu'il y avait conflit, on devait considérer qu'il y avait d'un côté un haut fonctionnaire, de l'autre un « groupement allié ». Moulin, qui engageait l'Autorité centrale, pouvait être révoqué, blâmé, mais il s'agissait là de décisions exclusivement internes à l'Administration ; au demeurant, à travers Rex, c'était la politique de la France Combattante qui était mise en cause. Conclusion : « faute de ces précautions dans la forme, les mouvements deviendront à proprement parler ingouvernables et l'autorité du pouvoir central – dont Rex n'est que le représentant – sera gravement compromise ». Sous bénéfice d'inventaire (il faut attendre l'ouverture de ses archives), De Gaulle, tout en laissant quelque peu rogner les attributions de Moulin, a gardé son estime à l'homme et sa confiance au représentant qu'il s'était donné.

En tout cas, Philip dans sa note personnelle et confidentielle prenait bien soin de souligner dès le début que « notre confiance en vous est totale et sans réserve [la dernière assertion est évidemment discutable]. Les [nouvelles] instructions de février sont maintenues et votre autorité est confirmée comme seul représentant du comité national en territoire métropolitain ». Et de terminer : « et je tiens à vous répéter encore une fois que vous avez la confiance absolue du général de Gaulle dans votre activité ». Mieux, il se croit obligé de donner une image apaisante de ceux qui avaient sévèrement critiqué Moulin. L'exercice était évidemment assez facile dans le cas du chef de Franc-Tireur : « R. [Robert, un des pseudos de Jean-Pierre Lévy] a remporté ici un gros succès personnel. Son impartialité apparente, son désintéressement, sa bonne volonté ont donné du poids à ses avis. Il a pu s'entretenir longuement et à diverses reprises avec le général. Il a rencontré bon nombre d'Anglais et d'Américains qu'a impressionnés son mélange d'intransigeance gaulliste et de pondération [...] dans l'ensemble son séjour a été une réussite. Il a pour vous une grande estime bien qu'il ne vous épargne pas complètement dans ses critiques... » Rallier dans le camp de Moulin Emmanuel d'Astier était plus incommode, mais Philip s'y employa : « Bernard [d'Astier] est celui que nous connaissons déjà. Mais ici après des débuts un peu [*sic*] agressifs, il fait preuve lui aussi d'une appréciable pondération. Il est très choqué des procédés du N° 3 [Frenay, ce qui est exact, comme nous le verrons] qu'il paraît décidé à contrer vigoureusement [...] Envers vous son attitude a évolué très favorablement pendant le cours de son séjour. Aujourd'hui il déclare "n'avoir plus rien contre vous sur le plan personnel" et ses reproches à votre endroit portent sur "certains principes de votre politique envers les Mouvements"... »

Reste que Moulin a pu éprouver l'impression d'une ingratitude de la part de Philip devant ce lâchage partiel. Or, c'était juste le moment où il avait à mener des négociations pour le moins difficiles pour réunir ce Conseil de la Résistance que réclamait instamment le commissariat à l'Intérieur, tout en bataillant contre des responsables de Mouvements, qui avaient obtenu une oreille attentive de la part d'André Philip et de quelques autres.

Sans doute Delestraint faisait-il les frais de cette remise en cause. Il demeurait le chef de l'Armée secrète, mais ses fonctions étaient ravalées jusqu'au débarquement à celles bien vagues d'un général inspecteur établissant tout au plus des « directives très larges ». Certes on lui assurait que le débarquement venu, il assumerait les prérogatives d'un général d'armée. Mais il était clair que, malgré les marques d'estime prodiguées par les chefs britanniques et malgré les marques d'obédience données au chef de la France Libre, on avait craint que les conflits avec Frenay et quelques autres, dus au fait qu'il maîtrisait encore imparfaitement les enjeux politico-militaires de la Résistance, n'en viennent à désorganiser l'Armée secrète. Il fallait en tout cas régler tout cela discrètement, afin que ces divisions, si elles étaient portées sur la place publique, ne puissent être exploitées par Giraud. La rétrogradation discrète de Delestraint a dû fortement déplaire à Moulin, son premier défenseur : il avait su, écrivait-il, le 7 mai, « créer dès le début [ce qui est inexact] un 5e bureau dans son Etat-Major qui s'occupera de l'action immédiate [et notamment des groupes francs] » ; et, encore le 4 juin, il soulignait que « Vidal fait en ce moment un travail considérable ».

Moulin gardait, lui, l'essentiel de ses compétences. Au bout du compte, Philip se contenta de lui conseiller de mettre un peu plus d'huile dans les rouages, d'être moins centralisateur, entendons moins directif et autoritaire, de prendre la peine de prévenir les responsables des décisions qu'il allait prendre, de transmettre à Londres de manière plus systématique les desiderata et les remarques des chefs des Mouvements.

Moulin avait quand même lieu d'être mécontent. Ainsi, on avait fort peu tenu compte de la très longue lettre, rédigée le 7 mai, qu'il avait décidé d'envoyer personnellement à De Gaulle, sans passer par les filtres du BCRA et des Anglais, en prenant sur lui d'écourter pour cela la mission de Francis Louis Closon. Cette lettre était pourtant un exposé clair et complet des difficultés qu'il rencontrait avec Henri Frenay et certains résistants de zone sud. Or, sans faire expressément référence à ce réquisitoire, Philip avait choisi de mettre en balance les critiques formulées par le délégué du Comité national et les réactions violentes qu'avaient suscitées chez d'Astier les directives pourtant envoyées par Londres : « Nous avons bien reçu votre télégramme indiquant les difficultés que vous rencontrez dans la zone sud ; nous avons eu en même temps l'autre son de cloche avec Bernard [d'Astier] qui ripostait avec véhémence contre nos dernières instructions... » C'est ce parallélisme que dénonçait – on l'a vu – Jacques Bingen. La situation se compliquait pour Moulin du fait qu'Emmanuel d'Astier comme Jean-Pierre Lévy avaient dorénavant accès aux télégrammes qu'il envoyait à Londres et donnaient leur avis sur les réponses de Philip. Ce qui valut à celui-ci – on l'a déjà souligné – une réplique on ne peut plus sèche de Moulin : « Proteste énergiquement contre communication de mes rapports à autres que chefs officiels France Combattante – même observation pour instructions qui me sont adressées. »

Le 4 juin, Moulin prit soin de répondre point par point aux remarques de Philip, qui reprenaient mais avec des bémols les critiques formulées notamment par d'Astier : « Je me demande si ici vous n'êtes pas allé un peu vite dans la voie de la centralisation avant d'avoir vous-même vos services suffisamment étoffés. » Ainsi Philip, reprenant les dires du chef de Libération, affirmait « sur trente millions reçus, vous avez versé un peu moins de la moitié à la Résistance ». A quoi Moulin répondait vertement : « Je suis très surpris des explications que vous me demandez à ce sujet. Je transmets en effet régulièrement chaque mois le relevé des comptes que j'ai versés au titre du mois précédent. » Ce qui était la plus stricte vérité. Si l'on en croit la remarque assassine de Passy dans ses *Mémoires* (p. 215), l'incertitude des comptes venait de ce que « Ce dernier [Philip] s'empressait de les perdre dans l'inextricable fatras de papiers qui encombrait sa table et ses tiroirs ». Moulin se défendit avec la même vigueur contre son penchant centralisateur. Il lui était aisé de répondre qu'il entendait conserver sous sa gouverne les services créés à son initiative, en l'occurrence le service de transmission radio et les liaisons maritimes et aériennes, notamment pour la raison très forte « qu'il ne pense pas que les services britanniques acceptent que nous nous en dessaisissions [...] car les Anglais se refuseraient à faire des opérations de quelque nature qu'elles soient si elles n'étaient pas préparées et orchestrées par des spécialistes entraînés par eux ». Et quant aux autres, il contestait qu'ils fussent « à [s]es ordres ». Moulin aurait certainement pu souligner qu'il avait appuyé la création du Noyautage des Administrations Publiques (ou NAP). Reste que, nous l'avons dit, les services qu'il avait mis en place, avec ou sans l'appui des responsables des Mouvements de zone sud, étaient, avec l'arme de l'argent redistribué, un moyen de tenir les Mouvements.

Il chercha également à défendre le Comité des Experts, faisant état de la pluralité des rapports, certes classiques, mais excellents, qu'il avait rédigés, et dont Philip, à l'écoute d'un bon nombre de responsables de la Résistance, préconisait la réorganisation « en y introduisant des éléments ayant une expérience technique, industrielle et financière et un esprit plus hardiment novateur ». Au bout du compte, après avoir « remercié des encouragements et des marques de confiance qu'elle [la lettre d'André Philip] m'apporte au nom du général et en votre nom », Moulin ne céda guère de terrain, sans pour autant monter sur ses grands chevaux. Il accepta, semble-t-il, l'explication fournie par Philip : Alger valait bien un petit désaveu ! Et il pouvait terminer sa lettre en gaullien indéfectible : « Je crois qu'il serait bon que vous puissiez donner connaissance tout au moins de certaines parties de ce rapport au général de Gaulle. Priez-le de croire à mon profond et respectueux attachement et acceptez pour vous-même, cher ami, mes fidèles amitiés. » Sauf à le prendre pour un menteur invétéré, il paraît bien difficile – quoi qu'ait pu écrire plus tard Jacques Baynac – de le dépeindre comme ayant jeté ses oripeaux gaullistes aux orties.

Si Moulin n'était donc pas sorti totalement indemne de la fronde menée par des responsables de zone sud, Frenay, lui, avait beaucoup perdu et cela arrangeait les affaires de Moulin. Les positions de l'équipe de Frenay s'étaient fragilisées, car ils n'étaient parvenus ni à convaincre de la nécessité impérieuse de développer une

antenne suisse, ni à faire oublier ce qu'on pouvait interpréter comme la volonté hégémonique du noyau directeur de Combat. En quelques semaines, Frenay devenait
persona non grata, auprès des responsables de la France
Libre qui estimaient sa conduite inadmissible dans l'affaire suisse, auprès de Moulin pour qui sa présence était
devenue un obstacle à la bonne marche de la Résistance,
mais aussi auprès des responsables de Franc-Tireur
comme de Libération-Sud.

Moulin fut bombardé de télégrammes. Le 8 mai :
« Acheminer Nef [Frenay] d'urgence sur Londres pour
consultation » ; le 15 : « Le général insiste pour que don-
niez priorité absolue pour transporter Nef vers Londres » ; le 20, Londres râlait : « Sommes surpris Nef pas
venu alors qu'avons insisté plusieurs reprises sur nécessité de son voyage... » Certains prétendirent plus tard que
Moulin aurait délibérément cherché à empêcher Frenay
de se rendre à Londres. C'est méconnaître le fait primordial que le délégué général ne transigeait pas – nous
l'avons vu – avec les ordres qu'il recevait. Certes, Frenay
câblait à Davet le 24 mai : « Bénouville et moi-même
avons attendu en vain le départ qui nous était promis ;
tout porte à croire qu'il n'aura pas lieu », suggérant que,
à Londres où se prenaient les décisions sur l'affaire suisse,
on préférait l'ignorer. Ce qui est exact, c'est que Moulin a
délibérément refusé le passage – qui n'était pas réclamé
par Londres – de Bénouville, mais nullement celui de Frenay, dont, au contraire, il demandait l'enlèvement dans
un télégramme envoyé au BCRA le 26 mai (voir 3 AG2
400) : « Insiste très vivement pour que nouvelle opération
soit faite... avant fin lune pour enlèvement Nef [Frenay]. »
Ce dernier, qui, de son côté, entendait gagner Alger, mais
qui devait d'abord rejoindre Londres pour rencontrer
Emmanuel d'Astier et Jean-Pierre Lévy, s'envola finalement le 17 juin.

La raison du report de son départ tient en fait à des
défaillances strictement matérielles : Moulin signalait à
Londres le 26 que les messages envoyés récemment par

Londres étaient tous indéchiffrables. Pascal Copeau dans sa lettre adressée à d'Astier du 4 juin (72AJ 410) précisait que Moulin avait évoqué devant Eugène Claudius-Petit « un changement de chiffre qui avait rendu le déchiffrement impossible pendant deux semaines... faute d'instructions, il ne l'avait pas fait partir pendant la lune de mai ». Car le responsable de Franc-Tireur poussait également au départ de Frenay et suggérait même à Moulin « de s'arranger pour que Gervais [Frenay] ne revienne pas ». Quant à Pascal Copeau, du côté de Libération, il se livrait à une analyse significative de ses rapports avec les responsables de Combat. Déjà le 11 mai, il avait fait part à d'Astier de ses critiques : « Je me suis efforcé de pratiquer à son égard la politique de la solidarité et de la camaraderie sans arrière-pensée. En fait cela est très difficile. » Car, dit-il : « Finalement, et par une sorte de pente naturelle et qui est proprement insupportable, tout revient à des questions de personnes : c'est Vidal [Delestraint] ou moi, c'est Max ou moi... » C'est pourquoi, précise-t-il à d'Astier : « Dans cette controverse Max [Moulin]-Gervais [Frenay], je suis pris entre Max qui veut avoir le dernier mot en se livrant à toutes les manœuvres de dissociation que son esprit fertile peut lui inspirer et un Gervais qui se croit toujours autorisé sans mandat à parler au nom du comité directeur [des MUR] et dont un coup de tête peut nous entraîner à des décisions irréparables. » Trois semaines, plus tard, il en arrivait à cette conclusion : « A la date d'aujourd'hui [4 juin 1943], il est historiquement établi que Gervais a perdu la partie contre Vidal [Delestraint] et Max. Il ne s'agit pas pour nous de la perdre avec lui. Après tout politiquement, Max m'inspire une plus grande confiance que Gervais et je ne serais pas éloigné d'en dire autant au sujet de Vidal. » Et, réagissant comme les responsables de Franc-Tireur, il demandait que Frenay ne revienne plus en France : « De la façon un peu outrancière que vous lui connaissez, Raymond [Aubrac] est même allé jusqu'à déclarer que le plus grand service qu'on pouvait à l'heure actuelle rendre à la Résistance était l'élimination, par n'importe quel moyen, d'un certain nombre d'éléments [de Combat], à commencer par Gervais [Frenay] lui-même. C'est ainsi que nous avons été d'accord, à la suite de votre télégramme [envoyé par d'Astier] appelant Gervais à Londres, pour vous demander de vous arranger pour que l'absence du chef de Combat soit aussi prolongée que possible et même définitive. »

On comprend que, arrivant à Londres, Frenay n'ait pas été reçu avec les honneurs auxquels il estimait avoir droit. Quelques semaines auparavant, le 25 mai, il avait rappelé : « La Résistance a fourni des preuves suffisantes de son loyalisme à l'égard du général de Gaulle et du Comité national français pour qu'on ne se permette pas à tout propos de mettre en doute le loyalisme. Il est des injures qu'on ne tolère pas... » Mais dans le même temps, c'est-à-dire à l'annonce de l'installation d'un pouvoir bicéphale (Giraud-De Gaulle) à Alger, qui lui paraissait offrir des possibilités nouvelles, il fallait, écrit-il confidentiellement à Claude Bourdet, le 5 juin : 1) prévoir, bon gré, mal gré, « l'incorporation d'éléments giraudistes » dans l'armée d'armistice, tout en veillant, il est vrai, à réserver la prise du pouvoir lors de la libération aux seuls « éléments gaullistes » ; 2) mettre immédiatement en place un « Comité exécutif » qui serait la seule représentation en France qui parlerait au nom du tout nouveau Comité Français de la Libération Nationale (CFLN) installé à Alger. Cet activisme tous azimuts, allait finalement être étouffé par De Gaulle, continûment alerté par Moulin. Dans le rapport qu'il rédigea pour De Gaulle le 10 juillet, Frenay affirmait : « J'ai été entouré d'un réseau de chuchotements qui tantôt me précédaient, tantôt me suivaient. J'ai dû me battre contre un adversaire invisible mais toujours présent [...]. J'ai été reçu en suspect... » Il n'avait pas totalement tort. Mais que faire de Frenay ? C'était la préoccupation transmise par Georges Boris (demeuré à Londres) à Philip (dorénavant à Alger) : « Pour en revenir à Charvet [Frenay] l'essentiel est de le retenir le plus longtemps possible. B [Bernard/d'Astier] et L [Lenoir/ Jean-Pierre Lévy] nous adjurent de le faire. Mais comment ? J'écarte tous les moyens qui pourraient être jugés déloyaux, car ce serait aggraver les choses et pourrait entraîner des conséquences extrêmement graves. Il me conviendrait de le retenir ici provisoirement comme conseiller de la résistance auprès de nous. Mais je n'ai pas l'impression qu'il acceptera [...]. Pour l'instant, je ne vois pas de solution, si ce n'est gagner du temps à la petite semaine. »

Frenay rejoignit Alger le 4 novembre. Ses proches s'inquiétèrent de la tournure des événements et, comme il ne revenait pas, crièrent au complot, au point que Bourdet n'excluait pas dans l'été de provoquer un scandale : « préviens en ce cas [si Frenay était "retenu de force"] démission éclatante de résistants ». En fait, Frenay avait opté – comme nous le verrons – pour une autre stratégie. Reste que le contentieux entre Moulin et une partie des responsables de Combat n'avait cessé de s'alourdir. On retiendra en particulier que Bénouville accusa nommément Moulin d'être le chef d'orchestre de ce qu'il estimait une campagne sciemment lancée contre Combat et son chef. Sa lettre du 2 juin à Davet et Monod est sans ambages : « La campagne contre Frenay est bien partie de France. Elle a pour auteur Boissières [le surnom donné à Moulin par Bénouville dans sa correspondance avec ses émissaires en Suisse] *d'abord*... »

*

De ce long chapitre, le lecteur retiendra que la Résistance, du moins la Haute Société Résistante, a été tout sauf le long fleuve tranquille qu'a présenté une historiographie convenue qui n'admettait l'existence de différends qu'entre communistes et résistance non communiste. Ceux-ci datent de 1944, non de 1943. La Résistance a connu un combat interne où interféraient – logiquement – des enjeux de pouvoir. Moulin y fut mêlé et réussit à circonscrire le vent de fronde qui l'avait visé, sans céder sur ce qu'il considérait comme nécessaire pour mener à bien sa mission gaullienne. Et il avait réussi à isoler en Frenay l'un de ses opposants déclarés. Car Frenay était décidé à écarter Moulin, si l'on suit du moins le télégramme, cité par Daniel Cordier, envoyé par Georges Boris à André Philip : « Nous savons par exemple qu'il [Frenay] avait conçu le plan de faire remplacer Rex par Dunoyer de Segonzac. » Cet ancien directeur de l'école des cadres d'Uriage, camarade de Frenay à Saint-Cyr, maréchaliste de cœur, était entré en résistance, tout en gardant des préventions contre le gaullisme. Cela dit, si Bénouville avait bien eu, le 17 juin, « un long entretien » avec Dunoyer de Segonzac, rien n'indique qu'il y fût spécialement question du remplacement de Rex.

Moulin se félicitait, au début juin, d'un retour au calme. Il exprimait son soulagement le 4 juin à André Philip : « Nous assistons, surtout depuis que Nef [Frenay] ne participe plus aux délibérations du comité [directeur des MUR] à une détente sérieuse. L'apaisement est général et la confiance règne à nouveau. » Et pourtant la violence de ces empoignades et les sentiments nourris à son égard par quelques responsables de Combat et qui s'apparentaient à de la haine allaient lui coûter très cher.

11

Caluire

L'arrestation de Caluire, par-delà les exploitations judi-ciaires et médiatiques qui ont pu en être faites, se produit dans un contexte géostratégique qui provoque une vague d'arrestations de Résistants. Si les circonstances précises du drame demeurent encore objet de controverses, elles le doivent à l'affaire Hardy. Celle-ci ne saurait pourtant occulter le poids des affrontements internes de la Résistance de zone sud.

*

Caluire, morne drame. Chacun sait que dans cette cité de la banlieue lyonnaise, lors d'une réunion clandestine, le 21 juin 1943, Max tombait aux mains du *Sicherheits-dienst* (SD), le service de renseignement et de sécurité du Reich. Mais l'arrestation de celui dont le chef de la France Libre avait fait un commissaire national en mission se doubla immédiatement d'une « affaire », la plus contro-versée de l'histoire de la Résistance.

« L'affaire Hardy », du nom de l'homme accusé d'avoir « donné » la réunion, devint au fil des années l'objet d'un débat médiatico-policier, aux retombées réductrices. C'est une affaire parasite, car elle finit, en focalisant l'attention sur l'arrestation elle-même, par occulter en grande partie les enjeux de la mission de Moulin. Elle est biaisée puisque les acquittements successsifs de Hardy, inculpé à deux reprises après la Libération, conférèrent l'autorité de la chose jugée à des conclusions qui ne concordent pas avec celles des historiens ayant étudié la période, ce qui complique tout débat. Enfin, cette nouvelle « affaire » a pollué la mémoire de la Résistance parce qu'elle a servi à régler des comptes, voire à salir des réputations.

L'approche policière – limitée à la question réductrice « qui est le coupable ? » – a longtemps prévalu. Elle a le grave inconvénient de laisser dans l'ombre les éléments spécifiquement politiques du drame de Caluire, au profit de la recherche des causes immédiates de l'arrestation de Moulin. Disons d'emblée qu'avec le rappel des épisodes multiples de l'« affaire », le lecteur ne doit s'attendre à aucune révélation fracassante. Lorsque Dominique Veillon et moi-même, nous avions, en 1993, sous l'égide de l'Institut d'Histoire du Temps Présent, mené nos recherches (voir « Le point sur Caluire » in *Jean Moulin et la Résistance en 1943*, Les cahiers de l'IHTP, CNRS, juin 1994) aussi bien en France qu'à Coblence, Freiburg, Bonn, Londres, nous n'avions trouvé aucune nouvelle donnée qui aille dans le sens de la culpabilité de René Hardy, pas plus – du reste – que le moindre document de nature à l'innocenter. Depuis lors, divers ouvrages ont cherché à explorer à nouveau les chemins de Caluire, sans bouleverser ce que nous savions déjà. Mais, somme toute, sur ce « dossier Hardy », on peut présenter, en bonne rigueur, à côté de certitudes, des explications satisfaisantes et, sur certains points, des enchaînements menant à ce qui reste formellement des hypothèses, même si elles nous semblent plus que plausibles.

L'aspect le plus important demeure à nos yeux – et pourtant il n'est le plus souvent qu'à peine esquissé – la place et le rôle des affrontements politiques entre Moulin et la Résistance intérieure, autour de l'Armée secrète et de « l'affaire suisse » dont nous avons longuement parlé. Voilà la véritable toile de fond du drame de Caluire.

Le 21 juin 1943, donc, aux alentours de 15 heures, sortant de trois traction avant noires, une dizaine d'hommes commandés par Klaus Barbie, chef de la section IV du SD de Lyon, bouclaient la maison du docteur Dugoujon, située place Castellane, à Caluire. Outre le docteur et quelques-unes de ses patientes, ils embarquaient Jean Moulin, deux responsables militaires du Mouvement Libération-Sud (l'ingénieur des Ponts Raymond Samuel-Aubrac, que Moulin voulait nommer chef intérimaire de l'Armée secrète en zone nord, et le professeur d'anglais André Lassagne), deux membres du Mouvement Combat (le lieutenant Henri Aubry et René Hardy qui réussissait quelques instants plus tard à s'échapper), le colonel Lacaze (qui venait d'être nommé à la tête du 4ᵉ Bureau de l'Armée secrète), le colonel Schwarzfeld (l'un des chefs d'un petit Mouvement lyonnais, « France d'abord », pressenti pour assurer l'intérim de Delestraint en zone sud), enfin Bruno Larat, dont les mémorialistes font généralement trop peu de cas, un jeune avocat lyonnais, officier de réserve, qui, ayant gagné Londres dès juin 1940, avait été intégré au Service Action du BCRA, puis avait rejoint la France « à la lune » de février 1943 pour diriger la Centrale des opérations aériennes ou COPA. Le colonel Schwarzfeld et Bruno Larat ne revinrent pas des camps.

Replaçons ce coup de filet, chanceux pour les nazis, dans le contexte de la guerre. Certains auraient voulu faire de cette arrestation une conséquence des efforts de Roosevelt cherchant, à la mi-juin, à éliminer politiquement De Gaulle et à favoriser Giraud, en Algérie : l'historien ne voit pas comment ce lien pourrait être établi. Il faut plutôt songer aux modifications de la carte des opérations, en particulier à la chute de Tunis qui, le 13 mai 1943, donna le contrôle du Maghreb entier aux Anglo-Saxons. Car, dès avant l'opération *Husky*, qui mena au débarquement du 10 juillet en Sicile, l'état-major de la *Wehrmacht* n'excluait pas que quelques coups de main servent à tester les défenses allemandes, voire que soit tenté un débarquement sur les côtes de Provence. Les archives de la *Wilhelmstrasse* contiennent ainsi un grand nombre de télégrammes échangés entre Ribbentrop (répercutant des directives formulées par Himmler ou Hitler), et Rudolf Schleier (qui remplaçait temporairement Otto Abetz à l'ambassade d'Allemagne en France occupée) et les hommes du SD et du commandement militaire.

C'est pour tenir compte de cette évolution de la situation en Afrique du Nord qu'avaient été établies des listes de personnalités civiles et surtout militaires susceptibles d'être arrêtées, soit préventivement, soit en cas de débarquement anglo-saxon. Il est bien dans la logique de l'occupation que ces mesures aient surtout visé des militaires : les Allemands, qui raisonnaient avant tout en termes d'efficacité sur le terrain, n'attachaient qu'une importance médiocre à ce qui relevait de l'action politique, alors qu'ils suivaient de très près tout ce qui pouvait constituer des activités paramilitaires.

Ils s'étaient d'abord intéressés à l'OMA, l'Organisation Métropolitaine de l'Armée. Ils avaient rapidement perçu qu'une partie des officiers d'active de l'ex-armée d'armistice, même ceux qui avaient refusé en novembre 1942, lors de l'invasion de la zone non occupée, de livrer aux résistants le matériel qui avait pu être camouflé en 1940, étaient en train de basculer, estimant que le régime de Vichy avait perdu toute légitimité depuis l'opération Torch. Ces militaires, devenus « vichysto-résistants », rompaient alors leur serment de fidélité au Maréchal et se ralliaient, pour nombre d'entre eux, au général Giraud, qui disait vouloir combattre l'Allemand sans faire de politique. Gardant leurs distances vis-à-vis de la « dissidence » gaullienne, trop aventureuse à leurs yeux, ils se méfiaient encore plus des Mouvements de Résistance déjà créés, qu'ils jugeaient brouillons ou manipulés par les communistes. Certains fondaient alors l'Organisation Métropolitaine de l'Armée (OMA), future ORA. Le premier responsable de l'OMA, le général Frère, était arrêté, on l'oublie trop souvent, quelques jours avant Caluire, le 13 juin, puis déporté.

Or, les Allemands se virent confirmés dans leurs craintes lorsqu'ils s'aperçurent que s'organisait une « Armée secrète ». Après l'arrestation le 15 mars 1943 de Morin-Forestier, chef d'état-major du général Delestraint, patron de cette nouvelle formation militaire, l'ambassade d'Allemagne en France câbla le 20 mars à Berlin : « La police française vient de remettre au SD une documentation importante sur l'Armée secrète. » Le SD compléta la masse de renseignements précis déjà obtenus sur l'AS en fouillant un des refuges de Frenay. Et, comme les responsables avaient tous pris l'habitude, pour bluffer les camarades des autres Mouvements ou pour obtenir des moyens supplémentaires, de gonfler le nombre de leurs effectifs (ce dont témoignent les chiffres du rapport qu'adressa Kaltenbrunner à Ribbentrop le 27 mai 1943), Berlin eut alors l'impression que les arrières de la Wehrmacht en France étaient menacés par des dizaines de milliers d'hommes, pour l'heure encore invisibles mais qui pouvaient à court terme, si les événements se précipitaient, devenir fort dangereux. Ordre fut donné aux services répressifs d'agir vite et de façon plus efficace, malgré la faiblesse de leurs effectifs limités – selon les sources allemandes – à quelque 2 200 agents. Il devenait d'autant plus important de « retourner » des Résistants que les responsables allemands commençaient à déplorer que diminue le zèle manifesté par la police française quand elle avait affaire à des résistants non communistes : selon les statistiques allemandes, tandis que leurs services répressifs avaient arrêté, en 1943, 34 077 personnes pour des motifs non raciaux, leurs homologues français n'avaient procédé, si l'on peut dire, qu'à 9 117 arrestations.

C'est dans cette vague d'arrestations que se situe celle de « Max ». On fait souvent démarrer l'engrenage fatal qui conduit à Caluire à l'arrestation du général Delestraint, le 9 juin ; il faut en fait remonter quarante jours en arrière.

En Provence – et l'on comprend bien pourquoi si l'on songe à cette perspective d'un débarquement – avaient été déjà lancées, à l'instigation de l'antenne du SD de Marseille, diverses opérations visant à démanteler les filières grâce auxquelles s'organisaient des officiers d'active. Au cours de l'une d'entre elles fut arrêté, le 28 avril, un nommé Multon. D'un point de vue factuel, nous y reviendrons, l'engrenage de Caluire se déclenche lorsque le 30 avril Multon, devenu un *Gegenagent* (un « contre-agent » ou agent retourné), se mit au service du SD.

Le 27 mai, un message fixant un rendez-vous ultérieur entre René Hardy et Delestraint était intercepté par le SD. René Hardy, qui n'avait pas encore été averti de ce rendez-vous quand il prit le train de nuit Lyon-Paris, pour rencontrer un responsable de Résistance-Fer, fut lui-même arrêté dans la nuit du 7 au 8 juin à Chalon-sur-Saône. Et le 9 juin, le SD marquait un point notable en capturant, sans que Hardy y fût pour rien, le général Delestraint, au métro La Muette, et dans la foulée le capitaine Gestaldo ainsi qu'un étudiant, Théobald, qui faisait la liaison entre l'Armée secrète et la Délégation générale, tandis qu'une des agents de liaison les plus remarquables de la Délégation, Suzette Olivier, tombait à son tour quelques jours plus tard.

Prévenu de l'arrestation de Vidal/Delestraint, le 14 juin, par Daniel Cordier, Jean Moulin décida de garder pour lui la nouvelle en raison des violentes tensions que suscitait – on l'a dit – le commandement de l'Armée secrète. Le lendemain, il adressa à De Gaulle une demande très pressante de renforts en personnel, en attendant que le chef de la France Libre désigne un successeur à Delestraint. Il voulait mettre en œuvre des mesures conservatoires, en nommant comme remplaçants intérimaires Raymond Aubrac pour la zone nord et le colonel Schwartzfeld pour la zone sud et il escomptait faire avaliser ses choix dans une réunion de responsables paramilitaires des Mouvements, quelques jours avant de présider un comité directeur des MUR qui devait se tenir le 22.

Mais la date de la réunion consacrée à l'AS fut repoussée à cause de l'absence d'un des responsables de Combat, Henri Aubry ; au retour de ce dernier, avec Raymond Aubrac et André Lassagne qui était chargé de l'organiser, la rencontre fut fixée au lundi 21 dans l'après-midi. Le choix du lieu se porta sur le cabinet du docteur Dugoujon, un simple sympathisant, dont la maison n'était donc pas particulièrement surveillée par la police.

Entre-temps, la nouvelle de l'arrestation de Delestraint se répandit tout de même à Lyon dans les milieux résistants, en tout cas à partir du 17. Les responsables de Combat ayant fini par apprendre ce qu'il était advenu au patron de l'Armée secrète, Moulin multiplia entre le 18 et le 20 juin les tête-à-tête. Il tenta de convaincre ses interlocuteurs, avant tout Pascal Copeau, Eugène Claudius-Petit, du bien-fondé de son choix de nommer à titre provisoire Raymond Aubrac et le colonel Schwarzfeld. Le 20 et le matin du 21, il voyait encore Gaston Defferre, Raymond Aubrac, Henri Aubry, tandis que des responsables de Combat se préparaient à l'affrontement. Le 21 juin, ceux dont la présence était prévue à cette réunion, plus – nous reviendrons sur ce point essentiel – René Hardy qui n'était pas convoqué, gagnaient la maison du docteur, en empruntant des « ficelles », les funiculaires de Lyon, puis un tramway. Les premiers arrivants furent conduits au premier étage par la bonne du docteur Dugoujon tandis que Moulin, Raymond Aubrac et le colonel Schwarzfeld se présentaient avec un retard d'une bonne demi-heure. Après le déjeuner, Moulin en effet avait attendu, en compagnie de Raymond Aubrac, le colonel Schwarzfeld au bas du funiculaire de la Croix-Paquet. L'arrivée par groupes séparés tint donc du hasard et non de précautions particulières ou au contraire d'un mystérieux complot. Pris pour des clients ordinaires, ils attendaient encore dans la salle d'attente lorsque surgirent les hommes du SD qui, avec les brutalités d'usage, embarquaient tout le monde, y compris patientes et médecin. Tous les prisonniers étaient transférés, avenue Berthelot, à l'Ecole de santé militaire réquisitionnée où se tenait notamment le centre d'interrogatoires de la « Gestapo », puis incarcérés au fort de Montluc qui servait de prison. Tous, sauf René Hardy, qui était parvenu à s'enfuir.

Revenons sur celui qui a été rapidement l'objet de tous les soupçons. René Hardy était normand. D'origine plutôt modeste, il avait été instituteur, puis cadre à la SNCF. Incarcéré à Toulon (en même temps que Bénouville) parce qu'il cherchait à gagner Londres, il avait été en décembre 1942 amené à Combat par Jean-Guy Bernard, un polytechnicien proche de Frenay, que nous avons déjà rencontré. Son patriotisme étant indiscutable, il était immédiatement adopté par Frenay, que séduisaient ses talents d'organisateur et qui lui avait fait attribuer des responsabilités importantes dans le secteur paramilitaire de Résistance-Fer. Il était chargé de préparer un plan de sabotage de la SNCF lors du débarquement (ce qui deviendra le « Plan Vert »). Sa loyauté envers les responsables de Combat étant incontestable, Frenay le faisait nommer, le 26 mai 1943, à la tête du quatrième bureau de l'état-major de Delestraint.

En dépit de ses mérites reconnus de résistant, les soupçons à son encontre prirent immédiatement consistance. Hardy s'était sauvé, à Caluire, place Castellane, en bousculant celui qui le tenait à l'aide d'un cabriolet. Il avait bien été blessé dans l'action, mais il sera suspecté de s'être volontairement tiré une balle dans un bras. Il réussit à se cacher dans un fossé avant de gagner une maison amie ; la police française, prévenue, l'interna, puis le SD le transféra dans son propre hôpital-prison. Soigné dans l'hôpital allemand de la Croix-Rousse pour cette blessure relativement légère, il s'échappa une deuxième fois, le 3 août, d'une façon spectaculaire : son bras dans le plâtre ne l'empêcha pas de sauter dans une cour et de franchir un mur de plus de trois mètres. Quelques jours plus tard, il gagnait le Limousin, avec sa compagne, Lydie Bastien. On perdit ensuite sa trace pendant de longs mois, avant de le retrouver à Alger, le 30 mai 1944, toujours en compagnie de Lydie Bastien devenue entre-temps sa femme. Il y était arrivé via l'Espagne et Casablanca. Quand Frenay devint commissaire aux prisonniers, déportés et réfugiés, dans le Comité français de la libération nationale, il le prit dans son cabinet. Les cadres de Combat le défendirent alors de manière opiniâtre, tandis que nombre de responsables des autres Mouvements le tenaient pour un traître. Sans l'intervention de Claude Bourdet, il aurait été, dès juillet 43, purement et simplement liquidé, comme le furent certains résistants que leur retournement rendait dangereux. Pourtant les enquêtes officieuses menées tant à Lyon que dans le Limousin comme les enquêtes officielles – diligentées par la sécurité militaire à Alger –, tout en relevant des anomalies dans la trame des événements, ne conclurent pas à sa culpabilité. Il fallut attendre la découverte, en septembre 1944, dans les locaux du SD de Marseille, d'un document de travail, daté du 19 juillet 1943, que les Allemands avaient omis de détruire (c'est le « rapport Flora » dont nous parlerons plus avant) et qui le désignait comme un « contre-agent », pour que Hardy fût incarcéré à Fresnes, le 12 décembre 1944.

Le premier procès de René Hardy, devant la cour de justice de la Seine, ne devait s'ouvrir que le 20 janvier 1947, retardé par les problèmes pulmonaires de l'inculpé. Instituées par l'ordonnance du 26 juin 1944, les cours de justice, dont le fonctionnement s'apparentait à celui des cours d'assises, jugeaient, notamment, les personnes inculpées d'intelligence avec l'ennemi, ce qui était le grief retenu à son encontre. L'atmosphère mêlait affrontements entre résistants et règlements de comptes partisans et politiques. Hardy sut en tirer avantage. Les résistants se déchirèrent. Les hommes de Combat, forts de l'appui de plusieurs personnalités, firent bloc pour défendre l'un des leurs, victime à leurs yeux d'une cabale scandaleuse. En face, les survivants de Caluire, au premier rang desquels Raymond Aubrac, accusaient tous Hardy, épaulant l'action tenace d'Antoinette Sachs, que relayait Laure

Moulin exigeant justice pour son frère. Ni les uns ni les autres n'insistaient alors sur le caractère surprenant de sa présence à la réunion de Caluire. Les affrontements politiques ne furent pas moindres. Dès le début du procès, le PCF, utilisant la plume de Pierre Hervé, un ancien du Mouvement Libération-Sud, cherchait à atteindre Frenay en s'en prenant à Hardy. Sans doute la guerre froide n'avait-elle pas encore rompu le tripartisme. Mais l'ancien patron de Combat passait – avec raison – pour anticommuniste. Avec André Malraux et Philippe Viannay, le fondateur de Défense de la France, il avait largement contribué à empêcher, en janvier 1945, la fusion du MLN (le Mouvement de Libération Nationale qui regroupait les principaux Mouvements de Résistance) avec le Front national, qui était sous l'obédience du PCF. Deux ans avaient passé, mais le parti n'avait pas oublié, lui qui avait politiquement tablé sur cette fusion pour mettre en œuvre la ligne complexe arrêtée par la direction dans l'automne 1944, ligne qui jouait à la fois sur la participation gouvernementale et le contrôle de diverses organisations satellites de masse.

Les attaques virulentes et répétées de *L'Humanité* facilitèrent la tâche du défenseur de René Hardy, Mᵉ Garçon, une des gloires du Barreau. Récusant par principe les témoignages allemands, écrits ou oraux, il réussit à déstabiliser les témoins à charge. Deux arguments emportèrent la conviction des quatre jurés et du magistrat qui se prononcèrent, le 24 janvier, pour l'acquittement. Force en effet était de constater qu'aucun des camarades de Combat n'avait été arrêté après Caluire. Ce constat confortait l'affirmation que les Allemands ne pouvaient avoir utilisé Hardy qui disait avoir évité l'arrestation, en sautant, en marche, du train Lyon-Paris, à hauteur de Mâcon. Le Français moyen prit finalement fait et cause pour l'accusé. André Fontaine constatait, plus tard, dans *Le Monde* qu'un « immense courant de sympathie déferla sur celui dont on n'arrivait pas à savoir s'il avait ou non, dans le combat inégal avec la torture, un moment défailli ».

Mais, dans les semaines qui suivirent sa libération, la police mit inopinément la main sur le billet de la couchette du Lyon-Paris utilisée par Hardy dans la nuit du 7 au 8 juin 1943 et ce billet portait la mention d'une interpellation. Hardy avait donc menti sciemment sur un point essentiel : il avait bel et bien été arrêté par les Allemands à Chalon-sur-Saône.

Une nouvelle instruction fut diligentée, menée avec plus de rigueur, en prenant en compte les documents allemands et en interrogeant systématiquement les anciens membres du SD (le dossier est consultable – avec dérogation – au centre des archives de la Justice militaire situé au Blanc). Le 24 avril 1950, s'ouvrait devant le tribunal militaire de Paris, présidé par le conseiller Meiss, le second procès de René Hardy, accusé cette fois d'avoir à la fois livré à l'ennemi un document secret relevant de la défense nationale, en l'occurrence un plan de sabotage de voies ferrées prévu pour le jour J et de n'avoir dénoncé ni des projets ou actes de trahison ou d'espionnage, ni des individus commettant des actes de nature à nuire à la défense nationale. Ces libellés n'étaient que des subterfuges juridiques permettant de rejuger quelqu'un qui avait été acquitté en janvier 1947, comme le montre la bonne analyse que fait Jean-Marc Théolleyre de ces procédures dans *Les Procès d'après-guerre* (La Découverte, Le Monde, 1986).

René Hardy fut d'abord mis en difficulté : il avait perdu le soutien de nombre de ses anciens camarades et en particulier celui de Frenay qui condamnait en termes vifs le fait qu'il ait caché son arrestation. La presse ne lui était plus favorable. Tout en réaffirmant avec force son innocence (« je n'ai pas trahi la cause que je servais »), il dut admettre avoir au moins « commis une imprudence », en acceptant de mener avec Barbie – qui lui avait appris que Delestraint venait d'être arrêté – « une espèce d'enchaînement de discussions », ce qui ne pouvait manquer de le rendre suspect aux yeux de ses camarades. Cet « enchaînement » l'aurait donc amené à « renouer avec des relations qu'il savait être de la Résistance ». Mais l'inculpé retrouvait son agilité dans l'argumentation avec la rétractation spectaculaire d'un témoin allemand clé cité par l'accusation. Me Garçon fit montre d'un talent tout particulier, notamment dans l'interprétation – spécieuse mais ingénieuse – du rapport Flora qui désignait nommément pourtant Hardy comme un « contre-agent » : il aurait été qualifié comme tel par un Barbie soucieux d'occulter le fait qu'il avait lui-même commis une grave erreur en ne surveillant pas son prisonnier.

A la fin du premier procès de janvier 1947, le président de la cour de justice de la Seine avait précisé que l'acquittement n'avait été prononcé qu'« au bénéfice du doute ». Le 8 mai 1950, Hardy fut acquitté à la majorité des sept juges sur le chef d'inculpation d'avoir « livré tout ou partie du plan de sabotage » ; pour les activités nuisibles à la Défense nationale, il ne fut acquitté en revanche qu'à la « minorité de faveur », c'est-à-dire par trois voix contre quatre, alors que le code de procédure de la justice militaire exigeait pour une condamnation au moins deux voix d'écart. On peut penser qu'ayant passé cinq ans en prison, Hardy ne se souciait guère de n'être sorti des griffes de la justice que d'extrême justesse, surtout si l'on considère que ce deuxième acquittement donnait encore plus d'autorité à la chose jugée. Certains résistants en gardèrent la conviction que le prétoire ne permettait pas de régler ce genre de cas, à l'exemple de Claude Bourdet écrivant dans *L'Aventure incertaine* : « Quand cette affaire est venue devant les tribunaux, en 1947, puis en 1950, nous avons tous été gênés et bouleversés, aussi bien ceux qui avaient cru Hardy coupable dès le premier jour que ceux qui l'avaient cru innocent. Il nous semblait, en effet, que c'était là une affaire que seuls les hommes qui avaient participé à l'action pouvaient comprendre et à la rigueur juger... »

Procès et jugements laissaient subsister nombre de

points d'interrogation. Les historiens, y compris le dernier en date, Daniel Cordier, ne s'en désintéressèrent pas totalement, mais en se gardant de tout sensationnalisme. Les plus nombreux à donner leur avis furent les journalistes d'investigation et les détectives amateurs qui, par goût des affaires policières, plongeaient dans les archives des services secrets. Cette quête du *scoop* – qui pouvait faire vendre – produisit des résultats pour le moins hasardeux dont aucun ne saurait convaincre. Les uns concluaient à l'accident : la malchance était responsable de Caluire ; d'autres au contraire cherchaient un second traître, en s'appuyant notamment sur l'un des deux rapports, retrouvés dans les archives de la Wilhelmstrasse, adressés à Ribbentrop par Kaltenbrunner, en date du 27 mai 1943, qui faisait état d'un « homme de confiance » qui « en sa qualité d'ancien officier français, y [dans l'Armée secrète] avait lui-même obtenu un poste de premier plan ». D'autres, enfin, brodaient sur la thèse d'un complot aux motivations de surcroît contradictoires.

C'est Henri Noguères, à la fois acteur (il avait milité activement dans le Mouvement Franc-Tireur), journaliste et « historien du dimanche », comme il aimait à se définir, qui donna, dans le troisième tome de son *Histoire de la Résistance en France*, publié en 1972, en une centaine de pages, la version classique la plus achevée de l'affaire de Caluire, du moins telle que la percevaient à l'époque, la majorité des Résistants. Il entendait contourner l'autorité de la chose jugée en menant à bien sa démonstration « non pour épiloguer sur l'innocence ou la culpabilité d'un homme qui a été par deux fois acquitté, mais plus simplement parce que les faits évoqués au cours des débats de ces deux procès appartiennent à l'Histoire, pardelà la justice – et à la Résistance par-delà l'Histoire ». Lui qui avait, en 1947, défendu l'innocence de Hardy, concluait désormais à sa trahison et à sa responsabilité. Son récit s'apparentait à une minutieuse enquête policière et judiciaire, nourri de témoignages presque exclusivement oraux, gommait tout enjeu politique, comme si l'intrusion de Hardy dans la réunion de Caluire, purement fortuite, restait négligeable.

Les données de ce dossier de Caluire auraient pu être éclaircies à partir de 1983, avec l'extradition, puis le jugement en France de Klaus Altmann, *alias* Klaus Barbie. Mais le malentendu était patent. Les débats autour de l'arrestation de Caluire focalisaient l'attention de l'opinion française sur le tortionnaire de Moulin, alors que, juridiquement, Barbie ne pouvait être poursuivi que pour crime contre l'humanité, seul crime imprescriptible. Il est vrai que l'interprétation du terme, en décembre 1985, par la cour de cassation, définissant ce crime non plus exclusivement par la nature de la victime mais par la nature de l'acte et les motivations idéologiques de son auteur, permettait de réintégrer dans l'acte d'accusation certains crimes commis contre des Résistants et donc de diligenter une nouvelle instruction sur les faits de 1943. Lors du procès qui s'ouvrit en mai 1987 devant la cour d'assises de Lyon, on vit en quelque sorte rivaliser dans l'accusation deux mémoires : celle de certains responsables de la communauté juive et celle de résistants. Me Vergès, lui qui s'était engagé dans des FFL à dix-sept ans, avant de pourfendre le colonialisme français, espérait probablement, en devenant l'avocat de Barbie, mettre à mal le mythe d'une France glorieuse conforté par les images épiques de la Résistance. Il ne réussit pourtant pas à jouer des tiraillements qui se manifestaient. Et la situation juridique le mit dans l'impossibilité, durant les audiences du procès, de réouvrir le dossier de l'affaire de Caluire, couverte par le secret de la seconde instruction en cours. Il avait bien promis des révélations sulfureuses. Mais rien ne vint, sauf la publication du « testament » de celui qui avait été finalement condamné en juillet 1987 à la détention perpétuelle pour des crimes perpétrés envers des civils juifs et non juifs. Même si, selon toute vraisemblance, Jacques Vergès avait tenu la plume, ce texte – à tous égards décevant – n'apporte strictement rien au dossier de Caluire. Et comme la mort de Klaus Barbie avait éteint l'action publique, la seconde enquête judiciaire tourna court.

Pourtant ce procès ne manquait pas d'engendrer de nouvelles supputations et des dérives perverses. La plus significative fut l'accusation reprise par Me Vergès contre Raymond Aubrac, censé – et l'insinuation est parfaitement diffamatoire – avoir été retourné par le SD dès sa première arrestation en mars 1943, et donc être le véritable traître de Caluire. Visant cette figure emblématique des milieux résistants de gauche, le défenseur de Barbie cherchait, vraisemblablement pour des raisons politiques et personnelles, à déconsidérer non seulement les compagnons de route du PCF mais encore l'image d'une Résistance pure et dure. Parmi bien des raisons qui vont à l'encontre de cette thèse, soulignons le fait que dans aucun document allemand, et notamment dans le « rapport Flora », Raymond Aubrac n'est désigné comme un « contre-agent ».

L'historique du dossier « Caluire » vu du côté de l'affaire Hardy nous laisse donc à nos interrogations. Il est temps maintenant de donner notre point de vue, en précisant en bonne méthode s'il s'agit de certitudes, d'explications plausibles ou bien encore des hypothèses auxquelles nous en sommes réduits pour comprendre ce qui s'est passé.

Après avoir démantelé l'OMA qu'ils pistaient depuis quelques mois, les Allemands décapitaient l'Armée secrète dont ils venaient de découvrir l'organisation, grâce aux bons offices de la police française qui leur avait transmis des archives saisies. Leur tâche fut facilitée par le retournement d'un jeune Poitevin, Jean Multon. Echoué à Marseille, il avait été récupéré par Maurice Chevance-Bertin, responsable départemental des MUR dans les Bouches-du-Rhône, qui en fit son secrétaire sous le pseudonyme de « Lunel ». Arrêté, à Marseille, avec Benjamin Crémieux, le 28 avril 1943, après avoir été lui-même donné, il se mit, dès le 30, au service du responsable de l'antenne marseillaise du SD, Ernst Dunker, dit

Delage, un policier nazi redoutablement efficace. Utilisé d'abord dans la région marseillaise, Multon fut prêté à la section IV du SD de Lyon, pour agir alors en binôme avec Robert Moog (dit K 30), un agent de l'antenne de l'Abwehr de Dijon tout aussi actif. Ce sont eux qui provoquèrent l'arrestation de René Hardy à Chalon-sur-Saône dans la nuit du 7 au 8 juin. Voilà des faits incontestables. Pour expliquer le retournement de Multon, on avancera la peur de la torture, doublée de la conviction que se taire ne servirait à rien puisque Dunker paraissait déjà tout savoir. En revanche, cela n'explique pas la ténacité hargneuse mise par Multon dans la traque de ses anciens camarades, si bien qu'elle entraîna plus d'une centaine d'arrestations dans la Résistance.

C'est donc au bout d'une longue chaîne d'arrestations que se situe celle de Caluire. Mais le dernier maillon ne doit son efficacité qu'à une succession d'imprudences ou de prises de risques qu'on peut analyser : la présence de René Hardy à cette réunion à laquelle il n'avait pas été convoqué en est une. L'héroïsme et le courage des résistants ne sauraient faire perdre de vue que, parfois, par témérité, inconscience, lassitude ou dans l'illusion d'invulnérabilité que leur donnait le fait d'être passé une première fois à travers les mailles du filet, il leur arrivait de ne pas respecter les consignes de sécurité. Mais dans l'affaire de Caluire, à côté de Hardy, deux hommes partagent la responsabilité de l'imprudence qui fut certainement fatale : il s'agit de Henri Aubry et de Pierre Bénouville.

Henri Aubry (Avricourt de son vrai nom), lieutenant de la Coloniale, l'une des premières recrues de Frenay, était devenu à l'instigation de celui-ci, à compter de mars 1943, le chef d'état-major du général Delestraint. C'était ce qu'on appelle une grande gueule, et son intelligence politique se limitait à se vouloir un inconditionnel de Frenay. Il est sans nul doute indirectement responsable de l'arrestation du chef de l'Armée secrète : il avait « oublié » de faire prévenir Delestraint que le message en clair déposé le 27 mai, 14 rue Bouteille, et donnant au général rendez-vous avec Hardy, le 9 juin, avait été placé dans une « boîte à lettres » que lui, Aubry, savait brûlée. Delestraint trouva donc le SD au métro La Muette. Et c'est encore Henri Aubry qui, vraisemblablement à l'instigation de Pierre Bénouville, prévint Hardy qu'il devrait participer à une réunion importante organisée le 21. Le matin même du jour fatidique, il « oublia » une fois encore, sans doute volontairement, de signaler à Moulin qu'il avait invité Hardy. Or, Moulin se défiait de Hardy depuis qu'il avait appris sa réapparition dans Lyon après des jours d'absence. Ajoutons, même s'il s'agit d'un tout autre problème, que c'est très vraisemblablement lui qui après l'arrestation de Caluire, probablement le 23 juin, après un tabassage en règle, désignait à Barbie comme étant Max celui qui se faisait passer pour un patient du docteur Dugoujon, un décorateur du nom de Martel. Pour en terminer avec Aubry signalons encore que, transféré à Paris, il allait se montrer suffisamment habile pour être libéré par le SD, dans l'automne 1943, moyennant l'obligation de pointer à une Kommandantur.

Les responsabilités de Pierre Bénouville (Guillain de Bénouville était un nom de plume qu'il avait utilisé dès l'avant-guerre) sont d'un autre ordre : plus politiques, on peut les juger plus lourdes. Le journaliste Pierre Bénouville avait fait une belle guerre avant de s'évader. Puis il avait été incarcéré par les autorités vichyssoises pendant six mois, parce qu'on le soupçonnait de vouloir rejoindre Londres. Il était pourtant devenu journaliste à *L'Alerte*, un quotidien ultravichyssois, antisémite, dans lequel il devait écrire jusqu'au début de 1943. Pourtant son refus de l'armistice et sa condamnation de toute forme de collaboration le firent basculer précocement dans la dissidence, mais sans incliner du côté de la France Libre ; il rejoignit d'abord le réseau Carte, un petit mouvement non gaulliste, soutenu par les Britanniques, dirigé par le dessinateur Girard qui prétendait, non sans quelque forfanterie, être en mesure de lever une armée de résistants. Bénouville finit par choisir l'efficacité en s'intégrant à Combat ;

il devenait en quelques mois – car leur rencontre ne datait que de décembre 1942 – l'homme clé du système Frenay. Ce dernier fut séduit par cet activiste, qui se révéla un homme de clan, d'une fidélité sans faille à l'endroit de « Henri-Patron », et qui, de plus, avait noué des contacts en Suisse. Il devint, avec l'effacement progressif puis l'arrestation de Bertie Albrecht, l'éminence grise de Frenay, même si Claude Bourdet demeurait officiellement le numéro deux de Combat. Frenay le chargeait entre autres des relations extérieures du Mouvement.

Les relations personnelles de Moulin et Bénouville étaient particulièrement mauvaises et leur dernière entrevue à Paris fut exécrable. Bénouville en était arrivé à détester ce Moulin qui imposait à la Résistance intérieure la tutelle de la France Libre et il souhaiter écarter sans ménagement cet obstacle majeur à l'avenir politique qu'il entrevoyait pour lui et ses amis. Quant à Moulin, il considérait le nouvel homme fort de Combat comme un agité peu fiable, voire dangereux, ce que prouvait le rôle de chef d'orchestre qu'il avait tenu dans « l'affaire suisse ». Dès que les responsables de Combat eurent vent de l'arrestation de Delestraint, Bénouville, en l'absence de Frenay parti pour Londres, s'évertua à contrer Moulin. Il avait compris que celui-ci entendait maintenir son contrôle sur ce que les proches de Frenay considéraient comme leur affaire : l'Armée secrète.

Du fait de ses fonctions de chef d'état-major de Delestraint, c'est à Aubry qu'il revenait de défendre la position de Combat. Mais Bénouville jugea sans doute qu'il ne ferait pas le poids face à Moulin qui risquait de rallier à ses thèses les responsables de Libération et de Franc-Tireur. Bénouville n'avait officiellement aucune responsabilité militaire justifiant une convocation à la réunion et, de surcroît, il devait se marier le surlendemain près de Toulouse. On comprend qu'il ait préféré se fier à Hardy, un teigneux qui avait de la repartie. Plus tard, Aubry et Bénouville se renvoyèrent la balle, s'accusant réciproquement d'avoir envoyé Hardy, qui n'y tenait guère, à la réunion. Il est probable que le cerveau fut Bénouville et qu'Aubry ne fit qu'exécuter les ordres. En tout cas, Hardy fut imposé par deux responsables de Combat, à la réunion de Caluire, sans y avoir été convié.

Or expédier Hardy à ce rendez-vous, c'était enfreindre une règle de sécurité qui n'aurait pas dû souffrir d'exception : il était interdit de venir à une réunion accompagné d'une personne qui n'était pas programmée, *a fortiori* si ladite personne venait de réapparaître après quelques jours d'une absence insolite. Des responsables de Combat et au premier chef Bénouville ont commis là une imprudence majeure. Mais il y a plus grave : il est très vraisemblable que Hardy avait confié à Bénouville qu'il avait été intercepté à Mâcon tout en affirmant, disait-il, qu'il avait échappé aux Allemands. C'est ce qu'affirma René Hardy, notamment dans un ouvrage touffu mais qui n'est pas sans intérêt, *Derniers mots* (Fayard, 1984), faisant même état d'un « pacte du silence » qui aurait lié les deux hommes. Certes Hardy a trop menti pour être absolument crédible. Cela étant, Bénouville, après s'être décidé à rompre avec lui par une lettre du 3 février 1984, finit par reconnaître implicitement que Hardy l'avait averti de son arrestation. Comme ses Mémoires, *Le Sacrifice du matin*, parus rapidement chez Laffont en 1946, n'étaient guère prolixes sur juin 1943, il choisissait, alors qu'il était mis en cause, de s'expliquer. Après réflexion, il décida que l'ouvrage *Avant que la nuit ne vienne* ne serait publié que de façon posthume (il le fut, par Grasset, en 2002). Entre plusieurs inexactitudes grossières (il aurait été à même de communiquer avec Passy en court-circuitant Moulin ; il aurait « commandé » à Moulin qui aurait été son subordonné, etc.), il admit, ce qu'il avait d'ailleurs fait oralement devant Pierre Péan, que Hardy l'avait informé de sa brève arrestation, quitte d'ailleurs à dire le contraire quinze pages plus loin.

On ne s'étonnera pas que Hardy ait pu ainsi se confier : les deux hommes, on s'en souvient, avaient été emprisonnés ensemble à Toulon. Et c'est sur la recommandation de Bénouville que Frenay avait nommé Hardy à la tête de Résistance-Fer de zone sud. Pourquoi donc avoir pris un risque aussi grand ? On est fondé à penser que l'enjeu d'une réunion où l'on prévoyait que pourrait être nommé le successeur de Delestraint à la tête de l'Armée secrète était primordial. Nous y reviendrons.

Reste à préciser la nature de la responsabilité de René Hardy dans cette affaire. Celui-ci est donc arrêté, sous son vrai nom, dans la nuit du 7 au 8 juin, dans le train Lyon-Paris, à Chalon-sur-Saône. Il passa alors deux nuits en prison, avant que Barbie vienne le prendre en charge pour l'emmener, à Lyon, avenue Berthelot, au siège du SD. Après avoir accepté, selon ses propres dires, en 1950, de « travailler pour Barbie ». Son emploi du temps dans la semaine qui suit est pour le moins flou : il aurait gagné le Gard, puis Paris pour y retrouver Lydie Bastien, mais il n'a pu fournir aucune preuve accréditant ce voyage parisien ; et, surtout, dans le « rapport Flora », ce document allemand dont nous allons parler plus longuement, une plume a pris la peine de préciser au-dessus de son nom cette notation : « *in Lyon, festgehalten, eine Woche* » ; ce qui doit se traduire par « tenu (ou détenu) à Lyon pendant une semaine ». Et s'il n'est pas impossible que cette annotation désigne l'emprisonnement de Hardy après qu'il se fut sauvé à Caluire, il est bien plus vraisemblable qu'elle qualifie ainsi, même s'il n'est pas passé par le fort de Montluc, son état disons de semi-prisonnier, après avoir été ramené de Chalon. Le 17, Bénouville le croisait dans Lyon, l'emmenait dans un bain-douche, avant de l'inviter à une réunion des responsables de Combat, qui se tint le lendemain. Dans les jours qui suivirent, Hardy renoua avec ses camarades et se trouva informé de la réunion de Caluire, et – alors que, nous le verrons, il n'y tenait guère – sommé d'y participer. C'est pour la journée du 21 que les faits et gestes de Hardy fournissent évidemment le plus matière à controverses : si l'on en croit les dépositions d'Edmée Delettraz, Hardy se serait rendu au siège de la Gestapo, pour servir de poisson-pilote en indiquant de fait à Edmée Delettraz que le lieu de la réunion de Caluire était la maison du docteur Dugoujon, finalement investie par Barbie et ses sbires. Mais cette résistante, qui avait été elle-même retournée, jouait pour le moins double jeu et son témoignage à charge reste sujet à caution, même s'il permet de fournir un minimum de cohérence à la trame de ces événements.

Alors que conclure ? Aujourd'hui, on peut admettre que la succession des deux évasions, suspectes aux yeux de bien des résistants, ne constitue pas une preuve formelle de culpabilité, surtout si l'on songe que d'autres ont pu s'évader dans des conditions rocambolesques.

On prendra acte de l'« imprudence » que René Hardy a admis avoir commise. Dans une déposition du 24 mars 1947, il faisait état d'un marché avec Barbie : « J'offre qu'on me libère à essayer de renouer des relations que je sais être de la résistance » ; et le 25 avril 1950, devant le tribunal militaire, il précisait : « A l'Ecole de Santé militaire, Barbie m'a interrogé pendant plusieurs heures. Il voulait à tout prix que je sois Didot [l'un de ses pseudonymes]. Je voulais à tout prix sortir de cette impasse, c'est pour cela que j'ai accepté de travailler pour Barbie. » Qu'il n'ait rien d'autre à se reprocher, c'est à voir, malgré ses protestations : « Je déclare publiquement que je n'ai pas trahi la cause que je défendais. J'ai peut-être commis une imprudence mais je maintiens que je n'ai pas trahi. » Son principal argument en défense – nous l'avons signalé – reste qu'aucun autre Résistant et notamment aucun des principaux dirigeants de Combat à Lyon n'a alors été arrêté, alors que Hardy connaissait presque toutes leurs adresses. A quoi on peut rétorquer que les « donner » aurait signé son retournement déjà suspecté ; en outre, rien n'exclut qu'ait joué cet esprit de clan propre aux responsables de Combat, qu'augmentait son admiration sans faille pour Frenay et Bénouville.

Mais le document décisif se trouve ailleurs, et il est d'origine allemande. On se souvient que ces papiers ont longtemps été suspects auprès de magistrats, ce que sut exploiter, en son temps, Me Garçon, et qu'ils le restent aux yeux d'un certain nombre de Résistants pour qui la parole ou le témoignage d'un des leurs doit nécessairement l'emporter sur des documents, surtout allemands. L'historien lui n'a pas d'*a priori* de ce genre. Nous ne parlons pas évidemment des témoignages postérieurs de personnages impliqués dans l'action, par lesquels des hommes, qui le plus souvent avaient du sang sur les mains ont cherché à sauver leur tête plus qu'à dire la vérité, voire, comme Barbie, à salir la Résistance. Il s'agit des documents qui ont été rédigés à l'époque et qui ont échappé aux bombardements ou aux destructions volontaires, ce qui ne dispense pas, il est vrai, de les soumettre aux examens critiques d'usage.

Pour ce qui nous importe, trois textes doivent être nécessairement retenus. Deux d'entre eux, signés par celui qui était devenu le patron du SD, Ernst Kaltenbrunner, à l'adresse du ministre des Affaires étrangères Joachim von Ribbentrop, en date du 27 mai et 29 juin 1943, ont été retrouvés dans les archives de la Wilhelmstrasse en 1946 ; le troisième, le « rapport Flora » (car il s'ouvre sur le nom de Thérèse Floiras, arrêtée le 17 mars 1943 à Marseille), ayant par hasard échappé à la destruction, a été découvert, nous l'avons dit, en septembre 1944 dans les locaux du SD de Marseille ; daté du 19 juillet 1943, il est signé d'Ernst Dunker, responsable de l'antenne du SD à Marseille (il est consultable aux Archives nationales en 72 AJ).

Le rapport Kaltenbrunner du 27 mai, dont l'objet est « l'Armée secrète en France », nourri surtout de renseignements saisis en mars 1943 dans les archives de l'Armée secrète, dresse un panorama relativement précis de celle-ci et fournit une analyse assez fouillée de la stratégie de la Résistance de zone sud. Le second, daté du 29 juin, présente encore plus d'intérêt pour notre sujet puisque, relatant les dernières opérations de répression en France, vraisemblablement à partir d'un rapport du SD, il précise : « ... Interrogé après son arrestation, le nommé

Hardy alias "Didot", chef du sabotage des chemins de fer, a fait des aveux complets. Entre autres, il reconnaît qu'il a élaboré un projet d'environ 150 pages ayant trait aux actes de sabotages de chemins de fer à effectuer en cas de débarquement anglo-américain [...]. Comme il a fourni des informations détaillées et qu'il s'est prêté de bonne grâce à collaborer avec nous, nous avons déjà employé Hardy plusieurs fois et avec succès [...]. Grâce à une mise en scène d'agents auxquels Hardy s'est prêté, le Kommando d'intervention de la *Sicherheitspolizei* et du SD de Lyon, en collaboration avec des détachements spéciaux du *Reichsicherheitshauptamt* pour la lutte contre l'AS a réussi à surprendre une réunion des Mouvements Unis de Résistance [il s'agit de Caluire] et à arrêter les participants. »

Venons-en au « rapport Flora », qui est – il faut le souligner – non pas un rapport en bonne et due forme, mais un document de travail interne à l'antenne du SD de Marseille : c'est pourquoi quelques annotations postérieures à la date du 19 juillet ont été apposées sur l'original dactylographié ; c'est pourquoi, également, on y relève un certain désordre. On y trouve des listes de noms, avec état-civil, adresse, date et lieu d'arrestation, fonction dans les organisations de résistance. Ainsi la liste de cent vingt résistants arrêtés ou recherchés (car certains ont pu échapper) dans le cadre de l'opération « Acropolis » menée en Provence et « Gross Furst » à Paris. Il s'y ajoute une deuxième liste intitulée « Autres membres des MUR reconnus dans l'affaire Flora », où on lit : « MOULLIN [*sic*] Jean alias MAX – alias REGIS – Délégué personnel du général de Gaulle – Président du Comité directeur des MUR. Arrêté le 25/6/43 par le détachement de LYON. » Malgré quelques erreurs – le nom mal orthographié de Moulin et la date erronée de son arrestation –, en règle générale, les notices rédigées sur les résistants arrêtés sont précises et plutôt bien renseignées.

Dans la première liste des 120 personnes arrêtées, figurent 6 *Gegenagent*, des contre-agents « retournés » par

Dunker, qui ont bien été démasqués à la Libération comme tels, et notamment Multon, sur lequel le responsable du SD est fort disert. Et, dans la deuxième liste, il est précisé nommément ceci : « A la suite de la surveillance de la boîte aux lettres de la section de sabotage des trains, MULTON a eu connaissance d'une rencontre prévue entre DIDOT [Hardy, donc] et MAX [c'est là une erreur puisqu'il devait rencontrer Delestraint] le 9 juin 1943 à Paris. C'est ainsi que dans le train de Paris, à l'instigation de MULTON, furent arrêtés et remis à l'EK de Lyon :

106. DIDOT (pseudonyme)

Chef national "sabotage des trains" des MUR

Qui, par la suite, en qualité d'agent double de l'EK de Lyon, permit l'arrestation, à l'occasion d'une rencontre à Lyon, le 25 juin 1943, de

54. MOULLIN Jean

alias MAX

alias REGIS

Délégué personnel de De Gaulle

Président du Comité directeur des MUR

En même temps que de 5 chefs des Mouvements unis... »

Un document unique, l'historien le sait bien, doit être traité avec circonspection. Nous estimons que sa valeur tient au fait – répétons-le – qu'il est rédigé quelques semaines à peine après les faits et surtout qu'il est à usage interne. Nous avons déjà dit que les défenseurs de Hardy ont prétendu qu'il avait été désigné comme *Gegenagent* par les hommes du SD, pour travestir son évasion. Mais c'est se méprendre sur le fonctionnement des services de répression allemands, mettre entre parenthèses le fait que le rapport Flora signalait qu'un certain nombre de suspects avaient pu s'enfuir. Je ne vois donc aucun mot à changer dans la conclusion à laquelle nous étions parvenus, Dominique Veillon et moi-même, en juin 1994 : « Nous insistons sur ce point, dans ce genre d'histoire immédiate, si l'on privilégie les sources écrites contemporaines de l'événement comme nous pensons que doit le faire l'historien, le rapport Kaltenbrunner et le rapport Flora, quelles que soient leurs imperfections, pèsent lourdement dans le sens de la culpabilité de René Hardy. »

Reste à évoquer les motivations qui auraient poussé Hardy à provoquer un tel désastre en servant de poisson pilote, tout en sachant que peuvent seulement être formulées des explications plausibles. On ne peut pas totalement exclure que, après avoir accepté de « travailler pour Barbie », Hardy, dont la modestie n'était pas la qualité première, ait cru être assez fort pour se jouer de celui qui n'était alors qu'un petit lieutenant. Pour gagner du temps, il lui aurait bien livré le brouillon du « Plan Vert », mais sans pour autant « donner » la réunion de Caluire, jusqu'à laquelle il aurait été, malgré lui et à son insu, filé. Mais cette explication minimaliste, outre qu'elle ne permet pas de répondre à nombre de questions en suspens, est insuffisamment conforme au rôle, souligné dans les documents allemands, de *Gegenagent*. Si vraisemblablement il n'a pas été un agent totalement docile du genre Multon, il a fait le jeu de Barbie, peut-être malgré lui. Jacques Baumel le décrit traînant alors les pieds, mal dans sa peau, comme s'il était prisonnier de ses ruses et de ses mensonges, ne manifestant aucun contentement d'être convié à la réunion de Caluire.

Deux raisons ont probablement empêché Hardy de se dégager ou de filer quand Barbie se fit de plus en plus pressant. D'une part, dire la vérité sur son arrestation à ses camarades, c'était prendre le risque d'être fortement soupçonné d'avoir « donné » le général Delestraint (puisqu'il était censé le rencontrer à Paris), et donc d'être exécuté. D'un autre côté, il était très vraisemblablement convaincu que Barbie détenait en otage sa compagne, Lydie Bastien, une jeune femme de vingt et un ans, rencontrée, à Lyon, en janvier. Cet homme à femmes était tombé passionnément amoureux de cette mince et grande brune, dont tous les témoins mâles se souviennent comme d'une beauté aux cheveux noirs, au teint clair et aux yeux immenses. Il l'amenait un peu partout, malgré des désapprobations discrètes. Cela aurait pu n'être qu'une jeune femme particulièrement séduisante. Mais Barbie – le fait est avéré – avait découvert son existence et savait donc qu'il disposait d'un moyen de chantage sur Hardy. Pierre Péan, dans *La Diabolique de Caluire* (Fayard, 1997), va plus loin : il suggère que, pour être jeune, cette femme fatale aurait déjà eu un passé d'aventurière sans complexes, et que, ayant pour amant un Allemand du SD, elle était immatriculée à l'Abwehr. Elle aurait alors manipulé Hardy. Notons d'ailleurs que dès l'après-guerre, tant Frenay que Bourdet l'avaient déjà accusée d'être un agent allemand. En l'état actuel des sources, cette hypothèse demanderait à être étayée de preuves. En revanche, Lydie Bastien a probablement effectivement représenté une pièce maîtresse dans le jeu de Barbie. Empêtré, acculé, Hardy a bien pu faire état de la réunion de Caluire, sans égard pour Moulin qui lui était présenté comme un adversaire de Combat, sachant qu'il ne provoquerait et ne provoqua, à l'exception de celle d'Henri Aubry, aucune autre arrestation parmi les responsables de Combat.

*

L'habitude prise de se focaliser quasi exclusivement sur les avatars de l'affaire Hardy présente aux yeux de l'historien le grave inconvénient, si l'on veut comprendre l'engrenage de Caluire, de minimiser le poids des enjeux internes proprement politiques, qui furent à l'œuvre au moment du drame. A noter que dès février 1947, De Gaulle, devant Claude Guy, son aide de camp, qui le rapporte dans *En écoutant De Gaulle* (Grasset, 1966) avait fait une analyse décapante : « Les camarades de résistance en sont arrivés à cette infamie, à cette extrémité d'infamie, de livrer leurs frères. Pourquoi ? [...] pour arriver premiers à la Libération [...]. » La communauté résistante est pour partie responsable de cette sorte d'occultation, dans son obstination à taire ou à gommer les oppositions et les divergences qui pourraient, à ses yeux, ternir la mémoire de la Résistance. Cette union sacrée s'était quelque peu lézardée au temps de la guerre froide, lorsque les procès Hardy avaient révélé au grand jour de multiples dissensions. Mais le remue-ménage des années 70 devait ramener les Résistants à une position solidaire et défensive. Ils interprétèrent "la mode rétro", qui nous semble – soit dit en passant – relever de relectures assez hétéroclites des années noires, comme le fruit d'une offensive de Vichyssois non repentis qui instrumentalisaient l'histoire. Et pour ne pas nuire à l'image qu'ils voulaient glorieuse de la Résistance, par souci de taire des fautes ou des drames personnels qui ne devraient remettre en cause ni le bien-fondé ni la réussite d'une action collective, les Résistants ont alors défendu plus que jamais une version très lisse de leur engagement collectif.

En tout cas, à propos de Caluire, les résistants survivants eurent le plus souvent tendance à minimiser à la fois les imprudences ou les responsabilités directes ou indirectes des acteurs, à l'exception de celles imputables à Hardy, et tout autant, sinon plus, les dissensions des chefs de la résistance non communiste à la fin du printemps de 1943. C'est pourquoi le récit de Henri Noguères qui détaille très longuement les faits et gestes de Hardy, tout en gommant la dimension politique, a recueilli l'assentiment de la grande majorité d'entre eux. Comme si Hardy devait servir de fusible, fournissant une explication suffisante.

Il est vrai que les supputations les plus contradictoires ont été avancées qui prétendaient éclairer le drame : Moulin serait tombé parce qu'il était trop à gauche, parce qu'il portait ombre à De Gaulle, parce que plus prosaïquement il aurait amené sur ses pas la Gestapo, mieux même il aurait été instrumentalisé par le Reich. Elles ne sauraient emporter la conviction.

*

Le lecteur aura compris que nous n'avions pas en poche la clé qui ouvrirait les portes, même dérobées, de « l'affaire de Caluire ». Nous estimons, cela dit, avoir fourni les éléments qui permettent de construire des explications plausibles. Résumons-nous. Les Allemands, qui n'excluaient pas que se déclenche un débarquement en Provence avant l'automne, redoublaient d'activité contre des organisations de résistance dont ils surestimaient l'importance. Ils purent arrêter et retourner Multon, qui est, lui, un véritable traître ; quelques semaines plus tard, ils interceptaient René Hardy, qui acceptait d'amener Barbie à une réunion programmée par Max après l'arrestation de Delestraint. Si les raisons de cet acte sont toujours matière à controverses, la lecture des rapports germano-allemands incite à tenir pour très probable la culpabilité d'un homme qui ne pouvait se prévaloir que d'un seul argument, au demeurant réversible pour sa défense : les dirigeants de Combat n'avaient pas été arrêtés. Face aux avatars de la mémoire des années noires, les résistants dans leur ensemble ont choisi de s'en tenir à la solution du fusible Hardy. Ils ont refusé, et les hommes du clan Frenay les premiers, de prendre en compte la responsabilité d'un Bénouville, pour avoir déclenché le processus en commettant une très grave entorse aux règles de sécurité. La cause en est l'exaspération des divergences entre la démarche gaullienne de Moulin et la volonté du duo Frenay-Bénouville de peser sur la France Libre, alors en difficulté en face de Giraud et de Roosevelt.

Le lecteur pourrait avoir l'impression que, en prenant le contre-pied des discours qui minimisaient le poids des affrontements internes, j'exagère la portée de la lutte pour le contrôle de l'Armée secrète et tout autant les passes d'armes autour de « l'affaire suisse ». Ce n'est vraiment pas le cas.

Cela étant, il serait erroné de voir dans la décision de Bénouville la volonté de régler des comptes partisans.

Sans doute Bénouville venait-il de la droite la plus extrême et avait-il gardé chez certains adversaires déclarés de la résistance – comme l'a montré Pierre Péan – bien des amitiés. Mais si l'explication de la démarche de Bénouville est bien politique, aucun indice ne permet de la qualifier de partisane et il faudrait de surcroît démontrer que Bénouville connaissait le passé politique de Max. Disons plus simplement que Moulin est mort d'avoir maintenu strictement un cap gaullien, au point que le contrôle de l'AS devenait pour Frenay et les siens un enjeu primordial, après qu'ils eurent cru que l'implantation de leur délégation en Suisse leur permettrait d'obtenir financement, parachutage d'armes et autonomie à l'égard de Londres. Voilà qui probablement justifiait aux yeux de Bénouville qu'on puisse prendre – et faire prendre – bien des risques.

La très vraisemblable culpabilité de l'un, la très plausible responsabilité de l'autre peuvent, il est vrai, être lues dans l'esprit de cette mise en garde formulée par Claude Bourdet : « Ce qui est certain, c'est que la lutte sans merci entre la Résistance et la police secrète allemande a été émaillée de capitulations et de trahisons. Ce qui est certain aussi c'est que s'il n'y avait pas eu de Résistance [...] on ne parlerait pas des capitulations et des trahisons. »

Reste que rien ne saurait conduire à occulter de tels agissements : il n'y a pas de sanctuaire en Histoire.

12

Requiem

Jean Moulin terminait une lettre à Pierre Cot du 19 octobre 1941 en soulignant les mots : « Nous aurons une belle victoire. » La victoire fut sans doute belle, mais sans lui. Si l'on sait que Max ne survécut qu'une quinzaine de jours aux conditions de son interrogatoire, les circonstances de sa mort restent obscures. Reste à savoir comment ont réagi ses camarades en Résistance ou les responsables de Londres, ce qui conduit à une interrogation plus générale : De Gaulle s'est-il réellement intéressé à la Résistance intérieure ? L'été 1943 opère une deuxième coupure, après celle de novembre 1942, dans l'histoire de la France Combattante, avec l'émergence en Algérie, sous la direction de Charles De Gaulle, d'un Etat de fait, qui mettait à mal ce qui restait de légitimité à Vichy. Que devenait l'héritage de Rex ? La question appelle des réponses nuancées, si on compare ce qui s'est passé, dans les mois qui suivirent sa mort, en France et dans le reste de l'Europe occupée.

*

La mort de Jean Moulin ne saurait contredire la lucidité brutale de la formule de Pascal : « Nous mourrons seul. » Il est très vraisemblable qu'il a été torturé, au point de ne survivre à ces interrogatoires musclés qu'une quinzaine de jours après sa capture. Si l'on est sûr qu'aucun *Requiem* ne vint adoucir le tragique de cette fin, les péripéties de ces jours sinistres ne nous sont connues que par quelques témoignages lacunaires et plus ou moins fiables : même l'urne qui a été transférée au Panthéon dans les conditions que l'on sait contient tout au plus ses cendres présumées. Il n'y a donc pas lieu de s'étendre sur une mort malheureusement conforme à celle qui menaçait ceux qui « tombaient » sauf à rappeler que cette chute était le fruit à la fois du hasard et d'une certaine logique. Après quoi, l'arrestation et la mort de celui qui venait d'être désigné comme commissaire national en mission, celui que le rapport Kaltenbrunner considérait comme le « chef de la Résistance française », ne pouvaient manquer de provoquer des réactions.

« Mon général, notre guerre, à nous aussi, est rude », écrivait Moulin à De Gaulle, le 15 juin, dans ce qui fut son dernier courrier adressé à Londres, celui dans lequel il rendait compte notamment de l'arrestation de Delestraint. Quelques semaines plus tôt, dans la longue lettre qu'il lui avait envoyée personnellement le 7 mai, il établissait, en toute lucidité, un constat inquiétant : « ... Je suis recherché maintenant tout à la fois par Vichy et la Gestapo qui, en partie grâce aux méthodes de certains éléments des mouvements, n'ignore rien de mon identité et de mes activités. Ma tâche devient donc de plus en plus délicate, alors que les difficultés ne cessent d'augmenter. Je suis bien décidé à tenir le plus longtemps possible... » Les archives saisies chez des militants de Combat, à Lyon, en mars 1943, sans oublier un rapport on ne peut plus explicite rédigé par Frenay sur l'Armée secrète et intercepté par le SD, avaient nourri les fiches des services répressifs allemands, comme en témoigne le rapport Kaltenbrunner du 27 mai. Si les Allemands eurent besoin de chance pour le saisir et l'identifier, il fait peu de doute que Moulin était devenu pour eux un gibier de choix et qu'il le savait.

Sans doute, tout n'était pas uniformément noir : ainsi

un télégramme du commissariat à l'Intérieur répercutant un câble adressé par André Philip, qui avait accompagné le chef de la France Libre dorénavant à Alger, lui apprenait que l'action en France relevait toujours des services gaulliens et qu'il était pour sa part confirmé dans ses fonctions : « Faites savoir Rex sera délégué du CFLN en territoire métropolitain... » (il s'agit de la structure mise en place par De Gaulle à Alger, sur laquelle nous reviendrons). Mais à l'image de beaucoup de résistants clandestins, la solitude devenait de plus en plus pesante. Il pouvait, certes, compter sur des dévouements indéfectibles, ceux qu'il trouvait auprès de la petite bande d'agents de liaison, de secrétaires de la Délégation et en tout premier lieu auprès de Daniel Cordier. Pourtant, ses activités démultipliées l'éloignaient de ses proches et notamment de celles qu'il aimait ou pour lesquelles il éprouvait de l'affection.

*

Depuis son retour de Londres, Moulin n'avait cessé d'être par monts et par vaux, notamment pour mettre sur pied ce Conseil de la Résistance qui était sa réussite. Après la suppression de la ligne de démarcation proprement dite, en mars, il avait donné l'ordre de transférer une bonne partie des services de la Délégation de Lyon à Paris, et Daniel Cordier avait été chargé de lui trouver une adresse parisienne sûre. La mi-juin le retrouvait cependant lyonnais et il décida de passer les fêtes de la Pentecôte, au calme, à Trévoux, chez les parents de l'une des secrétaires de la Délégation, Hélène Vernay. Rentré dans la soirée du 14 juin, il est étonné de voir Daniel Cordier, qui l'attendait depuis deux jours, le surprendre au débotté, pour lui annoncer l'arrestation de Delestraint. Puis ce fut Caluire.

Dans un premier temps, Max parut pouvoir bénéficier d'un répit. Arrêté dans la salle d'attente du docteur Dugoujon, il portait sur lui, comme toujours, un document justificatif : un médecin l'envoyait à son confrère pour obtenir l'adresse d'un bon rhumatologue. Et ses vrais-faux papiers résisteront à un premier interrogatoire : il fut écroué à la prison de Montluc sous le nom de Jacques Martel, né le 29 avril 1897 à Picquigny (il est vraisemblable que l'état civil de cette bourgade de la Somme avait disparu dans la tourmente de 1940). Se disant décorateur (il pouvait faire montre d'aptitudes en la matière), habitant 17, rue Renan (c'était son ancien domicile), il avait indiqué qu'il était célibataire et catholique (donc non juif).

Il semble que les hommes de Barbie aient rapidement compris, à la lecture de documents saisis confortant ce qu'avait vraisemblablement indiqué Hardy, que « Max », dont ils connaissaient le dernier pseudo et les fonctions, devait se trouver parmi ceux qui venaient d'être arrêtés. La recherche de Max s'arrêta, on l'a dit, après que Henri Aubry, sérieusement malmené, eut désigné Jacques Martel comme étant en fait le délégué du général De Gaulle. Respectons et refusons de commenter le malheur de ceux qui ont été contraints de parler sans trouver d'échappatoires.

C'est vraisemblablement le 23 que commence le face-à-face avec Barbie. Le lendemain, Christian Pineau, déjà détenu lui-même, était appelé pour procéder au rasage d'un homme incapable de procéder à sa toilette et qu'il reconnaissait, lui qui avait rencontré Moulin à plusieurs reprises. Deux thèses se sont par la suite affrontées pour expliquer cet état d'extrême faiblesse. Celle du suicide a été évidemment soutenue par Barbie, dès une interview donnée lors de sa cavale sud-américaine : son prisonnier se serait violemment jeté la tête la première contre un mur. L'autre, la plus répandue, dénonce les coups répétés assénés à Moulin. Les deux approches ne sont pas forcément contradictoires et leurs effets ont pu s'additionner. Georges Bidault a écrit plus tard que Moulin lui avait confié qu'il n'aurait pas le courage de renouveler sa tentative du 17 juin 1940. Ce témoignage postérieur ne suffit pourtant pas à éliminer la possibilité d'un geste ultime. Reste que selon toute probabilité, Barbie a choisi d'utiliser la manière forte, ce qui était son mode d'interrogatoire privilégié quand il rencontrait une opposition continue, comme son procès, même s'il ne s'est jamais reconnu sous l'identité de Barbie, en a fourni de nombreux témoignages accablants. On peut, soixante ans après, s'étonner d'une pareille bestialité, qui aboutissait de fait à réduire au silence un prisonnier de première importance. Mais ne nous y trompons pas : aux yeux de Barbie, comme de la plupart des hommes du SD et du système répressif nazi, les résistants étaient des ennemis subversifs du Reich, qui, surtout s'ils n'étaient pas militaires, avaient perdu tous leurs droits et ne méritaient plus que les coups et les humiliations. Il faut se rappeler en particulier que, présente dans la culture militaire allemande depuis la guerre de 1870, la hantise de francs-tireurs et autres civils embusqués sur les arrières d'une armée d'occupation justifiait à leurs yeux les pratiques les plus barbares. Les nazis ne réservaient un sort moins éprouvant qu'aux seuls hommes politiques, considérant que – même s'ils étaient hostiles à la collaboration franco-allemande, ce qui exigeait leur internement – ils n'étaient pas directement impliqués dans des actions para-militaires de résistance.

Le 28, probablement, une des voitures du SD emportait le prisonnier jusqu'à Paris, trois jours après que André Lassagne, le colonel Lacaze, le colonel Schwarzfeld, le docteur Dugoujon, Henri Aubry et sa secrétaire Mme Raisin, eurent été envoyés à Fresnes. Un certain nombre de témoignages signalent que Moulin n'était déjà plus qu'à demi conscient.

Ajoutons qu'en octobre 1946, Heinrich Meiners, interprète pendant quelques mois au 84 avenue Foch, siège parisien de la police de sécurité du Reich, avait certifié – et ce témoignage recoupe celui d'une femme de ménage française interrogée en 1945 et rencontrée à nouveau par Pierre Péan – que des gestapistes français de la bande

Bony-Laffont avaient recommencé à pratiquer sur lui des interrogatoires poussés. Moulin, dans un état quasi comateux, fut finalement enfermé dans la « villa Boemelburg », du nom de Werner Boemelburg qui commandait alors la Gestapo parisienne. Cette demeure du 40 boulevard Victor-Hugo, à Neuilly, appartenait à des propriétaires juifs. Elle avait été réquisitionnée pour être le siège du SD et transformée en prison pour détenus importants. Nous disposons du témoignage de l'infirmier Millitz : « j'ai vu] un prisonnier... qui me fit une impression très bizarre. Le prisonnier était allongé, puis il s'est assis et je l'ai vu marcher une fois dans la chambre en s'appuyant aux meubles et aux murs. Il était oppressé et se tenait le ventre ou les reins. Il m'a fait l'impression d'un homme très malade et qui n'avait plus pour longtemps à vivre. Il avait les yeux fixes et par instants hagards ».

Moulin est probablement mort lors de son transfert en Allemagne vers l'hôpital de police de Berlin. Ce sont les responsables du RSHA, le bureau central de sécurité du Reich, qui auraient ordonné ce transport, malgré les risques inhérents à un long voyage par chemin de fer. Voulait-on en très haut lieu éliminer tout risque d'enlèvement ? Peut-être, mais on ne dispose à cet égard d'aucun indice. En 1946, la presse française fit état de rumeurs les plus diverses : Moulin aurait été abattu lors d'une tentative d'évasion, ou fusillé à Trèves, ou encore étouffé dans un transport de déportés. Officiellement, il est décédé à Metz, le 8 juillet 1943, selon du moins l'acte de décès dressé bien plus tard, le 3 février 1944, portant en marge la cause supposée de la mort : « *Herzlahmung* » (arrêt cardiaque), le diagnostic le plus couramment utilisé par les médecins SS. Dans le cas précis, on avait même joint une copie certifiée conforme à l'attestation d'un médecin-chef, Beschke : « Je soussigné médecin-chef Beschke n° 21723, certifie par la présente que le détenu Jean-Moulin est décédé à deux heures au cours de son transfert en Allemagne. A la suite de l'autopsie [évidemment fictive] pratiquée par mes soins, il s'avère probable que la mort est due à une crise cardiaque ». Selon un commissaire de police allemand, Jean Moulin serait mort, dans un épuisement ultime, à l'arrivée du train Paris-Berlin en gare de Francfort-sur-le Main.

Curieusement l'antenne de la Gestapo de Montpellier, par deux fois, le 19 octobre 1943, puis le 25 mai 1944, vint annoncer à sa mère le décès du préfet Moulin. Nous ignorons les raisons de cette démarche inhabituelle. En revanche, l'administration française ne fut pas tenue au courant de son décès puisqu'un pli « très urgent » en provenance de la mairie signifiait au préfet en retraite Jean Moulin qu'il « était requis pour garder les voies ferrées le 26 décembre 1943 de 6 heures 30 à 19 heures ». Ce qui est plus certain, car on dispose d'un document relativement probant délivré plus tard par la police de la RFA, c'est que, le 9 juillet 1943, ordre avait été donné à la police française parisienne, d'une façon tout aussi inhabituelle, de « retirer [un] ressortissant français décédé en territoire allemand... » pour le faire incinérer immédiatement. Rien d'autre n'était précisé et il peut fort bien s'agir d'une coïncidence de dates. Dans le columbarium du Père-Lachaise, les cendres furent déposées dans une urne portant le numéro 10 137 et par la suite transférée dans le carré réservé à la Résistance, où elle portait le numéro 3 857 et l'inscription « cendres présumées de Jean Moulin ». A tout prendre, on ne saurait exclure que cette urne, désormais placée au Panthéon, contienne les cendres de Jean Moulin.

Laissons là les bourreaux pour retourner auprès de ses camarades de combat et analyser les réactions des responsables des Mouvements de zone sud. Claude Bouchinet-Serreulles s'efforçait de parer au plus pressé. Moulin avait eu la bonne surprise de voir tomber du ciel – c'est le cas de le dire – ce jeune diplomate rallié immédiatement à la France Libre et qui avait fait fonction d'officier d'ordonnance de Charles De Gaulle. Présenté à Moulin, d'abord un peu réticent, lors de son séjour londonien, il était programmé pour rejoindre la Délégation à « la lune d'avril » ; mais divers incidents avaient retardé son arrivée. Moulin, qui n'avait pu obtenir du BCRA les hommes qu'il réclamait, lui avait fait bon accueil et, les 19 et 20 juin, s'était efforcé de mettre au courant celui qui pourrait devenir son second.

Il devait être de la réunion de Caluire et c'est en se trompant de funiculaire qu'il échappa à la capture. Dans un télégramme reçu à Londres 24 juin, il informait le BCRA des arrestations de Caluire : « De Sophie [le pseudo de Claude Bouchinet-Serreulles] pendant réunion CD [Comité directeur] Zone Sud police a arrêté hier tous les participants soit Rex, Luc [Larat] chef Copa [Service des liaisons aériennes], Thomas [Aubry] chef état-major Sud, Aubrac, colonel chef France d'Abord et trois chefs bureaux Etat-major sud » et il prévenait qu'il attendait des instructions : « J'assure provisoirement intérim », en ajoutant : « Travaille dès maintenant libération Rex... envoyez renforts nécessaires. »

Pierre Meunier lui conseillait alors de solliciter l'aide de Charles Porte, un ancien commissaire de police de Chartres qui, tout en menant une enquête sur les circonstances de l'arrestation et donc sur les soupçons qui pesaient sur Hardy, inventoriait les possibilités de faire évader Rex, envisageant d'attaquer soit le wagon qui était généralement rattaché en queue de train lors d'un transfert de prisonniers, soit les véhicules qui transportaient les détenus de Montluc pour les interrogatoires qui se déroulaient à l'Ecole de santé, avenue Berthelot. Il aurait fallu pouvoir mobiliser très vite plusieurs hommes résolus faisant partie des « groupes francs », rassembler l'argent nécessaire pour acheter des complicités, se procurer des véhicules, etc. Or, le rapport parvenu le 27 juillet à Londres, par l'intermédiaire du réseau Ajax, où militaient des policiers résistants, dressait un sévère constat de carence : « Simultanément à l'enquête et comme objectif principal les efforts ont porté sur les possibilités d'évasion. Ici les moyens ont fait défaut et il s'est avéré très difficile de réunir les éléments locaux nécessaires à des tentatives d'évasion : hommes décidés, armes, moyens de transport, locaux devant servir d'asiles, interprètes, uniformes. Des promesses ont été obtenues par des contacts difficiles et lents, mais n'ont jamais donné de résultats palpables dès qu'il a été exigé des réalités... »

Sans doute faut-il garder en tête ce constat que, dans la Résistance, comme sur le front, la disparition ou la mort d'un homme broyé par le rouleau compresseur de la guerre se banalisait instantanément, comme en témoigne maint journal personnel tenu par les résistants. A peine avait-on le temps de déplorer la perte d'un camarade, qu'il fallait continuer, aller de l'avant, en affrontant un avenir aux dangers bien réels. D'ailleurs, jusqu'à plus ample informé, rien n'avait été tenté de façon concrète en faveur du général Delestraint, qui était pourtant le patron de l'Armée secrète. Et ce sont des ouvrages de fiction, des films qui nous ont habitués à considérer comme trivial ce qui fut exceptionnel : réussir à arracher des résistants à la Gestapo. Et même lorsqu'on déploya de grands moyens (ainsi dans l'opération *Jéricho* menée par la RAF, en février 1944, contre la prison d'Amiens pour délivrer des résistants promis au peloton d'exécution), les résultats furent le plus souvent aléatoires. Cela dit, l'évasion de Raymond Aubrac et de certains de ses camarades à la suite de l'attaque par un groupe franc d'un camion militaire allemand, le 21 octobre sur le boulevard des Hirondelles à Lyon, incita rétrospectivement à penser que quelque chose aurait pu être tenté pour Moulin. Selon Lucie Aubrac, les résistants ne demeurèrent pas inertes ; mais Claude Bouchinet-Serreulles, qui n'éprouvait pourtant aucun sentiment d'hostilité de principe à l'encontre des responsables des Mouvements de zone sud, exprimait un jugement autrement sévère dans un rapport parvenu à Londres le 14 juillet : « Bien que depuis des mois le poste "Groupes francs" figure pour plusieurs centaines de milliers de francs au budget des Mouvements Unis, ceux-ci n'ont été en mesure de nous fournir ni un homme, ni un véhicule, ni une arme. »

Il est malaisé, faute de documents, de pouvoir analyser les réactions de tous les responsables des Mouvements quand fut connue la chute de Moulin. Claude Bourdet note que, « dans une situation pareille, où personne n'était sûr d'être en vie le lendemain », les réactions à la catastrophe que représentait son arrestation « ne donnèrent lieu à aucune effusion sentimentale ». Pour autant, à suivre la correspondance échangée entre Bénouville, la « délégation suisse », Bourdet et Frenay, certains à Combat ne l'ont guère pleuré. Si Frenay, de Londres, adjurait ses camarades de tout mettre en œuvre pour faire évader Moulin, le moins qu'on en puisse dire est qu'il ne fut guère suivi. Bénouville restait obsédé par le sort de Hardy : il demanda à Frenay – mais pour le seul Hardy – de menacer de représailles immédiates les Allemands, par le canal de la BBC, pour le cas où il lui arriverait malheur. Il s'inquiéta en second lieu de la nomination immédiate à la tête de l'Armée secrète d'un homme à eux (ce fut Pierre Dejussieu, en effet proche de Combat) ; il veilla enfin à la possibilité pour sa « délégation suisse » d'agir à sa guise. Quant à la page Moulin, elle paraît avoir été pour lui immédiatement tournée et, avec elle, non seulement le Conseil de la Résistance, mais aussi tous les organismes mis en place par Rex : ainsi parlant du CGE, ce comité d'experts, formulant – rappelons-le – des propositions pour l'après-Libération, il assurait : « Je n'ai jamais reçu aucun papier de cet organisme de foutriquets. » Claude Bourdet a donné, mais plus tard, l'assurance d'avoir adopté un point de vue différent : « L'arrestation de Moulin et d'une partie importante de l'état-major de l'AS, survenant après celle de Delestraint, représentait une catastrophe. Sans doute, nous avions de graves difficultés avec le délégué de la France Libre ; mais nous savions bien que ses défauts, sa tendance à vouloir tout régenter n'étaient que l'envers de ses immenses qualités [...]. Comment pourrait-on remplacer Moulin ? Qui aurait la même compréhension que lui de nos problèmes. Et puis, il y avait aussi l'amitié, l'affection qui nous liait à lui... »

A Londres et à Alger, la nouvelle, quand elle fut connue le 24 juin, jeta la consternation tant auprès du BCRA que du commissariat à l'Intérieur. Les hommes de Londres, le 27 juin, félicitèrent Bouchinet-Serreulles pour le sang-froid manifesté face au drame : « Pour Sophie – votre numéro 49 reçu – félicitations pour sang-froid – vous faisons confiance – recherchons solutions dans bon esprit coopération avec chefs présents – attendons réponse de Gaulle... » A Alger, si l'on en croit Passy, qui, le 28 juin, informa De Gaulle revenant d'une inspection en Tunisie, ce dernier se serait contenté de pousser un « Ah ! » avant d'ajouter : « continuons ». Jean-Louis Crémieux-Brilhac y voit la marque, non d'une indifférence que ses adversaires ont décrit comme habituelle chez le chef de la France Libre, mais d'un « sang-froid souverain ». A mi-chemin de ces deux versions, il nous semble que De Gaulle ait alors réagi comme un chef militaire qui, dans le feu de la bataille, a perdu son chef d'état-major.

Mais il faut admettre que s'il donne bien l'ordre, le 29 juin, de prendre des mesures conservatoires pour la succession de Moulin, son esprit était vraisemblablement ailleurs : il émergeait d'une crise d'une quinzaine de jours particulièrement violente, pendant laquelle il avait même présenté tactiquement sa démission. Le CFLN, Comité Français de la Libération Nationale, un organisme né du compromis entre De Gaulle et Giraud venait de voir le jour ainsi défini : « Le Comité dirige l'effort français dans la guerre sous toutes ses formes et en tous lieux [...] il exerce la souveraineté française. » Immédiatement après sa création, De Gaulle avait, au nom des principes républicains, exigé que Giraud choisisse entre sa fonction de coprésident et celle de commandant en chef. Le refus de ce dernier avait provoqué de vives tensions, d'autant que De Gaulle n'avait pas désavoué les « désertions » qui s'opéraient de troupes giraudistes vers les Forces de la France Libre. La Maison-Blanche, suivie par Churchill, décidait de porter aide à Giraud. Roosevelt, toujours aussi monté contre la France Libre, écrivait, le 17 juin, au Pre-

mier britannique en des termes on ne peut plus définitifs :
« J'en ai assez de ce De Gaulle [...]. Nous devons nous
séparer de De Gaulle, d'abord parce qu'il s'est montré
déloyal et indigne de la confiance de nos deux gouvernements, ensuite parce que, ces derniers temps, il s'est intéressé bien davantage aux intrigues politiques qu'à la
poursuite de la guerre, ces intrigues étant menées à notre
insu et au détriment de nos intérêts militaires... » Et la
consigne que donnait Churchill à la presse britannique
qu'il estimait trop favorable à De Gaulle était du même
tonneau : « De Gaulle doit tout à l'aide et au bon vouloir
britannique, mais ne peut être considéré comme un ami
loyal de notre pays. Il a semé un courant d'anglophobie
partout où il s'est rendu. » Allant plus loin, il ordonnait
que, à compter du 30 juin, le Trésor britannique cesse
tout versement aux services du Comité national de la
France Libre. Eisenhower était chargé de taper du poing
sur la table et d'indiquer que les compétences de Giraud
ne pouvaient être modifiées d'aucune manière. Ajoutons
que le CFLN fonctionnait selon le principe singulier et
peu efficace de la présidence alternée (il fallut attendre
l'automne pour qu'on passe à la présidence spécialisée au
bénéfice de Charles De Gaulle, qui s'était fait donner la
direction de toutes les affaires politiques). De Gaulle
éprouvait alors les plus grandes difficultés à assurer son
propre pouvoir face à Giraud et à faire du CFLN un véritable gouvernement de guerre, qui puisse s'imposer ès
qualités aux Anglo-Saxons et aux Soviétiques. Or c'était
pour lui un élément primordial dans cette bataille de légitimité, dont on sait combien elle commandait l'histoire
politique des Français depuis 1940, et qui, dans l'esprit du
chef de la France Libre, était indispensable au prochain
et nécessaire rétablissement du rang de la France.

Cette relative indifférence à la chute de Moulin mène à
une question plus générale, si épineuse que Jean-Louis
Crémieux-Brilhac a pu la qualifier d' « iconoclaste » en la
posant dans *Jean Moulin face à l'Histoire* (*op.cit.*, p. 196) :
De Gaulle s'est-il véritablement soucié de la Résistance,

ou, plus exactement, ne s'est-il pas contenté de l'instrumentaliser ? Si De Gaulle a toujours manifesté beaucoup d'attention à ceux qui arrivaient de France ou y repartaient, il portait à Moulin une estime toute particulière. Mais la Résistance avait-elle, à ses yeux, un intérêt prioritaire ? Rien n'est moins sûr. Et en tout cas la question telle qu'elle est posée mérite d'être débattue. Passons sur le fait mineur que ses *Mémoires de guerre* sont peu disertes sur la Résistance intérieure, qui occupe à peine plus de pages que le récit de sa campagne de France et comporte des erreurs factuelles, ce dont l'auteur n'est pas coutumier. Des notations éparses permettent de supposer qu'il s'intéressait bien peu aux services londoniens chargés de l'action en France, qui, comme le BCRA, devaient patienter, parfois longuement, pour obtenir une décision.

On ne s'étonnera pas des jugements négatifs, même s'ils sont souvent biaisés par les affrontements de l'après-Libération, qu'ont portés un certain nombre de responsables des Mouvements. Claude Bourdet est le plus offensif, lui qui ne cesse dans *L'Aventure incertaine* de reprocher au chef de la France Libre, non seulement d'avoir été l'instrument décisif d'une « restauration » permettant à la France des notables de sauver ses intérêts, mais aussi d'avoir manipulé les résistants de l'intérieur – qui n'avaient guère de marge de manœuvre – pour les seuls besoins de sa stratégie. Il faut joindre au dossier les témoignages – eux aussi rétrospectifs et, comme tels, sujets à caution –, fournis à la fois par Passy et par André Manuel, dont il n'est pas besoin de redire combien ils ont servi De Gaulle. Passy affirma que De Gaulle ne s'était jamais vraiment intéressé à la Résistance, sauf pendant quelques mois dans le printemps de 1943 et André Manuel, quant à lui, a souligné devant l'auteur que le chef de la France Libre ne prêta attention au Conseil de la Résistance que le temps du vote de la motion qu'il put utiliser contre Giraud. Quant à l'Armée secrète, au développement de laquelle ils attachaient de l'importance, aussi bien Passy – qui de surcroît jugeait que Delestraint n'était pas à la hauteur – que Stéphane Hessel (dans un témoignage donné à l'auteur) ont affirmé que De Gaulle doutait de son efficacité. En tout cas, à partir de l'été 1943, entre l'évolution d'une Résistance hexagonale qui lui échappait dans une large mesure et la mise en place, en Algérie, d'un gouvernement, certes provisoire, mais qui ancrait la légitimité de l'ex-France Libre dissidente, De Gaulle n'hésitait pas. Brossolette, lors de son séjour à Alger, notait le 24 août : « Il [De Gaulle] est préoccupé à 95 % des problèmes gouvernementaux d'ici [...] il ne pense à l'action en France que par à-coups. »

*

Si l'émotion liée à la chute de Moulin sembla s'estomper très rapidement, peut-on considérer que son action a laissé des traces plus durables et que, dans les mois qui suivirent, on continua d'en ressentir les effets ? Si on porte communément à son actif d'avoir été indispensable pour promouvoir l'unité d'action entre France Libre et résistance intérieure et d'autre part d'avoir réussi à fédérer – terme préférable à celui d'« unifier » – l'ensemble des forces résistantes, peut-on parler d'un héritage et analyser la façon dont il a été géré ? Le but très immédiat de la réunion du 27 mai, soutenir Charles De Gaulle contre les prétentions politiques de Giraud et les manœuvres rooseveltiennes, ayant été – nous l'avons vu – dans une large mesure atteint, moyennant ce que l'on peut considérer comme un faux, cette réussite a-t-elle été déterminante dans l'aventure de la France Combattante ?

La création du Conseil avait constitué le pivot d'une stratégie continûment mise en œuvre par Moulin pour resserrer les liens entre la résistance intérieure et la France Libre, au profit de cette dernière. Sa mort infléchissait ce qu'il s'était efforcé de construire. Le problème le plus immédiat était celui de sa succession : serait-elle la preuve qu'il y avait continuité, dès lors que la France

Libre pouvait contrôler les diverses instances que Rex présidait ? Moulin cumulait, on s'en souvient, les fonctions de commissaire national (avec une compétence qui s'exerçait sur l'ensemble de la France occupée), de président du Conseil de la Résistance, de président du comité directeur des MUR. Bouchinet-Serreulles escomptait que serait rapidement désigné un successeur de Moulin à la tête du Conseil de Résistance ; il proposait le nom de Georges Bidault : « Vous prie désigner successeur Rex et vous propose confier immédiatement intérim à B pseudo Rousseau chef Bip [Georges Bidault responsable de l'agence de presse de la Délégation]. » Contrairement à ce qui a été écrit, ici et là, De Gaulle avait réagi à la situation en donnant, dès le 28, des instructions conservatoires à ses bureaux. Mais d'autres urgences le requéraient. Les péripéties algéroises fragilisaient un BCRA dont Giraud exigeait le rattachement à ses services. A Londres, la rivalité de clans déchira les responsables autour, notamment, d'un enjeu majeur : la nomination possible de Pierre Brossolette comme successeur de Moulin. Claude Bouchinet-Serreulles ne reçut donc pas d'instructions précises. Il prit sur lui d'accepter que le Conseil de la Résistance élise lui-même son président : à l'issue d'une campagne courte et habile Georges Bidault fut élu. La continuité existait bien à travers sa personne mais son élection prenait le contre-pied de la prééminence de Londres souhaitée par Moulin.

Cette dyarchie entre ce qui pourrait dorénavant passer pour une sorte de parlement de la Résistance intérieure et Charles De Gaulle modifiait profondément l'économie générale du dispositif mis en place par Moulin. Il est significatif que le PCF clandestin ait fait passer dès le 14 juillet, via le Conseil de la Résistance un « Appel à la nation », naguère bloqué, on l'a vu, par Moulin, texte qui contenait une affirmation qui aurait été inacceptable pour lui : « Expression complète et unique de la Résistance, le Conseil de la Résistance revendique sur tout le territoire les droits et les responsabilités de gérant et d'organe provisoire de la souveraineté nationale... » Sans doute, la Délégation, instrument de Londres, allait-elle garder le contrôle administratif des organismes créés depuis 1942, notamment le BIP, le CGE, les liaisons aériennes, les moyens radio et également les transferts de fonds. Sans doute le CNR allait-il s'imposer au détriment du Comité central de la résistance, qu'auraient voulu développer certains chefs des Mouvements. Enfin le Bureau restreint du CNR, un décalque de la commission permanente que Moulin n'avait pu naguère imposer, entendait donner des directives à la Résistance intérieure. Mais Georges Bidault, en accord avec les autres membres dudit Bureau, tout en protestant de son indéfectible attachement à Charles De Gaulle, manifesta rapidement la volonté de s'émanciper de la tutelle gaullienne. Sans se poser vraiment en contre-pouvoir, c'était affirmer une légitimité concurrente. Bien plus, le CNR entendait contrôler l'action militaire dans l'hexagone, et on se souvient que Moulin n'avait cessé de lutter contre la prétention des chefs des Mouvements à dominer l'Armée secrète. Bref, la page Moulin se trouvait à cet égard rapidement tournée.

Une des lignes de l'action de Moulin avait été, quoi qu'on ait pu écrire et dire, de chercher à cantonner l'influence du parti communiste clandestin. Or, à compter du milieu de l'année 1943, celui-ci gagnait en audience dans les rangs de la Résistance grâce à son activisme, à des mots d'ordre préconisant « l'action immédiate », grâce également aux retombées de la formidable victoire de l'Armée rouge à Stalingrad. En outre, il acquérait, du fait des arrestations comme des départs pour Alger, des positions renforcées à la tête des Mouvements et au sein du CNR. Son influence ne cessa de grandir, au point qu'il chercha, un an plus tard, à devenir le contre-pouvoir opposé à De Gaulle. Si d'aucuns s'en inquiétèrent (« toute leur place, mais pas toutes les places » dira un peu plus tard Bourdet en parlant du PCF) et si la peur d'une guerre civile que provoqueraient les communistes en s'emparant du pouvoir a crû dans certains secteurs de l'opinion, le fait est que, en 1944, le PCF clandestin, malgré les lourdes pertes qui lui étaient infligées par Vichy et les nazis, paraissait capable de profiter de ce que l'on considère comme un « compromis historique » passé avec la France Libre au début de 1943.

Si la page Moulin se tournait dans la France occupée où la prééminence gaullienne se diluait chez les responsables de la Résistance, le centre de gravité de la bataille franco-française de la légitimité s'était déplacé en Algérie. De Gaulle était sorti renforcé de la crise de la mi-juin, grâce au soutien d'Anthony Eden suivi par la majorité du Cabinet britannique, et à la neutralité de plus en plus bienveillante d'Eisenhower. Son attitude intransigeante face aux menaces réelles ou supposées de la Maison-Blanche sur la souveraineté française lui faisait marquer des points décisifs. Il tira profit du voyage entrepris par Giraud en Amérique, voyage qui flattait sans doute la vanité du protégé de Roosevelt mais lui fit perdre, du seul fait de son absence à Alger, une bonne partie du terrain politique. Gouvernant seul, De Gaulle fit alors montre de réelles qualités de chef d'Etat, imposa un style à la fois flamboyant et tranchant, prit soin d'exalter la République et la démocratie. En témoigna le discours superbement gaullien prononcé le 14 juillet 1943 : après avoir rendu hommage au sacrifice des héros morts, salué la naissance du Conseil de la Résistance, symbole d'un peuple uni, et fait allusion à « l'insurrection nationale », De Gaulle adjurait tous les Français de se tourner franchement – en bon ordre – vers l'avenir : « S'il existe encore des bastilles, qu'elles s'apprêtent de bon gré à ouvrir leurs portes ! Car, quand la lutte s'engage entre le peuple et la Bastille, c'est toujours la Bastille qui finit par avoir tort. Mais c'est dans l'ordre que les Français entendent traiter leurs affaires et ne point sortir de la guerre pour entrer dans les luttes civiles... »

Le travail effectué par le Comité Français de la Libération nationale se rationalisa. Les hésitants se rallièrent, des personnalités du CFLN classées giraudistes, comme René Mayer, grand bourgeois passé du Conseil d'Etat au conseil d'administration des Chemins de fer du Nord, Jean Monnet, jusqu'alors mentor politique de Giraud, se rapprochèrent du chef de la France Libre, tandis que Maurice Couve de Murville passait dans son camp. Giraud, à son retour, au début du mois d'août, lorsque la présidence spécialisée s'imposa, se vit cantonné dans les affaires strictement militaires. Dès l'automne, De Gaulle dirigeait politiquement le CFLN, devenu un Etat de fait. Jusqu'alors, la France Combattante était le plus souvent sur la défensive, bataillant contre Vichy et s'efforçant de faire reconnaître sa propre légitimité. Dorénavant, c'est elle qui avait des propositions, un programme à faire valoir concrètement. Cessant d'être tenu pour le chef d'un gouvernement en exil, il devenait le chef en exil d'un gouvernement dont la légitimité supplantait celle de Vichy. Sans doute était-il toujours tributaire de la logistique et du matériel américains, mais il disposait d'une armée de 250 000 hommes qui allait être employée dans la campagne d'Italie. Sauf l'Indochine occupée par les Japonais, il contrôlait l'Empire, rallié avec ses 50 millions d'habitants. Ce qui était *de facto* le nouveau gouvernement amalgamait des parlementaires, des représentants de la Résistance (dont Emmanuel d'Astier, Henri Frenay, François de Menthon, dans une certaine mesure phagocytés par De Gaulle), des anciens de la France Libre, tandis que se mettait en place une Assemblée consultative. Une étape institutionnelle et politique décisive était franchie. On se rappelle que Moulin avait plaidé en février, à Londres, pour que soit prévue une forte représentation de la Résistance intérieure à l'Assemblée consultative, pour laquelle De Gaulle n'avait tout d'abord pas prévu de Résistants. Or, finalement la moitié des membres de l'Assemblée (les autres étant des parlementaires qui avaient voté « Non » le 10 juillet 1940 et des délégués élus par les conseils généraux des colonies et départements libérés) étaient des résistants de l'intérieur choisis par le Conseil de la Résistance. Ajoutons que dans son rapport adressé à Philip, le 4 juin, Moulin avait plaidé en ce sens : « Le général de Gaulle aura de plus en plus besoin de ces hommes [ceux qui étaient présents lors de la séance inaugurale du Conseil de la Résistance] ; les accords d'Alger ne régleront jamais la situation en France et c'est ici même qu'il doit chercher ses appuis... »

Dans le même temps, Vichy ne cessait de perdre du terrain. Face à cette montée en puissance du CFLN, Pétain poussé par une partie de son entourage, le docteur Ménétrel en tête, s'efforça, dans l'automne, de prendre quelques distances à l'égard du Reich. Il programma le renvoi de Laval qui devait servir de fusible et songea même à faire rédiger le texte constitutionnel promis en juillet 1940. Mais l'occupant mit bon ordre à cette fronde, ne voulant surtout pas que se reproduise en France ce qui en Italie avait abouti, en septembre, au ralliement aux Anglo-Saxons du nouveau gouvernement Badoglio adoubé par le roi. Bien plus, en raison de cette crise politique, le régime de Vichy accentuait la répression policière au point de devenir une sorte d'Etat milicien, ce qui lui faisait perdre définitivement la partie dans l'opinion publique.

Bref, moins de six mois après la mort de Moulin, la donne politique s'était considérablement modifiée. Oublions un instant Vichy. La France Libre avait pu paraître au départ une sorte de bluff patriotique, pétri du Verbe gaullien, chimérique et donc dangereux aux yeux des prudents et des raisonnables. Dans ses *Mémoires*, son chef dira qu'il avait toujours pensé pouvoir maîtriser les réalités en s'efforçant « d'y mener les Français par les songes », selon la formule de Chateaubriand. La France Libre en tout cas était devenue politiquement plus crédible, rendant la présence de Charles De Gaulle encore plus nécessaire aux yeux de ses premiers compagnons d'épopée. Les vichysto-résistants, les sceptiques, les indécis comme les habiles se ralliaient de plus en plus nombreux, certains songeant aux lendemains. On passe alors d'une démarche « mystique », selon les termes de Péguy caractérisant l'affaire Dreyfus, à une phase « politique ». S'il n'est pas certain, comme l'estimait Péguy, que pareille évolution partisane conduise à une dégradation inéluctable, reste que l'été 1943 représente bien une coupure majeure dans l'histoire de la France Combattante. Henri Frenay ne s'y trompa pas dans la lettre (jusque-là inédite et citée par Robert Belot) qu'il envoyait en novembre 1943 à Claude Bourdet, quelques jours après être entré dans le Comité de la Libération nationale : « Sans doute n'ai-je pas perdu de vue, ni l'affection qui nous lie les uns aux autres, ni les services que j'aurais pu rendre à votre tête. Est-il besoin de vous dire que, sentimentalement, c'est en France et auprès de vous que j'étais attiré ? J'ai cependant la conviction profonde, en nous plaçant seulement sur le terrain de l'efficacité et de la raison que c'est ici [à Alger] que se joue en ce moment la grande partie. »

*

Si un certain nombre de résistants, par exemple Claude Bourdet, ont souligné les excès de la sacralisation de l'action de Moulin, jugeant que l'évolution de la Résistance était inéluctable, ils s'accordent en revanche – les uns pour l'en féliciter, d'autres pour l'en critiquer vertement – à lui attribuer la paternité du Conseil de la Résistance.

Mais l'historien genevois Philippe Burrin, lors du colloque consacré, en 1999, à « Jean Moulin face à l'Histoire », faisait remarquer que l'émergence de ce Conseil témoignait avant tout de l'état de faiblesse de la Résistance, comme de celui de la France Libre. Ce fut selon lui un événement par défaut, auquel les protagonistes se sont résolus, faute de mieux, faute de trouver une solution plus satisfaisante. Le jugement nous semble pertinent. Notons d'ailleurs que les participants à la réunion du 27 mai, que la postérité a volontiers considérée comme une « séance historique », ne l'ont pas forcément vécue comme telle. En tout cas, ils lui ont attribué beaucoup moins d'importance que celle que Moulin – mettons-nous à sa place – lui avait conférée dans les rapports envoyés à Londres. Ainsi, dans celui du 4 juin, il se félicitait que « certains Mouvements, qui, malgré tout, avaient conservé à l'égard du Conseil quelques préventions semblent maintenant avoir compris l'intérêt de cet organisme et le poids qu'il peut avoir ». Et pourtant, dans un témoignage, il est vrai postérieur, donné à l'auteur, Georges Bidault soulignait que la réunion n'avait rien eu de très émouvant, qu'elle avait été « presque un acte comme un autre ». Ceux des responsables des Mouvements qui récusaient la composition du Conseil de la Résistance ou que sa création laissait sceptiques, en gardaient – à l'exemple de Claude Bourdet, trente ans plus tard – le souvenir d'une pure « représentation », donnée à usage externe, bonne à impressionner les Anglo-Saxons. Pour lui, le compte rendu de la réunion « pouvait faire un bon télégramme [...] surtout pas plus ». Frenay, qui, lui, avait refusé d'y siéger, précisait dans un premier temps qu'à ses yeux un organisme comprenant autant de membres ne serait pas viable, ne serait-ce que pour des raisons de sécurité. Et puis, ces délégués des Mouvements entendaient surtout se retrouver entre eux, hors la présence des représentants des partis politiques, dans un « comité central », qu'avait imaginé Moulin dès décembre 1942, et qui devait se réunir sous sa présidence le 24 juin. Là, on parlerait enfin de choses sérieuses, de l'action sur le terrain.

Dans toute la presse clandestine, les seuls journaux à souligner la portée de l'événement furent *Le Franc-Tireur* (son numéro du 15 juin publia *in extenso* le « manifeste ») et plus encore – on ne s'en étonnera pas – *Le Populaire* daté de juin 1943 : en précisant bien que ce Conseil National de la Résistance française était né d'une initiative socialiste, le rédacteur soulignait que c'était là « le plus grand événement politique depuis l'armistice », et que « enfin la Résistance française s'[était] unifiée ». *Combat*, il est vrai, publia sur un tiers de page des extraits de la motion adoptée par le Conseil mais sans mentionner ni la réunion, ni le message de Charles De Gaulle. Quant à *Résistance*, *Défense de la France*, *La Voix du Nord*, journaux de Mouvements de zone nord que Moulin après Brossolette, n'avait pas retenus, ils ne disaient mot de la réunion. *L'Humanité*, elle, attendit le mois d'août pour y faire une allusion elliptique.

Cela étant, si le but immédiat de réunir pareil Conseil était bien d'assurer la primauté du chef de la France Libre vis-à-vis de Giraud, on allait, hormis Frenay et ceux de son premier cercle, lui attribuer par la suite la vertu majeure d'avoir fédéré des forces jusque-là séparées. Pascal Copeau, qui représentait Libération-Sud à la séance constitutive du 27 mai, notait – non sans finesse – le 4 juin, à l'usage d'Emmanuel d'Astier de La Vigerie, alors à Londres : « Ce rassemblement plus large que les mouvements de résistance se fera de toute manière et il se fera contre nous, si nous n'avons pas la modestie d'accepter notre véritable rôle, qui est d'ailleurs le plus beau, d'être des combattants d'avant-garde un peu sacrifiés. »

Copeau avait vu juste : après avoir servi De Gaulle, le CNR (puisque c'est le titre qu'il portera) deviendra l'organisme fédérateur des forces résistantes. Il est presque certain que Moulin n'en aurait pas fait ce qu'il est devenu après l'été 1943. Cela dit, une comparaison même brève avec les expériences vécues dans le reste de l'Europe occupée permet d'apprécier la singularité et la précocité de ce qui a été mis en place le 27 mai 1943. On en trouvera le détail dans les analyses perspicaces de Philippe Burrin publiées dans les actes du colloque déjà évoqué. Il faut, bien entendu, faire leur part aux données historiques, politiques et culturelles propres à chaque pays. On constate alors que le développement de la Résistance a varié en fonction des modalités de l'occupation fasciste et nazie, selon qu'elle s'est faite avec ou sans cette élimination des élites que les historiens nomment « polonisation », selon qu'elle survenait alors qu'un état de tension sociale préexistait ou non dans la société occupée, selon enfin l'évolution de la configuration internationale, et notamment selon les politiques suivies par les Alliés, Anglo-Saxons et Soviétiques, à l'endroit des Résistants du pays en question. On doit établir une première différenciation entre les nations qui ont développé une résistance de type politique et celles où la résistance de type militaire a prédominé de telle manière que l'unification politique est devenue impossible. Ce dernier cas est celui des pays balkaniques, Yougoslavie, Albanie, voire Grèce : la répression impitoyable des Allemands et des Italiens, la prédominance de paysans organisés sur un mode clanique, la défiance culturelle de toute intrusion étrangère, les conditions géographiques favorables aux maquis, ont débouché sur des logiques militaires, conduisant à une stratégie du tout ou rien.

Dans les autres cas l'unification des forces politiques n'était pas pour autant garantie. La terreur que faisaient régner les nazis sur le « Gouvernement général » polonais n'avait pas empêché le développement d'une résistance politique et militaire précoce. Ainsi était apparu un « Etat polonais clandestin », lié au gouvernement en exil à Londres. Une société souterraine s'était recréée avec pour bras armé depuis 1942, l'AK (l'armée de l'Intérieur), dirigée jusqu'en 1943 par ce chef incontesté chez les non-communistes qu'était Rowecki. Mais aucun accord ne fut possible avec les communistes, en raison des traces terribles laissées par l'occupation soviétique entre 1939 et 1941, parmi lesquelles la disparition de près de 10 000 officiers de réserve polonais, et par crainte également des appétits territoriaux de Moscou. Quand, en janvier 1944, se mit en place un « Conseil de l'Union nationale », réunissant toutes les forces politiques à l'exclusion des communistes, surgissait un « Conseil national du pays » contrôlé, lui, par des communistes de stricte obédience. Et lorsque Varsovie fut détruite en août 1944 par les nazis, l'Armée rouge demeurait l'arme au pied.

La France, elle, offre l'exemple d'une résistance fortement politique qui déboucha sur une action mobilisatrice commune. Les Mouvements, conjointement avec la

France Libre, ont été amenés assez vite, et sans tenir compte de la stratégie alliée, à lancer, face à la singularité que représentait dans l'Europe occupée le régime de Vichy, la bataille politique de la légitimité. C'est en quoi le cas français est différent de ceux des gouvernements en exil de la Norvège, de la Belgique, des Pays-Bas. Là, une stratégie du moindre mal, qui faisait fond sur les Anglo-Saxons, a retardé l'unification des résistants de l'intérieur. En France, la logique politique l'emporta sur la logique militaire. Rappelons cette donnée essentielle : le Conseil de la Résistance se mit en place avant l'essor des maquis. Et la volonté d'être partie prenante dans la Libération, l'espoir de fournir une relève politique indépendante des pressions anglo-saxonnes ont facilité la conjonction de toutes les forces. Ce cas de figure n'est comparable qu'à l'évolution de la Résistance italienne. Mais il fallut attendre avril 1944 pour que Staline, qui redoutait la mainmise de la Grande-Bretagne sur la Méditerranée, pousse le Parti communiste italien de Palmiro Togliatti à entrer dans le gouvernement Badoglio, né du renversement du Duce, en compagnie du parti socialiste, d'une fraction de la démocratie chrétienne et du « Parti d'action » qui entendait rénover en profondeur la vie politique italienne. De surcroît, le maintien jusqu'en avril 1945 de la « république de Salo » fasciste allait entretenir en Italie du Nord un climat de guerre civile.

L'évolution de la France Combattante présente, quels qu'en aient été les motifs, une singularité certaine, renforcée par la volonté de Moulin de fédérer – même si ce fut partiellement – les forces de la Résistance. Une entreprise qui lui a survécu. Il s'était d'abord voulu l'exécuteur fidèle de la stratégie de Charles De Gaulle qu'il jugea progressivement comme l'homme, le seul homme pour l'heure, dont avaient impérieusement besoin la nation et l'Etat républicain, pour retrouver son rang et éviter la guerre civile. Mais il s'était également efforcé, bon gré, mal gré, d'amalgamer l'ancien et le nouveau, d'inclure toutes les forces politiques combattant l'occupant et Vichy, de l'extrême gauche communiste à la droite républicaine parlementaire, de faire cohabiter des partis laïques et des tendances se réclamant de la culture chrétienne qui, elle, avait perdu toute représentation politique depuis belle lurette. A cet égard, ce remaillage du tissu national français est une réussite somme toute unique – ou presque – dans l'histoire récente d'une France percluse de fractures. Au total, le délégué était en droit de mériter le compliment ciselé par De Gaulle : sans Moulin, il y aurait eu des résistances, il n'aurait pas existé une Résistance. Sans doute dans l'été de 1943, on était encore au milieu du gué et on se gardera de formuler la moindre hypothèse sur les positions qu'aurait prises un Moulin vivant. Au fond, le rôle tenu par Moulin illustre les propos de Pascal Copeau : Ayons la modestie « d'accepter notre véritable rôle, qui est d'ailleurs le plus beau, d'être des combattants d'avant-garde un peu sacrifiés. » Il ne fut peut-être pas plus que cela, mais il ne fut pas moins.

C'est ce que continue finalement de porter à son crédit Monsieur-tout-le-monde, malgré les tentatives de déstabilisation de sa mémoire. Ainsi vont les mémoires dont il faut également faire l'histoire.

13

Mémoires

Moulin fut un temps presque oublié, avant d'être promu héros emblématique. Mais parallèlement à l'évolution de sa place dans les mémoires résistantes, sa personnalité et son rôle ont connu bien des remises en cause. Les premières ne vinrent pas de pétainistes mal repentis, mais bien de certains de ses frères de combat, dont l'un, Henri Frenay, attacha le premier le grelot. D'abord « l'homme du PCF », il devint « cryptocommuniste », enfin, carrément, agent du KGB : on passait de la rancœur à la malhonnêteté intellectuelle. Paradoxalement, l'histoire de la Résistance en fut renouvelée.

*

Pendant trop longtemps les historiens du contemporain ont fait fi de la mémoire, la tenant pour une fille dénaturée de l'Histoire. Ils se sont bien rattrapés depuis et lui accordent maintenant toute sa place car, souligne avec pertinence l'historien Robert Frank : « La mémoire n'est pas seulement une source, elle est aussi, précisément avec ses défaillances, ses troubles et ses mensonges, forcément significatifs, un fantastique objet d'Histoire. Il vaut la peine de faire l'histoire de la mémoire, c'est-à-dire l'histoire – la plus objective possible – de la subjectivité collective et de son rapport au passé. » Nous souhaitons donc suivre les avatars, au sens précis du terme, à savoir les transformations, de la mémoire de l'homme dont nous avons retracé l'action. Son cas est en effet presque exemplaire, car on y retrouve toutes les composantes ou les modalités de ce qui fait la mémoire. Moulin est entré de plain-pied, en décembre 1964, dans ce qu'on peut appeler la mémoire officielle et nationale, celle qui honore des vertus civiques et patriotiques. Si aucun groupe partisan, religieux ou communautaire ne le réclama parmi l'un des siens, on peut considérer telle une seconde mémoire spécifique, liée à l'attachement personnel, celle des proches qui se firent les gardiens de son souvenir, au premier rang desquels sa sœur Laure et celui qui fut son homme de confiance à Lyon, Daniel Cordier. Moulin n'a pas échappé, ni avant ni après son entrée au Panthéon, aux mouvements de balancier de la mémoire diffuse, celle de « l'opinion », largement tributaire des médias. Enfin il est logique que s'intéresse à lui la mémoire savante, celle des historiens qui – comme l'écrit Antoine Prost – doivent « certes accepter la demande de mémoire mais pour la transformer en histoire » (*Douze leçons sur l'histoire*, Le Seuil 1996), ce qui nous ramène, entre autres, au travail de Daniel Cordier. Le destin mémoriel de Moulin ne se réduit donc pas à la cérémonie de 1964. Il faut d'abord retracer à grands traits l'évolution de la mémoire de la Résistance elle-même, avec ses enjeux politiques et culturels, pour comprendre au centre de quels débats sa mémoire a pris place et quelle influence en retour elle a pu exercer sur eux.

La première strate mémorielle de la Résistance, celle de l'après-Libération, s'appuyait sur un bilan qu'on voulait – malgré les morts – victorieux. Il est vrai que le MLN, – le Mouvement de Libération Nationale – (regroupant les MUR et quelques autres Mouvements, tels Défense de la France et Lorraine) ne parvint pas à susciter l'implantation d'un grand parti de la Résistance, dès lors que se crée le MRP, le 26 novembre 1944, et que le refus de la majorité des délégués, le 28 janvier 1945, d'intégrer le Front national leur aliène les communistes. Du moins un certain irénisme prévalait-il encore.

Bientôt, la guerre froide brouilla les cartes. Aux désenchantements succédaient les déchirements, et, à partir de 1948 les solidarités résistantes éclataient, au point de susciter des débats houleux lors du vote des lois d'amnistie, qu'approuvaient les démocrates-chrétiens mais que combattaient socialistes et communistes (voir Stéphane Gacon, *op. cit.*). La guerre froide, la poussée électorale de la droite, le pari sur l'Europe débouchèrent sur les deux lois du 5 janvier 1951 et du 6 août 1953. Si les responsables du MRP insistaient sur le fait que l'amnistie-pardon n'était pas l'oubli, ils entendaient minimiser les compromissions de la période vichyssoise, les fractures de la France de l'Occupation et fermer ce qu'ils considéraient de plus en plus comme une parenthèse dans l'histoire nationale. En 1953 n'étaient exclues de l'amnistie que les personnes de plus de dix-huit ans qui avaient été à l'origine de tortures, de la mort ou de la déportation d'hommes et de femmes, celles qui avaient travaillé pour les services répressifs ennemis, celles enfin qui avaient été condamnées à une peine de prison supérieure à vingt ans. Au milieu de vifs incidents, Georges Bidault crut nécessaire de faire préciser dans l'article 1er de la loi que « la République française rend hommage à la Résistance dont le combat au-dedans et en dehors des frontières a sauvé la nation », ce qui laisserait supposer que cela n'allait déjà plus de soi. C'était l'époque où, profitant de la remontée de l'anticommunisme, d'anciens pétainistes (ceux qui n'avaient pas choisi la carte du pétaino-gaullisme – l'expression est de l'historien Fred Kupfermann) militaient pour une réhabilitation de Vichy, du moins d'un « bon » Vichy, celui d'avant le retour aux affaires de Laval, tel que le délimitaient l'un après l'autre Robert Aron (*Histoire de Vichy*, Fayard, 1954) et André Siegfried (*De la IIIe à la IVe République*, 1956). Et, dès 1948 dans les dîners en ville, avait commencé à se propager l'antienne :

« Les Crimes masqués du résistantialisme », thème majeur d'un livre du chanoine Desgranges, ancien député, intarissable sur « l'exploitation d'une épopée sublime par le gang tripartite [PCF, SFIO, MRP] à direction communiste ».

Pendant ce temps se façonnaient deux mémoires, complémentaires et antagonistes, toutes deux pétries d'histoire, adoptant toutes deux une vision jacobine du destin exceptionnel et historique de la France : la mémoire communiste et la mémoire gaulliste (voir l'article de Pierre Nora dans le premier volume du troisième volet des *Lieux de mémoire* consacré aux « France »). Chacune d'elles, proclamant avoir mis sur pied, puis organisé la résistance à l'Occupant, se prévalait d'avoir représenté la seule véritable légitimité nationale, consacrée par la place décisive prise dans le combat clandestin. Mais « le parti des 75 000 fusillés » se barricadait dans cette version comme dans un bunker, affirmant que le parti avait défendu de bout en bout une ligne juste, niant la possibilité d'erreurs, contestant par exemple qu'on ait pu rechercher l'accord des autorités d'occupation pour une reparution de *L'Humanité* en juin 1940, antidatant un numéro clandestin, etc. C'était prêcher pour les convaincus. L'autre mémoire, la gaulliste, bénéficiant de l'*aura* du rebelle du 18 juin, se voulait irénique, rassemblant tous ceux qui croyaient en la France éternelle. Elle prenait quelques longueurs d'avance avec l'étude relativement fouillée de Jacques Soustelle (*Envers et contre tout*, deux volumes, Laffont 1947 et 1950), puis avec les *Mémoires* de Passy, l'ancien patron du BCRA (le troisième tome paraissait en 1951), et surtout avec les deux premiers volumes des *Mémoires de guerre* du Général De Gaulle, parus en 1954 et 1956, qui connurent un réel succès de presse et encore plus de librairie (100 000 exemplaires de *L'Appel* sont vendus en un mois), orchestrant définitivement la saga gaullienne. L'avantage se précisait encore avec le retour aux Affaires de Charles De Gaulle, la fin de la guerre d'Algérie, le fait qu'il ait pu séduire au bas mot un million d'électeurs votant jusqu'alors communiste. Dans ce contexte la panthéonisation de Jean Moulin, à laquelle le PCF – nous l'avons dit – ne fit pas opposition, au contraire, put apparaître comme le retour en force, dans l'imaginaire collectif, des Résistances presque unies autour de la geste gaullienne.

La mode rétro – l'expression est d'époque – débuta dans une large mesure avec la sortie en salles en 1971 du film de Marcel Ophüls *Le Chagrin et la Pitié*, premier film explicitement consacré à la mémoire de l'Occupation, en l'occurrence dans la ville de Clermont-Ferrand et dans ses environs. La mort politique du gaullisme gaullien, les retombées culturelles – majeures – de Mai 1968, l'agacement, voire l'exaspération suscités par les pesanteurs des mythes cultivés durant la décennie précédente, autant de raisons qui peuvent expliquer ce tournant. Mais qu'on ne croie pas que les distances prises par les deux présidents de la République qui succédèrent à De Gaulle furent suffisantes pour inverser la tendance. Car les mesures ou les déclarations qui affichèrent indifférence ou mépris vis-à-vis de la Résistance sont portées à leur débit, que ce soit la suppression par Valéry Giscard d'Estaing en 1975 du caractère férié de la commémoration du 8 mai 1945 et plus encore l'interview désastreuse de Georges Pompidou déclarant le 29 août 1971 à un journaliste du *New York Magazine*, à propos de la Résistance : « Je déteste toutes ces histoires... je déteste les médailles, je déteste les décorations de tous ordres. » Sans oublier la justification de la grâce accordée au milicien Paul Touvier. Ce fut une relecture tous azimuts des années 40, et tout d'abord de Vichy, en particulier du côté de la mémoire savante comme en fait la synthèse remarquée de l'historien américain Robert Paxton, *La France de Vichy 1940-1944* (Le Seuil, 1973).

Mais la Résistance n'échappa pas à ce remue-ménage, au point que le milieu résistant s'en est assez rapidement inquiété, dénonçant ce qu'il prenait pour la réapparition du vichysme. Tous solidaires dans la défense d'une mémoire commune, les acteurs de ce passé glorieux, reprenant à leur compte la stratégie des dominos – si on en laisse tomber même un seul, tout s'effondre –, resserrèrent les rangs. Il se trouva d'ailleurs qu'entre 1967 et 1979, avec l'aide de Jean-Louis Vigier et de Marcel Degliame-Fouchet, Henri Noguères publia, chez Laffont, cinq tomes d'une *Histoire de la Résistance* qui les conforta en s'appuyant sur leurs seuls témoignages, histoire explicitement placée sous leur contrôle, conférant à leur version l'autorité de la chose enregistrée.

Parallèlement, paraissaient deux ouvrages d'une grande importance car avec eux émergeait une mémoire non conformiste ne se réclamant ni du gaullisme ni du communisme, et même les critiquant. Déjà Philippe Viannay avec *Nous sommes des rebelles* (Défense de la France, 1946) et plus encore Christian Pineau publiant *La Simple Vérité* (Julliard, 1961) avaient ouvert le chemin, mais sans réussir à entamer les versions officielles. Avec la sortie coup sur coup de *La nuit finira*, en 1973, puis, deux ans après, de *L'Aventure incertaine* (Stock), Henri Frenay puis Claude Bourdet créaient l'événement en présentant au grand public une version différente de celles qui avaient jusque-là tenu le haut du pavé.

Pendant vingt ans, se publia une masse impressionnante d'ouvrages de qualité portant sur les années noires, le plus souvent écrits par de jeunes historiens qui profitèrent du déblocage – progressif mais réel – des archives françaises et eurent plus systématiquement recours aux archives étrangères, principale-ment américaines et allemandes. Les maisons d'édition amplifièrent le mouvement du côté du public de l'honnête homme : Vichy et Résistance se vendaient bien. En ce début de xxiᵉ siècle, les allées du pouvoir de Vichy, la collaboration d'Etat, les attitudes du Français moyen et les représentations qu'il se fit de ces quatre années n'ont plus guère de secret pour les historiens. Symétriquement, on en sait dorénavant beaucoup plus sur la Résistance, sur les principaux Mouvements, sur la Délégation, sur les partis, sur les écrivains, les Editions de Minuit et nous commençons à mieux connaître l'histoire des réseaux. Nous disposons enfin de l'étude remarquable de Jean-Louis Crémieux-Brilhac, abondamment utilisée pour notre propre travail, sur la France Libre.

On en sait donc beaucoup plus sur la Résistance, mais peut-être pas autant que sur Vichy. Et il reste à mesurer les effets de ce travail de la mémoire savante sur la mémoire collective de cette période. Car c'est justement aux résistants que les historiens ont le plus de mal à imposer leurs méthodes critiques, pour transformer en histoire une mémoire assez souvent convenue et particulièrement sélective. Il suffit à cet égard de se reporter à la confrontation qui fut houleuse, en juin 1983, en Sorbonne, entre de « grands acteurs » et Daniel Cordier qui plaidait pour une relecture de la Résistance dépoussiérée et surtout s'appuyant sur les archives de l'époque.

Deux points sont encore à retenir. D'abord l'étude et la mémoire des persécutions des juifs de France, longtemps occultées ou sous-évaluées, comme celle portant sur le sort des étrangers, étaient largement absentes des commémorations de l'après-Libération. Elles ont pris une place centrale dans les études menées sur Vichy, mais les retombées sur les mémoires de la Résistance s'en trouvent compliquées d'affrontements non prévus, souvent biaisés, comme cela s'est produit lors des procès Barbie et Papon. Par ailleurs, a émergé dans la mémoire collective la quatrième grande famille des résistants. A côté des gaulliens, des communistes, des « ni-ni » ne se réclamant ni des uns ni des autres, les vichysto-résistants, des résistants authentiques qui avaient au préalable fait un bout de chemin avec le régime de Vichy, jusque-là un peu honteux ou portés à s'abriter derrière une mémoire sélective, ont acquis à la faveur des remous causés par les ouvrages concernant François Mitterrand leur place dans la mémoire de la Résistance.

Rien de ce que nous venons d'évoquer ne semblait concerner directement Jean Moulin peu connu dans l'opinion et dont le gaullisme gaullien était sous-estimé. Il semblait avoir acquis un statut privilégié et devoir le conserver. Or – contre toute attente mais en rapport avec les évolutions que nous venons de décrire – sa mémoire était mise en procès.

*

Car la mémoire de Moulin a bel et bien connu des hauts et des bas et l'instruction menée pour sa canonisation résistante fut plus laborieuse qu'on ne le croit généralement. S'il serait erroné de parler jusqu'en 1964 d'une totale traversée du désert, reste que Moulin ne bénéficiait pas d'un véritable statut de héros ni *a fortiori* de héros emblématique. Sans doute – et on ne s'en étonnera pas – la République rendait-elle un hommage appuyé à celui dont on connaissait à peu près les circonstances de l'arrestation et de la mort. Par décret du 5 octobre 1946 « portant concession de la médaille militaire », pris par Georges Bidault, alors président du gouvernement provisoire de la République, était « décoré de la médaille militaire, pour prendre rang du jour de la signature du présent décret, M. Jean Moulin, chargé de mission de première classe, sous-officier de l'armée française, préfet de la République, organisateur et unificateur de la résistance, exemple d'indomptable courage, modèle rayonnant de sagesse et de cœur, inspirateur exaltant d'espérance. A commandé en chef devant l'occupant. Tombé le 21 juin 1943 aux mains de l'ennemi, qui l'a torturé et assassiné. Chevalier de la Légion d'Honneur, fait Compagnon de la Libération sous la désignation de "Caporal Mercier", héros légendaire sous le pseudonyme de REX, REGIS, MAX. Appartient désormais à l'histoire et à la vénération du pays sous son vrai nom de Jean Moulin ». On ne pouvait mieux faire. En 1946, déjà, était apposée au 48 rue du Four, dans le 6e arrondissement de Paris, une plaque rappelant : « Ici s'est tenue le 27 mai 1943 sous l'oppression allemande, la première réunion clandestine du

Conseil national de la résistance sous la présidence de Jean Moulin délégué par le général de Gaulle. » Et en 1948, Vincent Auriol, président de la République, dévoilait une plaque dans la cour Beauvau du ministère de l'Intérieur, à la mémoire des membres de la préfectorale tués à l'ennemi, en tête desquels et distinct des autres noms, figurait celui de Moulin, « élevé à la première classe de son grade » le 16 janvier 1945. En 1946 surtout, et jusqu'en 1948, des cérémonies officielles ont été organisées à Béziers, à Montpellier et dans les villes où il avait été sous-préfet et préfet ; on donnait alors son nom à quelques rues et on apposait des plaques sur les bâtiments publics (voir Serge Barcellini et Annette Wieviorka, *Passant souviens-toi*, Plon, 1995). Un département fut particulièrement accueillant : en Eure-et-Loir, on inaugurait le 11 juillet 1948 un monument dû au sculpteur Marcel Courbier, dédié « A Jean Moulin organisateur de la résistance, héros et martyr », figurant un poing humain de granit rose, serré sur la poignée d'un glaive à la lame brisée.

Mais d'autres résistants, au destin tout aussi tragique, étaient alors honorés eux aussi : Fred Scamaroni, sous-préfet, envoyé en mission en Corse, torturé par la police mussolinienne, qui se donna la mort dans un cachot de la citadelle d'Ajaccio le 19 mars 1943 ; Honoré d'Estienne d'Orves, polytechnicien entré dans la Marine, parti en mission pour la France Libre dès décembre 1940, trahi par son radio et fusillé au Mont-Valérien le 29 août 1941 ; le militant catholique Gilbert Dru exécuté à Lyon, sur la place Bellecour avec quatre autres résistants sortis du fort de Montluc, le 27 juillet 1944 ; Gabriel Péri, journaliste à *L'Humanité* et député communiste, arrêté par la police de Vichy et livré aux Allemands, fusillé comme otage, après avoir refusé de se renier, au Mont-Valérien le 15 décembre 1941 ; Danielle Casanova, chirurgien-dentiste, membre du comité central du PCF clandestin, déportée à Auschwitz dans le convoi du 24 janvier 1943, morte du typhus le 9 mai 1943 ; sans oublier Jean Cavaillès ni évidemment Pierre Brossolette.

Un certain nombre des hommages à Jean Moulin prenaient des libertés avec l'histoire. Dans son discours du 26 avril 1948, Vincent Auriol en avait fait un « ministre du Comité de Libération nationale » et même un « premier délégué du gouvernement provisoire de la République ». Mieux, l'inscription encadrant le médaillon du profil de Moulin apposé sur les murs de la préfecture de Rodez, inauguré le 20 mai 1948, le faisait mourir en 1944. Et sur un autre registre, dans son « Esquisse d'une histoire de la résistance » le premier travail qui se voulait scientifique sur le sujet, publié à la Documentation française (*Notes et Etudes documentaires* du 31 janvier 1946), Odette Guitard-Merlat, secrétaire-adjointe de la Commission d'histoire de l'occupation et de la libération de la France, n'accordait qu'une place fort modeste à Jean Moulin. Il n'était nommé qu'à partir de sa rencontre avec Pierre Brossolette en février 1943, comme une sorte de pièce rapportée dans la mission Brumaire-Arquebuse. C'est tout juste si le lecteur comprenait qu'il présidait le Conseil de la Résistance et la Délégation n'avait pas droit à plus de trois lignes. D'une manière générale, d'ailleurs, cette dernière était presque toujours passée sous silence, en particulier dans *L'Annuaire de la résistance* publié par des résistants déportés, pourtant relativement bien informés. Et à l'exception de Lucie Aubrac, qui dans son petit ouvrage publié chez Robert Lang en 1945, *La Résistance, naissance et organisation*, souligna le rôle de ce « préfet et héros » qui fut « l'envoyé politique du général de Gaulle », et qui a « lancé l'idée du Conseil national de la résistance », Moulin n'occupait pas dans les propos des responsables des Mouvements, ni *a fortiori* des autres, une place centrale.

Moulin devint même – et il ne fut pas le seul – victime de la guerre des mémoires engendrée par la guerre froide. A douze ans de distance, deux ouvrages écrits par des communistes, *L'Histoire de la résistance française* (publiée par l'Union française universitaire en 1950), signée Jean Dautry et Louis Pastor, et *Les FTP* (Julliard 1962) de Charles Tillon qui en avait été le chef, portent un jugement fort négatif sur les hommes de Londres, sur la politique pleine de défiance du chef de la France Libre à l'égard de la classe ouvrière, sur les « cagoulards » du BCRA. Dautry et Pastor soulignent que les envoyés de Londres s'efforçaient avant tout de réduire le Front national à la portion congrue, tout en présentant Moulin comme le second de Brossolette. On comprend alors les raisons d'un accrochage entre Laure Moulin et le PCF. En avril 1948, le parti fit savoir qu'il était prêt à acheter aux Editions de Minuit 4 000 exemplaires d'une édition spéciale de *Premier Combat*, à la condition que le tirage nouveau ne comportât plus la préface de Charles De Gaulle. Celui-ci avait estimé, le 1er juin 1946, ne pouvoir tenir la promesse faite à Laure de présider une association honorant la mémoire de Moulin, censée ne présenter « aucune incidence politique », expliquant : « Je m'aperçois en lisant le nom des personnalités qui la composent, qu'il n'en est rien. » Mais il avait accepté de rédiger une préface élogieuse, encore que très brève, pour « l'émouvant journal » qu'est *Premier Combat*. Malgré les pressions de Vercors, Laure ne céda pas : « Je n'ai pas demandé au général de Gaulle une préface pour accepter ensuite qu'elle soit supprimée comme inopportune... » (Anne Simonin, *Les Editions de Minuit 1942-1955*, IMEC éditions, 1994, p. 278).

Les tenants de la mémoire gaullienne ont évidemment été moins laconiques, utilisant les données du « Livre Blanc » établi par Daniel Cordier, Vitia et Stéphane Hessel à partir des archives – fort riches – du BCRA. Jacques Soustelle dans *Envers et contre tout* fut relativement élogieux sur Moulin ; quant à Passy, dans « Missions secrètes en France », le troisième volume de ses *Mémoires* (1951), il adoptait une position ambivalente : il rendait hommage au premier Délégué général de la France Libre, dont il a parfaitement perçu les qualités, reconnaissant qu'il a généralement cherché à mettre en œuvre la mission dont l'avait chargé De Gaulle. Mais le message est pour partie brouillé parce qu'il continuait de tenir rigueur à Moulin de s'être heurté dans les conditions que l'on sait à son ami Pierre Brossolette, dont il célébrait inconditionnellement la mémoire. Si De Gaulle, nous l'avons déjà souligné, ne formula, lui, aucune réserve et fit son éloge en des termes qu'il a rarement employés, il n'était plus alors politiquement en mesure, à supposer même qu'il l'ait désiré à l'époque de l'après-Libération, de réclamer pour Moulin une consécration nationale. La lettre qu'il avait envoyée à Laure dès le 8 avril 1947 (reproduite dans la livraison du 13 mars 1970 du *Midi Libre*) semble pourtant donner la clé du choix opéré dix-sept ans plus tard : « Jean Moulin, votre héroïque frère, était par excellence mon bon compagnon et mon ami. C'est parce que nous avions l'un et l'autre et en toute connaissance de cause une confiance entière que je l'avais choisi et désigné pour agir et parler, en mon nom et au nom du Gouvernement dont il était membre, sur notre territoire non encore libéré. C'est pour la même raison qu'il avait, de toute sa foi, accepté de le faire. Nos entretiens et nos travaux communs à Londres, comme les rapports qu'il m'adressait de France et les instructions que je lui envoyais jusqu'au jour même où l'ennemi l'a saisi pour le torturer et l'abattre ont été l'expression éclatante de cet accord et de cette confiance... »

Les cérémonies des 18 et 19 décembre 1964 ne constituèrent qu'un premier pas : la spécificité de celui qui devait apparaître aux Français comme le héros de la Résistance fut cultivée par la mémoire officielle après la disparition politique de Charles De Gaulle. Cinq ans après cette panthéonisation, pour répondre aux vœux de la fédération des réseaux Action de la France Combattante Libre, qui trouvèrent de généreux sponsors, un mémorial fut élevé près de Salon-de-Provence. Marcel Courbier, à qui on devait déjà l'imposante sculpture de Chartres, fut à nouveau sollicité ; il représenta le parachutage de Jean Moulin par une mince silhouette élancée de 6 mètres de

haut, en bronze noir, évoquant un homme tombé du ciel
sur un chaos de granit symbolisant les années d'airain.
L'inauguration donna lieu à une cérémonie qu'on voulut
impressionnante : flamme partie de Marseille et trans-
portée par des Résistants, vasque au pied du monument
pour une flamme allumée par Henri Duvillard, ministre
des Anciens Combattants, veillée de la flamme toute la
nuit du 27 septembre et, le lendemain, cérémonie officielle, présidée par Jacques Chaban-Delmas, ayant à ses
côtés Laure et Hervé Monjarret (on se souvient que ce
dernier avait sauté avec Moulin dans la nuit du 1er au
2 janvier 1942). En 1978, ce nouveau mémorial fut relié à
la maison de Saint-Andiol par la « route de Jean Moulin-
chemin de la liberté », longue de plus de 40 kilomètres et
jalonnée par 3 bornes et 16 panneaux.

En 1969, était également publié, aux Presses de la Cité,
Jean Moulin, une « biographie », écrite par Laure. Remarquons au passage qu'elles furent trois sœurs au moins à
avoir veillé avec ferveur sur la mémoire de leur frère résistant : Laure, Marie-Claire Scamaroni, Gabrielle Ferrières,
la sœur mais aussi la confidente de Jean Cavaillès.

Nous avons déjà souligné combien les fragments de
lettres publiées et la relation relativement fidèle que fit
Laure de nombreuses conversations qu'elle eut avec Moulin rendent encore fort utile l'ouvrage aux yeux de l'historien. A l'époque, le livre fut bien accueilli. Il comportait de
nombreuses photos inédites. Une d'entre elles, superbe,
évidemment en noir et blanc, est maintenant connue de
la France entière. Elle a été prise par son ami d'enfance
Marcel Bernard, dans les jardins du Peyrou, à Montpellier : on y voit Moulin en plan américain, en pardessus,
le chapeau légèrement enfoncé et bien entendu avec une
écharpe. Laure laissa entendre qu'elle avait été prise en
décembre 1940, comme si l'écharpe servait à cacher la
cicatrice datant de Chartres. C'est seulement en 1989 que
l'auteur de la photo dans une interview publiée dans *Jean
Moulin, le plus célèbre des Héraultais* (*op. cit.*) fit savoir
qu'elle avait été en réalité prise en novembre 1939. Si le

rectificatif enlevait au cliché son côté dramatique, il laissait à ce visage plongé aux trois quarts dans l'ombre un rien de secret. En tout cas, la photo donnait à Moulin une silhouette et un visage qui ne s'oublient pas, un privilège dont peu de résistants pouvaient se prévaloir, et qui fit sans doute beaucoup pour sa mémoire populaire.

Ajoutons que depuis le 17 juin 1967, « en souvenir des tortures subies par Jean Moulin le 17 juin 1940 », Antoinette Sachs « collaboratrice de Jean Moulin (Max) » avait organisé au Panthéon, au nom des « Amis restés fidèles au souvenir de Jean Moulin (Max) », une cérémonie dont la tradition s'est maintenue après la mort de l'amie fidèle. De son côté une « Association nationale des amis de Jean Moulin » se créait à l'initiative de Geneviève Thieulleux, directrice d'un centre Jean-Moulin ouvert à Bordeaux en 1967, sous le patronage du député-maire Jacques Chaban-Delmas. Comme parfois, dans ce genre d'association se glissent des imposteurs et, pour sa part, l'auteur a rencontré un ecclésiastique, dont par charité il taira le nom, qui lui assura non seulement qu'il avait jadis bien connu Moulin (ce qui était parfaitement inexact) mais que, chaque nuit, ou presque, Max lui apparaissait et lui donnait des conseils...

La mémoire savante ne fut pas totalement en reste. Henri Michel, qui dirigeait alors le Comité d'histoire de la Deuxième Guerre mondiale, avait publié *Moulin l'unificateur* (Hachette, 1964), la première biographie qui ait compté ; s'il ne put avoir accès aux archives dites du BCRA, il fut un des premiers à souligner, dans un travail universitaire minutieux, la démarche gaullienne du délégué de la France Libre. Après quoi, il fallut attendre 1980 pour voir publier par Henri Calef, chez Plon, une nouvelle biographie de Moulin s'adressant au grand public, plutôt chaleureuse, et fournissant des indications assez précises sur sa vie privée.

« Enterré gaulliste, Jean Moulin ressuscite socialiste », titrait *Paris Match* à propos de la rose rouge déposée, le 21 mai 1981, par le nouveau président de la République française sur le sarcophage de « l'unificateur de la résistance ». Sans doute étaient honorés en même temps que lui Jean Jaurès et Victor Schoelcher, qui, sous-secrétaire d'Etat à la Marine, prépara le décret du 27 avril 1848 abolissant l'esclavage dans les Antilles françaises. Mais la presse, sans être très prolixe sur Jean Moulin, retenait avant tout que « le peuple de gauche » avait récupéré un héros confisqué par les gaullistes. Le matin du 21, François Mitterrand avait déposé une gerbe sur la tombe du soldat inconnu, l'après-midi il avait été reçu à l'Hôtel de Ville par Jacques Chirac, à 18 heures il remontait la rue Soufflot entouré d'une foule d'amis et d'anonymes, avant de pénétrer seul dans le Panthéon. Il est un peu surprenant qu'il se soit cru obligé, le 4 août, d'écrire à l'ancienne femme dont Moulin était séparé, nous l'avons dit, depuis fort longtemps, mais cela nous permet au moins de préciser le sens qu'il donnait au geste : « ... J'ai déposé une rose sur la tombe de celui qui fut votre mari, Jean Moulin. J'ai voulu par ce geste souligner combien l'histoire de notre pays était marqué par le sacrifice d'un homme qui a incarné la Résistance, le sursaut et le courage. » Le journaliste de *Paris Match* suggérait que cet hommage constituait la revanche symbolique que s'octroyait « le combattant, l'évadé, le résistant » : le résistant surtout, puisque cette qualité lui était refusée par certains gaullistes. La mise en scène, signée Jack Lang, les prises de vue de Serge Moati : un ensemble jugé « pompier » par les plus irréductibles parut « bouleversant » aux sympathisants, voire à Monsieur-tout-le monde. Tout avait été conçu sur le modèle inverse de la cérémonie du 19 décembre 1964 : on avait même pris soin de placer l'orchestre dirigé par Daniel Barenboïm à l'opposé de l'emplacement occupé naguère par la musique de la garde républicaine. Et surtout, la cérémonie s'était déroulée sans protocole, sans apparat militaire, et même dans une fraternelle et joyeuse cohue. Et on y avait ajouté une note européenne : *La Marseillaise* dans l'orchestration de Berlioz était interprétée par le ténor espagnol Placido

Domingo et l'orchestre avait également joué l'*Hymne à la joie*.

Mais la gauche au pouvoir, si elle avait récupéré son héros, ne s'en tint pas là. Le 24 avril 1983, le gouvernement décida qu'un hommage exceptionnel serait rendu à Jean Moulin « premier président du Conseil National de la Résistance » pour le 40ᵉ anniversaire de sa mort. Le Premier ministre en personne prenait la tête d'un comité national chargé d'organiser la commémoration. Le 17 juin, l'hommage solennel est cette fois très protocolaire. François Mitterrand, remontant les Champs-Elysées sous un grand pavois tricolore, présidait la cérémonie à l'Arc de triomphe, au sommet duquel avait été placée, considérablement agrandie, la photo bien connue, prise jadis dans le jardin du Peyrou. Il avait été veillé à la participation de la province, surtout dans les lieux dans lesquels Moulin avait vécu ou exercé des fonctions : à Saint-Andiol, Béziers, Montpellier, Nice, Chambéry, Albertville, Châteaulin, Thonon, Amiens, Rodez, Chartres, se déroulèrent des manifestations d'une assez grande ampleur. Et, cette fois-ci, on n'oublia pas Lyon où Charles Hernu offrait à 1 300 anciens résistants un « repas fraternel ». Puis le 21 juin, Jean Laurain, secrétaire d'Etat aux Anciens Combattants, et Charles Fiterman, ministre des Transports, présidèrent une commémoration en gare de Metz, l'un des lieux supposés de la mort de Moulin. Précisons que le secrétariat aux Anciens Combattants avait d'ailleurs pris soin de s'assurer du soutien des associations d'anciens résistants, comme des responsables de Mouvements (Raymond Aubrac, Claude Bourdet, Jean-Pierre Lévy, Christian Pineau) ou des collaborateurs et proches de Moulin, signe que le rôle tenu par la Délégation affleurait à la mémoire (Gérard Brault, Robert Chambeiron, Maurice de Cheveigne, Daniel Cordier, Tony de Graaf, Hugues Limonti, Pierre Meunier, Hervé Monjarret, sans omettre Antoinette Sachs toujours sur la brèche, puisqu'elle a légué à la Ville de Paris de quoi ouvrir un musée Jean-Moulin). Citons encore la projection le 13 décembre d'un film commandé par l'INA à Bernard Lambert et Alain Perisson, *Un homme de liberté, Jean Moulin*, mêlant documents de l'époque et témoignages de grands acteurs. Il ne manqua même pas une journée d'étude mouvementée sur laquelle nous reviendrons, consacrée à « Jean Moulin et le Conseil de la Résistance », par l'Institut d'Histoire du Temps Présent. Le 9 juin, dans le grand amphithéâtre de la Sorbonne, sous la présidence du Compagnon de la Libération et ministre de l'Education nationale, Alain Savary, la conférence de Daniel Cordier sur le thème « Jean Moulin et la genèse du CNR » fut suivie d'une table ronde réunissant, dans ce qui prit vite des allures d'empoignade, acteurs, témoins et historiens.

S'ajoutèrent par la suite quelques commandes, ainsi celle faite par le ministère de la Culture au sculpteur Georges Jeanclos qui composa un monument fait de six stèles, érigé en 1984, en face de la statue de Clemenceau, dans les jardins de l'avenue des Champs-Élysées. Néanmoins le cinquantenaire de sa mort passa relativement inaperçu et presque autant le centenaire de sa naissance, surtout marqué par des colloques. Reste qu'en 1995 déjà, 37 monuments et stèles, 119 plaques, 978 boulevards, avenues, rues, places, squares, ponts, stades, 281 établissements scolaires (dont une université – Lyon 3 – et trois lycées) portent son nom. Jean Moulin n'était devancé que par De Gaulle et le général Leclerc dans la compétition pour la dénomination des rues.

*

Pourtant au même moment l'opinion était sensible au fait que la mémoire de Moulin subissait des attaques : dans le numéro d'*Esprit* de janvier 1994, Eric Conan, journaliste à *L'Express*, et l'essayiste Daniel Lindenberg parlèrent d'une « mémoire en péril ». En fait, les sources de ces remises en cause remontaient plus loin. Précision importante : les attaques contre Moulin ne partaient ni des rangs de pétainistes impénitents, ni de ceux d'une droite antigaullienne (à l'exception d'un ouvrage du petit-fils de Giraud, dont nous reparlerons). Le procès en mémoire provient quasi exclusivement de milieux résistants, de cercles restreints mais qui ont bénéficié à la fois de relais dans les organes d'information et des mouvements de balancier de la mémoire, l'ensemble donnant à leurs thèses un écho appréciable. En fait, un homme est à l'origine de ces procès en mémoire dont certains se transformeront en procès de sorcellerie : Henri Frenay.

Cette guerre systématique et organisée, menée continûment par Frenay, doit être distinguée des escarmouches mettant aux prises, dans des débats qui restent le plus souvent académiques, les mémoires concurrentes de Brossolette et de Moulin. On trouvera une analyse exhaustive et convaincante des avatars de la première dans le dernier chapitre de la thèse de Guillaume Piketty, (consultable à la bibliothèque de l'IEP de Paris), qui montre bien que : « Le traitement de la mémoire de Pierre Brossolette connut donc deux périodes très différentes, d'âge d'or puis d'oubli relatif, nettement séparées par la date du 19 décembre 1964. D'abord placé en pleine lumière par la mémoire officielle comme personnage essentiel des Résistances, il est aujourd'hui devenu surtout un héros » (p. 1079). Jusqu'en 1964, en effet, la mémoire de Pierre Brossolette a été honorée par des manifestations nombreuses, dépôts de plaques dans les lieux où il a vécu, commémoration officielle en 1945 de la date de son suicide, le 22 mars 1944, et même inauguration en août 1952 (en souvenir de son embarquement acrobatique de septembre 1942) à Narbonne-plage d'un monument singulier, le seul mémorial sonore de France, composé de cinq tuyaux d'orgue qui, sous le vent dominant, créent un fond musical. Il est significatif que, en janvier 1946, Odette Guitard-Merlat, dans la première *Histoire de la Résistance* déjà évoquée, l'ait dépeint non seulement comme un Résistant de la première heure qui finit en héros et martyr, mais tout autant comme le véritable organisateur de la résistance intérieure, ayant su rallier « toutes les forces de la Résistance française autour du général De Gaulle ».

Sa mémoire fut vaillamment défendue par Gilberte, sa femme, qui avait partagé tous ses combats. Jusqu'en 1958, elle jouissait d'une certaine influence car, élue membre du Conseil de la République, elle en était devenue l'une des vice-présidentes. Elle bénéficiait aussi du relais de la SFIO et plus encore des deux obédiences de la franc-maçonnerie, où Pierre avait été initié. Ajoutons le soutien d'une bonne part des hommes de Londres, à commencer par celui de Charles De Gaulle, qui dans ses *Mémoires*, tout en faisant de lui un pur gaullien, rend à son mari un hommage appuyé : « Brossolette nous rejoignit ensuite, prodigue d'idées, s'élevant aux plus hauts plans de la pensée politique, mesurant dans ses profondeurs l'abîme où haletait la France et n'attendant le relèvement que du "gaullisme" qu'il bâtissait en doctrine. Il allait largement inspirer notre action à l'intérieur... » Mais c'est Passy qui, ne se remettant pas de la mort de son ami et mentor, en avait fait, en 1951, dans *Missions secrètes en France*, le plus bel éloge.

Or Gilberte Brossolette perdait la majeure partie de ses appuis quand elle condamna le retour aux affaires de Charles De Gaulle et prit ses distances avec le parti socialiste de Guy Mollet, ce qui l'amenait à adhérer au Parti socialiste autonome, puis au PSU. « De ce jour, confia-t-elle à Guillaume Piketty il n'y eut plus rien pour Pierre en matière de commémoration, qu'il s'agisse des autorités gouvernementales ou des instances dirigeantes du parti socialiste. » La panthéonisation du seul Jean Moulin rejetait Brossolette dans l'ombre, ce que ne modifiait pas, bien au contraire, la commémoration nationale de 1983 décidée par la gauche revenue au pouvoir. Gilberte Brossolette essayera vainement à la fin de 1983, et encore au début de 1984, d'obtenir la même consécration de François Mitterrand. Le vœu généreux que formulait Passy dès 1951 ne s'est donc pas réalisé : « Leurs querelles [celles de

Brossolette et de Moulin] pèseront peu dans le jugement de l'Histoire qui saura, je n'en doute pas, reconnaître leurs immenses mérites, et les mettre tous deux parmi ceux que l'on honore à jamais au Panthéon. » Sans doute, l'ouvrage *Il s'appelait Pierre Brossolette* (Albin Michel) que Gilberte Brossolette publiait, en 1976, donnait-il enfin au public un portrait détaillé de l'homme et une analyse précise de la cohérence de son action. Sans doute également, le 22 mars 1984, était décrétée une journée nationale en l'honneur de Pierre Brossolette : c'est le Premier ministre qui présidait une cérémonie au Père-Lachaise. Dix ans plus tard, François Mitterrand venait prononcer lui-même son éloge en se rendant au lycée Janson-de-Sailly, jadis fréquenté par Brossolette. Mais rien n'y fit : Pierre Brossolette garde aux yeux du public l'image ambivalente du héros martyr, dont le courage est un exemple, mais dont l'action, les idées, la personnalité restent éclipsées par un acte, en l'occurrence son suicide.

Tandis qu'évoluaient les mémoires de ces deux envoyés de la France Libre, se développa une controverse sur leurs mérites respectifs, en tout cas sur le déroulement de la mission Brumaire-Arquebuse et, de manière plus ponctuelle, sur les circonstances de l'algarade qui avait opposé violemment – on s'en souvient – les deux hommes, à Paris, le 1er avril 1943. Pendant longtemps, avait plutôt prévalu la relation qu'en avait donné Passy dans *Missions secrètes*, une défense et illustration de l'action de son ami Brossolette. Si Henri Michel, dans *Moulin l'unificateur* (Hachette, 1964), avait nettement infléchi la version donnée par Passy, c'est Daniel Cordier, avec la publication du premier volume du *Jean Moulin, l'inconnu du Panthéon*, et une longue introduction, qui relança un débat esquissé le 6 juin 1983 à la Sorbonne. Car, en s'appuyant méthodiquement sur des documents jusqu'alors inexploités, il faisait émerger une Délégation générale dont on savait bien peu de chose, et il donnait une image pour le moins nouvelle du rôle de Brossolette. Puis, le dessein majeur de son dernier ouvrage *Jean Moulin, La République des cata-*

combes, publié chez Gallimard en 1999, est une analyse, argumentée comme toujours, mais systématiquement critique du parcours et de l'action de Pierre Brossolette. Entre-temps Guillaume Piketty avait publié une synthèse de sa thèse dans *Pierre Brossolette, un héros de la Résistance* (Odile Jacob, 1998). Sans être à proprement parler une réponse méthodique à Daniel Cordier sur les points les plus controversés, elle relançait le débat. Dans le registre de la mémoire savante et malgré des échanges intellectuels parfois vifs, on en restait à des échanges courtois.

Entre-temps, en particulier dans *L'Enigme Jean Moulin*, Henri Frenay utilisait à la fois le rôle et la personnalité de Pierre Brossolette pour déboulonner la statue de Moulin. Car c'est bien Henri Frenay qui a déstabilisé la mémoire de Moulin : il lui intentait un procès en mémoire en 1951 avec une lettre publiée dans le troisième volume des *Mémoires* de Passy ; il instruisait le dossier en 1973 dans *La nuit finira*, en concluant à l'inculpation ; il confirmait en appel la condamnation dans *L'Enigme Jean Moulin* paru en 1977.

Le 13 juillet 1950, Frenay, réagissant à la lecture du manuscrit de *Missions secrètes en France*, envoyait à Passy une très longue lettre accompagnée d'un certain nombre de documents. Le ton de sa lettre est pessimiste : le temps de la Résistance est désormais celui des illusions perdues. Il en tenait pour responsable De Gaulle qui en 1945 a « noyé la résistance dans la nation ». Et revenant sur l'époque de la clandestinité, il soulignait que entre Londres et la Résistance, et du fait des gaulliens, s'était instauré « un climat d'incompréhension qui dégénéra en aigreur et souvent en hostilité ». Mais il ménageait le chef de la France Libre, assurant qu'il était alors mal informé. Et – c'est la mise au point qu'il veut faire au manuscrit de Passy – le responsable de ce « drame » n'était autre que Moulin. Selon lui, après le retour en France de Moulin en 1942, « ce n'est plus le général De Gaulle et vous [Passy] qui meniez le jeu mais lui et lui seul ». Or ce jeu pervers

aurait favorisé directement ou indirectement le PCF clandestin, notamment par la création du CNR. Rien d'étonnant à cela : « Jean Moulin a été en France l'homme du
parti communiste. » L'accusation était lâchée. Il n'y avait
plus qu'à la confirmer : Moulin n'avait-il pas été le
chef de cabinet de Pierre Cot, « communiste déguisé en
Radical » ?

Cette lettre de Frenay publiée par Passy passa relativement inaperçue. Mais les douze dernières pages de *La
nuit finira*, sur les quelque 600 que comporte cet ouvrage
paru chez Robert Laffont, eurent une audience certaine.
Rappelons que ce fut l'un des premiers grands textes,
sinon le premier, à exprimer le point de vue de ceux que
je nomme les « ni-ni », ni communistes, ni gaullistes. Si,
en 1950, Frenay avait écrit qu'il n'éprouvait guère envie
d'écrire ses mémoires, il avait changé d'avis, après avoir
lu des ouvrages qui lui paraissaient inexacts et avoir revu
des anciens de Combat. Dans l'« épilogue » de son livre, il
s'efforce de comprendre pourquoi « politiquement nous
avons échoué », puisque « nous n'avons pas construit la
société nouvelle ouverte et généreuse à laquelle nous
rêvions », celle qui aurait fait la « synthèse du socialisme
et de la liberté ». Les causes de cet échec sont sans doute
multiples. Mais il faut commencer par en attribuer la responsabilité à De Gaulle et à ses services qui « n'ont absolument pas compris le phénomène nouveau qu'était la
Résistance incarnée par les Mouvements », la réduisant
aux seuls impératifs militaires, exigeant une « Résistance
[qui] devait être aux ordres ». Et il rappelait la scène, que
nous avons évoquée, qui avait eu lieu à Londres en
novembre 1942, conclue par l'apostrophe typiquement
gaullienne : « Eh bien, Charvet, la France choisira entre
vous et moi. » Au nombre des griefs formulés à l'encontre
du chef de la France Libre, il rangeait le choix désastreux
d'avoir interposé « entre la France et lui un écran »,
à savoir Moulin, « un homme partisan, en qui il n'avait
vu, lui, qu'un serviteur de l'Etat ». Or même s'il fallait
reconnaître à Moulin « une vive intelligence... une téna-

cité inflexible dans l'action et enfin un courage qui fait de lui l'un des plus grands héros de cette guerre », il portait dans l'ordre politique une responsabilité encore plus lourde que celle de son patron dans l'échec de la Résistance. Et Frenay de reprendre contre Moulin les griefs déjà esquissés en 1950, mais en les précisant et les amplifiant : il a systématiquement cherché à saper l'influence des Mouvements pour mieux assurer la montée en puissance du PCF. Et de répéter : « Jean Moulin était en fait l'homme du parti communiste. » Bien sûr, il précisait : « Oh ! je ne veux pas dire qu'il ait eu dans sa poche la carte du parti, mais simplement qu'il en a fait le jeu, que toutes ses actions, du moins celles que j'ai connues, ont directement ou indirectement servi le parti. » Frenay reconnaissait bien entendu ne pouvoir formuler que des « hypothèses » mais qui s'appuyaient sur une « conviction profonde » : « Jean Moulin crypto-communiste... c'est une réponse satisfaisante à toutes mes questions, et alors brusquement tout s'éclaircit. »

Cette dernière assertion suscitait stupeur et réprobation dans les milieux résistants. Pour nombre d'entre eux, la gravité de l'accusation n'était pas dans le mot communiste, mais dans le préfixe « crypto », accusant l'homme de s'être avancé masqué. Claude Bourdet fut pourtant un des rares à exprimer publiquement sa désapprobation en rendant compte dans _Le Monde_ du 26 mai 1973 de _La nuit finira_, critiquant une « conclusion ahurissante » en même temps qu'une « erreur grave ». Puis deux hommes, qui avaient été agents de Londres envoyés en France, réagirent vivement. Francis Louis Closon répondait sèchement dans _Le Temps des passions_, paru en 1974 : « On reste confondu devant la gravité de l'accusation portée contre Moulin, celle de trahison, devant le procès fait à de Gaulle d'incroyable inconscience, et l'inanité des arguments avancés par Frenay » (p. 111). Claude Bouchinet-Serreulles profitait, lui, du fait qu'il présidait la cérémonie annuelle du 17 juin 1975 au Panthéon pour en appeler à « une révision de ce procès d'intention ».

C'est pour répondre aux objections que Henri Frenay se mua en historien, sous les encouragements de ceux de son « clan », restés des inconditionnels de « Henri-patron ». Dans *L'Enigme Jean Moulin* (Robert Laffont) qui se veut donc « une contribution à l'histoire », il se fit biographe en joignant à la fin de l'ouvrage des « notes inédites », avant tout des lettres qu'il avait adressées à Moulin et à Delestraint. En fait, il lui était difficile d'apporter du neuf, ayant annoncé tout de go dans son introduction qu'il fallait prendre acte de « l'absence de toute note de Jean Moulin ». Si l'assertion était fausse, nous le savons, la politique des Archives nationales à l'égard de la France des années 40 était à l'époque pour le moins frileuse et expliquait en partie un pareil manque de curiosité. De fait Frenay se référait surtout à *L'Histoire de la Résistance*, d'Henri Noguères, largement convenue, fort critique, comme nombre de résistants, à l'encontre de la France Libre et, globalement peu favorable à Moulin. Il réitérait en fait sa condamnation de l'action de Moulin, artisan des progrès décisifs du PCF grâce à la création du CNR. Revenant sur l'entourage et de Cot et de Moulin, il fournissait des réponses intéressantes (p. 219 et suivantes) à la question qu'il feignait de poser : « Etait-il l'homme du parti communiste ? » Il fallait distinguer, disait-il, plusieurs cas de figure. Avait-il la carte du parti en poche ? Non. Etait-il un « sous-marin » du PCF ? Non plus. L'hypothèse la plus pertinente serait de voir en lui « un compagnon de route », avec une très forte probabilité. Pourquoi ? « Parce que avant, pendant et après la guerre, les membres de son équipe, depuis 1935, à l'évidence l'ont été et ne s'en cachaient pas. »

Frenay envisageait pourtant une troisième possibilité, celle de « l'agent » qu'aurait été Moulin. Sans doute devait-elle *a priori* être repoussée, mais au vu de ce qui s'était passé à la fin des années 30 à Trinity College, à Cambridge, où cinq « taupes » travaillaient pour les services secrets soviétiques, « elle ne pourrait être écartée, s'il était prouvé que dès le printemps 1940, Moulin avait été en contact avec "l'Orchestre Rouge" comme le prétend Trepper [qui en était le patron] ». C'était donner à ce procès en mémoire, même en prenant quelques précautions rhétoriques, une nouvelle dimension. La leçon historique de Frenay n'emporta, semble-t-il, la conviction que de ses inconditionnels. De manière significative même si le résultat en était plutôt prévisible, le conseil de l'Ordre de la Libération, après avoir fait étudier la thèse de Frenay par quatre rapporteurs, déclarait à l'unanimité, le 14 décembre 1977 : « Jean Moulin, Compagnon de la Libération, a rempli avec une totale loyauté la mission qui lui avait été confiée par le général de Gaulle et pour laquelle il a donné sa vie. »

Les contradicteurs de Frenay, plus nombreux qu'en 1975, firent remarquer que, loin de favoriser les desseins supposés du PCF, Moulin avait non seulement fait montre de défiance à son égard depuis son approbation du Pacte, mais s'était évertué à brider l'influence que celui-ci cherchait à acquérir à l'intérieur de la Résistance. Il en avait poursuivi sans faiblesse les militants durant la drôle de guerre ; de plus, puisque Frenay accordait une telle importance au CNR, – sauf à tomber dans l'anachronisme –, il était aisé de souligner ce point primordial que l'influence du PCF à l'intérieur du Conseil de la Résistance ou dans les commissions qui en dépendaient n'avait évidemment grandi qu'après la mort de Moulin. C'est ce que lui fit remarquer, avec une grande fermeté, Claude Bourdet, qui demeurait pourtant attaché au Frenay de l'Occupation.

L'ouverture des archives a confirmé le bien-fondé de ces critiques. Le lecteur se souvient peut-être que, dans le rapport qu'il envoya de Lisbonne à la France Libre et aux Anglais, Moulin mettait en garde contre le fait que le refus de soutien de la part des uns comme des autres risquerait d'ouvrir grande la porte aux communistes. Et nous savons désormais que dans le premier compte rendu de la mission « Brumaire », Brossolette soulignait que : « En ce qui concerne le Front national, Rex m'a dit à Lyon qu'il avait systématiquement et avec succès refusé d'entrer en propos avec lui ; il travaille directement avec les communistes dont il a vu plusieurs fois le représentant en ZNO [Georges Marrane]... Mais il ne veut absolument pas se prêter à la manœuvre de noyautage que contient le Front national. » Frenay n'en avait cure, car il estimait posséder un argument décisif pour justifier ce qu'il donnait comme très probable : le compagnonnage de route d'un Moulin demeuré sous l'influence de Cot. Or selon Frenay, Cot était depuis les années 30 un « communiste déguisé en Radical ». Cette dernière affirmation est erronée comme l'a montré de manière convaincante le « Rapport de la commission d'historiens constituée pour examiner la nature des relations de Pierre Cot avec les autorités soviétiques » (B&CI, 1995). Pour attester le suivi des relations entre Moulin et Cot, Frenay fait état d'un entretien qu'il dit avoir été « plus que courtois », et dans lequel Cot lui aurait déclaré : « Nos relations [avec Moulin] ont été constantes. Je recevais ses lettres grâce au dévouement d'une amie commune, Mme Dangon, qui avait une filière pour le courrier. Je recevais des nouvelles de Jean presque chaque semaine. » Le témoignage, du fait de la personnalité de son auteur, est de poids. Or il est infirmé par les travaux récents de Sabine Jansen. Certes Marcelle Dangon a envoyé quand elle l'a pu des nouvelles de l'ancienne équipe Cot via Genève et Londres et quelques lettres de Moulin ont dû effectivement parvenir à Cot aux Etats-Unis. Mais la rareté des contacts amène cette universitaire à conclure de manière formelle : « Tout cela prouve, contrairement à ce qu'avait affirmé Henri Frenay, que Pierre Cot et Jean Moulin ne pouvaient être en "relation presque hebdomadaire" » (*op. cit.* p. 614). Par ailleurs, nous possédons une preuve formelle du très grand espacement de la correspondance entre les deux hommes : lorsque Cot rejoint l'Afrique du Nord en novembre 1943, il écrit à Nena, le 12 décembre, qu'il vient d'apprendre, à Alger, l'arrestation de leur ami, ce qui prouve *a contrario* que Cot n'était guère informé des faits et gestes de celui qui avait suivi une autre route que la sienne. Alors pourquoi Pierre Cot aurait-il fait pareille déclaration à Frenay, qui en fera son miel ? Probablement, parce que depuis 1945, Cot, pour des raisons politiques, chercha continûment à se rattacher le Moulin glorieux, fondateur du CNR.

J'avais demandé un rendez-vous à Henry Frenay, lorsque menant mes recherches j'ai rencontré beaucoup d'acteurs résistants. Il m'a reçu le 24 juin 1982 dans l'après-midi, avec beaucoup de courtoisie, en présence de sa femme. A la fin de notre entretien, comme je lui faisais remarquer qu'on avait mis en doute la possibilité qu'aurait eu Cot de joindre Moulin, il m'a rétorqué que j'ignorais, comme au demeurant tous ses détracteurs, l'existence d'une filière espagnole spécifique qui permettait de manière quasi hebdomadaire de toucher Mme Dangon et ensuite Jean Moulin. Un rythme qui, selon nombre d'acteurs interrogés, est techniquement impossible, ou presque. Et d'ajouter alors qu'il en ferait la démonstration complète dans un livre à paraître. Cet ouvrage n'est pas paru et je crois pouvoir ajouter : « et pour cause ». En lui écrivant pour le remercier de m'avoir reçu, je me souviens avoir éprouvé le sentiment mêlé de tristesse que la passion faisait déraper cet homme qui avait été un grand résistant.

Une biographie sérieuse du fondateur de Combat ne pouvait que compléter utilement des travaux sur Moulin. C'est chose faite avec le très bon livre de Robert Belot, *Le Cas Frenay* (Le Seuil, 2003), même si on peut ici et là le discuter. Il n'interdit pas de poser la question : pourquoi Frenay a-t-il endossé cette robe de procureur ? En évitant une approche psychologique triviale, formulons trois hypothèses. Il est vraisemblable qu'il demeurait marqué par la violence des affrontements vécus, les critiques que Moulin lui avait adressées, l'échec de l'affaire suisse, etc. De fait, les causes de ressentiment ne lui manquaient pas. Cela étant, Paul Thibaud me paraît avoir vu juste quand il note dans le numéro d'*Esprit* de janvier 1994 : « Malheureusement – en dépit du renouvellement des cadres et du dynamisme socio-économique après la guerre – les idées de la Résistance réformatrice [...] ont fait faillite... Certaines idées d'Henri Frenay s'expliquent dans ce cadre, comme venant d'un homme qui, aux dépens de Jean Moulin, a construit une théorie conspirative pour expliquer un échec qu'il ne voulait ni admettre ni comprendre. » Pour ma part, j'avais précédemment écrit, dans le numéro d'avril 1983 de la revue *L'Histoire* : « Il est vraisemblable... qu'Henri Frenay transfère sur Moulin sa profonde déception de l'après-Libération », constatant qu'il ne se remettait personnellement que très rarement en cause. J'ajoute que l'opération contre Moulin – qui aurait été plus incommode à mener directement contre De Gaulle – lui permettait d'assouvir une autre de ses passions : un anticommunisme qui s'alimentait, entre autres motifs, des campagnes répétées et généralement violentes, menées depuis 1945 contre lui par le PCF, comme celle que nous avons évoquée à propos du premier procès instruit contre Hardy. D'ailleurs, comme le remarque Robert Belot, le premier texte, sa lettre envoyée à Passy, est contemporain du déclenchement de la guerre de Corée.

Après la publication de *L'Enigme Jean Moulin*, deux ouvrages – dont les visées sont différentes – exploitent la même veine. Le premier, en deux volumes, est celui de Henri-Christian Giraud, petit-fils d'Henri Giraud, *De Gaulle et les communistes* (Albin Michel 1989), qui entend prouver, à l'aide d'archives nouvelles concernant les relations entretenues par une France Libre demandeuse avec l'URSS, que De Gaulle a été une sorte de Kerenski, permettant aux Soviétiques et, partant, aux communistes français, de gagner un terrain notable. De Gaulle aurait bradé l'indépendance de la France, pour assouvir sa haine des Anglo-Saxons et pour poursuivre de sa vindicte son grand-père. C'est somme toute une approche relativement classique d'une fraction de la droite antigaulliste. Il en va différemment du livre indigne, *L'Affaire Jean Moulin, la contre-enquête*, publié aux éditions Albin Michel en

1990 par l'avocat d'Henri Frenay, Charles Benfredj. Passe encore la violence du ton, passe encore que la contre-enquête annoncée *urbi et orbi* se résume en fait à un succédané d'arguments déjà formulés par Henri Frenay. Mais ce qui est inadmissible, qu'on se drape ou non dans les plis de sa robe d'avocat, c'est de poser benoîtement la question : « qui se trouve donc au Panthéon ? » pour mieux souligner qu'il n'est pas impossible et même plutôt vraisemblable que les Allemands aient cherché à « faire officiellement disparaître Moulin en le faisant passer pour mort ». Pourquoi ? Comment ? Le lecteur n'en saura évidemment rien.

Peu après surgissait « l'affaire Wolton ». Frenay, on s'en souvient, avait laissé entendre qu'il était à l'écoute d'une rumeur, que l'hypothèse de Moulin « agent » soviétique ne saurait être écartée. Vingt ans plus tard, l'hypothèse était présentée comme une quasi-certitude, au point que, tenant désormais l'appartenance postulée de Moulin au PCF comme un fait subsidiaire, on changeait de braquet, en prétendant démontrer qu'on avait bel et bien panthéonisé un agent du KGB. Un « agent » !

C'est ce que claironnait Thierry Wolton dans *Le Grand Recrutement* (Grasset en 1993). La partie la plus longue de ce livre écrit et construit à la diable est une description souvent neuve du réseau de renseignement mis au point par le 4e Bureau des services de renseignements de l'Armée rouge, le GRU. Wolton posait une réelle question historique : comment se faisait-il que les services secrets soviétiques n'avaient pas cherché à s'implanter en France ? Alors que les historiens français, à la différence de leurs confrères anglo-saxons, avaient presque tous délaissé ce champ de recherches, il démontrait l'existence de ce réseau, ce qui était un acquis. La cible privilégiée du GRU était, selon lui, l'aile gauche du parti radical. A la fin de l'ouvrage étaient reproduits les « papiers Robinson », télégrammes envoyés par Henri Robinson à le centrale de Moscou entre juillet 1940 et juin 1941 – ces dates sont importantes –, textes raflés par la Gestapo lors de l'arrestation de Robinson, puis récupérés par les services anglais lors de la Libération de la Belgique. Mais le reste des « papiers Robinson » n'a pas réapparu. Précisons que Henri Robinson ou « Harry », né en 1895, devenu « kominternien », s'était installé en France, à compter, semble-t-il, de 1925, et y avait monté un réseau d'agents efficaces. Arrêté par la Gestapo le 21 décembre 1942, il succombait sous la torture dans une prison berlinoise en décembre 1943. Cela suffisait à Wolton pour affirmer que l'un des fleurons de cette galerie d'agents travaillant pour le GRU aurait été Jean Moulin.

Les sources documentaires de l'ouvrage de Wolton sont un croisement de textes puisés dans les archives dites de Moscou, avant tout celles du mouvement communiste international, et d'indications plus nombreuses dormant dans les cartons de la DST. Stéphane Courtois dans le numéro de mai 1993 de *L'Histoire*, en rédigeant une synthèse très claire de ses thèses, retenait trois points. D'abord au cours d'un interrogatoire mené, le 19 novembre 1946, par le contre-espionnage soviétique à la Loubianka, Léopold Trepper, kominternien, patron de réseaux de renseignements soviétiques nommés « l'Orchestre Rouge », affirmait que « Harry » avait obtenu des renseignements de Moulin. Sur ce premier point, on peut s'étonner qu'après avoir dénoncé – à juste titre – les conditions d'interrogatoire des inculpés des procès staliniens, disant tout et le contraire de tout, on accepte comme preuves les déclarations ainsi obtenues. Il est vrai que Trepper est censé avoir confirmé cette assertion. Deuxième point : dans les « papiers Robinson » transmis à Moscou, quatre informations concernaient l'Eure-et-Loir ; mais François Bédarida comme Pierre Vidal-Naquet (*Le Trait empoisonné. Réflexions sur l'affaire Jean Moulin, op. cit.*) ont démontré que rien ne prouvait que leur source fût le préfet Jean Moulin. Enfin demeure le fait qui paraît essentiel aux tenants des thèses de Wolton : Moulin aurait été en contact avec « Harry » dès 1937, il l'aurait caché, ce qui signait au minimum sa duplicité et plus probablement sa qualité d'agent. Encore fallait-il le prouver.

Ouvrons une parenthèse : l'histoire n'appartient pas aux historiens, encore moins l'histoire immédiate à laquelle s'intéressent souvent les journalistes. Il faut pourtant distinguer les deux types d'écrits. Ce n'est pas que l'historien soit plus gêné par l'absence de recul : il peut s'adapter lui aussi. Mais la crédibilité du travail historique repose sur la mention de ses sources, alors que le journaliste souvent les cache, les protège, et en fait même une question de déontologie. Thierry Wolton annonçait dans l'introduction de son ouvrage : « N'étant pas historien de formation, je n'ai pas la prétention d'écrire un livre d'histoire mais d'investigation historique. » Dont acte. Et, effectivement, manque la preuve que Moulin était en contact avant la guerre avec le chef d'orchestre des services de renseignements de l'Armée rouge en France. L'auteur se contente d'évoquer deux témoignages « de première main » qui le prouveraient. Il finit, dans le numéro du *Figaro magazine* du 6 février 1993 par lâcher le nom de l'un d'eux, Maurice Panier, que connaissait effectivement Moulin. Dans un *debriefing* effectué par la DST, ce membre du PCF, qui fut un « agent » soviétique, aurait signalé que Moulin lui fournissait des renseignements. Mais, dix ans après cette prétendue révélation, nous n'avons aucun document donnant des éléments de ce *debriefing*, pas plus d'ailleurs que nous ne connaissons l'identité du deuxième personnage qui est censé avoir fourni l'autre témoignage accablant annoncé.

En fait, il ne s'agissait pas d'avoir démasqué l'espion Moulin grâce aux archives du KGB, mais, plus banalement, d'avoir monté en épingle les confidences d'un ancien responsable de la DST, vraisemblablement Marcel Chalet. Ce qui est tout différent. Pour dire quelle confiance limitée procure ce genre d'allusions, rappelons comment un ancien patron de la DST, Alexandre de Marenches, dans l'ouvrage écrit, en 1986, avec Christine Ockrent, *Dans le secret des princes*, avait évoqué la « traîtrise » de « quelques résistants illustres », tirée, elle, de « dix tonnes d'archives secrètes [et inédites] de la Gestapo ». Ces affirmations péremptoires ont produit le frémissement médiatique attendu, mais on attend toujours les preuves. Et on comprend que, devant cette débauche de révélations promises et jamais produites, *Le Canard enchaîné* du 10 février 1993, ait pu poser la question attendue : « Ravaillac était-il membre du KGB ? »

Le lecteur, en revanche, doit savoir que Jean Moulin a bien pris contact une fois avec « les services secrets russes », mais dans des conditions bien répertoriées. Moulin, qui avait l'intention de se rendre à Paris, avait reçu le 9 juin 1942 un télégramme du BCRA : « Savons que groupes action Parti communiste sont prêts à coopérer en ZO [zone occupée] – Sommes décidés leur fournir moyens liaison radio et explosifs – Avons perdu contact [on se souvient que l'agent envoyé par Londres, Georges Weil, alias Mec, arrêté, s'était suicidé] – Vous demandons si vous pouvez nous signaler moyen reprendre ce contact [...]. » Il répondait le 28 juin : « Objet envoi d'un mandataire communiste Londres [le BCRA souhaitait que le parti communiste clandestin lui envoie un émissaire] – Ai possibilité contact avec dirigeants com. ZNO [il s'agissait principalement en zone non occupée de Georges Marrane], mais siège Action étant ZO, compte profiter mon séjour ZO pour faire proposition. » Après quoi, le BCRA dans un télégramme parti le 4 juillet faisait état d'une inquiétude : « Interdiction formelle pour instant prendre contact avec communistes en ZO, je dis ZO car trop dangereux pour votre sécurité – de plus contact en cours repris [vraisemblablement par Brossolette] – réservons votre voie en cas besoins ultérieurs. » Mais comme l'annonçait Raymond Fassin (Sif) qui assurait l'intérim : « Rex parti en ZO le 2... Sif essaie de faire toucher Rex en ZO pour lui dire de revenir. » Il finit par lui envoyer en vain un « émissaire ». Moulin séjourna à Paris du 2 au 19 juillet. Le 22, il adresse à Londres un « compte rendu voyage ZO » : « Nombreux contacts pris ou repris 1) pour constitution groupe para [militaire] – organisation touche dès à présent 7 départements et Paris 2) Avec parti Communiste a/s [au sujet] mission m'aviez confiée – Aurai réponse prochaine – Vous demande ne pas agir ailleurs pour ne pas gêner mon action – à suivre – [formule précisant que le télégramme a une suite] 3) Avec services secrets russes 4) Avec grand conseil maçonnique 5) Avec personnalités politiques administratives et policières 6) Pour tous ces contacts ai mis agents personnels en place et organisé liaisons régulières ZO-ZNO... » Ce télégramme, comme c'était souvent le cas, fut explicité dans un « courrier », le courrier n° 7, « via Francis », mais qui malheureusement se perdit, ce qui est très dommageable pour l'historien.

Mettons brièvement en valeur quelques points de cette affaire. Comme c'était le premier séjour que Moulin faisait dans la capitale depuis avril 1941, il prit relativement son temps, probablement pour régler des affaires personnelles, peut-être en descendant chez Gilberte et en tout cas pour multiplier les contacts. Ainsi pourrait être programmée une organisation en zone occupée, en laissant probablement à Henri Manhès et à Pierre Meunier le soin de faire avancer les choses. Quant à l'émissaire du parti communiste, il l'a touché, comme le BCRA le désirait dans un premier temps, par le canal de Marrane. Le 24 juillet, Londres précisait : « A/s communistes – ayant réussi reprendre contact perdu inutile vous surcharger de travail – toutefois vous demandons ne pas rompre totalement contact en cas nouveau besoin et expliquez aux personnes contactées par vous raisons abstention... ». Comme nous l'avons écrit, le contact a été renoué et de manière efficace, mais par Rémy. C'est sur « les services secrets russes » que nous en savons le moins – et c'est sur ce point que l'absence du courrier n° 7 nous gêne le plus et que les archives de Moscou pourraient nous éclairer. Quel agent a-t-il contacté ? Y a-t-il eu un intermédiaire et lequel ? L'hypothèse la plus vraisemblable serait que ce fut Maurice Panier, comme le confia Pierre Meunier à

Daniel Cordier. Que se sont-ils dit ? Nous n'en savons pas plus. En tout cas dans les « papiers » Moulin, c'est l'unique allusion à ces services secrets.

Cette rencontre, on s'en doute, a fait couler beaucoup d'encre. Moulin en ayant fait état, des esprits malintentionnés n'y ont vu qu'une ruse ou une manière de se protéger au cas où le prétendu pot aux roses viendrait à être découvert. Disons clairement qu'un débat mené sur de telles bases serait interminable et franchement inutile. L'historien Stéphane Courtois fit remarquer avec plus de justesse que Moulin avait pris de lui-même l'initiative de contacter un agent soviétique. Il faut rappeler que Moulin à la fois obéit quasiment toujours aux ordres qu'il reçoit de Londres mais en gardant une certaine autonomie dans les démarches à entreprendre. Mais il s'astreint à rendre compte de ses faits et gestes – ce qu'il a fait en l'occurrence – avant d'engager Londres.

Nous nous sommes efforcés de fournir au lecteur l'essentiel de la documentation disponible. Entendons-nous bien : nous ne pouvons totalement exclure que les archives dites de Moscou quand elles seront ouvertes ou réouvertes ne nous livrent des informations qui iraient à l'encontre de la cohérence sur laquelle nous nous fondons. Mais, jusqu'à plus ample informé, on évitera d'extrapoler simplement pour mieux vendre de l'Histoire à l'estomac.

Dans une veine comparable, d'autres ont aussi susurré qu'ils avaient la certitude que Moulin était homosexuel. L'affirmation n'aurait en soi rien d'infamant. Reste à savoir d'abord dans quel dessein elle a été formulée. Il s'agit, je ne crois pas me tromper, de suggérer une comparaison avec les pratiques sexuelles de quelques-uns des *Magnificent Five* de Trinity College. Mais le procédé est comparable à l'affirmation que Moulin était franc-maçon, ce qui n'aurait rien d'indigne non plus mais qui est tout aussi faux. On reconnaît là non seulement une prolongation des thèmes qui ont été utilisés par les bourreaux nazis de Moulin en juin 1940 et qui ont fait florès sous

Vichy, l'idée que ces conduites dissimulées signalent des adeptes des complots et au bout du compte des agents. Pierre Péan, dans le livre déjà cité, a scruté au plus près ce qui demeurerait des « angles morts » dans la biographie de Moulin, notamment ses amours. Il m'a assuré n'avoir trouvé aucun indice allant dans le sens de ces ragots. Pierre Vidal-Naquet (*op. cit.*, p. 165) avait déjà fustigé ces rumeurs propagées sans justification, qui ne déshonorent que ceux qui les propagent. Alors, laissons tomber.

Le Grand Recrutement a fait l'objet d'une mobilisation médiatique intense : ainsi son auteur, invité de l'émission d'information, « La Marche du siècle », le 3 février 1993, fut interrogé par Jean-Marie Cavada avec plus d'intérêt que d'esprit critique. Il est vrai que depuis la chute du mur de Berlin, les ouvrages sur le communisme trouvaient une audience décuplée. Le livre recueillit le soutien de la droite antigaulliste, qui avait le plus souvent jugé sans aucune bienveillance le chef de la France Libre, celui de certains défenseurs de la mémoire de Frenay, et d'un noyau de chercheurs travaillant dans la mouvance d'une revue de bonne tenue, *Communisme*, à laquelle collaboraient d'anciens marxistes-léninistes, des anciens de l'ultragauche et de l'extrême gauche qui pouvaient avoir quelques comptes à régler, peut-être avec eux-mêmes et en tout cas avec le stalinisme. Quelques historiens de renom apportèrent leur caution, au premier rang desquels François Furet dans la livraison du *Nouvel Observateur* du 18 février 1993 ; notons tout de même que dans le numéro suivant François Furet, qui n'avait pas encore publié *Le Passé d'une illusion* (Laffont/Calmann-Lévy, 1995), s'en tint à une approche plus prudente, soulignant seulement que c'est l'idéologie plus que la vénalité qui pouvait éclairer les comportements de ceux qui se sont laissé prendre au mirage du totalitarisme soviétique. Thierry Wolton trouva encore l'hospitalité dans cette revue de qualité qu'est *Commentaire* (été 1993) sous le titre avantageux « La mémoire contre l'Histoire ». L'article de Wolton était précédé d'un chapeau de la rédaction – généralement mieux inspirée –, se terminant par l'assertion que c'est « le pacte germano-soviétique qui causa et précipita la défaite française de 1940 ». A propos de cette défaite qui reste, malgré l'abondance des travaux historiques, une source inépuisable de sottises, qu'on nous permette de mettre cette affirmation dans le même panier que la déclaration récente d'un ancien ministre de l'Enseignement supérieur et de la Recherche, qui se réclame du gaullisme, l'actuel ministre des Affaires sociales, François Fillon, affirmant à la Chambre qu'il tenait le Front populaire (et pourquoi pas Voltaire ?) pour responsable de la chute de la France en 1940, reprenant ainsi l'un des thèmes favoris du pétainisme pur et dur.

Pour en revenir à Wolton, la palme revint au *Figaro magazine* du 6 février 1993 : en couverture du numéro, la photo bien connue de Moulin dans le jardin du Peyrou, un peu retouchée et – bien entendu – sur fond rouge, annonçait un « incroyable dossier ». Une douzaine de pages étaient prises en charge par Henri-Christian Giraud, dont nous avons déjà parlé, et par Annie Kriegel (dont on peut regretter qu'elle ait perdu de sa rigueur en adoptant la casquette du journaliste). Le titre comportait au moins un point d'interrogation : « Jean Moulin, agent soviétique ? » Le texte de présentation annonçait déjà une autre couleur : « Des révélations qui font mal. Fondé sur les archives du KGB, *Le Grand Recrutement*, de Thierry Wolton (qui s'est imposé comme le meilleur spécialiste de l'espionnage avec *Le KGB en France*), n'épargne personne. Pas même les mythes nationaux puisqu'il évoque les relations étroites de Jean Moulin (entre autres) avec les services secrets soviétiques. » A l'intérieur du dossier, une photo pleine page de Thierry Wolton, près d'un classeur, d'où on pouvait penser qu'il venait de sortir la fiche qu'il présentait, une fiche au nom lisible, « Jean Moulin », le tout suggérant que les archives du KGB livraient enfin leur secret sur le délégué de la France Libre. En y regardant de très près, cette fiche, dont la lecture est difficile, indique en une ligne que Moulin était membre d'un cercle X. Si le dossier comporte des renseignements sans conteste utiles sur le réseau Robinson, le cas Moulin est traité avec un mélange d'hypothèses, d'amalgames et de points d'interrogation. Ainsi l'affirmation sans preuves que « Moulin et Robinson ont collaboré dès la guerre d'Espagne » conduit à poser des questions suggestives : « L'un dans la subordination de l'autre pour des raisons idéologiques et par la force d'un engrenage ? L'un et l'autre mandatés par des autorités différentes mais qui couvraient également leur collaboration ? » C'est exactement ce genre de présentation biaisée, de sous-entendus, de photos manipulées que j'appelais dans ma jeunesse – et je n'étais sans doute pas le seul – des procédés de « Stals ».

Après cette entreprise extrême de dénigrement et de déstabilisation, l'exploitation que fait Jacques Baynac d'archives des services spéciaux et de « papiers » communiqués par Henri Frenay, dans son ouvrage *Les Secrets de l'affaire Jean Moulin* (Le Seuil 1998), paraissait bénigne. Arguant de la rencontre d'un capitaine Frédéric Brown de l'OSS avec un dénommé Max, au matin du 19 juin 1943, il s'efforçait de montrer que Moulin, ayant pris ses distances à l'endroit du chef de la France Libre, était disposé à se prêter à des offres de service américaines, ce qui justifierait les manœuvres de Combat dans l'affaire suisse. Or, un document tiré des archives a sans conteste possible démontré que Moulin n'a pu matériellement rencontrer ce Brown (d'ailleurs Moulin n'avait pas breveté le pseudo de Max). Le principe de cohérence aurait dû inciter Baynac à la prudence, puisque tout laisse à penser, j'espère l'avoir montré, que Moulin est mort gaullien. Précisons encore que Baynac, sans convaincre, essaie de montrer que les responsables de Combat ne sont pour rien dans l'arrestation de Caluire.

*

Quand la mémoire de Moulin fut mise en péril, nous l'avons dit, un certain nombre d'acteurs, outre ceux déjà nommés, Stéphane Hessel, également Raymond Aubrac, Jean-Pierre Lévy... aidèrent les historiens et les chercheurs, travaillant le plus souvent à l'IHTP (Institut d'histoire du temps présent qui avait succédé en 1980 au Comité d'histoire de la Deuxième Guerre mondiale), à mettre les choses au point, sous l'impulsion de son directeur François Bédarida. C'est ainsi que fut organisée, entre autres, une journée en juin 1993 pour répondre aux allégations de Thierry Wolton ; les actes en furent publiés en 1994, sous le titre *Jean Moulin et la Résistance en 1943*. En dehors de la mouvance de l'IHTP, Pierre Vidal-Naquet, toujours soucieux de démonter les constructions intellectuelles douteuses, réfuta point par point *Le Grand Recrutement*, dans son ouvrage minutieux *Le Trait empoisonné* (paru aux Editions La Découverte en 1993, réédité en 2002).

Mais c'est Daniel Cordier qui fut à la pointe du combat et qui par là même contribua à renouveler l'histoire de la Résistance. Rappelons que ce jeune militant royaliste qui avait gagné Londres dès juin 1940, persuadé qu'il y retrouverait Maurras, engagé dans les Forces Françaises Libres, était programmé comme radio de Bidault lorsqu'il fut présenté le 1er août 1942 à Moulin. Ce dernier en faisait son secrétaire et bientôt son homme de confiance. Pourchassé à la fin de 1943 par les services répressifs allemands, il demandait à retourner à Londres. Compagnon de la Libération, il participait, après la guerre, à la rédaction du Livre Blanc du BCRA, avant de tourner totalement le dos à l'Occupation pour devenir un marchand de tableaux connu. C'est la lecture de *L'Enigme Jean Moulin*, puis le débat prolongeant une émission des « Dossiers de l'écran », qui l'amenèrent – plein de la surprise d'entendre qualifier Jean Moulin de « crypto-communiste » – à s'intéresser à nouveau à cette période pour éclaircir ce point. Ayant d'abord comme projet d'établir une chronologie minutieuse à l'intention des historiens pratiquement muets sur l'objet du débat, il entreprit une biographie de son ancien patron dont à ce jour sont parus trois volumes.

Historien-acteur, lors de la journée d'études du 9 juin 1983 consacrée à Jean Moulin et la Résistance, il y affirmait aux résistants qu'il était temps de travailler à une véritable histoire de leur action, appuyée sur des archives écrites qu'il entreprenait de réunir de manière méthodique. N'hésitant pas à ferrailler à plusieurs reprises contre certains d'entre eux, notamment contre Frenay et quelques-uns de ses amis, il rompait la solidarité tacite des résistants face aux travaux historiques dérangeants. Traitant avec rigueur des archives qu'il est un des rares à pouvoir décrypter, Daniel Cordier s'efforçait dans une longue introduction au premier volume de *L'Inconnu du Panthéon* de se mettre à la place de Moulin face à Frenay, et dans *La République des catacombes* d'analyser à travers Moulin la stratégie de Pierre Brossolette. On a pu lui reprocher à ce double titre d'être plus partial qu'il ne veut le dire. Reste que son travail a été fondamental pour comprendre l'action de Moulin et ce qu'a été la Délégation, et surtout, on l'aura compris, pour proposer une autre approche de l'histoire de la Résistance.

Dans les toutes dernières années, les travaux historiques sur Moulin ont pris un tour plus serein. L'année 1999, le centième anniversaire de la naissance de Moulin donna surtout lieu à des colloques. A Paris, acteurs, historiens français et étrangers, s'efforcèrent de réfléchir sur les représentations de Rex. Les communications publiées, sous ma direction, dans *Jean Moulin face à l'Histoire* (Flammarion, 2000) adoptèrent un ton plutôt irénique, soulignant souvent ce que pouvaient avoir en commun Moulin et tel ou tel protagoniste.

Tout bien pesé, deux interprétations du rôle de Moulin se dégagent, liées à l'appréciation globale qu'on porte sur l'action du chef de la France Libre. On peut juger que vouloir dominer et contrôler la Résistance intérieure, en considérant les résistants comme des soldats à discipliner, était une stratégie erronée. C'est la thèse développée par d'anciens résistants, par Henri Noguères et tout particulièrement par Claude Bourdet dans *L'Aventure incer-*

taine, une étude remarquable, même si on peut estimer sa vision réductrice d'un De Gaulle, champion à la Libération de la « restauration ». La deuxième interprétation présente inversement l'action du chef de la France Libre, y compris sa volonté de tenir la dragée haute aux Mouvements de Résistance, comme fondatrice et bénéfique. Négligeons les gaullistes inconditionnels, car ils savent rarement se distancier ; en revanche il faut s'intéresser à ceux qui avaient été gaulliens mais dont les routes ont divergé de celle du chef du RPF. C'est le cas de Jean-Louis Crémieux-Brilhac qui nous présente une image nuancée mais positive de l'action du chef de la France Libre. Les uns comme les autres s'accordant à comprendre la démarche de Jean Moulin en fonction de la mission et des buts fixés par De Gaulle. Tout un chacun peut pencher en faveur de l'une ou l'autre thèse. L'auteur, pour sa part, dans son ouvrage *De Munich à la Libération*, pour des raisons pour partie idéologiques, probablement par défiance à l'encontre du gaullisme partisan, penchait plutôt pour la première, tout en faisant de Moulin une sorte d'ambassadeur efficace entre Londres et les Mouvements. Après une étude plus minutieuse, il croit devoir défendre la seconde approche, celle du délégué qui, s'il n'était peut-être pas devenu un gaulliste inconditionnel, avait sans nul doute adopté une démarche spécifiquement gaullienne. Ce que Claude Bourdet confirmait dans une lettre adressée le 8 janvier 1986 à François Bédarida : « Nos différends avec Moulin ne venaient pas de son imaginaire sujétion au PC, mais de sa fidélité aux consignes gaulliennes... »

Si les tentatives de déstabilisation de la mémoire de Moulin ont pu paraître ne concerner qu'un microcosme parisien, reste que certaines ont été savamment médiatisées à l'usage du grand public, qui parut captivé par ces débats. Or ce même grand public conserve de Moulin une image positive. Les contre-feux allumés par Daniel Cordier et par d'autres ne suffisent probablement pas à expliquer que sa mémoire ait résisté. Le fait que des millions de téléspectateurs viennent de regarder les deux films présentés successivement par Antenne 2 et par TF1 confirme que le sort de l'homme à l'écharpe et au chapeau rabattu sur le visage continue d'intéresser, au point d'éclipser quelque peu la mémoire d'autres résistants. Faute de données et d'études cherchant à expliquer le phénomène, on ne peut avancer que quelques hypothèses.

Moulin ne saurait être considéré comme un « grand homme », car il n'a pas eu le temps de faire ses preuves dans la durée, d'imprimer sa marque sur le moyen terme. Pour autant son statut mémoriel ne se réduit pas à celui du héros, dont on célèbre tel ou tel geste précis et admirable. Dans mon premier chapitre, je me référais à Pierre Vidal-Naquet, soulignant que le héros étonne et détonne. Tout bien pesé, cette définition ne me semble valoir que pour son calvaire. Bien entendu, Moulin ne saurait être assimilé à Monsieur-tout-le-monde, encore moins à un homme ordinaire, mais il n'est pas dans notre imaginaire collectif un être à part : ce petit provincial, fonctionnaire de la République, s'engagea en patriote lucide, devint un membre efficace du « peuple de la nuit », mourut comme un brave ; somme toute, il ne dépare pas la longue liste de ces Français qui ont fait la France, selon le petit Lavisse.

En même temps, Moulin bénéficie d'une place singulière dans la mémoire nationale. Sans doute l'intérêt que lui porte le Français moyen, pour peu qu'il ait dépassé la trentaine, a-t-il été avivé – et on peut en discuter l'intérêt – par le roman-feuilleton élaboré autour de Caluire et de la traque d'un coupable. Mais il porterait probablement à son crédit plusieurs points le définissant plus directement.

D'abord Moulin appartient sans conteste à la Résistance, ce qui demeure, dans les représentations d'une grande majorité de Français, une référence non seulement positive, mais constamment réactivée : elle a probablement l'avantage de compenser le profond trauma national engendré par la défaite et dans la foulée par l'Occupation, malgré ou même peut-être à cause de la « mode rétro » et de tout ce qui rabaisse l'image du Français moyen de l'Occupation, présenté comme une girouette ou mieux encore comme exclusivement préoccupé de son ravitaillement. De surcroît, la mémoire collective ne considère pas Moulin comme un fédérateur, ce qu'il fut, mais comme l'unique unificateur de cette Résistance, et là encore, c'est une manière de compenser les dissensions, revirements et autres déchirements entachant l'histoire nationale. Enfin son nom est durablement attaché au CNR, symbole à lui seul d'un Etat clandestin victorieux même si le Conseil de la Résistance installé en mai 1943 n'est évidemment pas le CNR du printemps 1944.

Est-ce tout ? Non, bien sûr, car il faut redire que sur la mémoire de Moulin plane la grande ombre, qu'on peut même dire grandissante, de Charles De Gaulle. Mais c'est là le paradoxe : les Français ne perçoivent que confusément le fait que Rex était d'abord au service du chef de la France Libre, qu'il a été le bras séculier de De Gaulle contrôlant les Mouvements de Résistance. Il est probable que l'image de Moulin a profité de cette méconnaissance qui lui évite tout esprit partisan. Au bout du compte, on se trouve au croisement d'un certain nombre de représentations mythiques, au sens précis du terme, assez vivaces pour que, jusqu'à nouvel ordre, sa mémoire ne soit plus guère menacée.

Il me plaît de terminer ce chapitre sur les déclarations formulées par deux chefs « historiques » de ces Mouvements de zone sud avec lesquels Moulin eut à batailler. Le premier – il est vrai qu'il était redevenu gaulliste –, Emmanuel d'Astier de La Vigerie, déclarait dans ses *Entretiens avec Francis Crémieux* (p. 109) : « Cette période n'a produit que deux hommes d'Etat... De Gaulle et Moulin... La disparition de Jean Moulin a été une catastrophe... » Et Jean-Pierre Lévy, concluant son intervention lors de la journée d'études organisée par l'IHTP en juin 1993, affirmait : « D'un point de vue historique, je suis de ceux qui pensent – peut-être est-ce prétentieux de dire cela – qu'il restera un nom de résistant dans "l'histoire de France", et c'est celui de Jean Moulin. »

En manière de clin d'œil au premier chapitre, pour évoquer une dernière image de Moulin, je renvoie à un ancien maoiste, le soixante-huitard critique Olivier Rollin qui, dans son roman *Tigre en papier* (Seuil, 2002), se souvenant qu'il était allé écouter Malraux prononcer l'oraison funèbre de Jean Moulin, reconnaît : « Non seulement ça ne me gêne pas de dire que j'ai pleuré ce soir-là en l'écoutant mais je tiens à te dire que j'ai la gorge nouée de nouveau à chaque fois que j'entends ce discours ou même que je le lis. »

Un ami de trente ans

Pourquoi ne pas commencer par une esquisse d'ego-histoire ? Il y a une trentaine d'années, je désirais faire une thèse d'Etat sur la France de 40 et des années noires. J'y étais incité par des travaux dans un séminaire dirigé par René Rémond et centré sur le gouvernement du premier Vichy, par un certain nombre de lectures, notamment les premiers volumes de l'*Histoire de la Résistance* de Henri Noguères. Jouait aussi sans doute la résurgence d'une mémoire familiale. Et je m'orientais vers une biographie, tout simplement parce qu'il me semblait que je serais plus à l'aise dans ce genre qui me servirait de fil conducteur pour aborder une période particulièrement complexe. Je pensais m'inspirer par analogie de l'incomparable *Dimanche de Bouvines* de Georges Duby, qui, outre le récit de la bataille du dimanche 27 juillet 1214, offrait un tableau de la guerre en Occident au début du XIIIᵉ siècle, sans pour autant faire passer Philippe Auguste à la trappe. J'ai d'abord songé à travailler sur Edouard Daladier, jugeant que celui dont on a fait l'homme de Munich valait mieux que sa mémoire. Mais je portai finalement mon choix sur Jean Moulin. Je ne crois pas avoir été attiré par la qualité de héros emblématique de la Résistance mais plutôt par les problèmes qui se posaient à son propos et qui incitaient à réfléchir aux démarches des résistants de l'intérieur comme à celles des gaulliens.

L'entreprise tourna court. Et ce, pour deux raisons. Prenant contact avec les cousines et cousins de Jean Moulin, avec des collaborateurs du préfet Moulin, et plus encore avec les acteurs de la mission Rex, j'ai rencontré Daniel Cordier. Nous avons immédiatement sympathisé et cette connivence demeure aujourd'hui. Mais j'ai compris qu'il avait le projet – outre celui d'établir une chronologie de la mission Rex à l'usage des historiens – de devenir le biographe de celui qui avait été son patron dans la résistance, ce qu'il fit. Il me parut d'autant plus logique de lui céder la priorité qu'il disposait d'un certain nombre d'archives inédites sans lesquelles je ne pouvais réaliser un travail universitaire sérieux. De surcroît, les autorités françaises, particulièrement frileuses à l'époque, considéraient que les archives publiques de cette période relevaient du secret d'Etat. Les textes de 1979 assouplirent, certes, les règles de consultation, mais il a fallu attendre l'an 2000 pour que tous les documents sur l'Occupation – à quelques exceptions près – puissent être consultés sans dérogation, en particulier la série 3 AG2 qui concerne le BCRA et le commissariat à l'Intérieur.

A tout prendre, j'ai l'impression d'avoir tiré quelque profit de ces empêchements. Jacques Le Goff, qui a mis dix ans pour écrire la somme qu'est son *Saint Louis* (Gallimard, 1996), a constaté – et il me semble qu'il a raison – que « la biographie est une des plus difficiles façons de faire de l'histoire ». C'est pour cette raison, selon mon honorable éditeur, qu'elle ne s'écrit que dans la maturité. Et il est vrai que si tous les ouvrages d'histoire exigent d'avoir beaucoup bourlingué dans les centres d'archives, les bibliothèques ou les colloques, etc., la biographie réclame en outre une longue familiarité avec un mort (c'est plus rarement un vivant), un commerce si particulier qu'il finit par vous donner une sorte d'empathie à son endroit voire de la sympathie si vous avez choisi un « bon » sujet. Il ne s'agit pas en ce cas d'épouser les querelles vécues par le personnage de son vivant, ni de devenir son avocat dans les batailles de mémoire qui se succèdent. Reste que, même en étant attentif à tout risque de dérive, se mettre dans la peau de quelqu'un n'est jamais simple : il y faut au moins du temps.

Depuis lors, bon nombre des « papiers » sont devenus disponibles. Ils ne le sont malheureusement pas dans leur totalité. Daniel Cordier décrypte encore des archives qu'il utilisera pour terminer sa biographie de *L'Inconnu du Panthéon* et nous attendons la publication de ses souvenirs qui devrait intervenir au début de l'année prochaine. Ajoutons que les archives du chef de la France Libre ne sont toujours pas communicables et si une partie a été publiée dans ses *Lettres et carnets*, ou, par fragments, pour 1939-1943, dans *Devenir De Gaulle* de Jean-Luc Barré (Perrin, 2002), la consultation et la publication de l'ensemble apporteraient beaucoup à la connaissance de la période. Cela dit, entre les archives rassemblées naguère par le Comité d'histoire de la deuxième guerre mondiale et dévolues à l'IHTP avant d'être confiées aux Archives nationales (il s'agit de la sous-série 72 AJ que j'ai souvent citée, qui contient avant tout des témoignages d'un grand nombre d'acteurs), les archives dites du BCRA (série 3 AG2, un ensemble fondamental), les lettres conservées par Suzanne Escoffier qui m'ont été naguère communiquées avec une très grande gentillesse (et dont Laure Moulin n'avait reproduit qu'une partie), le dépôt fait à la Bibliothèque nationale par cette même Laure (série NAF 17863 et suivant), sans oublier les textes cités par Daniel Cordier dans *Jean Moulin, la République des catacombes* et par Jean-Louis Crémieux-Brilhac dans *La France Libre*, je peux estimer – et j'espère ne pas me tromper – que le fonds documentaire est suffisamment étayé pour qu'on avance en terrain solide.

Reste le problème épistémologique de toute biographie déjà posé par Philippe Levillain in René Rémond, *Pour une histoire politique* (Le Seuil, 1988). Le lecteur voudra bien admettre deux assertions : l'histoire est le récit des représentations du passé, celles que les contemporains avaient d'un événement, de leur vécu, etc., et celles que nous projetons maintenant sur eux. D'autre part, l'historien opère des choix dans le tissu événementiel et social, il construit son objet d'étude, il le met en intrigue, selon la formule de Paul Veyne (*Comment on écrit l'histoire*, Le Seuil, 1971). Chaque étude privilégiant tel ou tel acteur historique : la mer Méditerranée, la découverte des mines d'or, les femmes grévistes ; et les cloches des églises ont donné à Alain Corbin l'occasion de déployer talent et savoir.

Or, il faut bien constater que, pendant une bonne trentaine d'années, la biographie, tout en continuant en France de rencontrer les faveurs du public, a connu chez les chercheurs une désaffection affichée. En 1974, les coordinateurs du livre collectif *Faire de l'Histoire* se gardèrent bien d'en faire un objet de la « nouvelle histoire » et il est vraisemblable qu'ils considéraient ceux qui s'y risquaient comme des « plumitifs de l'historiette ». A cette date, pourtant, avait déjà été publié depuis trois ans, à Londres, le *Louis XI* de Paul Murray Kendall, un ouvrage de grande qualité, fort plaisant à lire, qui, traduit en France, connut l'un des plus importants succès de la décennie et ouvrit la voie à de nouvelles collections biographiques. Il est vrai que le genre avait affaire à une triple coalition : les structuralistes traquaient les invariants ; des marxistes-léninistes orthodoxes s'intéressaient de manière presque exclusive aux contraintes économiques et aux confrontations sociales. Enfin un certain nombre d'historiens, à la suite de Fernand Braudel et autour des *Annales*, rejetaient la biographie dans les poubelles de la recherche, en même temps que l'histoire dite événementielle et l'histoire politique, toutes les trois relevant selon eux d'« une agitation de surface, les vagues que les marées soulèvent de leur puissant mouvement ».

Je suppose que d'autres ont pensé comme moi – de façon certainement bien irrévérencieuse – que la troisième partie de *La Méditerranée et le Monde méditerranéen à l'époque de Philippe II* (Colin, 1949) – celle dans laquelle Braudel, après la célébration du temps long immobile,

puis l'étude des temporalités plus courtes de l'échange
politique, était censé décrire la rapidité de l'action politique et militaire –, était pour le moins ennuyeuse. Le
soupçon me venait alors qu'elle aurait peut-être gagné à
s'occuper un peu de Philippe II, de l'homme et du roi,
que l'exploit d'avoir volontairement ignoré ce personnage
présentait tout de même quelque inconvénient. En 1927,
Lucien Febvre dans la première édition de *Un destin. Martin Luther* résumait ainsi son projet : « Dessiner la courbe
d'une destinée qui fut simple mais tragique ; repérer avec
précision les quelques points vraiment importants par lesquels elle passa ; montrer comment, sous la pression de
quelles circonstances, son élan premier dut s'amortir et
s'infléchir son tracé primitif ; poser ainsi, à propos d'un
homme d'une singulière vitalité, ce problème des rapports
de l'individu et de la collectivité, de l'initiative personnelle
et de la nécessité sociale qui est, peut-être, le problème
capital de l'Histoire : tel a été notre dessein. » Le lecteur
comprendra que j'aurais pu reprendre à mon compte chacun des termes de ce projet. Mais Lucien Febvre se servait
de cette esquisse pour justifier sa décision : « Une biographie de Luther ? Non. » Depuis longtemps je m'étonne
qu'on puisse expulser *a priori* du champ des recherches
historiques tel ou tel acteur, jeter l'anathème sur un
genre, un type d'approche. Et comment peut-on affirmer
que s'efforcer de faire comprendre la trajectoire d'un
homme ou d'une femme dans son siècle en même temps
que son devenir mémoriel ne relève pas de « l'histoire-
problème » ? Ces ukases s'expliquent à mes yeux pour
partie par le fonctionnement du monde universitaire : la
recherche, même si elle est tributaire de ce qui se fait
à l'étranger, des courants idéologiques, des phénomènes
d'actualité, est également un champ de forces où s'exer-
cent, par un subtil contrôle de la production académique
voire éditoriale, des formes de pouvoirs régissant des car-
rières avec d'autant plus de ténacité et de violence symbolique que les profits en sont le plus souvent bien maigres.
Depuis une vingtaine d'années, le recul du structura-

lisme et, plus encore, l'effondrement du marxisme ont restitué son importance à l'événement – enrichi maintenant de l'attention portée à toutes les formes de sa médiatisation –, également à l'histoire politique et enfin à la biographie. Le questionnement s'est modifié – d'abord insensiblement puis assez brutalement – en remettant en cause les systèmes totalisants non seulement politiques mais aussi culturels. La stratégie éditoriale a amplifié le phénomène et il est symptomatique que la vénérable maison Gallimard ouvre une collection de « biographies ».

La prise en charge d'un personnage, singulier par définition, impose à l'historien des précautions que nous avons eu perpétuellement en tête : au lecteur de juger si elles ont été suffisamment respectées. Eviter toute dérive hagiographique, c'est évident, et – même en cas de doute – résister à la tentation de tordre les sources pour conforter l'image que l'on se fait. Se garder des jugements normatifs pour privilégier la compréhension. Veiller toujours à déjouer l'anachronisme. Ne pas chercher à tout prix une cohérence : la trajectoire de Moulin n'a pas été plus que d'autres linéaire. Rester sensible aux inflexions, voire aux ruptures, qu'il ne s'agit pas non plus de surestimer. Se défier des débats biaisés qui pour des raisons diverses égarent sur de fausses bonnes interrogations (pour nous, c'était la question de Caluire, sur laquelle il a semblé inutile de traîner), etc.

Au-delà de cette singularité qui est celle des hommes comme des événements, l'historien s'attache aux spécificités qui les rendent intelligibles. Non seulement une biographie s'insère dans la durée, même si – comme nous avons cherché à le faire – la problématique l'emporte sur la chronologie, mais elle permet d'agglutiner, de faire coaguler ces « petits faits » chers à Stendhal, qui finissent par faire sens, donnant chair et piment à ce qui redevient vivant. Jacques Le Goff réhabilite totalement ce genre lorsqu'il demande : « Quel objet, plus et mieux qu'un personnage, cristallise autour de lui l'ensemble de son environnement et l'ensemble des domaines que découpe l'historien dans le champ du savoir historique ? » Le personnage ne saurait pourtant devenir un simple prétexte à traiter d'une période : l'étudier reste un choix particulier, assumé comme tel, impliquant des limites dont nous avons été tout à fait conscient. Jusqu'en 1940, les fonctions préfectorales comme l'expérience des cabinets ministériels cantonnent cette biographie de Moulin dans le champ du politique ; après quoi, nous l'avons souligné, de la Résistance Moulin connaît surtout les responsables de Mouvements, et avant tout ceux de zone sud.

Quelques mots encore pour m'expliquer sur les partis pris du mode d'exposition dans ce travail. Antoine Prost pointe à juste titre l'existence d'un double marché ouvert aux études historiques : d'un côté un « marché académique », contrôlé par les chefs de tribu des historiens universitaires, sur des critères bien particuliers. De l'autre « le marché du grand public », dont on disait jadis qu'il était celui de « l'honnête homme », pour qui la recherche érudite doit permettre de faire le point sur des sujets qui intéressent. En travaillant à une biographie et non à une thèse, j'ai délibérément opté pour ce second marché. Je fus encouragé dans cette démarche par une non-historienne dont le jugement compte beaucoup pour moi. Deux conséquences découlaient de ce choix. D'abord s'imposait l'obligation de dépeindre à grands traits l'environnement factuel et politique dans lequel évoluait Moulin, le contexte, que je ne crois pas forcément connu du public comme il l'est de la plupart de mes amis universitaires. Ensuite j'avais la liberté de me dispenser de nos sacrosaintes notes infra-paginales qui risquaient d'alourdir récit et présentation. Georges Duby, dans son avant-propos à sa *Bataille de Bouvines*, m'encourageait : « Voici que de nouveau, il m'était licite de publier mes réflexions, d'exposer le résultat de mes recherches sans être astreint à faire étalage de mes références en notes érudites au bas des pages ; voici que je pouvais m'abandonner à la satisfaction d'écrire à ma guise, sans entrave [...] » L'heureux homme !

Je n'ai pu m'accorder autant de plaisir, puisque j'ai cru nécessaire d'indiquer dans le cours du texte mes principales sources (parfois référencées de manière très précise quand tel ou tel point est objet de controverses) et les titres des ouvrages utiles à mon argumentation. C'est que, pris dans les affrontements de mémoire, dans le jeu des transmissions orales, culturelles, médiatiques, entre procès et occultations, souvenirs, surprises, déconvenues, voire révisions déchirantes, le lecteur est encore plus enclin à s'interroger sur la preuve de ce qu'avance l'historien, surtout sur une période encore très sensible. J'ose espérer que ce même lecteur aura été heureusement surpris d'apprendre ainsi qu'on a beaucoup travaillé sur cette époque dont la connaissance progresse continûment. Il ne s'agissait pas pour moi d'apporter coûte que coûte du neuf, mais de montrer comment on peut satisfaire des interrogations et curiosités légitimes par des approches qui confrontent hypothèses et certitudes, mises en perspectives et mise au point, travail sur archives et interviews de témoins, remises en cause et ajustements.

J'ai enfin pris le parti de proposer au lecteur une liste volontairement brève d'ouvrages qui pourraient l'aider dans la compréhension de ce que fut Jean Moulin :

Antoine Prost : *Douze leçons sur l'histoire*, Le Seuil, Paris, 1996, 333 p.

André Kaspi : *La Deuxième Guerre mondiale, chronologie commentée*, Perrin, 1990, 577 p.

Jean-Pierre Azéma : *De Munich à la Libération*, Le Seuil, réédition en 2002, 399 p.

Jean-Pierre Azéma et François Bédarida (sous la direction de) : *La France des années noires*, Le Seuil, 1993, deux volumes, 580 et 632 p.

Robert O. Paxton : *La France de Vichy 1940-1944*, Le Seuil, réédité en 1997, 459 p.

Philippe Burrin : *La France à l'heure allemande*, Le Seuil, 1995, 560 p.

Jean-Baptiste Duroselle : *Politique extérieure de la France. L'Abîme 1939-1944*, Le Seuil, réédité en 1983, 811 p.

Laure Moulin : *Jean Moulin*, réédité en 1999, Les Editions de Paris, 412 p.

Daniel Cordier : Jean Moulin et le Conseil de la Résistance, 108 p., in *Jean Moulin et le Conseil de la Résistance*, Editions du CNRS, 1983.

Daniel Cordier : *Jean Moulin, l'inconnu du Panthéon*, tome 1, J.-C. Lattès, Paris, 1989 ; lire en particulier la préface, pp. 15-303.

Jean-Pierre Azéma, François Bédarida, Robert Frank (sous la direction de) : *Jean Moulin et la Résistance en 1943*, Les cahiers de l'IHTP, CNRS, 1994, 170 p.

Jean-Pierre Azéma (sous la direction de) : *Jean Moulin face à l'Histoire*, Flammarion, 2000, 413 p.

Claude Bourdet : *L'Aventure incertaine*, Stock, 1975, 478 p.

Jacques Baumel : *Résister histoire secrète des années d'Occupation*, Albin Michel, 1999, 458 p.

Fracis-Louis Closon : *Le Temps des passions, de Jean-Moulin à la Libération*, Presses de la Cité, 1974, 271 p.

Raymond Aubrac : *Où la mémoire s'attarde*, Ed. Odile Jacob, 1996, 373 p.

Robert Belot : *Henri Frenay de la Résistance à l'Europe*, Le Seuil, 2003, 749 p.

Robert Belot : *La Résistance sans de Gaulle*, Fayard, 2006, 668 p.

Guillaume Piketty : *Pierre Brossolette, un héros de la Résistance*, Ed. Odile Jacob, 1998, 416 p.

Alya Aglan et Jean-Pierre Azéma : *Jean Cavaillès résistant*, Flammarion, 2002, 317 p.

Laurent Douzou : *La Désobéissance, histoire du Mouvement Libération-Sud*, Odile Jacob, 1995, 479 p.

Laurent Douzou : *La Résistance française : une histoire périlleuse*, Le Seuil, 245 p.

Jean-Louis Crémieux-Brilhac, *La France Libre*, Gallimard, 1996, 969 p.

Colonel Passy : *Mémoires du chef des services secrets de la France Libre*, Odile Jacob, 2000, 801 p. (Cette réédition est considérablement enrichie par l'introduction et les notes de Jean-Louis Crémieux-Brilhac.)

Henry Rousso : *Le Syndrome de Vichy de 1944 à nos jours*, Le Seuil, réédité en 1990, 414 p.

Olivier Wieviorka, *Nous entrerons dans la carrière. De la Résistance à l'exercice du pouvoir*, Le Seuil, 1994, 488 p.

Pierre Vidal-Naquet : *Le Trait empoisonné. Réflexions sur l'affaire Jean Moulin*, La Découverte, réédité en 2002, 170 p.

Certains s'interrogeront sur le bénéfice à attendre de ces lectures. Sans le savoir peut-être, ils s'accordent avec l'excellent historien qu'est Paul Veyne : « L'histoire ne sert pas plus que l'astrologie. C'est une affaire de pure curiosité, ou tout au moins il faut la traiter comme telle ; l'histoire ne démontre rien et ne permet pas de tirer de leçons éternelles. » A cela près que la curiosité répond, elle-même, à un questionnement générationnel auquel on ne saurait rester indifférent. Non qu'il s'agisse d'entonner sur un mode normatif le couplet sur le « devoir de mémoire », dont on se contente trop souvent, auquel il serait bon de substituer le terme de travail de mémoire. Mais nous l'avons écrit à la fin du précédent chapitre, si la mémoire de Moulin a pu résister aux assauts les plus divers, c'est que Monsieur-tout-le-monde pouvait se retrouver dans la figure de Moulin partie prenante des guerres franco-françaises puis affronté à l'Occupation.

On peut aller plus loin en utilisant Giovanni Levi, cité par Jacques Le Goff : « La biographie constitue [...] le lieu idéal pour vérifier le caractère interstitiel – et néanmoins important – de la liberté dont disposent les agents, pour observer la façon dont fonctionnent concrètement des systèmes normatifs qui ne sont jamais exempts de contradictions. » Dieu sait si dans les années 40 la hiérarchisation dans les choix, et la manière dont elle a pu évoluer dans le temps, a joué un rôle primordial. Il n'est pas impossible que les conflits dans lesquels nous vivons (guerres dorénavant le plus souvent non déclarées, sujétion dramatique de dominés par des dominants, droits bafoués des communautés ou des individus, etc.) nous poussent à élargir notre réflexion et que sous d'autres formes reviennent certaines questions : que peuvent faire des occupés de fait face aux occupants ? jusqu'où peut aller l'accommodation ? où et quand commence la Résistance et sous quelles modalités ? quelle peut être l'efficacité d'un individu pris dans des drames planétaires ? Bref, il s'agit de la difficulté de choisir, qui s'impose à chacun. Serait-ce finalement la morale de l'histoire ?

Sans l'amitié et la perspicacité de mon relecteur
Sans l'efficacité affectueuse et talentueuse de ma
relectrice
Ce livre ne serait pas ce qu'il est
Qu'ils en soient très vivement remerciés

Aperçu chronologique

1899	20 juin	Naissance à Béziers de Jean Pierre Moulin
1917	septembre	Attaché au cabinet du préfet de l'Hérault
1918	avril	Mobilisé au 2ᵉ Génie
1919	octobre	Démobilisé
1922	février	Chef de cabinet du préfet de la Savoie
1925	octobre	Sous-préfet d'Alberville
1926	septembre	Se marie
1928	juin	Divorce
1930	janvier	Sous-préfet de Châteaulin
1932	décembre	Chef-adjoint du cabinet de Pierre Cot
1933	juin	Sous-préfet de Thonon
	octobre	Chef du cabinet de Pierre Cot, ministre de l'Air
1934	mai	Secrétaire général du département de la Somme
1936	juin	Chef de cabinet de Pierre Cot, ministre de l'Air
1937	mars	Préfet de l'Aveyron
	avril	Réintègre le cabinet de Pierre Cot
1938	avril	Revient à Rodez comme préfet
		Mort de son père
1939	janvier	Préfet d'Eure-et-Loir
1940	17 juin	Les avant-gardes allemandes pénètrent

		dans Chartres
		Tentative de suicide
	novembre	Révocation
1941	septembre	Parvient à Lisbonne
	octobre	Gagne la Grande-Bretagne
		Première rencontre avec Charles De Gaulle
	décembre	Délégué du chef de la France Libre en zone sud
1942	2 janvier	Parachuté en Provence
	août	Mise sur pied du « secrétariat » de la Délégation
	octobre	Président du comité de Coordination des Mouvements de zone sud
		Jette les bases de l'Armée secrète
		Est fait Compagnon de la Libération
	novembre	Réussite de l'Opération « Torch »
	novembre	Arrivée en France d'André Manuel (« Mission Pallas »)
1943	janvier	Président des Mouvements de Résistance Unis
	janv.-avril	Mission Brumaire/Arquebuse
	14 février	Début du deuxième séjour à Londres
	21 février	De Gaulle signe les « Nouvelles instructions »
	20 mars	Retour en France occupée
	avril	Nommé Commissaire national en mission
	27 mai	Préside la première réunion du Conseil de la Résistance
	21 juin	Arrestation à Caluire
	juillet	Mort de Jean Moulin
1947		Sortie de *Premier Combat*
1964	décembre	Panthéonisation de Jean Moulin
1969		Publication par Laure Moulin de *Jean Moulin, une biographie*
1977		Publication de *L'Enigme Jean Moulin* par Henri Frenay

1983 17 juin   Journée de commémoration nationale
                de Jean Moulin
1989   Sortie du premier tome de *Jean Moulin,*
                l'inconnu du Panthéon de Daniel Cordier
1993   Publication de l'ouvrage de Pierre Vidal-
                Naquet, *Le Trait empoisonné, réflexions*
                sur l'affaire Jean Moulin

Index

Table

collection tempus
Perrin

Déjà paru

À PARAÎTRE

Impression réalisée sur Presse Offset par

BRODARD & TAUPIN

GROUPE CPI

La Flèche (Sarthe), le 23-08-2006
pour le compte des Éditions Perrin
76, rue Bonaparte
Paris 6ᵉ
N° d'édition : 2153 – N° d'impression : 37150
Dépôt légal : août 2006
Imprimé en France